Moshe Greenberg
Ezechiel 1–20

Herders Theologischer Kommentar zum Alten Testament

Herausgegeben von

Erich Zenger

Herder   Freiburg · Basel · Wien

Ezechiel 1-20

Ausgelegt von

Moshe Greenberg

Mit einem Vorwort von Erich Zenger

Herder   Freiburg · Basel · Wien

Aus der amerikanischen Originalausgabe
*Ezekiel 1–20, A new translation with introduction and commentary
by Moshe Greenberg, New York (Doubleday)*
übersetzt von Michael Konkel

Die Deutsche Bibliothek – CIP-Einheitsaufnahme

Herders Theologischer Kommentar zum Alten Testament /
hrsg. von Erich Zenger. –
Freiburg im Breisgau ; Basel ; Wien : Herder
ISBN 3-451-26800-0

Grînberg, Moše:
Ezechiel 1–20 / Moshe Greenberg. Übers.: Michael Konkel. –
Freiburg im Breisgau ; Basel ; Wien : Herder, 2001
(Herders Theologischer Kommentar zum Alten Testament)
ISBN 3-451-26842-6

www.herder.de
Umschlaggestaltung: Finken & Bumiller, Stuttgart
Satzherstellung: SatzWeise, Föhren
Gesetzt in der Gill Sans und Aldus
Gedruckt auf umweltfreundlichem, chlorfrei gebleichtem Papier
Druck und Bindung: Freiburger Graphische Betriebe 2001
ISBN 3-451-26842-6

Inhalt

Einleitung

Kommentierung

Vorwort des Herausgebers

Die derzeitige Ezechielexegese ist – vereinfachend gesprochen – von zwei Richtungen bestimmt. Die *eine Richtung* liest Ezechiel als ein einheitliches Werk, das seine Themen und Bilder in einer kunstvollen Gesamtkomposition entfaltet. Anzeichen einer unübersehbaren Ganzheitlichkeit bei aller Differenziertheit im Detail sind die durchgängige Gestaltung als Ich-Bericht, die das Buch durchziehenden Datierungen der prophetischen Worte und Handlungen, die typisch ezechielische Sprache und die pointiert monotheistische Rede von JHWH im Gegenüber zu den Göttern bzw. Götzen. Diese Gemeinsamkeiten werden auch von der *anderen Richtung* betont, allerdings insistiert diese Richtung stärker auf die im Buch ebenfalls erkennbaren sprachlichen und theologischen Unterschiede und versteht deshalb das Buch als Ergebnis eines mehrphasigen Entstehungsprozesses, der als »Fortschreibung« bestimmt wird, d. h. als eine die Sprache und die Botschaft des Propheten Ezechiel aktualisierend und imitierend »fortschreibende« Auslegung. Als Hauptrepräsentant des Fortschreibungsmodells kann der 1969 abgeschlossene zweibändige Ezechielkommentar (»Biblischer Kommentar«) des Göttinger Alttestamentlers Walther Zimmerli gelten. Hauptrepräsentant des Ganzheitsmodells ist der bislang in den beiden Bänden Ez 1–20 (1983) und Ez 21–37 (1997) vorliegende Ezechielkommentar (»The Anchor Bible«) des Jerusalemer Bibelwissenschaftlers Moshe Greenberg.

Daß wir für HThKAT Greenbergs Ezechielkommentar übersetzen (hier Ez 1–20, demnächst Ez 21–37), hat mehrere Gründe. Bereits heute kann man diesen Kommentar als »klassischen« Kommentar bezeichnen, der nun endlich in einer deutschen Fassung zugänglich wird. Da er seine Methode ausdrücklich als »holistische (d. h. ganzheitliche) Exegese« präsentiert, fügt er sich gut in das Konzept der Reihe HThKAT ein, die ihren Schwerpunkt auf die Interpretation des Endtextes legt. Sodann ist Greenbergs Kommentar das Paradigma eines jüdischen Kommentars, der jüdische Auslegungstradition mit historisch-kritischer Exegese verbindet. Seine »holistische« Exegese ist von dem konsequenten Bemühen bestimmt, das Ezechielbuch als zusammenhängende Prophetie im zeit- und theologiegeschichtlichen Kontext des 6. Jahrhunderts und vor dem Hintergrund der altorientalischen Sprach- und Bildwelt auszulegen. Eine besondere Forschungsrelevanz besitzt dieser Kommentar schließlich dadurch, daß hier ein herausragender

Kenner der hebräischen Sprache die Facetten des Urtextes erschließt und daß er dabei die großen mittelalterlichen Kommentare des Judentums heranzieht. Durch sein spezifisches Profil bildet Greenbergs Ezechielkommentierung demnach ein gewichtiges Pendant zu Zimmerlis Auslegung.

In Absprache mit M. Greenberg haben wir gegenüber der englischen / amerikanischen Originalausgabe einige Umstellungen und Ergänzungen vorgenommen, um den Kommentar dem Konzept von HThKAT anzupassen. Während in der englischen Ausgabe zunächst unter der Überschrift »Comment« die grammatische und semantische Einzelanalyse geboten wird, auf die dann unter der Überschrift »Structure and Themes« die formale und die inhaltliche Gesamtauslegung folgt, haben wir hier die Reihenfolge dieser Abschnitte umgedreht. Zusätzlich haben wir diesen Abschnitten, wie in HThKAT üblich, Außen- und Innenmarginalien beigegeben, die nicht nur eine schnelle Orientierung ermöglichen, sondern die Leserfreundlichkeit erhöhen sollen. Darüberhinaus ist durch zusätzliche Literaturangaben der derzeitige Forschungsstand markiert.

Für die Adaptation und insbesondere für die Übersetzung danke ich Dr. Michael Konkel (Universität Bonn), der als ausgewiesener Ezechielspezialist diese nicht immer einfache Aufgabe mit hohem Einsatz und mit Fachkompetenz bewältigt hat. Bei der abschließenden Redaktion und beim Lesen der Korrekturen haben Sabine Hoffmann, Stefanie Inhoffen, Stefan Kittel und Christina Nießen vom Alttestamentlichen Seminar der Universität Bonn mit großem Engagement geholfen. Auch ihnen sei dafür herzlich gedankt.

Münster, im August 2001   *Erich Zenger*

Allgemeines Literaturverzeichnis

1. Kommentare

Vorbemerkung: Kommentare werden im laufenden Text nur mit Verfassername und Seitenzahl angeführt.

Aalders, G. C., Ezechiel (COT), 2 Bde., Kampen 1955–1957.
Abarbanel, D. I., Peruš ʿal neviʾim ʾaharonim, Jerusalem 1957.
Alexander, R. H., Ezekiel, in: F. E. Gaebelein (Hg.), The Expositor's Bible Commentary, Grand Rapids 1986, 737–996.
Allen, L. C., Ezekiel 1–19 (WBC 28), Dallas 1994.
– Ezekiel 20–48 (WBC 29), Dallas 1990.
Auvray, P., Ézéchiel (Témoins de Dieu), Paris ²1957.
Bertholet, A., Das Buch Hesekiel (KHC 12), Freiburg i. Br. / Leipzig 1897.
– Hesekiel. Mit einem Beitrag von K. Galling (HAT 13), Tübingen 1936.
Blenkinsopp, J., Ezekiel (Interp.), Louisville 1990.
Block, D. I., The Book of Ezekiel. Chapters 1–24 (NICOT), Grand Rapids 1997.
– The Book of Ezekiel. Chapters 25–48 (NICOT), Grand Rapids 1998.
Brownlee, W. H., Ezekiel 1–19 (WBC 28), Dallas 1986.
Calvin, J., Commentaries on the First Twenty Chapters of the Book of the Prophet Ezekiel, Grand Rapids 1948.
Carley, K. W., The Book of the Prophet Ezekiel (The Cambridge Bible Commentary), Cambridge 1974.
Cooke, G. A., The Book of Ezekiel (ICC), Edinburgh 1936.
Cooper, L., Ezekiel (New American Commentary), Nashville 1994.
Cornill, C. H., Das Buch des Propheten Ezechiel, Leipzig 1886.
Craigie, P. C., Ezekiel (Daily Study Bible), Philadelphia 1983.
Davidson, A. B. / Streane, A. W., Ezekiel (The Cambridge Bible for Schools and Colleges), Cambridge 1916.
Eichrodt, W., Der Prophet Hesekiel (ATD 22), Göttingen ⁵1986.
Eliezer aus Beaugency, Kommentar zu Ezechiel und den XII kleinen Propheten, Warschau 1909.
Fisch, S., Ezekiel (Soncino Books of the Bible), London 1950.
Fohrer, G., Ezechiel. Mit einem Beitrag von K. Galling (HAT 13), Tübingen 1955.
Fuhs, H. F., Ezechiel 1–24 (NEB.AT), Würzburg 1984.
– Ezechiel 25–48 (NEB.AT), Würzburg 1988.
Hals, R. M., Ezekiel (FOTL 19), Grand Rapids 1989.
Herrmann, J., Ezechiel (KAT 11), Leipzig / Erlangen 1924.
Heinisch, P., Das Buch Ezechiel (Die Heilige Schrift des Alten Testamentes 8), Bonn 1923.

Hitzig, F., Der Prophet Ezechiel erklärt (KEH 8), Leipzig 1847.

Hoppe, L. J. / Vawter, B., A New Heart. A Commentary on the Book of Ezekiel (International Theological Commentary), Grand Rapids 1991.

Ibn Caspi, J., Adne Keseph. Commentary on the Prophetical Books of the Bible, London 1912, 25–48.

Kara, J., Kommentar in *Mikra'ot Gᵉdolot.*

Kimchi, D., Kommentar in *Mikra'ot Gᵉdolot.*

Klein, R. W., Ezekiel. The Prophet and His Message, Columbia 1988.

Matthews, I. G., Ezekiel (American Commentary on the Old Testament), Philadelphia 1939.

May, H. G., The Book of Ezekiel. Introduction and Exegesis (The Interpreters Bible 6), New York / Nashville 1956.

Mosche Ben Scheshet, A Commentary upon the Books of Jeremiah and Ezeqiel by Mosheh Ben Sheshet, London 1871.

Mosis, R., Das Buch Ezechiel I. Kap.1, 1–20, 44 (Geistliche Schriftlesung 8/1), Düsseldorf 1978.

Orelli, C., Das Buch Ezechiel (Kurzgefasster Kommentar zu den Schriften des Alten und Neuen Testaments), Nördlingen 1888.

Pohlmann, K.-F., Der Prophet Hesekiel/Ezechiel. Kapitel 1–19 (ATD 22, 1), Göttingen 1996.

– Der Prophet Hesekiel/Ezechiel. Kapitel 20–48 (ATD 22, 2), Göttingen 2001.

Raschi (Rabbi Salomon Ben Isaak), Kommentar in *Mikra'ot Gᵉdolot.*

Redpath, H. A., The Book of the Prophet Ezekiel (Westminster Commentaries), London 1907.

Rothstein, D., Das Buch Ezechiel (Die Heilige Schrift des Alten Testaments), Freiburg ²1896.

Skinner, J., The Book of Ezekiel (The Expositor's Bible), London 1895.

Smend, R., Der Prophet Ezechiel (Kurzgefasstes exegetisches Handbuch zum Alten Testament VIII), Leipzig 1880.

Stalker, D. M. G., Ezekiel (Torch Bible Commentary), London 1968.

Stuart, D., Ezekiel (Communicator's Commentary), Dallas 1989.

Taylor, J. B., Ezekiel. An Introduction and Commentary (Tyndale Old Testament Commentaries), Downers Grove 1969.

Toy, C. H., The Book of the Prophet Ezekiel (Sacred Books of the Old and New Testaments 12), Leipzig 1899.

Wevers, J., Ezekiel (The Century Bible), London 1969.

Wilson, R. R., Ezekiel (Harper's Bible Commentary), San Francisco 1988, 652–694.

Zimmerli, W., Ezechiel (BKAT 13/1–2), Neukirchen-Vluyn 1979.

2. Monographien und übergreifende Arbeiten

Vorbemerkung: Die Auslegung der einzelnen Abschnitte des Ezechielbuches beginnt jeweils mit Angaben zur Literatur des jeweiligen Abschnitts. Im laufenden Text wird darauf mit Verfassernamen, Kurztitel und Erscheinungsjahr verwiesen. Beiträge, die im Allgemeinen Literaturverzeichnis aufgeführt sind, werden im speziellen Literaturverzeichnis jeweils nur in Kurzform zitiert.

Albright, W. F., The Seal of Eliakim and the Latest Preëxilic History of Judah, with some Observations on Ezekiel: JBL 51, 1932, 77–106.

Avishur, Y., The Construct State of Synonyms in Biblical Rhetoric (Hebräisch), Jerusalem 1977.

Baltzer, D., Ezechiel und Deuterojesaja. Berührung in der Heilserwartung der beiden grossen Exilspropheten (BZAW 121), Berlin 1971.

Bartelmus, R., Ez 37, 1–14, die Verbform $w^e qatal$ und die Anfänge der Auferstehungshoffnung: ZAW 97, 1985, 366–389.

Barthélemy, D., Critique textuelle de l'Ancien Testament. Tome 3: Ézéchiel, Daniel et les 12 Prophètes (OBO 50/3), Göttingen 1992.

Becker, J., Erwägungen zur ezechielischen Frage, in: L. Ruppert / P. Weimar / E. Zenger (Hg.), Künder des Wortes. FS J. Schreiner, Würzburg 1982, 137–149.

Ben Jehuda, E. A Complete Dictionary of Ancient and Modern Hebrew, 17 Bde., Jerusalem 1910–1959 [wieder abgedruckt in 8 Bde., New York / London 1960] [abgekürzt: B-Y].

Bettenzoli, G., Geist der Heiligkeit. Traditionsgeschichtliche Untersuchung des *qdš*-Begriffs im Buch Ezechiel (QuSem 8), Florenz 1979.

Bewer, J., Beiträge zur Exegese des Buches Ezechiel: ZAW 63, 1951, 193–201.

– The Text of Ezekiel 1, 1–3: AJSL 50, 1933–34, 96–101.

– Textual and Exegetical Notes on the Book of Ezekiel: JBL 72, 1953, 158–168.

Blau, J., Zum angeblichen Gebrauch von 't vor dem Nominativ: VT 4, 1954, 7–19.

Block, D. I., The Prophet of the Spirit. The Use of *Rwh* in the Book of Ezekiel: JETS 32, 1989, 27–49.

Boadt, L., Ezekiel, in: R. E. Brown u.a. (Hg.), The New Jerome Biblical Commentary, Englewood Cliffs 1990, 305–328.

– Ezekiel's Oracles Against Egypt. A Literary and Philological Study of Ezekiel 29–32 (BibOr 37), Rom 1980.

– The Function of the Salvation Oracles in Ezekiel 33 to 37: HAR 12, 1990, 1–21.

– Textual Problems in Ezekiel and Poetic Analysis of Paired Words: JBL 97, 1978, 489–499.

Bodendorfer, G., Das Drama des Bundes. Ezechiel 16 in rabbinischer Perspektive (HBS 11), Freiburg i. Br. / Basel / Wien 1997.

Bodi, D., The Book of Ezekiel and the Poem of Erra (OBO 104), Freiburg (Schweiz) / Göttingen 1991.

– Les *gillûlîm* chez Ézéchiel et dans l'Ancien Testament, et les différentes pratiques culturelles associées à ce terme: RB 100, 1993, 481–510.

Born, A. van den, Ezechiël uit de Grondtekst vertaald en uitgelegd (Boeken van het Oude Testament), Roermond 1954.

Brin, G., Studies in the Book of Ezekiel, Haifa 1975.

Brockelmann, C., Lexicon Syriacum, Halle 1928.

– Hebräische Syntax, Neukirchen 1956.

Broome, E. C., Ezekiel's Abnormal Personality: JBL 65, 1946, 277–292.

Browne, L. E., Ezekiel and Alexander, London 1952.

Brownlee, W. H., The Scroll of Ezekiel from the Eleventh Qumran Cave: RdQ 4, 1963, 11–28.

Caquot, A., Le Messianisme d'Ézéchiel: Sem. 14, 1964, 13–23.

Carley K. W., Ezekiel among the Prophets: A Study of Ezekiel's Place in Prophetic Tradition (SBT 2 / 31), Naperville 1974.

Casanowicz, I., Paronomasia in the Old Testament, Boston 1894.

Cassuto, U., The Arrangement of the Book of Ezekiel, in: ders., Biblical and Oriental Studies I. Bible, Jerusalem 1974, 227–240.

Cogan, M., Imperialism and Religion. Assyria, Judah and Israel in the Eighth and Seventh Centuries B.C.E., Missoula 1974.

Darr, K. P., Ezekiel, in: C. A. Newsom / S. H. Ringe (Hg.), The Women's Bible Commentary, Louisville 1992, 183–190.

– Ezekiel among the Critics. Currents in Research: Biblical Studies 2, 1994, 9–24.

Davis, E. F., Swallowing the Scroll. Textuality and the Dynamics of Discourse in Ezekiel's Prophecy (JSOT.S 48), Sheffield 1989.

Dijk, H. J. van, Ezekiel's Prophecy on Tyre (Ez 26, 1–28, 19). A New Approach (BibOr 20), Rom 1968.

Dijkstra, M., The Valley of Dry Bones. Coping with the Reality of the Exile in the Book of Ezekiel: OTS 42, 1999, 114–133.

Driver, G. R., Difficult Words in the Hebrew Prophets, in: H. H. Rowley (Hg.), Studies in Old Testament Prophecy. FS T. H. Robinson, Edinburgh 1950, 52–72.

– Ezekiel's Inaugural Vision: VT 1, 1951, 60–62.

– Ezekiel. Linguistic and Textual Problems: Bib. 35, 1954, 145–159, 299–312.

Driver, S. R., Treatise on the Use of the Tenses in Hebrew, Oxford 1892.

Dürr, L., Ezechiels Vision von der Erscheinung Gottes (Ez c. 1 und 10) im Lichte der vorderasiatischen Altertumskunde, Würzburg 1917.

Duguid, I., Ezekiel and the Leaders of Israel (VT.S 56), Leiden 1994.

Ebach, J., Kritik und Utopie. Untersuchungen zum Verhältnis von Volk und Herrscher im Verfassungsentwurf des Ezechiel (Kap. 40–48), Diss., Hamburg 1972.

Ehrlich, A. B., Randglossen zur hebräischen Bibel. Textkritisches, Sprachliches und Sachliches. V. Ezechiel und die kleinen Propheten, Leipzig 1912 (Neudruck Hildesheim 1968).

Eichrodt, W., Der Sabbat bei Hesekiel, in: H. Gross (Hg.), Lex tua veritas. FS H. Junker, Trier 1961, 65–74.

Eissfeldt, O., Ezechiel als Zeuge für Sanheribs Eingriff in Palästina: PJ 27, 1931, 58–66.

– Hesekiel Kap. 16 als Geschichtsquelle: JPOS 16, 1939, 286–292.

– Schwerterschlagene bei Hesekiel, in: H. H. Rowley (Hg.), Studies in Old Testament Prophecy. FS T. H. Robinson, New York 1950, 73–81.

Ellison, H. L., Ezekiel. The Man and His Message, Grand Rapids 1956.

Fairbairn, P., Ezekiel and the Book of his Prophecy. An Exposition, Edinburgh 1863.

Fechter, F., Bewältigung der Katastrophe. Untersuchungen zu ausgewählten Fremdvölkersprüchen im Ezechielbuch (BZAW 208), Berlin 1992.

Feinberg, C. L., The Prophecy of Ezekiel. The Glory of the Lord, Chicago 1969.

Feist, U., Ezechiel. Das literarische Problem des Buches forschungsgeschichtlich betrachtet (BWANT 138), Stuttgart / Berlin / Köln 1995.

Field, F., Origenis hexaplorum quae supersunt, I, II, Oxford 1875.

Fishbane, M., Sin and Judgement in the Prophecies of Ezekiel: Int 38, 1984, 131–151.

Fishbane, M. / Talmon, S., The Structuring of Biblical Books. Studies in the Book of Ezekiel: ASTI 10, 1975/1976, 129–153.

Fohrer, G., Die Gattung der Berichte über symbolische Handlungen der Propheten: ZAW 64, 1952, 92–112.

– Die Hauptprobleme des Buches Ezechiel (BZAW 72), Berlin 1952.

– Das Symptomatische der Ezechielforschung: ThLZ 83, 1958, 241–250.

– Die symbolischen Handlungen der Propheten, Zürich 1968.

Freedy, K. S., The Glosses in Ezekiel I–XXIV: VT 20, 1970, 129–152.

Freedy, K. S. / Redford, D. B., The Dates in Ezekiel in Relation to Biblical, Babylonian and Egyptian Sources: JAOS 90, 1970, 462–485.

Friebel, K., Jeremiah's and Ezekiel's Sign-Acts (JSOT.S 283), Sheffield 1999.

Gaebelein, A. C., The Prophet Ezekiel. An Analytic Exposition, New York 1918.

Galambush, J., Jerusalem in the Book of Ezekiel. The City as Yahweh's Wife (SBL.DS 130), Atlanta 1992.

Garfinkel, S. P., Studies in Akkadian Influences in the Book of Ezekiel, Ann Arbor 1983.

Garscha, J., Studien zum Ezechielbuch. Eine redaktionskritische Untersuchung von Ez 1–39 (EHS.T 23), Bern / Frankfurt a. M. 1974.

Gaster, T. H., Myth, Legend, and Custom in the Old Testament, New York / Evanston 1969.

Gese, H., Der Verfassungsentwurf des Ezechiel (Kap. 40–48) traditionsgeschichtlich untersucht (BHTh 25), Tübingen 1957.

Good, E. M., Ezekiel's Ship. Some Extended Metaphors in the Old Testament: Sem. 1, 1970, 79–103.

Greenberg, M., The Citations in the Book of Ezekiel as a Background for the Prophecies (Hebräisch): BetM 50, 5732 / 1972, 273–278.

– Ezekiel 17 and the Policy of Psammetichus II: JBL 76, 1957, 304–309.

– On Ezekiel's Dumbness: JBL 77, 1958, 101–105.

– Ezek 20 and the Spiritual Exile (Hebräisch), in: Oz le-David (Ben Gurion Volume), Jerusalem 1964, 433–442.

– Prolegomenon, in: C. C. Torrey, Pseudo-Ezekiel and the Original Prophecy, New York 1970, 11–29.

– *NHŠTK* (Ezek. 16, 36). Another Hebrew Cognate of Akkadian *naḫāšu*, in: M. Ellis (Hg.), Essays on the Ancient Near East in Memory of Jacob Joel Finkenstein (Memoirs of the Connecticut Academy of Art and Sciences XIX), Hamden 1977, 85–86.

– The Use of the Ancient Versions for Understanding the Hebrew Text. A Sampling from Ezek 2, 1–3, 2, in: Congress Volume: Göttingen 1977 (VT.S), Leiden 1978, 131–148.

– The Vision of Jerusalem in Ezekiel 8–11. A Holistic Interpretation, in: J. L. Crenshaw / S. Sandmel, The Divine Helmsman. Studies on God's Control of Human Events. FS L. H. Silberman, New York 1980, 56–61.

Greenfield, J. C., Two Biblical Passages in the Light of Their Near Eastern Background. Ezekiel 16, 30 and Malachi 3, 17, in: B. A. Levine / A. Malamat (Hg.), Eretz-Israel 16, Jerusalem 1982, 56–61.

Greenhill, W., An Exposition of the Prophet Ezekiel, London 1846.

Haag, H., Was lehrt die literarische Untersuchung des Ezechiel-Textes? Eine philologisch-theologische Studie, Freiburg 1943.

Halperin, D. J., The Exegetical Character of Ezek. 10, 9–17: VT 26, 1976, 129–141.

– The Faces of the Chariot. Early Jewish Responses to Ezekiel's Vision (Texte und Studien zum antiken Judentum 16), Tübingen 1988.

– Seeking Ezekiel. Text and Psychology, University Park 1993.

Haran, M., The Law Code of Ezekiel XL–XLVIII and Its Relation to the Priestly School: HUCA 50, 1979, 45–71.

Hebraeus, G. A., Bar, Die Scholien des … zum Buche Ezechiel, Berlin 1894.

Held, M., Pits and Pitfall in Akkadian and Biblical Hebrew: JANES 5, 1973, 173–90.

Hengstenberg, E. W., The Prophecies of the Prophet Ezekiel Elucidated (Clark's Foreign Theological Library 4 / 21), Edinburgh 1869.

Herntrich, V., Ezechielprobleme (BZAW 61), Giessen 1932.

Herrmann, J., Ezechielstudien (BWANT 2), Leipzig 1908.

Herrman, S., Die prophetischen Heilserwartungen im Alten Testament. Ursprung und Gestaltwandel (BWANT 85), Stuttgart 1965.

Heschel, A. J., The Prophets, New York 1962.

Hölscher, G., Hesekiel, der Dichter und das Buch (BZAW 39), Giessen 1924.

Hossfeld, F.-L., Die Tempelvision Ez 8–11 im Licht unterschiedlicher methodischer Zugänge, in: J. Lust (Hg.), Ezekiel 1986, 151–165.

– Ezechiel und die deuteronomisch-deuteronomistische Bewegung, in: W. Gross (Hg.), Jeremia und die deuteronomisch-deuteronomistische Bewegung (BBB 98), Bodenheim 1995, 271–295.

– Probleme einer ganzheitlichen Lektüre der Schrift. Dargestellt am Beispiel Ez 9–10: ThQ 167, 1987, 266–277.

– Untersuchungen zu Komposition und Theologie des Ezechielbuches (FzB 20), Würzburg ²1983.

Houk, C. B., The Final Redaction of Ezekiel 10: JBL 90, 1971, 42–54.

Howie, C. G., The Date and Composition of Ezekiel (JBL Monograph Series IV), Philadelphia 1950.

Hurvitz, A., A Linguistic Study of the Relationship between the Priestly Source and the Book of Ezekiel. A New Approach to an Old Problem (Cahiers de la Revue biblique 20), Paris 1982.

Ibn Janach, J., Sefer ha-riqma…be-targumo ha-ʿivri šel R. Yehuda ibn Tibbon I; II, Jerusalem 1964 (Neuauflage von Berlin 1929).

– *Sepher Haschoraschim*: Wurzelwörterbuch der hebräischen Sprache. Aus dem Arabischen ins Hebräische übersetzt von Jehuda Ibn Tibbon, Berlin 1896.

Irwin, W. A., The Problem of Ezekiel. An Inductive Study, Chicago 1943.

Jahn, G., Das Buch Ezechiel auf Grund der Septuaginta hergestellt, übersetzt und kritisch erklärt, Leipzig 1905.

Joüon, P., Notes philologiques sur le texte hébreu d'Ézéchiel: Bib 10, 1929, 304–312.

Joüon, P. / Muraoka, T., A Grammar of Biblical Hebrew (SubBi 14) I; II, Rom 1996.

Joyce, P., Divine Initiative and Human Response in Ezekiel (JSOT.S 51), Sheffield 1989.

Katzenstein, H. J., The History of Tyre. From the Beginning of the Second Millenium B.C.E. Until the Fall of the Neo-Babylonian Empire in 538 B.C.E., Jerusalem 1973.

Kaufmann, Y., The Religion of Israel. From Its Beginnings to the Babylonian Exile I; II; III, Chicago 1963.

Keel, O., Die Welt der altorientalischen Bildsymbolik und das Alte Testament. Am Beispiel der Psalmen, Zürich / Einsiedeln / Köln ⁴1984.

Keller, B., La Terre dans le livre d'Ezechiel: RHPhR 55, 1975, 481–490.

Kimchi, D., Mikhlol = David Kimchi's Hebrew Grammar, New York 1952.

– *Sefer ha-šorašim*, Berlin 1847.

Kohut, A., Aruch Completum I–VIII, Wien 1878–1892 (Neuauflage Tel Aviv 1969–1970).

– Additamenta ad librum Aruch Completum, Wien 1937.

Komlosh, Y., Ezekiel's Silence at the Start of his Prophecy (Hebräisch), in: *Zer Ligevurot.* Shazar Jubilee Volume, Jerusalem 1973, 279–289.

König, E., Historisch-kritisches Lehrgebäude der hebräischen Sprache II; III, Leipzig 1895–1897.

Konkel, M., Architektonik des Heiligen. Studien zur zweiten Tempelvision Ezechiels (Ez 40–48) (BBB 129), Berlin 2001.

Krüger, T., Geschichtskonzepte im Ezechielbuch (BZAW 180), Berlin 1989.

Kuhl, C., Zur Geschichte der Hesekiel-Forschung: ThR 5, 1933, 92–118.

– Neuere Hesekiel-Literatur: ThR 20, 1952, 1–26.

– Zum Stand der Hesekiel–Forschung: ThR 24, 1957 / 1958, 1–53.

Kutsch, E., Die chronologischen Daten des Ezechielbuches (OBO 62), Freiburg (Schweiz) / Göttingen 1985.

Landersdorfer, S., Der βααλ τετραμορφος und die Kerube des Ezechiel, Paderborn 1918.

Lang, B., Ezechiel. Der Prophet und das Buch (EdF 153), Darmstadt 1981.

– Kein Aufstand in Jerusalem (SBB 7), Stuttgart 1978.

– Street Theater, Raising the Dead, and the Zoroastrian Connection in Ezekiel's Prophecy, in: J. Lust, Ezekiel 1986, 297–316.

Levenson, J. D., Ezekiel in the Perspective of Two Commentators: Int 38, 1984, 210–217.

– Theology of the Program of Restoration of Ezekiel 40–48, Missoula 1976.

Levey, S. H., The Targum of Ezekiel (Aramaic Bible 13), Wilmington 1987.

Lindars, B., Ezekiel and Individual Responsibility: VT 15, 1965, 452–467.

Lindblom, J., Prophecy in Ancient Israel, Philadelphia 1962.

Liwak, R., Überlieferungsgeschichtliche Probleme des Ezechielbuches. Eine Studie zu postezechielischen Interpretationen und Kompositionen, Diss., Bochum 1976.

Löw, I., Die Flora der Juden I; II; III; IV, Wien / Leipzig 1924–34.

Luckenbill, D. D., Ancient Records of Assyria and Babylonia I; II, Chicago 1926 (Abgekürzt ARAB).

Lust, J., Ezekiel 36–40 in the Oldest Greek Manuscript: CBQ 43, 1981, 517–533.

– Ez. XX, 4–26 une parodie de l'histoire religieuse d'Israel, in: H. Cazelles (Hg.), De Mari à Qumran (BEThL 24). FS J. Coppens, Gembloux 1969, 127–166.

– Mon Seigneur Jahweh' dans le texte hébreu d'Ezechiel, in: H. Cazelles (Hg.), De Mari à Qumran (BEThL 24). FS J. Coppens, Gembloux 1969, 167–173.

– (Hg.), Ezekiel and His Book. Textual and Literary criticism and Their Interrelation (BEThL 74), Leuven 1986.

Luzzatto, S. L., Erläuterungen über einen Theil der Propheten und Hagiographen (Hebräisch), Lemberg 1876.

Maier, J., The Temple Scroll. An Introduction, Translation and Commentary (JSOT.S 34), Sheffield 1985.

Malamat, A., The Last Kings of Judah and the Fall of Jerusalem: IEJ 18, 1968, 137–156.

– The Twilight of Judah: In the Egyptian-Babylonian Maelstrom, in: Congress Volume: Edinburgh 1974 (VT.S 28), Leiden 1975.

– The Last Years of the Kingdom of Judah, in: A. Malamat (Hg.), The World History of the Jewish People, The Age of the Monarchies (Political History IV / 1), Jerusalem 1981, 205–221.

Mandelkern, S., Concordance = Veteris Testamenti Concordantiae Hebraicae atque Chaldaicae, post F. Margolinii et M. Gottsteinii editiones: editio septa aucta atque emendata, Jerusalem / Tel Aviv 1967.

Matties, G. H., Ezekiel 18 and the Rhetoric of Moral Discourse in the Book of Ezekiel (SBL.DS 126), Atlanta 1990.

McGregor, L. J., The Greek Text of Ezekiel. An Examination of Its Homogeneity (SBL.Septuagint and Cognate Studies Series 18), Atlanta 1985.

Meier, S. A., The Messenger in the Ancient Semitic World (HSM 45), Atlanta 1988.

Milgrom, J., The Concept of *ma'al* in the Bible and the Ancient Near East: JAOS 96, 1976, 236–247.

– Cult and Conscience. The Asham and the Priestly Doctrine of Repentance, Leiden 1976.

Miller, J. W., Das Verhältnis Jeremias und Hesekiels sprachlich und theologisch untersucht, Assen 1955.

Moffatt, J., A New Translation of the Bible, Containing the Old and New Testaments, New York 1954.

Muffs, Y., Studies in Biblical Law IV. The Antiquity of P. (Lectures at the Jewish Theological Seminary of America), New York 1965.

Müller, D. H., Ezechiel-Studien, Wien 1895.

Murray, D. F., The Rhetoric of Disputation. Re-examination of a Prophetic Genre: JSOT 38, 1987, 95–121.

Nay, R., Jahwe im Dialog. Kommunikationsanalytische Untersuchung von Ez 14, 1–11 unter Berücksichtigung des dialogischen Rahmens in Ez 8–11 und Ez 20 (AnBib 141), Rom 1999.

Newsom, C. A., A Maker of Metaphors – Ezekiel's Oracles against Tyre: Interp. 38, 1984, 151–164.

Niditch, S., Ezekiel 40–48 in a Visionary Context: CBQ 48, 1986, 208–224.

Noth, M., Noah, Daniel und Hiob in Ezechiel XIV: VT 1, 1951, 251–260.

Ohnesorge, S., Jahwe gestaltet sein Volk neu. Zur Sicht der Zukunft Israels nach Ez 11, 14–21; 20, 1–44; 36, 16–38; 37, 1–14.15–28 (FzB 64), Würzburg 1991.

Oppenheim, A. L., The Interpretation of Dreams in the Ancient Near East (Transactions of the American Philosophical Society 46 / 3), Philadelphia 1956.

Parker, R. A. / Dubberstein, W. H., Babylonian Chronology, 626 B.C.–A.D. 45 (Brown University Studies 19), Providence 1956.

Parunak, H. van Dyke, Structural Studies in Ezekiel, Ph.D. Diss., Harvard University 1978.

– The Literary Architecture of Ezekiel's *Mar'ôt 'Elohîm*: JBL 99, 1980, 61–74.

Pohlmann, K.-F., Ezechielstudien. Zur Redaktionsgeschichte des Buches und zur Frage nach den ältesten Texten (BZAW 202), Berlin 1992.

– Zur Frage nach den ältesten Texten im Ezechielbuch – Erwägungen zu Ez 17, 19 und 31, in: V. Fritz / K.-F. Pohlmann / H.-C. Schmitt (Hg.), Prophet und Prophetenwort (BZAW 185). FS O. Kaiser, Berlin 1989, 150–172.

Rad, G. von, Theologie des Alten Testaments I; II, München [10]1992.

Raitt, T. M., A Theology of Exile. Judgement / Deliverance in Jeremiah and Ezekiel, Philadelphia 1977.

Renz, T., The Rhetorical Function of the Book of Ezekiel (VT.S 76), Leiden / Boston / Köln 1999.

Reventlow, H., Wächter über Israel. Ezechiel und seine Tradition (BZAW 82), Berlin 1962.

Rivlin, A., The Parable of the Eagles, the Cedar and the Vine (Hebräisch): BetM 54, 1973, 342–359.

Rooker, M. F., Biblical Hebrew in Transition. The Language of the Book of Ezekiel (JSOT.S 90), Sheffield 1990.

Rudnig, T. A., Heilig und Profan. Redaktionskritische Studien zu Ez 40–48 (BZAW 287), Berlin / New York 2000.

Russell, D. S., The Method and Message of Jewish Apocalyptic (OTL), Philadelphia 1964.

Saggs, H. W. F., The Branch to the Nose: JThS 11, 1960, 318–329.

Sarna, N., Ezekiel 8, 17. A Fresh Approach: HTR 57, 1964, 347–352.

Scalise, P. D. J., From Prophet's Word to Prophetic Book. A Study of Walther Zimmerli's Theory of »Nachinterpretation«, Ann Arbor 1982.

Schmidt, H., Kerubenthron und Lade, in: H. Gunkel / H. Schmidt (Hg.), Eucharisterion. Studien zur Religion und Literatur des Alten und Neuen Testaments. FS H. Gunkel, Göttingen 1923, 120–144.

Schmidt, M. A., Zur Komposition des Buches Hesekiel: ThZ 6, 1950, 81–98.

Schulz, H., Das Todesrecht im Alten Testament (BZAW 114), Berlin 1969.

Sedlmeier, F., Studien zu Komposition und Theologie von Ezechiel 20 (SBB 21), Stuttgart 1990.

Segal, M. H., Prophet, Lookout, Reprover (Hebräisch), in: M. H. Segal, *Masoret u-Biqqoret,* Jerusalem 1957, 150–159.

Seidel, B., Ezechiel und die zu vermutenden Anfänge der Schriftreligion im Umkreis der unmittelbaren Vorexilszeit. Oder: Die Bitternis der Schriftrolle: ZAW 107, 1995, 51–64.

Seidel, M., Parallels Between the Book of Isaiah and the Book of Psalms (Hebräisch): Sinai 38, 1956, 149–172, 229–240, 272–280, 333–354.

Simian-Yofre, H., Die theologische Nachgeschichte der Prophetie Ezechiels. Form- und traditionsgeschichtliche Untersuchung zu Ez 6; 35; 36 (FzB 14), Würzburg 1974.

Smith, M., The Veracity of Ezekiel, the Sins of Manasseh, and Jeremiah 44, 18: ZAW 87, 1975, 11–16.

Spiegel, S., Ezekiel or Pseudo–Ezekiel: HTR 24, 1931, 245–321.

Steinmann, J., Le prophète Ézéchiel et les débuts de l'exil (LD 13), Paris 1953.

Stevenson, D., The Vision of Transformation. The Territorial Rhetoric of Ezekiel, Ann Arbor 1993.

Swanson, P. J., The Role of Covenant in Ezekiel's Program of Restoration, New Orleans 1989.

Talmon, S., Tabûr Ha'aretz and the Comparative Method (Hebräisch): Tarb. 45, 1976, 163–177.

Torrey, C. C., Pseudo-Ezekiel and the Original Prophecy, with critical articles by S. Spiegel and C. C. Torrey and a prolegomenon by M. Greenberg, New York 1970.

Tov, E., Recensional Differences between the MT and LXXX of Ezekiel: EthL 62, 1986, 89–101.

Tsevat, M., The Neo-Assyrian and Neo-Babylonian Vassal Oaths and the Prophet Ezekiel: JBL 78, 1959, 199–204.

Tuell, S. S., The Law of the Temple in Ezekiel 40–48 (HSM 49), Atlanta 1992.

Tur-Sinai, N. H., Pešuto šel miqra III / b, Jerusalem 1967.

Uffenheimer, B., Theodicy and Ethics in the Prophecy of Ezekiel, in: H. G. Reventlow / Y. Hoffmann (Hg.), Justice and Righteousness. Biblical Themes and Their Influence (JSOT.S 137), Sheffield 1992.

De Vaux, R., Ancient Israel. Its Life and Institutions, New York 1961.

Vieweger, D., Die literarischen Beziehungen zwischen den Büchern Jeremia und Ezechiel (Beiträge zur Erforschung des Alten Testaments und des Antiken Judentums 26), Frankfurt u. a. 1993.

Vogt, E., Untersuchungen zum Buch Ezechiel (AnBib 95), Rom 1981.

Wagner, M., Die lexikalischen und grammatikalischen Aramaismen im alttestamentlichen Hebräisch (BZAW 96), Berlin 1966.

Weinfeld, M., Deuteronomy and the Deuteronomic School, Oxford 1972.

Weiss, R., The Double–Duty of *l* On the Use of the negative Word *l* in Parallelism (Hebräisch): Shnaton 2, 1977, 82–92.

Westermann, C., Grundformen prophetischer Rede (EvTh 31), München ⁴1971.

– Prophetische Heilsworte im Alten Testament (FRLANT 145), Göttingen 1987.

– Zur Erforschung und zum Verständnis prophetischer Heilsworte: ZAW 98, 1986, 1–13.

Wilson, R. R., An Interpretation of Ezekiels Dumbness: VT 22, 1972, 91–104.

– Prophecy and Ecstasy. A Reexamination: JBL 98, 1979, 321–337.

– Prophecy in Crisis. The Call of Ezekiel: Interp. 38, 1984, 117–130.

Wiseman, D. J., Chronicles of Chaldean Kings (626–556 B.C.) in the British Museum, London 1956.

Yellin, D., Ketavim nivḥarim II, Jerusalem 1939.

Zadok, R., The Nippur Region During the Late Assyrian, Chaldean and Achaemenian Periods, Chiefly According to Written Sources: IOS 8, 1978, 266–332.

Ziegler, J., Die Bedeutung des Chester Beatty-Scheide Papyrus 967 für die Textüberlieferung der Ezechiel-Septuaginta: ZAW 61, 1945–1948, 76–94.

Zimmerli, W., Das Problem der »Fortschreibung« im Buch Ezechiel, in: J. A. Emerton (Hg.), Prophecy. FS G. Fohrer (BZAW 150), Berlin 1980, 174–191.

– Die Eigenart der Prophetischen Rede des Ezechiel. Ein Beitrag zum Problem an Hand von Ez 14, 1–11: ZAW 66, 1954, 1–26.

– Erkenntnis Gottes nach dem Buche Ezechiel. Eine theologische Studie (AThANT 27), Zürich 1954.

– »Leben« und »Tod« im Buche des Propheten Ezechiel: ThZ 13, 1957, 494–508.

– The Special Form- and Traditio-Historical Character of Ezekiel's Prophecy: VT 15, 1965, 515–527.

Einleitung

I. Das Buch Ezechiel: Aufbau und Inhalt

Das Buch Ezechiel bildet die dritte große Sammlung der Prophetie des alten Israel neben den anderen – hinsichtlich ihres Umfangs – »großen« Büchern der Propheten Jesaja und Jeremia. Es handelt sich um die Darstellung des Empfangs einer langen Reihe von Offenbarungen an ein »Ich«, das in 1, 2–3 mit dem Priester Ezechiel, dem Sohn des Busi, identifiziert wird. Er begann sein Wirken als Prophet im fünften Jahr des Exils des Königs Jojachin (593 v. u. Z.; zu diesem Datum sowie allen anderen Datumsangaben des Buches s. den nächsten Abschnitt der Einleitung) in Babylonien.

Von Jesaja wird gesagt, er sei erstmals zur Zeit des Königs Usija (8. Jh.) aufgetreten, Jeremia hingegen zur Zeit des Königs Joschija (7. Jh.). Somit stimmt die heutige kanonische Abfolge dieser Bücher – Jesaja, Jeremia, Ezechiel (so in den Handschriften der Ben-Ascher-Tradition, d. h. dem Codex Leningradensis [BHS], dem Codex Aleppo und den meisten Bibelausgaben) – mit der chronologischen Reihenfolge überein. Eine tannaitische Tradition, aufgezeichnet im babylonischen Talmud (bBaba Batra 14b), ordnet die drei jedoch anders an:

Da das Buch der Könige mit Unheil endet und das Buch Jeremia nur aus Unheil besteht, und das Buch Ezechiel mit Unheil beginnt, aber mit Trost endet, während Jesaja nur aus Trost besteht, siehst du, daß wir Unheil neben Unheil plazieren und Trost neben Trost.

Diese Reihenfolge – Jeremia, Ezechiel, Jesaja – findet sich in einigen frühen Bibelhandschriften (*C. D. Ginsburg*, Introduction to a Massoretico-critical Edition of the Hebrew Bible, New York 1966, 5). Ihr liegt eher das Prinzip einer thematischen als einer chronologischen Anordnung des Stoffes zugrunde. Wir werden sehen, daß dieses Prinzip teilweise auch in bezug auf die Struktur des Buches Ezechiel selbst wirksam ist.

Die tannaitische Zweiteilung des Buches in Unheils- und Heilsverkündigung diente auch der Erklärung einer anderen rätselhaften Bemerkung bei Josephus (Ant 10.5.1), Ezechiel »habe zwei Bücher geschrieben und uns hinterlassen«. Da tatsächlich die erste Hälfte des Buches (Kap. 1–24) größtenteils aus Unheilsverkündigungen, die zweite Hälfte (Kap. 25–48) hingegen zu weiten Teilen aus Heilsverkündigungen besteht, vermutete man, daß der Bemerkung bei Josephus diese Zweiteilung zugrunde liege. Wie dem auch sei, auf jeden Fall ist es angemessen, einen Gang durch das Buch mit dieser, schon in der Antike belegten Zweiteilung im Hinterkopf zu beginnen.

Aufbau des Ezechielbuches Wie die folgende Zusammenfassung zeigt, besteht die gesamte Verkündigung von der Berufung des Propheten im Juli 593 (1, 2 f.) bis zum Beginn der Belagerung Jerusalems im Januar 588 (24, 1) aus Unheilsankündigungen.

Dies trifft auch auf die Mehrzahl der Abschnitte dieses Buchteils zu, die nicht mit einer Datumsangabe versehen sind.

Ez 1,1–3,21 (Juli 593), die Berufung und Beauftragung des Propheten; 3,22–5,17, Fesselung, »Stummheit« und Symbolhandlungen, die die Belagerung Jerusalems sowie die Exilierung der Bevölkerung symbolisieren; 6,1–7,27, Unheilsansagen gegen die Berge und die Bewohner des Landes; 8,1–11,25 (September 592), eine visionäre Versetzung nach Jerusalem, um die Greuel im Tempel zu bezeugen, Gott verläßt den Tempel und die Stadt, um diese zu zerstören; 12,1–20, dramatische Repräsentation des Exils und Furcht vor dem bevorstehenden Untergang; 12,21–14,11, Anklagen mit Bezug auf falsche Propheten und Prophetie; 14,12–23, eine ironische Ausnahme vom Prinzip, daß Sünder dem allgemeinen Untergang nicht entgehen können, im Falle Jerusalems; Kap. 15, das Gleichnis vom nutzlosen Weinstock; Kap. 16, das Gleichnis von der nymphomanischen Ehebrecherin; Kap. 17, das Gleichnis vom Adler und vom treulosen Weinstock; Kap. 18, Widerlegung eines Epigramms, das Gottes Gerechtigkeit in Frage stellt, ein Ruf zur Umkehr; Kap. 19, eine gleichnishafte Totenklage über die Monarchie; Kap. 20 (August 591), ein neuer Exodus als Pflicht; Kap. 21, drei Orakel über das strafende Schwert; Kap. 22, drei Orakel über das verunreinigte Jerusalem; Kap. 23, das Gleichnis der zügellosen Schwestern; 24,1–14 (Januar 588), das Gleichnis vom schmutzigen Topf (Jerusalem); 24,15–27, der Tod der Frau des Propheten, ein Omen.

Kap. 26–32 enthalten Verkündigungen aus der Zeit der Belagerung (Winter 588 bis Sommer 586) und der daran anschließenden zwölf Monate (bis März 585 [M]). Diese gehören zu einer homogenen Reihe von Prophetenworten (Kap. 25–32) gegen die das Land Israel umgebenden Nationen. Kap. 25, kurze Unheilsansagen gegen vier Nachbarn; 26,1–28,26, gegen Phönizien: vier Unheilsansagen gegen Tyrus, eine gegen Sidon; 29,1–32,32, sieben Orakel gegen Ägypten.

Kap. 33 besteht aus einer Sammlung von Worten, die auf Themen des ersten Buchteils bezogen sind, sowie einer Notiz über die Ankunft eines Entkommenen, der die Nachricht der Zerstörung Jerusalems überbringt (Januar 585). Heilsprophetien und ein Entwurf für die Restauration schließen sich an.

Kap. 34, Erneuerung der Führung Israels; 35,1–36,15, Anklage Edoms, in Gottes Land eingedrungen zu sein, prophetische Ankündigung der Erneuerung der Berge des Landes Israel; 36,18–38, Erneuerung des Herzens Israels; Kap. 37, Auferweckung der trockenen Gebeine Israels und Wiedervereinigung seines Königtums unter einem neuen David; Kap. 38–39, Sieg über die raubgierige Horde Gogs zur größeren Ehre Gottes; Kap. 40–48, eine »messianisch priesterliche Schrift« (*Y. Kaufmann*, Religion 1963, 443): 40,1–46,24, ein visionärer Rundgang durch den zukünftigen Tempel und Vorschriften für den Kult und sein Personal; 47,1–12, die Vision vom lebenspendenden Strom, der vom Tempel ausgeht; 47,13–48,35, die Verteilung des Landes unter die heimgekehrten Stämme und verwandte Themen.

In der Antike scheint man alles zwischen Ez 25 und 48 als Heilsansagen verstanden zu haben, einschließlich der Fremdvölkersprüche, offensichtlich vor dem Hintergrund des Prinzips, daß die Aussicht auf Vergeltung an den treulosen Nachbarn einen Trost darstellte. Obwohl es einige Hinweise auf solch ein Konzept gibt (25,14; 28,24ff.; 29,6b–7.16), ist es angemessener, diese Prophetien als eigenen Unterabschnitt zu behandeln und ihre Stellung als Mitte anzusehen zwischen einerseits den Unheilsansagen an Israel, die im Jahr der Belagerung (dessen Datum in Ez 24 genannt wird) ihren Höhepunkt erreichen, und andererseits den Heilsansagen, die in Ez 34, nach der Nachricht von der Ankunft der schlechten Neuigkeiten in Ez 33, beginnen.

Ordnungs-
prinzipien:
chronologisch
und thematisch

Gesteht man zu, daß die traditionelle Zweiteilung zu einfach ist, können wir darin fortfahren, auf andere Unregelmäßigkeiten in der Anordnung der einzelnen Prophetensprüche hinzuweisen. Die erste Hälfte des Buches ist thematisch uneinheitlich. Neben Unheilsansagen enthält sie Rufe zur Umkehr (14,6; Ez 18) und einige Restitutionsverkündigungen (z.B. 16,60–62; 17,22–24), von denen zumindest 11,14–21 eindeutig vor der Zerstörung der Stadt zu situieren ist. In ähnlicher Weise finden sich auch in der Verkündigung nach der Zerstörung Unheilsansagen (z.B. 34,1–10; 36,31f.). Auch die Verkündigung gegen die Fremdvölker ist nicht auf einen Block beschränkt: Bei 21,33–37 handelt es sich wahrscheinlich um einen verdeckten Spruch gegen Babylon, eine explizite Anklage Edoms findet sich erst in Ez 35. Diese »Unregelmäßigkeiten« sind allerdings gut in ihre Kontexte eingebunden, sowohl in thematischer wie in literarischer Hinsicht. Allein hyperkritische Erwartungen an Kohärenz und Einfachheit antiker Schriften liegen dem Urteil derjenigen Kritiker zugrunde, die diese Texte als Einschübe identifizieren (s. Teil III dieser Einleitung). Aber auch die Reihenfolge der datierten Sprüche folgt keinem einheitlichen Prinzip. So setzte man, um alle Worte gegen Ägypten zusammenzustellen, das letztdatierte Wort (März 585 [M]) vor das Eintreffen der Nachricht von der Eroberung Jerusalems (Jan. 585). In ähnlicher Weise findet sich der letztdatierte Spruch des Buches in 29,17ff. – ,ein Anhang zu einem Orakel gegen Tyrus, in dem Tyrus als Nebukadnezzars Beute durch Ägypten ersetzt wird. Dies geschah vermutlich, um alle Worte gegen Phönizien vor die Ägyptenworte zu stellen, obwohl das erste Wort gegen Ägypten älter ist als das erste gegen Tyrus.

Trotz des chronologischen Gerüsts, das von den Datierungen getragen wird, ordnete man also ähnliches Material innerhalb der Fremdvölkersprüche thematisch an. Der Herausgeber orientierte sich in diesem Fall an inhaltlichen Überlegungen. Ungeachtet dieses Belegs für eine editorische Arbeit, finden sich dennoch einige erratische Sprüche anderer Art neben den Unheilsansagen des ersten Teils des Buches und den Heilsansagen des zweiten. Dies zeigt, daß der Herausgeber nicht der Ansicht war, Ezechiel habe jeweils nur ein Thema verkündigt. Ihn störte eine zufällige Heilszusage vor der Zerstörung ebensowenig wie Drohworte innerhalb einer Heilsansage nach dem Fall. Er teilte nicht die moderne kritische Überempfindlichkeit gegen eine Vielfalt der prophetischen Stimmungen. Es bleibt umstritten, ob diese Vielfalt bereits die Sprüche, wie sie ursprünglich überliefert oder erstmalig zusammengestellt wurden, auszeichnete. Die literarische Integration dieser »erratischen« Stücke in ihrem heutigen Kontext zeigt jedoch, daß, noch bevor das Buch seine heutige Gestalt erlangte, jemand (vielleicht der Prophet selbst) es nicht für unschicklich oder grotesk hielt, eine Vielfalt von Stimmungen nicht nur innerhalb eines Abschnittes der Laufbahn des Propheten, sondern sogar innerhalb ein- und desselben Spruches nebeneinanderzustellen.

Neben der groben Gliederung des Buches in Unheilsverkündigung (Kap. 1–24), Fremdvölkersprüche (25–32) und Heilsansagen (33–48) sowie der allgemeinen chronologischen Anordnung der Worte lassen sich jedoch noch andere Prinzipien der Anordnung erkennen. Zwischen 12,21 und 14,11 finden sich nicht weniger als vier verschiedene Worte über Propheten und Prophetie, von denen eines (13,1–16) wahrscheinlich weitaus jünger als die übrigen ist. Diese sind eindeutig aufgrund ihres gemeinsamen Themas zusammengestellt worden. In ähnlicher Weise ist den Kap. 15–19 gemeinsam, daß es sich jeweils um einen משל »Gleichnis, Sprichwort« handelt. *U. Cassuto*, Biblical and Oriental Studies, Bd. 1: Bible, Jerusalem 1974, 227–240 erklärt diese Zusammenstellung von inhaltlich unterschiedlichem Material inmitten von datierten Worten durch das Prinzip der Stichwortverkettung. Wenn er auch manchmal zu weit geht – indem er beispielsweise allein Ähnlichkeit im Klang anführt (z.B. פתותי | יפתה in 13,19 und 14,9) –, so wird sein Ansatz doch durch Verkettungen wie die folgenden gestützt:

חמתי ... 7,8; וכליתי חמתי בם 6,12; מביא עליכם חרב 6,3; וחרב אביא עליך 5,17

חתר-נא 8,7; וכליתי אפי בך 7,20–22 Tempelgreuel; Kap. 8–11 Tempelgreuel;

בקיר 12,3 ff. חתר בקיר

15,4; מעלו מעל 15,8; למעל מעל 14,13; והכרתי מ 14,13; והכרתי מ 14,8

בזית אלה להפר 16,59; ואבוא בברית 16,8; ותצלחי למלוכה 16,13; היצלח למלאכה

בזה אלתו ... הפר בריתו 17,16; ויבא ... באלה ,ויכרת ... ברית 17,13; ברית

Cassuto schreibt diese Stichwortverkettungen einem Herausgeber zu; eine andere mögliche Erklärung bestünde darin, daß die Glieder solcher Ketten zu Sprüchen gehören, die tatsächlich in kurzem zeitlichen Abstand und in der heutigen Abfolge zusammengestellt wurden. Trotzdem ist die Stichwortverkettung neben den primären Prinzipien der thematischen und chronologischen Anordnung zweitrangig.

Zeittafel

Text	Jahr	Monat	Tag	v. u. Z. [1]	Anlaß oder Thema der Verkündigung	Parellele Ereignisse[2]
1, 1	30	4	5	s. Anm. 3	Himmlische Vision	
1, 2–3	5	–[4]	5	Juli 593	Thronwagenvision und Berufung	Antibabylonisches Konklave in Jerusalem: Hananja prophezeit die Restauration Jojachins »in zwei Jahren«; Zidkijas Gesandtschaft nach Babylon[5]
3, 16	eine Woche später			Juli 593	Einsetzung als Wächter	
8, 1	6	6	5	Sept. 592	Vision der Tempelgreuel	Psammetich II. von Ägypten zieht nach Kharu (Palästina-Phönizien)[6]
20, 1	7	5	10	Aug. 591	Drohung eines neuen Exodus	Ende der von Hananja gesetzten Zweijahresfrist für die Erfüllung der Restaurationsvorhersage[7]
24, 1	9	10	10[8]	Jan. 588	Beginn der Belagerung Jerusalems	Beginn der Belagerung Jerusalems (2 Kön 25, 1)
26, 1	11	–[9]	1	März / April 587–586	Zerstörung von Tyrus	Beginn der 13jährigen Belagerung von Tyrus durch Nebukadnezzar[10]
29, 1	10	10	12	Jan. 587	Zerstörung Ägyptens	Der erfolglose Versuch des Pharao Hophra, die Belagerung Jerusalems zu beenden[11]
29, 17	27	1	1	April 571	Berichtigung der Ansage gegen Tyrus; Ersetzung durch Ägypten	Ende der Belagerung von Tyrus durch Nebukadnezzar[10]
30, 20	11	1	7	April 587	Zerstörung Ägyptens	s. Anm. 11
31, 1	11	3	1	Juni 587	Gleichnis vom Pharao als gefallenen Baum	s. Anm. 11
32, 1	12[12]	12	1	März 585[12]	Totenklage über den Pharao und Ägypten	

32, 17	12	–[13]	15	(März[13]) 585	Klagelied über den Pharao und seine Horde	
33, 21	12	10	5	Jan. 585	Flüchtling aus Jerusalem berichtet von der Zerstörung	Eroberung Jerusalems und Deportation der Überlebenden[14]
40, 1	25	1 / 7[15]	10	April / Oktober 573	Vision des zukünftigen Tempels	

Anmerkungen zur Zeittafel

1. Die Jahreszählung in den Datumsangaben beginnt mit dem Exil des Königs Jojachin von Juda (1, 2; vgl. »[Jahr X] unseres Exils« in 33, 21 und 40, 1; zum Datum in 1, 1 s. Anmerkung 3), das dem Aufstand gegen die babylonische Vorherrschaft, der einige Jahre zuvor von seinem Vater, König Jojakim, angezettelt worden war, ein Ende setzte. 2 Kön 24, 8–17 (kürzer in 2 Chr 36, 9 f.) berichtet darüber, wie Nebukadnezzar auf der Bildfläche erschien, um Jerusalems Kapitulation entgegenzunehmen und die Deportation des Königs, seiner Aristokratie und der militärischen Elite zu veranlassen. Der Babylonier setzte daraufhin Mattanja, den Onkel Jojachins, auf den Thron, den er in Zidkija umbenannte. Diese biblischen Informationen werden durch eine babylonische Chronik gestützt, die sie in das siebte Jahr Nebukadnezzars, d. h. von Frühjahr 598 bis Frühjahr 597 v. u. Z., datiert:

Jahr 7, Monat Kismilu (Nov.–Dez.): Der König von Akkad (Nebukadnezzar) zog mit seiner Armee ins Land von Hatti (Syrien-Palästina). Dort belagerte er die Stadt Judas, und der König nahm die Stadt ein am 2. Tag des Monats Adar (16. März 597). Er ernannte in ihr einen (neuen) König, der ihm gefiel, nahm schweren Tribut und brachte ihn nach Babylon.

Während das genaue Datum der Eroberung der Stadt genannt wird und seine Umrechnung in unser Kalendersystem ziemlich sicher ist (*R. A. Parker / W. H. Dubberstein*, Chronology 1956, 27 f.), wird das Datum der Deportation in der babylonischen Quelle nicht genannt, sie wird noch nicht einmal erwähnt. 2 Kön 24, 12 datiert sie in das achte Jahr Nebukadnezzars, das im folgenden Monat (Nisan) begonnen hätte. Daß dürfte 2 Chr 36, 10 meinen, wo der Transport Jojachins und der Beute nach Babylon in die Zeit der »(Wieder)kehr des Jahres« datiert wird. Gemeint ist das zivile jüdische Jahr, das wie das babylonische Regierungsjahr im Frühjahr begann (Ex 12, 2; Est 3, 7, »im ersten Monat, das ist der Monat Nisan«). Die Ära des Exils Jojachins begann somit mit der Deportation im oder um den Nisan 597. Mit dem Jahrestag der Deportation, im Nisan 596, begann das Jahr zwei »unseres Exils« und im Nisan 593 das Jahr fünf.

Die neuesten Diskussionen zu den Quellen und Problemen der Chronologie des Ezechielbuches sind: *K. S. Freedy / D. B. Redford*, Dates 1970, sowie die zwei historischen Synthesen von *A. Malamat*, Last Kings 1968 und Twilight 1975 (mit einer guten Zeittafel auf S. 144 f.); vgl. auch *E. Kutsch*, Daten 1985.

2. Es werden die Ereignisse aufgelistet, die aus biblischen oder außerbiblischen Quellen bekannt sind und die sich in zeitlicher Nähe des fraglichen Datums ereigneten. Entweder bezieht sich das entsprechende Prophetenwort darauf, oder die Ereignisse stehen in seinem Hintergrund. Freedy / Redford und Malamat schlagen weitere, spekulative Bezugnahmen vor.

3. Wenn sich dieses Datum wie die anderen auf die Ära »unseres Exils« bezieht, dann entspricht dies dem Juli 568. Es wäre somit das jüngste Datum, obwohl es am Beginn des Buches steht (vgl. als nächstjüngstes 29,17). Es wird jedoch meist mit dem Datum in V 2 f. gleichgesetzt. Es muß also einer anderen Jahreszählung folgen; s. die nächste Anmerkung und die Einzelanalyse zu 1,1–3.

4. Versteht man den Ausdruck »am Fünften des Monats« als Stichwort, das aus dem Ende des Datumsformulars von V 1 als Einleitung einer Glosse dazu übernommen wurde – eine plausible Annahme, unabhängig davon, was das Datum in V 1 ursprünglich bedeutete –, dann ist hier »der vierte Monat« zu ergänzen.

5. Diese Geschehnisse ereigneten sich im vierten Regierungsjahr Zidkijas – Tischri (Sept. / Okt.) 594–Elul (Aug. / Sept.) 593, denn derart werden die ungenauen (»zu Beginn seiner Herrschaft«) und falschen (»Jojakims«) Angaben in Jer 27,1 in 28,1 spezifiziert und korrigiert (vgl. 27,3.12). Zum Regierungsjahr von Tischri–Elul in Juda s. *K. S. Freedy / D. B. Redford* ebd. 464 ff. Hananja trat im fünften Monat als Prophet auf – ab (Juli / August) 593 (Jer 28,1), wohingegen Jeremia immer noch das Joch trug, das er den Gesandten der Nachbarn Judas, die zu einem konspirativen Treffen in Jerusalem zusammenkamen (28,10; vgl. 27,2 ff.), vorführen sollte. Wann genau in diesem Jahr die königliche Gesandtschaft nach Babylon, auf die in Jer 51,59 hingewiesen wird, stattgefunden hat, ist nicht bekannt, aber ein Bezug zur antibabylonischen Agitation dürfte wahrscheinlich sein (*M. Greenberg*, Ezekiel 17 1957). Auf die Parallele der Berufung Ezechiels zu diesen Ereignissen hat *G. Hölscher*, Hesekiel 1924, 12–14, hingewiesen.

6. Diese Reise fand im vierten Regierungsjahr Psammetichs II. statt (s. die englische Übersetzung der entsprechenden Passage des Ryland-Papyrus IX in *K. S. Freedy / D. B. Redford* ebd. 479) – d. h. 592; s. zu diesem Datum *A. Malamat*, Twilight 1975, 141, Anm. 40. (Das Datum in *M. Greenberg* ebd. und *K. S. Freedy / D. B. Redford* ebd. ist entsprechend zu korrigieren.) Obwohl die Reise nicht wie ein Feldzug beschrieben wird, hatte bereits eine

nicht-militärische Geltendmachung der ägyptischen Präsenz innerhalb eines Territoriums, auf das Babylon Anspruch erhob, zur Folge, daß die antibabylonischen Kräfte in Palästina und Phönizien gestärkt wurden.

7. Auf die Übereinstimmung dieses konstruierten »Ereignisses« mit dem in 20, 1 genannten Datum hat *A. Malamat* ebd. 138 f. hingewiesen. Die Enttäuschung über das Nichteintreffen der zuversichtlichen Vorhersage Hananjas dürfte vielleicht das Ansehen der düsteren Vorhersage Jeremias (in seinem Brief an die Exulanten, Jer 29) gesteigert haben, daß das Exil lange dauern würde und man sich entsprechend darauf einrichten müsse. Eine übermäßige Anpassung an die Exilssituation scheint der Gegenstand von Ez 20 zu sein; s. den Kommentar.

8. Der Ausdruck בחדש העשירי weicht von allen anderen Monatsformularen ab, wo das ב der Ordinalzahl vorgesetzt wird – z. B. בעשירי in 29, 1 – ohne ein dazwischentretendes חדש. (Selbst in 32, 1, wo חדש eingefügt wird, um den »zwölften Monat« vom »zwölften Jahr« abzugrenzen, steht es erst am Schluß: בשני עשר חדש.) Das Aufbrechen der Wortereignisformel durch die Einfügung eines Datumsformulars ist in 2 Kön 25, 1 belegt. Allgemein nimmt man an, daß dieses Datum hier eingesetzt wurde. Zufälligerweise ist das Jahr dasselbe, ob man nun dem Tischri-Elul-Regierungsjahr der Könige oder dem Nisan-Adar-Jahr »unseres Exils« in Ezechiel folgt.

9. G (Alexandrinus) bezeugt »der erste Monat« – was jedoch von zweifelhaftem Wert ist; vgl. zu 32, 17.

10. Josephus (Ap 1.20 und Ant 10.11.1), unsere einzige Quelle, gibt kein genaues Jahr an. Wenn die Belagerung nach dem Fall Jerusalems begann, d. h. nach 586–585, muß sie im Jahr 573–572 beendet worden sein; s. *H. J. Katzenstein*, The History of Tyre, Jerusalem 1973, 328.330.

11. Jer 37, 7.11. Der vergebliche Feldzug gegen Ägypten spiegelt sich auch in den in 30, 20 und 31, 1 datierten Worten wider. *A. Malamat*, Last Kings 1968, 152 und *K. S. Freedy / D. B. Redford* ebd. 470 ff. weichen in ihren Versuchen, diese Daten mit dem unbekannten Zeitpunkt und Verlauf des Feldzugs in Verbindung zu bringen, voneinander ab.

12. Dieses Datum in M steht in bezug auf das in 33, 21 genannte außerhalb der chronologischen Reihenfolge. G (Alexandrinus) liest hier das »elfte Jahr« (d. h. 586), weshalb einige Exegeten um der Ordnung willen M שתי עשרה »zwölf« zu עשתי עשרה »elf« emendieren (z. B. *K. S. Freedy / D. B. Redford* ebd. 468, Anm. 30). Aber dabei handelt es sich um eine zweifelhafte Maßnahme, da G aus dem gleichen Willen zur Harmonisierung entstanden sein könnte. Vermutlich verursachte die Zusammenstellung der Ägyptenworte diese Überlappung.

13. Man ergänzt automatisch den in V 1 fehlenden Monat, nämlich den »zwölften«, damit dieses Wort zwei Wochen später datiert wird als sein Vorgänger. G ergänzt »der erste Monat« – d. h. April 586. Mit Blick auf 33, 21 ergibt dies eine glatte chronologische Reihenfolge, weshalb einige Exegeten

diese Lesart vorziehen (z. B. *K. S. Freedy / D. B. Redford* ebd. 468, Anm. 31) – erneut eine zweifelhafte Entscheidung.

14. 2 Kön 25,8 = Jer 52,12 datiert diese Ereignisse in das 19. Jahr Nebukadnezzars (Nisan 586 – Adar 585), das sich im fraglichen Frühjahr und Sommer mit dem elften Jahr Zidkijas überschneidet (Tischri 587 – Elul 586). Die Stadt fiel im vierten Monat (Juli) (Jer 39,2; 52,6 f.), und im fünften Monat wurden die Überlebenden deportiert (2 Kön 25,8–11). Der Flüchtling kam vermutlich zusammen mit den Deportierten im Januar 585 an – etwas weniger als fünf Monate später. Vgl. damit die vier Monate, die der Zug der Rückwanderer unter Esra in die umgekehrte Richtung benötigte (Esra 7,9).

15. Hebräisch ראש השנה »der Kopf (Anfang) des Jahres«. G »der erste Monat« interpretiert dies vermutlich lediglich als Hinweis auf den Nisan, der in Ex 12,2 ראש חדשים »der Kopf (Anfang) der Monate« genannt wird. Die Tradition und einige neuere Kommentatoren stellen demgegenüber einen Bezug zu Lev 25,9 her, wo der zehnte Tag des siebten Monats den Beginn des Jobeljahrs markiert. (Dies stützt die Tradition mittels einer genialen Erklärung des dreißigsten Jahrs in 1,1 und seiner Gleichsetzung mit dem Jahr fünf von Jojachins Exil [1,2 f.]: Wenn das Jahr 25 »unseres Exils« ein Jobeljahr war [das Jahr 50 eines Zyklus], dann war das Jahr fünf – fünfundzwanzig Jahre früher – das dreißigste Jahr desselben Jobeljahrzyklus.)

II. Die Daten und der historische Hintergrund

Zeitgenössische und andere biblische und außerbiblische Quellen der Antike bestätigen weitestgehend das Zeugnis des Buches Ezechiel, demzufolge die dort geschilderten Geschehnisse sich zwischen den Jahren 593 und 571 v. u. Z. abspielten. Ereignisse dieser Jahre spiegeln sich in der Verkündigung wider, jedoch keine der Zeit nach 571. Alles vor 593 gilt eindeutig als Vergangenheit.

Zu Beginn des 6. Jhs. hatten die Babylonier unter Nebukadnezzar II. (605–562) die Oberhand über Ägypten im Kampf um die Vorherrschaft entlang der Mittelmeerküste, die als Puffer zwischen den beiden Staaten fungierte, gewonnen. Aber die saitischen Pharaonen, die auf Psammetich I. (bis 610) folgten, intervenierten weiterhin im westasiatischen Raum, um Ägyptens östliche Flanke abzusichern. Pharao Necho (610–595) versuchte erfolglos, den Rest des assyrischen Reiches, das unter den Angriffen der Babylonier und Meder zusammenzubrechen drohte, zu stützen. 605 unterlag er in Karkemisch am Eufrat. Er zog sich zurück und überließ seine früheren Gebiete in Syrien-Palästina angesichts der Feldzüge Nebukadnezzars in den Jahren 604, 603 und 602 (der dort offensichtlich seine Macht etablieren und Tribut eintreiben wollte) sich selbst. Aber Necho war keine Größe, die man einfach übergehen konnte. Sobald er die Nachricht vom Eintreffen der babylonischen Armee in Ägypten erhielt (vielleicht durch Verbündete entlang der Küste?), stellte er sich ihr entgegen, hielt sie auf und fügte ihr derart schwere Verluste zu, daß Jahrzehnte vergingen, bevor Nebukadnezzar einen weiteren Feldzug gegen Ägypten unternahm.

Wahrscheinlich war es dieser Rückschlag der babylonischen Armee, die König Jojakim von Juda – Nechos Protegé – ermutigte, sich nur kurze Zeit später gegen Nebukadnezzar aufzulehnen. Die kurze Notiz in 2 Kön 24,7, derzufolge der König von Ägypten sein Land nicht mehr verließ, gibt vielleicht einen Hinweis darauf, daß bei diesem Aufstand die Hoffnung auf Unterstützung von seiten Ägyptens ebenfalls eine Rolle spielte. Nachdem Nebukadnezzar seine Vasallen – die Nachbarn Judas – ausgesandt hatte, um den Aufrührer aufzureiben, traf er selbst im Jahr 598 (s. Anm. 1 zur Zeittafel) rechtzeitig ein, um die Kapitulation Jerusalems und des gesamten königlichen Hofstaats, die nun von König Jojachin, dem jungen Sohn des verstorbenen Aufrührers, angeführt wurden, entgegenzunehmen. Er ernannte Jojachins Onkel Zidkija zum König und nahm ihm den Treueid ab, den Josephus treffend zusammenfaßt: »... daß er das Königtum für ihn erhalten, keine Neuerungen einführen, noch irgendeine Verbindung mit den Ägyptern aufnehmen sollte« (Ant 10.7.1). (Da Josephus wahrscheinlich keine anderen Quellen als Ez 17,13 f. und 2 Chr 36,13 zur Verfügung standen, bezeugt der letzte Teil des Satzes, der keine biblische Entsprechung hat, seinen eigenen politischen Scharfsinn.)

Unter Psammetich II. (595–589) fand kein Wechsel in Ägyptens Asienpolitik statt. Vielleicht um fortgesetzten Unruhen zuvorzukommen, erschien Nebukadnezzar zweimal in Hatti, im Januar und im Dezember 594, das erste Mal, um Tribut einzutreiben, das zweite Mal mit seiner Armee (D. J. Wiseman, Chronicles 1956, 72–74). Zog Zidkija während dieser Zeit, dem fünften Jahr seiner Regierung, nach Babylon, um seinen Gehorsam zu demonstrieren (s. Anm. 5 zur Zeittafel)? Aber die Unruhen hielten an, und im selben Jahr berief Zidkija in Jerusalem eine Versammlung der westasiatischen Staaten ein mit der Absicht, das babylonische Joch abzuwerfen – um mit einer Zeichenhandlung Jeremias zu sprechen (Jer 27). Für die Beurteilung der politischen Basis der Initiative Zidkijas ist es von Bedeutung, daß für diese Zeit Belege für eine militärische Zusammenarbeit zwischen Juda und Ägypten existieren. Psammetich II. siegte 593 in Nubien mit Hilfe judäischer Truppen (Arist 3; K. S. Freedy / D. B. Redford, Dates 1970, 476). Nach diesem Sieg organisierte Psammetich 592 einen triumphalen Besuch in Phönizien-Palästina, der die antibabylonischen Kräfte in der Region gestärkt haben muß (W. Helck, Geschichte des alten Ägypten, Leiden 1968, 254; K. S. Freedy / D. B. Redford ebd. 471). Unabhängig davon, ob Zidkijas Revolte hiermit in Verbindung zu bringen ist (K. S. Freedy / D. B. Redford ebd. 480, Anm. 100) oder nur mit der Thronbesteigung des Pharaos Hofra zu Beginn des Jahres 589, müssen die Vorbereitungen für den Aufstand, insbesondere die Aufstellung einer Streitwagenabteilung und von Hilfstruppen aus Ägypten (vgl. Ez 17,15), bereits erheblich früher begonnen haben.

Pharao Hofra führte die auf Interventionen in Asien ausgerichtete Politik seiner Vorgänger trotz der babylonischen Antwort auf den Aufstand fort. Im Januar 588 wurde Juda, von seinen Nachbarn auf dem Schlachtfeld verlassen, erobert, und die Belagerung Jerusalems begann. Wann genau der dritte Brief aus Lachisch geschrieben wurde, in dem auf die Reise des »Hauptmanns des Heeres, Konyahu Ben Elnatan, um nach Ägypten zu ziehen«, Bezug genommen wird, ist nicht genau bekannt, aber es handelt sich um ein weiteres Zeugnis für die ungebrochene Hoffnung Judas auf ägyptische Hilfe. Hofra sandte sein Heer gegen die Babylonier, aber die Hilfe für das belagerte Jerusalem war nur von kurzer Dauer (s. Anm. 11 zur Zeittafel). Nach zweieinhalb Jahren zwang der Hunger die Stadt zur Aufgabe; sie wurde zerstört und die Bevölkerung erneut deportiert. Der von den Babyloniern eingesetzte Statthalter, ein gewisser Gedalja, wurde kurze Zeit später von einem davidischen Anhänger Ammons ermordet; viele Überlebende flohen nach Ägypten, wo sie in der Festung Daphne stationiert wurden – wahrscheinlich als Grenztruppen (s. Anm. 14 der Zeittafel; Jer 40–43).

Nachdem Juda erobert war, hatte Nebukadnezzar noch immer mit den aufrührerischen Nachbarstaaten zu tun, die, obwohl sie den Untergang Judas ausbeuteten, das babylonische Joch nicht freiwillig auf sich nahmen. Josephus zufolge starteten die Babylonier fünf Jahre nach der Eroberung Jerusalems, im 23. Jahr Nebukadnezzars (582–581), einen weiteren Feldzug im Westen »gegen Coele-Syrien … gegen die Ammoniter und Moabiter« (Ant 10.9.7). Dabei handelte es sich nur um das Vorspiel zu einer weiteren, letzten Anstrengung gegen Ägypten. Josephus berichtet von einem anschließenden erfolgreichen Feldzug gegen Pharao Amasis (570–526), was aber von anderen Quellen nicht gestützt wird. Ein schwer verständliches Fragment eines babylonischen Textes bezieht sich auf einen Feldzug gegen Ägypten, durchgeführt von Nebukadnezzar in seinem 27. Jahr (568–567; s. ANET 308 d). Wir wissen, daß Amasis nicht abgesetzt wurde, aber die ungeheure Anstrengung belegt, daß die Babylonier bis zuletzt Ägypten als eine Bedrohung ihrer westlichen Flanke betrachtet haben.

Die Angaben des Buches Ezechiel stimmen mit diesem Gang der Ereignisse überein.

Das Hauptanliegen der Unheilsverkündigung Ezechiels besteht darin, seine Zuhörerschaft davon zu überzeugen, daß ihre Hoffnung auf Unabhängigkeit und Wohlstand – die Ezechiels Gegenspieler mit ihrer Verkündigung noch anheizten – falsch war. Angefacht wurde diese Hoffnung durch die andauernde Unterstützung, die Ägypten antibabylonischen Kräften während dieser Zeit gewährte. Ein Auflodern aufständischer Aktivitäten fiel in die Zeit der Berufung und Beauftragung Ezechiels (s. Anm. 5 zur Zeittafel). Daß hier eine Verbindung besteht, scheint plausibel. Der nächste datierte Spruch, der die Aufgabe und die Zerstörung des Jerusalemer Tempels schildert, fällt ungefähr in die Zeit des Staatsbesuchs von Psammetich II. in Palästina-Phönizien, eine kalkulierte Geste, die den Widerstand gegen Babylon vorantreiben sollte. Kap. 17 verurteilt Zidkijas Bündnis mit Ägypten. Die Fremdvölkersprüche folgen dem Verlauf des Feldzugs Nebukadnezzars im Westen und der Beteiligung von Ägypten, Tyrus und anderen benachbarten Staaten am Fall Judas und seiner nachfolgenden teilweisen Zerstückkelung. Besonders beachtenswert ist das Datum des Wortes in 29, 17 – das Jahr 571 –, da es zu einem das Ende der babylonischen Belagerung von Tyrus (s. Anm. 10 zur Zeittafel), zum anderen den Einmarsch in Ägypten (der tatsächlich aber erst im Jahr 568 durchgeführt wurde) widerspiegelt.

Die Zuverlässigkeit der Verkündigung Ezechiels, was die zeitliche und lokale Situierung anbelangt, wird von Jeremia bestätigt. Die Beschreibung der Stimmung und der Erwartungen der Exulanten in Jer 29 – sein Brief an sie – könnte nicht besser den Hintergrund für Ezechiels Verkündigung veranschaulichen. Jeremia ist daran gelegen, die Exulanten von ihrer Hoffnung auf eine baldige Wiederkehr in die Heimat abzubringen. »Es wird lange dauern«, sagt er hinsichtlich des Exils (V 28a). Die Weigerung der Exulanten, diese Botschaft zu akzeptieren, wurde noch durch solche Propheten verstärkt, die ihnen das verkündigten, was sie hören wollten (V 8 f.). Jeremia nennt sie Lügner, die nicht von Gott autorisiert sind. In Ez 13 wird der schädliche Einfluß solcher Heilspropheten mit fast den gleichen Worten beschrieben. Jeremia empfiehlt den Exulanten, sich in Babylon niederzulassen, dort ihre Familien zu gründen und Gott um Vergebung und um das Wohl des Landes, in dem sie leben, zu bitten (V 5–7.12–13). Die Angleichung an die Völker, die Ezechiel in Kap. 20 attackiert, dürfte eine populäre – in Ezechiels Perspektive irrige und übertriebene – Einwilligung in diesen Aufruf, sich an die Umstände des Exils anzupassen, widerspiegeln (s. Anm. 7 zur Zeittafel).

Daß viele Prophetien Ezechiels nicht eingetroffen sind, ist ein schwerwiegender Beweis dafür, daß sein Blickfeld zeitlich begrenzt ist. Die Datierungen des Buches fallen allesamt in die Zeit der Herrschaft Nebukadnezzars II. Kein nachfolgender Machthaber oder Weltherrscher wird vorhergesehen. Ezechiel selbst erlebte es noch, daß Nebukadnezzar, entgegen seiner Vorhersage, Tyrus nicht zerstörte. Er verbesserte sie daraufhin entsprechend (29, 17 ff.). Aber seine Verbesserung erwies sich ebenfalls als falsch. Ägypten blieb unabhängig, bis es der Perser Kambyses 525 eroberte, und es erlitt daraufhin weder eine Verwüstung noch ein Exil von 40 Jahren, wie Ezechiel es in 29, 8–12 vorhergesagt hatte. Wenn es sich bei 21, 36 f. um eine versteckte Anspielung auf das blutige Ende Babylons handelt, dann trat auch dies nicht ein, da der politische Zusammenbruch Babylons ohne Blutvergießen vor sich ging (539). Die Perser werden als Hilfstruppen für Tyrus (27, 10) und Gog (38, 5) erwähnt. Der Autor dieser Anspielungen kannte das Persien, das Kyrus nach der Vereinigung mit den Medern im Jahr 550 geschaffen hatte – die dynamische Mitte eines Reiches, das größer als das der Babylonier war –, schlicht nicht. Das ausführliche Restitutionsprogramm in Kap. 34–48 deckt sich in keiner Weise mit den Ereignissen nach 538, als Kyrus den Exulanten die Heimkehr erlaubte. Das davidische Königtum wurde im vereinigten Gebiet von Israel und Juda nicht wiederhergestellt. Der Tempel wurde nicht gebaut, und die zadokidischen Priester wurden nicht darin installiert, wie es der Tempelplan und die Kultordnungen Ezechiels vorschrieben. Auch sein Festkalender und dessen Opfer wurden niemals praktiziert.

Nichts im Buch weist somit auf eine historische Situierung jenseits seines letzten Datums hin. Was jedoch als gegenwärtig dargestellt wird, stimmt genau mit dem überein, was wir über die zwei Jahrzehnte zwischen den äußeren Daten (593–571) wissen.

Abfassung von Teilen in Jerusalem? Der Prophet wird im babylonischen Exil lokalisiert, genauer am Fluß Kebar (in der Nähe von Nippur), in einer Stadt namens Tel Abib (3, 15). Nichtsdestoweniger wurden immer wieder Argumente vorgebracht, die versuchten, wenigstens einen Teil der Worte in einer judäischen Umgebung zu situieren. Raschi (im Anschluß an die Mekhilta und den Targum) kombiniert theologische Bedenken gegen die Angemessenheit von Prophetie auf fremder, unreiner Erde mit der Beobachtung, daß in einigen Worten »das Exil nicht erkennbar sei« (z. B. Kap. 17). Er schließt daraus nicht nur, daß Ezechiel seine Laufbahn bereits im Lande Israel begonnen habe, sondern auch, daß einige Worte in seinem Buch in die Zeit gehören müßten, als er noch dort lebte (zu 1, 2). Moderne Vertreter dieser Ansicht geben zu bedenken, daß die Fokussierung auf das Schicksal der Stadt Jerusalem und die leidenschaftlichen Reden an sie – mit kaum einer Botschaft für die Exulanten – grotesk wären für einen Propheten, der sich Hunderte von Kilometern von der Stadt entfernt befinden würde. Einige beeindruckte die detaillierte Kenntnis des Propheten von Vorgängen in Jerusalem (z. B. in Kap. 8 und 11). Da man ihm hellseherische Fähigkeiten absprach, versetzten ihn diese Forscher kurzerhand leiblich dorthin. (Man kann die Dinge auch erklären, ohne eine physische Anwesenheit in Jerusalem annehmen zu müssen; s. die Einzelanalyse zu 11, 13.)

Die Vertreter dieser Ansicht sind gezwungen, die Stellen, an denen der babylonische Schauplatz implizit oder explizit genannt ist, auszuschalten. Und derer sind nicht wenige: »Ich war unter den Exulanten« (1, 1); »komm, geh zu den Exulanten« (3, 11); »ich kam zu den Exulanten« (3, 15; vgl. V 23); der visionäre Transport aus seinem Haus nach Jerusalem und wieder zurück »nach Chaldäa« (8, 3; 11, 24 f.); schließlich die Ära »unserer Wegführung« (33, 21; 40, 1).

Ezechiels Zuhörer waren durch die Jerusalemer dem Land Israel entfremdet (11,15). Die Jerusalemer sind »sie«, im Unterschied zu »ihr«, womit die Zuhörer gemeint sind (z.B. 12,11; 14,22f.). Die Propheten, die damit bedroht werden, von der Gemeinschaft derer, die in das Land Israel zurückkehren werden, ausgeschlossen zu werden, müssen sich im Exil befinden. Dasselbe muß auch auf die Personen zutreffen, die in 20,34–38 angesprochen werden. Wenn Ezechiel in Jerusalem gewesen wäre, hätte er kaum »sein Gesicht gegen sie« und »gegen das Land Israel wenden« können (21,7f.). Nur von den Exulanten konnte gesagt werden, daß sie Söhne und Töchter in Jerusalem zurückgelassen hatten (24,21). Angesichts dieser Belege konnten Forscher eine Lokalisierung Ezechiels in Jerusalem nur aufrechterhalten, indem sie diese Abschnitte einem Herausgeber zuwiesen, oder sie mußten zugestehen, daß in diesen Fällen ein babylonisches Umfeld bestehe.

Muß man jedoch notwendigerweise ein Jerusalemer Umfeld für die Verkündigung annehmen? Den späteren theologischen Skrupel hinsichtlich der Verkündigung auf unreiner Erde lassen wir beiseite. Er ist der Bibel unbekannt (s.u. S. 61f.). Es stimmt, daß Ezechiel in den meisten seiner Unheilsansagen keine spezifische Botschaft für die Exulanten zu haben scheint. Auch unterscheidet er in seiner alles umfassenden Anrede »Haus Israel« und »widerspenstiges Haus« die Exulanten nicht von den in der Heimat Verbliebenen. Aber das mag an den jeweiligen Umständen liegen. Wir wissen aus Jer 27–28, daß im Jahr der Berufung Ezechiels eine Verschwörung, angestiftet von König Zidkija mit der Absicht, sich gegen Nebukadnezzar zu erheben, bevorstand – eine Handlung, die für Jeremia eine Verhöhnung des Willens und des Ratschlusses Gottes darstellte. Hananjas Restaurationsprophetie vollzog sich im Selbstbewußtsein seiner Zuhörer, daß Gott mit ihnen war, daß sie von keiner Schuld befleckt waren. Aus Jeremias Briefen an die Exulanten schließen wir, daß genau das gleiche Selbstbewußtsein und die gleichen Hoffnungen auch sie am Leben erhielt. Jeremia wollte die Exulanten von den Daheimgebliebenen hinsichtlich ihrer unmittelbaren Zukunftserwartungen absondern.

Sein Aufruf zur Aussöhnung mit dem Exilsschicksal und seine Unheilsansagen für Jerusalem beabsichtigten, die Exulanten von den Hoffnungen, denen sie ebenso wie ihre Verwandten in der Heimat anhingen, abzubringen. Die moralische Position der Exulanten, ihre Stellung vor Gott, war damals von der der Daheimgebliebenen nicht zu unterscheiden. Jeremia war bemüht, sie mit seinem Brief umzustimmen, aber zweifelsohne scheiterte er.

Man muß daran erinnern, daß die Mehrzahl der Exulanten aus Jerusalem, aus ihrem Königshaus und ihrer Elite stammte (2 Kön 24,14ff.). Das Schicksal der Stadt, aus der sie nur wenige Jahre zuvor auf grausame Weise fortgerissen worden waren, war in der gleichen Weise ihre Angelegenheit wie die der zurückgebliebenen Einwohner. Wenn Jeremia in Tel Abib gelebt

hätte, hätte er kein Thema finden können, das das Interesse seiner Landsleute mehr fesselte, als die Zukunft der Stadt. Seine Briefe an die Exulanten
ebenso wie seine Reden an die Daheimgebliebenen (z. B. Kap. 24) zeigen,
daß der Tenor seiner Botschaft »Totenklage und Stöhnen und Leid« gewesen
wäre (Ez 2, 10).

Daß Ezechiel sich im Exil fast ausschließlich mit dem Schicksal Jerusalems
beschäftigte, überrascht keineswegs. Warum aber richtete er sich an ein Publikum (Jerusalem), das Hunderte von Kilometern entfernt war? Hier trügt
der Schein. Fremdvölkersprüche – eine feststehende prophetische Gattung –
implizieren immer ein Mißverhältnis zwischen den scheinbaren Zuhörern
(die Fremdvölker, angeredet mit »du«) und den realen Zuhörern (die Israeliten, für deren Ohren die Worte gedacht sind und für die sie eine wichtige
Botschaft enthalten). In gleicher Weise dürfen wir davon ausgehen, daß die
Anrede Jerusalems durch einen Exilspropheten in Wirklichkeit für die Ohren des Publikums in seiner unmittelbaren Nähe gedacht war. Im Falle Ezechiels konnte man kaum einen Unterschied zwischen dem scheinbaren und
dem realen Publikum ausmachen, da es sich bei den Zuhörern des Propheten
in der Tat um Jerusalemer handelte, die sich voll und ganz mit ihren Mit-
bürgern zu Hause identifizierten. Wenn es in irgendeiner Weise ungewöhnlich ist, daß Ezechiel aus dem Exil heraus Jerusalem anspricht, dann ist dies
nicht ungewöhnlicher als die gleichzeitige Existenz zweier Jerusalemer Ge-
meinden, die an diesem Wendepunkt der Geschichte Hunderte von Kilometern voneinander entfernt waren.

Eine weitere detaillierte Analyse der Botschaft Ezechiels und ihrer Beziehung zur Situation der Exulanten wird in der Einleitung zum zweiten Band
dieses Kommentars erscheinen.

Wir schließen, daß die Datierungen des Buches und der Inhalt der ihnen
zugehörigen Sprüche auf einer Linie liegen, daß nichts innerhalb des Buches
es notwendig macht, den explizit gesetzten chronologischen Rahmen zu
überschreiten – obwohl die chronologische Reihenfolge nicht streng eingehalten wird und daneben noch weitere Prinzipien (wie die thematische Anordnung und Stichwortverkettung) bei der Zusammenstellung des Materials maßgeblich waren. Die Spekulation, daß ein Teil des Buches in Jerusalem
verfaßt wurde, empfiehlt sich nicht. Das vorliegende babylonische Setting
des Buches läßt sich damit nicht erklären.

Es gilt nun, die Methode dieses Kommentars zu diskutieren, indem seine
Teile und die Absicht, die ihr Schreiben geleitet hat, dargestellt werden.

III. Die Methode dieses Kommentars: holistische Interpretation

Die Übersetzung und Kommentierung eines biblischen Textes sollte den Graben, der den heutigen Leser – mit seiner Kultur und seinem traditionsgebundenen Wissenshorizont – vom alten Israeliten, der dem Text mit einem anderen Wissen, anderen Voraussetzungen und durch seine Verhältnisse bedingten Sitten begegnete, überwinden. Es existiert kein direkter Weg, um in Erfahrung zu bringen, was ein alter Israelit wußte, aber da biblische Literatur im allgemeinen und die Prophetie im besonderen der Erbauung des Volkes diente, besteht Grund zur Annahme, daß sie für das Volk verständlich komponiert wurde. Idiome, Bilder, Ausdrucks- und Kompositionsformen, die den Zuhörern vertraut waren, müssen sich in der Formulierung der Werke eines biblischen Autors widerspiegeln, ja müssen diese determiniert haben. Das Wissen um diese Kommunikationselemente, das in der Antike niemals explizit artikuliert, aber vom Autor und seinem Publikum implizit geteilt wurde, muß nun aus den Texten selbst erschlossen werden. Das ist die Voraussetzung einer korrekten Übersetzung und eines guten Kommentars.

Aufgaben eines Kommentars

Der sprachliche Graben zwischen dem alten Israeliten und dem modernen Leser ist offensichtlich und reicht hin, die Aufgabe der Übersetzung zu rechtfertigen und in weiten Teilen auch zu definieren. Die heutige Unwissenheit, was Personen, Orte und Gegenstände der Antike anbelangt, definiert einen Aspekt der Arbeit eines Kommentators. Weniger offensichtlich ist der Graben in bezug auf die Voraussetzungen und Konventionen, die die Erwartungen eines Publikums steuern und die wiederum den Menschen der Moderne vom Israeliten der Antike trennen. Selbst eine bloß oberflächliche Durchsicht moderner wissenschaftlicher Bibelkommentare bezeugt diesen Graben durch die Zahl der Überarbeitungen, Umstrukturierungen und Umordnungen des biblischen Textes, die jeder Kommentator für notwendig hält, um das biblische Schreiben seinen Standards anzupassen. Da dieser Ezechielkommentar ein anderes Ziel verfolgt, soll an dieser Stelle die andere Herangehensweise beschrieben und erklärt werden.

Das primäre Ziel aller modernen Ezechielkommentare besteht darin, sich so weit wie möglich den ursprünglichen Worten des Propheten anzunähern. Die Identifizierung der authentischen Worte ist grundlegend und geht zeitlich und qualitativ jeder anderen Tätigkeit voraus. Ihre Übersetzungen (wo sie nicht einfach eine kirchliche Version übernehmen) spiegeln nicht nur textkritische, sondern auch historische Entscheidungen darüber wider, was authentisch ist und was nicht. Ihre Interpretation eines jeden vorliegenden Abschnitts hängt nicht nur davon ab, wie dieser rekonstruiert wurde, sondern von der systematischen Änderung oder Elimination ähnlicher Abschnitte innerhalb des Buches. Beispielsweise wird eine Unheilsansage, die mit einem Hinweis auf eine zukünftige Wiederherstellung endet, stark verändert, wenn man den Schluß für nicht authentisch hält – eine Meinung, die gewöhnlich die systematische Streichung aller Heilselemente aus anderen Unheilsansagen stützt. Nun erscheint diese Prioritätensetzung legitim. Muß nicht ein Homerexeget die Handschriften und frühen Editionen untersuchen, um die besten Lesarten festzustellen? Welchen Sinn macht es, einen Text zu kommentieren, dessen Authentizität nicht festgestellt ist?

M als Grundlage   Wie bei den meisten Texten der hebräischen Bibel liegt der Fall Ezechiel grundsätzlich anders. Von Homer existieren viele griechische Handschriften und Fragmente mit verschiedenen Lesarten, unter denen die Wissenschaftler eine Entscheidung treffen müssen. Von Ezechiel gibt es einen vollständigen Text, den sogenannten masoretischen Text (M), dessen Konsonantenbestand uns seit dem 2. Jh. u. Z. in einer einzigen standardisierten Edition überliefert ist – mit Hunderten kleinerer Abweichungen in den Handschriften und Fragmenten, die die menschliche Unfähigkeit, fehlerfrei zu kopieren, widerspiegeln, vielleicht aber auch einige hartnäckige Reste vorstandardisierter Texte. Da die Ezechiel-Rolle aus Qumran nicht geöffnet werden konnte (s. *W. H. Brownlee*, Scroll 1963, 11–28), verfügen wir über keine hebräische Aufzeichnung der Worte Ezechiels – der Sprache, in der sie mit Sicherheit verfaßt wurden –, die weniger als achthundert Jahre von der Zeit entfernt ist, in der der Prophet lebte. Höchstwahrscheinlich unterliefen während dieser Jahrhunderte unabsichtliche oder absichtliche Veränderungen in der Überlieferung dieser Worte, sei es durch den Propheten, durch Schreiber oder spätere Kopisten. Wir können deshalb kaum davon ausgehen, daß der standardisierte Text eine wörtliche Aufzeichnung dessen darstellt, was Ezechiel für ein Publikum im Exil veröffentlichte. Aber die überlieferte hebräische Version ist die einzige, die zur Verfügung steht. Sie muß letztlich auf ihn zurückgehen und muß als Haupt- und oftmals einzige Quelle für das Studium seiner Botschaft dienen – solange bis ihre Unzuverlässigkeit aufgrund vorhandener (sprachlicher, historischer oder ideengeschichtlicher) Anachronismen, unzweifelhafter Textverderbnis oder intolerierbarer Stilwechsel bewiesen ist. Doch hier erreichen wir den unsicheren Boden der Annahmen und Konventionen, auf dem so viele Bibelwissenschaftler verunglückt sind.

Haben wir keinerlei Möglichkeit, hinter den standardisierten Text zu gelangen? Es scheint mittels der Übersetzungen aus dem Hebräischen möglich zu sein, die entweder vor der Standardisierung angefertigt wurden – nämlich die griechische Übersetzung aus den letzten Jahrhunderten v. u. Z. bzw. aus der Zeit kurz vor oder nach der Promulgation des Standardtextes, die dementsprechend vielleicht nichtstandardisierte Lesarten bewahrt hat – die Vulgata, die syrische Übersetzung und den aramäischen Targum. Die Abweichungen dieser Übersetzungen von M könnten stets auf eine andere Vorlage zurückgehen und so als das Äquivalent des armen Mannes zu verschiedenen hebräischen Handschriften dienen, um den Exegeten einen Geschmack von dem zu geben, dem ein klassischer Philologe mit seinen unterschiedlichen griechischen und lateinischen Handschriften gegenübersteht. Aus folgenden Gründen führt dies jedoch in die Irre:

1. Die Texte der Übersetzungen stehen nicht vollends fest. Dies ist besonders bedauerlich in den Fällen, wo allein einige wenige Kopien von M abweichen, andere jedoch nicht.

2. Das Unternehmen, eine Übersetzung in eine möglicherweise abweichende Vorlage zurück zu übersetzen, ist voller Fallstricke. Für jedes einzelne biblische Buch müssen die Gewohnheiten des jeweiligen Übersetzers stärker in Erfahrung gebracht werden, als dies bisher geschehen ist. Insbesondere muß der Grad seiner literarischen Kompetenz festgestellt werden, um jede Abweichung von M genau beurteilen zu können. Techniken, um diese literarische Kompetenz zu messen, werden gerade erst entwickelt, und ihre Anwendung auf Ezechiel ist noch eine Aufgabe für die Zukunft.[1]

3. Selbst wenn eine Rückübersetzung einen hohen Wahrscheinlichkeitsgrad besitzt und somit eine andere hebräische Lesart wahrscheinlich macht, handelt es sich bei ihrer Beurteilung um ein separates Unternehmen. Zum einen darf sie nicht isoliert beurteilt werden. Vielleicht ergibt sich ein festes Abweichungsschema im entsprechenden Abschnitt, das Einfluß auf das Urteil über jede einzelne Abweichung hat (s. das Beispiel in *M. Greenberg*, Ancient Versions 1977). Aber in die Beurteilung von Abweichungsschemata spielen die Gewohnheiten und der Stil Ezechiels hinein, so daß wir uns von der »einfachen« Textkritik auf das Feld der Analyse des Stils und der literarischen Konventionen begeben haben, wo andere Kriterien ins Spiel kommen.

Erneut werden wir auf M mit all seiner Zweifelhaftigkeit als letztes wackliges Fundament für die Untersuchung der Prophetie Ezechiels zurückgeworfen. Jetzt müssen wir die literarischen und ideengeschichtlichen Kriterien, mittels derer Exegeten die Authentizität großer Abschnitte des Buches bestritten haben, benennen.

Um über Fragen der Komposition und des Stils urteilen zu können, haben die unhinterfragten Voraussetzungen und Konventionen der Moderne die Exegeten stark beeinflußt. *G. Hölscher*, Hesekiel 1924, arbeitete mit dem Vorurteil der Romantik, demzufolge die authentischen Prophetenworte Ezechiels poetisch sein müßten, weshalb er dem Propheten den größten Teil des Buches, das unter seinem Namen überliefert ist, absprach. *W. Irwin*, Problem 1943, erwartete vom Propheten eine Form der Logik, die in seiner

---

[1] S. *E. Tov*, Septuagint: Contribution to OT Scholarship, in: IDB Supplement, 807–811. – *Ders.*, The Text-Critical Use of the Septuagint in Biblical Research (Jerusalem Biblical Studies 3), Jerusalem 1981; zur Einstufung literarischer Kompetenz s. *J. Barr*, The Typology of Literalism in Ancient Biblical Translations (Mitteilungen des Septuaginta-Unternehmens 15), Göttingen 1979.

Analyse von Kap. 15 zusammenbrach und ihm somit den Schlüssel in die Hand gab, die originale Prophetie von späteren Hinzufügungen zu unterscheiden. Ein universal geltendes Prinzip moderner Bibelkritik ist das der ursprünglichen Einfachheit. Ein Abschnitt mit einer komplexen Struktur, der Wiederholungen enthält oder der ein zuvor verwendetes Bild neu interpretiert, unterliegt daher dem Verdacht, nicht authentisch zu sein. Ein anderes weitverbreitetes Vorurteil setzt Echtheit mit thematischer Einheitlichkeit gleich. Ein Blick, der von der Gegenwart in die Zukunft und von dort in die ferne Zukunft schaut, wird für ein künstliches Produkt sukzessiver Hinzufügungen zu einem ursprünglichen, auf einen Zeitpunkt fixierten Wort gehalten. Unheilsansagen, die mit einem Ausblick auf eine bessere Zukunft enden, werden aufgrund von psychologischer Unwahrscheinlichkeit für uneinheitlich erklärt. Bei solchen Vorurteilen handelt es sich einfach um Aprioris, um eine Reihe unbewiesener (und unbeweisbarer) moderner Voraussetzungen und Konventionen, die sich selbst durch die Ergebnisse bestätigen, die man erlangt, indem man sie dem Text aufzwingt. (Ein guter Überblick über die Reichweite moderner Forschungspositionen hinsichtlich des Umfangs von nicht authentischem Material in Ezechiel von »konservativ« [z. B. Fohrer, der etwa ein Drittel der Verse des Buches ausscheidet] bis »radikal« [z. B. Hölscher, der neun Zehntel ausscheidet] findet sich bei *B. Lang*, Ezechiel 1981, 2–18. Die allgemeine Literarkritik antiker Erzählungen verwendet identische Kritieren – was *T. Todorov*, The Poetics of Prose, Ithaca 1977, 53–55, die »Gesetze« der »Ästhetik der einfachen Erzählung« nennt, die er auflistet und sogleich wieder zurückweist.)

Es existiert nur ein Weg, der hoffen läßt, die Konventionen und literarischen Formen eines Stückes antiker Literatur, die diesem zu eigen sind, ans Licht zu bringen, und er besteht darin, ihm geduldig und demütig zuzuhören. Der Kritiker muß alle Versuchungen, dem Text vorgefaßte Urteile aufzuerlegen, im Zaum halten. Er muß sich immer wieder in ihn hineinversenken, mit all seinen Sinnen bereit sein, jeden möglichen Reiz – sei er mental-ideengeschichtlich, akustisch, ästhetisch, sprachlich, visuell – zu erfassen, bis seine Charakteristika hervorzutreten beginnen und ihre ursprüngliche Form und ihr Muster zum Vorschein kommen. Wenn man sieht, daß solche Charakteristika sowohl die Poesie als auch die Prosa durchziehen, dann erweist sich die apriorische Trennung der beiden als vorschnell. Wenn sie allein dort erscheinen, wo Unheil und Heil in einem Ganzen miteinander kombiniert werden, wird es ungerechtfertigt erscheinen, letzteres abzutrennen. Wenn die Uminterpretation von Bildern nicht nur öfter begegnet, sondern ein beherrschendes Textmuster darstellt, wird man die Echtheit des Textes kaum bezweifeln können. Wenn eine bestimmte Form der Wiederholung als Strukturprinzip eines vorliegenden Stückes ausgewiesen werden kann, dann wird ihre Elimination auf der Basis von Unterschüssen der Versionen nicht überzeugen.

Wie dieses Konzept der Aufgabe eines Kommentators in der vorliegenden Arbeit umgesetzt wurde, soll nun beschrieben werden.

Das Buch wurde entsprechend seiner eigenen, hochgradig formalisierten Eröffnungen und Abschlüsse unterteilt. Diese weichen oftmals von der Kapiteleinteilung ab. So bilden Ez 8,1–11,25 einen einzigen Textzusammenhang, wohingegen in Ez 12 drei Texteinheiten zu unterscheiden sind. Jeder Abschnitt wird vier Operationen unterzogen: der Übersetzung, Anmerkungen zu Text und Übersetzung, einer Gesamtauslegung, die die Strukturen und den Inhalt diskutiert und einer Einzelanalyse, die lexikalische und grammatikalische Fragen, den Bezug zum unmittelbaren Kontext und die Parallelen erörtert.

Methodik

Die Übersetzung zielt auf größtmögliche Treue zum überlieferten hebräischen Text (M). Den oben genannten Gründen, M zur Grundlage des Kommentars zu machen, soll nun ein weiterer hinzugefügt werden: Keinem Leser des Hebräischen kann entgehen, wie die einzelnen Worte durch interne Verknüpfungen zwischen den einzelnen Unterabschnitten und untereinander organisiert sind; und weiterhin, wie zahlreich und für die Interpretation signifikant die Anspielungen auf traditionelle und zeitgenössische israelitische Literatur (z. B. Jeremia) sind. Diese Fülle von Wortverbindungen kann in einer Übersetzung nicht erhalten werden. Auch die antiken Versionen erhalten nicht die Schlüsselbegriffe (s. die jeweiligen Einzelanalysen) –, oftmals verlieren Derivate derselben Wurzel in der Übersetzung ihre Ähnlichkeit, oder Anspielungen auf Texte außerhalb des Buches sind nicht mehr erkennbar. Darüber hinaus übersetzen sie ein und dasselbe Wort nicht einheitlich (und zerstören so die im Hebräischen vorhandenen Verknüpfungen), manchmal übersetzen sie wörtlich, manchmal paraphrasieren sie. Der literarische Reichtum des M ist den möglichen alternativen Lesarten, die man von Zeit zu Zeit aus den Versionen erschließt, überlegen. Man muß versuchen, diesen Reichtum zu beschreiben und zu interpretieren.

Übersetzung

Treue zu M bedeutet, ein Opfer in Fragen der Eleganz zu bringen (z. B. Wiederholung von Begriffen, wo das Deutsche eher variieren würde). Die grammatikalische Konsistenz und Korrektheit wird manchmal verletzt – wenn z. B. eine Anrede zwischen der zweiten und dritten Person hin- und herwechselt oder ein syntaktisch fehlerhaftes Hebräisch in ein entsprechendes Deutsch übertragen wird. Wo M verderbt zu sein scheint, findet sich eine Anmerkung zum Text, trotzdem wird versucht, M zu übersetzen (erläutert in der Einzelanalyse). Die Treue zum vorgegebenen Text wurde allein dort aufgegeben, wo die Hinzufügung eines Wortes, die Übertragung einer Redewendung oder eine Paraphrase eine gestelzte Sprache vermied oder Klarheit verschaffte, ohne den Wert des Hebräischen zu schmälern. Obwohl die Übersetzung eine »Eins-zu-eins«-Übertragung intendiert, werden die Nuancen eines einzelnen Wortes oder einzelner Elemente nicht ignoriert (z. B. kann die Bedeutung des *waw*-Konsekutivum nicht durch eine endlose Wiederholung von »und« wiedergegeben werden). Konflation – die Verschmelzung alternativer Lesarten – wird durch Schrägstriche oder in den Anmerkungen zu Text und Übersetzung angezeigt. Eckige Klammern verweisen auf ein aus Gründen der Verstehbarkeit hinzugefügtes Wort.

M enthält eine Vielzahl von Hilfsmitteln für die Interpretation. Gewöhnlich wird der Vokalisation gefolgt. Den Akzenten (תעמים) innerhalb des Verses – die Worte und Ausdrücke zusammenbinden oder trennen – wurde mehr Aufmerksamkeit geschenkt als der Versabtrennung, denn die Wahrnehmung eines Satzes im Deutschen weicht mehr vom hebräischen Vers ab als von seiner Formulierung als Satz. Das in unserer Übersetzung am wenigsten respektierte Element des M ist seine Abschnittseinteilung (פרשיות). Wir nehmen feinere Abschnittseinteilungen vor. Darüber hinaus reflektiert die Abschnittseinteilung des M ein anderes Konzept der Funktion einer Redeunterbrechung – ein Konzept, das uns nicht immer klar ist.

Zu Text und Übersetzung Anmerkungen zum Text schließen an die Übersetzung an. Diese verzeichnen andere Lesarten der griechischen und syrischen Übersetzung, der Vulgata, des Targum, der hebräischen Handschriften und frühen Drucke. Die Basis für eine Anmerkung bildet eine Schwierigkeit oder Unordnung in M, die die Lesarten der Versionen erhellen können: Sie kann eine Basis für die Konjektur einer Lesart sein, die das Problem des M beseitigt; es kann sich um einen Ansporn zur weiteren Forschung, die zu einem besseren Verständnis des Hebräischen führt, handeln. Selten erscheint eine konjekturale Emendation des M, die keinen Rückhalt in den Versionen hat. Alle Anmerkungen zum Text werden im abschließenden Teil des Kommentars, der sog. Einzelanalyse, erläutert.

Wo M keine Schwierigkeiten bereitet, werden die Abweichungen der antiken Versionen grundsätzlich nicht verzeichnet – selbst dort, wo einige Exegeten der Abweichung den Vorzug geben. Es existieren Tausende solcher Abweichungen, von denen viele wesentlich sind, und zahlreiche Faktoren müssen abgewogen werden, um sie einzuordnen. Um ein paar zu nennen: Einige Abweichungen gehen auf die Notwendigkeiten zurück, vor die sich der Übersetzer gestellt sah (z. B. Anforderungen der Sprache, in die übersetzt wird, oder ihrer literarischen Kanones); andere auf die Technik oder Freiheit des Übersetzers; einige auf Änderungen, die während der Phase der Überlieferung des Textes geschahen; einige auf eine andere Vorlage. Festzustellen, welcher dieser Faktoren in einem vorliegenden Fall entscheidend ist, ist nicht einfach. Wenn eine andere Vorlage zugrunde liegt, ist es, wie oben erwähnt, ein heikles Unterfangen, in das zugrundeliegende Hebräisch zurück zu übersetzen. Weiterhin ist es schwierig, nach der Rekonstruktion einer Vorlage zwischen dieser und M zu entscheiden. Unser gegenwärtiger Wissensstand und unsere Kompetenz in diesen Fragen sind sehr bescheiden, und aufgrund des Fehlens eines systematisch entwickelten Wissens werden Entscheidungen von bloßen Meinungen und Einfällen beherrscht. Der wahre Grad der Komplexität, der solchen Entscheidungen zugrundeliegt, wird durch den vereinfachten Apparat der BHS nur verschleiert. Einen Eindruck in die Komplexität erlaubt *M. Goshen-Gottstein* (Hg.), The Hebrew University Bible: The Book of Isaiah, Parts I–II, Jerusalem 1975. Zum theoretischen Hintergrund s. seine Ausführungen in The Book of Isaiah – Sample Edition with Introduction, Jerusalem 1965. Die Anmerkungen zum Text in diesem Kommentar beschränken sich daher auf die Stellen, die die Entstehung und Bedeutung von M erhellen können, ohne jedoch oftmals mehr als eine Anregung für weitere Forschung geben zu können (s. die Charakterisierung der Einzelanalyse). Wenig oder gar keine Aufmerksamkeit wird alternativen Textformen geschenkt, wenn M voll und ganz verständlich ist.

Daran schließt die sog. »Gesamtauslegung« an, die zunächst versucht, die Strukturen und Themen einer jeden literarischen Einheit wahrzunehmen. Grundsätzlich wird zunächst die Struktur beschrieben, dann werden die Inhalte analysiert, allerdings läßt sich beides nicht absolut voneinander trennen. Die Diskussion der Struktur überblickt alle formalen Charakteristika des Textes, seine Eröffnungs- und Schlußformeln, seine Gliederung – auf der Suche nach einer übergreifenden Struktur und verbindenden Elementen. Gibt es Ausdrücke oder Metaphern, die den gesamten Text durchziehen und seine Teile zusammenbinden? (S. z.B. 1,28–3,15; 12,17–28.) Gibt es besondere, homogene sprachliche oder poetische Strukturen (Ez 7; 16)? Größere Schemata werden erkennbar, und je öfter sie begegnen, desto mehr bestimmen sie die Kompositionskonventionen des Buches. Die wichtigsten dieser Schemata sind das sog. »Halbierungsschema« sowie die Wiederholung. Das »Halbierungsschema« sieht wie folgt aus: Ein Thema, A, wird im ersten, meist dem längsten Teil eines Wortes vorgetragen. Daran schließt ein zweites Thema, B, an, das auf das erste bezogen ist (mittels Umdeutung oder Weiterführung eines Aspekts von A). B endet bzw. wird charakteristischerweise fortgesetzt mit einer Coda, in der Elemente aus A und B miteinander verbunden werden. (Ein Student aus Berkeley, Roy Gane, vermutete eine teilweise Entsprechung zu zweiteiligen Formen bzw. der Sonatenhauptsatzform in der Musik; in der Tat lädt der eindeutige Vergleich der Verkündigung Ezechiels mit einem durch ein Instrument begleitetem Lied [in 33,32] regelrecht dazu ein, nach Analogien in der Musik zu suchen.) Dieses Schema bildet das Strukturprinzip der Kap. 6, 7, 13, 16, 18 und 20 und wird dort diskutiert. Da in dieses Schema viel Material integriert wird, daß die historisch-kritische Forschung als inauthentisch einstuft, muß die Schlagkraft der ideengeschichtlichen und psychologischen Argumente, die diesem Urteil zugrundeliegen, neu bedacht werden.

Variierende Wiederholung findet sich oftmals im Buch. Variation und Wiederholung sind in Ezechiel unauflösbar miteinander verbunden, was gegen die Tendenz der historisch-kritischen Forschung spricht, wiederholte

Gesamtauslegung

Elemente aneinander anzugleichen. Paradebeispiele für diesen Wiederholungsstil finden sich in Kap. 14 und 18.

Andere Strukturelemente sind der »Nachklapp«-Effekt am Schluß von Prophetenworten (s. z. B. Kap. 6 und 15), die stufenweise Entwicklung in verschiedener Form, sei es durch stufenweise Wahrnehmung (Kap. 1), spiralförmige Abhandlung eines Themas (d. h. die Rückkehr zu Stufe eins auf höherer Ebene, Kap. 17) oder eine Steigerung der Leidenschaftlichkeit (Kap. 18).

Die Synthese des Hauptthemas bzw. der Hauptthemen eines Wortes umfaßt den Vergleich mit anderen Formulierungen des Buches, die damit in einem Zusammenhang stehen. So verlangt eine angemessene Beurteilung des Themas »Rest« in Ez 6 einen Blick darauf, wie im übrigen Buch dieses Thema verändert und weiter entwickelt wird. Der Rückzug des Propheten aus der Öffentlichkeit ist ein Thema, das in Ez 3–4 und in Ez 6 begegnet. Wenn ein Thema in einem neuen Kontext wiederverwendet oder neu kombiniert wird, muß man fragen, ob dem neuen Kontext entsprechend Änderungen vorgenommen wurden, so daß man nicht einfach von »Dubletten« sprechen kann (z. B. das Thema »Umkehr« in 3, 16–21; 18; 33, 1–20). Solch genaue Unterscheidungen sind umso notwendiger, wenn es darum geht, die Aufnahme von Themen zu diskutieren, die in engem Zusammenhang mit Stellen bei anderen Propheten stehen (z. B. die Ehemetapher; die verdorbenen Schwestern – in Kap. 16 und 23). Nur durch eine genaue Analyse der Unterschiede und nicht nur der Übereinstimmungen wird der Boden für eine eventuelle Entscheidung darüber bereitet, ob und wie die Themen Ezechiels von denen des Pentateuch abhängen (s. z. B. Ez 4–5; 20).

Die Kriterien, die es erlauben, die Einheit komplexer Worte festzustellen, werden im Zusammenhang der Themen diskutiert: die Verbindung von Unheils- und Heilsansagen (Ez 16; 17); Prophetenworte, die erst nach dem Eintreffen des Ereignisses formuliert wurden (Ez 12); Einfachheit als Zeichen von Ursprünglichkeit (Ez 12). Zeichen für eine kunstvolle Kombination von Material unterschiedlicher Herkunft wird in Ez 8–11 und Ez 13 festgestellt.

Die Möglichkeit, daß thematische Querverbindungen die Nebeneinanderstellung von Worten beeinflußt hat, wird z. B. in der Diskussion von Kap. 6 und seiner Verbindung zu Kap. 4 sowie von Kap. 19 und seiner Verbindung zu Kap. 17–18 bedacht.

Einzelanalyse Abschließend folgt die sog. »Einzelanalyse«. Sie erläutert einerseits die Übersetzung und die Anmerkungen zum Text und liefert andererseits die Hintergrundinformationen zur Gesamtauslegung.

Zur Lösung lexikalischer und grammatikalischer Übersetzungsprobleme greift jeder moderne Bibelkommentar auf die entsprechenden Standardwerke – BDB, G-B, Ges-K usw. – zurück, aber ihre Möglichkeiten wurden manchmal nicht vollends ausgeschöpft. Die Funktion von *waw* als Relativpronomen oder Konjunktion wird in diesen Werken erwähnt, aber sie wurde bisher nicht benutzt, um damit Stellen wie 12, 25 oder 13, 11 zu erklären. In ähnlicher Weise hat die dokumentierte Verwendung des Infinitivs das לקלס in 16, 31 nicht davor geschützt, daß man ihm Gewalt antat. Der Versuch, die bereits dokumentierten Möglichkeiten des biblischen Hebräisch voll auszuschöpfen und gleichzeitig bisher nicht bekannte zu entdecken, erklärt die große Treue zu M in dieser Übersetzung.

Aber das biblische Hebräisch ist nur eine begrenzte Quelle, und das Buch Ezechiel enthält eine Vielzahl von Hapax legomena und ungewöhnlichen Formulierungen. Die Kommentatoren haben daher zur Unterstützung stets benachbarte Felder betreten. So haben wir im Anschluß an die Kommentatoren des Mittelalters das frühe nachbiblische Hebräisch herangezogen, wenn zu vermuten war, daß ein vorliegender Ausdruck auch in späterer Zeit nicht nur als Bibelzitat verwendet wurde; s. z. B. die Einzelanalysen zu חיץ (13, 10), משפחת (13, 18) und מסרת (20, 37). Belege aus anderen semitischen Sprachen (Akkadisch, Ugaritisch, Phönizisch, Syrisch usw.) wurden nur zur Definition bzw. Illustration von sonst nicht oder selten belegten Formulierungen herangezogen (z. B. נחשתך 16, 36; קרפה 7, 24), nie jedoch, um eine Parallele für einen ansonsten klaren Ausdruck anzuführen, als sei ein Bibelkommentar eine Anthologie von Parallelen aus dem Alten Orient.

Um den Inhalt und den Zusammenhang der einzelnen Sätze besser zu erfassen, wurde extensiver Gebrauch von den vormodernen Kommentatoren des hebräischen Textes – wie man sie in jüdischen Bibelausgaben *(Mikra'ot Gedolot)* findet, nämlich Raschi, Kimchi und Josef Kara, aber auch solchen, die dort nicht auftauchen, wie Eliezer von Beaugency, Menachem Bar Schim'on aus Posquières, Mosche Ben Scheschet, Isaak Abarbanel sowie der neuere Kommentar von S. D. Luzzatto – gemacht. Da Calvins Kommentar zu Ezechiel, der allerdings nur bis Kap. 20 reicht, offenbar auf dem Hebräischen basiert, wurde dieser ebenfalls konsultiert. Man ist beeindruckt, wie wenig Fortschritte in linguistischen Fragen und Kontextinterpretation seither gemacht wurden, verglichen mit der Schwere der Verluste, die moderne Kommentatoren durch ihre Mißachtung der Forschung des Mittelalters in diesen Gebieten erlitten haben. An schwer verständlichen Stellen wurden die Kommentatoren des Mittelalters aufgrund ihres Gedankenreichtums zitiert, selbst wenn ihre Interpretation zugegebenermaßen nicht überzeugt (z. B. Abarbanel zu 9, 4; Kara zu 20, 39). Was ich der modernen historisch-kritischen Ezechielforschung verdanke, bezeugt jede einzelne Seite des Kommentars – nicht nur dort, wo Namen zitiert werden. Cornills Textkritik, die wichtigen Kommentare Smends, Hermanns, Cookes und Zimmerlis sowie die nützlichen und anregenden Arbeiten Fohrers, Eichrodts und Wevers' waren meine dauernden Begleiter. Zahlreiche Auslegungen enthalten ihre Weisheit. Zahlreiche andere sind implizite Reaktionen und Antworten auf Ansichten, die von einem oder mehreren von ihnen vertreten wurden.

Die Versionen werden in der Einzelanalyse öfter zitiert als in den Anmerkungen zum Text. Ihr Abweichen von M wird genutzt, um die Besonderheiten des M besser erfassen zu können (z. B. lädt die vereinfachende Lesart der Versionen in 18,2 zum Studium der ungewöhnlichen Formulierungen im als längerer überlieferten hebräischen Text ein). Wo es scheint, daß die Versionen M verbessern wollen, führt die Untersuchung zu einem besseren Verständnis des Hebräischen allgemein bzw. der speziell der Sprache Ezechiels (s. z. B. zu 7,2). Obwohl unsere Ergebnisse darauf hindeuten, daß M weitaus mehr Vertrauen verdient, als moderne Exegeten ihm zu schenken bereit sind, gilt dies nicht durchgehend. Die Versionen und das eigene Urteil weisen darauf hin, daß einige Stellen verderbt (z. B. 16,32), konflationiert (z. B. 1,3.8) oder glossiert sind (z. B. 12,13b) bzw. an der falschen Stelle stehen (z. B. 17,13b). Unsere Entscheidung, M zu übersetzen, macht es notwendig, diesen Text selbst dort zu erklären, wo wir eine Lesart der Versionen vorziehen (z. B. 16,32.53). Ein solcher Einsatz für M mag einigen übertrieben erscheinen, aber er entspringt der Beobachtung, wie viele historisch-kritische Urteile von Vorgängern durch neues oder wieder entdecktes Wissen revidiert werden müssen.

Die Einzelanalysen widmen sich auch den literarischen Aspekten des Textes. Damit soll zweierlei erreicht werden: Zum einen soll ein Bewußtsein für die Wahrnehmung des kunstvollen und spezifischen Stils dieser Prophetenworte geweckt werden. Zum anderen soll damit das Urteil über authentisches und nicht authentisches Material gestützt werden. Das Buch enthält zahlreiche Wiederholungen bzw. Arten von Wiederholungen. Die Einzelanalyse benennt sie und versucht ihre Bedeutung zu erhellen (z. B. zu 3,5 f.; 11,17; 20,22). »Genius with words is often a matter of being original with the minimum of alteration« (T. S. Eliot, zitiert in *L. Michaels / C. Ricks*, The State of the Language, Berkeley 1980, 63). Ezechiels kreative Aufnahme von Klischees und seine Wiederbelebung stereotyper Bilder entspricht dieser Art von Genie, s. z. B. die Einzelanalysen von 2,4; 6,13; 7,2. Typisch ist das Eindringen des Referenten in allegorische Passagen wie z. B. 16,39 f. und 17,9. Auf die Aramaismen des Buches und seine späte Sprache wird hingewiesen (z. B. לקים 13,6; הטמו 13,10). Hier liegen Hinweise für eine Datierung. Zugleich rechtfertigt dies die Berücksichtigung des nachbiblischen Hebräisch zu linguistischen Erläuterungen.

Alle Kommentare des Buches interessiert das Verhältnis Ezechiels zu den anderen Schriften der Bibel. Meist ist man daran interessiert, die Richtung der literarischen Abhängigkeit zu klären. Mit diesem Thema wird sich die Einleitung des zweiten Bands dieses Kommentars beschäftigen. Neben der Erwähnung solcher Querverweise versuchen die Einzelanalysen, die Besonderheiten der jeweiligen Adaption in ihrem jeweiligen Kontext in Ezechiel zu beschreiben – die Konkretisierung der Schermetaphorik aus Jes 7,20 in

Ez 5,1f.; die Verherrlichung des Sabbats in der Zitation von Ex 31,13 in Ez 20,12.

Schließlich weisen die Einzelanalysen auf Inkonsequenzen, Inkonsistenzen, Umdeutungen und andere Spannungen innerhalb eines Textes hin.

Die Einzelanalysen zielen darauf, die Gründe, die hinter sämtlichen Entscheidungen stehen, deutlich darzustellen, d. h. kritisch zu arbeiten. Wo eine Entscheidung schwerfällt, werden die Alternativen abgewogen (z. B. in 3,19; 17,5); manchmal wird eine Position ohne weiteren Kommentar angeführt als Hinweis darauf, daß ich sie für beachtenswert aber nicht schlüssig halte (z. B. zu 10,12.14). Unrettbar unverständliche Stellen, Konjekturen und bloße Vermutungen werden als solche gekennzeichnet (z. B. 13,20; 19,2.10; 20,39).

Die verschiedenen Schritte der Kommentierung prüfen die Arbeitshypothese, daß das vorliegende Buch Ezechiel ein kunst- und planvoll strukturiertes Ganzes darstellt. Die bisher erlangten Ergebnisse deuten darauf hin, daß die für die Wahrnehmung des Ganzen aufschlußreichen Einzelheiten sich dem geduldigen und aufmerksamen Leser erschließen, der seine Vorurteile darüber, was ein Prophet der Antike hätte verkünden und wie er es hätte verkünden sollen, ablegt. Eine in sich stimmige gedankliche Richtung in einem charakteristischen Stil wurde sichtbar, die den Eindruck eines individuellen Geistes mit starken und leidenschaftlichen Vorlieben macht. Die Chronologie der einzelne Worte und die historischen Umstände, die sich in ihnen widerspiegeln, werden innerhalb eines eng begrenzten Zeitraums verortet, der nicht mehr als die Spanne eines einzigen Lebens umfaßte. Indem sich ein Stück zum anderen fügt, wächst die Überzeugung, daß eine in sich stimmige Gedankenwelt zum Vorschein kommt, die zeitgleich mit dem Propheten des sechsten Jahrhunderts ist und maßgeblich von ihm geformt wurde, wenn es sich nicht sogar um die Worte Ezechiels selbst handelt.

(Zu weiteren theoretischen Überlegungen und Argumenten für den hier durchgeführten Ansatz s. die Einleitung in *M. Greenberg*, Vision 1980, 146ff.)

Kommentierung

Ez 1, 1–28bα: Ezechiels Berufung – die Vision

Literatur   *L. C. Allen*, The Structure and Intention of Ezekiel I: VT 43, 1993, 145–161. – *W. B. Barrick*, The Straight-Legged Cherubim of Ezekiel's Inaugural Vision (Ezekiel 1, 7a): CBQ 44, 1982, 543–550. – *R. Bartelmus*, Begegnung in der Fremde. Anmerkungen zur theologischen Relevanz der topographischen Verortung der Berufungsvisionen des Mose und des Ezechiel (Ex 3, 1–4, 17 bzw. Ez 1, 1–3, 15): BN 78, 1995, 21–38. *E. Baumann*, Die Hauptvisionen Hesekiels in ihrem zeitlichen und sachlichen Zusammenhang untersucht: ZAW 67, 1955, 56–67. – *G. R. Berry*, The Title of Ez 1, 1– 3: JBL 51, 1932, 54–57. – *J. A. Bewer*, The Text of Ezekiel 1, 1–3: AJSL 50, 1933 / 34, 96–101. – *D. I. Block*, Text and Emotion. A Study in the »Corruptions« in Ezekiel's Inaugural Vision (Ezekiel 1:4–28): CBQ 50, 1988, 418–442. – *K. Budde*, The Opening Verses of the Book of Ezekiel: ET 12, 1900 / 1901, 39–43. – *ders.*, Zum Eingang des Buches Ezechiel: JBL 50, 1931, 20–41. – *R. E. Clements*, The Chronology of Redaction in Ezekiel 1–24, in: J. Lust (Hg.), Ezekiel 1986, 283–294. – *D. Dimant /* *J. Strugnell*, The Merkabah Vision in *Second Ezekiel (4Q385 4)*: RdQ 14, 1990, 331–348. – *G. R. Driver*, Ezekiel's Inaugural Vision: VT 1, 1951, 60–62. – *L. Dürr*, Ezechiels Vision 1917. – *K. S. Freedy / D. B. Redford*, Dates 1970. – *J. Garscha*, Studien 1974, 141 ff.241 f. – *C. Houk*, A Statistical Linguistic Study of Ezekiel 1, 4–3, 11: ZAW 93, 1981, 76–85. – *O. Keel*, Jahwe-Visionen 1977, 125–273. – *B. Lang*, Die erste und letzte Vision des Propheten. Eine Überlegung zu Ezechiel 1–3: Bib. 64, 1983, 225–230. – *W. A. Lind*, A Text-Critical Note to Ezekiel 1. Are Shorter Readings Really Preferable to Longer?: Journal of the Evangelical Theological Society 27, 1984, 135–139. – *J. Lust*, Een visioen voor volwassenen met voorbehoud (Ezechiel 1–3): Collationes 4, 1976, 433–448. – *C. A. Newsom*, Merkabah Exegesis in the Qumran Sabbath Shirot: JJS 38, 1987, 11–30. – *M. Nobile*, Jes 6 und Ez 1, 1–3, 15: Vergleich und Funktion im jeweiligen redaktionellen Kontext, in: J. Vermeylen (Hg.), Le livre d'Isaie. Les oracles et leurs relectures unite et complexité de l'ouvrage, Löwen 1989, 209–216. – *ders.*, ›Nell'anno trentesimo …‹ (Ez 1, 1): Antonianum 59, 1984, 393– 402. – *K.-F. Pohlmann*, Ezechielstudien 1992, 89–95. – *G. Quispel*, Ezekiel 1, 26 in Jewish Mysticism and Gnosis: Vigiliae Christianae 34, 1980, 1–13. – *A. Sole*, The Structure of Chapter 1 in the Book of Ezekiel: BetM 72, 1977, 73–79. – *L. Teugels*, Did Moses See the Chariot? The Link Between Exod 19–20 and Ezek 1 in Early Jewish Interpretation, in: M. Vervenne (Hg.), Studies in the Book of Exodus. Redaction – Reception – Interpretation (BEThL 126), Löwen 1996, 595–602. – *N. H. Tur-Sinai*, The Double Dating of Ezechiel 1, 1–3: BIES 23, 1959, 5–7. – *D. Vieweger*, Berufungsberichte 1986. – *J. M. Vincent*, Some Reflections on ὤφθη (1 Cor 15:5) on the Background of Ezek 1, in: Faculty of Baptist Theological Seminary, Rüschlikon, Schweiz (Hg.), Festschrift Günther Wagner (International Theological Studies 1), Berlin / Frankfurt a. M. 1994, 191–202. – *E. Vogt*, Der Nehar Kebar: Bib. 39, 1958, 211–216. – *ders.*, Der Sinn des Wortes »Augen« in Ez 1, 18 und 10, 12: Bib. 59, 1978, 93–96. – *N. M. Waldmann*, A Note on Ezekiel 1, 18: JBL 103, 1984, 614–618. – *C. F. Whitley*, The ›Thirtieth‹ Year in Ezekiel I: VT 9, 1959, 326–330. – *R. R. Wilson*, Prophecy in Crisis. The Call of Ezekiel: Interp. 38, 1984, 117–130. – *A. D. York*, Ezekiel I. Inaugural and Restoration Visions?: VT 27, 1977, 82–98.

Text

1 Es geschah im dreißigsten Jahr, im vierten Monat, am Fünften des Monats, als ich mich unter den Exulanten am Fluß Kebar befand, daß sich die Himmel öffneten und ich eine göttliche Vision sah. 2 (Am Fünften des Monats – das war das fünfte Jahr des Exils von König Jojachin – 3 geschah es, daß das Wort JHWHs an den Priester Ezechiel erging, den Sohn des Busi, im Land der Chaldäer am Fluß Kebar, und die Hand JHWHs kam auf ihn dort.)

4 Als ich sah, kam ein Sturmwind von Norden, mit einer großen Wolke und einem Feuerball, umgeben von einem Strahlenkranz; aus ihm heraus – aus dem Feuer – erschien etwas, daß aussah wie ḥašmal. 5 Daraus kamen die Gestalten von vier Lebewesen hervor, und dies war ihre Erscheinung: Sie hatten eine menschliche Gestalt, 6 aber ein jedes hatte vier Gesichter, und jedes hatte vier Flügel. 7 Was die Beine anbetrifft, sie hatten ein gerades Bein, und ihre Füße waren wie der Fuß eines Kalbs. Sie glänzten wie polierte Bronze. 8 Menschenhände waren unter ihren Flügeln an ihren vier Seiten. Was die Gesichter und die Flügel der vier anbelangt, 9 ihre Flügel waren miteinander verbunden; sie wechselten nicht die Stellung, wenn sie gingen, aber jedes ging geradeaus. 10 Die Gestalt ihres Gesichts war menschlich; aber rechts hatten die vier ein Löwengesicht, und links hatten die vier ein Stiergesicht; und die vier hatten ein Adlergesicht. 11 Und ihre Gesichter und ihre Flügel waren oben voneinander getrennt. Bei jedem waren zwei mit jedem verbunden, und zwei bedeckten ihre Körper. 12 Jedes ging geradeaus; wohin auch immer der Geist ging, dorthin gingen sie, ohne ihre Position zu ändern, wenn sie gingen. 13 Was die Gestalt der Lebewesen anbelangt, ihre Erscheinung war wie brennende Feuerkohlen. Es war etwas wie die Erscheinung von Fackeln, die sich in der Mitte der Lebewesen bewegte. Das Feuer hatten einen Strahlenkranz, und von ihm gingen Blitze aus. 14 / Und die Lebewesen zuckten vor und zurück mit der Erscheinung von Blitzen. /

15 Als ich die Lebewesen ansah, sah ich ein Rad auf dem Boden entlang der Lebewesen mit seinen vier Gesichtern. 16 Und die Erscheinung der Räder und ihre Form waren wie Chrysolith, und alle vier hatten dieselbe Gestalt; ihre Erscheinung und ihre Form war, als wäre ein Rad im Innern des anderen Rades. 17 Wenn jene gingen, gingen diese an ihren vier Seiten, ohne ihre Position zu ändern, wenn sie gingen. 18 Was ihre Felgen anbelangt, sie waren hoch und sie hatten Furcht. Und ihre Brauen waren rundum mit Augen eingelegt bei allen vieren. 19 Wenn die Lebewesen gingen, gingen die Räder neben ihnen. Wenn sich die Lebewesen vom Boden erhoben, erhoben sich auch die Räder. 20 Wo auch immer der Geist ging, dorthin gingen sie, / wo auch immer der Geist geht, / und die Räder erhoben sich neben ihnen, denn der Geist der Lebewesen war in den Rädern: 21 Wenn diese gingen, gingen jene und wenn diese stehenblieben, blieben jene ste-

hen, und wenn sich diese vom Boden erhoben, erhoben sich die Räder neben ihnen, denn der Geist des Lebewesens war in den Rädern.

22 Da war eine Gestalt einer Fläche über den Köpfen des Lebewesens, die wie furchtbares Eis aussah, ausgebreitet über ihren Köpfen über ihnen. 23 Unter der Fläche waren ihre Flügel einer dem anderen zugestreckt; jedes hatte zwei, die Schutz gaben, jedes hatte zwei, die seinen Körper bedeckten. 24 Ich hörte das Rauschen ihrer Flügel, wenn sie gingen, wie das Rauschen des tiefen Meeres, wie die Stimme des Allmächtigen, das Rauschen einer Masse wie das Rauschen einer Armee. Wenn sie hielten, erschlafften ihre Flügel. 25 Da war ein Rauschen von oberhalb der Fläche, die sich über ihren Köpfen befand; wenn sie hielten, erschlafften ihre Flügel.

26 Über der Fläche, die sich über ihren Köpfen befand, war die Gestalt eines Throns mit der Erscheinung eines Saphirsteins, und oben, auf der Gestalt eines Throns, war eine Gestalt mit der Erscheinung eines Menschen. 27 Von der Erscheinung seiner Lenden aufwärts sah ich etwas wie ḥašmal, das etwas hatte wie die Erscheinung von Feuer um es herum; und von der Erscheinung seiner Lenden abwärts sah ich etwas wie die Erscheinung von Feuer. Und sie war umgeben von einem Strahlenkranz. 28 Wie die Erscheinung des Bogens, der an einem Regentag in den Wolken ist, so war die Erscheinung des umgebenden Strahlenkranzes. Das war die Erscheinung der Gestalt der Herrlichkeit JHWHs. Als ich sie sah, fiel ich auf mein Gesicht –

Zu Text und Übersetzung

3 ihn: G S »mich« (als stünde עלי).

8 und die Flügel: fehlt in G.

9 ihre Flügel waren miteinander verbunden: fehlt in G.

11 Und ihre Gesichter: fehlt in G.

13 Was die Gestalt der Lebewesen anbelangt, ihre Erscheinung war wie: G »Und inmitten (als stünde ובינות) der Lebewesen (war) eine Erscheinung wie« (als stünde כ מראה); S »Und die Gestalt der Lebewesen (war) wie die Erscheinung von« (als stünde כמראה).

14 Dieser Vers fehlt in G.

15 mit seinen vier Gesichtern. 16 Und: G »für alle vier. 16 Und« (als stünde ו לארבעתם).

16 und ihre Form: fehlt in G.

ihre Erscheinung: fehlt in G.

18 und sie hatten Furcht. G »und ich sah sie« (als stünde ואראה להם?); S »und sie konnten sehen«.

20 / wo auch immer der Geist hingeht /: fehlt in G S.

23 jedes hatte zwei, die bedeckten: fehlt in G.

25 Dieser Vers fehlt in einigen mittelalterlichen hebräischen Hss.

wenn sie hielten, erschlafften ihre Flügel: fehlt in G.

26 Über der Fläche, die sich über ihren Köpfen befand: fehlt in G.

die Gestalt eines Throns mit der Erscheinung eines Saphirsteins: G »wie die Erscheinung von Saphirstein (S »und wie) das Bild eines Throns auf ihr« (= עליו; G bezeugt im Unterschied zu M nicht עליו am Ende des Verses).

27 das etwas hatte wie die Erscheinung von Feuer um es herum: fehlt in G.

Gesamtauslegung: Struktur und Themen

Reduziert man diesen Text auf seine wesentlichen Bestandteile, dann handelt es sich hierbei um die Vision der Herrlichkeit Gottes: Während der Prophet an einem Sommertag am Fluß Kebar stand, blies ihm ein heftiger
Sturmwind von Norden (keineswegs ungewöhnlich für die Jahreszeit) eine
weißglühende Wolke entgegen, die von einem Strahlenkranz umgeben war
(V 4). Als sich die Wolke näherte, wurden in ihrem unteren Bereich vier
glühende Lebewesen sichtbar, wie Menschen in ihrer aufrechten Haltung,
mit ihren Beinen und Händen, aber einem Mensch insofern unähnlich, als
sie vier Gesichter und vier Flügel hatten (V 5–8a). Die Lebewesen waren
vermutlich in einem Rechteck angeordnet und berührten einander mit ihren
Flügelspitzen. Wenn sie sich bewegten, machten sie den Eindruck eines
Ganzen, und da sie in jede Richtung blickten, gingen sie immer in die Richtung, in die sie blickten, ohne sich umdrehen zu müssen (V 8b–12). In ihrer
Mitte befand sich eine blitzende, fackelähnliche Erscheinung (V 13). Der
Prophet bemerkte, daß jeweils seitlich, unterhalb eines Lebewesens, sich
ein hohes, kompliziertes Rad befand, das mit Augen besetzt war und sich
zusammen mit den Lebewesen bewegte (V 14–21).

Inhalt und
Struktur

Der Blick des Propheten wanderte von den Lebewesen nach oben, um dort
eine glänzende, eisartige Fläche wahrzunehmen, die sie über ihren Köpfen
und ausgebreiteten Flügeln trugen. Als sie näherkamen, bemerkte er den
furchtbaren Lärm, den ihre sich bewegenden Flügel verursachten (V 22–24).

Da erschlafften die Flügel, und die Erscheinung hielt inne. Der Prophet
hörte ein Geräusch von oberhalb der Fläche, das seinen Blick weiter nach
oben zog. Er sah einen Thron aus Saphir, der auf der Fläche stand, auf dem
eine strahlende menschliche Gestalt saß, rundum glänzend und feurig und
umhüllt von einem regenbogenartigen Strahlenkranz. Erst in diesem Moment erkannte der Prophet, daß das, was er sah, die Herrlichkeit Gottes war.
In diesem Moment fiel er von Ehrfurcht ergriffen zu Boden (V 25–28).

Die Erzählfolge entspricht der Reihenfolge der Wahrnehmung: erst Blik-
ke, dann (als sich die Erscheinung näherte) Geräusche; erst der untere Teil
der Vision (der der Erde näher war), dann der obere; erst die Bewegung der
Erscheinung, dann ihr Anhalten. V 4 und V 27 f. bilden einen Rahmen um
die gesamte Erzählung: Das undifferenzierte, unverstandene Feuerwerk in
der Wolke von V 4 wird stufenweise richtig eingeordnet und in V 27 f.
schließlich entschlüsselt. Deutlich ist der Wille zu spüren, den Leser die Sin-
nesbewegungen des Propheten und seinen Verstehensprozeß nachvollzie-
hen zu lassen. An einigen Stellen jedoch wird die Erzählordnung durchbrochen (z. B. in V 8b–12). Dies geht vermutlich auf die zahlreichen Dubletten
in unserem Text zurück, die in G fehlen. Darüber hinaus scheint die Beschreibung der verschiedenen Bewegungen und Zustände der Erscheinung
– die Fähigkeit der Lebewesen, die Richtung zu ändern, ohne ihre Position

wechseln zu müssen; die Einheit von Rädern und Lebewesen bei Aufstieg und Fahrt; die Lokalisierung der Räder auf dem Boden – auf komplexeren Beobachtungen zu basieren als der einfachen Beschreibung der Erscheinung, wie sie diese Vision erfordert. Es scheint daher, daß in späterer Zeit andere Informationen in Kap. 1 eingearbeitet wurden (vgl. 3, 12 f.; 10, 15.19; 11, 22). Neuere Kommentare (z. B. Fohrer, Zimmerli) reduzieren die Erzählung auf einen hypothetisch erschlossenen knappen Kern, aber ihre Kriterien dafür, was ursprünglich sein soll, sind willkürlich (z. B. die Annahme einer Systematik im heute vorliegenden Wechsel des grammatikalischen Geschlechts, wenn auf die Lebewesen Bezug genommen wird), und die sich daraus ergebende Kreativität, die Schreibern oder einem (vorausgesetzten) Schülerkreis des Propheten zugeschrieben wird, ufert aus. Es besteht wenig Grund zur Annahme, daß der ursprüngliche Text sich exakt und durchgängig an eine bestimmte Norm hielt.

Der häufige Gebrauch von Vergleichen in der Beschreibung verweist auf ein Bemühen um Gewissenhaftigkeit und Exaktheit und zeugt zugleich vom Bewußtsein der visionären Natur des Ereignisses. Der am häufigsten belegte Vergleichsbegriff ist כמראה, wörtl. »wie die Erscheinung von«. Dies signalisiert keine Zurückhaltung in bezug auf die Exaktheit der Beschreibung, sondern eine Zurückhaltung hinsichtlich ihrer Identifikation. Wenn Manoachs Frau den ihr erschienenen Mann Gottes als jemand, »dessen Erscheinung wie die Erscheinung eines Engels war, sehr furchtbar!« (Ri 13, 6) schildert, dann will sie damit exakt beschreiben, wie der Mann aussah, ohne ihn jedoch mit einem Engel zu identifizieren. In ähnlicher Weise meinen die Ausdrücke »etwas wie die Erscheinung von Fackeln« (V 13), »von Saphirstein« (V 26), »eines Menschen« (V 26), daß das, was man sah, genauso aussah wie das, mit dem es verglichen wird. Der Gebrauch des כמראה (und ebenso von כעין und דמות) signalisiert den Widerwillen, das Gesehene mit dem, womit es verglichen wird, gleichzusetzen. Es sah aus wie Fackeln, wie Saphir, wie ein Mensch, aber das bedeutet nicht, daß sich Fackeln, Saphir und ein Mensch wirklich dort befanden. Die Verwendung dieser Pufferbegriffe zeigt an, daß dem Propheten daran gelegen war, seine Zuhörer wissen zu lassen, daß dies ein מראות »eine Vision« war. Es besteht kein Grund zur Annahme, daß er irgendwelche Vorbehalte gegenüber der in diesen Vergleichen ausgedrückten Ähnlichkeit im Aussehen hatte. Zu exakten Parallelen vgl. man den Traumbericht einer hethitischen Königin: »In einem Traum wurde etwas wie mein Vater wieder lebendig« (*A. L. Oppenheim*, Dreams 1956, 204 a); und vom ägyptischen König Merenptach wird gesagt: »Dann sah seine Majestät im Traum, als stünde das Bildnis Ptachs neben dem Pharao« (*A. L. Oppenheim* ebd. 251 § 16).

Es existieren nur wenige Analogien für eine solche Vision als erstem Element einer Prophetenberufung. Mose wurde auf seine Berufung durch eine einfache Feuertheophanie in einem brennenden Dornbusch (Ex 3) vorbereitet. Jes 6 beschreibt eine Vision des himmlischen Hofstaats, die einige Punkte mit Ez 1 gemeinsam hat – geflügelte Begleiter Gottes, der auf seinem Thron sitzt – und wird gemeinhin als Berufungsbericht eingeordnet. (*Y. Kaufmann*, Religion 1963, 388, Anm. 5, äußert Bedenken und zieht zum Vergleich die ähnliche Szene der Vision Michas in 1 Kön 22,19ff. heran, die nicht zur Berufung des Propheten gehört.) Aber in diesen Visionen sieht man nicht (bzw. es wird nicht gesagt), daß Gott zum Propheten aus dem Himmel oder von weit her kam. Er ist während der gesamten Vision statisch präsent. Andererseits wird von Gott allgemein gesagt, er reite im Himmel (Ps 68,5.34; 104,3) und komme als Richter oder König, um den Treuen zu retten bzw. den Frevler zu strafen (Dtn 33,26; Jes 19,1). Die Charakteristika der göttlichen Erscheinung in Ezechiel – der Sturm, die Wolke, Blitze, Feuer und Strahlenkranz – finden sich sonst im Zusammenhang öffentlicher Theophanien; vgl. Ex 19; Dtn 33,2f.; Ri 5,4f.; Nah 1,3ff.; Hab 3,8–15. Die nächste Analogie zu der allein für Ezechiel bestimmten Vision bildet Ps 18 (2 Sam 22), V 8–14. Als Antwort auf den Ruf des Psalmisten um Hilfe heißt es dort:

> Die Erde bebte und zitterte ...
> [Gott] neigte den Himmel und kam herab
> Dicke Wolken waren unter seinen Füßen
> Er ritt auf einem Keruben und flog
> Er erschien [andere Lesart: schwang sich empor] auf Flügeln des Windes
> Er hüllte sich in Finsternis als sein Zelt ...
> Im Strahlenkranz vor ihm brannten feurige Kohlen
> JHWH donnerte vom Himmel
> Der Allerhöchste ließ seine Stimme erschallen

Man vergleiche damit auch Jes 63,19b. Das Bild Gottes als eines Reiters im Himmel mit den Wolken als Streitwagen ist in der Bibel, in ugaritischen Texten (Baal wird »Wolkenreiter« genannt [z.B. ANET 130b und 131b]) und Mesopotamien (s.u.) allgemein verbreitet. Es stellt an sich keine Besonderheit dar.

Die antike bildliche Darstellung, die der von Ezechiel gesehenen Gestalt am nächsten kommt, ist in Abb. 1 zu sehen: ein emaillierter Ziegel aus Assur, der den Gott Assur darstellt, wie er inmitten der Regenwolken schwebt, begleitet von seiner Armee, mit einem Bogen bewaffnet. »Der fliegende Gott ... ist ... ungewöhnlich schön ... Der Kopf und der obere Teil seines Körpers scheinen weiß gewesen zu sein und die Flügelfedern gelb und blau ... ein doppelter gelber Ring [befindet sich] in seinem flammenden Nimbus. Große, flammende Lichtstreifen fliegen hinter ihm her ...« (*W. Andrae*, Colored Ceramics from Ashur, London 1925, Taf. 8, S. 27; reproduziert in Farbe bei *A. Parrot*, Nineveh and Babylon, London 1961, Abb. 282).

Die Erscheinung der Herrlichkeit JHWHs in Wolke und Feuer (aber ohne

Abb. 1: Ez 1,1–28
Emaillierter Ziegel aus Assur aus der Zeit Tukulti-Ninurtas II. (888–884 v. u. Z.), der
den von einem Strahlenkranz umgebenen Gott Assur zeigt.
Quelle: Nachzeichnung O. *Keel.*

sichtbare Form) ist typisch für die Wüstenerzählungen des Pentateuch. Die
Herrlichkeit erscheint, um den bzw. die Führer Israels in der Mannaepisode
(Ex 16,10), im Kundschafterbericht (Num 14,10) und beim Aufstand der
Rotte Korach (Num 16,19) zu unterstützen. Auf dem Berg Sinai (Ex 24,17),
auf dem Zeltheiligtum am Tag seiner Weihe (Ex 40,34f.), zur Weihe der
Priester (Lev 9,23) und später bei der Weihe des salomonischen Tempels
(1 Kön 8,11) erscheint die Herrlichkeit, um Gottes Nähe und Gegenwart
inmitten seines Volkes zu bezeugen. Die Bitte des Mose, die Herrlichkeit
Gottes sehen zu dürfen (Ex 33,18), weist darauf hin, daß ihre Offenbarung
gegenüber einem Einzelnen das höchste Zeichen göttlicher Gunst darstellte.
    Die Kombination verschiedener Charakteristika in der göttlichen Erschei-
nung, die Ezechiel sah, brachte somit wirksam und in geballter Form Gottes
Unterstützung des Propheten und seine intime Nähe zu ihm zum Ausdruck.
    Die Suche nach Analogien zur Gesamterscheinung, insbesondere der Le-
bewesen, führt zum selben Ergebnis: Man findet einzelne Elemente in der
Tradition, aber das Ganze ist einzigartig. Von Gott wird gesagt, er reite »auf
den Flügeln des Windes« (Ps 18,11) – die im Kerub (ebd.) personifiziert
werden. Anderswo wird gesagt, er sei der, der »auf den Keruben throne«
(d. h. über ihnen; 1 Sam 4,4; 2 Sam 6,2; Ps 99,1). Wie die Keruben aussahen, wird von den Quellen nicht gesagt. Sie waren geflügelt – und ihre

Abb. 2: Ez 1,1–28
Elfenbeinritzung aus Megiddo (ca. 1350–1150 v. u. Z.): Der König von Megiddo sitzt
bei einer Siegesfeier auf seinem Kerubenthron.
Quelle: Nachzeichnung *O. Keel.*

beiden Flügel bedeckten die Lade im Allerheiligsten (1 Kön 6, 27). Zwischen
den ausgebreiteten Flügeln der kleinen Keruben auf der Lade in der Wüste
»traf« Gott den Mose, um mit ihm zu reden (Ex 25, 22). All diese Informationen zusammen ergeben den Eindruck, daß es sich bei den Keruben um
himmlische Gottesträger handelte, auf denen man sich ihn sitzend thronend
vorstellte. Die Bilder im Heiligtum waren nur Repräsentanten dieser himmlischen Keruben. Neuere Exegeten haben geflügelte Sphingen und andere
Mischwesen, die dargestellt werden, wie sie den Thron eines altorientalischen Königs (s. Abb. 2) stützen (oder bilden), oder die als Schemel der
Götter dienen (ANEP Abb. 534), als Vergleich herangezogen. Jedoch scheint
der in Ez 28, 14 ff. erwähnte Kerub – ein Bewohner des Gottesgartens Eden –
eine menschliche Gestalt besessen zu haben. Die »Lebewesen« aus Ez 1 werden darüber hinaus in Ez 10 mit Keruben identifiziert – und hier wird von
ihnen gesagt, daß sie eine menschliche Gestalt hatten. Daß Ezechiel die Lebewesen nicht sofort mit Keruben identifizierte, weist darauf hin, daß sie
anders ausgesehen haben müssen als die Kerubenstatuen im Heiligtum, aber
die Unterschiede waren nicht so groß, daß sie die spätere Identifikation ausgeschlossen hätten. Worin der Unterschied lag, wird nicht näher gesagt.

Wie die von Jesaja gesehenen Serafen hatten auch Ezechiels Lebewesen
verschiedene Flügelpaare. Die Serafen verfügten über ein zusätzliches Paar,
um ihre Gesichter zu bedecken, da sie über dem göttlichen Thron schwebten
und andernfalls einen Blick auf Gott hätten werfen können, während Ezechiels Lebewesen unterhalb positioniert waren und geradeaus blickten.

Daß es sich bei Ezechiels Lebewesen um Mischwesen handelt, entspricht
voll und ganz der mesopotamischen und syrischen Ikonographie. Komposit-
gottheiten und mythische Wesen sind in Ägypten und Mesopotamien ver-

Abb. 3: Ez 1, 1–28
Akkadisches Rollsiegel (ca. 2360–2180 v. u. Z.): Ein janusköpfiger Gott führt einen
Beter vor Ea
Quelle: *O. Keel*, Jahwe-Visionen 1977, 219, Abb. 168.

breitet. Ein Ägyptologe erläutert die Symbolik wie folgt: »… Wenn es irgend möglich war, kombinierten sie [zoomorphe oder anthropomorphe]
Vorstellungen in einem zusammengesetzten Ganzen. Entsprechend wurde
den anthropomorphen Göttern ein menschlicher Körper gegeben, aber nur
selten ein menschlicher Kopf. Vielmehr wurde dieser meist durch den eines
Tieres ersetzt, in dessen Gestalt der Gott ursprünglich erschien.« »Auch um
der Kunst willen … war eine gewisse Personifikation von Gottheiten notwendig, und wenn menschliche Körper von Göttern die Köpfe verschiedener
Tiere trugen, dann hautpsächlich deshalb, weil man ihre verschiedenen Ver-
körperungen auf diese Weise voneinander unterscheiden konnte« (*J. Černý*,
Ancient Egyptian Religion, London / New York 1957, 29–40). In Mesopotamien werden die niedrigeren Gottheiten (z. B. Schutzgötter) und Dämonen
als Mischwesen dargestellt, unter ihnen auch geflügelte Vierfüßler mit
menschlichen Gesichtern (ANEP Abb. 644–666). Auch hier müssen wir die
Kombination als Ausdruck der verschiedenen Attribute dieser himmlischen
Begleiter, der Träger des göttlichen Throns, verstehen. Die Vervielfachung
der Gesichter in der Art der Lebewesen Ezechiels ist jedoch äußerst selten.
Zwei winzige Bronzefigurinen aus altbabylonischer Zeit zeigen einen Gott
und eine Göttin, jede mit vier identischen menschlichen Gesichtern. Ausgedrückt wird damit die Macht, alles beobachten zu können (*A. Parrot*, Sumer, London 1960, 349). Janus-Götter, d. h. zweigesichtige Götter, sind ver-
breiteter (gewöhnlich eher kleinere Götter; s. Abb. 3; vgl. ANEP Abb. 685,
687, 693). Eine Variation davon bildet die folgende späte Beschreibung des
phönizischen Gottes El (= Kronos) durch Sanchuniathon: »[Der Gott Tau-
thos] ersann für Kronos als Insignien des Königtums vier Augen, vorn und
hinten [von denen zwei geöffnet] und zwei geschlossen waren; und an seinen Schultern vier Flügel, von denen zwei flogen und zwei zusammengelegt

Abb. 4: Ez 1,1–28
Götterprozession auf dem assyrischen Felsrelief von Maltai (ca. 704–681 v. u. Z.)
Quelle: *O. Keel*, Jahwe-Visionen 1977, 159, Abb. 104.

waren. Und das Symbol bedeutete, daß Kronos sehen konnte, während er schlief und schlafen konnte, während er wach war; und ähnliches galt für die Flügel: daß er flog, während er ruhte, und ruhte, während er flog« (Eusebius, Praeparatio Evangelica I, 10.36–37). Die Symbolik vier verschiedener Gesichter muß jedoch etwas anderes bedeuten, und hierfür verfügen wir über keinerlei Analogien. (Die bei *S. Landersdorfer*, βααλ τετραμορφος 1918, gesammelten Belege zeigen allein Gottheiten, deren Gesichter identisch sind; vgl. die Erklärung, die Basilius von Cäsarea [4. Jh.] für den viergesichtigen Götzen, der Manasse zugeschrieben wird, gibt [*J. Migne*, Patrologia Graeca CXXI, 228; zitiert bei *S. Landersdorfer* ebd. 7], »so daß man zu den Bildern beten konnte, von welcher Seite man auch an sie herantrat« [DtnR 2, 20] – was notwendigerweise voraussetzt, daß der Götze von jeder Seite gleich aussah. Vgl. die Beschreibung der Offenbarung Gottes am Sinai als »wie eine Statue mit Gesichtern auf jeder Seite, so daß, obwohl tausend Menschen sie anblickten, sie zu jedem zurückblicken konnte« in PRK 12, 25.) Um die Bedeutung zu erfassen, müssen wir den Symbolgehalt eines jeden Tieres bestimmen, dessen Gesichter sich an den Köpfen der Lebewesen Ezechiels befinden.

Der Löwe ist das sprichwörtlich grimmigste Tier (Num 23,24; 24,9; Ri 14,18; 2 Sam 1,23; 17,10 u.ö.); der Adler der beeindruckendste Vogel (schnell und hochfliegend) (Dtn 28,49; 2 Sam 1,23; Jer 48,40; Klgl 4,19; Ijob 39,27; akkadisch *ašarid iṣṣurē* »der erste unter den Vögeln« [*D. Luckenbill* (Hg.), The Annals of Sennacherib, Chicago 1924, 36]); auf die Schnelligkeit der Adler und die Macht der Löwen wird in Davids Totenklage in 2 Sam 1,23 angespielt. Der Stier ist das wertvollste der domestizierten Tiere (zum Pflügen und zur Zucht: Spr 14,4; Ijob 21,10; vgl. Ex 21,37). Selbstverständlich herrschen Menschen über all diese (Gen 1,28; Ps 8,7). In der Kunst des alten Orients dienten diese Tiere bzw. Kombinationen davon, als Träger oder

Abb. 5: Ez 1,1–28
Detail aus dem Felsrelief von Maltai: Eine
thronende Göttin sitzt auf einem Podest, das
von Greifen, einem Skorpionmenschen und
einer menschlichen Gestalt getragen wird.
Quelle: *O. Keel*, Jahwe-Visionen 1977, 175,
Abb. 115.

Postament von Gottheiten (ANEP Abb. 472–474, 486, 830 [Löwe], 500, 501,
531, 835 [Stier], 534 [geflügelter Löwe mit Stierkopf], 537 [eine Anzahl
Götter, die auf verschiedenen Tieren stehen]). Eine adlerköpfige menschliche Gestalt mit zwei Flügelpaaren trägt über ihrem Kopf das Symbol eines
Gottes (ANEP Abb. 855); gehörnte Stiermenschen halten einen »Hocker«,
auf dem das Symbol der Gottheit sitzt (Abb. 653; vgl. Abb. 645). In Ezechiels Vision werden die traditionellen Träger der Gottheit als Kombination
der Attribute der »Herren« der Schöpfung in ihren Gesichtern dargestellt,
wobei der größte Teil ihrer Körper Menschengestalt hat. Der folgende Midrasch zu Ex 15,1 liefert die beste Interpretation der Lebewesen, die man
finden kann: »Vier Arten des Stolzes wurden in der Welt geschaffen: der
stolzeste von allen – der Mensch; der Vögel – der Adler; der Haustiere –
der Ochse; der wilden Tiere – der Löwe; und sie alle stehen unter dem
Thronwagen des Heiligen ...« (ExR 23,13). D.h. die herrschaftlichsten Lebewesen sind nur die Träger des Herrn der Herren.

Nimmt man die Erscheinung als Ganzes, so scheinen zwei Konzepte miteinander verschmolzen zu sein: das einer Gottheit, die von mythischen We-

sen getragen wird, und das eines Thronwagens. Was das zweistöckige Bild einer trohnenden und auf einem Tier oder einem mythischen Wesen reitenden Gottheit anbelangt, so existieren gute mesopotamische und westasiatische Beispiele, die es ermöglichen, uns das ungefähre Aussehen dieser Erscheinung vorzustellen. Eine thronende und von einem Löwen getragene Göttin ist weithin bekannt (*M. Jastrow*, Bildermappe zur Religion Babyloniens und Assyriens, Gießen 1912, Taf. 204; *C. L. Woolley*, Carchemisch II, London 1921, Taf. B 19a; *E. Strommenger*, 5000 Years of the Art of Mesopotamia, New York 1964, Taf. 179, 2. Reihe rechts). Aufgrund ihrer Komplexität sehr gut für den Vergleich geeignet, ist die Darstellung einer Götterprozession auf dem Felsrelief von Maltai (Abb. 4). Bei der zweiten Gottheit von links (Abb. 5) handelt es sich um eine thronende Göttin, die auf einem hohen Podest sitzt, das an der Seite einen Greifen, einen Skorpionmenschen mit erhobenen Händen und eine menschliche Gestalt (einen Verehrer?) zeigt. Zwischen dem Podest und dem Thronsitz sieht man drei Ansichten eines Königs, zwischen denen zwei Mischwesen (obere Hälfte menschlich, untere tierhaft) stehen, deren erhobene Hände den Thronsitz stützen. Das Ganze reitet auf dem Rücken eines schreitenden Löwen.

Verwandt mit diesem Bild ist ANEP Abb. 653, wo »Stiermenschen« einen »Hocker« tragen, auf dem das Symbol eines Gottes ruht; oder ANEP Abb. 855, wo ein vierflügliger »Adlermensch« mit erhobenen Armen das Symbol einer Gottheit über seinem Kopf stützt.

Dieses geradlinige Konzept wird in Ezechiels Erscheinung durch die Räder verkompliziert. Vier Räder gehören zu einem Karren (vgl. den Unterbau der Tempelbecken, 1 Kön 7,27–37, mit vier Rädern und geschmückt mit Kerubenfiguren, Löwen und Rindern!) oder einer primitiven Form des Streitwagens (ANEP Abb. 303). Vergleichbar ist der alte, mit Scheibenrädern versehene göttliche Streitwagen, auf dem ein Gott steht, abgebildet in ANEP Abb. 689 (der Streitwagen wird von einem geflügelten Löwen gezogen, auf dessen Rücken eine Göttin reitet). Auch von JHWH wird gesagt, daß er in einem Streitwagen fahre (Hab 3,8; Jes 66,15), und es scheint, daß Ezechiels Vision diese beiden Arten der Fortbewegung miteinander kombinierte. In der Vision des göttlichen Gerichts in Dan 7,9 ist Gottes Thron ebenfalls mit Rädern ausgestattet. Die Kombination wurde erleichtert, da im alten Orient Thronwagen existierten. Eine Szene aus einem assyrischen Palastrelief des 8. Jhs. zeigt Diener, die einen leeren, mit Rädern versehenen Thron tragen: Das sichtbare Rad ist relativ groß und es hat, obwohl es mit Speichen ausgestattet ist, eine breite Felge aus drei konzentrischen Bändern. Oberhalb und entlang des Rades, unterhalb und neben dem Thronsitz befindet sich das Bild eines geschirrten, schreitenden Pferdes. Dieses Fahrzeug verfügt über ein Joch für Zugtiere (*G. Perrot / C. Chipiez*, Histoire de l'art dans l'antiquité, II, Paris 1884, Abb. 23, 100). Noch geeigneter ist vielleicht die mit einer hohen Rückenlehne versehene Sänfte Assurnasirpals II., die

auf einem der bislang unpublizierten Bronzetore in Balawat dargestellt ist
(*E. Sollberger*, The White Obelisk: Iraq 36, 1974, 232; ich verdanke diesen
Hinweis Dr. Irene Winter). Ein sonst von Trägern gestützter Gegenstand
konnte auf diese Weise mit Rädern ausgestattet werden.

Das Vorherrschen der Zahl vier in der Erscheinung muß zur Einteilung
der Welt in vier Teile in Beziehung gesetzt werden (Jes 11, 12 »die vier Enden [כנפות] der Erde«) oder zu den vier Richtungen des Horizonts (»in Richtung des Meers [Westen] und vorwärts [Osten] und Norden und Süden«
Gen 13, 14; 28, 14). Sie symbolisiert Gottes Macht über die gesamte Welt –
alles sehen zu können, überall ohne Anstrengung anwesend sein zu können.
Diese traditionelle israelitische Vorstellung konnte durch den Kontakt mit
den Babyloniern nur verstärkt werden, deren Literatur voll war von »den
vier Gegenden der Welt« (*kibrāt arba'i* bzw. *erbetti*) und *šār erbetti* »die vier
Winde« – eine Vorstellung, die in der Bibel seit der babylonischen Zeit belegt ist (Jer 49, 36; Ez 37, 9 u. ö.).

Die Augen auf den Felgen der Räder dürften die dauernde göttliche
Wachsamkeit symbolisieren. Man vergleiche das soeben zu Kronos Gesagte
sowie die zahlreichen »Augensteine«, die die Kronen der assyrischen Göt-
terstatuen schmückten (*S. Parpola*, Letters from Assyrian Scholars to the
Kings Esarhaddon and Assurbanipal, Pt. I: Texts, Neukirchen-Vluyn 1970,
Nr. 276, obv. 11; »26 ›Augensteine‹ [*aban īnu*] für die Krone des Gottes Nabu«; vgl. *E. Vogt*, »Augen« 1978, 93–96).

Falls die feurige Erscheinung, die sich zwischen den Lebewesen bewegt,
einen Anhaltspunkt in der irdischen Realität haben sollte, so ist sie uns entgangen. Als ein Zeichen göttlichen Grimms – das Feuer wird bei der Bestrafung Jerusalems in 10, 2 eine Rolle spielen – erinnert es an die poetischen
Hinweise auf das Feuer, das Gott »vorangeht« bzw. das vor Gott »verzehrt«
(Ps 50, 3; 97, 3) sowie die »Feuerkohlen«, die »aus dem Strahlenkranz brann-
ten, der vor ihm war«. Hier befindet sich das Feuer an anderer Stelle entsprechend der vertikalen Ausrichtung der gesamten Erscheinung (ein
Thron, unter dem sich die dienenden Träger befinden) anstelle einer hori-
zontalen (Streitwagen, der von Tieren und Vorlaufenden gezogen wird).

Praktisch jede Komponente der Ezechielvision kann somit aus der Tradition Israels, gestützt durch die Ikonographie der Umwelt, abgeleitet werden – keines der oben zitierten Elemente befand sich jenseits des Horizonts
eines gewöhnlichen Israeliten. Die göttliche Bildwelt der Bibel ähnelt stark
derjenigen der Kulturen der Umwelt, insbesondere der westasiatischen Kulturen. Israel unterschied sich nicht in seiner Bildwelt, sondern in den göttlichen Attributen und der Art der Gottesverehrung von seiner Umwelt. Die
spezifischen Zusammenstellungen, wie z. B. die vier verschiedenen Gesichter sowie das gesamte Ensemble, bleiben für uns – und den Propheten –
ohne Vorläufer. Es besteht kein Grund zur Annahme, daß er irgendwo ein
irdisches Äquivalent sah oder er einem babylonischen Prototyp folgte. Als

Gefangener, der von den großen Kulturzentren weit entfernt war, hatte Ezechiel nur wenig Gelegenheit, die Kunst der babylonischen Tempel zu studie-
ren oder Zeuge der großen Götterprozessionen zu werden. Selbst wenn das
der Fall gewesen sein sollte, war er zu sehr von der Reinheit der Gottesverehrung Israels überzeugt (s. bes. Kap. 8–11), als daß er in sie Bilder importiert hätte, die unmittelbar aus der heidnischen Umgebung stammten
(*H. Schmidt*, Kerubenthron 1923, 124, Anm. 2). Der ganze Tenor der Beschreibung zeugt vom Wunder des Unbekannten. Dies war eine neue Offenbarung des Gefolges von Israels Gott, die genug Bekanntes umfaßte, das sie
schließlich identifiziert werden konnte, aber die so neu war, daß man ausschließen kann, der Prophet habe allein aus seiner Erinnerung heraus ein
Bild gezeichnet, nach dem sich sein Herz sehnte.

Die Bedeutung dieser Vision für den Propheten diskutiert man am besten
im Zusammenhang der sich anschließenden Audition. Hier reicht es zunächst, die weitverbreitete Ansicht in Frage zu stellen, derzufolge die Vision
»Gottes Fähigkeit zu handeln, wie er wollte [zeigte]. Er ist nicht an das heilige Land gebunden. Dies war eine beinahe revolutionäre Vorstellung«
(*Stalker* 49, dem viele folgten, u. a. Fohrer und Zimmerli). In dieser Verallgemeinerung ist die Ansicht nicht haltbar. JHWH ist in der ganzen Schrift
ein Gott universaler Herrschaft. Seine besondere Gunst jedoch, die Manifestation seiner Heiligkeit und konsequenterweise die Orte, an denen er verehrt werden darf, werden gewöhnlich auf das Volk und das Land Israel beschränkt (das Land der Heiden gilt als »unrein« [Am 7, 17], weshalb JHWH
dort nicht verehrt werden darf [vgl. 2 Kön 5, 17]). Ezechiel weist einen Anspruch der Jerusalemer zurück, demzufolge die Exulanten von Gott, d. h.
von seinem Geschenk des Landbesitzes [11, 15 f.], entfernt seien; s. die
scharfsinnige Diskussion bei *Y. Kaufmann*, Religion 1963, 127 ff.). Man darf
daher bestenfalls vermuten, daß Ezechiels Vision eine Vorstellung »revolu-
tionierte«, derzufolge JHWH sich nicht außerhalb des Landes Israel offenbaren konnte. Die spätere Diskussion von Ez 1, 3 in der Mekhilta (Pischa, 1,
S. 6 ff.) beginnt genau bei der Voraussetzung, daß die Schekina (die Einwohnung der Gegenwart Gottes) sich nicht auf Propheten außerhalb des Heiligen Landes niederläßt. Aber entspricht das der Bibel? Die Mekhilta bezieht
sich auf Jona 1, 3 (»Jona stand auf, um nach Tarschisch zu fliehen, weg von
der Gegenwart JHWHs«). Dort wird jedoch nur gesagt, daß Jona sich vor
seiner Verantwortung drücken wollte, indem er in genau die entgegen-
gesetzte Richtung lief, als es ihm von Gott befohlen worden war; das Gegenteil von ברח מלפני יהוה, *S. D. Goitein*, Some Observations on Jonah: JPOS
17, 1937, 67, bildet עמד לפני יהוה »vor JHWH stehen, ihm dienen«, womit
die Verantwortung des Propheten bezeichnet wird (1 Kön 17, 1; 18, 15 u.ö.).
Vgl. demgegenüber 1 Sam 25, 10. Andererseits existieren eindeutige Belege
für die Situation der Exulanten und die Art und Weise, wie sie diese ein-
schätzten, die der vermuteten Bedeutung der Vision zuwiderlaufen. Die

Exulanten der damaligen Zeit vertrauten darauf, daß Gott sie beachtete, und glaubten, an seinen Propheten und seinem Wort reichlich Anteil zu haben. Deshalb klagt Ez 13 die »falschen Propheten« an, die das prophezeien, was sie sich selbst ausdenken. Daß diese sich unter den Exulanten befinden, zeigt die Drohung, daß »sie nicht in das Verzeichnis der Israeliten aufgenommen werden sollen und das Land Israel nicht betreten sollen« (V 9). Wie wir in Jer 29,15 hören, waren diese Propheten der Stolz der Exulanten (»JHWH hat uns in Babylon Propheten erstehen lassen!«). Sie stärkten die Hoffnung auf eine baldige Rückkehr und vertrauten fest auf Gottes Sorge um seine Zerstreuten – und bildeten die größte Herausforderung sowohl für Ezechiel als auch für Jeremia. Die beiden arbeiteten daran (vor der Zerstörung Jerusalems allerdings vergebens), die Exulanten davon zu überzeugen, daß Gottes Pläne mit Israel im Gegensatz zu dem standen, was diese Propheten verkündeten; daß Gott diese Propheten nicht hatte »erstehen lassen« und daß Gott nicht »mit ihnen« war, wie sie es sich vorstellten. Später trat Jeremia in Ägypten als Prophet auf, ohne den Wirbel zu veranstalten, den man von einer »revolutionären Vorstellung« erwartet hätte.

Ezechiel bedurfte somit kaum dieser Vision, um zu beweisen, daß Gott unter den Exulanten präsent war, oder um sie davon zu überzeugen, daß es Prophetie in einem »unreinen Land« geben konnte. Im Anschluß an die Analyse der Botschaft des Propheten, die er zusammen mit der Vision empfing, soll eine alternative Interpretation vorgestellt werden.

Aus dieser Beschreibung des göttlichen Gefolges entwickelte das frühe Judentum eine Fülle mystischer Spekulationen über die Struktur und das Personal der göttlichen Sphäre (s. u. den Anhang zu Ez 10).

Einzelanalyse: sprachliche und literarische Aspekte

Die Eigenart Ezechiels, Berichte über seine prophetischen Erfahrungen mit ihrem Datum und manchmal auch den Umständen, unter denen sie stattfanden (s. die Zeittafel in der Einleitung), zu eröffnen, verursacht hier eine Abweichung von der gewöhnlichen Eröffnung eines Prophetenbuches. Während Bücher gewöhnlich mit einer Überschrift beginnen (wie z.B. Jes 1,1; Jer 1,1–3; Hos 1,1; Am 1,1), die nähere Angaben zur Person des Propheten enthält, erscheint diese hier erst in V 2–3 als erläuternde Unterbrechung der Erzählung in der ersten Person in V 1. Das Datum in V 1 wird in V 2 mit Bezug auf die Ära des Exils des Königs Jojachin erläutert in Übereinstimmung mit den anderen Datumsangaben des Buches. Dann werden das »Ich« und sein Standort identifiziert. Da V 2–3 in der dritten Person verfaßt sind, weist man sie gemeinhin – wie die Überschriften der Prophetenbücher – der Hand eines Herausgebers und nicht der des Propheten zu. Wenn dem V 1–3 so wäre und man die Identifikation des »dreißigsten Jahrs« mit dem fünften Jahr von Jojachins Exil als korrekt akzeptierte, müßte der Prophet von einer Jahreszählung in 1,1 zu einer anderen im Rest des gesamten Buches gewechselt sein, ohne diesen Wechsel selbst zu erklären. Man kann dieses Problem umgehen, indem man annimmt, daß der Prophet sein eigener Herausgeber und der Verfasser der V 2–3 war – eine ungewöhnliche, aber nicht unmögliche Vorgehensweise.

Welcher Jahreszählung das »dreißigste Jahr« zuzurechnen ist, ist unbekannt. Wenn wie bei den anderen Datierungen des Buches die Ära des Exils Jojachins gemeint wäre, dann wäre die Gleichsetzung des »dreißigsten Jahrs« von V 1 mit dem »fünften Jahr« von V 2 falsch, und das erste Datum wäre das letzte (nach dem 27. Jahr in 29,17). Einige neuere Exegeten haben dies bemerkt und halten diese Verse für ein Fragment – als Beginn der letzten datierten Prophetie. *S. Spiegel*, Ezekiel 1931, 282 ff.; *W. F. Albright*, Seal 1932, 96 f. und *C. Howie*, Date 1950, 41.49 f., verstehen das »dreißigste Jahr« als das Datum, an dem Ezechiel sein Buch veröffentlichte. Freedman (mündlich) fügt hinzu, daß es sich vielleicht um den Zeitpunkt einer Abschlußvision handle, die der des »fünften Jahrs« grundsätzlich entsprach. Dieser Vorschlag liest viel in den Text hinein. Auf die folgende Vision wird später wiederholt Bezug genommen als die »am Fluß Kebar« (3,23; 10,15.22; 43,3). Da außer in unseren V 1 und V 3 keine andere Vision dort lokalisiert wird, scheint es unvernünftig zu sein, die Bezugsgrößen dieser Verse voneinander und von der folgenden Vision zu trennen. Die Erklärung des Herausgebers (V 2–3) bezieht das »dreißigste Jahr« auf das fünfte Jahr von Jojachins Exil. Man nahm verschiedene Möglichkeiten an, worauf sich diese andere Jahreszählung beziehen könnte. T liest: »Im dreißigsten Jahr seit der Zeit, da Hilkija, der Hohepriester, das Buch der Tora im Tempel gefunden hatte« (vgl. 2 Kön 22,8 ff.). Wenn man vom fünften Jahr des Exils dreißig Jahre entsprechend der Regierungsjahre, wie sie in den Königebüchern gezählt werden, zurückrechnet, gelangt man in das 18. Jahr des Joschija, in dem das Torabuch gefunden und die große Kultreform unternommen wurde. Obwohl dies einen plausiblen Beginn für eine Jahreszählung der Priester darstellt (und Ezechiel war ein Priester) und obwohl Ezechiel von allen Propheten der Sprache und dem Inhalt der Tora am nächsten steht, bleibt es eine Tatsache, daß weder er noch jemand anderes darauf hinweisen, daß dieses Ereignis den Beginn einer Jahreszählung markierte. Die anderen antiken und modernen Erklärungsversuche können genausowenig überzeugen – z. B. die Jobeljahrperiode oder das Alter des Propheten (s. *J. Bewer*, Text 1933 / 34, 96–101 zu einer Zusammenstellung der verschiedenen Meinungen).

im vierten Monat. Gezählt vom Frühjahr an (vgl. 45,21 mit Dtn 16,1), d.h. der Sommermonat, der später den babylonischen Namen Tammuz (= Juni / Juli) erhielt.

unter den Exulanten ... D.h. der unter den Exulanten lebte, sich aber in diesem Moment nicht unter ihnen befand. Obwohl sich die Vision am Fluß Kebar ereignete (vgl. 3, 23 u. ö.), ging der Prophet erst, nachdem sie vorbei war, nach Tel Abib, der Siedlung der Exulanten am Fluß Kebar, um unter den anderen Exulanten zu sein (3, 15).

am Fluß Kebar. Das hebräische נהר כבר entspricht dem akkadischen *nār kabari/u* »der Kabaru-Kanal«, ein ansonsten unbekanntes Gewässer, das in den Archiven der Muraschu-Familie erwähnt wird, einer Bankiersfamilie in der babylonischen Stadt Nippur im 5. Jh. v. u. Z. In einem Dokument wird gesagt, daß sich dieser Kanal in der Nähe Nippurs befand. Er kann daher nicht mit dem »Eufrat von Nippur« (das heutige Šaṭṭ en-Nil) identifiziert werden, der in der Antike mitten durch Nippur verlief und den einige damit identifizierten (*E. Vogt*, Nehar Kebar 1958; *R. Zadok*, Nippur Region 1978, 287).

Daß Ezechiel während seiner ersten Vision an einem Fluß stand, dürfte nicht ohne Bedeutung sein. Man beachte, daß eine der Visionen Daniels, die er ebenfalls im Exil sah, »am großen Fluß, dem Tigris« stattfand (Dan 10, 4; in 8, 2 ff. hingegen spielt die Szenerie am Ulai-Fluß, während Daniel sich in Susa befindet). Das Ausland wurde als unrein angesehen (Am 7, 17; Ez 4, 13). Die Israeliten suchten daher die Begegnung mit Gott an fließenden Gewässern, die traditionell als reinigend galten (Lev 14, 5.50; 15, 3; Num 19, 17). Ein jüngeres Zeugnis dieser Praxis findet sich in Apg 16, 13 (mit dem Bisherigen vgl. Mekhilta, Pischa, 1, hg. von Lauterbach, Bd. I, 6).

Ein mystischer Midrasch zu Ez 1 mit dem Namen *Reʼuyot Yeḥezqel* »Visionen Ezechiels« (hrsg. von *I. Gruenwald*, Temirin 1, 1972, 101–39) interpretiert den Zusammenhang zwischen Vision und Wasser folgendermaßen: Ezechiel blickte in das Wasser, als er sah, wie sich darin die himmlische Vision spiegelte.

Man kann dies mit einem Mann vergleichen, der einen Haarschnitt bekam und dem der Barbier einen Spiegel überreichte. Als er in den Spiegel sah, gingen der König und sein Gefolge an der Tür [des Geschäfts] vorbei. Als der Barbier sie sah, sagte er [zu seinem Kunden]: »Dreh dich um und schau dir den König an!« Der Mann antwortete: »Ich habe ihn bereits (כבר) im Spiegel (מראה) gesehen.«

I. Gruenwald, Apocalyptic and Merkavah Mysticism, Leiden / Köln 1980, 135, hat angemerkt, daß dem die Vermeidung eines direkten Anblicks des Göttlichen zugrunde liegt, und *M. Idel,* Sinai 86, 5640 / 1980, 1–7 (Hebräisch), hat gezeigt, daß eine solche Technik von Mystikern bis ins Mittelalter hinein praktiziert wurde.

sich die Himmel öffneten. Ein nur hier belegter Ausdruck. An anderen Stellen wird gesagt, daß Gott den Himmel »neige« oder »spalte«, um herabzusteigen oder sich zu offenbaren (2 Sam 22, 10; Jes 63, 19).

eine göttliche Vision. Andere übersetzen »Visionen Gottes«, aber מראות

ist kein wirklicher Plural, sondern ein sog. »verallgemeinernder Plural« (*P. Joüon*, Grammar 1996, § 136 j), der oftmals als Singular übersetzt werden muß (vgl. Gen 46, 2 und חלומות in Gen 37, 8; Dan 2, 1 sowie Ges-K § 124 e). אלהים ist in Ezechiel meist ein Appellativum, »Göttlichkeit«, und nicht der Eigenname »Gott«. Hier und in 8, 3; 40, 2 bedeutet der Ausdruck eine »übernatürliche Vision«, eine, die kein Auge eines Sterblichen ohne göttliche Hilfe sehen kann.

Das Attribut »göttliche Vision« weist V 1 als Titel des gesamten Abschnitts (V 4–28) aus, der rückblickend bereits über das volle Wissen verfügt, um das Gesehene einordnen zu können.

V 2   *Am Fünften des Monats.* Das letzte Element des in V 1 genannten Datums dient als Stichwort für die erläuternde Anmerkung. Ein ähnliches Vorgehen findet sich auch in 23, 4. Bei der erläuternden Anmerkung, die bis V 3 reicht, handelt es sich um eine alternative Abfolge des Datumsformulars von V 1. Die Kombination zweier Verben in den Folgesätzen – »Es war … es geschah« usw. (ויהי … היה היה) – ist typisch für den Stil Ezechiels. Vgl. die Datumsformulare in 20, 1; 29, 17; 30, 20 u. ö. (ויהי … היה).

V 3   *geschah es … erging.* Ein Versuch, die Kombination eines Infinitivs mit einem finiten Verb (היה היה) zu übersetzen. Diese Konstruktion ist als ausdrücklicher Beginn einer Erzählung »im Interesse einer gewissen Volltönigkeit« üblich (Ges-K § 113 o; *P. Joüon* ebd. 123 k mit Hinweis z. B. auf Gen 43, 7.20; Ri 9, 8; 2 Sam 1, 6). Hier begegnet allein das finite Verb (היה) in der Formel »das Wort JHWHs erging [wörtl. war] an mich« (wie an den oben zu V 2 genannten Stellen). Diese Formel leitet gewöhnlich göttliche Botschaften an den Propheten ein, hier muß sie sich auf die in 2, 1 beginnende Rede beziehen. Die Formel wird in der Einzelanalyse von 3, 16 diskutiert.

im Land der Chaldäer (כשדים). Die Chaldäer gehörten zu den Aramäern (vgl. Gen 22, 22: Kesed gilt als Sohn Arams), die im frühen 1. Jt. nach Babylon kamen und im Jahr 625 mit der Gründung der neubabylonischen Dynastie durch Nabopolassar, den Vater Nebukadnezzars, die Unabhängigkeit von Assur erlangten. »Chaldäer« steht anstelle von »Babylonier« in 12, 13; 23, 15.23.

die Hand JHWHs kam auf mich. Vgl. 8, 1 »fiel auf mich«. Auf diese Weise beschreibt der Prophet »die Not, den Druck und Zwang, die ihn überkommen und überwältigen« (*A. J. Heschel*, Prophets 1962, 444). Gottes »Hand« ist eine Manifestation seiner Macht (Ex 9, 3; Dtn 2, 15; 1 Sam 5, 9; Jes 41, 20). Wenn sie über einem Propheten erstrahlt, verleiht sie ihm entweder eine unheimliche Kraft (1 Kön 18, 46, Elija), oder sie lastet auf ihm als jener extreme Druck, der nach außen hin als Trance erscheint und der durch das Bewußtsein, von Gott angeredet worden zu sein, ausgelöst wird (2 Kön 21, 15, Elischa). Ezechiel verwendet den Ausdruck in der letztgenannten Bedeutung, allerdings in Verbindung mit sinnlichen bzw. physischen Auswirkungen und nicht bloß reiner Audition: hier die Vision von Kap. 1 und die außergewöhnlichen Sinneserfahrungen der Kap. 2–3. An anderen Stellen kontrolliert die Hand seine Bewegungen (3,22), entrückt ihn seiner Umgebung und bringt ihn im Geist zu weit entfernten Orten (8,1; 37,1; 40,1) oder fesselt seine Aufmerksamkeit auf einen psychischen bzw. physischen Wechsel, der sich in ihm vollzieht (33,22). Für Ezechiel ist eine Anfälligkeit für eine geistig-körperliche Ergriffenheit charakteristisch, die ihn von anderen Schriftpropheten unterscheidet, die diesen Ausdruck nie zur Beschreibung des Beginns ihres prophetischen Auftretens verwenden. Vielmehr begegnet der Ausdruck, wie oben erwähnt, im Zusammenhang der älteren Propheten. (Jes 8,11 und Jer 15,17 sind damit verwandt, aber sie deuten lediglich an, daß der Prophet sich einem göttlichen Zwang unterworfen fühlt. Es handelt sich nicht um die Beschreibung des Beginns einer Prophetie in Trance.) *J. J. M. Roberts*, The Hand of Yahweh: VT 21, 1971, 244–251, weist auf den Zusammenhang des Ausdrucks mit Krankheitsphänomenen in der Bibel und im Alten Orient hin.

auf ihn. In M gehört der letzte Satz von V 3 zur erläuternden Notiz des Herausgebers, wodurch der Vers mit einer doppelten Beschreibung des Prophetiebeginns überladen wird. Die Ausdrucksweise ist sonst nicht belegt. G S lesen »auf mich« und passen den Satz der Visions-Erzählung in der ersten Person an, von der wir aufgrund der Analogie in 8,1 erwarten, daß nun unmittelbar die Beschreibung des Visionsbeginns folgt.

von Norden. Vor dem Hintergrund einer mythischen Vorstellung, auf die V 4 in Jes 14,13 angespielt wird und die außerhalb Israels bekannt war, vermutete man, daß das göttliche Fahrzeug aus dem Norden kam, weil dort der Sitz der Götter lokalisiert wurde. Aber abgesehen davon, daß es unwahrscheinlich ist, daß der Prophet eine solche mythische Vorstellung wörtlich auf den Gott Israels übertrug (selbst der Dichter von Ps 48,3 muß sie abändern, um sie übernehmen zu können [»Norden« = Zion]), spricht V 1 explizit davon, daß die Himmel (und nicht der Norden) geöffnet waren, um die Erscheinung der göttlichen Herrlichkeit aus sich heraus zu entlassen. Eine etwas nüchternere Interpretation stellt einen Zusammenhang her zwischen der Beobachtung, daß prophetische Visionen manchmal aus einem alltäglichen Ereignis hervorgehen, das plötzlich verwandelt wird (der brennende Dornbusch [Ex 3]; der Kochtopf [Jer 1]), und dem besonderen Sommerklima im Irak, das offensichtlich zu Zeiten der Babylonier nicht anders war. »Von Mai an herrscht eine … extreme … Tiefdruckzone … an der Seeseite zum Persischen Golf hin … Diese … produziert im gesamten Irak einen sehr stabilen und regelmäßigen Nordwestwind *(shamāl).* Der schlimmste Monat ist der Juli mit durchschnittlich fünf Stürmen in Bagdad [Zentralirak] und acht in ash-Shu'aybah [tiefer Süden]« (*W. B. Fischer*, Art. »Iraq«: Encyclopedia Britannica 9, [15]1974, 874). Da sich unser Prophet in der Nähe der Stadt Nippur befand, auf dem halben Weg zwischen Bagdad und dem Golf, und die Vision in den Monat Juli datiert wird, könnte es gut sein, daß an diesem schicksalhaften Tag der *shamāl* (»Nord-[Wind]«) einen Sturm aufkommen ließ, der in den Augen des Propheten nicht Staub oder Sand heranbrachte, sondern die weißglühende Wolke, die er im folgenden beschreibt.

einem Feuerball (אש מתלקחת). Die Bedeutung ist nicht gesichert. Dieser Ausdruck ist nur noch in Ex 9, 24 in der Erzählung der Hagelplage belegt. Sowohl hier als auch dort wird ein übernatürliches Feuer beschrieben – vielleicht ein »Feuer, das sich selbst unterhält«, d. h. daß keinen Gegenstand hat, den es verbrennt, sondern daß einfach »in der Luft« brennt wie ein Feuerball. *G. R. Drivers*, Inaugural Vision 1951, 60, Vergleich mit dem syrischen ʾ*ettawḥad* »entflammt sein« als semantischer Parallele ist klug, aber führt zu einer farblosen Bedeutung. Weder T noch S verwenden hier Derivate von אחד, sondern Verben mit der Bedeutung »lodern«.

umgeben von einem Strahlenkranz. Ein Strahlenkranz (נגה) wird in V 13.27 (s. die Einzelanalyse dort) sowie in anderen Theophanien (2 Sam 22, 13 [Ps 18, 13]; Jes 4, 5) mit Feuer verbunden. G bezieht den Strahlenkranz auf die Wolke, vielleicht um das irreguläre maskuline Pronomen (לו), das sich auf das normalerweise feminine אש »Feuer« bezieht, zu vermeiden. Es gibt jedoch andere Stellen, an denen auf אש im selben Vers sowohl feminin als auch maskulin (in dieser Reihenfolge wie hier) Bezug genommen wird (Jer 20, 9; Ijob 20, 26).

etwas, das aussah wie. Hebräisch כעין, wörtl. »wie die Farbe, Erscheinung von«, von עין »Farbe« wie in Lev 13, 5.55; Num 11, 7; Spr 23, 31. Im Mischnahebräisch meint der Begriff »färben« (mShabbat 1, 6), während die Form כעין einfach »wie« bedeutet (parallel zur semantischen Entwicklung von כון »wie« im Mischnahebräisch von Persisch *gūn* »Farbe«).

ḥašmal. Der Begriff ist allein hier, in V 27 und in 8, 2 zur Beschreibung der göttlichen Herrlichkeit belegt. Der Kontext verweist auf eine helle, feuerfarbene Substanz. G entsprechend ἤλεκτρον; Vul *electrum* »Bernstein« (ein gelbliches, durchsichtiges Harz). Da es zum Herzen der Vision der Herrlichkeit gehört (V 27), wurde ḥašmal später als heilig und mit gefährlichen Eigenschaften ausgestattet eingestuft (vgl. die Anekdote des durch ḥašmal verbrannten Kinds [bHagiga 13a]). S vermeidet konsequent die Übersetzung des Begriffs. Die Etymologie des Wortes ist nicht bekannt, aber das Akkadische kennt ein Wort *elmešu*, das vielleicht damit verwandt ist. Als nicht näher bestimmbarer Edelstein begegnet *elmešu* in mythischen Kontexten; z. B. »[Nergals] obere Schultern sind aus *elmešu*, seine unteren Schultern leuchten dauernd wie Blitze« (CAD 4, 107 b). *elmešu* wird auch unter den Farben anorganischen Ursprungs aufgelistet. »... Das Wort muß sich auf einen quasi-mythischen Stein mit hoher Leuchtkraft und einer Farbe, die man durch Farbstoff zu imitieren versuchte, beziehen« (CAD 4, 108 a; vgl. *B. Landsberger*, Akkadisch-hebräische Wortgleichungen: SVT 16, 1967, 190–194, der vermutet, daß das akkadische Wort mit Bernstein zu identifizieren sei).

Daraus. Aus dem Feuer und unter ihm, entsprangen, als die Erscheinung   V 5
sich näherte, die Gestalten von vier –

Lebewesen. Hebräisch חיות »Tiere« dürfte hier in seiner ursprünglichen
und unbestimmteren Bedeutung zur Bezeichnung der eigenartigen, nun zu
beschreibenden Wesen, verwendet sein (vgl. G ζῷα).

In der Beschreibung wechselt das Geschlecht der verbalen und pronominalen Bezugnahmen auf die Lebewesen ständig. Von 45 Bezügen haben allein zwölf das grammatikalisch korrekte femininum Plural (z.B. das Pro-
nominalsuffix ן). Die anderen sind maskulinum Plural (z.B. das Suffix ם),
was grundsätzlich korrekt ist, da die Lebewesen nur grammatikalisch weiblich sind. Der Wechsel ist in V 9–11 und V 23–25 extrem, wo er in ein und
demselben Vers belegt ist. Er greift auch auf die Beschreibung der Räder aus
(V 16.18).

eine menschliche Gestalt. Insofern sie aufrecht standen; Dan 7,4. Auch
das Gesicht, das sie dem Betrachter zuwendeten (vgl. V 10), und ihre Glied-
maßen (V 7–8) waren wie die eines Menschen.

ein gerades Bein. »Gerade« wurde allgemein als »ungegliedert« interpre-   V 7
tiert, d.h. ohne Knick der vertikalen Linie am Knie. Dies würde, zusammen
mit den vier Gesichtern, die mangelnde Orientierung der Lebewesen erklären. (Sie brauchten keine Gelenke, da sie sich fliegend und nicht gehend vorwärts bewegten.) Aber das gleiche Wort (ישרות) bedeutet in V 23 »ausgebreitet« (in bezug auf die Flügel) und meint hier vielleicht das gleiche.
Die Lebewesen lagen nicht, mit den Beinen unter dem Körper, sondern standen aufrecht auf ihren Beinen.

Ob der Singular »Bein« zwei Beine bezeichnet oder bewußt gewählt ist,
um auszudrücken, daß jedes Lebewesen nur ein Bein hatte, ist nicht klar.
Wenn sie sich nur schwer orientieren konnten, ist vielleicht letzteres wahrscheinlicher.

der Fuß eines Kalbes. D.h. rund (T übersetzt sogar mit »rund«), so daß sie
sich nur schwer orientieren konnten.

Sie glänzten. Gemeint sind die Beine (vgl. Dan 10,6), obwohl die maskuline Form des Verbs irregulär ist, da »Beine« im Hebräischen femininum
sind.

an ihren vier Seiten. Wie in V 17 scheint gemeint zu sein: »an den vier   V 8
Seiten des Rechtecks (bzw. der viereckigen Figur), das sie bildeten«. Wie
jedes Lebewesen ein Rad hatte (V 15; 10,9), so hatte jedes ein Paar Hände.
Allerdings kann man nicht leugnen, daß das Hebräische auch eine Interpretation erlaubt, derzufolge jedes Lebewesen vier (Paar?) Hände hatte, eines
für jedes Gesicht. Ältere Kommentatoren vertraten diese Ansicht.

Was die Gesichter und die Flügel … anbelangt. In M werden die Gesichter und die Hände weiterhin zusammen behandelt (V 6), wobei V 9a die
zuletzt erwähnten »Flügel« aufnimmt und V 9b die zuerst genannten »Hände« (da »geradeaus« im Hebräischen wörtlich »in Richtung seines Gesich-

tes« meint). G bezeugt eine kürzere Fassung der V 8b–9, die allein »Gesichter« erwähnt. V 11–12 scheinen Dubletten der V 8b–9 zu enthalten, die jeweils die Lücken der anderen Verse schließen: Z. B. paßt אשה אל אחותה in
V 9b besser zu חברת als das איש in V 11. Andererseits ergänzen die Unterscheidung zweier Paar Flügel in V 11 und die Erwähnung des »Geistes« als
treibender Kraft die Informationen von V 9.

V 9   *ihre Flügel waren miteinander verbunden.* Vgl. V 11.23. Das (obere Paar)
Flügel war an beiden Seiten mit den Spitzen der Flügel des Nachbarn verbunden. Von den ausgebreiteten Flügeln der Kerubenstatuen im Allerheiligsten wird gesagt, daß sie einander »berührten« (1 Kön 6,27). Das hier verwendete Verb wird in Ex 26,3 und sonst zur Bezeichnung des
Zusammenbindens der Decken, die den Vorhang des Zeltheiligtums bildeten, verwendet. Es drückt also eine feste Verbindung aus. Der Eindruck, daß
die Flügel miteinander verbunden waren, impliziert vielleicht, daß sie sich
in vollständiger Harmonie bewegten.

   geradeaus. Wörtl. »in die Richtung, die seinem Gesicht gegenüber (עבר)
lag«. Gemeint ist: Um die Richtung zu ändern, mußten sich die Lebewesen
nicht umdrehen, denn (und das scheint unser Ausdruck sagen zu wollen)
welche Richtung sie auch einschlagen wollten, für eines der vier war dies
stets geradeaus. Einen Richtungswechsel gab es daher praktisch nicht, da alle
Richtungen »geradeaus« waren. Das Nifʿal von סבב kann ebenso wie das Qal
(z. B. Num 36,7) sowohl »(die Richtung, den Status) wechseln« als auch
»umdrehen« bedeuten. 10,16 kommt dieser Bedeutung am nächsten. Ein
Aspekt von Allmächtigkeit wird hier symbolisiert, und man tut dem Text
keine Gewalt an, wenn man sagt, daß die Lebewesen sich allein rechtwinklig
bewegen konnten, nicht aber diagonal.

V 10   Die besondere Formulierung des Verses erklärt sich, wenn man voraussetzt, daß sie auf die Beobachterperspektive des Propheten zurückgeht. Der
Betrachter wurde (egal von welcher Seite) mit einem menschlichen Gesicht
konfrontiert. Eines dieser menschlichen Gesichter blickte »geradeaus«, unabhängig davon, in welche Richtung sich die Lebewesen bewegten. Aber er
nahm zugleich wahr, daß das menschliche Gesicht rechts und links von zwei
Tiergesichtern flankiert wurde. Schließlich schloß der Betrachter aus dem,
was er an den Köpfen der anderen Lebewesen sah, daß sich auf der Rückseite
des ihm zugewandten Menschengesichts ein Adlergesicht befand.

V 11   *Und ihre Gesichter und ihre Flügel.* Die Koppelung von Gesichtern und
Flügeln in M ist hier schwieriger als in V 8 (s. die Einzelanalyse). Während
man von Flügeln sagen kann, sie seien »getrennt«, d. h. ausgebreitet, fragt
man sich, was dies in bezug auf Gesichter meinen soll. Calvin vermutete,
daß die Gesichter »nicht miteinander verbunden seien, so daß man eine vierfache Gestalt an einem Kopf sehen konnte … Hier verweist der Prophet auf
verschiedene Köpfe«. Aber dies widerspricht allem, was sonst über die Gesichter gesagt wird. Der kürzere Text von G scheint hier der einzig sinnvolle

zu sein, und er wird gleichsam bestätigt durch den syntaktisch unmöglichen disjunktiven Akzent auf ‏ופניהם‏. Entweder handelt es sich bei dem schwierigen Wort um eine deplazierte Variante des ‏ודמות פניהם‏ zu Beginn von V 10 oder um das Ergebnis einer mechanischen Reproduktion des Schemas »Gesichter und Flügel« in V 6.8 (s. V 16 für ein ähnliches Problem).

mit jedem verbunden. Man ergänze im Geiste »mit dem Lebewesen neben ihm«. Aber der transitive Gebrauch des Verbs ist sonst nicht belegt, und das Objekt ‏איש‏ ist ungewöhnlich kurz. G übersetzt »miteinander verkoppelt«, und S übersetzt hier und zu Beginn von V 9 jeweils gleich, aber dies dürfte eher die Freiheit des Übersetzers widerspiegeln als einen von M abweichenden hebräischen Text, da traditionelle Ausleger (Raschi, Mezudot) M genauso konstruieren.

bedeckten ihre Körper. Aus Scham; vgl. Jes 6, 2, wo T das hebräische »Beine« mit aramäisch »Körper« übersetzt.

der Geist. Hebräisch ‏רוח‏; T »der Wille« – der Antrieb, der die Lebewesen | V 12 bewegte und steuerte, der von dem ausgeht, der auf dem Thron über ihnen saß. Daß dies und nicht »Wind« (V 4) gemeint ist, ergibt sich aus dem Vergleich mit ‏רוח החיה‏ »der Geist der Lebewesen« in V 21.

M ist schwierig. Das Thema der Gestalt der Lebewesen wird erneut ange- | V 13 schnitten, nur um zugleich abgeändert zu werden zu ihrer »Erscheinung«, die mit »Feuerkohlen« verglichen wird. Daraufhin wird eine fackelähnliche Erscheinung in dem von den Lebewesen umschlossenen Freiraum erwähnt, woran sich eine Beschreibung des »Feuers« (welchen Feuers?) anschließt. Die Notiz in 10, 2, derzufolge sich »Feuerkohlen« (später in V 6.7 ist einfach von »Feuer« die Rede) »inmitten der Lebewesen« befanden, stützt die Lesart von G zu Beginn des Verses. M dürfte verderbt sein und auf ein fehlerhaftes Abschreiben des ‏ב(י)נות‏ »zwischen« als ‏דמות‏ »Gestalt« zurückgehen – wobei der zweite Begriff in diesem Kapitel öfter belegt ist. Die Übersetzung des nächsten Ausdrucks durch S kann problemlos ins Hebräische rückübersetzt werden, wohingegen die Übersetzung von G ein sonst nicht belegtes ‏מראה כ‏ voraussetzt (mit der Bedeutung »eine Erscheinung wie«). Die vorgeschlagene Rekonstruktion von V 13a lautet: ‏ובינות החיות כמראה גחלי אש בערות‏ »Und inmitten der Lebewesen war etwas wie brennende Feuerkohlen«. Der Vers widmet sich also einer Beschreibung der feurigen, fackelähnlichen Erscheinung, die in dem von den Lebewesen eingeschlossenen Freiraum aufblitzte. Das am Ende des Verses erwähnte Feuer gehört selbstverständlich zu dieser Erscheinung.

Es war. Hebräisch ‏היא‏ »sie« (femininum) – offensichtlich ein allgemeiner Rückbezug auf die Feuerkohlen. Zu solch einer Verwendung des Femininum anstelle des Neutrum s. auch Jos 10, 13; Ps 118, 23.

Der Vers entspricht kaum der hebräischen Sprache. Infinitive (‏רצוא ושוב‏) | V 14 anstelle von finiten Verbformen zu Beginn des Satzes gehen meist dem Subjekt voran – hier wird das vermutliche Subjekt (‏החיות‏) jedoch zuerst genannt (vgl. EÜ: »Die Lebewesen liefen vor und zurück«; s. zu dieser grammatikalischen Regel Ges-K § 113 aa–gg; *P. Joüon* ebd. § 123 u–y – besonders die Beispiele in den jeweiligen letzten Abschnitten). Auch paßt die den Lebewesen zugeschriebene erregte Bewegung (»wie eine Flamme, die aus einem Brennofen schlägt«, R. Juda, bHagiga 13b) nicht zu ihrer bisherigen Beschreibung. Bei dem in G fehlenden Vers dürfte es sich lediglich um eine Variante des Endes von V 13 handeln: Verbunden mittels des Stichworts »Lebewesen« (vor das später irrtümlicherweise die Kopula »und« gesetzt wurde), das in V 13 zum letzten Mal belegt ist, handelt es sich um eine alternative Beschreibung des Funkensprühens der feurigen Erscheinung (entsprechend: »… bewegten sich inmitten der Lebewesen, zuckten vor und zurück« usw.). Diese einfache Variante hielt man fälschlicherweise für einen selbständigen Satz, weshalb man die Kopula »und« dem Stichwort hinzufügte.

zuckten … Blitzen. רצוא wird als Nebenform von רוץ »rennen« verstanden. Die Bedeutung macht Nah 2,5 deutlich, wo Streitwagen »die Erscheinung von Fackeln haben, blitzend (ירוצצו) wie Gewitterblitze«. Die Bedeutung »Blitze« wird בזק, das sonst im biblischen Hebräisch nicht belegt ist, vor dem Hintergrund des späteren hebräischen Verbs בזק »zerschmettern« zugeschrieben. T übersetzt den Begriff mit »Blitze«, S »Sternschnuppe«.

V 15 *auf dem Boden* (בארץ). Dies scheint die Situation des Fahrzeugs in Ruhestellung in V 24 f. vorwegzunehmen. Dann befänden sich die Räder, als unterster Teil, »am Boden«. T übersetzt mit מלרא »unten« (so Kimchi), wohingegen *Y. Kaufmann*, Religion 1963, 437, בארץ als »auf der Erde« versteht, was er zusammen mit »Firmament« in V 23 interpretiert, als habe das Fahrzeug eine kosmische Symbolik.

mit seinen vier Gesichtern. Die vier Gesichter der Räder werden wahrscheinlich in 10,14 näher beschrieben (s. die Einzelanalyse dort). In diesem Kapitel werden sie sonst nicht mehr erwähnt. Die Lesart von G ist einfacher, und M kann daraus graphisch (als Fehler eines Schreibers) abgeleitet werden (Umwandlung des ו ס zu ו[י]פנ). Vermutlich bezeugt G daher die ursprünglichere Lesart. Es wäre zu überlegen, ob die irrtümliche Änderung zu M durch eine Spekulation über das Wesen der Räder erleichtert wurde (s. die Einzelanalyse zu 10,9–13).

V 16 Das Paar »Erscheinung + Form« ist in diesem Vers zweimal belegt, und beide Male paßt strenggenommen nur einer der beiden Begriffe (vgl. die analoge Situation mit den »Gesichtern + Flügeln« oben in V 9.11). G läßt jedes Mal das unpassende Glied aus.

Chrysolith (תרשיש). Indem G hier (und in Ex 28,20) auf diese Weise übersetzt, bezieht sie das Wort auf einen hellen gelben Edelstein, vermutlich Topas. In 10,9; 28,13 übersetzt sie jedoch mit ἄνθραξ – ein dunkelroter Edelstein wie ein Karfunkel oder ein Rubin. T Onkelos hingegen übersetzt in Exodus mit כרום ימא, wörtl. »meerfarben« – vielleicht Aquamarin (blaugrüner Beryll).

ein Rad im Innern des anderen. Die Meinung älterer Kommentatoren, daß ein Rad gemeint sei, das aus zwei sich rechtwinklig kreuzenden Rädern bestehe, hat den Vorteil, daß der Aspekt, demzufolge sich die Räder in vier Richtungen bewegen konnten, eingefangen wird. Mechanisch einfacher ist die Interpretation, daß konzentrische Kreise gemeint sind. Zwei Möglichkeiten ergeben sich: (a) ein archaisches Scheibenrad mit einer Ausbuchtung an der Achse, die wie ein Innenrad aussah (ANEP Abb. 689 aus einem Zylindersiegel aus dem 3. Jt. v. u. Z.); nach der Erfindung von Speichen wurde es vielleicht aus religiösen Gründen beibehalten; (b) oder man zieht die konzentrischen Felgen des Speichenrades an Sargons Thronwagen als Vergleich heran (s. die Gesamtauslegung).

Felgen … Brauen. Hebräisch גביהם (so auch in 1 Kön 7,33) bzw. גבתם (Lev   V 18
14,9, גבת עיניו »seine Augenbrauen«). Beide Worte scheinen hier dasselbe zu bedeuten, nämlich die Felge des Rades, die, an beiden Seiten sowohl eines Scheiben- wie eines Speichenrades, überstand, und daher vielleicht als »Braue« bezeichnet werden konnte, insbesondere im Zusammenhang mit »Augen«.

und sie hatten Furcht. Hebräisch ויראה להם, ein eigenartiger Satz, der im Sinne von »sie waren furchtbar« (z.B. von T; vgl. V 22) verstanden wird. Vielleicht läuft dies zusammen mit dem vorhergehenden Satz auf »furchtbar hoch« hinaus (Freedman, mündlich). G und S übersetzen, als stünde die Wurzel ראה »sehen«, aber es ist nicht klar, ob sie einen anderen hebräischen Text als Vorlage hatten. Einige Exegeten vermuten, daß M in Unordnung ist, und postulieren einen einfacheren Text, aus dem der vorliegende durch einen Schreibfehler entstand (z.B. וגביהם ואראה והנה גבתם »Was ihre Felgen anbelangt, ich sah, daß – siehe! – ihre Brauen«; *D. J. Halperin,* The Exegetical Character of Ezek. X:9–17: VT 26, 1976, 137, Anm. 22, streicht unseren Satz und hält die drei Worte mit den Konsonanten גב für Varianten).

Lebewesen und Räder bewegten sich in perfekter Harmonie und behielten   V 19–21
ihre relativen Positionen bei (trotz des Fehlens einer jeglichen physischen Verbindung zwischen ihnen), weil beide durch denselben lenkenden Antrieb belebt wurden. Darüber hinaus wird die Einheit des Ganzen durch den Singular חיה »Lebewesen« in V 20.21.22 (vgl. 10,15.17.20) betont.

Der Text zwischen den Schrägstrichen, der in G und S fehlt, ist eine Du-   V 20
blette aus Worten vom Versbeginn (mit שמה anstelle von שׁ).

einer Fläche. Hebräisch רקיע dient in Gen 1,6ff. der Bezeichnung des »Fir-   V 22
maments« – die harte Fläche, die die unteren von den oberen Wassern trennt. Hier ist damit die Plattform, auf der der göttliche Thron stand, gemeint. Diejenigen, die בארץ in V 15 auf den Erdboden beziehen, verstehen רקיע hier als seinen Himmel und das Fahrzeug als Symbol des Kosmos.

furchtbares. D.h. blendend.

Die Flügel eines jeden Lebewesens waren unmittelbar unter der Fläche in   V 23
Richtung seines jeweiligen Nachbarn ausgebreitet (V 9.11). Die unteren

Flügeln bedeckten den Körper. Um den Gegensatz der beiden Sätze herauszustellen, fügt S »oben« am Ende des ersten und »und unten« am Beginn des zweiten hinzu.

dem anderen zugestreckt. Hebräisch יׁשרות, wörtl. »geradeaus in Richtung«. Eine einfallsreiche Konstruktion, die einen verbalen Inhalt impliziert (z. B. »ausgestreckt«) und die Präposition regiert; vgl. Ges-K §119 gg.

Schutz gaben. Ein Versuch, den ethischen Dativ in מכסות להנה wiederzugeben (feminin in Übereinstimmung mit »Flügel«; in V 22–23 sind alle Bezüge auf die Lebewesen maskulin); zum Bedeutungsspektrum dieser Formulierung s. die ausgezeichnete Abhandlung in BDB 515, Sp. b, Def. i. Zur distributiven Funktion der Wiederholung vgl. 10, 9 (Ges-K §134 q; *P. Joüon* ebd. §142 p); hier wie dort bezeugt G nur einen der wiederholten Sätze. Handelt es sich dabei um eine Vereinfachung durch den Übersetzer?

V 24   *des tiefen Meeres.* Wörtl. »viele Wasser«. Die vermutlichen mythischen Untertöne dieses Ausdrucks (z. B. in Hab 3, 3 ff.) hat *H. Mays, Some Cosmic Connections of Mayim Rabbîm*: JBL 74, 1955, 9–21, nachgezeichnet. Falls sie überhaupt in Ezechiel vorhanden sind, dann nur stillschweigend. Die meisten Belege (17, 5.8; 19, 10; 26, 19; 27, 26; 31, 7; 32, 13 f.) beziehen sich auf das wirkliche Meer – sichtbar und furchteinflößend oder unterirdisch und fruchtbar. Hier wird wie in Ps 93, 4 auf das Rauschen seiner Wogen und seiner Brandung angespielt.

des Allmächtigen. Die deutschen Bibelausgaben übersetzen ׁשדי (in 10, 5 אל ׁשדי) mit »der Allmächtige« im Anschluß an Vul *omnipotens* (die fast durchgängige Übersetzung der Belege in Ijob, wo der Begriffe am meisten belegt ist = G παντοκράτωρ). Ex 6, 3 interpretiert den Begriff (schematisch) als Namen des Patriarchengottes, der sich später Mose als JHWH offenbarte. Der Ursprung und die Bedeutung dieses archaischen Epithetons liegen im Dunkeln; s. den guten Überblick bei *M. Weippert*, Art. »ׁשדי«: THAT 2, 1976, 873–881. Ez 10, 5 fügt demgegenüber »wenn er spricht« hinzu; vgl. Ps 18, 14; 29, 3 ff.

Armee. Dies ist die grundsätzliche Bedeutung von מחנה (z. B. 2 Kön 3, 9), genauer: »(Heer)lager«; s. BDB 334, Sp. a, Def. 3c.

erschlafften. Das Subjekt des Verbs muß »Flügel« sein (so in G), da bisher auf die Lebewesen als Maskulinum Bezug genommen wurde. Aber das Possessivsuffix des folgenden Wortes ist feminin. Das Piʿel (תרפינה) muß wie im späteren Mischnahebräisch dem Qal entsprechen.

V 25   Das Auftauchen der Elemente dieses Verses in den unmittelbar benachbarten Versen (V 25a entspricht V 26aα; V 25b = V 24b), Unklarheit über das Motiv für die Wiederholung von V 24b in V 25b sowie das Fehlen des ganzen Verses bzw. von Teilen in Hss und Versionen führten einige Exegeten dazu, den Vers für sekundär zu halten. Aber V 25a wird von den alten Versionen bezeugt, und das Argument (erstmalig vorgebracht von Merx, zitiert bei Cornill), daß G als Zeuge ausfalle, da das Wort »Stimme« in G sekundär sei (nach Merx bezeugt G allein V 26a), ist zum einen arbiträr, und zum anderen kann es nicht das קוֹל (»Rauschen / Stimme«) von M erklären. Warum man ein »Rauschen« von oberhalb der Fläche an dieser Stelle hätte einfügen sollen, wenn der Prophet allein am Ende von V 28 eine von dort ausgehende Stimme hört, fällt schwer zu erklären. Andererseits ist es nicht ungewöhnlich, den ersten Hinweis auf »ein Rauschen von oberhalb der Fläche« in diesem an Geräuschen so reichen Kontext zu finden, das erst jetzt hörbar wird, wo die Lebewesen stillstehen. Der Prophet nahm zuerst nur ein anderes Rauschen (קוֹל) wahr, das er nicht als Rede identifizieren konnte. Diese Notiz bezeichnet keine neue Stufe der Erzählung (weshalb das »Und siehe!« in G dem hebräischen »[Und] da war« nicht vorzuziehen ist), vielmehr wird damit das Ende des nonverbalen Rauschens angezeigt. Als einfaches Rauschen zog es jedoch die Aufmerksamkeit des Propheten auf das, was sich oberhalb der Fläche befand – was er im folgenden beschreibt.

Die Auslassungen von G, die im unverständlichen Übergang von V 25a zu V 26aβ begründet liegen, lassen sich am besten vor dem Hintergrund von M erklären: Man muß nur annehmen, daß das Auge eines Schreibers (vermutlich des griechischen) vom Ende von V 25a zu den identischen Worten in V 26aα sprang. Das Fehlen des gesamten Verses in einigen mittelalterlichen Hss kann ähnlich erklärt werden: Das Auge des Schreibes sprang von V 24b zum Ende von V 25b (identische Worte). Solche Auslassungen sind bestens erklärbar, wenn man die Ursprünglichkeit von M voraussetzt. M hingegen – insbesondere V 25a – unter der Voraussetzung zu erklären, daß die Auslassungen ursprünglich sind, ist schwieriger. Fohrer kann nicht überzeugen, wenn er V 25 »eine ergänzende Glosse zu 22 f.« nennt.

Das Fehlen von V 25b in (einigen Texten von) S geht eher auf Probleme der Auslegung zurück als auf die Textgeschichte, da S schwere Stellen oftmals durch Auslassungen vereinfacht. Die unverbundene Wiederholung von V 25a ist ungeschickt und verdächtig, und die Versuche, ihn mit dem Kontext zu verbinden, können nicht überzeugen. (T übersetzt daher V 25: »Und wenn er seinen Dienern, den Propheten Israels, ein Wort kundtun wollte, war da eine Stimme, und man hörte sie von oberhalb der Fläche, die sich über ihren Köpfen befand; wenn sie standen, hielten ihre Flügel still auf sein Wort hin«.) So wie sie dasteht, betont die Wiederholung das Stillstehen der Erscheinung, als der Prophet sich auf ihren oberen Teil konzentrierte.

Während M zufolge der Thron selbst aus Saphir besteht, versteht G den V 26 Saphir als Pflaster, auf dem der Thron stand – ein Konzept, das vermutlich von Ex 24, 10 beeinflußt ist (»… der Gott Israels mit etwas wie einem Pflaster aus Saphir unter seinen Füßen«). Ez 10, 1 stützt hier M. In beiden fehlt עָלָיו »auf ihm« hinter »Thron«.

Das Charakteristikum dieses Verses besteht in seiner komplizierten Ba- V 27 lance. Der Hauptgedanke liegt in der Differenz zwischen dem oberen, heiligsten Teil der thronenden menschlichen Gestalt und ihrem unteren Teil, zu deren Betonung ein Chiasmus verwendet wird:

Ich sah X / von seinen Lenden aufwärts
Von seinen Lenden abwärts / sah ich Y

X besteht aus einem Objekt (»etwas wie ḥašmal«), gefolgt von einem Umstandssatz, der wörtl. lautet: »[mit] etwas wie die Erscheinung von Feuer, [das] ein Haus für es (fem.) rundherum [war]« (mit dem ungewöhnlichen בית לה ו – vgl. חמת למו Ps 58,5; das feminine Pronomen לה muß sich auf כעין החשמל beziehen, wovon עין mit Sicherheit feminin ist, während das Geschlecht von חשמל unbekannt ist). Der obere Teil der menschlichen Gestalt war wie ḥašmal und von Feuer umhüllt. Die Beziehung der beiden Elemente erinnert an das Ende von V 4: Aus dem Feuer heraus konnte man etwas wie ḥašmal sehen.

Y besteht vollständig aus dem, was auf den ersten Blick eine Parallele zum Umstandssatz von X zu sein scheint (כמראה אש ... לה / ו סביב). Syntaktisch ist er jedoch anders konstruiert. Der Ausdruck כמראה אש ist das Objekt zu »ich sah«. In X entspricht dem also ונגה לו סביב. כעין החשמל (wörtl. »mit einem Strahlenkranz an ihm rundum«) ist ein Umstandssatz. In X entspricht dem der gesamte Text כמראה ... סביב. Mißachtet man diesen Unterschied und gleicht beide Sätze aneinander an, gerät man in Schwierigkeiten.

Da der Umstandssatz in X das Objekt »ich sah«, das ihm vorausgeht, näher bestimmt, neigt man dazu, den Umstandssatz in Y (ונגה לו סביב) auf das Objekt von »ich sah«, das ihm vorausgeht, (nämlich כמראה אש) zu beziehen. Dann ergibt sich, daß der Strahlenkranz den feuerähnlichen unteren Teil der Gestalt umgibt. (Entsprechend bezieht sich das maskuline לו auf [ומ]מראה [מתניו] bzw. auf ein Element von כמראה אש – zum grammatikalischen Geschlecht von אש s. die Einzelanalyse zu V 4.) Da jedoch der in V 4 mit denselben Worten wie hier erwähnte Strahlenkranz offensichtlich das gesamte Feuer umgibt, interpretiert man ihn auch hier am besten auf diese Weise. Entsprechend sollte man den Ausdruck ונגה לו סביב nicht auf seinen unmittelbar vorhergehenden Kontext beziehen (der feurige untere Teil der Gestalt), sondern auf die gesamte menschliche Gestalt, deren beide Teile feurig waren (der obere Teil war in Feuer gehüllt). לו bezieht sich dann auf אדם in V 27, und der Strahlenkranz umgibt die gesamte Gestalt, wie ein Nimbus den Gott Assur umgibt (s. die Gesamtauslegung).

G läßt den Umstandssatz in X aus und ist daher einfacher – und weniger auf das Ende von V 4 bezogen:

Ich sah ... Bernstein ... von / seinen Hüften aufwärts
Und von ... seinen Hüften abwärts sah ich ... Feuer
Und seinen Strahlenkranz rundum

Die Erwähnung des Strahlenkranzes geschieht hier außerhalb des Chiasmus und ist weniger mit dem unmittelbar vorhergehenden Kontext als mit der gesamten Figur verbunden. M wirkt literarisch durchgeformter.

Das. D.h. die menschliche Gestalt der V 26 ff. aus *ḥašmal*, Feuer und Strahlenkranz, *war die … Herrlichkeit JHWHs.* Daß die Lebewesen nicht zur Herrlichkeit gehörten, kann aus 9,3; 10,4.18 f.; 1,22 geschlossen werden, wo sie von ihrem Fahrzeug (den Keruben) unterschieden wird. Für einen weiteren Gebrauch des Begriffs s. die Einzelanalyse zu 3,23. **V 28**

»Herrlichkeit« heißt im Hebräischen כבוד. In Ex 16,7; 24,16 f.; 40,34 f. u. ö. wird damit die sichtbare Manifestation Gottes bezeichnet; s. hierzu ausführlich BDB 458, Def. 2 c. Der einzige andere Hinweis darauf, daß der כבוד als Gestalt erscheinen kann, ist Ex 33,18.22, wo Mose der Anblick des Gesichtes untersagt wird, er jedoch einen Blick auf den Rücken des כבוד werfen darf.

Als ich sie sah, fiel ich. »Die Erzählfolge folgt streng der Reihenfolge der Wahrnehmung. Obwohl er *ḥašmal* direkt zu Beginn sah, nahm er zu diesem Zeitpunkt nicht die menschliche Gestalt wahr. Deshalb fällt er erst jetzt auf sein Gesicht aus Furcht vor dieser überwältigenden Erscheinung« (Eliezer von Beaugency).

Ez 1, 28bβ–3, 15: Ezechiels Berufung – der Auftrag

Literatur *M. Buber*, Zu Jecheskel 3,12: MGWJ 78, 1934, 471–474. – *S. Garfinkel*, Of Thistles and Thorns. A New Approach to Ezekiel II 6: VT 37, 1987, 421–437. – *M. Greenberg*, Ancient Versions 1978, 131–148. – *R. Köbert*, Zwei textkritische Bemerkungen zu Ezechiel: Bib. 46, 1965, 217 f. – *H. Simian-Yofre*, Wächter, Lehrer oder Interpret? Zum theologischen Hintergrund von Ez 3,7–9, in: L. Ruppert, / P. Weimar / E. Zenger (Hg.), Künder des Wortes. Beiträge zur Theologie der Propheten. FS J. Schreiner, Würzburg 1982, 151–162. – *J. Thomasson*, Acte-signes ou actes magiques? Ez 2–5 et SURPU: BN 64, 1992, 18–25.

Text

1,28bβ *Da hörte ich die Stimme von jemandem sprechen,* **2,**1 *und er sprach* *zu mir: Mensch, stell dich auf deine Füße, und ich werde mit dir reden. 2 Ein Geist fuhr in mich, als er zu mir sprach, und stellte mich auf meine Füße, und ich hörte, wie er zu mir redete.*

3 Er sprach zu mir: Mensch, ich sende dich zu den Söhnen Israels, zu den widerspenstigen Nationen, die sich gegen mich aufgelehnt haben. Sie und ihre Väter haben sich gegen mich vergangen bis auf den heutigen Tag. 4 Die Söhne – mit ehernem Gesicht und starkem Herzen – ich sende dich zu ihnen, und du sollst zu ihnen sagen: »So spricht der Herr JHWH.« 5 Und sie – ob sie hören oder es lassen, denn sie sind ein widerspenstiges Haus – werden [noch] erkennen, daß ein Prophet unter ihnen war.

6 Du, Mensch, fürchte dich nicht vor ihnen,
und vor ihren Worten fürchte dich nicht;
Denn Nesseln und Dornen sind bei dir,
und du sitzt auf Skorpionen.
Vor ihren Worten fürchte dich nicht,
und vor ihren Gesichtern erschrecke nicht,
denn sie sind ein widerspenstiges Haus.

7 Aber rede meine Worte zu ihnen, ob sie hören oder es lassen (denn sie sind widerspenstig).

8 Du, Mensch, höre auf alles, was ich zu dir rede: Sei nicht widerspenstig wie das widerspenstige Haus; öffne deinen Mund und iß alles, was ich dir gebe. 9 Ich schaute und sah eine Hand, die nach mir ausgestreckt war, und in ihr befand sich eine Schriftrolle. 10 Er öffnete sie vor mir, und ihre Vorder- und Rückseite war mit Schrift bedeckt. Auf ihr stand geschrieben: »Totenklage und Stöhnen und Leid.«

3,1 *Er sprach zu mir: Mensch, was auch immer du dort findest, iß! Iß diese Rolle und geh, rede zum Haus Israel. 2 Ich öffnete meinen Mund, und er gab mir diese Rolle zu essen, 3 indem er zu mir sprach: Mensch, gib deinem Bauch zu essen und fülle deinen Magen mit dieser Rolle, die ich dir gebe. So aß ich sie, und in meinem Mund wurde sie süß wie Honig.*

4 Er sprach zu mir: Mensch, komm! Geh zum Haus Israel und rede zu ihnen mit meinen Worten. 5 Denn du wirst nicht zu einem Volk gesandt, deren Rede dunkel ist und deren Sprache schwierig ist, [sondern] zum Haus Israel; 6 nicht zu einem der vielen Völker, deren Rede dunkel und deren Sprache schwierig ist, deren Worte du nicht verstehen kannst – wenn ich dich zu ihnen sende, werden sie bestimmt auf dich hören. 7 Aber das Haus Israel wird sich weigern, auf dich zu hören, weil sie sich weigern, auf mich zu hören; denn das ganze Haus Israel hat eine starke Stirn und ein hartes Herz.

8 Siehe, ich mache dein Gesicht hart, um ihren Gesichtern standzuhalten,
und deine Stirn hart, um ihren Stirnen standzuhalten;

> *9 wie einen Diamanten, härter als Feuerstein, mache ich deine Stirn. Du sollst dich nicht vor ihnen fürchten*
>> *oder erschrecken vor ihren Gesichtern,*
>> *denn sie sind ein widerspenstiges Haus.*
>
> *10 Er sprach zu mir: Mensch, all meine Worte, die ich zu dir rede, bewahre in deinem Herzen und höre mit deinen Ohren, 11 und komm, geh zu den Exulanten, den Söhnen deines Volkes, und rede zu ihnen und sprich zu ihnen: »So spricht der Herr JHWH« – ob sie hören oder es lassen.*
>
> *12 Ein Wind hob mich empor, und ich hörte hinter mir ein lautes, polterndes Geräusch – »Gepriesen sei die Herrlichkeit JHWHs von ihrem Ort!« – 13 das Geräusch der Flügel der Lebewesen, die gegeneinander schlugen, und das Geräusch der Räder an ihnen, ein lautes polterndes Geräusch. 14 Ein Wind hob mich empor und packte mich, und ich ging, verbittert, mein Geist tobte, überwältigt von der Hand JHWHs. 15 Ich kam zu den Exulanten in Tel Abib, die am Fluß Kebar lebten, und wo sie lebten, dort saß ich sieben Tage verlassen unter ihnen.*

Zu Text und Übersetzung

12 Geräusch: S fügt hier hinzu: »von jemandem, der sprach«; T »von jemandem, der betete und sprach«.

13 Gepriesen sei: Hebräisch ברוך; meist konjiziert zu ברום »beim Erheben der«.

15 und: fehlt in G.

wo sie lebten: fehlt in S.

Gesamtauslegung: Struktur und Themen

Struktur

Obwohl die Beauftragung des Propheten auf den ersten Blick weitschweifig und redundant zu sein scheint, kommt bei genauerem Hinsehen eine fein ausgebildete Struktur zum Vorschein, in der fast jedes Wort seine besondere Bedeutung hat.

1,28b–2,2 Die Vorbereitung des Propheten auf den Empfang von Gottes Botschaft: Zu Boden geworfen durch die furchtbare Vision der Herrlichkeit, wird er durch einen Befehl und den Einfluß des Geistes gestärkt aufzustehen und zu hören.

2,3–5 Der Inhalt der Sendung: Der Prophet soll die unverschämten, halsstarrigen »Nationen« Israel, deren Widerspenstigkeit erblich ist, mit dem Wort ihres göttlichen Herrn konfrontieren. Ob sie nun zuhören oder nicht, zuletzt wird der Prophet gerechtfertig werden. Daher werden die Aufgabe, ihr zweifelhafter Gegenstand und ihre Rechtfertigung trotzdem knapp dargelegt.

Zwei Bilder dienen dazu, das Volk zu charakterisieren: ein äußerliches

(»mit ehernem Gesicht«) und ein innerliches (»mit starkem Herzen«). Beide erfüllen im folgenden eine prägende Funktion.

Der Abschnitt beginnt mit »er sprach zu mir« und endet mit »ob sie hören oder es lassen«, mit »denn sie sind ein widerspenstiges Haus«, Schluß-refrains der Beauftragungsreden (s. 2, 7; 3, 9.11) sowie mit der sog. Erkennt-nisformel (»sie werden erkennen …«), einem charakteristischen Ende von Gottesreden in Ezechiel.

2, 6–7 Die Entgegnung auf die stillschweigend implizierte Furcht des Pro-pheten vor der Feindseligkeit und dem Widerstand seiner Zuhörer (und im folgenden gibt es eine Art versteckten Dialog – Gottes Reden sind Antwor-ten auf unausgesprochene Reaktionen des Propheten): Trotzig wie das Volk eben ist, braucht sich der Prophet nicht vor ihm zu fürchten, sondern muß seinen verletzenden Worten mit denen Gottes begegnen. Dreimal wieder-holt Gott die orakelartige Ermutigung »fürchte dich nicht« (vgl. z. B. Gen 15, 1; 26, 24; 46, 3; Num 21, 34; Jos 10, 8; 2 Kön 19, 6), dreimal wird der Trotz des Volkes charakterisiert, und dreimal begegnen »Worte« (zweimal vom Volk, einmal von Gott), die den Schlüssel zum Kern der Botschaft bereitle-gen (und die Angst des Propheten widerspiegeln).

In diesem Abschnitt wird das äußerliche Bild im Satz »vor ihren *Gesich-tern* erschrecke nicht« aufgenommen; das innere Bild wird hier nicht durch לב (»Herz«) repräsentiert, sondern durch die wiederholten »Worte«, denn es ist darauf hinzuweisen, daß לב auch »Ursprung einer Rede«, d. h. Brust, bedeuten kann (*H. L. Ginsberg*, Art. »Heart«: EJ 8, 7–8; den dort zitierten Stellen fügt er nun auch Spr 23, 33 hinzu).

Der Abschnitt beginnt mit »Du, Mensch«, eine Formel, die eine neue Stu-fe des Diskurses markiert, und endet mit dem Abschlußrefrain (V 5). In V 7 stellt das einfache מרי anstelle von בית מרי (das von einigen hebräischen Hss und den Versionen bezeugt wird) die Verbindung zum folgenden Abschnitt her, denn in V 8 wird der Prophet aufgefordert, nicht מרי zu sein.

Der Prophet wird für seine Aufgabe innerlich und äußerlich gerüstet:

2, 8–3, 3 Innerlich: Der Prophet muß Gott bedingungslos gehorchen und alles essen, was Gott ihm vorlegt. Ihm wird eine Schriftrolle übergeben, die mit Totenklagen beschrieben ist und die er, in pflichtgetreuer Antwort auf die ihm erteilten Befehle, auf wunderbare Weise verschlingen kann. Der Abschnitt ist ein impliziter Dialog, bei dem die Wiederholungen von Gottes Befehl zu essen exakt auf die einzelnen Stufen der Sorge und der Unglä-bigkeit des Propheten antworten.

Der Abschnitt ist auf komplizierte Weise mit dem vorhergehenden ver-bunden: Der Verzehr der Schriftrolle ist zugleich ein Test des Gehorsams des Propheten im Gegensatz zum Volk (vgl. den kontrastiven Gebrauch von »hören auf«, »Widerspenstigkeit« in V 7.8) wie auch die Ausstattung des Propheten mit einem Inhalt, der es ihm ermöglicht, den herausfordernden Worten des Volkes zu begegnen (vgl. 3, 1 mit 2, 7).

Der Abschnitt beginnt mit »Du, Mensch« und endet mit dem Verzehr der Schriftrolle. Das Fehlen von Schlußformeln verleiht dem folgenden Abschnitt eher den Charakter einer Fortsetzung als den eines Neubeginns.

3,4–9 Äußerlich: Ein erneuter Auftrag (vgl. 2,7; 3,1; der vorliegende Auftrag verbindet Elemente beider Stellen miteinander), Gottes Botschaft (wörtlich – offensichtlich die Konsequenz ihrer Einverleibung durch die Schriftrolle) zu übermitteln, führt zu einer Reflexion über den extremen Trotz des Volkes, der keine Parallele unter den Nationen hat. Der Prophet wird in die Lage versetzt, seinen unverschämten Zuhörern zu trotzen, so daß er sich nicht vor ihnen fürchten muß.

Dieser Abschnitt nimmt die Themen des vorhergehenden auf und steigert sie jeweils. Das pflichtgetreue Handeln des Propheten (vgl. 2,7) wird durch den Auftrag, Gottes Wort wörtlich wiederzugeben, unterstrichen. Die unausrottbare Widerspenstigkeit Israels (vgl. 2,3b–4a) wird durch den Gegensatz der Willfährigkeit der Heiden betont, ungeachtet der Tatsache, daß sie Gottes Botschaft nicht verstehen können. Der Zweifel daran, daß Israel auf diese Botschaft hören wird (vgl. 2,5.7), wird zur Gewißheit, daß sie sich weigern werden zuzuhören. Die Aufforderung (אל), die feindseligen Zuhörer nicht zu fürchten (2,6), wird zur kategorischen Behauptung, derzufolge er sie nicht (לא) fürchten soll. Der negative Kern der Ermahnung von 2,6 wird auf den Kontext dieses Abschnitts übertragen: Die kategorischen Behauptungen in 3,9b werden der Stärkung des Äußeren des Propheten hinzugefügt, damit er den »Gesichtern« seiner Zuhörer standhalten kann, weshalb das Thema »Worte«, das in 2,6 so bedeutend ist, in 3,9b nicht mehr auftaucht.

Der Abschnitt endet allein mit dem Refrain »ein widerspenstiges Haus«. Der Satz, der den Zweifel zum Ausdruck bringt, ob Israel hören wird oder nicht, wird angesichts der Versicherung von V 7, derzufolge sie sich verweigern werden (vgl. demgegenüber 2,5.7), ausgelassen.

3,10–11 Die abschließende Zusammenfassung des Auftrags: Der Prophet muß sich Gottes Botschaften einverleiben und sie den Exulanten übermitteln, ob sie darauf hören oder nicht. Die sanfte, unmetaphorische Sprache dieses Abschnitts zusammen mit der realistischen Definition der Zuhörer des Propheten setzen ihn vom vorhergehenden ab. Die Hinweise auf die Feindseligkeit des Volkes und die entsprechenden Befürchtungen des Propheten sind verschwunden – als seien diese durch die vorhergehenden Worte zum Verschwinden gebracht worden.

Ein Vergleich mit der ersten, programmatischen Formulierung der Beauftragung durch Gott in 2,3–5 (abzüglich der verächtlichen Bezugnahmen auf Israel) enthüllt den Zweck der dazwischen liegenden Texte. Zahlreiche Belege der Begriffe »Worte« und »reden« (Derivate von דבר) unterscheiden die Schlußzusammenfassung von der Anfangsformulierung, wo diese Begriffe kein einziges Mal belegt sind. Am deutlichsten wird dies in V 11, wo 2,4b–5 praktisch wiederholt werden mit einem auf den ersten Blick redundanten »und rede zu ihnen« zu Beginn. Aber die Wiederholung der Derivate von דבר geht auf das dazwischen liegende Material zurück.

Der Schluß besteht einzig aus »ob sie hören oder es lassen«, während der Satz mit »das widerspenstige Haus« ausgelassen wird offenbar in Hinsicht auf den milden Ton des ganzen Abschnitts und im Gegensatz zum Schluß des vorhergehenden Abschnitts, wo der Begriff allein erscheint, was noch herabsetzender klingt.

3,12–15 Das Ende der Berufungsszene. Der Prophet begibt sich zu den Exulanten in Tel Abib: Das Gerüst der Erzählung wird von den Verben »(Ein Wind) erhob mich … und packte mich …, und ich ging, … ich kam, … ich saß« gebildet. Dieses wird durch eine vermutliche Glosse (V 12b), eine explikative Reihe von Ausdrücken (V 13) und eine präzise Lokalisierung der Exulantensiedlung ausgefüllt. Der ganze Abschnitt, in dem Elemente der Vision von Ez 1 wiederholt werden (Wind, Rauschen / Geräusch, Flügel, Lebewesen, Räder, die Hand JHWHs, die Exulanten, der Fluß Kebar), legt sich mit Ez 1 wie ein Rahmen um die gesamte Berufungsszene.

Der Gegensatz zwischen dem betäubten Schweigen des Propheten und seiner Beauftragung, die eine derartige Menge an Redebefehlen enthält, ist bemerkenswert.

Die Abschnitte, die den Auftrag des Propheten enthalten, sind von Schlüsselbegriffen durchzogen: Am meisten belegt sind Derivate von דבר »reden«, »Wort« und das korrespondierende Verb שׁמע (in verschiedenen Bedeutungen: hören, hören auf, verstehen – die auf subtile Art und Weise wechseln); am zweithäufigsten belegt sind die alliterierten Begriffe מרד und מרי »widerspenstig bzw. Widerspenstigkeit«. Die innerlichen und äußerlichen Bilder von 2,4a kehren variiert wieder (z. B. die Anspielung auf לב als ein Sprachorgan), auf sie wird durchgängig Bezug genommen.

Schlüsselbegriffe

Bemerkenswerte stilistische Charakteristika sind: (1) die Mannigfaltigkeit an Doppelbegriffen – Apposition (»zu den Kindern Israels, zu den widerspenstigen Völkern«; »zu den Exulanten, zu den Kindern deines Volkes«), Synonyme und Parallelismus (»aufgelehnt haben / vergangen haben« – vgl. 20,38); »mit ehernem Gesicht / mit starkem Herzen«; »fürchte dich nicht vor ihnen / vor ihren Worten fürchte dich nicht«; »fülle deinen Bauch / fülle deinen Magen«; »dunkle Rede / schwierige Sprache«; »mit harter Stirn / mit hartem Herzen«; »fürchte dich nicht vor ihnen / erschrecke nicht vor ihren Gesichtern«; »bewahre in deinem Herzen / höre mit deinen Ohren«). Doppelbegriffe können zu Dreiergruppen erweitert werden (»Nesseln / Dornen + Skorpione«; dunkle Sprache / schwierige Rede + nicht verstehen«; »Gesicht hält Gesicht stand / Stirn hält Stirn stand + steinhart«). (2) Chiastische Inversion von Teilen – oftmals als Hinweis auf Wiederaufnahme: שׁולח אני / אני שׁלח »ich sende« 2,3.4; X-מ Y-מ / אל תירא Y »fürchte dich nicht vor X / vor Y hab keine Furcht« 2,6; אכל + Objekt /

Stilmittel

Objekt + אכל »iß X!« 3, 1; Y קשׁי X1 חזקי / Y חזקי X קשׁי »mit hartem X und starkem Y / mit starkem X1 und hartem Y« 2, 4; 3, 7; Y אל / אל הגולה אל בני »zu den Kindern von X zu Nationen / zu den Exulanten zu den Kindern von Y« 2, 3; 3, 11; »bewahre in (ב) deinem Herzen / mit (ב) deinen Ohren höre« 3, 10; ותשׁאני רוח / ורוח נשׂאתני »ein Wind erhob mich« 3, 12.14. (3) Neuartige Kombination eines Gliedes eines Doppelbegriffs: קשׁי פנים 2, 4; חזקי מצח 3, 7; כבדי לשׁון 3, 5.6; קח בלבבך 3, 10 – s. die jeweilige Einzelanalyse. (4) Der Gebrauch von Eröffnungs- und Schlußformeln.

Abgesehen von einer eventuellen Glosse (3, 12) und einer Dublette (3, 15) weisen diese durchgängigen Stilmittel, die dem ganzen die Konsistenz eines Gewebes verleihen, zusammen mit der sorgfältig durchdachten Struktur der Berufungsszene auf die grundsätzliche Einheitlichkeit dieses Textes hin.

Vergleich mit anderen Prophetenberufungen

Das Grundthema der Berufungserzählungen ist – wie bei all diesen Erzählungen – die Bestellung des Propheten zum Boten Gottes: Gott sendet (שׁלח) den Propheten zu seinem Volk (2, 3 f.; 3, 5 f.; vgl. »geh, rede« in 3, 1 und 3, 4.11). Gottes erste Anreden des Mose (Ex 3, 10), Gideons (Ri 6, 14), Jesajas (6, 8 f., verstanden als Berufungsvision des Propheten) und Jeremias (1, 4 f.) sind vergleichbar. Im Grunde handelt es sich hierbei um eine Offenbarung der Sorge Gottes um sein Volk, auch wenn wie hier der Inhalt der Botschaft in Zorn und Unheil besteht. Er verläßt sie nicht in seinem Zorn über ihre Missetaten, sondern sendet ihnen wiederholt Warnungen vor dem Unglück, das über sie hereinbrechen wird; dieses Dauerthema Jeremias (7, 25; 25, 4; 26, 5; 35, 15; 44, 4) wird in 2 Chr 36, 15 weiter ausgeführt – »JHWH, der Gott unserer Väter, sandte ihnen Worte durch seine Boten und sandte sie jeden Tag neu, weil er Mitleid hatte mit seinem Volk und seinem Haus.« Auch wenn kaum Hoffnung besteht, das Unheil abzuwenden, wird der Prophet dennoch gesandt, so daß das Volk hernach erkennen kann, daß ein Prophet unter ihnen war, d. h. daß Gott sie rechtzeitig gewarnt hatte. Nicht er war Schuld an ihrem Sturz, sondern ihre eigene Achtlosigkeit.

Der Widerstand des vorgestellten Publikums wird in einer Berufungsrede gewöhnlich derart erwähnt, daß der Prophet für seine Aufgabe gewappnet wird und seine Verzweiflung im Fall ihres Scheiterns vorweggenommen wird. Mose wird vorab gewarnt, daß der Pharao nicht auf ihn hören werde (Ex 3, 19); Jesaja wird allein berufen, um die geistige Stumpfheit eines verdorbenen Volkes zu vermehren (Jes 6, 9 f.); Jeremia wird gesagt, daß das Volk gegen ihn »kämpfen« werde (1, 19), und Ezechiel hört, wie die Israeliten als unverschämt und halsstarrig, trotzig, reizbar und stichelnd stigmatisiert werden. Die Vorwürfe gegen sie werden auf zwei Weisen noch verstärkt. Ihr böser Charakter ist erblich, tief verwurzelt und daher hoffnungslos. »Er schwächt ihre Verbrechen nicht ab, wenn er sagt, sie hätten ihre Väter nachgeahmt, sondern er steigert ihren eigenen Unglauben, wenn er sagt, daß sie nicht die ersten darin waren, sondern von ungläubigen Eltern geboren wurden, als wolle er dem volkstümlichen Sprichwort entsprechend sagen: ›Der

Apfel fällt nicht weit vom Stamm‹« (Calvin). Das Thema dominiert in Ez 16, wo auf den familiär vererbten Makel Jerusalems Nachdruck gelegt wird (»Klatschweiber werden über dich lästern: ›Wie die Mutter so die Tochter‹, V 44). In Jeremia taucht das Thema leicht abgewandelt auf: Die Sündhaftigkeit von Kindern, die von Sündern abstammen, pflanzt sich fort, »ihr aber habt noch schlimmer gehandelt als eure Väter …« (16,12; vgl. 7,26). Beide Propheten teilen die Ansicht, derzufolge ihre Zeitgenossen den Höhepunkt einer Generationen übergreifenden Linie von Sündern markieren. Dies rechtfertigt ihre scharfen Unheilsansagen.

Die Vorwürfe gegen Israel werden weiterhin durch einen Vergleich mit den Heiden verstärkt: Wenn Ezechiel zu den Heiden gepredigt hätte, hätte er sie zur Umkehr veranlassen können! Dieses Thema begegnet immer wieder. Israel ist frevelhafter als die Nationen (5,6 f.; 16,47 ff.), die ob ihrer Verdorbenheit bestürzt sind (16,27). Jeremia verwendet diese Form der Anklage in ähnlicher Weise (z. B. 2,10 f.), die letztlich darauf zielt, die Härte der Strafe Israels zu rechtfertigen, mit der nichts, was bisher den Heiden geschehen ist, verglichen werden kann (Ez 5,9; vgl. Klgl 2,13).

Angesichts einer so schweren Aufgabe verweigern sich einige der von Gott Berufenen: Mose erhebt einen Einwand nach dem anderen; Gideon führt seine Schwäche ins Feld; Jeremia verweist auf seine Unerfahrenheit (Jesaja fällt in seiner Bereitwilligkeit, als Gottes Bote zu dienen, heraus). In Gottes Antworten auf diese Widerstände zeigt sich eine gewisse Ähnlichkeit. Auf die Einwände des Mose antwortet Gott: »Ich werde mit dir sein« sowie »Ich werde dein Mund sein und dich lehren, was du reden sollst«. Gideon antwortet er: »Ich werde mit dir sein«. Jeremia wird versichert: »… alles, was ich dir befehle, sollst du reden. Fürchte dich nicht vor ihnen, denn ich bin mit dir, um dich zu retten … Erschrecke nicht vor ihnen …, denn ich bin mit dir …, um dich zu retten.« In Jer 1,9 lesen wir: »JHWH streckte seine Hand aus und berührte damit meinen Mund [und sagte]: ›Siehe, ich habe meine Worte in deinen Mund gelegt.‹« Dieser Vers kombiniert Elemente aus Jes 6,7 (der Prophet wird vom unreinen Volk durch einen Serafen abgesondert, der eine glühende Kohle vom Altar nimmt »und damit meinen Mund berührte«) und Dtn 18,18 (Gott sagt vom Propheten der Zukunft: »Ich werde meine Worte in seinen Mund legen«). Jeremia wird weiter durch Gott gestärkt: »Siehe, ich habe dich in eine befestigte Stadt verwandelt, in eine eiserne Säule und bronzene Mauern … Sie werden gegen dich kämpfen, aber dich nicht besiegen …«

In Ezechiels Berufung begegnen die meisten dieser Motive, oftmals in Form einer Adaption. Die implizierten Befürchtungen des Propheten werden durch wiederholte Formeln beantwortet: »Fürchte dich nicht / erschrecke nicht«. Sein Äußeres wird hart gemacht, damit er dem Trotz seiner Zuhörer standhalten kann. Das Versprechen Gottes, mit dem Propheten zu sein, begegnet nicht, aber seiner Zusicherung einer geteilten Verantwortung entsprechen die verschiedenen Ausdrücke, die die Verantwortung Ezechiels auf ein Minimum reduzieren. Es ist gleichgültig, ob das Volk auf ihn hört oder nicht. Er braucht sich vor ihrer Verweigerung nicht zu fürchten. In 3,7 wird die Hauptlast der Herausforderung durch das Volk explizit dem Propheten abgenommen und auf Gott geladen. Gottes Zweck der Sendung Ezechiels ist schon damit erfüllt, wenn sie einsehen, daß »ein Prophet unter ihnen war«, der das bevorstehende Unheil vorhergesagt hat. Jes 30,8 f. nimmt diese Prophetenrolle in Worten vorweg, die in Ezechiel wiederkehren: »Geh nun, schreibe auf ein Tablett, / Und schreibe es in ein Verzeichnis ein, / Damit es für sie in zukünftigen Tagen / Für immer ein Zeugnis sei. / Denn sie sind ein widerspenstiges Volk [עַם מְרִי], / Treulose Söhne, / Söhne, die sich weigern, zu hören / Auf die Anweisungen JHWHs.« (Man beachte, wie sich bei Jesaja בָּנִים auf Israel als ungehorsame Söhne bezieht, während im Kontext Ezechiels damit gemeint ist, daß die Söhne dasselbe sündige Wesen haben wie ihre Väter.) Solch eine einschränkende Definition der Aufgabe des Propheten beugt der Gefahr seiner Demoralisierung angesichts der Verstocktheit seiner Zuhörer vor. Sie wird im »Wächtertext« und der Neudefinition seiner Aufgabe in 3,16–27 direkt fortgeführt.

Der Verzehr der Schriftrolle als Unterwerfung unter den Willen Gottes

Der an anderen Stellen belegten Zusicherung, daß Gott das Sprachdefizit seines Boten ausgleichen werde, entspricht die Speisung Ezechiels mit der mit Totenklagen beschriebenen Schriftrolle. 3,1.3 erinnern an die Sprache von Jer 15,16 – »Wenn deine Worte auftauchten [נִמְצְאוּ], verschlang ich sie; deine Worte brachten mir Wonne und Herzensfreude, denn dein Name wurde mir hinzugefügt, o JHWH, Gott der Heerscharen.« Aber während in Jeremia das Motiv des Essens der Worte bildlich gemeint ist und lediglich die Akzeptanz der dem Propheten zugewiesenen Rolle symbolisiert, wird es in Ezechiel wörtlich genommen, und seine Bedeutung ist komplex. Es konkretisiert die Vorstellung, daß Gott »seine Worte in den Mund des Propheten legt«. Darin kommt die Linderung der Angst der Propheten, ihrer Berufung nicht gerecht zu werden, zum Ausdruck. Die zentrale Rolle, die die Buchrolle dabei spielt, entspricht der allgemeinen Verwendung der Schrift zur Zeit Ezechiels und insbesondere ihrer Bedeutung für die Prophetie seit dem 8. Jh. (Jes 30,8; Hab 2,2; Jer 29,1; 30,2; 36,2; 51,60 ff.; vgl. *Y. Kaufmann*, Religion, 359 ff.). »Die Kombination der beschriebenen Schriftrolle mit ihrer Aufnahme durch den Mund unterstreicht offensichtlich den Dualismus von Rede und Schrift, der grundsätzlich die Sendung der klassischen Propheten charakterisierte, (*A. Demsky*, Literacy in Israel [Hebräisch], Ph. D. Jerusalem 1976, 136). Sein Inneres verschmolz mit der Rolle (vgl. die Metaphern in Ps 40,9; Spr 22,18), der Prophet mußte fortan »in Worten Gottes« sprechen. Hierbei handelt es sich um eine weitreichende Eingrenzung der Spontaneität und Verantwortung des Propheten. *W. Zimmerli*, Eigenart 1954, 4, wies mit Blick auf 14,1–11 darauf hin, daß »die Eigenart des prophetischen Stils Ezechiels darin zu erkennen [ist], daß die Erwähnung der Versündigung der Angeredeten nicht, wie etwa bei Amos (4,1 f.; vgl. auch 5,1–3), in einem vom Propheten selber formulierten Scheltwort vorausgesagt wird, sondern daß sie schon ganz ins Gotteswort einbezogen ist.« Das gilt in der Tat für das gesamte Buch: Ezechiels Anklagen sind ausschließlich Berichte dessen, was Gott sagt. Die Aufgabe des Propheten wird auf die Übermittlung der Botschaft Gottes reduziert. Er trägt keine weitere Verantwortung gegenüber seinen Zuhörern und muß sich allein vor Gott für die Übermittlung seiner Botschaft verantworten, um so die Erkenntnis zu wecken, daß »ein Prophet unter ihnen war«.

Der Kontext, die Umstände und der Realismus des Verzehrs der Schriftrolle bezeugen die absolute Unterwerfung des Propheten unter den Willen Gottes. Der spezifischen Anweisung, die Rolle zu verschlingen, gehen allgemeine Aufforderungen voraus, sich genau entgegengesetzt zum Volk zu verhalten: auf Gottes Wort zu hören; nicht widerspenstig zu sein. (Die Absicht, den Propheten von seiner Umwelt abzusondern, erinnert an die Reinigung der Lippen Jesajas, um ihn von dem Volk mit unreinen Lippen abzusondern, in dessen Mitte er lebte; Jes 6,5–7.) Was folgt, ist so etwas wie eine Prüfung, die den Gehorsam des Propheten auf die Probe stellt, wie die gestufte Reihe von Befehlen, die das Zögern des Propheten hinsichtlich seiner Fähigkeit, den ungeheuren Kraftakt, der ihm aufgetragen wurde, auszuführen, vermuten läßt. Wie ungeheuer er ist, läßt sich vielleicht durch einen Vergleich mit dem fluchbeladenen Zaubertrank im Fall eines vermuteten Ehebruchs (Num 5) und des Verzehrs magischer Formeln, wie sie aus griechisch-ägyptischen magischen Papyri bekannt sind, abschätzen (*B. Olsson*, Die verschlungene Buchrolle: ZNW 32, 1933, 90 f.). Dort werden allein Worte abgewaschen oder abgeleckt und getrunken. »Die Hauptsache war ja für den Zauberer oder Propheten nicht, das Schreibmaterial in den Körper aufzunehmen, sondern das darauf Geschriebene« (ebd.). Hier muß eine kaum handhabbare unverdauliche Masse verschlungen werden, wie die dreifache Wiederholung des Schlüsselsatzes »diese Schriftrolle« (nicht »diese Worte« oder »Totenklagen«) als Objekt des Verbs »essen« in 3,1–3 zeigt. (Olsson zieht Praktiken der »älteren und modernen Volksmedizin« heran, bei denen »Papier, Blätter, Brot, Früchte und dergleichen« beschrieben und manchmal verzehrt wurden – ohne zu beachten, daß all diese Dinge im Gegensatz zur Schriftrolle mehr oder minder eßbar sind.) Der Kernpunkt der ganzen Prozedur kommt in der Unbestimmtheit des Anfangsbefehls an den Propheten zum Ausdruck: »Öffne deinen Mund und iß alles, was ich dir gebe« (2,8). Vom Propheten wird verlangt, sich Gott bedingungslos zu unterwerfen, sich vom »widerspenstigen Haus« abzusondern, indem er sich bereit erklärt, alles, was Gott ihm vorlegt, zu verschlingen, sei es auch noch so schwer. Dies ist nur die erste einer Reihe von Symbolhandlungen, die der Prophet ausführen sollte, und ihre Komplexität ist typisch für die übrigen. Wie diese Handlung enthielten die meisten von ihnen harte Zumutungen für den Propheten (die selbstverständlich in diesem Fall auf wunderbare Weise erleichtert werden), und sie bezeugten zusammen mit der jeweils speziellen Last seine totale Unterwerfung unter den Willen Gottes.

Ezechiels Aufnahme traditioneller Themen und Formulierungen wie die der in Ägypten spielenden Moseerzählungen, der Prophetie Jesajas und Jeremias (hauptsächlich, aber nicht ausschließlich aus ihren Berufungsszenen), den Psalmen und der Weisheit geht mit charakteristischen Modifikationen Hand in Hand. Bekannte Redewendungen und Bilder werden intensiviert, wörtlich verstanden oder in dramatischer Weise umgedeutet. Gottes Speisung des Propheten mit einer Buchrolle ist die komplexeste Kombination traditioneller Elemente (»Ich lege meine Worte in deinen Mund«, »Er berührte meinen Mund damit«, »Deine Worte wurden vorgelegt, und ich verschlang sie«, »Deine Lehre ist in meinem Bauch«, »Süß wie Honig« usw.). Die bekannte Rede von den »Söhnen [בני] Israels« wird im Kontext der vererbten Sündhaftigkeit besonders wörtlich verstanden. Die wiederholten Variationen der konventionellen Vorstellung des »ehernen Gesichts [פנים]« erfüllen das nominale Element des stereotypen Satzes »erschrecke nicht vor ihnen [פניהם]« – wörtl. »vor ihren Gesichtern« – mit Leben. Dies generiert umgekehrt das Bild einer Verhärtung des Gesichts des Propheten anstelle der einfachen Metaphern in den vergleichbaren Jeremiastellen (1, 18; 6, 27; 15, 20). Ein solch umfangreicher Rückgriff auf die Tradition in Verbindung mit einer höchst individuellen Vorliebe zur Konkretisierung und Dramatisierung ist für Ezechiel charakteristisch.

Eine Folge der extravaganten Ausdrucksweise des Propheten besteht in einer gewissen Inkonsistenz bzw. Spannung zwischen den einzelnen Teilen seiner Botschaft. In 3, 4–9 wird als sicher vorausgesagt, daß das Volk sich weigern wird, auf den Propheten zu hören. Der Rest der Berufungsrede aber läßt die Sache offen. Tatsächlich verlief die Aufnahme der Prophetie weitaus glimpflicher, als wie es hier befürchtet wird. Die Art und Weise der Inspiration, die durch das Verschlingen der mit Totenklagen beschriebenen Buchrolle suggeriert wird – als sei dem Propheten von außen her der gesamte Inhalt seiner Prophetie eingeflößt worden –, steht im Widerspruch zur stückweisen Übermittlung von Worten, die in der Schlußermahnung (3, 10) anvisiert wird und die im Buch vorherrscht. Auch fallen nicht alle Prophetien Ezechiels – selbst in der Zeit vor der Zerstörung Jerusalems – unter die Kategorie »Totenklage und Stöhnen und Leid«. Genauso wie es in die Irre führen würde, in der Einverleibungsszene eine sonst nicht belegte Lehre prophetischer Inspiration sehen zu wollen (und nicht eine innovative Kombination der Elemente traditioneller Prophetenberufungen), so wäre es

Widerspruch zwischen dem Redeauftrag und dem Schweigen des Propheten

falsch, aufgrund solcher Inkonsistenzen die eng ineinander verwobene Berufungsszene in ihre Bestandteile aufzulösen.

Die größte Inkonsistenz besteht vermutlich zwischen dem Verhalten des Propheten nach seiner Berufung und der Aufgabe, zu deren Erfüllung er berufen wurde. Nachdem er ermahnt und befähigt wurde, zu den Exulanten zu reden, zog er sich unmittelbar, nachdem er bei ihnen angekommen war, in ein mürrisches Schweigen zurück. Daß seine »Verlassenheit« in einem Zusammenhang mit seiner Verbitterung und dem Zorn, den er auf seinem Weg von der Offenbarungsstelle zur Siedlung der Exulanten verspürte, stand, wird durch die eng verwandte Stelle Jer 15,17 angezeigt. Dort bringt der Prophet die Auswirkungen, die der göttliche Zorn bei ihm hinterließ, in scharfer Form zum Ausdruck:

Ich habe mich nicht den Feiernden zugesellt
Und Feste gefeiert;
Ich saß einsam, weil deine Hand auf mir lag,
Denn du hast mich mit Empörung angefüllt.

(Man vergleiche auch das Verbot, eine Familie zu gründen, in Jer 16,2.) Es besteht eine frappante Ähnlichkeit, sowohl von der Formulierung als auch vom Inhalt her, zwischen den Stellen in Jeremia und Ezechiel. Beide schöpften offensichtlich aus einem Pool von Erfahrungen und Ausdrucksweisen. Im Falle Ezechiels führte die Spannung zwischen der Aufgabe des Propheten und dem Rückzug in sich selbst, ausgelöst durch das Ausgesetztsein vor dem göttlichen Zorn, zu einer über Wochen dauernden, einsamen Stummheit. In modifizierter Form dauerte der Rückzug des Propheten noch mehrere Jahre danach an, wie zum Ende von Kap. 3 weiter ausgeführt werden wird.

Die Ankunft und die Abfahrt des göttlichen Fahrzeugs markieren den Anfang und das Ende der Berufung des Propheten. Oben wurde die Ansicht zurückgewiesen, daß die Bedeutung der Theophanie auf eine allgemeine theologische Lehre abziele (Israels Gott ist im Exil aktiv und gegenwärtig), entsprechend werden wir nun eine etwas spezifischere Bedeutung zu entwickeln versuchen.

Abgesehen von der Ermahnung Ezechiels, sein Prophetenamt wahrzunehmen, versucht die Berufungsrede, die Befürchtungen des Propheten zu beschwichtigen und ihn gegen eine feindselige Aufnahme seiner Botschaft zu immunisieren. Die Exulanten hatten gute Gründe, Ezechiels unheilvolle Vorhersagen abzuweisen: den Umschwung, den ihnen die anderen Propheten in Jerusalem und unter ihnen selbst in Aussicht stellten. Gegen den populären Trend zu laufen, bedurfte der Sicherheit, daß Gott hinter einem stand, daß jemand wirklich den Willen Gottes kannte. Vielleicht liegt im Bedürfnis des Propheten nach einer Versicherung, daß er mit Gott unterwegs war, ein Schlüssel zum Verständnis der Theophanie.

In den Wüstenerzählungen des Pentateuch erscheint die Herrlichkeit Gottes, um die Anwesenheit Gottes unter seinem Volk oder seinen Vermittlern in kritischen Situationen zu demonstrieren – als Unterstützung Moses und Aarons, wenn sich das Volk gegen sie erhob (in der Mannaepisode, der

Funktion der Theophanie: Legitimation des Propheten

Kundschaftererzählung und dem Aufstand Korachs), und inmitten des Volkes in Momenten der Gnade (die Gesetzgebung am Sinai, die Weihe des Zeltheiligtums und des Altars). Mose bittet im Kontext einer Bitte um ein Zeichen göttlicher Gunst darum, die Herrlichkeit JHWHs sehen zu dürfen (Ex 33,18). Auch an anderen Stellen handelt es sich bei einer nicht-öffentlichen Theophanie um die Antwort Gottes auf einen Rufer in Not (z. B. Ps 18). Der Fall Ezechiels scheint in diese Kategorie zu passen.

Die Herrlichkeit erscheint Ezechiel im Zusammenhang zweier Gelegenheiten: In Kap. 1 und 3, um ihn zu berufen und seine Aufgabe darzulegen, sowie in Kap. 8–11 und 43 als integraler Bestandteil der Tempelvisionen (das Verlassen des Tempels und seine zukünftige Wiederherstellung). Erscheinungen der ersten Art sind nicht für die Öffentlichkeit bestimmt und stehen nicht im Zusammenhang öffentlicher Verkündigungen des Propheten. Sie haben allein für den Propheten eine Bedeutung. Erscheinungen der zweiten Art bilden den Kern der Visionen, die der Prophet der Öffentlichkeit mitteilen muß. Die Lokalisierung der Erscheinungen der ersten Art stimmt mit diesem Ausschluß der Öffentlichkeit überein. Sie finden am Flußufer (Kap. 1) und in der Ebene (Kap. 3) statt – beides verlassene Orte abseits der Siedlung der Exulanten. Solche Orte entsprechen der Suche nach Gemeinschaft mit Gott.

Zusammengenommen rechtfertigen diese Überlegungen folgende Interpretation der Theophanie: Bekümmert ob des Schicksals seines Volkes und überzeugt von dem unmittelbar bevorstehenden Unheil, war Ezechiel von seiner Gemeinschaft ausgeschlossen, die an den hoffnungsvollen Worten der Propheten hing, die den Exulanten eine schnelle Rückkehr in die Heimat versprachen. Untröstlich begab er sich an einen einsamen Ort am Fluß Kebar, um von dort Gottes Trost und Unterstützung zu erwarten. In einer Art Antwort und in Übereinstimmung mit der traditionellen Ikonographie öffneten sich die Himmel, und die Herrlichkeit Gottes erschien, um den Einzelgänger in Schutz zu nehmen und zu belegen, daß das Recht und die göttliche Gunst auf seiner Seite und nicht auf der der vielen waren. Die Detailliertheit der Vision und ihre dramatischen Elemente stimmen mit den individuellen Vorlieben des Visionärs überein. (Rava [bHagiga 13b] merkte an, wie sehr Ezechiel für solche Eindrücke empfänglich war: »Alles, was Ezechiel sah, sah Jesaja, aber Ezechiel war wie ein Bauer, der einen Blick auf den König erhaschte, während Jesaja wie ein Städter war, der einen Blick auf den König erhaschte.«)

Das Ereignis war ein solch überwältigender Beweis der göttlichen Gunst und Unterstützung, daß der prophetische Neuling weder um ein Zeichen bat, um seine Sendung zu bestätigen (wie Mose oder Gideon), noch wurde ihm gesagt: »Ich bin mit dir« (wie zu Mose, Gideon und Jeremia). Ohne einen solchen Beweis hätte Ezechiel kaum die Schrecken seiner neuen Rolle ertragen können. Und selbst mit diesem Beweis beschränkte er sich allein auf Handlungen und Reden, die unter direktem göttlichen Einfluß geschahen, unfähig aus eigener Initiative zu handeln.

Am Schluß zeichnete der Prophet seine nur für ihn bestimmte Vision auf und veröffentlichte sie ebenso wie Gottes Berufungsrede, die ursprünglich allein an ihn gerichtet war (ob wir über die authentischen Worte Ezechiels verfügen, ist irrelevant; unser Text stammt zumindest von einer Darstellung, die man auf plausible Weise dem Propheten zusprechen kann). Offensichtlich wollte er damit seine Berufung bestätigen – allein die Menge an Einzelheiten zeugt für die Realität der Erfahrung. Calvin beschrieb den öffentlichen Zweck solcher allein für den Propheten bestimmten Offenbarungen wie folgt:

Da ... man allein auf Gott hören darf, muß jeder Sterbliche ... zurückgewiesen werden, außer er kommt im Namen Gottes und kann seine Berufung belegen und die Menschen wirklich davon überzeugen, daß er allein auf Gottes Befehl hin spricht. Damit Ezechiel nicht umsonst arbeitete, mußte er seine göttliche Inspiration beweisen, und dies geschah mittels der Vision. Wenn die Vision allein für das Auge des Propheten bestimmt gewesen wäre und keine Stimme Gottes sich daran angeschlossen hätte, worin hätte dann der Vorteil gelegen? Aber wenn Gott die Vision durch sein Wort bestätigte, konnte der Prophet zu seinem Vorteil sagen: Ich habe die Herrlichkeit Gottes gesehen (Kommentar zu 2, 3).

Einzelanalyse: sprachliche und literarische Aspekte

1,28   *die Stimme von jemandem sprechen.* So übersetzt von G. Alternativ kann man übersetzen: »eine Stimme, die sprach (2, 1 und *sie* sagte ...)«. In beiden Fällen wird vermieden, die Rede direkt der auf dem Thron in der Erscheinung sichtbaren Gestalt zuzuschreiben, als wolle man den Ursprung der Rede dem unsichtbaren Gott vorbehalten.

2,1   *Mensch.* Hebräisch בן אדם »Sohn der Menschheit«. בן + Gattungsbezeichnung dient oftmals der Bezeichnung des männlichen Teils einer Gattung; z. B. בן בקר »ein (männliches) Rind«. בן אדם ist fast ausschließlich in der poetischen bzw. prophetischen Literatur belegt. Ezechiel wird so genannt, um ihn von den himmlischen Wesen zu unterscheiden, die die Szenerie erfüllen. Er wird durch das ganze Buch hindurch (über achtzig Mal) so und nicht mit seinem Namen (vgl. dagegen Am 7, 8; 8, 2; Jer 1, 11; 24, 3) angeredet, um seine Sterblichkeit unter den göttlichen Wesen, die er sieht und mit denen er Kontakt hat, zu betonen (Ez 8–11; 40 ff.).

stell dich auf deine Füße. Wie Dan 8, 17 f.; 10, 9–11 zeigt, mußte der biblische Visionär sich selbst in der Gewalt haben, um das Wort Gottes empfangen zu können. Die Ekstase der biblischen Prophetie besteht aus einer auf Gott gerichteten Konzentration des Bewußtseins, die die Umwelt vergessen ließ, im Unterschied zur Ekstase der heidnischen Propheten, in der das Bewußtsein selbst ausgelöscht wurde; s. *Y. Kaufmann* ebd. 94–100.

Ein Geist. Hebräisch רוח, hier in der Bedeutung einer Kraft bzw. von Mut   V 2
(BDB 925 a, 3.a.b.), fuhr in den von Gott angeredeten Propheten.

als er zu mir sprach. Dieser Satz verbindet die Kräftigung des Propheten
mit der vorhergehenden Rede, ohne diese explizit Gott zuzuschreiben.

wie er zu mir redete. Hebräisch את מדבר fällt auf durch את vor einem
unbestimmten Substantiv sowie durch die Vokalisation des Partizips als re-
flexiv (Hitpaʿel) »der zu sich selbst redete« (T מתמלל). Hinter beidem
scheint sich eine Zurückhaltung zu verbergen: Ersteres definiert das bisher
unbestimmt gelassene »der Redende«; letzteres lenkt die göttliche Rede auf
den Sprecher zurück. Die reflexive Vokalisation von מדבר begegnet erneut
in 43,6, in der Vision des zukünftigen Tempels, wenn Ezechiel aus dem Inneren, das wieder von der göttlichen Herrlichkeit in Besitz genommen worden war, jemanden hört, »der zu sich selbst redet« (מדבר). Die Rede kann
allein von der Herrlichkeit ausgehen, aber dies wird nicht explizit gesagt.
Beide Stellen müssen in Verbindung zu Num 7,89 gesetzt werden, der einzigen weiteren Stelle, an der das Hitpaʿel von דבר belegt ist – der archetypischen Beschreibung, wenn Mose die »Stimme« im regulären Orakel hört –
es wird nicht gesagt »Gottes Stimme« – die zu ihm aus dem Allerheiligsten
spricht. An diesen drei Stellen verstärkt eine besondere Vokalisation des
Verbs den Eindruck einer Zurückhaltung, was die Direktheit der göttlichen
Rede anbelangt – obwohl sie offensichtlich von Gott herrührte: »Die Schekina [die Einwohnung Gottes] spricht in ihrer Herrlichkeit mit sich selbst.
Ihre Boten hören ihr nur zu« (Raschi). Dieselbe Reflexivform findet sich im
in der Mischna gängigen נדבר, mit der Gottes Rede an die Propheten beschrieben wird (das nominale Analogon bildet דבר »Gottes Äußerung«, Plural דברות wie in עשרת הדברות »der Dekalog« vor dem Hintergrund des Ha-
paxlegomenon in Jer 5,13). Die seltene Vokalisation des M scheint künstlich
zu sein – ein Ausschöpfen einer Texteröffnung, um eine spätere, der Ehrfurcht entwachsene, linguistische Idee einzuführen.

den Söhnen Israels. Diese Übersetzung von בני ישראל – sonst »Israeliten«   V 3
– macht die Beziehung zu den Söhnen in V 4a deutlich, da beide Male das
Unterthema »Väter-Söhne« zum Ausdruck kommt – das Thema des erb-
lichen Hangs zur Sünde (s. die Gesamtauslegung). Um dieses Unterthemas
willen wurde an dieser Stelle בני ישראל anstatt בית ישראל gewählt, das sonst
in Ezechiel weitaus häufiger belegt ist (und hier auch von G gelesen wird –
in der jedoch V 4a fehlt!).

Die Sendung des Propheten gilt ganz »Israel«, ohne daß ein Unterschied
zwischen den Exulanten und den in der Heimat Verbliebenen gemacht wird
(nach dem Fall des Nordreichs bezeichnete »Israel« sowohl das verbliebene
Königreich Juda als auch das Ideal der gesamten Nation; s. BDB 975, 2.a.[3]).
Diese unbestimmte Größe wird als »die widerspenstigen Nationen« be-

schrieben, ein unklares Epitheton. (Das Fehlen des Artikels, wie hier bei גוים, geschieht oftmals, wenn das folgende Attribut aus einem Partizip besteht; der allein dem Attribut hinzugefügte Artikel [המורדים] bedeutet ungefähr dasselbe; Ges-K §126 w–x; *P. Joüon*, Grammar 1996, §138 b–c). Die vielleicht einfachste Erklärung des Ausdrucks »Nationen« findet sich im Versprechen Gottes an den Patriarchen Israel, daß »eine Nation, ja eine Versammlung von Nationen, von dir abstammen wird« (Gen 35,11), wo »Nationen« »Stämme« bedeuten muß (vgl. Dtn 33,19, wo »Völker« [עמים] sich auf israelitische Stämme beziehen muß); »die widerspenstigen Nationen« bezieht sich dann entweder auf das verbliebene Königreich Juda, das aus Juda, Benjamin und Simeon bestand, oder – wenn mit »Israel« das Ganze gemeint ist, was wahrscheinlicher ist – auf das ideale Zwölf-Stämme-System. »Nationen« könnte aber auch die beiden Königreiche Juda und Israel bezeichnen, die der Prophet in 35,10; 36,13 ff. und 37,22 »zwei Nationen« nennt.

Man beachte, daß Gott am Schluß dieser Rede die Zuhörer genauer und realistischer als die Gemeinde der Exulanten definiert (3,11).

widerspenstigen Nationen. Das Partizip (מורדים) bringt ein charakteristisches Attribut zum Ausdruck; vgl. die Reihe in Jes 1,4 (»sündige Nation« usw.). Die folgenden Verbalsätze (אשר מרדו usw.) beziehen sich auf wiederholte Handlungen, die das Attribut näher entfalten.

die sich aufgelehnt haben (מרדו) ... *haben* ... *vergangen* (פשעו). Israels Vergehen ist in erster Linie politisch oder, besser gesagt, theopolitisch: Auflehnung gegen ihren göttlichen Herrn und König (s. zu diesem Konzept den Index in *M. Buber*, Moses, Oxford / London 1946, Stichwort »Theopolitical idea«). מרד bedeutet zunächst »sich weigern, Loyalität zu beweisen, sich erheben gegen einen Herrscher«; das Antonym ist עבד »dienen, unterworfen sein« (Gen 14,4; 2 Kön 18,7). Diese Bedeutung hat der Begriff auch im Kontext der Beziehung Israels zu Gott, wie hier. פשע hat ebenfalls diese Bedeutung (1 Kön 12,19; 2 Kön 8,20; »Verletzung der Vasallenpflichten ... Bruch der Bundesbestimmungen«, *J. Pederson*, Israel I–II, London 1926, 417), aber in einem allgemeinen Sinn hat der Begriff eine religiöse oder ethische Bedeutung: »sich vergehen, einen Verstoß begehen« (z.B. Ez 18,31); letztere Bedeutung dominiert im Nomen פשעה »Vergehen, Verstoß« (Ez 14,11; 18,22 ff.; 21,29 u.ö.). Die Kombination der beiden Verben verweist auf den doppelten Aspekt der Vergehen Israels, der mit dem Begriff »theopolitisch« angedeutet wird. Sie begegnet nur noch in Ez 20,38 – einem überaus theopolitischen Kontext (vgl. 20,33: »... ich werde König über euch sein«).

V 4   *mit ehernem* (wörtl. hartem) *Gesicht*. Teilnahmslos, mit einem Gesicht, das keine Gefühlsregung oder Beunruhigung zeigt, wenn es sollte – als wolle es der Herrlichkeit Gottes oder einem Mißfallen entgegentreten (Jes 50,7 »... Ich habe mein Gesicht wie einen Feuerstein gemacht, und ich weiß, daß ich nicht beschämt werde«; vgl. Ex 20,20; Jer 5,3). Bei dieser nur hier beleg-

ten Formulierung handelt es sich um eine Adaption des gängigen ‏קְשִׁי עֹרֶף‏
»halsstarrig« – vgl. den Gegensatz »Nacken – Gesicht« in Jer 2,27; 18,17;
32,33 –, bei dem das »Gesicht« die Nuance der Unverschämtheit und ‏קְשִׁי‏
sein Gewicht von »steif, unbiegsam« hin zu »hart, unempfindlich« ver-
lagert, wie in ‏קְשֵׁי לֵב‏ »hartherzig« in 3,7; s. die nächste Einzelanalyse. Die
Ersetzung des ‏עֹרֶף‏ durch ‏פָּנִים‏ fügt der bekannten Formulierung ‏מִפְּנֵיהֶם‏
‏אַל תֵּחַת‏ in V 6 und 3,9 eine weitere Dimension hinzu. Normalerweise würde man übersetzen: »laß dich nicht von ihnen einschüchtern«, aber in diesem Kontext muß es wörtlicher bedeuten: »einschüchtern durch ihre Gesichter«; s. die Einzelanalyse zu 3,9.

starkem Herzen. Hartherzig, mit einem »Herz aus Stein« (36,26), nicht
in der Lage, Eindrücke wahrzunehmen. Dies und der verwandte Ausdruck
»mit hartem Herzen« in 3,7 erinnern an die verwandten verbalen Formulierungen, die die Halsstarrigkeit des Pharaos in Ex 7,3.13 und an anderen
Stellen beschreiben.

Im Ausdruck »mit ehernem Gesicht und starkem Herzen« wird die moralische Schuld des Volkes durch ein äußerliches und ein innerliches Bild zum
Ausdruck gebracht, wobei jedes eine andere Nuance transportiert (Unverschämtheit – Halsstarrigkeit). Vgl. demgegenüber die Sprache von 2 Chr
36,13: »er wurde halsstarrig und verstockte sein Herz«, wo zweimal derselbe Gedanke – Halsstarrigkeit – mittels ebenfalls eng aufeinander bezogener
innerlicher und äußerlicher Bilder zum Ausdruck gebracht wird.

»*So spricht …*« Hierbei handelt es sich um die prophetische Adaption der
Formel, mittels derer Boten ihre wortgetreue Wiedergabe einer Botschaft
eröffneten (Gen 32,5; 45,9; Ex 5,10; Num 20,14; Ri 11,15; zu Beispielen
außerhalb der Bibel s. ANET 480, 482, 494 ff., 623 ff.). Nur in Jeremia finden
sich ähnlich zahlreiche Belege wie in Ezechiel (129 nach *D. H. Müller*, Ezechiel-Studien 1894, 33). Exakt diese beiden Zeitgenossen forderten explizit
andere Propheten ihrer Zeit heraus bzw. wurden von diesen herausgefordert, die göttliche Autorität für ihre Botschaften, die den ihrigen diametral
zuwiderliefen, beanspruchten (z. B. Jer 23; Ez 13; vgl. bes. Ez 22,28; zur Formel s. *Y. Hoffmann*, Two Opening Formulae in Biblical Style [Hebräisch]:
Tarb. 46, 1977, 157–180).

Mit Rücksicht auf das doppelte Appellativum der Gottheit ‏אֲדֹנָי יְהוִה‏
»(mein) Herr JHWH« ist darauf hinzuweisen, daß der Name des Absenders
oftmals in der Botenformel von einer Rangbezeichnung begleitet wird –
»dein Diener«, »dein Bruder«; in diesem Kontext kann man vielleicht ‏אֲדֹנָי‏
‏יְהוִה‏ so interpretieren, wobei ‏אֲדֹנָי‏ etwas zwischen »mein Herr« (im wörtlichen, vokativen Sinn) und einem Gottesnamen (s. die verwirrenden Aussagen in BDB 11, Def. 3 und 4) bezeichnet, in jedem Fall jedoch deutlich die
Bedeutung »Herr« impliziert (vgl. die archaische Formel ‏הָאָדוֹן יְהוִה‏, Ex
23,17; 34,23). Die doppelte Anrede ist 217 mal in diesem Buch belegt, überwiegend (208 mal) in den Eröffnungsformeln von Worten (wie hier) und an

ihrem Ende (bzw. bei Zwischenunterbrechungen) im Ausdruck נאם אדני יהוה »Spruch des Herrn JHWH«. Das Tetragramm allein ist in diesen Ausdrücken nirgends belegt. Dabei scheint es sich um eine rhetorische Vorliebe zu handeln, eine verbale Unterschrift des Wortes. In unserem Text wird dem Propheten die einfache Botenformel ohne irgendeinen spezifischen, zu übermittelnden Inhalt diktiert. Da man die Aufgabe, zum Volk zu sprechen, auch anders hätte formulieren können (s. V 7; 3, 4), muß die Wahl der leeren Botenformel eine besondere Bedeutung haben. Man darf vermuten, daß die Bedeutung der einfachen Formel mit dem doppelten Appellativum durch den Kontext der V 3–5 bestimmt wird. Israels Widerspenstigkeit wird betont. Es liegt in der Verantwortung des Propheten, es im Namen ihres Herrn, gegen den es sich aufgelehnt hat, ins Gebet zu nehmen. Die Kombination von JHWH mit »Herr« zielt darauf, sich seiner Situation bewußt zu werden – die Unterwerfung unter einen Herrn, den es sich weigert anzuerkennen. Diese Anfangserfahrung einer Botenformel mit einem doppelten Appellativ (hier gewählt um des spezifischen Kontextes willen) wurde für Ezechiels weitere Erfahrung prägend. Er verwendete das doppelte Appellativum praktisch ohne Variation am Beginn all seiner Botschaften sowie in einer bekannten Schlußformel (s. zu 5, 11) als eine Art Unterschrift Gottes. (Diese Vermutung ähnelt der oben in bezug auf die Anrede des Propheten als בן אדם gemachten Beobachtung.) Da dieses doppelte Appellativum allein in Reden des Propheten auftaucht, hat *J. Lust*, Mon Seigneur 1969, vorgeschlagen, es persönlich zu verstehen: »mein Herr JHWH« (Lust vokalisiert zu אֲדֹנִי); es ziele darauf, den Dienst des Volkes an JHWH in der Gegenwart im Gegensatz zur Zukunft zu leugnen.

In den Textzeugen von G ist das doppelte Appellativum weitaus seltener bezeugt als in M und ohne erkennbares Muster. *Zimmerli* 1250–1258.1265 hat Argumente vorgebracht, die darauf hinweisen, daß es sich hierbei um das Ergebnis der Überlieferung von G handelt und dies nichts mit der Verwendung im Hebräischen zu tun habe. Erhaltene jüdische Fragmente der Übersetzung ins Griechische bewahren das Tetragramm in hebräischen Buchstaben. Christliche Schreiber ersetzten dieses für sie bedeutungslose Zeichen durch χύριος »Herr« oder θεός »Gott«, und im Fall des doppelten Appellativums – da dies eine Wiederholung (χύριος χύριος zur Folge gehabt hätte) – ließen sie es vielleicht einfach aus (s. auch *G. Howard*, The Tetragram and the New Testament: JBL 96, 1977, 63–83). Der annähernd systematische, begrenzte Gebrauch des doppelten Appellativums in M spricht deutlich gegen die weitverbreitete ältere Annahme (noch vertreten von Elliger in der BHS), derzufolge es sich hierbei um eine sekundäre Entwicklung handle.

V 5   *oder es lassen.* Zu dieser Verwendung von חדל als Bezeichnung der unterlassenen Ausführung der im vorigen Verb bezeichneten Handlung vgl. 1 Kön 22, 6; Jer 40, 4.

ein widerspenstiges Haus (בית מרי). Bei מרי – in 1 Sam 15,23 ein Antonym zu Gehorsam und in Dtn 31,27 ein Synonym zu Widerspenstigkeit (ערף קשה) – handelt es sich um das Nomen zu מרה »trotzig, widerspenstig, ungehorsam sein« (synonym zu »nicht [gewillt sein,] zu hören auf« in Jos 1,18; 1 Sam 12,15; 1 Kön 13,21; Ez 20,8). In Num 17,25 wird Israel בני מרי »Söhne des מרי« genannt (vgl. Num 20,10, המרים »ihr Widerspenstigen!«) und in Jes 30,9 עם מרי »ein Volk von מרי« (parallel zu »treulose [כחשים] Söhne«). בית מרי ist ezechielischer Prägung. Im Licht der V 3–4 oben muß es als »eine Linie (בית = Dynastie) von מרי« verstanden werden, mit Bezug auf den seit Generationen bestehenden Charakterzug. Die konventionelle Übersetzung »widerspenstiges Haus« wurde hier beibehalten, obwohl die Wurzel (מר[י] von מרד zu unterscheiden ist, deren Derivate in V 3 ebenfalls mit »widerspenstig« übersetzt wurden. (Selbstverständlich wird in exilischen und späteren Texten ebenso wie in theologischen Kontexten [י]מר[so-wohl mit מרד [Neh 9,26] als auch mit פשע [Klgl 3,42] kombiniert.)

Als in dieser Beauftragungsrede wiederkehrende Schlußformel rechtfertigt das »denn sie sind (ein) widerspenstig(es Haus)« düstere Erwartungen für Israel. Für ein derart eingefleischt widerspenstiges Volk besteht wenig Hoffnung.

werden [noch] erkennen. Wenn das von dir vorhergesagte Unheil eintrifft (vgl. 33,33).

Ezechiels Prosa wechselt manchmal in einen Stil, der sich durch kurze V 6
Sätze mit Wiederholungen, Parallelismen, Reimen oder chiastischen Inversionen auszeichnet. Formal handelt es sich hierbei um Poesie. Der Wechsel geht nicht mit einem Themenwechsel einher, aber die Argumentation wird verlangsamt, und das Verweilen bei einem Gegenstand wirkt wie eine Steigerung. Solch ein Stilwechsel kann ganz kurz sein (z. B. der Chiasmus in 3,10b) oder kann in einem Prosatext mehrere Sätze bzw. Verse umfassen (wie hier). Oftmals läßt sich nicht eindeutig festlegen, ob der Stil eines Abschnitts poetisch ist oder ob es sich um wiederholende, in Parallelismen oder auf andere Art strukturierte Prosa handelt. Die hier getroffenen Entscheidungen, die in der Übersetzung durch Einrückungen angezeigt werden, basieren nicht auf einem Forschungskonsens. Sie stützen sich auf kurze Sätze, die wenigstens einige der gerade erwähnten Stilelemente über eine längere Strecke hinweg enthalten.

Denn Nesseln ... Skorpionen. Ein gewöhnlicher Mensch würde sich in dieser Situation zu Recht fürchten. Bei Hebräisch סרב, hier übersetzt mit »Nessel«, handelt es sich um ein Hapax, dessen Bedeutung aus der Verbindung mit סלון, offensichtlich = סָלוֹן in 28,24, parallel zu קוץ »Dorn« (zur Etymologie s. *S. Mandelkern*, Concordance 1967, Art. »סלון«; er zieht als Vergleich צרב »brennen« und das deutsche Wort »Brennessel« heran), erschlossen ist. G S T übersetzen diese beiden Worte als Partizipien (z. B. S *dsrbyn wmslyn* »denn sie weisen zurück und verschmähen«), aber angesichts der »Skorpione« im nächsten Satz dürfte es sich auch hierbei um entsprechende, stechende Gegenstände handeln.

V 7   *sie sind widerspenstig.* Das übliche בית »Haus« fehlt hier, um diesen Satz an sein Gegenstück in V 8 anzugleichen, wo der Prophet ermahnt wird, nicht widerspenstig zu sein (אל תהי מרי). Zum adjektivischen Gebrauch des Abstraktums מרי in diesen beiden Versen vgl. Ges-K § 141 c mit Anm. 2 und 3 (wo kein Grund besteht, שלום wie ein Adjektiv zu behandeln); *S. R. Driver*, Tenses 1892, 251 f.

V 8   *alles, was.* Hebräisch את אשר, das in drei aufeinander folgenden Befehlen belegt ist (hier, V 8b; 3, 1). Die Formulierung ist nicht ungewöhnlich und hat eine leicht inklusive Bedeutung, ungefähr gleichbedeutend mit »all das, was auch immer«; vgl. Gen 18, 19; 34, 28; Ex 34, 34; Dtn 29, 14 und Targum Pseudo-Jonathan zu Num 32, 31; Dtn 29, 14. In diesen drei Befehlen wird das Objekt unbestimmt gelassen, um die bedingungslose Unterwerfung des Propheten unter den Willen Gottes zu betonen, worin auch immer dieser bestehen mag – im völligen Gegensatz zum »widerspenstigen Haus«.

iß alles, was ich dir gebe. Der Prophet hatte natürlich keinerlei Vorstellung, was ihm vorgelegt werden würde. Er (und der Leser) könnte(n) vielleicht meinen, es sei eine gewöhnliche Speise.

V 10   »Die Beschriftung von Papyrusrollen auf beiden Seiten war im alten Ägypten und in der griechisch-römischen Zeit üblich …, aber auf einer Rolle aus Leder war dies erst um die Zeitenwende möglich, als die Qualität des Leders deutlich verbessert worden war« (*M. Haran*, Scribal Workmanship in Biblical Times: Tarb. 50, 1981, V [englische Zusammenfassung]). Der Inhalt dieser Rolle, der sicherlich umfangreicher war, als daß er mit einem Blick hätte erfaßt werden können, wurde offensichtlich in den Begriffen »Totenklage usw.« durch ihren Vermerk zusammengefaßt, der sich wie bei ägyptischen aramäischen Papyri auf der Außenseite des zusammengerollten Dokuments befand (*R. Yaron*, The Law of the Aramaic Papyri, Oxford 1961, 24 f.). Die »Sektenregel« aus Qumran hatte ebenfalls solch einen Titel auf der Außenseite (nur ein paar Buchstaben sind erhalten geblieben; s. *D. Barthélemy / J. T. Milik*, Qumran Cave I (DJD 1), London 1955, 107 und Taf. XXII); auch griechische und römische Schreiber schrieben in ähnlicher Weise einen Titel auf die Außenseite der Schriftrollen (EM V, 1084 f.).

und Leid (והי). G καὶ οὐαί, Vul *et vae* verstehen das hebräische Wort als Interjektion, die Kummer zum Ausdruck bringt, wie dies auch im Mischnahebräisch der Fall ist: z. B. »Als [Hillel] starb, sagten sie von ihm, הי חסיד הי ענו ›Wehe, ein Frommer, wehe, ein Demütiger‹« (bSanhedrin 11a). Für den quasi-substantivischen Gebrauch von הי – hier synonym zu »Totenklage« (Raschi und Kimchi glossieren es mit dem assonanten נהי »Totenklage« Jer 9, 9.17 ff. u. ö.) – vgl. das englische »woe« und das übliche הוי ל »Wehe den«, das in der Einzelanalyse von 13, 3 diskutiert wird.

T תינחתא »seufzen« kann nicht, wie einige es getan haben, angeführt werden, um eine Emendation zu נהי zu rechtfertigen, denn dieses hebräische Wort wird von T gewöhnlich mit אליא übersetzt. Andererseits dient S ꞌwltꞌ an anderen Stellen zur Übersetzung von נהי, was aber vermutlich nicht auf eine andere Vorlage zurückgeht, sondern eine Interpretation widerspiegelt, die mit der eben erwähnten von Raschi und Kimchi auf einer Linie liegt.

was auch immer du dort findest. Zu dieser Bedeutung von מצא s. BDB 593, d: »*find* a condition, *find* one in a situation«. Dieser dritte Befehl, formuliert als uneingeschränkte Unterwerfung, der dem spezifischen Befehl »iß diese Rolle« vorangeht, impliziert, daß der Prophet zögerte, den Befehl von 2,8b auszuführen und den nicht eßbaren Gegenstand, den er vor sich sah, zu essen. Das Zögern antwortet auf die unausgesprochene, ungläubige Frage: »*Das* soll ich essen?«, der ein Abscheu zugrundeliegt.   3,1

geh, rede. D.h. teile den Israeliten den Inhalt der Rolle mit.

gib deinem Bauch zu essen ... Obwohl der Prophet seine Bereitschaft, dem Befehl zu gehorchen, zeigt, indem er seinen Mund für die Rolle öffnet (V 2), wird dieser dritte Eßbefehl in Begriffen formuliert, die anzeigen, daß er erkannte, daß er nie in der Lage sein würde, diese unverdauliche Menge Papyrus zu schlucken. Als Antwort darauf wird ihm nun befohlen, seinen Magen mit dem zu füllen, was Gott ihm gibt (ein Rückverweis auf die Forderung unbedingten Gehorsams in 2,8). Die nur hier belegte Formulierung »gib deinem Bauch zu essen« (»den Magen füllen« erneut in 7,19) wird von Kimchi breit glossiert: »um sie nicht wieder auszuspeien« – das trifft exakt den Punkt, nämlich die Fähigkeit, die Rolle im Magen zu behalten.   V 3

So aß ich sie. D.h. ich nahm sie in meinen Mund und begann, sie zu zerkauen, und – so unglaublich es sein mag –

in meinem Mund wurde sie süß (למתקות wird wie ותהי verstanden) *wie Honig.* Und so wurde sie problemlos verschlungen. Kimchi: »So gab ich meinem Bauch zu essen, denn ich spie sie nicht aus.« Dies ist wörtlich gemeint, ganz anders als die Metaphern in Ps 19,11; 119,103.

rede ... mit meinen Worten. Hebräisch דבר ב kann bedeuten: »in besonderer Weise reden«; z. B. meint der Ausdruck in Dtn 6,7, die Gebote Gottes zu »rezitieren« und sie im Gedächtnis zu behalten; in Dan 9,21 meint דבר בתפלה »beten«. Hier dürfte auf die wörtliche Wiedergabe abgehoben sein (die das unbestimmte דבר את in 2,7 nicht zum Ausdruck bringt) – ein Aspekt absoluten Gehorsams. Die Konzentration auf die Form der Rede führt nach einer Überleitung (V 5) zum nächsten Gedanken (V 6–7): Die gemeinsame Sprache von Prophet und Volk verschlimmert die Schuld des Volkes.   V 4

Denn ... Die Überleitung: Du kannst meine Botschaft wörtlich wiedergeben, da du dich nicht an ein fremdes Volk wendest, sondern an eines, dessen Sprache die deine ist (und die meiner Botschaften an dich).   V 5

[sondern] zum Haus Israel. Das »sondern« ist ergänzt. Der abrupte Einsatz des hebräischen »zum Haus Israel« wird ein wenig abgemildert, da es

unmittelbar auf das שָׁלוּחַ אַתָּה »du wirst gesandt« des vorhergehenden Satzes folgt. Diese Worte verweisen so vor und zurück und suggerieren einen vollständigen Satz (»du wirst zum Haus Israel gesandt«). Diese Eigenart des Hebräischen kann man in der Übersetzung nicht wiedergeben, sondern allein durch Ergänzung des »sondern«.

V 6   Der neue Gedanke: Hätte ich dich zu einem der unzähligen fremden Völker geschickt, mit denen du dich nicht verständigen kannst, dann hätte man auf dich gehört. Der Plural wird hier als unbestimmter Singular verwendet (s. Gen 8,4 »auf [einem der] Gipfel des Ararat«; vgl. Ges-K §124 o) und dürfte eine besondere Bedeutung haben: Man hätte den entsprechenden Teil von V 5a anstelle von V 6a wiederholen (mit »Volk« [Singular] anstelle des »viele Völker«) und V 6b daran anschließen können. Aber Israels Schuld wird durch den emphatischen Plural noch dunkler ausgemalt: Jede fremde Nation, der der Prophet Gottes Botschaft mitgeteilt hätte, hätte sich ihr trotz der Sprachbarriere unterworfen (man wird an die schnelle Antwort Ninives auf Jonas Unheilsansage erinnert), nur nicht das Haus Israel.

Rede dunkel, ... Sprache schwierig ist (עִמְקֵי שָׂפָה, כִּבְדֵי לָשׁוֹן). Ein Vergleich mit Jes 33,19 (»Ein Volk, dessen Sprache zu dunkel ist [עִמְקֵי שָׂפָה], um zu verstehen / Dessen Sprache undeutlich ist [נִלְעַג לָשׁוֹן], so daß man sie nicht verstehen kann«) zeigt, daß שָׂפָה und לָשׁוֹן hier nicht als Organe gemeint sind, sondern im weiteren Sinn von Rede bzw. Sprache verwendet werden. Der zweite Satz meint daher etwas anderes als (כְבַד פֶּה וּ)כְבַד לָשׁוֹן) in Ex 4,10 – »(mit schwerfälligem Mund und) schwerfälliger Zunge« (d.h. sprachbehindert; s. J. Tigay, Moses' Speech Difficulty: Gratz College Annual 3, 1974, 29–42).

deren Worte du nicht verstehen kannst. Obwohl der Kontext »die deine Worte nicht verstehen können« erfordert, wird der Blickwinkel des Propheten beibehalten: Er befindet sich unter einem Volk, dessen Sprache für ihn dunkel ist, »deren Worte er nicht verstehen kann«. Der entscheidende Punkt bleibt davon unberührt: Zwischen ihm und ihnen ist keine Verständigung möglich.

wenn ich dich zu ihnen sende, ... bestimmt. Ursprünglich eine Einleitung von bekräftigenden Schwüren (Jes 5,9; 14,24) ist אִם לֹא, wörtl. »wenn nicht«, in Ezechiel sowohl in dieser Funktion (17,16.19; 20,33; 33,27) als auch als emphatisches Füllwort in der Bedeutung »sicherlich, bestimmt« belegt (z. B. 34,8; 36,5; 38,19). Der Rest des Verses bildet einen Konditionalsatz (zum Perfekt in der Protasis und dem Imperfekt in der Apodosis s. Ijob 23,10b und Ges-K §159 h) mit emphatisch gesetzten Pronomen: »(wenn) zu ihnen ich dich sende, dann werden sie (bestimmt! Ges-K §135 a; P. Joüon ebd. §146 a) auf dich hören«.

V 7   *weil sie sich weigern, auf mich zu hören.* »Damit es für den Propheten nicht zur Qual wird zu sehen, daß seine Arbeit keine Früchte trägt, [sagte Gott dies zu ihm] ... weil er es leichter ertragen konnte, dieselbe Schmähung zu erleiden, die sie ohne Zögern auch gegenüber dem Allmächtigen selbst an den Tag legten« (Calvin). Vgl. den eng verwandten Trost in 1 Sam 8, 7.

starke Stirn = ehernes (hartes) Gesicht in 2, 4; vgl. das englische »effrontery«, das auf das lateinische *ex* (»aus«) + *front-* (»Stirn«) zurückgeht. Das Bild ist in Jer 3, 3 belegt (»Du hast die Stirn einer Hure; du weigerst dich, Scham zu empfinden«) und erneut in Jes 48, 4 (»deine Stirn ist ehern [נחושה]«). Man beachte, daß Monotonie dadurch vermieden wird, daß »Gesicht« aus 2, 4 durch »Stirn« ersetzt wird und die Adjektive von 2, 4 umgekehrt werden, so daß sich חזק (»stark«) nun auf das äußerliche Bild bezieht und קשי (»hart«) auf das innerliche.

Diese Verse konzentrieren sich auf die Härte, mit der der Prophet ausgestattet wird. Das Thema »Herz« wird nicht weiter verfolgt. Vielmehr dominieren »Gesicht« und »Stirn« eine dreifache, geradezu beschwörende Deklaration, derzufolge Gott den Propheten derart ausstatten wird, daß er seinen Gegnern standhalten kann. »Diamant« ist eine sinngemäße Übersetzung im Kontext des hebräischen שמיר, ein Edelstein (vgl. Jer 17, 1, wo es parallel zu Eisen steht), von dem hier gesagt wird, er sei härter als Feuerstein – vermutlich sind die Gesichter der Israeliten hart wie »Feuerstein« (vgl. ihr »Herz aus Stein« 36, 26). Der vorherige Wechsel von חזק zu קשי (2, 4; 3, 7) wird hier durch eine eintönige, dreifache Wiederholung von חזק ersetzt, vielleicht ein Wortspiel mit dem Namen des Propheten: יחזק אל = יחזקאל »Gott macht stark«.

bewahre in deinem Herzen … Diese nur hier belegte Kombination faßt das in Ijob 22, 22 Gesagte zusammen: »Nimm aus seinem Mund … und lege in dein Herz (קח מפיו … ושים … בלבבך)«. Zusammen mit dem nächsten Satz bildet sie ein *hysteron proteron* (»das letzte zuerst«), eine Weise des Sprechens, bei der das (chrono)logisch letzte Element einer Reihe aufgrund seiner Wichtigkeit als erstes genannt wird. Ein untergeordneter Grund für die unlogische Abfolge dürfte in dem Wunsch bestehen, das Thema (לבב) »Herz«, das seit V 7 suspendiert war, zugunsten der Konzentration auf »Gesicht / Stirn« in V 8–9 wieder aufzunehmen.

den Exulanten, den Söhnen deines Volkes. Plötzlich werden die Benennungen spezifischer und persönlicher als in 2, 3. Die zweite ist nur noch in der Sammlung von Prophetien in Ez 33 belegt (V 2.12.17.30), von denen die meisten mit dem an unser Kapitel anschließenden Wort thematisch verbunden sind.

Ein Wind. Diese Art der Fortbewegung begegnet erneut in 8, 3; 11, 1.24; 43, 5 – allesamt Visionen. Nur hier wird sie mit einer normalen Bewegung kombiniert (»ich ging … ich kam« – vgl. dagegen das »er brachte mich« an den anderen Stellen), was den Übergang von der Vision (V 12–14) zur Realität (V 14b–15) anzeigt. Im Gegensatz zum »Wind JHWHs«, der Elija entrückt haben soll (1 Kön 18, 12; 2 Kön 2, 16 – רוח יהוה wird mit maskulinen Verben konstruiert), ist der »Wind«, der Ezechiel entrückt haben soll (und

V 8–9

V 10

V 11

V 12

der mit femininen Verben konstruiert wird) zwar übernatürlichen Ursprungs, aber er wird nicht JHWH zugeschrieben – ein weiteres Zeichen der Zurückhaltung.

»*Gepriesen sei … Ort!*« Alle antiken Versionen verstehen diesen Satz als Doxologie, als Gruß nicht näher bestimmter himmlischer Wesen an die sich in Bewegung setzende Herrlichkeit JHWHs. Vgl. die expliziten Hinzufügungen in S T. Die Bedeutung dieser Doxologie ist nicht voll und ganz klar, die nächste Analogie findet sich in Ps 135, 21: »Gepriesen sei JHWH vom Zion« (offensichtlich = gepriesen von denen, die sich in Zion befinden). Von dort ausgehend erklärte *M. Buber*, Jecheskel 1934, unsere Stelle als Ausruf des Propheten, mit dem Zweck: Nicht nur Zion ist »ein Ort Gottes, sondern auch hier hat er einen Ort, und von diesem muß er gepriesen werden wie früher vom Zion her.« Eine Schwierigkeit dieser Erklärung besteht darin, daß sie dem Ausdruck »von ihrem Ort« zu viel aufbürdet. Dies wird durch einen genialen Einfall Eliezers vermieden: »von ihrem Ort« muß mit »ich hörte hinter mir« verbunden werden. Die Doxologie umfaßt dann lediglich »Gepriesen … JHWHs«: »Denn der Ort bebte in Erwartung ihres [d. h. der Herrlichkeit] Aufbruchs und sagte ihr Lebewohl. Wie bei einem König, dem, wenn er eine Stadt verläßt, alle Bürger aufwarten, um ihm zu huldigen und ihn bei seinem Aufbruch zu verabschieden.« Aber selbst diese exegetisch akrobatischen Kunststücke können kaum die Unbeholfenheit einer kontextlosen, abrupten Doxologie an diesem Punkt der Erzählung mildern oder die Anstrengung, die es kostet, »ein lautes, polterndes Geräusch« als Geräusch der Rede zu deuten, wenn vom Ende von V 14 her (wo der Ausdruck wieder aufgenommen wird) klar ist, daß der Aufruhr durch die verschiedenen Bewegungen der einzelnen Teile des göttlichen Fahrzeugs verursacht wurde (vgl. auch 1, 24). Die Forschung (Hitzig und Luzzatto unabhängig voneinander) schlug deshalb vor, daß das ברוך des M verderbt sei aus ברום (da der Unterschied zwischen den Buchstaben כ und מ im Althebräischen nur gering sei). Das Ende des Verses müsse entsprechend heißen: »Als sich die Herrlichkeit von ihrem Platz erhob.« Zu diesem Gebrauch von רום zog man 10, 4. 15–19 als Vergleich heran. Mit Blick auf den Forschungskonsens hinsichtlich der Lösung des Problems dieses Verses erscheint es vielleicht pedantisch, mit *D. H. Müller* ebd. 16, Anm. 2, darauf hinzuweisen, daß רום allein in Ez 10 verwendet wird, wohingegen in der Eröffnungsvision (Ez 1) allein נשׂא belegt ist. Darüber hinaus bezieht sich der Ausdruck »die Herrlichkeit JHWHs« in beiden Visionen eher auf die Gestalt auf dem Thron als auf das gesamte Ensemble, das man als Subjekt eines Verbs mit der Bedeutung »sich erheben (von ihrem Platz)« erwarten würde. Vgl. die oben genannten Stellen in Ez 10. Vielleicht handelt es sich bei dem Satz um eine in späterer Zeit interpolierte Erläuterung des Ausdrucks »ein lautes polterndes Geräusch« aufgrund der Formulierung von 10, 4 (zur Konzentration auf die Herrlichkeit, auch wenn das gesamte Ensemble gemeint ist, s. auch 11, 23).

Das *waw* am ersten und letzten וְקוֹל ist explikativ zu verstehen (BDB 252,   V 13
Def. 1.a–c; Ges-K § 154, Anm. 1 [b]). In der Übersetzung wird dies durch den
langen Gedankenstrich angezeigt. Das »laute, polternde Geräusch« ging von
zwei Quellen aus, die der Prophet identifizieren konnte, ohne sie zu sehen
(da sie sich hinter ihm befanden). Es bestand zum einen aus dem Lärm, den
die Flügel der Lebewesen verursachten, mit dem er bereits durch den Anflug
des Fahrzeugs vertraut war (s. 1, 24, wo der Lärm mittels verschiedener Vergleiche beschrieben wird), und zum anderen aus dem Poltern der (sich vermutlich drehenden) Räder (die beim Abflug ein wenig über den Boden roll-
ten [s. die Anmerkung zu 1, 24] bzw. die noch in der Luft rotierten) – ein
Geräusch, das auffallend genug war, so daß man es allein durch das Hören
erkennen konnte.

ich ging, verbittert. Die Vision war zu Ende (s. die obige Analyse zu V 12   V 14
»ein Wind«), der Prophet beschreibt seine Stimmung, während er sich auf
dem Weg in die nahegelegene Siedlung der Exulanten befindet. Es ist nicht
klar, ob seine Verbitterung (als Antwort auf »Totenklage und Stöhnen und
Leid«, die er verkünden muß, wie 27, 31–32 zeigen) und sein Zorn Gottes
Gefühle gegenüber Israel widerspiegeln (vgl. die These von *A. J. Heschel*,
Prophets 1962, Kap. 18), oder ob sein eigener Schmerz wegen der düsteren,
undankbaren und vielleicht gefährlichen Aufgabe, die ihm auferlegt wurde,
gemeint ist. Die Bedeutung des »Überwältigtseins (eine weitere Bedeutung
von חזק) durch die Hand JHWHs« erlaubt beide Möglichkeiten. Zu einer
ähnlichen Doppeldeutigkeit s. Jer 15, 17.

Tel Abib. Akkadisch *til abūbi* »Fluthügel«; d. h. ein seit langem verlasse-   V 15
ner Hügel, von dem man glaubte, daß hier einst eine Stadt stand, die von der
urzeitlichen Flut zerstört worden war (CAD 1/1, 78). Das Akkadische wurde
hebraisiert und bedeutete nun »Hügel der Frühjahrsfrucht«.

die ... lebten ... wo sie lebten. Der Text ist mit seiner Wiederholung überladen. Zusammen mit dem Zeugnis der Versionen ist zu vermuten, daß unser Text konflationiert ist und Dubletten enthält:

                            die am Fluß ... lebten;

»... zu den Exulanten in Tel Abib

                            wo sie lebten;

dort saß ich ...« Als beide Varianten in den Text kopiert wurden, wurde das
»und« (das in G fehlt) hinzugefügt, um sie miteinander zu verbinden. Wenn
wir von einem Text ausgehen, der nur den unteren Satz enthielt, ist verstehbar, warum der obere hinzugefügt wurde, da er den Ort Tel Abib lokalisiert.
S repräsentiert dann den Texttyp, aus dem der obere Satz entstand.

verlassen (מְשַׁמִּים). Die Bedeutung wird deutlich durch Jer 15, 17: »Wegen
deiner Hand lebte ich einsam [בדד], denn du fülltest mich mit Empörung«.
מְשַׁמִּים fügt dem Moment der Einsamkeit den Aspekt dumpfen Elends und

zermürbter Erschütterung hinzu. T »schweigend« übersetzt nur einen einzelnen Aspekt des Wortes. Das gesamte Bedeutungsspektrum wird diskutiert von *N. Lohfink*, Enthielten die im Alten Testament bezeugten Klageriten eine Phase des Schweigens?: VT 12, 1962, 267 f.

Ez 3,16–21: Der Wächter

M. Hengel, Zwischen Leben und Tod (Hes 3,16–21): ThBeitr 21, 1990, 225–229. – *T. Krüger*, Geschichtskonzepte, 345–355. – *B. Lindars*, Responsibility 1965. – *K.-F. Pohlmann*, Ezechielstudien 1992, 24–27. – *H. Graf Reventlow*, Wächter 1962. – *R. R. Wilson*, Dumbness 1972. **Literatur**

Text

16 Nach sieben Tagen erging das Wort JHWHs an mich: 17 Mensch, ich habe Übersetzung
dich zum Wächter für das Haus Israel gemacht; wenn du ein Wort aus meinem Mund hörst, mußt du sie vor mir warnen.

18 Wenn ich zu einem Frevler sage: »Du sollst sterben«, und du warnst ihn nicht – du sprichst nichts, um den Frevler zu warnen wegen seiner frevlerischen Bahn, um ihn am Leben zu erhalten, er, der Frevler, soll wegen seiner Schuld sterben, aber dich werde ich für seinen Tod zur Verantwortung ziehen. 19 Aber wenn du den Frevler warnst, er aber nicht von seinem Frevel und seiner frevlerischen Bahn umkehrt, soll er wegen seiner Schuld sterben, du aber hast dein Leben gerettet.

20 Oder wenn ein Gerechter sich von seiner Gerechtigkeit abkehrt, und er Böses tut, und ich dann einen Stein des Anstoßes vor ihm aufstelle – er soll sterben. Weil du ihn nicht gewarnt hast, soll er sterben wegen seiner Sünde, ohne Rücksicht auf die gerechten Taten, die er getan hat, aber ich werde dich für seinen Tod zur Verantwortung ziehen. 21 Wenn du ihn aber warnst, den Gerechten, daß er, der gerechte Mann, nicht sündigen soll, und er sündigt nicht, soll er leben, da er die Warnung beachtet hat, während du dein Leben gerettet hast.

Zu Text und
Übersetzung

16 Nach sieben Tagen: In M wird der Vers hiernach unterbrochen und ein Leerzeichen markiert den Beginn eines neuen Abschnitts.

21 ihn ..., den Gerechten, daß er, der gerechte Mann, nicht sündigen soll, und er sündigt nicht, soll er: G S »den Gerechten, nicht zu sündigen und er sündigt nicht, soll der Gerechte«.

Gesamtauslegung: Struktur und Themen

Struktur

Der Abschnitt beginnt mit einer Datumsnotiz, die ihn mit dem vorhergehenden verbindet, sowie dem standardisierten Bericht einer Offenbarungserfahrung, wie sie die meisten Prophetenworte des Buches eröffnet. Sein Ende wird durch den Beginn einer neuen prophetischen Erfahrung in V 22 abgegrenzt.

V 17 definiert die Aufgabe des Propheten: Er soll ein Wächter sein, der das Volk vor der Gefahr, die ihm von Gott her droht, warnen soll. Es folgt eine detaillierte Beschreibung der Verantwortung des Propheten gegenüber zwei Gruppen: den verdammten Frevlern und den vom rechten Pfad abgekommenen Gerechten.

3,18–19 Verantwortung gegenüber dem verdammten Frevler: Die Aufgabe des Propheten wird durch drei Stichworte markiert: *warnen – sprechen, um zu warnen – am Leben erhalten.* Tut er dies nicht, verwirkt er sein eigenes Leben, wenn er dies jedoch tut, rettet er es, obwohl der Frevler stirbt.

3,20–21 Verantwortung gegenüber dem vom rechten Pfad abgekommenen Gerechten: Drei Stufen, die zur Verdammung des hemmungslosen Abtrünnigen führen, sowie die verschiedenen Möglichkeiten des Prophetenschicksals werden genannt: Wenn der Prophet den Abtrünnigen nicht warnt, verwirkt er sein eigenes Leben zusammen mit dem des Abtrünnigen, wenn er jedoch den Mann warnt und ihn davon abhält zu sündigen, rettet er sein eigenes Leben zusammen mit dem des Gerechten.

Formal ähneln beide Abschnitte einander darin, daß jeder einen Fall beinhaltet, in dem der Prophet, wenn er seine Aufgabe mißachtet, sein eigenes Leben verwirkt, und einen zweiten, bei dem er sein Leben rettet, wenn er sie erfüllt. Inhaltlich jedoch sind beide verschieden. Während der verdammte Frevler als unverbesserlich und in jedem Fall dem Tod verfallen beschrieben wird (wodurch das adversative »du aber hast dein Leben gerettet« Sinn macht), kehrt der abtrünnige Gerechte unter dem Einfluß des Propheten zum Guten um und bleibt am Leben (wodurch der adversative Sinn des letzten Satzes abgeschwächt wird). Die strukturelle Übereinstimmung der Abschnitte verstärkt die Abweichung im Inhalt. Was bedeutet der Wechsel in den Konsequenzen der prophetischen Warnung?

Der erste Abschnitt reflektiert den Extremfall des unverbesserlichen

Frevlers. Hier kann es nur darum gehen, daß der Prophet vor Gott entlastet wird. Ob seine Warnung Beachtung findet oder nicht, ist unerheblich. Sobald er die ihm aufgetragene Aufgabe erfüllt hat, ist er aus der Sache heraus. Diese Definition und Eingrenzung der Verantwortung liegt auf einer Linie mit der Aufgabe des Propheten, die ihm bei seiner Berufung aufgetragen wurde, und bezieht sich auf denselben Punkt: Was nützt es, zu diesem Volk zu reden, wenn sie nicht hören? Die Antwort lautet: Gott ist daran interessiert, sein Handeln an seinem widerspenstigen Volk jenseits allen Zweifels zu begründen. Der Prophet als Wächter verkörpert dieses Interesse. Wie ernst es Gott damit ist, zeigt die Todesstrafe, die er für den Fall einer Unterlassung verhängt. Ein ähnlicher Ton schwang in der Berufungsrede mit (2, 5), wobei dort allerdings allein der Wille, eine Liste der Vergehen des Volkes aufzustellen, formuliert wurde, wohingegen hier die verhängsnivollen (mitunter fatalen) Konsequenzen für den Propheten und seine Rolle im Vordergrund stehen. Die Absicht hinter diesem Perspektivenwechsel besteht darin, für Ezechiel eine Motivation zu schaffen, seine harte Aufgabe anzugehen.

Der zweite Abschnitt reflektiert einen etwas beunruhigenderen Fall: der Gerechte, der vom rechten Weg abkommt. Ungehemmt geht er seiner Verdammnis entgegen, indem Gott sein bisher gesegnetes Leben durch ein unvorhergesehenes Unglück verkürzt. Die Alternativen des Propheten sind folgende: Wenn er es unterläßt zu warnen, hat er sein Leben zusammen mit dem des Abtrünnigen (dessen Vergehen die ganze Liste seiner guter Taten löscht – offensichtlich eine spätere Reflexion über das tragische Geschehen) verwirkt, wenn er aber den vom rechten Pfad Abgekommenen warnt und so dafür sorgt, daß er gerecht bleibt, werden beide leben. Im Unterschied zum Frevler, der als unverbesserlich dargestellt wird, kehrt der Gerechte, so wie er hier beschrieben wird, nach der Warnung sofort zum Guten zurück, bevor er sich mit Sünde beflecken kann.

Wenn jedoch, obwohl jeder Abschnitt einer Schlußformel bedarf, die die Schicksale von Warnendem und Gewarnten unterscheiden (»aber du hast dein Leben gerettet«), der zweite Abschnitt mit Leben für beide endet, ist hier offenbar eine Verschiebung der Argumentation beabsichtigt. Der Grund dürfte aus der Wirkung dieser Argumentation zu erschließen sein: Sie verleiht der Arbeit des Propheten eine gesellschaftliche Relevanz, die im ersten Abschnitt keinen Platz gehabt hätte. Das Haus Israel besteht nicht allein aus unverbesserlichen Frevlern, bei denen die Unheilsansagen keine Wirkung haben, sondern umfaßt auch beeinflußbare Gemüter, für die seine Warnung durchaus den Unterschied von Tod und Leben bedeutet. Der Gerechte, der im kritischen Moment der Enscheidung den Warnruf hört und sein Leben vor dem Untergang rettet, ist ein Zeitgenosse, der die Sympathie des Propheten wecken soll. (Welcher Mensch, so gerecht er auch sein mag, ist schon gegen solche zeitweisen Fehltritte gefeit?) Ihm gilt die Warnung des Wächters, und für ihn ist sie der unumgängliche Ansporn zur Rettung. Daß Ezechiel dies bedenken soll, ist Teil seiner Aufgabe – ein positiver, gesellschaftlich förderlicher Aspekt, der dem düsteren, wesentlich negativeren Motiv des vorhergehenden Abschnitts hinzugefügt wird. Auch die Berufung läßt dies bereits erahnen. Die zusammenfassende Ermahnung (3,10–11) läßt die Frage »ob sie hören oder nicht« offen.

Die eigenartige Stellung des כי לא הזהרתו »weil du ihn nicht gewarnt hast« kann nun diskutiert werden. *R. R. Wilson*, Dumbness 1972, 95 f., hat treffend die Asymmetrie von V 20 im Vergleich zu seiner Parallele V 18 beschrieben:

Wenn V 18 eine wirkliche Parallele sein sollte, müßte V 20 die Bedingung … »wenn du ihn nicht warnst« enthalten. … Eine solche fehlt jedoch. Dadurch … wird die korrekte Interpretation von V 20 von V 18–19 abhängig. … Der Leser muß wissen, daß der erste, in V 18–19 bedachte Fall, der des Propheten ist, der seiner Aufgabe nicht nachgekommt, und der zweite Fall … der des Propheten, der seine Aufgabe erfüllt. Der Leser … muß daher annehmen, daß V 20–21 zwei parallele Fälle zu denen in V 18–19 darstellen. Diese Annahme wird erst bestätigt, nachdem der Leser den Ausdruck »weil du ihn nicht gewarnt hast, soll er in seiner Sünde sterben« in V 20b erreicht hat.

Warum fehlt die Unterlassung des Wächters (»du hast ihn nicht gewarnt«) in V 20a und wird allein in dem rückblickenden Begründungssatz (»weil …«) in V 20b genannt? In V 18–19 wird auf die Warnungen jeweils zu Beginn der fatalen Ereignisse Bezug genommen. Konnte man nicht dieselbe Struktur in V 20–21 beibehalten? Die Antwort ist nein. Die Unterlassung der Warnung im Fall des vom rechten Weg Abgekommenen (V 20a) und die rechtzeitige Warnung im Fall des Geretteten (V 21) können nicht zeitlich parallel verlaufen. Der erste Fall wird in einzelne Stufen unterteilt, wobei auf jeder von ihnen die Warnung des Propheten den vom Weg Abgekommenen hätte retten können. Im zweiten Fall mußte die Warnung, um den vom Weg Abgekommenen von einer sündigen Handlung abzuhalten, unmittelbar zu Beginn des bösen Vorgangs ergehen – im Zeitraum zwischen dem bösen Vorhaben und der bösen Handlung. Die Warnung konnte somit in V 20 nicht zeitlich parallel zur Beauftragung in V 21 positioniert werden. Man konnte auf die Unterlassung des Propheten in V 20 allein hinweisen, nachdem der vom rechten Weg Abgekommene alle Stufen seines Falls bis zum Tode durchlaufen hatte, und dann allein retrospektiv als dessen Ursache.

R. R. Wilson ebd. 96, Anm. 1, hat gezeigt, daß der zweite Abschnitt vom ersten abhängig ist, und er hat die Idee zurückgewiesen, daß er vielleicht einmal ein eigenständiges Stück bildete. Wir haben früher vermutet, daß der zweite Abschnitt einen passenden Abschluß der Berufung bildet, denn indem betont wird, daß der Gerechte durch die Warnung des Wächters eine Chance bekommt, wird eine positive Motivation gegeben, die aussichtslose

Aufgabe auf sich zu nehmen. Wir schließen diese Erörterung der Struktur, indem wir einen weiteren Beleg für die Einheit des gesamten Abschnitts und den Zusammenhang seiner Teile anführen. Die folgende Abfolge überschreitet die Grenze zwischen den beiden Abschnitten: »seine frevlerische Bahn« (V 18), »sein Frevel und seine frevlerische Bahn« (V 19) und »seine Gerechtigkeit« (V 20). Der mittlere Begriff der Abfolge kombiniert mittels einer Brücke den konkreten ersten Begriff und das abstrakte Antonym (רשע) des dritten Begriffs (צדק). Da beide Abstraktbegriffe dieselbe Nominalbildung haben, ergibt sich ein gefälliger Wechsel a, ba, b1. (Diese Abfolge spricht nicht nur gegen die Streichung des מרשעו in V 19 aufgrund seines Fehlens in 33,9, sondern sogar gegen die generelle Tendenz, parallele Texte einander anzugleichen; dasselbe ist zur »Korrektur« des מצדקו in V 20 zu מצדקתו mit Blick auf 18,24 und 33,18 zu sagen. Die zwei maskulinen Antonyme stützen einander in unserem Abschnitt; das feminine צדקתו entspricht seinem Antonym רשעתו in Kap. 18 und 33 und beide haben mit dem Ausdruck משפט וצדקה zu tun, der in diesen Kapiteln begegnet, wobei das zweite Element das Genus der Antonyme dort bestimmt haben dürfte.)

Das Thema dieses Abschnitts ist die Verantwortung des Propheten als Wächter. Das Bild, das den Judäern dieser Zeit aus Kriegssituationen nur allzu gut bekannt war, taucht zum ersten Mal in Jer 6,17 in einer Verurteilung der undankbaren Halsstarrigkeit Judas auf: »Und ich habe Wächter für euch bestellt: ›Achtet auf den Schall des Horns!‹ Aber sie sagten: ›Wir wollen nicht.‹« Während in Jeremia der Fokus auf Gottes Güte gerichtet ist, zielt die Darstellung hier auf die Definition der Verantwortung des Propheten, wobei die Einzelheiten dem Prophet genau mitgeteilt werden – eine neue Anwendung des Bildes. Während bisher die Aufgabe des Propheten allein mit Begriffen der Botschaftsübermittlung bestimmt wurde, wird seine Aufgabe hier als Frage von Leben und Tod bestimmt – für ihn selbst nicht weniger als für seine Zuhörer. Gleichzeitig wird die Aufgabe allein auf die Ermahnung eingeführt: Dem Propheten wird die untragbare Last einer Verantwortung für die vorweggenommene Gleichgültigkeit des Volkes abgenommen. Vergleichbar sind die wiederholten Koranstellen, an denen Muhammad von der Verantwortung für Unglauben freigesprochen wird, z. B. »... wenn sie sich selbst aufgeben, ließen sie sich führen, aber wenn sie umkehren – du bist allein für die Verkündigung verantwortlich« (3,19; vgl. 6,68 und 13,8). Wie die Berufung richtet sich auch unser Text an den Propheten. Er wird nicht aufgefordert, das Gehörte an das Volk weiterzugeben. Dies stimmt mit dem Inhalt überein, der darauf zielt, eine harte und undankbare Aufgabe schmackhaft zu machen, indem der Rahmen eingegrenzt und der Prophet negativ wie positiv motiviert wird, sie auf sich zu nehmen. Ältere Kommentatoren haben daher unseren Text zu Recht mit dem vorhergehenden in Verbindung gesetzt. So schreibt z. B. Eliezer zu V 17: »... Insofern du ein Wächter bist, mußt du nicht warten, ... bis ich dir auftrage zu

Der Prophet als Wächter

sprechen, sondern sobald du ein Wort von mir hörst, sag es ihnen und warne sie. Warum hast du denn sieben Tage lang geschwiegen und ihnen nicht gesagt, daß ich wegen ihnen aufgebracht bin!« Allerdings zielt unser Text nicht auf einen Vorwurf, sondern auf Motivation und Ermutigung, zu dem das uninspirierte Schweigen von V 15 einen passenden Hintergrund liefert.

Verhältnis zu Ez 18 und 33

Die Themen des Wachens und des Abkommens des Gerechten vom rechten Weg tauchen unabhängig voneinander in Kap. 18 und 33 wieder auf, beide Male in voll ausgestaltete Argumentationen eingebettet. Viele Exegeten (Cooke, Zimmerli, Wevers, Fohrer [in modifizierter Form]) vermuten, daß unser Text aus diesen künstlich abstrahiert und sekundär hier eingefügt wurde, da die Rolle des Wächters zur zweiten Phase der Laufbahn des Propheten gehöre. Diese Interpretation impliziert, daß sich »diese ganz auf den einzelnen gerichtete Tätigkeit zwar für den Anfang des prophetischen Auftretens nicht als unmöglich [… erklären läßt, sie] legt sich aber nach dem Zusammenbruch aller Hoffnungen der Verbannten zweifellos näher als zur Zeit ihrer stolzen Unzugänglichkeit« (*Eichrodt* 21). Da diese Position Schmidts Gegenargumente (*M. A. Schmidt*, Komposition 1950, 91–93) überlebt hat, muß sie nun erneut analysiert werden.

Kap. 33 enthält eine Ausführung des Wächtermotivs in den V 1–9, die aufgrund ihrer Ausführlichkeit für die primäre Version gehalten wurde. Ihre herausragenden Merkmale sind folgende: Sie ist Teil einer Botschaft, die an die Israeliten zu übermitteln ist (V 2). Sie beginnt mit einer exemplarischen Darstellung der Nützlichkeit und Verantwortung eines Wächters für die Bewohner einer Stadt, die ihn dazu bestellt haben, sie im Fall der Bedrohung durch einen Feind zu warnen. Betont wird die Verantwortung eines Stadtbewohners für seinen Tod, wenn er es unterläßt, auf die Warnung des Wächters zu achten. Diese Lehre wird dann auf den Propheten angewandt, wobei allein Formulierungen unseres Abschnitts verwendet werden – die Verantwortung des Propheten, den Frevler vor der schiefen Bahn zu warnen, »damit er von ihr umkehrt« (V 9, eine Betonung der teilweisen Verantwortung des Frevlers, die in der Parallele 3,19 fehlt; umgekehrt fehlt die Betonung der Verantwortung des Wächters in 3,18 durch das »um ihn am Leben zu erhalten« in der Parallele 33,8). In den folgenden Versen wird der Ruf des Volkes, das fragt, wie es unter der drückenden Last seiner Sünde leben soll, durch eine Zusicherung beantwortet, daß Gott nicht den Tod des Sünders, sondern seine Umkehr anstrebt. Die Büßenden werden stets angenommen, und die Vergangenheit ist nicht die Grundlage des Gerichts für die, die mit ihr gebrochen haben.

Den Anlaß zu dieser ganzen Ausführung gibt der hoffnungslose Aufschrei des Volkes, und all ihre Teile bilden eine einheitliche Antwort darauf. Um den guten Willen Gottes gegenüber seinem Volk und die Wirksamkeit seiner Umkehr zu bekräftigen, wird der Prophet angewiesen, dem Volk seine Rolle im Bild des Wächters zu erläutern. In gutem homiletischen Stil legt er die bekannten Tatsachen dar: die umsichtige Einsetzung eines Wächters durch die Menschen einer gefährdeten Stadt, seine schwere Verantwortung, die Verantwortung eines Bewohners der Stadt für seinen eigenen Tod, wenn er den Warnruf des Wächters mißachtet. Er soll sodann seine Einsetzung durch Gott als Wächter wiederholen, um die Frevler rechtzeitig zu mahnen, ihre schiefe Bahn zu verlassen, weil sie andernfalls sterben. Dies bildet den Hintergrund von Gottes leidenschaftlichem Appell an das Volk, von seinem bösen Tun umzukehren, da er nicht den Tod des Fevlers sucht, sondern seine Umkehr und sein Leben.

Die ausführliche Darstellung der Wächterthematik in der exemplarischen Darstellung von Kap. 33 gehört zur Abhandlung dazu. Es handelt sich um ein rhetorisches Stilmittel, um die vorliegende Situation für die Zuhörer zu erläutern. Daß sie in Kap. 33 auftaucht, ist somit kein Beleg dafür, daß das Thema dort entstanden ist. Was für eine öffentliche Botschaft rhetorisch notwendig ist, ist nicht für eine private notwendig, und bei 3,17–21 handelt es sich um eine Kommunikation, die allein an den Propheten gerichtet ist (vgl. *M. A. Schmidt* ebd. 92). Die exemplarische Darstellung paßt entsprechend besser zur Absicht von Kap. 33 als ihre Anwendung auf den Propheten in V 7–9, so daß Zweifel aufkommen, ob die Anwendung ursprünglich für diesen Kontext formuliert wurde. Die Enthüllung der Rolle des Propheten gegenüber dem Volk zielt darauf, sie zur Umkehr zu motivieren. Indem die Einsetzung eines Wächters durch die Bewohner einer Stadt mit der Sendung des Propheten durch Gott parallelisiert wird, wird Gottes Sorge um sein Volk herausgestellt: Das Selbstinteresse der Bewohner der Stadt hat seine Analogie in Gottes Sorge, sein Volk durch eine rechtzeitige Warnung zu retten. Das Volk soll von Gottes Willen, sein Leben zu erhalten, überzeugt werden. Da weiterhin die Abhandlung darauf zielt, die Hörer zum Handeln zu bewegen, wird die unbeachtete Mitverantwortung des Stadtbewohners für sein Schicksal besonders betont: »er allein ist Schuld an seinem Tod« (V 4.5); »hätte er die Warnung beachtet, hätte er sein Leben gerettet« (V 5). Genau dieser Fall des verdammten Mannes, der die Warnung beachtet und so sein Leben rettet, erscheint gerade nicht explizit in der Beauftragung des Propheten durch Gott in 3,17 f. oder 33,7 f. (Hinweise darauf finden sich allein in 3,18 »um ihn am Leben zu erhalten« – in Begriffen der Verantwortung des Propheten und in Übereinstimmung mit dem Kontext – und noch vager in 33,9 »damit er davon [d.h. von seiner schiefen Bahn] umkehrt« – in Begriffen, die die Verantwortung des Frevlers in Übereinstimmung mit *seinem* Kontext bezeichnen.) Daß dieser in der früheren Passage (Kap. 3) fehlt, verwundert keinesfalls, da der Text allein die Verantwortung des Propheten vor Gott im Blick hat. Daß er in Kap. 33 fehlen sollte, ist erstaunlich. Das läßt darauf schließen, daß zwar die exemplarische Darstellung gezielt für die ermutigende Absicht von Kap. 33 geschaffen wurde, die Anwendung jedoch, obwohl sie gut integriert ist, ursprünglich für einen anderen Kontext formuliert wurde (vielleicht den von Kap. 3?).

Das Straucheln des Gerechten Das Thema des Strauchelns des Gerechten wird ebenfalls an einer anderen Stelle behandelt – in Kap. 18 und 33. In beiden Kapiteln ist es Teil einer Argumentation, die die Übertragung von Vergeltung aus einer moralischen Vergangenheit auf den neuen Menschen ablehnt: Der reuige Sünder wird für seine Vergangenheit nicht bestraft, noch wird der vom rechten Weg Abgekommene durch seine Vergangenheit vor der Strafe gerettet. Nur in Kap. 3 dient das Thema dazu, die Verantwortung des Propheten zu illustrieren. Nur hier werden der Stein des Anstoßes, über den Gott den vom Weg Abgekommenen fallen läßt, und die Möglichkeit seiner Umkehr zum Guten erwähnt. Es wird somit deutlich, daß das Thema zwar in beiden Kontexten auftaucht, es aber nicht von einem mechanisch in den anderen übernommen wird.

Gibt es Gründe für die Annahme, daß das Thema in den späteren Kapiteln entwickelt und hier sekundär eingefügt wurde? Materielle und stilistische Argumente wurden in den Kommentaren angeführt, um den Satz über die Streichung vergangener Verdienste hier als sekundäre Interpolation aus den Kap. 18 und 33 zu erklären. Läßt man diese einmal beiseite, bleibt allein das Thema – ein vom rechten Weg abgekommener Gerechter wird für sein böses Tun bestraft. Im Grunde ist dies die Kehrseite des Themas des reuigen Frevlers, der für seine Umkehr belohnt wird. Für sich selbst genommen, ist das Konzept banal (obwohl es zugestandenermaßen vor Ezechiel niemals formuliert wurde); ob seine Ausformulierung bis zur Verbindung mit der neuen Lehre einer »atomisierten Vergeltung« (Kap. 18; 33) warten mußte oder ob es hier zum ersten Mal auftauchte (ohne die Interpolation) – als Variation des vorhergehenden Falls (der hartnäckige Frevler) – dies ist eine Frage, auf die man keine letztgültige Antwort geben kann.

Die spezifische Art und Weise, in der die den Kap. 3; 18 und 33 gemeinsamem Themen verwendet werden, spricht gegen die Behauptung, es handle sich um eine sekundäre Zusammenstellung. Die Wächtermetapher für Propheten (um von Jeremia her zu urteilen ein bekannter Topos der damaligen Zeit) wird hier ihrem ursprünglichen Zweck entsprechend aufgenommen, für den sich widersetzenden (oder entsetzten) Propheten eine Rolle zu definieren, die dieser zu übernehmen bereit sein sollte. Das Thema der Vergeltung für den Frevler und den vom Weg abgekommenen Gerechten, zentral in Kap. 18 und 33, wird hier dieser Absicht untergeordnet und in sie integriert. Demgegenüber dient in Kap. 33 die Wächtermetapher dazu, die verzweifelten Exulanten davon zu überzeugen, daß Gott ein Interesse an ihrem Überleben hat, während der Parallele zu unserem Text eine entsprechende Adaption fehlt (der Fall des Frevlers, der die Warnung beachtet und sich rettet, fehlt). Entsprechend besteht kein Grund zur Annahme, daß das Auftauchen der Metapher in Kap. 33 ursprünglicher sei als hier. Aber es besteht Grund zur Annahme, daß es sich bei der Anwendung auf den Propheten in 33,7–9 um die unvollständige Adaption einer Formulierung, die in unserem Text ursprünglich ist, an den Kontext handelt. Sicherlich scheint unsere Version des vom rechten Pfad abgekommenen Gerechten aus Kap. 18 und 33 interpoliert zu sein (ein editorischer Hinweis an den Leser, daß etwas an anderer Stelle aufgenommen wird [Freedman]?). Aber läßt man dies außer Acht, besteht kein Grund zu behaupten, daß der Rest ebenfalls aus diesen späteren Kapiteln stamme.

Wie oben erwähnt, hielt man die Positionierung unseres Textes im ersten Abschnitt der Laufbahn des Propheten für unangemessen. Indem man ihn mit der Aufgabe der »Seelsorge« (*G. von Rad*, Theologie II [10]1992, 241) betraute, wird dies erst nach der Zerstörung des politischen Gemeinwesens als angemessen betrachtet. Darüber hinaus wird behauptet, daß diese Rolle der Berufung widerspreche, »wo Umkehr nicht in Betracht gezogen wird« (*H. G. May*, Ezekiel 1956, 49) und deshalb einer späteren Periode des prophetischen Auftretens zuzurechnen sei.

Der Prophet als »Seelsorger«?

In Anbetracht der Tatsache, daß das Thema zur späteren Phase der Tätigkeit Ezechiels paßt, muß zugleich gesagt werden, daß alle Prophetenworte, die explizit nach der Zerstörung Jerusalems datiert werden oder den politischen Zusammenbruch voraussetzen, sowie alle Prophetien, die hinter der Notiz von der Zerstörung (33,21 ff.) plaziert sind, ohne Ausnahme Heilsansagen sind. Weit davon entfernt, vor Unheil zu warnen und zur Umkehr aufzurufen, enthalten sie allein Versprechen der Wiederherstellung und die Zusicherung der Vergebung auch ohne vorherige Umkehr (Gott selbst wird das harte Herz Israels als Teil der Erlösung erneuern; Ez 36). Selbst das Vorkommen der Wächtermetapher an einer so späten Stelle des Buches wie Kap. 33 reicht nicht aus, die Ansicht zu rechtfertigen, daß sie die spätere Phase der Tätigkeit Ezechiels einleite, wenn man die massive Beweiskraft des Heilscharakters seiner Prophetien nach der Zerstörung dagegen setzt.

Aber angenommen, daß weitere Prophetenworte im selben Stil wie die Wächter-Prophetie und zum selben Vergeltungsthema (in Ez 14 und 18) fälschlicherweise unter die Prophetenworte vor der Zerstörung eingebettet wurden; rechtfertigt nicht die Anrede des Einzelnen und der Ruf zur Umkehr, der sich in diesen Texten findet, aus sich heraus, sie zu sammeln und sie zusammen mit den beiden Wächterpassagen in einiger Entfernung von der Atmosphäre der Berufungsrede und der Vorhersagen der Zerstörung Jerusalems, die daran anschließen, zu positionieren? Ist die Plausibilität dieses Bildes nicht Grund genug zu postulieren, daß Ezechiel nach der Zerstörung der Stadt zusätzlich zu seiner Rolle als Tröster auch die des Seelsorgers ausübte?

Es geht um das Verständnis des spezifischen Stils der zur Diskussion stehenden Prophetenworte – die Anrede des Einzelnen in Ez 14; 18 und den beiden Wächterpassagen. Weist die Anrede des Einzelnen wirklich auf einen Unterschied zum Kollektiven hin, so daß man von einem fundamental neuen Prophetenamt, von einem »Seelsorger« sprechen kann? Bevor man hierauf eine Antwort geben kann, sind einige Beobachtungen zum Stil unseres Textes (und seiner Parallelen) zu machen.

Unser Text ist in einem quasi-gesetzlichen Stil verfaßt, indem Fälle und Konsequenzen in wohldurchdachter Abfolge dargelegt werden (»Wenn ... dann«); die Eröffnungsformel der V 19.21 – Subjekt + כי + Verb (ואתה כי הזהרת) – ist der Tora-Gesetzgebung in priesterlichen Angelegenheiten entsprechend gebildet (s. *W. Zimmerli*, Special Form 1965, 524). »Einen Stein des Anstoßes vor jemanden zu stellen« ist ein Zitat aus Lev 19,14. In diese quasi-gesetzliche Sprache werden Themen gekleidet, die Leben und Tod – des Gerechten, des Frevlers und des Propheten selbst – betreffen. In der ganzen Bibel gehören diese Angelegenheiten in den Zuständigkeitsbereich der Prophetie. Gottes Entscheidungen hinsichtlich des Lebens und des Todes von Individuen oder kollektiven Größen werden den entsprechenden Personen allein durch Propheten mitgeteilt. Beispiele sind: die Entscheidung bezüglich der Israeliten durch Mose (Num 14,35; 26,65), die Eliden durch Samuel (1 Sam 2,33 f.), David durch Natan (2 Sam 12,13 f.), Ahasja durch Elija (2 Kön 1,4 ff.), Hiskija durch Jesaja (2 Kön 20,1), und Zidkija durch Jeremia (Jer 38,17). Deklarationsformeln, die denen unseres Textes nahestehen, finden sich in Elischas Urteil über Hasaël (mit Bezug auf den König Ben-Hadad): »Geh, sage zu ihm: ›Du sollst leben‹ (חיה תחיה), aber JHWH hat mir gezeigt, daß er sterben wird (מות ימות)« (2 Kön 8,10; vgl. auch 1 Kön 14,1 ff.).

W. Zimmerli, »Leben« und »Tod« 1957 (kurz zusammengefaßt in VT 15, 1965, 523 f. und aufgenommen von *B. Lindars*, Responsibility 1965, 459 ff.), vermutete, daß die Verurteilung zu Leben oder Tod ihren Platz in Tempeleinlaßliturgien habe, die vermutlich von Priestern durchgeführt wurden, und daß sowohl die Form als auch der Inhalt solcher Texte priesterlicher Art seien. Die Tempeleinlaßliturgie wird im Zusammenhang von Ez 18 diskutiert. Hier muß darauf hingewiesen werden, daß kein einziger Vers, der die Verurteilung zu Leben oder Tod mit dem Priestertum verbindet, zu den zahlreichen Versen in Opposition gesetzt werden kann, die dies mit den Propheten verbinden. Zwar wurde das traditionelle Gesetz, das verschiedene Vergehen mit dem Tod bestrafte, von Priester studiert, überliefert und in Teilen verwaltet (s. die Einzelanalyse zu 44,24). Aber die Übermittlung von göttlichen Ad-hoc-Entscheidungen über Personen unter spezifischen Umständen als Urteile über Leben und Tod (מות ת/ימות [חיה ת/יחיה]) war, soweit wir wissen, niemals eine priesterliche Funktion. Wenn dementsprechend Ezechiel die Frauen, die ihren Kunden arglistig Leben oder Tod versprechen (13,19), anklagt, stilisiert er sie als solche »die den Propheten spielen (מתנבאות)« und nicht als solche »die den Priester spielen«.

Den Inhalt eines Prophetenwortes in die Form eines kasuistischen Rechtssatzes zu kleiden, ist eine Erfindung Ezechiels, die er schuf, um die Prinzipien von Gottes Handeln an den Menschen, d.h. theologische Lehren, darzulegen. Kasuistische Rechtssätze bildeten die einzige zur Verfügung stehende literarische Form, um Besonderes auf einer abstrakten, allgemeinen Ebene zu formulieren. Ezechiel, der (wie seine Sprache durchgängig zeigt) aufgrund seines priesterlichen Hintergrunds mit Toraliteratur vertraut war, bediente sich dieser Form in innovativer Weise, wenn er Lehren, die zu einer bestimmten Gelegenheit offenbart wurden, in der Form allgemeiner theologischer Prinzipien präsentieren wollte. Dazu gehören 14,4–11 – die Abweisung eines Orakels an die Götzendiener; 14,12–20 – die Unfähigkeit der Gerechten, ihre (ungerechten) Söhne vor dem Untergang zu retten; Ez 18 – die »Atomisierung« der Vergeltung; und 33,1–20 – die Möglichkeit zur Umkehr. Bei unserem Text handelt es sich um eine Botschaft, die sich allein an den Propheten richtet, und für ihn die Grenzen seiner Verantwortung definiert, gefaßt in dieselben abstrakten Begriffe.

Biblische Rechtssätze – die Vorbilder des quasi-gesetzlichen Stils Ezechiels – werden wie allgemein in der Antike meist im Singular gerahmt (s. die verschiedenen Gesetzessammlungen in ANET 159–198, 523–128). Obwohl der ideale Zuhörer des Gesetzgebers das gesamte Volk ist (vgl. die Standarderöffnung von Gesetzesgruppen in der priesterlichen Gesetzgebung: »JHWH sprach zu Mose, indem er sagte: ›Sprich zu den Isaeliten und sage zu ihnen …‹«), wird der Hauptteil mit dem Subjekt im Singular gerahmt (dies gilt ebenfalls für die priesterlichen Gesetze). Manchmal beeinflußt die ideale Situierung den Redaktor, und er wechselt in den Plural. Diese Wechsel in den Plural können jedoch nicht von einer Grundschicht im Singular abgehoben werden. Vielmehr finden sich auch inmitten der pluralischen Abschnitte zahlreiche Wechsel in den Singular; s. z.B. Lev 19 und 25. Der Redaktor eliminiert auf diese Weise Unterscheidungen zwischen dem Individuum und dem Kollektiv. Alle »Singulare« (Individuen) werden gleichzeitig angesprochen, oder es wird von ihnen in Sätzen im Singular gesprochen – was exakt dem narrativen Rahmen der Gesetze entspricht.

Die Toragesetze, deren Stil Ezechiel imitiert, verwenden in besonderen Fällen den Singular, ohne das Individuum dem Kollektiv gegenüberstellen zu wollen. Vielmehr zielt der Singular auf jedes einzelne Individuum des Kollektivs ab. Das gleiche trifft auch auf Ezechiels Sprachgebrauch zu.

Für wen ist der Prophet in unserem Text (und in der Parallele in Kap. 33) ein Wächter? »Für das Haus Israel«, sagt Gott (3,17; 33,7); »Du mußt *sie* vor mir warnen.« Dementsprechend sind es in der exemplarischen Darstellung von 33,2 ff. die Bewohner der Stadt als Kollektiv, die der Wächter warnen soll. Wenn Gott fortfährt, die Verantwortung des Propheten mit Bezug auf den einzelnen Frevler oder Gerechten zu beschreiben, hat er dann seine Bezugsgröße geändert? Gilt die Sendung des Propheten als »Seelsorger«

nicht mehr dem Kollektiv, sondern dem Individuum? Die exemplarische Darstellung gibt darauf eine klare Antwort. Der Wächter läßt seine Warnung für die ganze Stadt ertönen. Die Folgen werden demgegenüber in Begriffen des einzelnen Bewohners der Stadt beschrieben, der die Warnung mißachtet (V 4 f.). Der Wächter gibt keinen Alarm, und erneut wird das Mißgeschick beschrieben, als würde es von einem einzelnen getragen, obwohl die bevorstehende Katastrophe sicherlich die Allgemeinheit betrifft. Es handelt sich um eine besondere Art und Weise des Sprechens: Die Aufteilung der Verantwortung zwischen dem Wächter und seinen Schutzbefohlenen wird mit Begriffen eines einzelnen Schutzbefohlenen beschrieben. Eine solche vereinfachte Abstraktion ist hilfreich, um das Prinzip zu erklären. Aber niemand würde daraus schließen, daß deshalb der Wächter jeden Mann und jede Frau einzeln warnen muß. Gleiches gilt für den Propheten: »Frevler« und »Gerechter« sind Abstraktionen für Gruppen innerhalb des »Hauses Israels«. Es besteht nicht die Absicht, zwischen Individuum und Kollektiv zu unterscheiden. Der Prophet ist ein Wächter und warnt alle. Ihre verschiedenen Antworten werden jedoch in Begriffen einer einzelnen Person diskutiert.

Diese Interpretation wird durch den unbefangenen Wechsel vom Singular zum Plural in unserem Text bzw. in unseren Texten sowie durch den Wechsel vom Plural zum Singular und wieder zurück zum Plural in Kap. 14 und 18 (die in demselben Gesetzesstil formuliert sind) gestützt. Zu Beginn und Ende, wo der Adressat genannt wird – das ganze »Haus Israel« – wird der Plural verwendet (14, 5.6.11; 18, 2.3.30); dazwischen sind die abstrakten Fälle im Singular eingebettet (s. bes. die Hervorhebung des Plurals in der Anrede und den Singular der Lehre in 18, 31 f. [33, 1]). B. *Lindars* ebd. 462 ff. beobachtet, daß die Individuen in den in Kap. 18 entwickelten Fällen (Vater, Sohn, Enkel) »allegorisch« gemeint sein müssen derart, daß sie einer Generationenfolge (einem Kollektiv) entsprechen, über deren Behandlung durch Gott das Volk klagt. »Obwohl Ezechiel um das ganze Volk Sorge trägt, ist die Art und Weise, in der er sich der Gesetzessprache bedient, als ob er über Einzelschicksale sprechen würde, ... ein bemerkenswerte Eigenart seiner Lehre« (ebd. 261).

Daß der an den einzelnen gerichtete Ruf zur Umkehr weder ein Spezifikum Ezechiels darstellt, noch eine »aufgelöste« oder »individualisierte« exilische Gemeinschaft voraussetzt, zeigt letztlich sein zahlreiches Vorkommen in der Prophetie Jeremias im Rahmen eines vorexilischen Settings und als Bedingung für die Rettung der Nation: Jer 18, 11; 25, 5 (ein Abriß der gesamten vorexilischen Prophetie! So auch 35, 15); 26, 3 ff. Man vergleiche damit den an den König von Ninive als Einzelperson gerichteten Appell, der das Kollektiv vor der Zerstörung retten soll (Jona 3, 8).

Aber setzt nicht die Unterscheidung zwischen dem verdammten Frevler und dem vom rechten Weg abgekommenen Gerechten eine gesonderte und individuelle Behandlung dieser verschiedenen Fälle voraus? Es wurde bereits darauf hingewiesen, daß die Darstellung des Falles des vom Weg abgekommenen Gerechten in ihrer ersten Variante die Situation voraussetzt, die in der ersten Variante im Fall des verdammten Frevlers vorgestellt wurde – nämlich, daß der Prophet es unterließ zu warnen. Literarisch wird so auf die Gleichzeitigkeit der beiden Fälle hingewiesen, die durch eine nähere Analyse der exemplarischen Darstellung in Kap. 33 gestützt wird. Der Wächter auf der Mauer verfügt über keine Botschaft, die individuell auf jeden einzelnen Bewohner der Stadt zugeschnitten ist. Er verkündet eine allgemeine Warnung – aber die allgemeine Warnung wird von jedem Hörer sowohl in personalen als auch in kollektiven Zusammenhängen wahrgenommen. Nicht nur »Die Stadt ist in Gefahr!«, sondern auch: »Mein Heim, meine Frau, meine Kinder sind in Gefahr!« Dasselbe dürfte auf den Propheten zutreffen. Den Frevler zu warnen, daß Gott ihn zum Tode verurteilt hat, bedeutet dem Haus Israel zu verkünden, daß Gottes Unheil wegen ihrer bösen Taten bevorsteht. Der unverbesserliche Frevler wird für diese allgemeine Verkündigung taub sein. Der Gerechte, der kurz davor steht, vom rechten Weg abzukommen, wird die Warnung annehmen und gerettet sein. Was auch immer passiert, der Prophet wird seine Aufgabe erfüllt haben. (Auf diese Weise wird ein kleineres Problem gelöst: Wie soll der Prophet wissen, daß der Gerechte kurz davor steht, vom Weg abzukommen, so daß er ihn rechtzeitig vor der Sünde bewahren kann? Die Antwort lautet: Die Unheilsankündigungen wirken sich auf verschiedene Ohren verschieden aus; unter den Hörern werden sich auch solche befinden, die, wenn sie den Propheten hören, kurz vor dem Verlassen des rechten Weges gerettet werden.)

Wann akzeptierte der Prophet seine Rolle als Wächter, und an welchen Stellen seiner Prophetien kommt diese Rolle zum Ausdruck? Gegen die Ansicht, daß dieses Bild eine spätere Phase der Tätigkeit Ezechiels widerspiegele, wandte *V. Herntrich*, Ezechielprobleme 1932, 111, ein: »die Gedanken von [V] 10–20 liegen schon in den Unheilsprophetien vor … Ezechiel hat ins Horn gestoßen und unablässig gewarnt: Das Unheil kommt über Jerusalem, über das Land! So sehen wir, daß der Einschub 3,16b–21 keineswegs so sinnlos ist, wie man meistens glaubt, sondern daß die dort geäußerten Gedanken durchaus am rechten Platz sind. Auch Ezechiel 33,1–9 würde dort weit besser passen als in diesem späten Zusammenhang.« Sicherlich können die Kap. 1–24 insgesamt unter die Überschrift »Unheilsansagen« gestellt werden, für die Kap. 34–48 ist dies jedoch vollständig unmöglich. Hinsichtlich seiner Aufgabe erfährt der Prophet hier nichts, was über das in der Berufung Gesagte hinausgeht. Neu ist der Blickwinkel, aus dem diese Aufgabe betrachtet wird – mit Fokus auf der Verantwortung des Propheten. Aber Herntrich schießt über das Ziel hinaus, wenn er 33,1–20 eher hier als in seinem heute vorliegenden Kontext positioniert; denn der Hauptpunkt von Kap. 33 besteht im Appell zur Bekehrung, dem Insistieren auf der Möglichkeit zur Umkehr. Die Wächterthematik dient der Darstellung von Gottes Bereitschaft, das Volk wieder anzunehmen. Dies fehlt in unserem Text und setzt (wie Eichrodt erkannte) einen Zustand der Verzweiflung voraus, von dem die Exulanten zu Beginn von Ezechiels Tätigkeit weit entfernt waren. Die Themen Umkehr und Bekehrung tauchen nur am Rande der Prophetie Ezechiels auf, hauptsächlich eingebettet in die Berufung (»ob sie hören …«), gestreift als verpaßte Gelegenheit in unserem Text (»er kehrt nicht um von seinem Frevel …«) und ausgeführt nur in Kap. 18 und 33 (vgl. aber 13, 22; 14, 6). Der soziale Aspekt der Wächterrolle, der (ohne Bezugnahme auf Umkehr) im zweiten Abschnitt unseres Textes angezeigt wird, scheint sich mit der Zeit zum Umkehrruf entwickelt zu haben, insbesondere als Antwort auf die wachsende Hoffnungslosigkeit der Exulanten. Aber dies liegt jenseits der Absicht unseres Textes, der hauptsächlich dem Propheten eine Begründung und Motivation für seine undankbare Aufgabe liefern will. So gesehen ist die Positionierung unmittelbar hinter der Woche in der Einsamkeit nicht unerwartet.

(Daß die Wächterthematik die Berufungserzählung weiterführt, wird durch den oben zitierten Koranvers [3, 19] bestätigt. Der Vers verbindet sehr schön zwei separate Themen Ezechiels: das »wenn sie sich selbst aufgeben … aber wenn sie umkehren …« des Korans entspricht dem »ob sie hören oder nicht« der Berufung Ezechiels; das »du bist verantwortlich für die Verkündigung« entspricht dem Hauptgesichtspunkt des Wächtertextes.)

Einzelauslegung: sprachliche und literarische Aspekte

Die »harsche« (Zimmerli) Abfolge von ויהי … ויהי – wörtl. »Es war (nach V 16 sieben Tagen) war (das Wort JHWHs an mich …)« – ließ im Zusammenhang mit der Unterbrechung in der Versmitte darüber spekulieren, ob die beiden Vershälften ursprünglich nicht zusammengehörten. Cooke z. B. hielt V 16a für die Datierung der Symbolhandlungen in Ez 4–5, in die der vorliegende Text sekundär eingefügt worden sei. Zimmerli hingegen vermutete, daß V 16 an V 22 ff. anzuschließen sei. Diese Wortfolge ist zwar in Ezechiel sonst nicht belegt, aber sie findet sich in Ex 19, 16; Ri 19, 1; Rut 1, 1; 2 Sam 7, 4 und 1 Kön 13, 20 – wobei an den letzten beiden Stellen der Vers genau wie in unserem Fall unterbrochen wird, und auf diese Weise die beiden Verben voneinander getrennt werden. Die Abfolge kann daher nicht als »Zeichen für eine Störung der ursprünglichen Erzählung« (Cooke) gelten. Worauf die Unterbrechung in der Mitte des Verses zielt, ist bis heute sowohl hier als auch an den anderen Stellen, wo sie begegnet, nicht geklärt (bemerkenswerterweise begegnet die Unterbrechung an zwei anderen Stellen genau wie hier vor »das Wort JHWHs erging an X«: 2 Sam 7,4 und 1 Kön 13,20). Ein Konsens ist nicht in Sicht, aber *S. Talmon, Pisqa Be'emṣa Pasuq and 11 Q Psᵃ*: Textus 5, 1996, 11–21, hat eine interessante Theorie entwickelt, die offensichtlich einige der Fälle erklären kann (und es besteht kein Grund zur Annahme, daß alle Fälle mit einer einzigen Kategorie erfaßt werden können): Die Unterbrechung geschieht oftmals dann, wenn eine zusätzliche Information zum betreffenden Ereignis – durch andere Bibelstellen (z. B. Paralleltexte) oder außerbiblische Schriften (Talmon verweist auf Material aus außerkanonischen Psalmen) – zugänglich ist. Die Unterbrechung in 2 Sam 7,4 z. B. will vielleicht zu einer Reflexion über Ps 132 einladen, der wichtige Einzelheiten über das zur Diskussion stehende Ereignis enthält. Unsere Stelle dürfte denen Talmons hinzuzufügen sein, denn die Unterbrechung nach V 16a geschieht – wenn seine Idee zutrifft – exakt an der Stelle, wo eine Parallelversion von V 16b beginnt, nämlich 33,1–9. Dort findet sich eine Menge an zusätzlichem Interpretationsmaterial. Die formalen Merkmale von V 16 geben daher keinerlei Anlaß, eine Störung oder Umstellung an dieser Stelle des Textes zu vermuten.

erging das Wort JHWHs an mich. Dieser Satz ist annähernd fünfzig Mal im Ezechielbuch belegt. Er gibt eine Offenbarungserfahrung in Form der Einleitung eines Prophetenwortes wieder. »Das Wort JHWHs erging an [einen bestimmten Propheten]« begegnet in den Prophetenerzählungen der Königszeit und wird bezogen auf Samuel (1 Sam 15,10), Natan (2 Sam 7,4), Gad (24,11), den Propheten von Bet-El (1 Kön 13,20), Jehu (16,1), Elija (17,2.8; 18,1; 21,17.28) und Jesaja (2 Kön 20,4; vgl. Jes 38,4). Ansonsten ist die Formel für biblische Erzählungen ungewöhnlich. Sie fehlt bei den Schriftpropheten mit Ausnahme von Jeremia (wo sie einigermaßen häufig belegt ist) und Ezechiel (wo sie regelmäßig verwendet wird) sowie den nachexilischen Propheten Haggai und Sacharja. Ihre Verwendung in den Überschriften einiger vorexilischer Prophetenbücher geht auf einen späten Sprachgebrauch zurück. Die ungleiche Verteilung weist vielleicht auf eine archaisierende Tendenz der späteren Propheten hin. Alternativ könnte der Ausdruck im siebten Jahrhundert entstanden und seine Verwendung in den Erzählungen der Königszeit »modern« sein. Der Ausdruck muß der Prophetie entstammen, da eine Parallele im außerreligiösen Bereich nicht existiert (im Unterschied zur Botenformel »so spricht So-und-So«). Der Ausdruck »Wort JHWHs« folgt dem Schema des »Königswortes« = ein Befehl, Edikt, eine Botschaft oder Vollmacht des Königs (2 Sam 24,4; 2 Kön 18,28; Est 1,13.19; 2,8; 4,3; 8,17; Koh 8,4) und dürfte zum (Selbst-)Bild des Propheten als Boten des göttlichen Königs gehören. Eine Distanz zwischen Prophet und Gott ist darin nicht impliziert (als wäre das Wort eine Hypostase, ein Medium zwischen Gott und Prophet), da in den Erzählungen in Jeremia und Ezechiel direkte Dialoge und Anreden (»JHWH sprach zu mir/ihm«) ebenfalls zahlreich belegt sind. »Erging« übersetzt היה im Sinne von »werden, entstehen, erscheinen«; s. BDB 225, col. b. Zum Phänomen solch einer auditiven Offenbarung s. *J. Lindblom*, Prophecy 1962, 108 ff.

zum Wächter. Um rechtzeitig vor herannahernder Gefahr warnen zu   V 17
können, postierte man Wächter an erhöhten Stellen (Dächer von Torbauten, 2 Sam 18,24; Türme, 2 Kön 9,17), so daß sie in die Ferne blicken konnten. Die Nähe des Propheten zum göttlichen Autor der Unheilsansagen stellt diesen in eine analoge Position.

wenn du ... hörst ... mußt du ... warnen. Zu diesem Gebrauch des doppelten Perfekt-Konsekutivum in Bedingungssätzen s. *S. R. Driver*, Tenses 1892, §149; *P. Joüon*, Grammar 1996, §167 b.

ein Wort. Ein Edikt, ein Unheilsdekret – wie der nächste Vers zeigt. Diese Bedeutung impliziert in Ezechiel oftmals der Ausdruck »das Wort JHWHs« (z. B. 6,3; 13,2; 16,35; 21,3).

vor mir. הזהיר »ermahnen« wird nur an unserer Stelle (und der Parallele 33,7–8) mit מן konstruiert. Alle Belege lassen sich allgemein mit »jemanden auf die Gefahr oder bösen Konsequenzen, die von jemandem oder etwas ausgehen, hinweisen« übersetzen – mit anderen Worten: »warnen vor«. In diesem Vers geht die Gefahr von Gott als dem Vollstrecker aus. Im nächsten Vers ist es der unheilvolle Lebenswandel des Frevlers. G übersetzt den ersten Beleg: »sie von mir (d. h. in meinem Namen) bedrohen«, den zweiten hingegen: »trennen (d. h. ihn umkehren) von seinem bösen Weg«. Es scheint jedoch nicht notwendig zu sein, verschiedene Bedeutungen für denselben Ausdruck zu postulieren.

zu einem Frevler (לרשע) *... der Frevler* (רשע). Im Hebräischen ist die De-   V 18
termination umgekehrt. Die Übersetzung richtet sich nach dem deutschen Sprachgebrauch. Im Hebräischen können Nomen, die Typen bezeichnen, determiniert werden, müssen es aber nicht – eine Regel läßt sich nicht ausmachen; vgl. 1 Kön 8,32 mit Dtn 25,1; zu beidem in ein- und demselben Vers wie hier s. Ps 58,11 f. und Hab 1,4.

»Du sollst sterben«. Die Form eines königlichen Todesurteils, das in Form einer direkten Anrede übermittelt wird (1 Sam 14,44; 22,16; 1 Kön 2,37.42; vgl. den Rechtsspruch in Jer 26,8) und genauso von Gott verkündet wird (Gen 2,17; 20,7; 2 Kön 1,4.6.16). Auch hier haben Gottes Urteile die Form von Anreden, aber die Frevler, die nicht in Gottes Ratschluß eingeweiht sind, sind abhängig vom Propheten, der ihnen diese Urteile übermitteln muß.

Welcher Art das göttliche Todesurteil ist (vgl. auch 18,4 ff.), wird nirgendwo in diesen Prophetien erläutert, aber offensichtlich verstand man darunter allgemein einen vorzeitigen Tod unter oftmals ungewöhnlichen Umständen; s. Ps 37,35 f.; 55,24; Spr 10,27 und die ausführliche Diskussion bei *M. Tsevat*, Studies in the Book of Samuel I: HUCA 32, 1961, 191–216.

und du warnst (wörtl. warntest) *ihn nicht.* ו »und« hat hier wie in V 19.21a fast die Bedeutung von כי »wenn«. Das folgende Verb bildet dementsprechend die Protasis eines Bedingungssatzes. Die Perfektform des

Verbs in der Protasis impliziert die Voraussetzung, daß das Ereignis bereits geschehen ist und die Situation danach bedacht wird (ausgedrückt hier durch das Imperfekt, z. B. in V 19 יְמוּת ,אִבְקֵשׁ). Ein solcher Gebrauch des Perfekts ist typisch für die priesterliche Gesetzgebung; vgl. Num 5, 27 (»wenn sie sich verunreinigt hat«); 30, 6 (»wenn ihr Vater sie hörte«) und 35, 16 (»wenn er ihn geschlagen hat«); s. *S. R. Driver* ebd. § 138. *C. Brockelmann*, Syntax 1928, § 164bβ nennt dies »zeitloses« Perfekt. Es liegt in der Tat im Ermessen des Übersetzers, ob er mit Vergangenheit oder Gegenwart übersetzt; vgl. unten 18, 10–17.

er, der Frevler ... Hebräisch הוּא רָשָׁע. So ebenfalls in der Parallele 33, 8. Man kann auch übersetzen: »er, der er Frevler ist«. G »dieser frevlerische Mann« scheint die Konstruktion in aramäischer Weise zu interpretieren, wo das demonstrative הוּא dem Nomen vorausgehen oder ihm folgen kann (allerdings ist das Nomen im Aramäischen determiniert). Vgl. Dan 2, 32 הוּא צַלְמָא »dieses Bild«. *R. R. Wilsons* ebd. 95, Idee, daß es sich um einen Ausruf (»Er ist ein Frevler«) handle, wird durch die Wortfolge nicht gestützt; vgl. z. B. צַדִּיק הוּא, Ez 18, 9.

aber dich werde ich ... ziehen. Wörtl. »aber ich werde sein Blut aus deiner Hand fordern«. Daß hier die Todesstrafe gemeint ist, wird aus der Bedeutung dieses Ausdrucks in 2 Sam 4, 12–13 deutlich.

V 20 *einen Stein des Anstoßes.* Obwohl dies die gewöhnliche Übersetzung von מִכְשׁוֹל ist, bedeutet der Begriff hier eher »Unheil« – nicht eine Gelegenheit zur Sünde, sondern eine Ursache für Sturz und Untergang. Vgl. Jer 6, 21: »Ich werde diesem Volk Steine des Anstoßes vorlegen, über die sie straucheln werden (= Unheil, durch das sie umkommen werden) – die Väter wie die Kinder; Nachbar und Freund werden zugrundegehen.« Vgl. auch Ez 33, 12: »Die Gerechtigkeit des Gerechten wird ihn nicht retten ... und der Frevel des Frevlers – לֹא יִכָּשֶׁל er wird dadurch nicht stürzen (= umkommen).«

V 20 beschreibt die Stufen zum Untergang des auf die schiefe Bahn geratenen Gerechten: Er »kehrt um« (im Geiste? s. die Einzelanalyse zu V 12); er tut Böses; dann, ohne daß er es weiß, plaziert Gott einen »Stein des Anstoßes« auf seinem Weg – dabei handelt es sich um das Äquivalent zum Todesurteil zu Beginn von V 18 –, durch den er zu Tode kommt.

Dem Israeliten wird in Lev 19, 14 verboten, »einen Stein des Anstoßes vor« einen Blinden zu stellen (der Ausdruck findet sich allein dort und hier). Daß Gottes Gericht mit Begriffen einer Handlung, die Menschen verboten ist, beschrieben wird, zeugt von einer skandalösen Situation, die der Prophet bevollmächtigt wird abzuwenden.

er soll sterben. Dies bedeutet das Ende der Laufbahn des Abtrünnigen ebenso wie das »er wird sterben«, das vom Frevler in V 18 gesagt wird. Ein unnützes Leben wurde ausgelöscht. Aber während in V 18 die unterlassene Warnung durch den Propheten dem Bericht über den Tod des Frevlers vorausgeht, folgt sie hier auf den Bericht vom Tod des Abtrünnigen als seine

bislang unerwähnte Ursache (»weil du ihn nicht gewarnt hast«). Dieser
Wechsel wird in der Gesamtauslegung diskutiert.

ohne Rücksicht auf. Vgl. 18,24; 33,13. Der letztgenannte Vers fügt die
Idee hinzu, daß der Abtrünnige »auf seine Gerechtigkeit vertraut«, d. h. auf
einen Bonus aus seiner Vergangenheit als Gerechter zählt. Solch eine Rechnung wird nicht aufgehen, da »all die gerechten Taten, die er getan hat, nicht
berücksichtigt werden«, wenn er auf die schiefe Bahn gerät. Diese Erwägung
entspricht der Argumentation von 18,21 ff. (33,12 ff.), derzufolge Gott Personen so richtet, wie sie sind, ohne ihnen eine sündige Vergangenheit, von
der sie umgekehrt sind, vorzuhalten oder ihnen die guten Taten einer Vergangenheit, von der sie sich entfernt haben, anzurechnen. Dies paßt nicht zu
dieser Stelle, wo der Fokus auf die Verantwortung des Propheten gerichtet
ist, und vielleicht handelt es sich um eine Interpolation aus späteren Stellen,
um die Konsequenzen der unterlassenen Warnung durch den Propheten zu
verschärfen. Man beachte, daß das feminine צדקתו zum Vokabular von
Kap. 18 und 33 gehört. Hier wird das maskuline צדק »Gerechtigkeit« verwendet. In ähnlicher Weise wird hier (V 19) das maskuline רשע verwendet,
während sich das feminine רשעה in Kap. 18 und 33 findet.

Indem die Gerechtigkeit des gewarnten Mannes (bis hin zur Lästigkeit) **V 21**
wiederholt wird, betont der vorliegende Text, daß die Warnung des Propheten ihn erreicht hat, als er noch gerecht war, d. h. bevor er sündigte. In den
Begriffen von V 20 meint dies, daß zwischen der (geistigen) »Umkehr« des
Gerechten von seiner Gerechtigkeit und seinem aktiven »Tun des Bösen«
ein Zwischenraum liegt. Währenddessen kann die Warnung des Propheten
ihre Wirkung entfalten, »und er sündigt nicht«.

Die Unbeholfenheit des Hebräischen wird in G und S zum Teil geglättet,
indem das Objektsuffix in הזהרתו »warnte ihn« nicht wiedergegeben wird
und das zweite צדיק »Gerechter« zum Subjekt des »soll leben« gemacht
wird. Aber die vermutete Vorlage – צדיק חיו יחיה – ist schlechtes Hebräisch
und das Subjekt (das zweite צדיק) verbleibt als Ballast im Satz. Das Hebräische kann das erste צדיק auffangen, indem das Objektsuffix in הזהרתו unter
der Kategorie des antizipierten Objektsuffixes gefaßt wird. Aber der Vers
wirkt überladen, vermutlich aufgrund einer Konflation seiner Mitte mit erläuternden oder variierenden Elementen. Es wurde also zuerst das Suffix in
הזהרתו durch צדיק glossiert, das man von einer alternativen Fassung הזהרת
צדיק nahm (vgl. V 19; so offensichtlich G S). Dann wurde לבלתי חטא, das
ursprünglich »damit er nicht sündigt« gemeint haben dürfte (vgl. 13,22,
»ihn ermutigen, damit er nicht von seiner schlechten Bahn umkehrt«),
durch die äquivalente (und unzweideutige) alternative Lesart והוא לא חטא
»und er nicht sündigt« glossiert, deren glossarische Funktion durch das vorhergehende Stichwort צדיק angezeigt wurde. Die volle Glosse צדיק חטא
והוא לא existierte zuerst interlinear und wurde dann hinter לבלתי חטא (dessen Bedeutung dadurch geändert wurde) in den Text übernommen.

er sündigt nicht … Cornill 193 notierte: »Obwohl auffallender Weise noch Niemand an den Worten Anstoss genommen hat, verlangen Sinn und Parallelismus gebieterisch das Gegentheil: *wenn der Gerechte trotz deiner Warnung sündigt, so muss er sterben, du aber hast deine Seele gerettet.*« So müßte der Vers in der Tat lauten, wenn exakt das Muster der V 18–19 wiederholt werden sollte. Die Tatsache, daß dies jedoch nicht der Fall ist, unterhöhlt den Gegensatz zwischen dem Schicksal des Gewarnten und dem des Propheten, auf das durch den letzten Satz »du aber hast dein Leben gerettet« hingewiesen wird. Diese überraschende Wendung der Argumentation wird in der Gesamtauslegung diskutiert. Cornill beseitigte die Überraschung, indem er den Text änderte; andere, wie z. B. Fohrer, folgten seinem Beispiel.

Ez 3,22 – 5,17: Arrest und Symbolhandlungen

M. E. Andrew, Geschehnis – Reaktion – Anerkennung des Gerichts: ThLZ 103, 1978,   Literatur
477–484. – *E. C. Broome,* Personality 1946. – *G. Fohrer,* Handlungen 1953. – *K. Friebel,* Sign-Acts 1999. – *J. Garscha,* Studien 1974, 87 ff. – *M. Görg,* Ezechiels unreine Speise: BN 19, 1982, 22 f. – *R. Köbert,* Zwei textkritische Bemerkungen zu Ezechiel: Bib. 46, 1965, 217 f. – *T. Krüger,* Geschichtskonzepte 1989, 63–138.351 f. – *B. Lang,* Kein Aufstand 1978. – *ders.* Street Theatre 1986. – *K.-F. Pohlmann,* Ezechielstudien 1992, 24–27. – *E. J. Smit,* The Concepts of Obliteration in Ez 5,1–4: JNWSL 1, 1971, 46–50. – *B. E. Thiering,* The Qumran Interpretation of Ezekiel 4,5–6: Australian Journal of Biblical Archaeology 1, 1969, 30–34. – *N. J. Tromp,* The Paradox of Ezekiel's Prophetic Mission. Towards a Semiotic Approach of Ezekiel 3,22–27, in: J. Lust, Ezekiel 1986, 201–213. – *C. Uehlinger,* »Zeichne eine Stadt … und belagere sie!« Bild und Wort in einer Zeichenhandlung Ezechiels gegen Jerusalem (Ez 4 f.), in: M. Küchler / C. Uehlinger (Hg.), Jerusalem. Texte – Bilder – Steine. FS H. u. O. Keel-Leu (NTOA 6), Fribourg / Göttingen 1987, 111–200. – *E. Vogt,* Untersuchungen 1981, 92–106. – *W. G. Watson,* Splitting Hairs in Israel and Babylon: Irish Biblical Studies 4, 1982, 193–197.

Text

Übersetzung **3**,22 *Die Hand JHWHs kam dort über mich, und er sprach zu mir: Steh auf und geh hinaus in die Ebene, und dort werde ich zu dir reden. 23 So stand ich auf und ging hinaus in die Ebene, und dort wartete die Herrlichkeit JHWHs – wie die Herrlichkeit, die ich am Fluß Kebar gesehen hatte; und ich fiel auf mein Angesicht. 24 Dann fuhr ein Geist in mich und stellte mich auf meine Füße, und er redete zu mir und sprach zu mir: Geh, schließe dich in deinem Haus ein. 25 Du, Mensch, siehe, sie legen Stricke an dich und binden dich mit ihnen, so daß du nicht unter sie hinausgehen darfst. 26 Ich werde deine Zunge an deinen Gaumen heften, so daß du stumm sein wirst und kein Mahner für sie sein kannst, denn sie sind ein widerspenstiges Haus. 27 Aber wenn ich zu dir rede, werde ich deinen Mund öffnen, und du wirst zu ihnen sprechen: »So spricht der Herr JHWH«: Wer hört, der höre, und wer es läßt, der lasse es; denn sie sind ein widerspenstiges Haus.*

*   **4**,1 *Du, Mensch, nimm einen Ziegel und stelle ihn vor dich und ritze auf ihm eine Stadt ein, Jerusalem. 2 Belagere sie – errichte einen Belagerungswall gegen sie, werfe eine Rampe gegen sie auf, stelle Heerlager gegen sie auf; plaziere Rammböcke gegen sie auf allen Seiten. 3 Du, nimm ein eisernes Backblech und stelle es als eiserne Mauer zwischen dir und der Stadt auf. Wende dein Gesicht ihr zu; laß sie belagert sein mit dir als Belagerndem. Sie ist ein Zeichen für das Haus Israel.*

*   4 *Du, lege dich nieder auf deine linke Seite und lege die Schuld des Hauses Israel auf sie; für die Zahl der Tage, die du auf ihr liegst, sollst du ihre Schuld tragen. 5 Ich verwandle für dich die Jahre ihrer Schuld in eine Zahl von Tagen – 390 Tage; so sollst du die Schuld des Hauses Israels tragen. 6 Wenn du damit fertig bist, sollst du dich zum zweiten Mal hinlegen, auf deine rechte Seite, und die Schuld des Hauses Juda für vierzig Tage tragen; ich verwandle jedes Jahr davon in einen Tag für dich, jedes Jahr in einen Tag. 7 Wende dein Gesicht gegen die Belagerung Jerusalems und mit deinem bloßen Arm prophezeie gegen es. 8 Siehe, ich lege Stricke an dich, so daß du dich nicht von einer Seite zur anderen drehen kannst, bis du die Tage deiner Belagerung vollendet hast.*

*   9 *Du, nimm etwas Weizen, Gerste, Bohnen, Linsen, Hirse und Dinkel und tu sie in eine einzige Schüssel und mache daraus Brot für dich; während der Zahl der Tage, die du auf deiner Seite liegst, 390 Tage, sollst du es essen.*

   10 *Deine Speise, die du ißt, soll abgewogen sein –*
      zwanzig Schekel pro Tag;
      Du sollst es essen von einem Tag zum nächsten.

   11 *Wasser sollst du abgemessen trinken –*
      ein Sechstel Hin;
      Du sollst es von einem Tag zum nächsten trinken.

12 *Einen Gerstenkuchen sollst du essen;*
> *Und ihn – auf Menschenkot sollst du ihn backen*
>> *vor ihren Augen.*

13 *JHWH sagte: So sollen die Israeliten ihr Brot unrein essen unter den Nationen, unter die ich sie verbannen werde. 14 Da sagte ich: Ah, Herr JHWH! Meine Kehle ist nicht verunreinigt; seit meiner Jugend bis jetzt habe ich nicht das Fleisch eines Kadavers oder einer von wilden Tieren zerrissenen Bestie gegessen, noch ist je verfaultes Fleisch in meinen Mund gekommen. 15 Er antwortete mir: Siehe, ich erlaube dir Rindermist anstelle von Menschenkot; mache dein Brot daraus.*

16 *Er sprach zu mir: Mensch, ich werde den Stab des Brotes in Jerusalem brechen;*
> *Sie werden Brot abgewogen und in Furcht essen,*
>> *und Wasser abgemessen und verlassen trinken;*
>> *17 so wird ihnen Brot und Wasser fehlen.*
> *Jeder mit seinem Nachbarn wird verlassen sein,*
>> *und sie werden in ihrer Schuld verschmachten.*

5, *1 Du, Mensch, nimm eine scharfe Klinge,*
> *das Messer eines Barbiers nimm in deine Hand*
> *und fahre damit über [das Haar] deines Kopfes und Bartes.*
Nimm eine Waage und teile es auf:
2 Ein Drittel sollst du inmitten der Stadt verbrennen,
> *wenn die Tage ihrer Belagerung vorbei sind.*
Du sollst ein anderes Drittel nehmen,
> *sollst es zerhauen mit der Klinge rings um sie her;*
Und ein weiteres Drittel sollst du in den Wind zerstreuen,
Und ich werde das Schwert nach ihnen ziehen.

3 *Davon sollst du einen kleinen Teil nehmen und in den Enden deines Gewandes einwickeln. 4 Nimm erneut davon und wirf es ins Feuer und verbrenne es im Feuer; von ihm soll sich Feuer zum ganzen Haus Israel ausbreiten.*

5 *So spricht der Herr JHWH: Dies ist Jerusalem:*
> *Ich habe sie inmitten der Nationen gestellt,*
>> *mit Ländern um sie herum.*
6 *Sie lehnte sich auf*
> *gegen meine Urteile,*
>> *wurde frevelhafter*
>>> *als die Nationen;*
>> *gegen meine Gesetze,*
>>> *mehr als die Länder, die um sie herum sind.*
Denn sie wiesen meine Urteile zurück;
> *meine Gesetze – sie folgten ihnen nicht.*

7 Daher, so spricht der Herr JHWH: Weil du stürmischer warst als die Nationen, die um dich herum sind,

> *Du hast meine Gesetze nicht befolgt,*
> *Du hast meine Urteile nicht vollstreckt,*
> *Selbst entsprechend der Urteile der Nationen,*
> > *die um dich herum sind, hast du nicht gehandelt! –*

8 Daher, so spricht der Herr JHWH:

> *Ich komme an dich, ich für meinen Teil;*
> *Ich werde Urteile in deiner Mitte vollstrecken*
> > *im Angesicht der Nationen,*

> *9 Werde an dir tun, was ich niemals getan habe*
> *und wie ich nie wieder tun werde*
> *wegen all deiner Greuel.*

> *10 Bestimmt werden Eltern Kinder in deiner Mitte essen,*
> > *und Kinder werden ihre Eltern essen,*
> *Ich werde Urteile in dir vollziehen*
> > *und werde deine Überlebenden in alle Winde zerstreuen.*

11 Gewiß, bei meinem Leben, spricht der Herr JHWH, ich schwöre: Weil du mein Heiligtum verunreinigt hast mit all deinen ekligen und scheußlichen Dingen,

> *Werde auch ich scheren, mein Auge wird nicht verschonen,*
> > *noch werde ich Mitleid haben.*

> *12 Ein Drittel von dir wird an der Pest sterben*
> > *und durch den Hunger in deiner Mitte zugrunde gehen;*
> *Ein anderes Drittel wird durch das Schwert rings um dich herum*
> > *fallen;*
> *Ein weiteres Drittel werde ich in alle Winde zerstreuen*
> *Und werde das Schwert hinter ihnen ziehen.*

13 Meinen Zorn werde ich loslassen; ich werde meinen Grimm gegen sie beschwichtigen und werde Genugtuung erlangen. Und sie sollen wissen, daß ich, JHWH, in meiner Leidenschaft gesprochen habe, wenn ich meinen Zorn gegen sie loslasse. 14 Ich werde dich zur Trümmerstätte machen und zur Mahnung unter den Völkern, die um dich herum sind, vor dem Angesicht eines jeden, der vorbeikommt. 15 Es wird eine Mahnung und eine Schmähung sein, eine Warnung und ein Schrecken für die Nationen, die um dich herum sind, wenn ich Urteile gegen dich vollstrecke in Zorn und Grimm und mit Züchtigungen des Zorns; ich, JHWH, habe gesprochen; 16 wenn ich gegen sie meine tödlichen Pfeile des Hungers loslasse, die der Zerstörung dienen, die ich loslasse, um euch zu zerstreuen; und ich werde euch noch mehr Hunger auferlegen, indem ich euch den Stab des Brotes breche. 17 Ich werde gegen euch Hunger und wilde Tiere loslassen – sie sollen dich berauben; Pest und blutiges Schwert wird durch dich hindurchgehen; und ich werde über dich das Schwert bringen: Ich, JHWH, habe gesprochen.

4,4 Tage: G fügt »150« ein.

4,5 die Jahre ihrer Schuld: S »zweifache (G »ihre zweifache«) Schuld«, als sei hebräisch שני von שניים »zwei« abzuleiten und nicht von שנים »Jahre«, was jedoch nicht
möglich ist.

390: G »190«.

5,2 Du sollst ein anderes Drittel nehmen, sollst es zerhauen: G »Und du wirst ein
Viertel nehmen und es in ihrer Mitte verbrennen, und ein Viertel wirst du abschneiden«; S »und du wirst einen anderen Teil nehmen und (ihn) schneiden.«

ich werde das Schwert ... ziehen: S »Das Schwert soll verwüsten«, so auch in V 12.

5,7 Das letzte *nicht* fehlt in S und einigen hebräischen Hss.

5,11 scheren: T »werde abschneiden«, als stünde אגדע; so lesen einige hebräische
Hss (Minchat Schay).

5,15 Es: G S T »Du«.

*5,16 die ich loslasse, um euch zu zerstreuen; und ich werde euch noch mehr Hun-
ger auferlegen*: fehlt inG.

Zu Text und
Übersetzung

Gesamtauslegung: Struktur und Themen

Der Abschnitt beginnt in 3,22 mit einer Notiz der »Ergreifung« (vgl. das
Ende von 1,3) und läuft ohne formale Unterbrechungen weiter bis 6,1, wo
eine Wortereignisformel (vgl. 1,3a) den Beginn einer neuen Prophetie markiert. Er enthält zwei ungleiche Teile, I (3,22–5,4) – eine komplexe Befehls-
abfolge, verschiedene Handlungen durchzuführen, und II (5,5–17) – eine
Unheilsprophetie, die lose mit den vorhergehenden Handlungen verknüpft
ist. Jeder Teil ist in Unterabschnitte gegliedert: I – der Prophet wird in einer
zweiten Theophanie in sein Haus bestellt und erhält neue Anweisungen;
diese sind in drei Abschnitte unterteilt, wobei jeder mit der Formel »Du,
Mensch« beginnt; II – die Unheilsprophetie enthält sechs Unterabschnitte,
die durch Eröffnungs- und Abschlußformeln markiert werden.

Struktur

Teil I: Befehle, verschiedene Handlungen durchzuführen (3,22–5,4)

    A. Theophanie und Bestellung ins Haus (3,22–24)

    B. Befehl, die Türen zu schließen und stumm zu sein (3,25–27)

    C. Befehl, eine Belagerung aufzuführen (4,1–17)

Dies ist ein komplexer Abschnitt mit Unterabschnitten, die mit
»und du« beginnen:

      1. Das Backblech (4,3)

      2. Liegen auf der Seite (4,4–8)

      3. Herstellung von Speise (4,9–17)

    D. Befehl, das Haar aufzuteilen (5,1–4)

Grundsätzlich ist die Struktur einsichtig. Nachdem ihm mitgeteilt wurde,
sich im Haus einzuschließen und außer im Fall eines prophetischen Auftretens zu schweigen, wird der Prophet aufgefordert, verschiedene Handlungen

auszuführen, die Jerusalems unmittelbar bevorstehenden Untergang symbolisieren. Dazu gehören Gegenstände des Haushalts (z. B. ein Ziegel, ein Blech, eine Leiter, ein Rasiermesser), das Ganze kann also im Hause ausgeführt werden. Nach der Darstellung der Belagerung der Stadt (C) muß er die Vernichtung und Zerstreuung der Bevölkerung darstellen (D) – eine angemessene Ereignisabfolge.

Aber es werden Fragen aufgeworfen. Warum sollte der Vers 3,25, der den kurzen Befehl am Ende von V 24 weiter ausführt, mit einer Formel beginnen, die einen Abschnittswechsel markiert? Ist damit gemeint, daß das »Du, Mensch« lediglich einen Anhang zum Vorhergehenden einleitet? Der Abschnitt kann auf keinen Fall sekundär sein, da er notwendige Einzelheiten des knappen Befehls am Ende von V 24 enthält.

C1 ist eng mit dem vorhergehenden Belagerungsbefehl verbunden und fügt dem Belagerungsspiel (die menschlichen Angreifer) eine zweite Stufe (die Feindseligkeit Gottes) hinzu. Die Verbindung zwischen beiden wird durch die Abschnittseinteilung deutlich, die erst hinter V 4 einen Einschnitt setzt (trotz der Unterabschnittsformel, die V 3 eröffnet).

C2 und C3 schreiben Handlungen vor, die während der Darstellung der Belagerung durchzuführen sind. Auf ihre Komplexität wird im Rahmen der Einzelanalyse näher einzugehen sein. C3 ist heterogen. Die V 9–11 schreiben vor, die einzelnen Rationen auf die 390 Tage der Belagerung zu verteilen. Die V 12–15 beschreiben ohne formale Unterbrechung die Einzelheiten der Herstellung eines Gerstekuchens und interpretieren diesen als unreine Exilsspeise. Die V 16–17 kehren zur Belagerungsthematik mit der Vorhersage einer Hungersnot zurück, eingeleitet durch das – für diesen Abschnitt ungewöhnliche – »Mensch«. Die Verse über die Exilsspeise scheinen somit in den Abschnitt über die Nahrungsrationen während der Belagerung (V 9–11.16–17) eingeschoben zu sein. Aber auch das Drohwort der V 16–17 fällt aus der Reihe der Vorschriften heraus. Seine Ursprünglichkeit wird umso zweifelhafter, weil es 5,16 vorwegnimmt und 12,9 ähnelt. Es entspricht V 13 (der Interpretation der unreinen Speise) im Sinne einer Interpretation der knappen Rationierung und dürfte hier um seiner Vervollständigung willen hinzugefügt sein.

C2 ist fast ebenso heterogen. Die V 4–5.7–8 schreiben das Liegen auf der (linken) Seite vor, um die Schuld des Hauses Israel für 390 Tage zu tragen und zugleich gegen die belagerte Stadt zu prophezeien. Als sei dies nicht kompliziert genug, schreibt V 6 vor, auf der rechten Seite zu liegen, um »die Schuld des Hauses Juda« für vierzig Tage zu tragen. Wir vermuten, daß diese zwei Formen der »Schuld« nicht identisch sein können, aber daß die erste am besten als die gesamte Sünde ganz Israels während der Zeit des ersten Tempels (bzw. des Königtums) zu verstehen ist und die zweite als die Strafe – das Exil – Judas, die vierzig Jahre dauern sollte (s. die Einzelanalyse).

Erneut unterbricht an dieser Stelle eine Bezugnahme auf das Exil einen

Komplex von Belagerungssymbolen. Daß diese hier deplaziert ist, wird dadurch bestätigt, daß im folgenden (in V 9) allein auf das 390 Tage dauernde »Liegen auf deiner Seite« (nur eine Seite!) angespielt wird, währenddessen die Rationen der Belagerungsspeise gegessen werden sollen.

Es scheint, als seien Vorschriften für zwei verschiedene Symbolkomplexe miteinander verschmolzen worden. Die V 4–5.7–8 (in C2) fordern den Propheten auf, »die Schuld ganz Israels zu tragen«, während er 390 Tage lang daliegt, um Jerusalem zu belagern und gegen die Stadt zu prophezeien (und so Gottes Zorn über ihre Sünde kundzutun). Die V 9–11.16–17 (in C3) schreiben vor, die knapp bemessene Nahrung während dieser Zeit zu verzehren – womit erneut die Belagerung symbolisiert wird. Somit wird das zu Beginn von C eingeführte Thema – die Belagerung der Stadt und Gottes Zorn gegen sie – entsprechend weitergeführt. Parallel dazu wird vermutlich während des Exils (V 12–15) eine Exilssymbolik eingearbeitet – das Liegen auf der rechten Seite für vierzig Tage (V 6) und das Essen unreiner Speise. Daß die Exilssymbole hier deplaziert sind, dafür spricht, daß die natürliche Abfolge von Belagerung, Entvölkerung und Zerstreuung in C und D symbolisiert wird. Darüber hinaus ignoriert die Unheilsprophetie in Teil II unseres Textes die seelischen Qualen der Exulanten (die unreine Speise) und konzentriert sich allein auf den Untergang des Volkes – denn die Bezugnahme auf eine seelische Qual käme in diesem Zusammenhang in der Tat einem Abstieg gleich!

(G stützt das Fehlen der Vorhersage einer seelischen Qual im Exil in Teil II, indem sie in 4,13 liest: »Und sage: ›So spricht der Herr, der Gott Israels: So sollen die Israeliten essen‹« usw.)

Bei der Exilssymbolik (4,6.12–15) handelt es sich um eine eigenständige Einheit. Ihre Einleitung – »Wenn du damit fertig bist« – verbindet sie mit der Reihe von Belagerungssymbolen und plaziert sie chronologisch korrekt hinter diesen. Im vorliegenden Text wurden die Vorschriften für die Exilssymbolik aufgeteilt und den entsprechenden Belagerungsvorschriften angehängt, so daß die Unheilsprophetie in 5,5 ff. unmittelbar auf die Belagerungsreihe, die sie interpretiert, folgen konnte.

Teil II. Vorhersage des Untergangs der Stadt Jerusalem (5,5–17)
    A. Anklage (V 5–6): Eröffnungsformel »So spricht der Herr JHWH«; Jerusalem ist schlechter als die Nationen
    B. Verurteilung (V 7–17): unterteilt in zwei Hauptaussagen, wobei jede mit einer Eröffnungsformel beginnt, die die Begründung enthält (»Daher / Bestimmt … weil …«)
        1. Aussage (V 7–10): drei Teile, jeder beginnt mit לכן
            a. Begründung (V 7): Israels beispiellose Missetaten
            b. Allgemeines Urteil (V 8–9): Gottes beispiellose Strafe
            c. Einzelheiten (V 10): Kannibalismus und Zerstreuung

   2. Aussage (V 11–17): Eine Interpretation der das Haar betreffenden Symbolhandlung mit einer dreifachen Coda, die jeweils endet »… ich, JHWH, habe gesprochen …«
     a. Interpretation der das Haar betreffenden Symbolhandlung (V 11–12): Begründung (Verunreinigung des Tempels), allgemeines Urteil (unbarmherziges Scheren), Einzelheiten (Aufteilung in Drittel)
   1. Coda 1 (V 13): Gott läßt seinem Zorn freien Lauf
   2. Coda 2 (V 14–15): Jerusalems Verwüstung und ihre öffentliche Erniedrigung
   3. Coda 3 (V 16–17): erneute Wiederholung der gegen Jerusalem losgelassenen Heimsuchungen (vgl. die in V 12 aufgelisteten Heimsuchungen).

Das Gerüst eines prophetischen Unheilswortes findet sich in 25, 8–17:

So spricht der Herr JHWH: Weil … bestimmt [so spricht der Herr JHWH]: [Siehe] … Und sie werden erkennen, daß ich JHWH bin, wenn … [alternativer Schluß: spricht der Herr JHWH].

Das Gerüst kann durch Wiederholung beliebiger Elemente (man beachte, wie sogar die Formel »So spricht der Herr JHWH« wiederholt werden kann) erweitert werden. Hier ist die Erweiterung ungewöhnlich umfangreich, besonders in B2, wo sich eine Zornwelle nach der anderen ergießt. Vgl. jedoch die ähnlichen Effekte in 23, 22–35; 29, 1–16; Ez 34 und 36. Bei solchen Akkumulationen handelt es sich um ein literarisches Stilmittel des Buches.

   Erstaunlicherweise fehlt der Prophetie eine Eröffnungsformel (z. B. »Mensch, richte dein Angesicht gegen … und prophezeie …« [6, 2; 25, 2]). Aber das gilt auch für alle Prophetien nach der ersten in Kap. 25. Dort ist der Grund klar: Die Eröffnungsformel erscheint in der ersten Prophetie der Reihe (25, 2–3) und kann deshalb in den restlichen ausgelassen werden. Hier dürfte ähnliches gelten. In 4, 3 wurde dem Propheten im Rahmen der Anweisungen für die Darstellung einer Belagerung aufgetragen, »sein Gesicht der Stadt zuzuwenden«. Dem fügt V 7 hinzu: »und mit bloßem Arm prophezeie gegen sie«. Dies entspricht der Eröffnung einer Prophetie – und zusammen mit dem abrupten Beginn der Prophetie in 5, 5 kann man vielleicht vermuten, daß die Prophetie, die der Prophet nach 4, 7 verkünden soll, mit der von 5, 5–17 identisch ist. (Es wäre in der Tat eigenartig, wenn der Inhalt der in 4, 7 angekündigten Prophetie nicht irgendwo in der Nähe genannt würde, nachdem der Prophet mehrfach ermahnt wurde, allein das zu verkünden, was ihm Gott in den Mund legt.) Die Situation von 4, 3.7 – der Prophet, der das Modell der belagerten Stadt wütend anstarrt und seinen Arm gegen sie ausstreckt – entspricht den Eröffnungsworten der Prophetie:

»Dies ist Jerusalem« (d.h. das Modell). Darüber hinaus stimmen die Themen der Prophetie – Hungertod, Zorn Gottes, Sünde des Volkes – ganz zu schweigen von der Aufteilung der »Drittel« sowie der Zerstreuung – grundsätzlich mit dem überein, was der Prophet in seinen Handlungen symbolisierte. Falls es sich bei 5,5–17 um die verbale Begleitung der Handlungen handelt (die Tag für Tag weitergingen), dann würde ihre wiederholende, sich steigernde Art durchaus dazu passen.

Wir wenden uns nun den Themen des Abschnitts zu und verschieben die Diskussion der Beziehung der neuen Berufung des Propheten zur vorhergehenden auf den Schluß.

Für die »Stummheit« des Propheten fand man verschiedene Erklärungen. Einige dachten an eine Krankheit (»Alalie«) sowie an eine katatonische Lähmung (sein Liegen auf der rechten Seite für längere Zeit). Jüngere Kommentatoren (z.B. Fohrer, Zimmerli, Wevers) sahen einen Zusammenhang mit der dem Propheten aufgezwungenen Trauer (24,17), der in diesem Zusammenhang erwähnten Stummheit (24,27) und seiner Befreiung davon, nachdem ihn die Nachricht vom Fall Jerusalems in 33,22 erreicht hatte. Dieser Abschnitt wird entweder als deplaziert bewertet, oder man sieht darin einen erdichteten Zusatz zu diesem späteren und vermutlich nur kurze Zeit andauernden Schweigen. Auf diese Weise wird das Problem einer siebenjährigen »Stummheit«, die dennoch mit prophetischen Auftritten gefüllt ist, gelöst. Aber dahinter steht eine falsche Auffassung unseres Abschnitts. Die »Stummheit« muß im Kontext des Befehls, die Türen zu schließen, verstanden werden, das Verbot zu tadeln hingegen als Reaktion und als auf Antwort auf die Zurückweisung des Propheten durch das Volk: Wie sie den Propheten zurückgewiesen haben, so zieht Gott aus ihrer Mitte die Anwesenheit des heilsamen Propheten zurück.

Die Fesselung an das Haus wird von sämtlichen Ortsangaben des prophetischen Auftretens berücksichtigt (8,1; 14,1; 20,1; 33,30). Die »Stummheit« des Propheten dauert, wie oben gesagt, bis ihn die Nachricht vom Fall Jerusalems erreicht hat. Dies stützt die Bezugnahme auf die Zurückweisungserfahrung des Propheten und läßt vermuten, daß Stummheit und Fesselung beide denselben Grund hatten und beide gleich lang dauerten. In 24,27 und 33,22 wird das Ende der Stummheit beschrieben, als würde der Mund des Propheten »geöffnet« (נפתח פה). Diese Formulierung wird durch den Ausdruck פתחון פה, wörtl. »Öffnung des Mundes« – ein spezifisch ezechielischer Ausdruck – näher beleuchtet. In 16,63 wird gesagt, daß das befreite Israel der Zukunft, wenn es sich seiner vergangenen Sünde erinnert, aufgrund seiner tiefen Erniedrigung kein פתחון פה haben wird. In 29,21 wird erneut gesagt, daß die Erfüllung von eventuell verzögerten Prophetien, Ezechiel פתחון פה verliehen werde. In beiden Fällen kann man den Ausdruck übersetzen mit: »ein Anrecht haben, gehört zu werden«. Dies entspricht der Bedeutung im späteren Mischnahebräisch »eine Gelegenheit zur Beschwerde, ein Vorwand für eine Anklage«. Besonders vielsagend ist der Kontext von 29,21: Wenn die Erfüllung einer seit längerem ausstehenden Prophetie Ezechiel eine »Öffnung des Mundes« (»ein Anrecht, gehört zu werden«) verliehen wird, kann man daraus schließen, daß der Prophet in der Zeit davor meinte, ein solches Anrecht nicht gehabt zu haben. Das ungläubige, feindselige Verhalten des Volkes »verschloß seinen Mund«. Unser Abschnitt dürfte vor diesem Hintergrund folgendermaßen zu interpretieren sein: Die extreme Verzweiflung (»Verlassenheit«) entfremdete ihn seinen Nachbarn. Er konnte nicht mehr normal mit Menschen kommunizieren (vgl. die frappanten Parallelen in Jer 15,17; 16,1) und fühlte sich insbesondere zu schwach, ihnen ihre Missetaten vor Augen zu halten – d. h. als Mahner zu handeln. Entsprechend befiehlt Gott ihm, sich in sein Haus zurückzuziehen und zu schweigen – außer um Gottesworte zu verkünden, was den unverzichtbaren Kern seiner Berufung darstellt.

Zum Zeitpunkt der Neubestimmung seiner Aufgabe wurde sein Rückzug zeitlich nicht begrenzt. Daß Ezechiel durch die Nachricht vom Fall Jerusalems sich davon befreit fühlte, scheint unsere Interpretation zu bestätigen: Diese schreckliche Übereinstimmung des Verlaufs der Ereignisse mit seinen Unheilsansagen rechtfertigte ihn, verlieh ihm plötzlich die Glaubwürdigkeit, die er sieben Jahre lang hatte entbehren müssen – gab ihm ein »Anrecht, gehört zu werden«, eine »Öffnung des Mundes«. Die Wiederherstellung der normalen Kommunikation des Propheten mit seinen Nachbarn spiegelte Gottes große Wende hin zu seinem Volk, jetzt wo sie durch die Strafe gebrochen waren. Parallel zur Befreiung von der »Stummheit« verläuft die zweite Phase seines prophetischen Auftretens – die Vorhersage der Wiederherstellung Israels. (*R. R. Wilsons*, Dumbness 1972, Versuch, diesen Abschnitt ohne die oben erwähnten radikalen Umstellungen zu interpretieren, wurde in den Kommentaren kritisiert; er ersetzt meinen älteren Versuch [Dumbness 1958]. Zur Kritik an meiner älteren Ansicht s. *G. Brin*, Studies 1975, 70–76 und *Y. Komlosh*, Ezekiel's Silence 1973; sie behalten ebenfalls die vorliegende Reihenfolge bei und interpretieren die Stummheit des Propheten ähnlich.)

Die jetzt vorgeschriebene Serie von Handlungen entspricht der Situation des Propheten. Unter einer Art Hausarrest muß er »Jerusalem« belagern. Verschiedene Aufgaben schließen sich an: Er muß lange Zeit auf der Seite liegen und darf währenddessen nur rationierte Nahrung zu sich nehmen; hernach muß er sich selbst entstellen, indem er seinen Kopf kahl schert. Eine weitere Reihe von Befehlen läßt ihn Speise auf eine abstoßende Weise zubereiten und ihn für längere Zeit auf der anderen Seite liegen. Einerseits entsprechen diese Aufgaben der erzwungenen Gefangenschaft (vgl. die unmißverständliche Bezugnahme auf 3,25 in 4,8), andererseits wird er so einer zermürbenden Konfrontation mit einer feindlich gesinnten Öffentlichkeit enthoben.

Das explizite Ziel der ersten Symbolhandlung, die Belagerung der Stadt, besteht darin, »ein Zeichen für das Haus Israel zu sein« (4, 3). Wie andere ähnliche Handlungen (die aus dem Propheten ein מופת »Omen« für das Volk machen, 12, 6.11; 24, 24.27) repräsentiert diese als ein Ereignis der Jetztzeit ein zukünftiges, jedoch unmittelbar bevorstehendes Ereignis. Ezechiel werden mehr solcher Handlungen auferlegt als jedem anderen Propheten – und die meisten beziehen sich auf eine Unheilsansage (nach G. *Fohrer*, Handlungen 1953, mußte Ezechiel zwölf Symbolhandlungen ausführen; Jeremia, sein nächster Konkurrent, hingegen nur zehn). Während sonst solche Symbolhandlungen manchmal eine magische Qualität besitzen und daher keine Zeugen zulassen (z. B. Jer 51, 63 f., die Versenkung eines geschriebenen Fluches gegen Babylon im Eufrat), wollen sie meist, und in Ezechiel immer, eine Öffentlichkeit beeindrucken (der Ausdruck אות ל »ein Zeichen für« impliziert Zuschauer; Jes 7, 14; 1 Sam 2, 34; Num 17, 3.25). In der späten Antike schien man mit diesen Handlungen Probleme gehabt zu haben – »Ein Ketzer sagte zu Rabbi Abbahu [Palästina, 3. Jh. u. Z.]: ›Dein Gott ist ein Spaßvogel: Erst befiehlt er, auf der linken Seite und dann auf der rechten Seite zu liegen!‹ (bSanhedrin 39a; der Rabbi fährt fort und interpretiert die Aufgaben als stellvertretende Sühne für die Sünde Israels – der Ketzer war vermutlich ein Christ.) Die Rationalisten im Mittelalter waren empört. Maimonides ruft aus: »Gott steht zu hoch, als daß er Seine Propheten dem Gelächter preisgibt und Narren sie verspotten dürften, indem er sie verrückte Handlungen ausführen läßt« (Führer der Verwirrten 2, 46). Er fährt fort und erklärt solche Handlungen als rein visionär. Darin folgten ihm die Kommentatoren des Mittelalters sowie einige moderne. Aber die explizite Antizipation der Reaktion der Öffentlichkeit auf solche Handlungen (z. B. Ez 12, 9) schließt es aus, sie visionär zu interpretieren. Den gegenwärtigen Konsens formuliert J. *Lindbloms*, Prophecy 1962, 172, Einschätzung der prophetischen Symbolhandlung:

Es handelt sich um ein *verbum visible*, ein sichtbares Wort … Als Wort Gottes verfügte das Wort, das ein Prophet aussprach, über eine Wirkkraft. Gleiches gilt für das sichtbare Wort … Eine solche Handlung diente nicht allein dazu, eine bestimmte Sache darzustellen oder deutlich zu machen, sondern auch dazu, diese Sache real werden zu lassen … Die Wirkung … auf die Zuschauer bestand demzufolge nicht allein darin, sichtbar darzustellen, was der Prophet sagen sollte, sondern sie davon zu überzeugen, daß die Ereignisse … wirklich eintreffen würden. Sie sollten darüber hinaus Furcht und Hoffnung erwecken … was getan wurde, verstärkte das Gesagte.

Für einfältige Zuschauer dürfte diese Einschätzung, die auf der formalen Ähnlichkeit zwischen vielen Prophetenhandlungen und der Magie beruht, zutreffen. Der Prophet, wie Lindblom zugesteht, sah darin jedoch immer Aufträge Gottes und (wie man hinzufügen muß) welche Kraft auch immer man meinte, daß sie ihnen innewohne – und es gibt keinen Beleg dafür, daß

Bedeutung prophetischer Symbolhandlungen

die Propheten ihnen irgendeine Kraft zusprachen –, sie wäre von ihrer göttlichen Herkunft hergeleitet gewesen. (S. die lange, jedoch anspruchsvolle Behandlung des Themas bei *G. Fohrer* ebd. Kap. 3–5.)

Die Reihe von Handlungen sollte von einem prophetischen Auftreten gegen das Stadtmodell begleitet werden. Oben wurde vermutet, daß es sich bei 5,5–17 tatsächlich um das »Skript« dieses prophetischen Auftretens handelt. In diesen Versen wird hauptsächlich Jerusalem angesprochen. Es begegnen nur wenige Wechsel in ein »Ihr«, womit die Bewohner der Stadt gemeint sind. Eine ähnliche Nichtachtung der eigentlichen Umgebung findet sich im nächsten – ein Aufruf an die »Berge Israels« (6,1) – sowie im übernächsten Kapitel – an das Land Israel gerichtet (7,1). Die Ältesten unter den Exulanten sitzen während der großen Tempelvision in Kap. 8–11 vor dem Propheten, aber erst hernach spricht er direkt zu ihnen. Bei Kap. 12 handelt es sich um das erste Wort, bei dem er, von außen gesehen, angewiesen wird, »vor den Augen« seiner Nachbarn zu handeln, als er aus seinem Haus auszieht und auf ihre Anfrage antwortet (zu »vor ihren Augen« in 4,12 s. die Einzelanalyse). Danach wird er regelmäßig aufgefordert, »zu ihnen zu sprechen«. Offensichtlich bezeugt dies eine schrittweise Rückkehr Ezechiels in seine Umgebung nach einer anfänglichen Periode extremer Zurückgezogenheit. Das Zurückweichen des Propheten vor der Feindseligkeit der Öffentlichkeit wird nicht nur durch die zweite Theophanie legitimiert (»komm, schließ dich in dein Haus ein«), sondern die Botschaften Gottes sind auf seine Abneigung, direkt mit dem Volk konfrontiert zu werden, abgestimmt. Ebenso wie das Zögern des Mose, seiner Berufung am Dornbusch zu folgen, eine Änderung der Beauftragung zur Folge hatte (z.B. daß Aaron ebenfalls erwählt wurde), so tragen auch die neue Theophanie in 3,22 ff. und die ersten Handlungen und Reden Ezechiels die Zeichen einer Änderung, die durch seine »Verlassenheit« verursacht wurde. Das eigentliche Ziel der ersten Berufung – »damit sie erkennen, daß ein Prophet unter ihnen war« (2,5) ebenso wie der Wächtertext – »du mußt sie vor mir warnen« (3,17) – blieb im wesentlichen unverändert und davon unberührt. Aber der Rückzug des Propheten in sein Haus und sein Abgeschnittensein von jeder normalen Kommunikation mit seiner Umgebung sind Ereignisse, die, obwohl sie durch göttliche Anordnungen legitimiert werden, verraten, daß seine eigene eingeschüchterte Persönlichkeit ebenfalls Berücksichtigung fand. Könnte es vielleicht sein, daß es sich bei der ungewöhnlichen Häufung von Selbstkasteiungen in diesem Text letztlich um eine Art Kompensation des Rückzugs aus der Auseinandersetzung mit der Öffentlichkeit handelt? Kommt hier ein unterdrückter Selbsthaß an die Oberfläche?

Die Symbolhandlungen werfen zwei Fragen auf: In welcher Beziehung stehen die Darstellung der Belagerung und das »Tragen der Schuld« zueinander? Was bedeuten die Exilssymbole an dieser Stelle?

Die erste Frage erfordert eine Klärung vorab. *G. Fohrer* ebd. 87 f. stellt die

Regel auf, daß »in der prophetischen Handlung keine doppelte Symbolik vor[liegt], etwa die der Gegenwart oder Vergangenheit und außerdem die der Zukunft, sondern stets eine einfache Symbolik wie in der magischen Handlung. Es ist stets ein bevorstehendes Geschehen gemeint.« Obwohl dies grundsätzlich zutrifft, kann dies nicht für die 390 (bzw. 190 wie in G) Tage des »Tragens der Schuld des Hauses Israel« gelten. Unabhängig davon, welcher Lesart man folgt, diese Zahl repräsentiert in erster Linie vergangene Jahre (entweder der Sünde – ganz Israels, oder der Strafe – das Exil des Nordreichs). Wenn es von Bedeutung ist, daß beide Handlungen gleichzeitig stattfinden, dann fanden die Jahre der Sünde des Volkes (im Anschluß an die 390 des M) und die zornige Belagerung Jerusalems durch Gott parallel statt. Das wäre dann die Bedeutung des Prophezeiens gegen die belagerte Stadt, während er auf der Seite liegt und »die Schuld trägt«. Aus dem Blickwinkel des Propheten bedeutet das, daß die Sünde ebenso wie Gottes Belagerung schon mehrere Jahrhunderte andauerten und weitergehen würden, bis die bestimmte Zeit in der Zukunft erfüllt sei (insgesamt 390 Jahre), wenn die Stadt zerstört, ihre Bevölkerung vernichtet oder zerstreut würde. Da die Erfüllung dieser Frist noch ausstand (die nahe Zukunft muß gemeint sein), kann man unmöglich exakt bestimmen, wann sie begann, aber in jedem Fall muß es weit zurück in der Vergangenheit liegen.

Dieses Bild kann allein Lev 26,14–39 zum Vorbild haben. Dieser Text, der dermaßen viele Parallelen in Sprache und Inhalt zu Ez 4–5 bereithält, gehört zu den »Bundesflüchen« des Pentateuch (אלות הברית, Dtn 29,20), die Gesetzessammlungen (= Vertragsbedingungen für Gottes Bund mit Israel) abschlossen. Die Ähnlichkeit zu Sanktionierungen, die im Alten Orient Gesetzessammlungen und internationale Verträge bekräftigten, ist bekannt (*D. R. Hillers*, Treaty-Curses and the Old Testament Prophets, Rom 1964; *M. Weinfeld*, Deuteronomy 1972, 116–57). Wie sehr diese Sanktionen die tatsächlichen Geschehensabläufe der Menschen in der Antike beeinflußten, wird in einem Abschnitt aus den Annalen Assurbanipals deutlich. Er beschreibt die Verwüstung, die er über die aufständischen Araber brachte, indem er schreibt:

Bezug zu den »Bundesflüchen« Lev 26,14–39

Irra, der Krieger (d.h. die Pest) streckte Uate' [den arabischen König] und seine Armee nieder, die die Eide, die sie mir geschworen hatten, nicht hielten ... Eine Hungrsnot brach unter ihnen aus, und sie das Fleisch ihrer Kinder gegen ihren Hunger. Assur, Sin Schamasch, [usw.] ... legten ihnen alsbald all die Flüche auf, die einzuhalten sie geschworen hatten ... Immer wenn die Bewohner Arabiens sich fragten: »Weshalb sind diese Katastrophen über Arabien hereingebrochen?«, (antworteten sie:) »Weil wir nicht die feierlich bei Assur (geschworenen) Eide gehalten haben, weil wir die Freundlichkeit Assurbanipals beleidigt haben. (ANET 299–300)

Von der gleichen Denkweise ist auch Ez 4–5 durchdrungen. Wir merken an, wie insbesondere die Drohung von Lev 26,25, »Ich werde über euch ein

Schwert bringen als harte Vergeltung für den [Bruch des] Bund[es]«, wiederholt in Kap. 5 aufgegriffen wird: Was in Lev 26 eine hypothetische Drohung darstellt (»Wenn du meine Urteile zurückweist ...«), ist hier die sichere Vorhersage eines kommenden Unheils.

Was Lev 26 von anderen Reihen von Bundesflüchen (z. B. Dtn 28) unterscheidet, ist die Schilderung der fortdauernden Sünde, unterbrochen durch gestufte, sich steigernde Strafen (auf die Nähe zu Am 4,4–12 hat *H. G. Reventlow,* Das Amt des Propheten bei Amos, Göttingen 1962, 75 ff. hingewiesen; ausgebaut wurde dies von *W. Brueggemann,* Amos IV 4–13 and Israel's Covenant Worship: VT 15, 1965, 1–15, dort der Verweis auf Reventlow). Lev 26,14–17 sehen Plagen, Schikanen und Vernichtung voraus; V 18–20 – Dürre und das Ausbleiben der Ernte; V 21–22 – Heimsuchung durch wilde Tiere; V 23–26 – Belagerung und Hungersnot; V 27–33 – Kannibalismus, Verwüstung, Besetzung, Zerstreuung der Überlebenden und ihre Verfolgung durch das Schwert (ein Thema, das in V 36 f. weitergeführt wird). Sünde und Strafe finden gleichzeitig statt, werden miteinander verwoben und dargestellt, als würden sie für lange Zeit fortdauern, um allein mit der Verwüstung des Landes und dem Exil der Überlebenden zu enden. Für jemanden, der mit der Geschichte Israels, wie sie beispielsweise in den Königebüchern beschrieben wird, vertraut war, war es leicht, die Geschichte mittels dieses Schemas wahrzunehmen. Nicht nur die Schriftpropheten, sondern auch Elija und Elischa lebten in Zeiten von Dürre, Plagen und Invasionen. Die erste aufgezeichnete Invasion während der Königszeit war die Schischaks von Ägypten (ca. 925 v. u. Z.) – wie jedes nachfolgende Unheil wurde sie als Sündenstrafe verstanden. Den Königebüchern zufolge begann die Sündenzeit Israels mit der Errichtung des Tempels (ca. 970 v. u. Z.) und der Unterlassung, dem fortwährenden Kult auf den Höhen ein Ende zu bereiten (vgl. z. B. 1 Kön 14,23 und s. Ez 20,27–29 sowie die Einzelanalyse dort). Das ergibt in etwa 390 sündige Jahre, wenn man den Zeitpunkt (der Zerstreuung) ein wenig von dem Moment wegrückt, als Ezechiel die Symbolhandlung ausführte (970 minus 390 = 580; die traditionelle talmudische Länge für die Zeit des ersten Tempels beträgt 410 Jahre [LevR 21,9 zu Lev 16,3 בזות]). Wenn in Ezechiels Symbolhandlungen die Belagerung und das »Tragen der Schuld« ineinander verwoben sind, dann wird die Zeit des ersten Tempels als eine einzige Periode des Zorns dargestellt, in der Sünde und Strafe nebeneinander verliefen. Prinzipiell, wenn auch nicht vollständig, stimmt dies mit der nachfolgenden Beschreibung der Geschichte Israels in Kap. 16 und bis zu einem gewissen Grad auch mit Kap. 20 und 23 überein.

Das »Tragen der Schuld« Was kann in diesem Zusammenhang das »Tragen der Schuld«, während der Prophet auf der Seite liegt, bedeuten? Eine der ältesten überlieferten Interpretationen ist die polemische, die im Talmud genannt wird (s. o.) – daß der Prophet einen Teil der Sünde Israels gesühnt habe, indem er diese Bürde auf sich genommen habe (man spürt die Analogie zum Sündenbock).

Nach einer anderen alten Meinung repräsentierte der Prophet das Leiden Gottes an der seit Jahrhunderten andauernden Frechheit Israels (Raschi). Daß ein Prophet in einer Symbolhandlung Gott repräsentieren soll, ist ungewöhnlich, aber Hosea scheint mit seiner Heirat eine ähnliche Rolle zu verkörpern. (Indem Ezechiel mit ausgestrecktem Arm gegen die Stadt prophezeit, handelt er als Repräsentant Gottes, aber das entspricht nur seiner üblichen Rolle; er ist der Bote Gottes.) Vielleicht besteht die einfachste Deutung darin, daß er Israel, das für seine Frevel während der Zeit der Sünde leidet, repräsentiert. Indem er sich niederlegt, repräsentiert er ein zerschundenes, bedrängtes, geschwächtes Objekt des Zorns.

Die zwei Exilssymbole, die in diesem Text begegnen, dürften sekundär eingearbeitet worden sein. Das Liegen auf der rechten Seite für vierzig Tage, »tragend die Schuld des Hauses Juda«, ist zwar dem Vorhergehenden formal ähnlich, weicht aber aufgrund des Inhalts ab. Es scheint sich um einen Nachtrag zu handeln, eine Nachahmung der vorhergehenden Handlung. Bisher wissen wir nicht, wie wir dieses Symbol besser situieren können. Die Aufforderung, unreine Speise zu essen, der sich daran anschließende Dialog und die Interpretation der Handlung durch Gott sind dem Belagerungs- und Sündenkontext sowohl hinsichtlich der Form als auch hinsichtlich des Inhalts fremd. »Vor ihren Augen« in V 12 hat hier keine Parallele (weshalb das »ihre« kein eigentliches Bezugswort hat); es verweist auf die Symbolhandlungen von Kap. 12, in deren Anweisungen dieser Ausdruck oftmals belegt ist (12,2.3[2×].4[2×].5.6.7). Dennoch kann man nicht behaupten, das Symbol der unreinen Speise gehöre zu Kap. 12, denn letzteres beschreibt das Exil des Königs und seines Gefolges, ersteres hingegen die Exilssituation der gesamten Gemeinschaft. Das Liegen auf der Seite (das die Lähmung der Exulanten repräsentiert) und das Essen unreiner Speise (während des Liegens?) werden zu einem verständlichen Symbol mit einander kombiniert, aber es besteht keinerlei Gewißheit, daß die beiden von Anfang an zusammengehörten. Auch findet sich kein Hinweis auf ihren ursprünglichen Kontext. Die vorliegende Situation dürfte das Ergebnis einer redaktionellen Entscheidung darstellen und auf äußeren Ähnlichkeiten mit dem Hauptteil der Symbolhandlungen zurückgehen.

Bei der letzten Symbolhandlung – dem Scheren des Kopfhaars – handelt es sich wie beim Verzehr der Buchrolle (2,8ff.) um die Konkretisierung einer Redewendung – dieses Mal aus Jes 7,20. Wie das Gras (Ijob 5,25) symbolisiert das Haar eine große Menge (Mt 10,30; mNazir 1,4 [|| Staub, Sand]), aber aufgrund seines Wachstums auch Lebenskraft (*R. Dentan*, IDB, Art. »hair«). Das rituelle Scheren des Haars symbolisiert den Verlust der Lebenskraft bzw. der Personalität (*T. H. Gaster*, Myth 1969, 437–438). Entsprechend liegt es nahe, das Haar wie hier als Symbol für den Menschen zu verwenden. Eine dreifache Auslese begegnet erstmals in der Beauftragung des Elija (1 Kön 19,17), wo die Betonung auf dem Überleben eines Restes liegt.

Sekundäre Einarbeitung der Exilssymbolik

Schersymbolik

Hier liegt der springende Punkt darin, daß das Unheil einige der Überlebenden selbst im Exil erreichen wird. Die besondere Behandlung des letzten Drittels scheint Deutero-Sacharja 13,8f. inspiriert zu haben, was somit die älteste Bezeugung und Interpretation unserer Stelle darstellt:

Im ganzen Land – spricht JHWH –
Werden zwei Drittel ausgerottet werden und umkommen;
Nur ein Drittel wird in ihm überleben.
Und ein Drittel werde ich durch das Feuer schreiten lassen,
Es läutern, wie man Silber läutert ...

In Sacharja resultiert die Reinigung des letzten Drittels (= Ezechiel) in einem geläuterten Rest (= Elija [Jesaja]). Zu Ezechiels spezifischer Deutung des Rest-Gedankens s. die Gesamtauslegung zu 6,8–10. (Der Vergleich von Ez 5,1–4 mit dem dreifachen Handeln des Mose bei der Zerstörung des Goldenen Kalbs durch E. J. *Smit*, Concepts 1971, 46–50, führt nicht weiter.)

Maimonides war vielleicht der erste, der auf den Widerspruch zwischen dem Befehl, das Kopfhaar zu scheren, und dem priesterlichen Verbot, derartiges zu tun, hingewiesen hat (Lev 21,5 und Ez 44,20). Hier existiert eine Analogie zur notwendigen Selbstverunreinigung des Propheten durch unreine Speise. Vielleicht ist es charakteristisch für das Alter unseres Textes, daß der Prophet nicht gegen das Scheren protestiert, wohingegen der Protest gegen die unreine Speise ein Zeichen dafür sein könnte, daß dieser Text jünger ist. All diesen Symbolhandlungen ist gemein, daß sie für den Propheten eine Qual darstellen – knapp bemessene Nahrung, lang andauernde Unfähigkeit, sich zu bewegen, Herabsetzung durch das Kahlscheren des Kopfes (vgl. 2 Sam 10,4f.). Mit Blick auf die mehrdeutige Rolle des Propheten im Rahmen dieser Handlungen – einmal scheint er das Volk zu repräsentieren, dann Gott, dann sich selbst – ist man geneigt, in den Symbolen eine Mischung der Identifikation mit dem unmittelbar bevorstehenden Leid des Volkes (wir können uns vorstellen, wie der Prophet immer mehr dahinsiechte, während die Monate vergingen), mit dem Mitgefühl für Gottes Leidenschaft sowie mit einem gegen sich selbst gerichteten Zorn, den er über das ihm feindlich gesinnte Volk empfand, weil es ihn zwang, sich zurückzuziehen, zu verstehen.

Ez 5,5–17 und Lev 16 In der Prophetie 5,5–17, die, wie wir oben vermuteten, das »Skript« der Prophetie, auf die in 4,7 angespielt wurde, darstellt, sind die Berührungen mit Lev 26 am deutlichsten (mit Ausschmückungen aus Dtn 32 gegen Ende). Es läßt sich kein besseres Beispiel für den Zusammenhang der prophetischen Unheilsansagen mit den Bundesflüchen finden: Was in letzteren eine Drohung darstellt, die abhängig ist vom Bundesbruch, wird hier zur sicheren Vorhersage aufgrund bereits geschehenen falschen Handelns. Alles spricht dafür, daß Ezechiel von Lev 26 abhängig ist. Lev 26,29 droht dem Volk mit

Kannibalismus der Väter an ihren Söhnen. Ezechiel 5,10 greift dies auf und sagt in einzigartiger Weise einen Kannibalismus der Söhne an ihren Vätern vorher (vgl. die Einzelanalyse zu V 10). Lev 26,15 beschreibt den Frevel Israels als »Nichtbeachtung der Gesetze und Urteile« Gottes. Ezechiel nimmt diese Redewendung auf (5,7), aber steigert sie, indem er hinzufügt: »noch nicht mal die Gesetze der Heiden beachteten sie«. Was ist plausibler: Ezechiels Aussagen als übersteigerte Ausweitungen von Lev 26 zu verstehen oder Lev 26 als Abschwächung Ezechiels (warum sollte dies geschehen sein)?

In 5,5–10 liegt die Betonung auf dem rechten Maß, das, wenn es auch in Lev 26 nicht gänzlich fehlt (s. bes. V 15–35), hier weiter entwickelt zu sein scheint. Israel war schlimmer als die Nationen, entsprechend wird Gottes Strafe schlimmer sein als jede andere, die er bisher verhängt hat. Israel führte die Urteile Gottes nicht aus, entsprechend wird Gott an ihm Urteile ausführen. Selbst die Innovation eines Kannibalismus der Söhne an ihren Vätern entspricht dem Bemühen um Ausgeglichenheit. Der wiederholte Gebrauch von »Ich für meinen Teil« (einmal in Lev 26, nämlich in V 24) unterstreicht Gottes Absicht, seine Handlungen denen des Volkes entsprechen zu lassen.

Der zweite Abschnitt der Prophetie beginnt (V 11) mit einer Bezugnahme auf die Verunreinigung des Heiligtums – die in Lev 26 nicht erwähnt wird und durch die besonderen Ereignisse bedingt ist – als Ursache der endgültigen Bestrafung, Vernichtung und Zerstreuung. Daß Gottes Zorn unerbittlich ist, wird durch die doppelte Zurückweisung jeder Form des Mitleids angezeigt. Auf die Interpretation des Umgangs mit den Haaren, der beschrieben wird als das Loslassen und Abschwächen von Gottes Zorn, folgen zwei Abschnitte, in denen gehäuft Begriffe des Unheils und des Zorns begegnen. Im ersten Abschnitt nimmt das Thema der öffentlichen Schande Israels das Nationen-Motiv aus dem ersten Teil der Prophetie wieder auf. Von hier an begegnet es durchgängig innerhalb des Buches als Zeugnis der schweren Verletzung des Nationalstolzes, die der Prophet aufgrund der Zerstörung Jerusalems empfand. Beim letzten Abschnitt handelt es sich um eine eher inkohärente Ansammlung von Drohungen (aus Lev 26 und Dtn 32), die jetzt in Vorhersagen umgewandelt werden. Der Zorn wird auf diese Weise auf den Weg gebracht – ausgelöst, so ist zu erinnern, durch die Erwähnung der Verunreinigung des Heiligtums zu Beginn des Abschnitts. Die Erwähnung »all deiner Greuel« verlangt daher nach einer Spezifizierung, obwohl erst in Kap. 8–11 das Vergehen ausführlich beschrieben wird.

Der unergründlichen Schuld des Volkes und dem unbarmherzigen Zorn Gottes darüber wird somit in der allererersten Anrede Jerusalems emphatisch Ausdruck verliehen.

Einzelanalyse: sprachliche und literarische Aspekte

Hand. S. die Einzelanalyse zu 1, 3. V 22

Ebene (בקעה). Wörtl. »Kluft, Öffnung«; eine geographische Bezeichnung für ein von Hügeln umgebenes Tal, die auch auf weite Täler wie das des Jordan bei Jericho (Dtn 34, 3) und sogar wie hier auf die weite Ebene des Eufrat in Babylonien angewandt wird (Gen 11, 2; in diesem Sinn dient der Begriff in Jes 40, 4 als Synonym zu מישור »Flachland«); s. *G. A. Smith*, Historical Geography of the Holy Land, London [25]1931, 385.684 f. G übersetzt den Begriff gewöhnlich mit πεδίον »Ebene«. An dieser Stelle sah der Prophet später die Vision von den Totengebeinen (37, 1 ff.). Offensichtlich unbewohnt, eignete sich die Ebene für eine nur für den Propheten bestimmte, göttliche Vision.

die Herrlichkeit ... wie die Herrlichkeit. Bezieht sich der Vergleich allein V 23 auf die leuchtende menschliche Gestalt (die in 1, 28 כבוד יהוה genannt wird) oder auf die Kombination von thronender menschlicher Gestalt und ihren Trägern, wie der Begriff כבוד in 43, 2 meint (»die Herrlichkeit ... ihr Geräusch war wie das eines tiefen Meeres« – eine Anspielung auf den Lärm, den die geflügelten Träger verursachen; vgl. 1, 24)? *D. H. Müller*, Ezechiel-Studien 1894, 27 f., vermutete, daß unser Text mit seiner Näherbestimmung »wie die Herrlichkeit ... am Fluß Kebar« sich allein auf die menschliche Gestalt beziehe, da, wenn wie in Kap. 43 das Ganze gemeint ist, der Vergleich lautet: »die Erscheinung (מראה) ... am Fluß Kebar« (43, 3). Vgl. die Diskussion zur Mehrdeutigkeit desselben Ausdrucks in 8, 4, wo eine Unterscheidung nur schwer möglich ist.

schließe. T übersetzt »verstecke« in Anspielung auf Jes 26, 20 (»Geh, mein V 24 Volk, betrete deine Kammern / Und schließe die Türen hinter dir. / Verstecke dich für kurze Zeit, / Bis die Empörung vorbei ist.«) und suggeriert so, daß der Prophet sich vor einer ihm feindlich gesinnten Umgebung zurückzog. S setzt ein Derivat der Wurzel חבש ein, von dem auch ihre Übersetzung der »Belagerung« in 4, 3.8; 5, 2 abgeleitet wird. Auf diese Weise wird auch die Absonderung des Propheten auf die folgenden Symbolhandlungen bezogen.

sie legen. Das Suffix der 3. Person Plural in בותכם »unter sie« verlangt, V 25 daß die Verben als 3. Person Plural Aktiv und nicht als Passiv verstanden werden (z. B. »Stricke wurden angelegt« usw.). Zwar kann die wörtliche Bedeutung nicht ausgeschlossen werden (vgl. Jer 20, 2; 29, 26; 37, 21), aber gemeint sein dürfte eher: Die öffentliche Zurückweisung dir gegenüber ist derart groß, als seist du von der Straße vertrieben in deinem Viertel gefangen worden.

Gott antwortet auf die Zurückweisung des Propheten durch das Volk, in- V 26 dem er Ezechiels Zunge bindet (נאלמת »du sollst stumm sein« von אלם »binden«) und ihm verbietet, die Rolle eines Mahners – jemand, der Missetäter ob ihres Frevels tadelt und sie zur Besserung auffordert – zu erfüllen. Ein öffentlicher Zensor – »der Mahner im Tor« – wird in Am 5,10 und Jes 29,20 f. erwähnt. Mehr ist über ihn nicht bekannt, und es ist nicht klar, ob er eine offizielle Position bekleidete (so *M. H. Segal*, Prophet 1957, 150 ff.). Er war offensichtlich auf kommunaler Ebene für die Durchsetzung der Verfügung von Lev 19,17 verantwortlich: »Du mußt deinen Nachbarn ermahnen und nicht seinetwegen Schuld auf dich laden« (zu dieser Interpretation des letzten Satzes s. G S T). Klugheit zügelt den Eifer des Mahners in Spr 9,7 f.: »Wer einen Spötter zurechtweist oder einen Frevler für seinen Makel tadelt, lädt dazu ein, selbst beschimpft zu werden.« Hier wird der Mahnung durch ein moralisches Motiv Einhalt geboten: Das Volk verdient es nicht, denn sie sind ein widerspenstiges Haus.

Die Spannung zwischen dieser Verhinderung einer öffentlichen Mahnung und der Berufung des Propheten, das Volk zu warnen, führte *R. R. Wilson*, Interpretation 1972, 91 ff., dazu, eine Bedeutung »Fürbitter« für מוכיח zu postulieren. Der Begriff hat nirgends diese Bedeutung, sondern allein »Mahner«, »Schiedsmann« oder »Richter«.

V 27 Nur wenn Gott den Propheten mit einer Botschaft für das Volk betraut, darf er sprechen und dann auch nur, um die Botschaft zu übermitteln. Ein neuer Aspekt von 2,4 und 3,4.

In 24,27 wird dem Propheten gesagt, daß sein Mund bei der Ankunft der Nachricht vom Fall Jerusalems geöffnet würde, er (frei) sprechen könne und nicht mehr stumm sein werde. In 33,22 wird dieses Geschehen berichtet, »und ich war nicht mehr stumm«. Zimmerli interpretiert diesen Text im Licht der beiden anderen und versteht das »wenn ich zu dir spreche« nicht in einem iterativen (»jedesmal wenn«), sondern einem temporalen Sinn (»dann wenn«); der Widerspruch zwischen dem Befehl, stumm zu sein – was in dieser Lesart vom Beginn seines Auftretens bis zum Fall Jerusalems dauert – und all seinem prophetischen Auftreten dazwischen (vgl. z. B. explizit 11,25), wird mittels der Annahme beseitigt, unser Text sei sekundär und müsse daher nicht gänzlich ernst genommen werden.

Sicherlich steht unser Text in einem gewissen Zusammenhang mit 24,27; 33,22, aber Zimmerlis exegetische Schlußfolgerungen sind nicht zwingend. Hier wird gesagt, daß wenn Gott zum Propheten spricht, sein Mund geöffnet und er sagen wird: »So spricht JHWH«; in Kap. 24 und 33 wird gesagt, daß der Mund des Propheten, als ihn die Nachricht vom Fall Jerusalems erreichte, geöffnet wird bzw. wurde und er nicht länger stumm sein werde bzw. war – d. h. seine Stummheit kehrte hernach nicht mehr zurück. Das ist nicht dasselbe. Hier bezieht sich Gottes Rede auf Orakel im allgemeinen, wie durch das folgende »So spricht JHWH« deutlich wird, das sich auf die Übermittlung der Gottesrede an das Volk bezieht; dort richtet sich die Gottesrede (in Kap. 24) allein an den Propheten mit Blick auf das Ende seiner »Stummheit«, und die Erfüllung (in Kap. 33) wird nicht öffentlich gemacht (es gibt dort kein »so spricht JHWH«). Darüber hinaus wird hier keine zeitliche Begrenzung der »Stummheit« erwähnt (kein Äquivalent zu »nicht mehr taub sein« in Kap. 24 und 33). Schließlich muß es sich beim Inhalt des »So spricht JHWH« um eine Unheilsansage handeln – weshalb es fraglich ist, ob die Zuhörer es akzeptieren werden (»der, der hört, wird hören« usw.); eine solche Botschaft wäre aber nach dem Fall der Stadt sinnlos gewesen. Daraus ist zu schließen, daß 24,27 und 33,22 sich zwar auf unseren Text beziehen, unser Text jedoch nicht auf diese anspielt. »Wenn ich zu dir rede« bedeutet: »jedesmal wenn«. In den Zeiten zwischen der Anrede durch Gott und der nachfolgenden Befähigung des Propheten, sie weiterzugeben, blieb er stumm. Diese Rückfälle in die Stummheit hörten endgültig auf, als die Nachricht vom Fall Jerusalems eintraf. Es besteht kein Widerspruch zwischen unserem Text und dem Rest des Buches. Zur Bedeutung der »Stummheit« s. die Gesamtauslegung.

Ziegel. Hebr. לבנה, akkadisch *libittu* »sonnengetrockneter Ziegel«, ein in 4,1 ganz Mesopotamien, Palästina und Ägypten verbreitetes Baumaterial. Der Prophet sollte eine Zeichnung oder vielleicht eine Karte (vgl. ANEP Abb. 260) Jerusalems in den Ziegel einritzen, bevor dieser hart wurde, so wie oftmals Königsnamen auf Ziegel gepreßt wurden, bevor diese gebrannt wurden (vgl. ANEP Abb. 253).

Belagere. Die verschiedenen folgenden Verben, die die Stufen der Belagerung näher bestimmen, lassen vermuten, daß der Prophet eher Modelle von Belagerungsmaschinen herstellen sollte, als diese auf den Ziegel zu zeichnen. דיק ist mit akkadisch *dāiqu* »Belagerungsmauer« verwandt (CAD; vgl. 2 Kön 25,1 [= Jer 52,4] דיק סביב »ein דיק ringsum«). G. R. Driver, Ezekiel 1954, 147 f., meint, daß beide Begriffe »Wachturm« bedeuten (syrisch *daq* »wachen«) – der obere Teil eines Rammbocks (s. z. B. Y. Yadin, The Art of Warfare in Biblical Lands, 2 Bde., New York 1963, Bd. 2, 390 f.) –, aber dann muß er es in den Plural korrigieren (bzw. als Plural übersetzen) in Angleichung an כרים »Rammböcke« am Ende des Verses, und er kann nicht erklären, warum es von כרים getrennt wurde. סללה bezeichnet den Erdwall oder die Rampe, auf der Rammböcke vorwärtsgestoßen wurden; zum Verb שפך »ausgießen« vgl. akkadisch a[ra]mmu ina šipik epri iṣṣe u abne ... [ušakbis] »[Ich ließ (meine Männer) eine Rampe aus Erde, Holz und Steinen [aufwerfen]« (Esarhaddon, zitiert in CAD 4, 188, Sp. a, Ende). Zu מחנה s. die Einzelanalyse zu 1,24. כרים »Rammböcke« (Lateinisch *aries*) sind auf assyrischen Reliefs oftmals dargestellt (ANEP Abb. 367, 369); s. die Diskussion bei Y. Yadin, EM 5, Art. נשק, Sp. 967–72 mit Zeichnung.

eisernes Backblech. Eine unüberwindbare Barriere, die die totale Trennung der Beziehung zwischen Stadt und Gott repräsentiert (vgl. Klgl 3,44: »Du hast dich in eine Wolke gehüllt, so daß kein Gebet hindurchdringen konnte«); vgl. auch: »R. Eleazar sagte: Seitdem der Tempel zerstört ist, hat eine eiserne Mauer Israel von seinem Vater im Himmel abgeschnitten, wie gesagt wurde: ›Du, nimm ein eisernes Backblech‹« (bBerakhot 32b). Andere haben darin vor dem Hintergrund von Jes 59, 2 ein Symbol der Sünde gesehen: »Aber eure Vergehen waren eine Barriere zwischen euch und eurem Gott.«

Wende (הכן) *dein Gesicht ihr zu.* Hierbei handelt es sich um eine intensivierte Form des Ausdrucks »Richte (שׂים) dein Gesicht in Richtung« (6, 2; 13, 7; 21, 2.7 u. ö.), ein Befehl, der oftmals einer prophetischen Strafpredigt vorausgeht. Indem der Prophet wütend auf einen (oder in Richtung eines) Gegenstand(es) starrt, repräsentiert er Gottes finstere Absicht gegen diesen. Dies wird noch deutlicher in V 7, wo der Prophet aufgefordert wird, nicht nur »sein Gesicht zu richten« gegen die belagerte Stadt, sondern »gegen sie zu prophezeien«. (Eine derart physische Symbolisierung findet sich im Gottesdienst Israels: Wenn Daniel im Exil betet, wendet er sich Richtung Jerusalem [Dan 6, 11].)

ein Zeichen. Die von Ezechiel gespielte Belagerung ist ein Vorzeichen von Israels Schicksal.

V 4   *linke Seite.* Da die linke Seite Unheil bedeutet (vgl. Gen 48, 17; Koh 10, 2), reicht dies als Begründung für die Wahl der linken Seite, um »Schuld zu tragen«; s. jedoch die Einzelanalyse zu V 6.

lege … Schuld tragen. Vgl. Lev 16, 21 f.: »[Der Priester] soll sie [die Vergehen Israels] auf den Kopf des Ziegenbocks legen … und der Ziegenbock wird all ihre Schuld auf ihm in ein unzugängliches Land tragen.« Die Übernahme anderer traditioneller Formulierungen durch Ezechiel läßt Vorsicht walten, den traditionellen Sinn mit dem seinen gleichzusetzen, obwohl die ältere Verwendung von נשׂא עון – insbesondere die priesterliche – aufschlußreich ist. Zusätzlich zur eben zitierten Stelle ist anzumerken, daß Priester »die Schuld Israels tragen«, um so für sie Sühne zu erwirken (Ex 28, 38; Lev 10, 17); darüber hinaus »trägt (d. h. erträgt) Gott Schuld«, d. h. er nimmt davon Abstand zu strafen. Aber עון bedeutet auch »Strafe« (als Folge der Schuld), und der Ausdruck begegnet dementsprechend auch in der Bedeutung »Strafe erdulden«, besonders in Num 14, 33 f., wo Israel »seine Strafe für vierzig Jahre erdulden muß«, entsprechend der Anzahl der Tage – vierzig Tage –, die sie das Land erforscht haben: »ein Jahr für einen Tag, ein Jahr für einen Tag«; im Licht des nächsten Verses ist diese Stelle für den vorliegenden Kontext von besonderer Bedeutung (s. die Gesamtauslegung).

Hauses Israel. Bis hierhin (3, 1.7.17; 4, 3) schloß dieser Begriff ganz Israel ein. Einzig der Gegensatz zum »Haus Juda« in V 6 weist darauf hin, daß hier allein das Nordreich gemeint ist (so erneut nur in 9, 9 und vielleicht 37, 16).

V 5   *Ich verwandle … Jahre … in … Tage.* Eine treffliche Umkehrung von Num 14, 33 f., wo Tage (der Schuld) in Jahre (der Bestrafung) verwandelt werden.

Zur Zahl 390 s. die Einzelanalyse zu V 6.

V 6   *zum zweiten Mal.* Wie Jos 5, 2 zeigt (»beschneide die Israeliten erneut, zum zweiten Mal«), kann שֵׁנִית eine nichtidentische Wiederholung bezeichnen: In Josua ist gemeint, daß die zweite Generation genauso beschnitten sein soll wie die erste; hier, beginne mit einer neuen Periode, auf deiner rechten Seite zu liegen (mit vielleicht neuen Symbolen), nachdem du die Periode auf deiner linken Seite vollendet hast. Die spezifische Bedeutung von שֵׁנִית (das Wort fehlt in G) dürfte sein: Beginne von vorn. Dies ist ein versteckter Hinweis darauf, daß das »Hinlegen« nun anders verläuft – dem ist in der Tat so, denn nun muß der Prophet liegen auf seiner –

rechten Seite. Zusammen mit dem unerwarteten »Haus Juda« (das eine Korrektur des allgemeinen Verständnisses von »Haus Israel« in V 4 erfordert) indiziert rechts wie in 16,46 den Süden: Sodom liegt rechts (südlich) von Jerusalem. Dies macht umgekehrt eine Neuinterpretation der Richtung links in V 4 als Norden notwendig – erneut wie in 16,46: Samaria liegt links (nördlich) von Jerusalem.

vierzig Tage ... Eine Aufnahme von Num 14,34, die diesem Vers näherkommt als V 6, allerdings mit derselben Umkehrung der Jahre in Tage.

Die Versuche der antiken und mittelalterlichen Ausleger, die Zahlen in V 5 und V 6 sowie den Ausdruck נשָׂא עָוֹן in beiden Versen innerhalb eines einzigen Bezugsrahmens zu interpretieren, sind gescheitert. Versteht man עָוֹן als »(vergangene) Schuld«, funktioniert dies einigermaßen in V 5: Rechnet man von Ezechiel 390 Jahre zurück, so gelangt man an den Anfang des 10. Jhs. v. u. Z., ungefähr in die Zeit, als der Tempel errichtet wurde – vielleicht war dies für Ezechiel der Beginn einer Epoche. Diese Epoche war dann (in dieser Interpretation) vollkommen der Sünde verfallen. Aber diese Auslegung stößt auf eine unüberwindbare Schwierigkeit in den vierzig Jahren Judas; denn von welchem Zeitpunkt aus sollte man (allein!) vierzig Jahre der Schuld für das Südreich zählen? Kein Vorschlag überzeugt; und wenn im Licht des »Hauses Juda« das »Haus Israel« allein das Nordreich meint, entzieht sich die Zahl 390 jedweder Erklärung.

Versteht man עָוֹן als »Strafe«, so funktioniert dies einigermaßen für Juda (vgl. 29,11–13, ein vierzigjähriges Exil, das Ägypten auferlegt wird) – der Prophet könnte gut eine solche »Wüstenzeit« für seine frevlerischen Landsleute im Blick gehabt haben. Aber es ist bisher nicht gelungen, ein 390jähriges Exil für das Nordreich plausibel zu machen (selbst wenn man die letzten vierzig Jahre gleichzeitig mit denen Judas laufen läßt und es so auf 350 Jahre reduziert).

Zusätzlich zu den schwerwiegenden Unstimmigkeiten zwischen diesen Zahlen und jeder historischen Realität (bei einer eindimensionalen Interpretation) scheint V 9 allein eine einzige Periode des Liegens auf der Seite zu berücksichtigen, nämlich die von 390 Tagen. Was ist mit den vierzig Tagen Judas?

G liefert verschiedene Zahlen, die signifikant von M abweichen und leicht mit einer einzigen Interpretation erklärt werden können: Der Prophet liegt

150 Tage auf seiner linken Seite, 40 auf seiner rechten – ergibt insgesamt 190 Tage für »ihre zwei (!) Vergehen« (eine unmögliche Übersetzung von שני עונם). Versteht man עון als »Strafe«, meint dies, daß Judas Exil vierzig Jahre dauert, Israels 150: 110 Jahre vor dem Exil Judas (z. B. 590 v. u. Z. + 110 = 700 v. u. Z), dann zusammen mit dem Judas, die beide zusammen aufhören (d. h. bis etwa um 550 v. u. Z.). In V 9 beträgt »die Zahl der Tage, die du auf deiner Seite liegst«, zu Recht 190. G fußt offensichtlich auf einem durchdachten System, aber gerade diese Durchdachtheit und insbesondere die erzwungene Interpretation des שני עונם, auf der es basiert, läßt vermuten, daß es künstlich erdacht ist.

(Wie Freedman beobachtet, zeigen die Zahlen in G eine »erstaunliche Nähe« zu ähnlichen Zahlen in der Sintfluterzählung: Vierzig Tage regnet es [Gen 7,12.17], und 150 Tage »schwoll« das Wasser über dem Land an [7,24]. Die Ähnlichkeit ist umso auffallender, wenn *U. Cassuto*, From Noah to Abraham [Hebräisch], Jerusalem 1959, 67 [zu 7,24], richtig errechnet, daß die 150 Tage die vierzig beinhalten, so daß die Periode des »Anschwellens« nach dem Regen 110 Tage beträgt.)

Die Schwierigkeiten der V 4–6 in M entsprechen den Schwierigkeiten der Interpretation aller Symbolhandlungen von Kap. 4 unter einer einzelnen Überschrift (s. die Gesamtauslegung).

V 7   *mit deinem bloßen Arm.* »Weil derjenige, der jemandem einen Schlag versetzen oder der entschlossen kämpfen will, seinen Arm von Kleidung entblößt; vgl. ›JHWH hat seinen heiligen Arm entblößt‹ (Jes 52,10)« (Kimchi). In dieser Geste erreicht die Repräsentation Gottes als Feind durch den Propheten ihre größte Klarheit. Vgl. Jer 21,5: »Ich [JHWH] werden gegen dich kämpfen, mit ausgestreckter Hand und mächtigem Arm, mit Zorn, Grimm und großer Wut.«

Die Verse 7–8 zeigen, daß die Belagerung Jerusalems, das Liegen auf der Seite (sic! man beachte den Singular und die offensichtliche Mißachtung des Befehls, die Seite zu wechseln) und das Prophezeien gleichzeitig vonstatten gingen. Die verbreitete Ansicht, daß es sich bei diesen Handlungen um eine »Pantomime« handle, ist daher falsch.

V 8   *ich lege Stricke.* Eine Metapher für einen von Gott auferlegten Zwang – oder einen Zwang, der als von außen auferlegt wahrgenommen wird – als Antwort auf 3,25.

V 9   In Mesopotamien gab es all diese Dinge: Hebräisch חטה ist akkadisch *kibtu*, »Weizen«; שערה – *šeu*, »Gerste«; פול – *pulilu*, »Bohnen«; עדשים – *kakkū*, »Linsen«; דחן – *duhnu*, »Hirse«; כסמים – *kunāšu*, »Dinkel«. Ein daraus hergestellter Teig repräsentiert die Belagerungsspeise – von keinem Bestandteil ist so viel vorhanden, daß man daraus einen Laib Brot backen könnte. Der babylonische Talmud (bʿEruvin 81a) berichtet von einem Experiment, das im 3. Jh. u. Z. gemacht wurde und das bewies, daß Ezechiels Brot noch nicht mal von einem Hund angerührt wurde.

auf deiner Seite …, 390 Tage. Der einfache Sinn besteht darin, daß der Prophet die Belagerungsspeise allein dann essen sollte, während er auf seiner linken Seite lag; V 4–5.

abgewogen. Vgl. Lev 26,26, wo hinzugefügt wird: »so werdet ihr essen V 10 und nicht satt werden«; zwanzig Schekel entsprechen etwa 230 Gramm (1 Schekel = 11 Gramm).

von einem Tag zum nächsten. מעת עד עת meint wörtl. »von Zeit zu Zeit«, vgl. aber das מעת לעת »eine Periode von vierundzwanzig Stunden« in der Mischna.

ein Sechstel Hin. Dreiviertel Liter (Hin = 4,5 Liter). V 11

Das Hebräische des ersten Satzes meint wörtlich: »Und einen Gerstenku- V 12 chen (fem.), du sollst es essen (fem.)«, was gemeinhin verstanden wird als: »du sollst ihn essen« – nämlich den Laib Brot von V 9 – »als einen Gersten- kuchen« –, d. h. vielleicht ohne Gewürze. Sieht man davon ab, daß dieser Ein- schub, wenn man ihn derart versteht, unklar ist, sprechen die Einschaltungen der Abschnitte über den sparsamen Umgang und die Inkongruenz des femi- ninen Suffixes mit dem maskulinem לחם »Brot« (vgl. V 9) (oder מאכל »Spei- se«) dagegen, V 12 mit V 9 zu verbinden. Vielmehr sollte man, entsprechend der Analogie von V 10–11, V 12 als Beginn eines neuen Themas verstehen, mit dem Nomen (»Gerstenkuchen«) als logischem Objekt – obwohl es gram- matikalisch das Subjekt ist –, gleichsam suspendiert und wiederaufgenom- men im Suffix des תאכלנה (das Fehlen des *dageš* im נ ist irregulär; Ges-K § 58 k). Für ähnliche Konstruktionen s. 32,7b und 30,18b bzw. die Diskussion des *casus pendens* in P. Joüon, Grammar 1996, § 156 und *S. R. Driver*, Tenses 1982, § 197, (1), (4). Man beachte die Variationen, typisch für den Stil Eze- chiels, in der Abfolge Objekt – Verb – Adverb in den benachbarten V 10–12.

Gerstenbrot war das Haupterzeugnis der Gruppen mit niedrigem Ein- kommen, Weizenprodukte waren die Speise der Privilegierten (*H. Lewy*, So- me Old-Assyrian Cereal Names: JAOS 76, 1956, 203). Die Art und Weise, wie es gebacken wurde (עוג »einen Kuchen machen / backen«), wird von *E. Robinson*, Biblical Researches II, London 1841, 76, beschrieben: »Die Männer buken ein großes rundes Fladenbrot in der Asche eines Feuers aus Kamel- und Kuhdung [vgl. עגת רצפים »Aschekuchen«, 1 Kön 19,6]. Als es fertig war, nahmen sie es heraus, wischten die Asche ab und verteilten es untereinander … Ich probierte es und fand, daß es genauso gut war wie das sonst übliche Brot des Landes … Dies ist die übliche Verpflegung für Men- schen, die auf diese Art und Weise reisen [eine Kamelkarawane von Nablus nach Betlehem].« Nichtsdestoweniger ist die Verwendung menschlicher Ex- kremente ungewöhnlich (AuS IV, 20) und verunreinigt: vgl. Dtn 23,15 zur Entweihung des Heerlagers durch mangelnde Hygiene.

vor ihren Augen. Das Volk muß sehen, wie es auf Exkrementen gebacken wird, um zu merken, daß es unrein ist (s. den nächsten Vers).

unrein. Länder außerhalb des Landes Israel waren »unrein« (טמא; vgl. Jos V 13

22,19; Am 7,17), vermutlich aufgrund des in ihnen vollzogenen Götzendienstes (vgl. Ez 36,18b). Die Exulanten befanden sich daher notwendigerweise im Zustand der Unreinheit, und die Speise, die sie zubereiteten und
aßen, war unrein – vergleichbar dem »Trauerbrot« (Hos 9,3 f.; vgl. Dtn
26,14).

V 14   *Kehle.* Unreine Speise טמא נפש »verunreinigt die Gurgel« nach Lev 11,44;
zu dieser Bedeutung von נפש s. z. B. Jes 5,14 (‖ פה »Mund«).

    Kadavers ... zerrissenen. Priestern ist solches Fleisch nach Lev 22,8 und
Ez 44,31 verboten, weil es eine Unreinheit verursacht, die sie vom Vollzug
des Kultes ausschließt.

    verfaultes Fleisch. Hebräisch פגול bezeichnet Opferfleisch, das über die
für seinen Verzehr vorgeschriebene Frist hinaus unter Strafandrohung der
Ausmerzung (Lev 7,18; 19,7 f.) aufbewahrt wurde. Jes 65,4 stellt »Suppe
aus פגולים« neben »Schweinefleisch«.

V 15   Wenn auch nach der Erlaubnis Gottes die Handlung des Propheten ihre
ursprüngliche Bedeutung behalten sollte, muß vorausgesetzt werden, daß
Priester – aus rituellen Gründen? – dafür bekannt waren, daß sie keinen
Tierdung als Brennmaterial verwendeten.

V 16–17   Diese Verse enthalten Ausdrücke, die man in Lev 26,26 (»den Stab des
Brotes brechen«) und V 39 (»in Schuld verschmachten«) findet; ersterer begegnet erneut in Ez 5,16; 14,13, letzterer in 24,23; 33,10. Die zweite Hälfte
von V 16 spielt auf Ez 12,18 f. an. Die Sprache dieser Verse ist entsprechend
stereotyp.

    Der Gebrauch von למען (eigentlich »damit«) in V 17 in der Bedeutung »so
[= mit dem Ergebnis] daß« begegnet auch sonst in Ezechiel, besonders in
Schlußfolgerungen (6,6; 12,19; 14,5; 16,63).

5,1   *Klinge.* Hebräisch חרב »Schwert« dient als Bezeichnung für ein »scharfes
Werkzeug« (26,9; Ex 20,25) und ein »Messer« (Jos 5,2 f.); die spezifische
Bedeutung hier ergibt sich aus dem nächsten Vers.

    das Messer eines Barbiers nimm in deine Hand. Wörtl. »nimm es« (fem.)
– ein weiterer *casus pendens.* Das feminine Suffix des Verbs bezieht sich auf
תער »Schermesser«, das allein hier sowie in Jes 7,20 – von woher unser Text
offensichtlich inspiriert ist – feminin konstruiert wird: »An jenem Tag wird
mein Herr mit dem Schermesser, das er jenseits des Eufrat gekauft hat
[תער השכירה] – mit dem König von Assyrien –, das Haar des Kopfes und
das Haar der Füße scheren, und es wird auch den Bart wegschneiden.«

    Das mehrdeutige Wort חרב wird hier verwendet, um später die Klinge als
Schwert Gottes interpretieren zu können (V 2.12). G S (und offensicht-
lich T) übersetzen schwerfällig: »nimm es als Schermesser« – nämlich das
Schwert, das, wie sie es verstehen, der Prophet verwenden sollte.

    Das Wort für Barbier, גלב, ist ein Hapax, vermutlich ein Lehnwort aus
dem Akkadischen *(gallābu).*

V 2   *inmitten der Stadt verbrennen.* Hebräisch באור תבעיר בתוך העיר – ein

Reim mit Konsonantenalliteration und Wechsel der betonten Vokale (u–i, o–i), was hier offensichtlich die Wahl des seltenen Begriffs אוּר »Feuer« veranlaßte; in V 4 begegnet das übliche אֵשׁ (kongenial zu den umgebenden Zischlauten – הַשַּׁלֶּכֶת ,שְׂרֵפַת ,תֵּצֵא). אוּר und אֵשׁ begegnen als Konstruktuspaar in Jes 50, 11 (s. zu diesem Phänomen Y. Avishur, Construct State 1977).

Das Haar soll *inmitten der Stadt* verbrannt werden, d. h. in dem auf dem Ziegel von V 1 entzündeten Feuer.

Das Feuer wird in V 12 als Symbol für den Tod durch Hungersnot und Pest interpretiert (vgl. 7, 15 »der in der Stadt ist – Hunger und Pest werden ihn verzehren«). Hunger scheint in Klgl 5, 10 mit Hitze in Verbindung gebracht zu werden: »Unsere Haut glüht wie ein Ofen vom brennenden Gluthauch des Hungers« (vgl. Raschi). Daß dies auch für die Pest gilt, kann aus ihrer Kombination mit רֶשֶׁף (z. B. Hab 3, 5), im Grunde ein kanaanäischer Pest-Gott, dessen Name im Hebräischen »Flamme, Funken« bedeutet (Hld 8, 6; Ijob 5, 7), geschlossen werden. Vgl. auch die Einzelanalyse zu V 16.

es … zerhauen. Im Hebräischen fehlt das Objekt – was an sich nicht ungewöhnlich ist; Ges-K §117 f.; P. Joüon ebd. §146 i; zusammen mit dem asyndetischen Anschluß (in S erleichtert durch die Kopula) stellt sich die Frage, ob es sich bei M nicht um die ungeschickte Verschmelzung zweier alternativer Lesarten handelt.

sollst du … zerstreuen … ich werde das Schwert … ziehen. Bei »Ich (werde das Schwert ziehen)« handelt es sich um ein ungeschicktes Eindrängen des Referenten (Gott) in die Anweisungen der Symbolhandlung. In der Tat handelt es sich hierbei um die Sprache der Interpretation des Symbols in V 12b. S glättet, indem sie übersetzt: »soll verwüsten«, aber M geht nicht auf ein Versehen zurück, sondern bezeugt den Einfluß von Lev 26, 33, wonach diese Sätze gebildet sind. Lev 26, 33–40 liefert hier in der Tat den Schlüssel für ein tieferes Verständnis der Beziehung der V 2–5. Erstens erscheint der Ausdruck »ich werde das Schwert ziehen« hier unter dem Einfluß der Abfolge »Ich werde zerstreuen … Ich werde das Schwert ziehen« in Lev 26, 33, obwohl der Ausdruck korrekterweise hinter V 12b gehörte. Zweitens fährt Lev 26, 36–38 damit fort, von einem »Rest« unter den Exulanten, der umkommen wird, zu sprechen, und V 39 f. sprechen von einem weiteren »Rest«, der überleben wird, um seine Sünden zu bekennen. Entsprechend dieser Vorlage unterscheiden auch unsere V 3–4 zwei Gruppen unter den Zerstreuten, von denen die erste gerettet, die zweite hingegen vernichtet und in der Stadt verbrennen wird. Die Ähnlichkeit ist frappant, aber genauso die Unterschiede. In Lev 26 kommt der erste Rest in einem Prozeß um, der nicht »mit dem hinter ihnen gezogenen Schwert« des Zeitpunkts ihrer Zerstreuung verbunden wird. Hier wird aufgrund der Identität des Objekts der Handlungen – das Haar – und des Unglückssymbols – Feuer – die Kontinuität des Zerstörungsprozesses unterstrichen (obwohl durch die Einführung des »Schwertes« neben dem Feuer das Ganze überlastet wirkt –

ein Effekt der Konkretisierung verschiedener Metaphern); s. die Einzelanalyste zu V 5. Bei unserem Text scheint es sich daher um eine Interpretation von Lev 26,33–40 zu handeln, die das dort Beschriebene mit konkreten Ereignissen verbindet. (Man beachte jedoch, daß Lev 26,36b »wie man vor dem Schwert flieht« eine Stichwortverknüpfung zwischen den untergehenden Exulanten und dem »gezogenen Schwert«, das die Zerstreuten verfolgt, herstellt.)

Nachdem diese komplexe Repräsentation der Ausweitung des Unheils auf die Exulanten detailliert symbolisiert und in V 3–5 interpretiert wurde, kommt die nachfolgende Bezugnahme darauf in V 12 ohne den Ausdruck »ich werde das Schwert nach ihnen ziehen« aus. Es reicht aus, den ganzen Komplex der in V 3–5 beschriebenen Ereignisse im Gefolge des identischen Satzes wachzurufen.

V 3 Ezechiel soll vom letzten Drittel des zur Zerstreuung vorgesehenen Haares einen Teil nehmen und in den Zipfel seines Gewandes binden als Zeichen dafür, daß ein Teil der Exulanten überleben werde. Im lose herabhängenden Ende (כנף »Flügel«) eines Gewandes konnten Gegenstände getragen werden (Hag 2,12; vgl. akkadisch *rakāsu ina qanniša* »in ihrem Saum einbinden« – ausgesagt von der Übergabe eines Brautpreises in die sichere Verwahrung durch die Braut); in einem Midrasch warnt Gott Mose, er werde seinen Widerstand gegen die Berufung »in einen Zipfel seines Gewandes wickeln (צרר בכנפך)« (= ihm verübeln) (HldR 1,7). Indem ein Mann seinen Gewandzipfel beschützend über eine Frau breitete, machte er seine Absicht deutlich, sie zu heiraten (Ez 16,8; Rut 3,9). Untertöne sind nicht zu überhören: Bei וצרת »du sollst einwickeln« handelt es sich um ein verblüffend antonymes Homonym des Wortes, das in 4,3 übersetzt wurde mit: »du sollst belagern« – dort ein feindlicher, hier ein freundlicher Akt. Noch erwähnenswerter ist die Anspielung auf den leider schwer verständlichen Vers Hos 4,19: »Der Wind wickelte sie / es ein in Flügel« (כנפיה, Plural – worauf offensichtlich in unserem Vers Bezug genommen wird, sonst wäre der Plural nicht erklärbar).

V 4 Von den im Gewand eingewickelten Haaren muß der Prophet wiederum einen kleinen Teil nehmen und in dem in der Stadt entzündeten Feuer verbrennen, um anzuzeigen, daß die Zerstörung selbst die ins Exil Zerstreuten erreichen wird. Bei V 3 handelt es sich nicht um ein eigenständiges Symbol, sondern um den Hintergrund von V 4: Es wird Überlebende der Zerstreuung geben (V 3), aber sie werden nur überleben, damit einige Opfer einer Strafe werden, deren langer Arm sie noch außerhalb der zum Untergang bestimmten Stadt erreicht. Dies meint der Ausdruck »ich werde ein Schwert hinter ihnen ziehen« (Ende von V 3).

von ihm (ממנו). Das Suffix ist maskulin. G »von ihr«; S »von ihnen« – der Ausdruck ist unklar. Die treffendste Interpretation ist vielleicht die Kimchis: »Ich befahl dir, mittels des Feuers zu entzünden, ein Feuer wird sich zum

ganzen Haus Israel verbreiten, sei es in Jerusalem oder im Exil; denn was ich
dir befohlen habe, ist ein Zeichen für die Zerstörung Israels.« Gemeint ist
also: Die Symbolhandlung, die du ausführst, kündigt eine umfassende Zerstörung an. Das maskuline Suffix des M versteht man am besten als Neutrum, als Bezugnahme auf die gesamte vorhergehende Symbolik (zu Maskulinum anstelle von Neutrum s. *P. Joüon* ebd. § 152).

Dies ist Jerusalem. Hier beginnt die Interpretation alles Vorhergehenden. V 5
inmitten der Nationen, mit Ländern um sie herum. In V 5–8.14–15 dienen die Jerusalem umgebenden Nationen als Folie für ihre Verdorbenheit
und als erstaunte Betrachter ihres abschreckenden Schicksals. Ihre geographische Lokalisierung »inmitten der Nationen« wird rhetorisch in dieser
Weise entfaltet. Ursprünglich eine Nation unter Nationen (בתוך bedeutet
auch »auf gleicher Höhe stehen mit«, vgl. 19, 2.6; 31, 14.18), übertraf sie alle
in Frevel (V 5–7). Ihr verdorbener Lebenswandel war umso schlimmer, als
sie sich nicht in einen hinteren Winkel zurückzog. Dementsprechend ver-
schärft in den Augen der sie umgebenden Nachbarn die Bestrafung ihre
Schmach (V 8.14–15; vgl. ähnliche Motive in 16, 27.57). Etwas abgelegener
ist dagegen die Ansicht Palaches (zitiert bei *I. Seeligman*, Judah and Jerusalem [Hebräisch], Jerusalem 1957, 204, Anm. 37), daß gemeint sei: Inmitten
der Heiden lernte Jerusalem von ihnen, übertraf sie aber in Verdorbenheit
(Dtn 17, 14; 2 Kön 17, 15). Den Worten ist nicht die spätere jüdische, kosmo-
genetische Lehre (die vermutlich aus griechischem Denken herzuleiten ist)
zu entnehmen, derzufolge Jerusalem »der Nabel der Welt« war – d.h. der
Ort, aus dem die Erde geformt wurde; s. weiterhin zu 38, 12 (s. *I. Seeligman*
ebd. und *S. Talmon*, Tabûr 1967, 163–177).

Urteile (משפטים), *Gesetze* (חקות). In Ezechiel wie im Deuteronomium, der V 6
verwandten Literatur und der Priesterschrift haben die Begriffe dieses Paa-
res jede spezifische Bedeutung, die sie vielleicht einmal gehabt haben, verloren (z.B. משפט »eine Entscheidung, ein Urteil in einem Fall; ein Präze-
denzfall«; [ה]חק »Regelung, Anweisung«); vgl. THAT 1, 629. In diesem
Abschnitt wird die semantische Weite von משפט ins Spiel gebracht; hier
meint der Begriff »Regel«, in V 7 »Sitte«, in V 8 hingegen »Strafe«.

wurde frevelhafter als die Nationen. S. den nächsten Vers und den ähnlichen Gedanken in 16, 27.52.54; vgl. auch 2 Chr 33, 9, dessen Neufassung
von 2 Kön 21, 11 vielleicht durch unseren Vers beeinflußt wurde. *Cornill*
203 strich לרשעה »frevelhaft werden« und übersetzte: »Sie aber war widerspenstig gegen meine Rechte mehr als die Heiden«. Da jedoch Gott den Nationen keine Gesetze gegeben hat (Ps 147, 20), kann von Israel gesagt werden, es sei frevelhafter als die Nationen, deren Vorsprung (wie klein er auch
war) sie auf einem höheren Niveau gehalten hat als die Verdorbenheit, zu
der Israel in seiner Auflehnung gesunken war.

Denn sie wiesen ... zurück. Der Wechsel in den Plural macht hieraus fast
ein Zitat von Lev 26, 43 – wo der Grund für das Exil genannt wird.

V 7   *Daher.* In Ezechiel leitet die Partikel לכן die Botenformel (»So spricht der Herr JHWH«) 24 mal ein; es handelt sich somit um ein Charakteristikum des Stils dieses Propheten (und ist fast genauso üblich wie in Jeremia). In den meisten Belegen wird die Beschreibung einer bösen oder ungewollten Situation mit einer Antwort Gottes darauf verbunden – Strafe oder Erlösung. *W. E. March* hat dies so beschrieben: »hier kommt die Antwort [auf das Vorhergehende]; sei bereit!« (*lākhēn. Its Functions and Meanings,* in: J. Jackson / M. Kessler (Hg.), Rhetorical Criticism, FS J. Muilenburg, Pittsburgh 1974, 256–86, Zitat auf S. 274). In Ezechiel wird die Konstatierung einer schlechten Situation oftmals mit יען »weil« eingeleitet. In diesem Fall meint das komplementäre לכן »dementsprechend« – meist übersetzt mit »deshalb«, »daher«. Ebenso oft, obwohl יען fehlt, ist die Beziehung des לכן zum vorhergehenden Satz dieselbe – eine Schlußfolgerung oder eine Konsequenz; aber damit sind die Möglichkeiten nicht erschöpft. »Grundsätzlich wäre die beste Übersetzung des Wortes: unter diesen Umständen ... Wenn Ezechiel ein grausames Urteil androht und dann fortfährt: *lākhēn* werden Väter ihre Kinder essen ... (Ez. 5, 10), dann macht das Bindewort deutlich, daß er im folgenden die im vorhergehenden [Abschnitt] gegebene Beschreibung weiterführen wird. Es macht deutlich, was unter den jetzigen Bedingungen passieren wird« (*J. Pedersen,* Israel: Its Life and Culture, I–II, London 1926–1940, 116 f.). Hier ist לכן in V 7–11 viermal belegt, was dem Text Dringlichkeit und eine sich steigernde Gewißheit der angedrohten Konsequenzen verleiht. Auf solche Fälle dürfte Kimchis Beobachtung anzuwenden sein, derzufolge »einige Belege, besonders zu Beginn von Aussagen, verstanden werden müssen als ›in Wahrheit‹« (*Ha-šorašim,* Art. »כון«). Einige sind soweit gegangen, daß sie das Gewicht von לכן mit einem Schwur gleichsetzen (ExR zu Ex 6,6; *F. J. Goldbaum,* Two Hebrew Quasi-Adverbs: *lkn* und *'kn:* JNES 23, 1964, 132 ff.); aber *W. E. March* ebd. 271 lehnte dies ab.

stürmischer. Hebräisch המנכם מן ist eine Crux. Das erste Wort sieht aus wie ein infinitivus constructus, der hinter יען »weil« normal ist (13,8.22; 21,29 u. ö.; zur Vokalisation vgl. אכלכם Gen 3, 5; Num 15, 19), aber die Wurzel המן ist sonst nicht bekannt. Es könnte sich um eine leicht irreguläre Form des Nomens המון »Getöse, Masse, Überfluß, Reichtum« handeln – aber ein Nomen hinter יען wäre ungewöhnlich (trotz V 9). Unser Konsonantentext stützt sich auf die alten Versionen, obwohl sie in ihrer Interpretation voneinander abweichen. Einige konstruieren den Satz, als würde er eine Ursache oder eine Wirkung konstatieren: G, Symmachus: »Weil dein Vermögen / deine Größe [von] den Nationen stammte, folgtest du ihren heidnischen Wegen ...«; Vul: »Weil du übertroffen hast ...«, unterstützt von Kimchi: »Weil ich dich zahlreicher und reicher als die Heiden gemacht habe, hast du dich gegen mich aufgelehnt; vgl. ›Jeschurun wurde fett und bockte‹« (Dtn 32,15). Andere konstruieren es als eine Konstatierung der Sünde, auf die eine nähere Ausführung folgt: T: »Weil du gesündigt hast mehr als die Nationen ... [indem] du meinen Weisungen nicht gefolgt bist« u. ö. המון wird von den meisten als Verb verstanden; Menachem (vgl. Raschi) und *E. König*, Lehrgebäude II 1895–1897, §64.3, 128–129), ziehen als Vergleich המה »stürmisch, wild sein« in Ps 46,7 heran; BDB 243 a vermutet ein Denominativum המן »wild, stürmisch sein«. Da die Analogie den לכן-Satz im nächsten Vers als Komplement des יען-Satzes (יען ... סביבותיכם) erfordert, wird der benachbarte Satz (בחקותי ... עשיתם) meist (mit T) als Explikation der Sünde, auf die im יען-Satz Bezug genommen wird, verstanden. So wurde auch hier übersetzt. Darüber hinaus wird der Vorschlag von BDB mit allem Vorbehalt übernommen. Gemeint ist, daß Israel wilder war als die Nationen – ein Vorwurf, der am Ende des Verses wiederholt wird, wo gesagt wird, Israel habe sich nicht einmal an die Standards der Heiden gehalten.

Eine weithin akzeptierte Emendation des המנכם zu המרתכם »deine Auflehnung [mehr als die Nationen]« beachtet nicht die Schwierigkeit, daß von den Nationen nicht gesagt werden kann, sie hätten sich gegen einen Gott aufgelehnt, den sie gar nicht kannten (s. die Einzelanalyse oben zu »wurde frevelhafter als die Nationen«).

nicht befolgt. Der talmudische Gelehrte Josua Ben Levi wies auf den Widerspruch zwischen dieser Stelle – »nicht handeln« – und 11,12 – »handeln [wie die Nationen]« – hin und löste ihn wie folgt: »nicht handeln« wie die zivilisierten Völker, »handeln« wie die unzivilisierten (bSanhedrin 39b). Wir sollten besser sagen, daß Ezechiel hier (nach M) Israel beschuldigt, schlimmer als die Nationen zu sein (wie in 16,27; vgl. 2 Kön 21,11; Jer 2,11) – eine übersteigerte Verschärfung des Topos, demzufolge Israel so schlecht wie die Nationen war (z. B. 2 Kön 17,8ff.). Alternative Lesarten ohne das »nicht« (s. zu Text und Übersetzung) gleichen diese Stelle an den Topos an, aber Kara machte die scharfsinnige Beobachtung, daß die negativen Ausdrücke לא עשיתי und לא אעשה in V 9 einem doppelten עשיתם der Sündenbeschreibung in unserem Vers entsprechen. Gott wird unvorhergesehene Strafen ausführen, weil Israel unvorhergesehenes Böses getan hat. Dies spricht für M. (Freedman [mündlich] vermutet, daß das לא an dieser Stelle der Beteuerung dient; aber die wenigen Stellen [s. z. B. KBL 486, Sp. 2 oben], für die eine solche Bedeutung von לא postuliert wurde, bilden ein zu wackliges Fundament, als daß man von der Existenz einer solchen Bedeutung ausgehen könnte.)

Ich komme an dich. Das älteste Beispiel eines הנני על (אל in 13,8; 21,8; V 8 29,10), in dem Gott eine unmittelbar bevorstehende Vergeltung ankündigt, ist Nah 2,14 gegen Ninive. Ein Ausdruck, der ursprünglich im Zusammenhang von Urteilen Gottes über die Nationen verwendet wurde, wird hier gegen Israel gewendet. *S. T. Byington*, Hebrew Marginalia: JBL 60, 1941, 282, übersetzte unseren Ausdruck frei mit: »Ich gehe auf dich los!« und zitierte dabei zustimmend die Vermutung Sellins (zu Nah 2,14), daß es sich ursprünglich um die Herausforderungsformel in einem Kampf Mann gegen Mann handelte. Vgl. das analoge פלשתים עליך »die Philister sind über dir, Simson!« (Ri 16,9). Zu einer vollständigen Studie s. *P. Humbert*, Die Herausforderungsformel הנני עליך: ZAW 10, 1933, 101–107.

ich für meinen Teil. Hebräisch גם אני – das korrelative גם, das Beiordnung ausdrückt, findet sich oftmals in Drohworten. Hier und in V 11 ist unklar, ob eine Korrespondenz zwischen einem Handeln Gottes und einer der Symbolhandlungen gemeint ist, oder, etwas undeutlicher, dem ungeheuerlichen Verhalten Israels.

Urteile. Diese einzigartige Verwendung von משפטים in der Bedeutung von שפטים (V 10) »Strafe« gleicht Verbrechen (V 6–7) und Strafe einander an, indem beide mit demselben Begriff beschrieben werden.

V 9 *Greuel.* Hebräisch תועבה gehört zum Vokabular der deuteronomischen Götzenpolemik (z. B. Dtn 7, 25 f.; 13, 15; 17, 4). *M. Weinfelds*, Deuteronomy 1972, 323, Vermutung, daß dieser Gebrauch auf das Gedicht in Dtn 32, 16 zurückgehe, ist beachtenswert, da weitere Verweise auf dieses Gedicht hier in V 16 f. begegnen. Der Götzendienst, auf den angespielt wird, ist in V 11 näher beschrieben.

V 10 Dies ist ein Kleinod literarischer Adaption und Kombination. Lev 26, 29 spricht von Kannibalismus der Väter an ihren Kindern, der üblichen Strafe für das Brechen des Bundes (*D. Hillers*, Treaty-Curses and the Old Testament Prophets, Rome 1964, 62 f.; vgl. Dtn 28, 53–57; Jer 19, 9) in einem klimaktischen, chiastischen Parallelismus:

Du wirst das Fleisch deiner Söhne essen,
Und das Fleisch deiner Töchter wirst du essen.

In Übereinstimmung mit der Drohung einer unvorhergesehen Vergeltung durch Gott in V 9 überbietet Ezechiel dies, indem er einen bisher nicht bekannten Kannibalismus erfindet, bei dem die Kinder ihre Väter essen. V 10 wird mit einem klimaktischen, chiastischen Parallelismus gerahmt, aber die verwendeten Begriffe stammen aus Dtn 24, 16:

Eltern sollen nicht für ihre Kinder sterben,
Noch sollen Kinder für ihre Eltern getötet werden.

Die Strafe, die Dtn 24, 16 zurückweist, ist unnatürlich und grotesk (der erste Satz unterstreicht diesen Aspekt). Dies veranlaßte den Propheten, den Fluch aus Levitikus in seiner unnachahmlich grausigen Manier umzuformulieren.

V 11 *bei meinem Leben.* Hebräisch חי אני, eine Schwurformel; zu ihrer Interpretation s. *M. Greenberg*, The Hebrew Oath Particle ḥay / ḥē: JBL 76, 1957, 34–39.
»Ich schwöre« übersetzt das vom Schwur abhängige אם לא, diskutiert

oben zu 3,6. Der vorliegende Gebrauch liegt ungefähr in der Mitte zwischen dem ursprünglichen Schwurkontext (vgl. das vorhergehende »bei meinem Leben«) und dem rein emphatischen Gebrauch auch außerhalb von Schwüren wie in 34,8. Man beachte die Trennung von der Beteuerung durch andere Worte (»Weil du ... auch ich«), die beim rein emphatischen Gebrauch keine Probleme bereitet, aber innerhalb eines Schwur nicht akzeptabel ist.

spricht der Herr JHWH. Wörtl. »Äußerung [נאם] des Herrn JHWH«. Dieser Ausdruck, eine verbale Unterschrift, lenkt die Aufmerksamkeit auf den göttlichen Autor der Prophetenrede. Sie wird von vielen hebräischen Propheten verwendet, ist aber besonders zahlreich in Jeremia und Ezechiel belegt. Im Anschluß an *R. Rendtorff,* Zum Gebrauch der Formel נאם יהוה im Jeremiabuch: ZAW 66, 1954, 27–37, hat meine Studentin Susan Rattray (Berkeley) die Verwendung im Ezechielbuch untersucht. Die folgenden Anmerkungen verdanken sich ihrer Seminararbeit. Ezechiel verwendet den Ausdruck regelmäßig (14 mal) hinter der von Gott gesprochenen Schwurformel »bei meinem Leben«, offensichtlich um den Schwörenden unmißverständlich mit Gott (der durch den Mund des Propheten spricht) zu identifizieren. Den zwei Belegen der Schwurformel, für die dies nicht gilt (17,19; 33,27), geht ein »so spricht der Herr JHWH« unmittelbar voran, das die gleiche Funktion erfüllt. Der Ausdruck ist zwanzigmal am Ende eines Prophetenwortes als Unterschrift belegt, die der Eröffnungsformel »so spricht der Herr JHWH« korrespondiert (z.B. 11,21; 12,25; 14,23). Ezechiel kann sogar in 13,6 und 22,28 beide Formeln austauschen, um die Orakel falscher Propheten damit zu kennzeichnen. Etwa 27 mal ist der Ausdruck נאם יהוה am Ende eines Verses belegt und markiert oftmals einen Abschnittswechsel – z.B. einen Themenwechsel innerhalb eines Wortes (z.B. 13,16; 14,14; 18,9). Manchmal bildet er einen vorweggenommen, falschen Abschluß (z.B. 30,6; 32,31). Die verbleibenden dreizehn Belege finden sich in der Versmitte, wo sie die Aufmerksamkeit auf das Gesagte ziehen (z.B. 36,32). Die überproportionale Verwendung dieses Ausdruck in Jeremia und Ezechiel entspricht der bitteren Polemik dieser beiden Unheilspropheten gegen die rivalisierenden Heilspropheten, die darauf bestanden, im Namen Gottes zu sprechen (Jer 23; Ez 13).

Zur doppelten, für Ezechiel charakteristischen Anrede »Herr JHWH« s. die Einzelanalyse zu 2,4. In Jeremia herrscht das einfache נאם יהוה vor (in Ezechiel ist es nur zweimal belegt, in 16,58 und 37,14).

mein Heiligtum verunreinigt hast. Die Einzelheiten werden in Ez 8 und 11 beschrieben.

scheren. Hebräisch גרע hat diese Bedeutung in Jes 15,2 = Jer 48,37, wo, anders als in einigen Drucken, der Codex Aleppo und der Codex Leningradensis lesen: »jeder Bart גרע geschoren« (wörtl. »ein geschorener Fleck« | קרחה »ein kahler Fleck«); T zu Ri 16,19; 2 Sam 10,4 verwendet גרע anstelle von hebräisch גלה »rasieren«. Gottes Drohung entspricht (»auch ich«) dem Scheren des Kopfes des Propheten.

mein Auge ... Mitleid. Außerhalb von Ezechiel ist dieser verdoppelte Ausdruck nur noch in Dtn 13,9 belegt, wo der Israelit aufgefordert wird, sein Mitgefühl gegenüber einem abgefallenen Verwandten zu unterdrücken und ihn dem Tod zu überliefern. In Ezechiel handelt es sich um einen charakteristischen Ausdruck für Gottes grimmigen Entschluß, das abtrünnige Israel zu bestrafen (7,4.9; 8,18; 9,5.10). »10 zeigt deutlich (was immer wieder hervorgehoben zu werden verdient!), daß das normale, grundsätzliche Verhalten Gottes gegen Israel nicht nach Maßgabe des bloßen Rechtsstandpunktes erfolgt, sondern vom Standpunkte der Liebe aus: daß es eigentlich seine Art ist, erbarmend zu blicken und zu verschonen, daß es aber einen Grad menschlicher Schuld gibt, bei dem diese Praxis Gottes außer Kraft und der Maßstab seiner richterlichen Gerechtigkeit in Kraft tritt« (*Herrmann* 65 f.).

V 12 Der doppelte Tod in der belagerten Stadt durch Hunger und Pest ist ein Thema von Lev 26,25 f.

V 13 Eine ähnliche Reihung von (vier) Ausdrücken zur Bezeichnung des Zorns ist in 16,42 belegt; an dritter Stelle steht dort: »Ich werde ruhig sein« (שקט), der Parallele zu »Ich werde Genugtuung erlangen« (הנחמתי) hier. Bei letzterem handelt es sich um eine ungewöhnliche Hitpaʿel-Form mit der Bedeutung, die in Jes 1,24; 57,6 das Nifʿal hat (»Sollte ich mich trotz dieser Dinge beruhigen?« [*T. K. Cheyne*, The Prophecies of Isaiah, London 1884, II, ad. loc.]). Eine formale Parallele bildet das הנבא in 37,10 in der Bedeutung von נבא (37,7).

in meiner Leidenschaft. Die Bezugnahme auf Gottes Leidenschaft (קנאה) ist typisch für Ezechiel (8,3.5; 16,38.42; 23,25). Leidenschaftlich spricht er erneut in 36,6; 38,19. קנאה bezeichnet den aufgebrachten Zorn von jemandem, dessen Vorrechte durch einen anderen usurpiert oder einem anderen übertragen wurden. Unter Menschen ergreift sie den Ehemann, der seine Frau des Ehebruchs verdächtigt (Spr 6,34). Da JHWHs Beziehung zu Israel als Ehe beschrieben wird (s. die Diskussion unten zu Ez 16), ist קנאה eine passender Begriff, um seinen Zorn ob Israels Vertrauensbruch ihm gegenüber zum Ausdruck zu bringen. Vorläufer sind das dekalogische יהוה אל קנא »ein eifersüchtiger [traditionell ›eifernder‹] Gott«; die Erzählung in Num 25,11 vom eifernden Handeln (קנא) des Pinhas, mittels dessen er den Zorn JHWHs (חמה) und die sofortige Vernichtung Israels (כלות) abwendete, sowie die von Zefanja verkündeten Unheilsansagen (Zef 1,18; 3,8), in denen wie hier gehäuft Zornbegriffe belegt sind (s. die Zusammenfassung von *G. Sauer*, THAT 2, 647–650).

V 14 Diese Ausdrücke verweisen auf Lev 26,31 und einen Allgemeinplatz bei Jeremia (Jer 24,9; 29,18; vgl. Joël 2,19); das Erstaunen eines jeden Vorbeigehenden wird in 1 Kön 9,8; Jer 18,16; 19,8 erwähnt. Aber die Kombination

»vor dem Angesicht [לְעֵינֵי] eines jeden, der vorbeikommt« ist nur bei Ezechiel belegt (erneut in 36,34) und bezeugt seine besondere Sensibilität für die öffentliche, internationale Erniedrigung, die Israel erfährt.

Die vierfache Schmähung (in Form zweier Wortpaare) ist gänzlich jeremianisch (s. die vorherige Anmerkung), die einzelnen Begriffe jedoch nur zum Teil (מוּסָר, חֶרְפָּה). Das Verb in der dritten Person femininum Singular überrascht. Luzzatto ergänzt ein unpersönliches Subjekt: Was dir zustößt, macht es möglich, dich zu tadeln und zu schmähen, es wird ein Ereignis sein, aus dem man eine Lehre ziehen kann und das einen entsetzt. Die Versionen (»Du wirst [ein Gegenstand des] … sein«) bezeugen eine gängigere Lesart (וְהָיִת). »Schmähung« wird oftmals als נְדוּפָה vokalisiert (so Jes 51,7), aber die beiden Formen sind so aufeinander bezogen wie רְתוּקָה auf רָתוֹק »Kette«. Jeweils das erste Wortpaar besteht aus einer einfacheren Nominalform, die meist, aber nicht immer, mit Verben im Qal verbunden wird; vgl. יְשׁוּעָה, das mit הוֹצִיאָה kombiniert wird. מְשַׁמָּה »Schrecken« ist abzuleiten von שָׁמֵם, eine Wurzel, die Verwüstung und Verlassenheit denotiert, sowohl geistig als auch physisch; vgl. 1 Kön 9,8: »jeder Vorbeikommende wird entsetzt sein יִשֹׁם« und 3,15 oben מַשְׁמִים »verlassen« (entsetzt, verwirrt). Es begegnet erneut in 6,14 sowie an anderen Stellen.

Züchtigungen des Zorns. Kara stellt diesen die Züchtigungen der Liebe aus Spr 3,12 entgegen.

Bei diesem und dem nächsten Vers handelt es sich um Variationen klassischer Unheilsdrohungen in Deuteronomium und Levitikus:

Ezechiel	Deuteronomium 32,23 f.
חצי הרעב הרעים	אספה עלימו רעות
»tödliche (wörtl. böse) Pfeile des Hungers«	»Ich werde Böses über sie häufen«
ורעב אסף עליכם	חצי אכלה בם
»Und mehr Hunger werde ich euch auferlegen«	»Ich setze meine Pfeile gegen sie ein«
	מזה רעב ...
	»zehrender Hunger« ...

Im Deuteronomium ist der »zehrende Hunger« der erste der »Pfeile« (Plagen) Gottes, weshalb es hier in einzigartiger Form heißt »Pfeile des Hungers«. Das אסף bei Ezechiel ist ein Indikativ Qal Imperfekt von יסף (P. *Joüon* ebd. § 75 f., 114 g); zum ganzen Satz vgl. Lev 26,21: ויספתי עליכם מכה »Ich werde euch weitere Schläge auferlegen«. Aber das verweist ebenfalls unmißverständlich auf das Deuteronomium: G S Vul übersetzen אספי in Dtn 32,23a mit »ich werde sammeln« – was אספה entspricht; unter dieser Perspektive könnte Ezechiels אסף als Imperfekt von אסף »sammeln« konstruiert sein (vgl. אחז »ich werde ergreifen« von אחז), obwohl der Ausdruck »ich werde Hunger gegen dich sammeln« eine schwächere Lesart zu sein scheint. Wie dem auch sei, Ezechiels רעב אסף עליכם kann vom deuteronomischen אספי עלימו רעות nicht getrennt werden.

Das wiederholte Verbum שׁלח »loslassen« (auch in V 17) verweist auf Lev 26,25b; »den Stab des Brotes brechen« zitiert Lev 26,26. Der Ausdruck היה למשחית erinnert an die Sprache in der Erzählung über die Ermordung der ägyptischen Erstgeborenen (Ex 12,13).

In G fehlt in V 16a der zweite Attributsatz (»die ich loslasse« usw.); da dies eine Doppelung zum vorhergehenden Satz darstellt, könnte es sich um eine Variante handeln, die in der Vorlage von G fehlte. Andererseits spricht die Auslassung des darauffolgenden Satzes (ורעב אסף עליכם), dessen Verworrenheit wir zwei Abschnitte zuvor diskutiert haben, für seine Ursprünglichkeit. Vielleicht konnte der Übersetzer ihn nicht übersetzen.

V 17 Auch die Begriffe dieses Verses verweisen auf Dtn 32,24 f. (»Loslassen … Tiere … das Schwert beraubt«) und Lev 26,22 (»unter euch wilde Tiere loslassen, die euch berauben«) und V 25 (»Ich werde ein Schwert über euch bringen … Pest«). Ezechiels Verschmelzung der Flüche des Deuteronomiums und von Levitikus fand Anklang beim tannaitischen Kommentator zu Lev 26,22 in der Sifra (3. Jh. u. Z.).

Ez 6,1–14: Gericht über die Berge Israels

Literatur   *V. Fritz*, Die Bedeutung von *ammān* im Hebräischen und von *ḥmn'* in den palmyrenischen Inschriften: BN 15, 1981, 9–20. – *B. Gosse*, Ézéchiel 35–36,15 et Ézéchiel 6. La désolation de la montagne de Séir et le renouveau des montagnes d'Israël: RB 96, 1989, 511–517.

Text

Übersetzung   *1 Das Wort JHWHs erging an mich: 2 Mensch, richte dein Gesicht zu den Bergen Israels und weissage über sie 3 und sage: Berge Israels, hört das Wort des Herrn JHWH! So spricht der Herr JHWH zu den Bergen und Hügeln, zu den Bachrinnen und Tälern:*

> *Ich werde ein Schwert über euch bringen*
> > *und eure heiligen Stätten zerstören.*
>
> *4 Eure Altäre werden verwüstet,*
> > *und eure Räucherpfannen werden zerbrochen.*
>
> *Ich werde eure Erschlagenen gefallen vor euren Götzen liegen lassen,*
> *5 und ich werde die Leichen der Israeliten vor ihre Götzen stellen,*
> > *und ich werde eure Knochen um eure Altäre zerstreuen.*
>
> *6 Wo auch immer ihr lebt,*
> > *Städte werden zerstört werden*
> > *und heilige Stätten verwüstet;*
>
> *So daß eure Altäre zerstört und verwüstet sein werden,*
> > *eure Götzen werden zerbrochen und vertrieben werden,*
>
> *Eure Räucherpfannen werden umgehauen werden,*
> > *und das Machwerk eurer Hände wird ausgelöscht werden.*
>
> *7 Erschlagene Männer liegen gefallen in eurer Mitte,*
> > *und ihr werdet erkennen, daß ich JHWH bin.*

8 Ich werde euch lassen / wenn ihr habt / Überlebende des Schwertes unter den Völkern, wenn ihr in die Länder versprengt seid. 9 Eure Überlebenden werden an mich denken unter den Völkern, wo man sie gefangen halten wird, wie ich trauerte über ihr hurendes Herz, das sich von mir abgewandt hatte, und über ihre Augen, die hinter ihren Götzen herhurten. Sie werden sich vor sich selbst ekeln wegen all der bösen Dinge, die sie getan haben, ihre Greuel aller Art. 10 Und sie werden erkennen, daß ich, JHWH, nicht umsonst verkündet habe, daß ich ihnen dieses Böse antun werde.

11 So spricht der Herr JHWH:

> *Klatsche in die Hand und stampfe mit deinem Fuß und sage: »Ach!« we-*

gen all der bösen Greuel des Hauses Israel, das durch das Schwert, durch Hunger und Pest fallen wird!

12 Der weit entfernt ist, wird durch die Pest sterben,
    wer nahe ist, wird durch das Schwert fallen,
    und der, der belagert bleibt, wird durch Hunger sterben.
So werde ich meinen Zorn über sie ausgießen,
13 Und ihr werdet erkennen, daß ich JHWH bin, wenn ihre Erschlagenen inmitten ihrer Götzen liegen rund um ihre Altäre
Auf jedem hohen Hügel
    auf jedem Berggipfel;
Und unter jedem üppigen Baum
    und unter jeder belaubten Eiche –
der Platz, an dem sie wohlgefälligen Geruch ihren Götzen opferten.
14 Ich werde meinen Arm ausstrecken gegen sie und das Land zur Einöde machen, wo auch immer sie leben, von der Wüste bis Dibla, und sie werden erkennen, daß ich JHWH bin.

Zu Text und
Übersetzung

5 *und ich werde die Leichen ... stellen*: fehlt in G.
   8 *Ich werde euch lassen*: fehlt in G. M ist konflationiert; s. die Einzelanalyse.
   9 *wie ich trauerte*: G »Ich schwor« (als stünde נשבעתי); S »Als ich brach«.
   13 *ihre(r)*: G jedesmal »eure(r)«.
   14 *sie werden erkennen*: G »ihr werdet erkennen«.

Gesamtauslegung: Struktur und Themen

Struktur

Dieser Abschnitt beginnt mit einer Wortereignisformel, auf welche die Botschaft(en) bis zum Ende des Kapitels folgt bzw. folgen. In 7,1 kennzeichnet die Wortereignisformel den Beginn eines neuen Abschnitts.

Das Wort beginnt mit einer Aufforderung, die Landschaft anzureden (V 2); die Botschaft beginnt in V 3 (»Berge ... hört ...«) und ist folgendermaßen gegliedert:

a. Hauptwort (V 3–7): Verwüstung des Landes und Tod seiner Bewohner. Schluß, »und ihr werdet erkennen ...«

b. Nachtrag (V 8–10; variierte Eröffnungen teils durch Perfekt, teils durch Infinitiv mit ב): die Reue der verstreuten Überlebenden; Schluß: »und sie werden erkennen ...«

c. Zweites Wort (»So spricht der Herr JHWH«, V 11–13aα): Schadenfreude über die Vernichtung der Bevölkerung; Schluß, »und ihr werdet erkennen ...«

d. Nachtrag (V 13aβ–14; eröffnet durch einen Infinitiv mit ב [vgl. V 8]):

Leichen liegen verstreut auf den illegitimen Kultplätzen auf den Bergen, das ganze Land verwüstet; Schluß, »und sie werden erkennen …«

Die Gesamtstruktur wird gebildet aus einem Hauptwort (a–b), an das ein zweites, kürzeres anschließt, das auf das erste bezogen ist (c–d) und zum Schluß die Themen des Hauptworts wieder aufnimmt und teilweise weiterführt (s. u.). Solch eine ›Halbierung‹ einer Prophetie – ein Hauptwort, dem ein zweites, die Themen des ersten aufnehmendes, folgt – ist ein Stilmittel des Buches. Hier entsprechen die ›Hälften‹ einander strukturell: ein Wort (a, c) und ein Nachtrag, der dem »und sie werden erkennen« angehängt wird (b, d; s. zu solchen Nachträgen 12, 15 ff. und 20, 42 ff.). Man beachte den regelmäßigen Wechsel zwischen »ihr« und »sie« in den Schlußformeln der beiden ›Hälften‹.

Stichwortverknüpfungen

Der Abschnitt wird fest zusammengebunden mittels Wiederholungen und Wiederaufnahmen in jedem Teilabschnitt und zwischen den Teilabschnitten. Innerhalb des Hauptwortes (a) bildet V 6b einen zusammenfassenden Höhepunkt des Vorhergehenden mit diversen Synonymen und Parallelismen in durchgängig ›objektiver‹, d. h. unpersönlicher Formulierung. Teil b wird zusammengehalten mittels Wiederholungen von פליטים בגוים (V 8.9), זנה (zweimal in V 9), עשה רעה (V 9–10). Er ist verbunden mit a durch חרב (V 8 [3]), זר(י) (V 8 [5]), נשבר (V 9 [4]) und גלולים (V 9 [4.6]). Unterabschnitt c wird zusammengehalten durch die Triade דבר, רועב, חרב und ist mit dem Vorhergehenden verbunden durch תועבות רעות (V 11 [9.10]), חרב und נפל (V 12 [4.7]). Unterabschnitt d ist nicht nur durch seine eigenen Wiederholungen ausgezeichnet (כל fünfmal; גלולים zweimal), sondern auch durch Rückbezüge auf und Weiterführungen von a. Aufgenommen werden חלל בתוך (V 13 [7]), גלולים (V 13 [4]), סבבות מזבחות (V 13 [5]), גבעה–הרים (chiastisch zu הרים–גבעות in V 3), Derivate von שמם (V 14 [4.6]) und בכל משבותיכם (V 14 [6]). Weiterführung und Ergänzung wird erreicht durch das wiederholte כל, durch die explizite Verbindung zwischen topographischen Eigenschaften des Landes mit den illegitimen Kulten sowie der Beschreibung des »Landes (als) Einöde«, d. h. als verallgemeinernde Zusammenfassung aller Einzelheiten von a. Stilistisch zeichnet sich der Text durch einen konstanten Hang zur Wiederholung mittels Alliteration, Reim, Parallelismus und Verwendung von Synonymen aus. Beispiele für Alliteration und Reim sind: נאיות–אפיקים / גבעות–הרים (V 3); die כם-Suffixe in V 4–5; הם- in V 13; המניכם ונמחו (V 9); אשר נשבו ... אשר נשברתי (V 9); נפל חלל (V 7); ממדבר דבלתה, שממה ומשמה (V 11); רקע ברגליך, הך בכפך (V 14). Beispiele für Parallelismus und den Gebrauch von Synonymen sind (oftmals in Verbindung mit Reim und Alliteration): יחרבו ויאשמו, תחרבנה ... תישמנה (V 12); הנשאר והנצור ,ימות ... ימות ... יפול ... רחוק ,רחוק ... קרוב (V 6); נשברו ונשבתו (V 13) גבעה רמה ... רשי המרים ... עץ רענן ... אלה עבתה (V 13).

Verhältnis von G und M

G ist auffallend kürzer als M. In G fehlen nicht nur die Zusammenfassungen des M (s. die Einzelanalyse zu V 5.8), sondern es fehlt auch der besondere Charakter des M, der durch die oben aufgelisteten Elemente erreicht wird. In V 4a findet sich allein das Verb »wird zerbrochen werden« für beide Subjekte. In V 6b steht »wird zerstört werden« anstelle des ersten Verbpaars, »wird zerbrochen werden« anstelle des zweiten. Der gesamte letzte Satz fehlt. In V 9–11 fehlen: »wegen all der bösen Dinge, die sie getan haben«, »nicht umsonst«, »daß ich ihnen dieses Böse antun werde«, »bösen« (רעות). In V 12–13 fehlen die Synonyme »der, der (belagert) bleibt« (s. die Einzelanalyse), »auf jedem Berggipfel«, »unter jeder belaubten Eiche«. Die Konflationen zeigen, daß es sich bei M wie bereits in vorhergehenden Kapiteln um einen Maximaltext handelt, in den Varianten aufgenommen wurden. Andererseits dürfte der glatte Text von G an einigen Stellen gekürzt sein. Andernfalls wäre nicht zu erklären, warum in V 4a zwei Subjekte einem Verb zugeordnet werden (was für dieses Kapitel einzigartig ist) oder zwei alliterierende Verbpaare in V 6 vereinfacht werden. Cooke erklärte die Vereinfachungen der beiden synonymen Nominalsätze durch G in V 13 folgendermaßen: Es existierten zwei verschiedene Lesarten: »auf jedem hohen Hügel und unter jedem blühenden Baum« (G) und eine nur hier belegte (und »ursprünglichere«) »auf jedem Gipfel und unter jeder grünen Eiche«, die in M miteinander kombiniert wurden. Diese Erklärung würde überzeugen, wenn nicht das gesamte Kapitel so durchgehend mit Wiederholungen und Synonymen arbeiten würde. Die Unterschüsse von G in V 9–11 wirken sich auf den Inhalt aus, insofern sowohl das »Maß für Maß« des M als auch die aus dem Unheil zu ziehende Lehre eliminiert werden. Wir fassen zusammen: Bei M handelt es sich um einen maximalen, an einigen Stellen konflationierten Text mit kohärenter Struktur, der reich ist an literarischen Stilmitteln. G, ein kurzer Text, an einigen Stellen mit Auslassungen arbeitend, ist andererseits geradliniger aber auch literarisch minderwertiger. Zur Frage der »Ursprünglichkeit« s. *M. Greenberg*, Versions 1978.

Inhaltlich führt Ez 6 die Vorhersage der Verwüstung des Landes und des Todes bzw. der Zerstreuung seiner Bewohner aus Ez 4–5 fort. Stichwortverbindungen sind: »Ich bringe das Schwert gegen dich« (V 3 [5,17]), Derivate von שמם (V 4.6.14 [4,17; 5,15]), »meinen Zorn ausgießen über« (V 12 [5,13]), »Schwert, Hunger und Pest« (V 11 [vgl. 5,17]). Der indirekte Kontakt des Propheten mit seinen Zuhörern wird ebenfalls fortgesetzt. Zu Beginn richtet sich die Anrede an die Landschaft, später (V 4b) an die Bewohner des Landes. Die Exulanten werden nicht direkt angesprochen. Calvin bemerkt dazu: »So macht Gott indirekt deutlich, erstens, daß die Israeliten taub waren und zweitens, daß sie den Ärger nicht wert waren, den Ezechiel damit hatte, sie zu belehren.« Er vergleicht Ezechiels Anrede der Landschaft mit der Anrede des Altars durch den unbekannten Propheten in 1 Kön 13,20: »Es war mehr als ein Tadel, den König zu übergehen, als sei er nur der Schatten eines Menschen, und stattdessen den Altar zu ermahnen.« Diese Analogie ist interessant, obgleich im Fall Ezechiels das indirekte Vor-

Motive

gehen ein Rückzug aus Bescheidenheit gewesen sein dürfte. Aber letztlich liegt beiden Texten die Erfahrung von Zurückweisung und Entfremdung zugrunde.

Der Text besteht aus einer reichen Mischung verschiedener Motive. Zunächst wird auf die Verfluchung illegitimer Kultinstallationen und die Drohung gegen Städte in Lev 26, 30 f. angespielt. Dann hört man dtr-hoseanische Sprache, wenn der illegitime Kult auf den Bergen lokalisiert wird (vgl. auch Jer 16, 16–18). Daraus erwächst ein drittes Motiv: mit Leichen übersäte Berghänge. Der älteste biblische Beleg dafür ist die Totenklage Davids über Saul und Jonathan (2 Sam 1, 18 ff.), die am Anfang die Schlüsselbegriffe nennt: במותיך »deine Hänge« (dasselbe Wort wie במות »Höhen«), חלל »erschlagen« und נפלו »gefallen daliegen«. Jes 14, 25 spricht davon, wie Assur auf den Bergen Israels zertreten wird, und in Ez 38, 39 wird die Hinmetzelung des Heeres von Gog auf denselben Bergen beschrieben. *D. H. Müller*, Ezechiel-Studien 1894, wies als erster auf die Verbindung zu akkadischen Schlachtszenen hin, die dieses Motiv illustrieren; z. B.: »Mit ihrem Blut färbte ich die Berge, und mit ihren Leichen füllte ich die Schluchten und Berghänge« (Assurnasirpal, Annalen, II, 114 [ARAB I, 157]); »(die Leichen des Heers von Akkad) werden die Münder der Schluchten von Tupliash füllen, das Flachland und das Hochland« (CAD, Art. »ḫarru« B, 114 f.).

Aus der Orgie der Zerstörung fällt ein Bild heraus: »Ich werde eure Erschlagenen vor euren Götzen gefallen liegen lassen, und ich werde eure Knochen um eure Altäre zerstreuen« (V 4b.5b unter Auslassung der Glosse V 5a). Die Glosse V 5a, die die Verbindung zu Lev 26, 30 herstellt, erfaßt die Bedeutung nur teilweise. Jer 8, 1 f. beschreibt die Exhumierung der sündigen Judäer und die Zurschaustellung ihrer Knochen vor den Himmelskörpern, die sie verehrt haben. Sie werden zu Füßen ihrer falschen Götter liegen, die sie nicht retten konnten. Um das Bild zu vervollständigen, müssen wir die Szene in Jer 7, 32 f. hinzunehmen – die Erschlagenen, die unbegraben an der ehemaligen Kultstätte Tofet, dem Hinnomtal, liegen. Ezechiel sieht voraus, wie die Leichen der Israeliten verstreut und unbegraben zwischen ihren hilflosen Götzen an den Stätten ihres illegitimen Kultes auf Bergen und Tälern liegen, ihre Knochen um ihre Altäre zerstreut, um diese zu verunreinigen; vgl. 2 Kön 23, 16.20. Den Erschlagenen wird die letzte Ruhe versagt, und die Kultstätten werden durch ihre ehemaligen Verehrer verunreinigt (s. *M. Cogan*, A Note on Disinternment in Jeremiah, in: I. D. Passow / S. T. Lachs, Gratz College Anniversary Volume, Philadelphia 1971, 29–34).

Die Vorstellung eines »Restes« — Der Nachtrag (V 8–10) leitet Ezechiels Auslegung der Vorstellung vom »Rest« ein. (In 5, 3 wird dies angedeutet mittels der Aufforderung, Überlebende darzustellen, aber es wird dort nichts Weiteres über sie gesagt.) Daß die, die Gottes Strafe überleben, zu ihm umkehren werden, wird von vielen Propheten vorhergesagt (s. IDB, Art. »Remnant«). Mit unserer Stelle ist insbesondere Jes 17, 7 ff. zu vergleichen:

An jenem Tag werden Menschen sich dem, der sie gemacht hat, zuwenden,
Ihre Augen schauen auf den Heiligen Israels;
Sie werden sich nicht den Altären zuwenden, die ihre eigenen Hände gemacht haben,
Oder zu den Kultpfählen schauen und Räucherpfannen, die ihre eigenen Finger gefertigt haben.
An jenem Tag werden ihre befestigten Städte wie verlassene Orte daliegen,
Die der Horesch und der Amir (G: Amoriter und Hiwiter)
verlassen haben wegen der Israeliten.
Und es wird Verwüstung sein.

So wie dort werden sich auch hier die Überlebenden an Gott erinnern, werden sich nach dem Zusammenbruch ihres Götzenglaubens ihm zuwenden, voll von Reue über ihre sündige Vergangenheit (vgl. Lev 26,40–41: die, die im Exil überleben, werden ihre Schuld bekennen; ihr unbeschnittenes Herz wird erniedrigt werden). Die Erwartung des Propheten konzentriert sich auf die noch im Land Verbliebenen. Einige aus diesem verkommenen Haufen werden entkommen und in ihrer Gefangenschaft erkennen, daß das, was ihnen geschehen ist, zu Recht geschah, und sie werden voll Reue zu Gott umkehren. Dies liegt ganz im Rahmen dessen, was in der vorexilischen Prophetie und Lev 26 vorhergesagt wird.

Das Thema begegnet mehrmals in Ezechiel, jedes Mal mit einer signifikanten Veränderung. In 12,16 überlebt der Rest, »damit sie all ihre Greuel erzählen unter den Völkern, zu denen sie gekommen sind, damit sie erkennen, daß ich JHWH bin« (es ist nicht klar, wer von JHWHs Gottsein überzeugt werden soll, der Rest oder die Völker). Dem Rest wird eine didaktische Rolle zugewiesen: mittels der Geschichte ihres frevelhaften Lebens die Gerechtigkeit der Strafe Gottes zu lehren. Der springende Punkt hat sich ein wenig verschoben vom Rest zur Umwelt, der die Gerechtigkeit Gottes gelehrt werden muß.

Der nächste Beleg in 14,22 f. führt das Thema in signifikanter Manier weiter. Ein Rest wird aus den Trümmern Jerusalems befreit werden um der Exulanten willen (die zum ersten Mal explizit in das Bild einbezogen werden), so daß die Exulanten ihre Verdorbenheit aus erster Hand mitbekommen. »Wenn ihr ihren Lebenswandel und ihre (Misse-)Taten seht, werdet ihr getröstet werden wegen des Bösen, das ich über Jerusalem gebracht habe …, und ihr werdet erkennen, daß ich nicht umsonst all das getan habe, was ich getan habe.« Der springende Punkt hat sich nun definitiv von den Überlebenden zur Umwelt verschoben. Sie werden gerettet, um Gottes bösen Ratschluß zu rechtfertigen: Die offensichtliche Verdorbenheit der Überlebenden wird die Exulanten überzeugen, daß Jerusalem zu Recht gefallen ist, und das wird ihr Trost sein.

Das Motiv der Erinnerung an die Frevel der Vergangenheit und des Selbstekels durchlief eine ähnliche Entwicklung. Hier sind es die Überle- Erinnerung und Selbstekel benden, die sich im Exil ihrer Missetaten erinnern und vor sich selbst Ekel empfinden. Entsprechend hören wir später nichts mehr von ihrer Reue. In Ez 12 dienen die Überlebenden als Informanten. Nicht sie, sondern ihre Zuhörer beurteilen ihre Geschichte. In Ez 14 dienen sie als der lebende, stumme Beweis für Verdorbenheit, woraus die anderen ihre Lehre hinsichtlich der Rechtfertigung Gottes ziehen müssen. Da nun die Exulanten die Handelnden sind, erwartet man, daß auf sie ebenfalls das Motiv der Erinnerung und der Reue übertragen wird. Das nächste Mal begegnet das Thema in 16,61 ff. tatsächlich erst nach der Wiederherstellung Israels in seinem Land. Erst nach der Erfahrung von Gottes Treue zu seinem alten Bund trotz ihrer eigenen Treulosigkeit wird das wiederhergestellte Volk sich seiner schlechten Vergangenheit erinnern und zutiefst beschämt sein. Die Abfolge der Ereignisse in 20,33–44 ist klarer: Es wird eine erzwungene Rückkehr ins Land geben (V 33 ff.). Nur die, welche die Reinigung der Sünder in »der Wüste der Völker« überleben, werden in der Heimat ankommen. Dann werden sie sich ihrer frevlerischen Vergangenheit erinnern (V 43) und sich dafür schämen. In 36,21 – einer Erweiterung der Gedanken von Ez 20 und das Gegenstück zu unserem Kapitel – ist die Abfolge die gleiche. Die Entwicklung des Restgedankens und das Thema der Erinnerung und des Selbstekels sind also miteinander verwoben. In bezug auf die anderen Stufen ist unsere die älteste. Hier haftet Ezechiel immer noch an der vorexilischen Idee, daß Strafe die Überlebenden erniedrigen wird und ihre Herzen zu Gott führt. Die späteren Passagen zeigen, wie der Prophet langsam erkannte, daß die angenommenen Folgen der Katastrophe nicht eintrafen.

Einzelanalyse: sprachliche und literarische Aspekte

richte dein Gesicht. Bei der Aufforderung, sich dem angesprochenen Objekt V 2 zuzuwenden, handelt es sich um eine gängige Eröffnung von Ezechielworten: 21,2.7 (Jerusalem usw.); 25,2 (die Ammoniter); 28,21 (Sidon); 29,2 (der Pharao); 35,2 (das Gebirge Seïr); 38,2 (Gog). Wie hier steht das Objekt meist nicht in der Nähe. Einmal ist es derart unbestimmt (13,17 »weibliche Propheten«), daß man nicht annehmen kann, das Objekt habe sich an einem konkreten Ort befunden. Daher kann man aus diesem Text nicht schließen, daß der Prophet sich im Land Israel befunden haben muß (wie sollte er sonst den Bergen »sein Gesicht zugewandt« haben). Nichtsdestoweniger war wahrscheinlich meist eine Geste in eine bestimmte Richtung verlangt (s. die Einzelanalyse zu 4,3).

zu den Bergen Israels. Da auch Wasserrinnen und Täler angesprochen werden (V 3), muß das »Bergland Israels« gemeint sein. Diese Terminologie (vgl. auch 20,40; 35,12) spiegelt nicht nur die Begrenzung des israelitischen Siedlungsraums auf das Hochland wider (*D. Baly*, Geographical Companion to the Bible, London 1963, 70–77), sondern wahrscheinlich drückt sich darin der Kontrast aus, den die Exulanten zur babylonischen Tiefebene verspürten. Alles auf der Oberfläche des Landes wird weggeschwemmt werden, angefangen bei den anstößigen Kultinstallationen bis hin zu den Städten und ihren Bewohnern. Kimchi merkt an, daß der Begriff חרב (»Schwert«, V 3) auch ein Werkzeug zur Zerstörung bezeichnet (z.B. 26,9: »er wird deine Türme mit dem Schwert niederreißen«), das gegen Gebäude ebenso wie gegen Menschen geschwungen werden kann. Das Bild ist das eines angreifenden Heeres, das auf seinem Weg unterschiedslos über belebte und unbelebte Gegenstände herfällt. Man vergleiche damit das Schicksal Jerusalems, wie es in 2 Kön 25,8–10 beschrieben wird, oder Sanheribs Darstellung der Eroberung Babylons, bei der weder Mensch noch Tempel verschont werden (Bavian-Inschrift ARAB II, 152). Entsprechend wechselt der Bezug des Pronomens »eure« von den Bergen in V 3 zur Bevölkerung am Ende von V 5; s. die Einzelanalyse zu V 5.

V 3   *Berge Israels, hört das Wort des Herrn JHWH!* Das heilvolle Gegenstück zu dieser Unheilsprophetie in 36,1 beginnt ähnlich. »Hört das Wort (des Herrn) JHWH« übernimmt eine Wendung der königlichen Herolde in die prophetische Sprache (vgl. »Hört das Wort des großen Königs, des Königs von Assyrien! So spricht der König …« [2 Kön 18,28]). Es handelt sich um eine feste Einleitungsformel von Orakeln. In Erzählungen über die Frühzeit wird sie leicht variiert (Jos 3,9; 1 Sam 15,1). Aber die Formel begegnet in den Erzählungen über Micha (1 Kön 22,19), Elischa (2 Kön 7,1) und Jesaja (1,10; 28,14.16). Die meisten Belege finden sich bei Jeremia (2,4; 7,2; 17,20; 19,3; 22,2.29; 29,20; 31,10; 34,4; 44,24.26). An fast allen diesen Stellen wird die Aufforderung zu hören in der Situation einer expliziten oder impliziten Konfrontation überbracht. Entsprechend folgt, falls der Angesprochene namentlich genannt wird, der Name auf die Anrede (z.B. »Höre …, o Haus Jakobs«, Jer 2,4; vgl. in einem anderen Kontext Num 16,8; Ri 5,3; 1 Sam 22,12). In der einen Jeremiastelle, an der der Angeredete nur in der Vorstellung anwesend ist, wird zuerst der Name genannt: »Land, Land, Land, höre …« (22,29). In Ezechiel findet eine wirkliche Konfrontation nirgends statt. Wenn daher die Formel den Namen des Angeredeten enthält, wird dieser zuerst genannt – so wie hier und an den mit einem Stern gekennzeichneten Stellen: 13,2; 21,3; 25,3; *34,7.9; *36,1.4; *37,4. Ezechiel verwendet die Formel also ganz wie Jeremia.

So spricht … zu den Bergen. Strenggenommen ist die Botenformel Teil der verkündeten Botschaft (z.B. 13,2 f.; 16,35 f.; 21,3; 36,1 f.), aber hier, wo die Botschaft für jemand anderen bestimmt ist als die anwesenden Zuhörer (die Nachbarn des Propheten), wird die Formel vervollständigt durch die Nennung des vermeintlichen Adressaten (die Berge Israels). Die Botenformel wird so zu einem Mittel, den anwesenden Zuhörern die Identität des vermeintlichen Adressaten des Wortes mitzuteilen. Vgl. dagegen die reguläre Verwendung in 36,1 f. und V 6 mit dem irregulären Gebrauch in 36,4. Der irreguläre Gebrauch begegnet noch in 7,2; 16,3; 26,15; 37,5.

heiligen Stätten. במות, gewöhnlich übersetzt mit »Höhen«, waren erhöhte Plattformen, meist auf einer natürlichen Anhöhe außerhalb der Stadt, auf denen geopfert wurde (in Am 7,9, einem der ältesten datierbaren Belege des Begriffs [Mitte des 8. Jhs. v.u.Z.], steht er parallel zu מקדשים »Heiligtümer«). Hierzu gehörte die במה im Hinnomtal außerhalb Jerusalems (Jer 32,35). S. hierzu die umfassende und ausgewogene Zusammenfassung des Forschungsstands bei *P. H. Vaughan*, The Meaning of ›BÂMÂ‹ in the Old Testament, London u.a. 1974. Daß ihr Ursprung im Totenkult läge, wie Albright vermutete, wird von Vaughan abgelehnt und heftig bestritten von *W. B. Barrick*, The Funerary Character of ›High Places‹ in Ancient Palestine: A Reassessment: VT 25, 1975, 565–594.

Räucherpfannen. Diese Bedeutung von חמנים stützt sich auf die Bedeu- **V 4** tung »Räucheraltar« des nabatäischen und palmyrenischen Wortes חמנא. Eine palmyrenische Altarinschrift berichtet von der Weihe eines Altars und eines חמנא, wobei letzterer auf einem Relief (auf der Rückseite des Altars) als Räucherständer oder Pfanne dargestellt ist (*B. Mazar* u.a., Views of the Biblical World [Hebräisch], III, Jerusalem 1960, 164; *W. F. Albright*, Archaeology and the Religion of Israel, Baltimore 1946, 216, Anm. 58; KAI II, 77).

Götzen. Baudissin (Beleg in BDB 1122a) verglich unsere גלולים mit einer Bilingue aus Palmyra (*G. A. Cooke*, A Text Book of North-Semitic Inscriptions, Oxford 1903, 334 [Griechisch S. 314, Z. 11; Aramäisch, S. 321, Z. (9) 22]), wo גללא im Griechischen mit »Stele« übersetzt wird. Er schloß daraus, daß der Begriff ursprünglich eine Menhir-Mazzebe bezeichnete. Im Hebräischen wird durch die konsequente Zusammenstellung mit abschätzigen Begriffen für Götzen (z.B. Dtn 29,16; Jer 50,2; Ez 30,13) der Begriff ähnlich definiert. Neben 39 Belegen in Ezechiel begegnet der Begriff gehäuft in der dtr Literatur (1 und 2 Kön, Jeremia und Ezechiel; einmal nur in Dtn 29,16 und einmal in Lev 26,30), womit Zimmerlis Frage zu Recht besteht, ob es sich vielleicht um ein Lieblingswort der Kultreformer handelte. Ältere Etymologien verbinden das Wort mit גלל »Mistkugel« (s. 4,12.15), vermutlich eine abwertende Stilisierung von Götzen (Ibn Janach und Kimchi in ihren Wörterbüchern). Die Vokalisation wurde der von שקוצים »Scheusale« angepaßt, womit der Begriff des öfteren kombiniert wird (Dtn 29,16; 2 Kön 23,24; Ez 37,23).

Die erste Hälfte des Verses unterbricht durch die Formulierung in der **V 5** dritten Person Singular den Zusammenhang der V 4b und 5b. Da weiterhin die Vershälfte in G fehlt und Lev 26,30 gleicht, dürfte es sich um die Erläuterung einer Schwierigkeit von V 4b handeln: Weil der Bezug des Pro-

nomens in »eure Erschlagenen« in V 4b auf die Berge eine Spannung erzeugt, bezieht V 5b das Pronomen auf die Bewohner des (Berg)lands mittels
der Sprache von Lev 26,30 – ein Vers, auf den V 4b ohne Zweifel anspielt.

V 6 *Wo auch immer ihr lebt.* Wörtl. »in all euren Siedlungen«, ein fester Ausdruck der Gesetzessprache der Priesterschrift (z. B. Ex 12,20; Lev 3,17; 7,26;
23,3.14; Num 35,29). Hier (und weiter unten in V 14) ist der Begriff im
Zusammenhang von Entvölkerung und Zerstörung ironisch gemeint.

 zerstört (תישמנה), *zerstören* (יאשמו). ישם und אשם sind seltene Nebenfor-
men des gewöhnlich verwendeten שמם, die alle auf eine zweiradikalige Wurzel שם zurückgehen (*G. R. Driver*, Problems of the Hebrew Verbal System,
Edinburgh 1936, 6–7). ישם begegnet in ישימון »Ödland«. אשם ist belegt in
Hosea (5,15; 10,2; 14,1; G übersetzt alle Belege mit einem Äquivalent zu
שמם) sowie in Jes 24,6; Joël 1,18.

 So daß. S. den Schluß der Einzelanalyse von 4,16–17 (zu למען).

 und das Machwerk eurer Hände wird ausgelöscht. Das hebräische
ונמחו מעשיכים ist sinnträchtig: Verbformen von (מח(י »auslöschen« sind in
der Sintflutgeschichte durchgängig belegt (Gen 6,7; 7,4.23). Verb- und No-
minalformen von עש(י) finden sich häufig (z. B. in Jesaja) in Beschreibungen
illegitimer, gotteswidriger, menschlicher Kultgegenstände. Besondere Bedeutung hat Jes 17,7 ff.: »An diesem Tag wird ein Mensch sich dem zuwenden, der ihn gemacht hat (עשהו), seine Augen blicken auf den Heiligen Israels. Er wird sich nicht den Altären zuwenden, die seine eigenen Hände
gemacht haben (מעשי ידיו), noch wird er zu den Kultpfählen und den Räucherpfannen schauen, die seine eigenen Finger gemacht haben (עשו).« Vgl.
auch die emphatische Wiederholung von עשה »er machte« in der Beschreibung der Kultinstallationen Jerobeams in 1 Kön 12,28.31–33. Dieser Satz
bildet einen Höhepunkt, der sich nicht nur auf die oben erwähnten illegitimen Kultformen und -einrichtungen, sondern auf nichts weniger als die Zi-
vilisation insgesamt (V 6a »Städte«) bezieht.

V 7 *ihr werdet erkennen, daß ich JHWH bin.* Der Name JHWH ist gleichbedeutend mit Macht (zu strafen und zu retten), Souveränität, Heiligkeit, Ur-
heberschaft und Kontrolle über die Ereignisse. Gegenwärtig wird er als solcher weder in Israel, das abtrünnig und ohne Glauben ist, anerkannt noch
unter den Völkern, die den Götzen dienen. Aber wenn Unglück sie trifft
oder sie ein Wunder erfahren, wird der Gott, der das Geschehen durch den
Propheten ankündigt, anerkannt werden als derjenige, der die seinem Namen zugesprochenen Eigenschaften auch wirklich besitzt. Zu ungefähr zeitgleichen Variationen dieses Gedankens vgl. Jer 16,21:

So werde ich ihnen nun zeigen,
Ein für alle mal werde ich ihnen zeigen
Meine Kraft und meine Macht,
Und sie werden erkennen, daß JHWH mein Name ist.

Sodann in Jes 52,6:

Gewiß wird mein Volk meinen Namen erkennen;
Gewiß, an diesem Tag, daß ich derjenige bin, der gesprochen hat,
Hier bin ich!

In Ezechiel beschließt dieser Satz Texte oder Abschnitte (ca. 60 Belege). Auf diese Weise wird ausgedrückt, daß das im Text vorhergesagte Geschehen eintreffen wird. Außerhalb von Ezechiel ist die Formel in der priesterlichen Exoduserzählung belegt (z. B. Ex 7,5; 14,4.18) und in der Geschichte der anonymen Propheten, die Ahab ermutigen (1 Kön 20,13.28). *W. Zimmerli*, Erkenntnis 1954, hat sich mit dieser Formel ausführlich auseinandergesetzt.

V 8 Den eigenartigen Satzbeginn, wörtl.: »Ich werde übriglassen in ihrem Sein für euch« (והותרתי בהיות לכם), erklärt man am besten als Konflation zweier alternativer Fortsetzungen von V 7. Die erste, (לכם) והותרתי »ich werde (euch) übriglassen«, beginnt einen neuen Satz in der Art von 12,16. Er wird von G nicht bezeugt. Die zweite, (לכם) בהיות »wenn ihr habt«, ist ein angehängter Infinitivsatz noch nach dem Abschluß »und sie werden/ihr, werdet erkennen …« – typisch für den Stil Ezechiels (z. B. V 13 und 12,15; 20,42). Sie gehört zum Ende von V 7.

wenn ihr … versprengt seid. Das hebräische בהזרותיכם trägt das Plural-Suffix כם- nicht irrtümlich, sondern als Interpretation der Endung ות- des Infinitivs, als handele es sich um einen Plural femininum; ebenso in 16,31 (בבנותיך); s. Ges-K § 91 l.

V 9 *wie ich betrübt* (נשברתי wörtl. »gebrochen«) *war über* (את wörtl. »mit, angesichts von«). Diese nur hier belegte Formulierung vergleicht Kimchi mit Gen 6,6: »(Gott) war gequält bei seinem Herzen«. Die Übersetzung basiert auf der Analogie zum syrischen *tbr* »brechen«, das im Passiv meint: »gebrochenen Herzens sein« (vorgeschlagen von *G. R. Driver* in seiner Rezension von CAD 7 in JSS 7, 1962, 96). Vgl. auch Jer 8,21 השברתי »Ich war gebrochen (im Geist)«. Einige folgen der aktivischen Übersetzung von S (s. o. zu Text und Übersetzung) und erklären das נ in אשר נשברתי als unbeabsichtigten Fehler eines Schreibers, der durch das unmittelbar vorhergehende אשר נשבו verursacht wurde. G übersetzt: »Ich schwor«, was vom Kontext her unmöglich ist, aber zeigt, daß den Übersetzern ein Wort vorlag, das mit נ begann. Für M und unsere Übersetzung spricht die unmittelbar vorausgehende, ebenfalls für Ezechiel singuläre Aussage, daß die Überlebenden im Exil sich zu Gott bekehren werden (s. die Gesamtauslegung). Daß Gott über sie betrübt war, paßt hierzu.

hurendes Herz … Der Rest von V 7 bildet ein Mosaik aus Verweisen auf andere Texte: זנה מעל wörtl. »die Hure spielen« nur noch in Hos 9,1; סר מעל »abweichen von« nur noch in Jer 32,40 – in beiden Fällen handelt es sich um theologische Metaphern; »folgt nicht eurem Herzen und euren Augen, denen ihr nachhurt« (Num 15,39). (Zu einem Nomen, das durch ein Partizip näher bestimmt wird und dem ein Relativsatz folgt vgl. 2,3: »widerspenstige Völker, die gegen mich widerspenstig waren.«) In der neuen Kombination werden bei Ezechiel Herz und Auge zur Ursache der Sünde. Diese sind selbst handlungsfähig, wie ihnen dies später im Midrasch zur genannten Numeristelle zugeschrieben wird: »Das Herz und das Auge sind die zwei Mittler der Sünde« (NumR 10,6). Ezechiel bezieht sich öfter auf diese Mittlerschaft des Bösen; vgl. 11,21 und die Stellen, die vom »neuen Herzen« reden (11,19; 36,26); zu den »Augen« s. 18,6.12.15; 20,7.8.24; 23,27.

werden sich vor sich selbst ekeln. Redewendung und Motiv nur bei Ezechiel; noch in 20,43; 36,31.

V 10   *nicht umsonst.* In 14,32 muß dieser Ausdruck »deswegen« bedeuten aufgrund der Fortsetzung mit: »tat ich alles, was ich an ihnen tat«. Dies ist vielleicht auch hier gemeint. Aber die vorliegende Abfolge: »ich … verkündet habe, daß ich dieses Böse tun werde« (usw.) erlaubt das alternative Verständnis des Ausdrucks im Sinne von: »nicht als leere Drohung«. Damit ist dann die Antwort (wie in 13,21 ff.) auf die skeptische Aufnahme der Drohungen des Propheten gemeint (so Kimchi). Dieses alternative Verständnis kann nicht ausgeschlossen werden angesichts der Tatsache, daß Ezechiel dazu neigt, die Bedeutung bekannter Ausdrücke zu variieren. Vgl. z.B. wie הרעה »(dieses) Böse« (= Leid), d.h. Gottes Strafe, in V 10 den »bösen« (frevlerischen) Dingen (הרעות) entspricht, die sie gemäß V 9 taten. Der Ausdruck דבר לעשות רעה ל »(Gott) verkündete, daß er Böses tun werde« ist außer an dieser Stelle nur noch in der Erzählung über das goldene Kalb belegt (Ex 32,14: Gottes Entschluß, Israel zu vernichten) und in Jona 3,10 mit Verweis auf diese Stelle. Beide Stellen sprechen für das alternative Verständnis als »nicht umsonst«, da an beiden Stellen Gottes Ankündigung, »etwas Böses zu tun«, letztlich rückgängig gemacht wurde (»vergebens«).

V 11   *So spricht der Herr JHWH.* Hier leitet die Botenformel ein neues Wort ein (V 11–14), das mit dem Vorhergehenden verbunden ist (wie z.B. 7,5; 17,22; 23,32). Da daran meist eine wörtlich zu übermittelnde Botschaft anschließt (2,4; 3,11), ist die vorliegende Abfolge, nämlich eine Zusammenstellung von Anleitungen für bestimmte Gesten, überraschend. (Anweisungen werden normalerweise durch die Wortereignisformel eingeleitet wie oben V 1 oder durch einfaches »er sagte zu mir« wie in 2,1; 3,1.3.4.10.22; 4,15 u.ö.). Bei diesem irregulären Gebrauch könnte es sich um einen editorischen Notbehelf handeln, um genau festzulegen, welche Worte Gottes dem Volk mitzuteilen sind. Beginnt man mit V 12, scheint die Antwort klar: Gott spricht (»Ich werde meinen Zorn ausgießen«), und zwar tut er dies im Versmaß, wie es bei Orakeln üblich ist. Was aber ist mit V 11? Nach der Anweisung, Gesten auszuführen, wird dem Propheten aufgetragen, »Ach!« zu sagen. Gehören die folgenden Worte zur Rede oder richten sie sich allein an den Propheten? Welchen Status hat das »Ach!«? Handelt es sich um einen Ausruf Gottes oder des Propheten? Die Verwirrung wird ›gelöst‹, indem die Botenformel, die völlig korrekt einen Teil der V 11–12 als Rede Gottes an das Volk markiert, ganz an den Beginn des Abschnittes gestellt wird. Indem so die Formel alles einschließt, was Gott dem Propheten mitteilte, kann sie sich auch auf die Anweisungen beziehen, die Ezechiel von Gott empfing. Solch eine freie Anwendung der Botenformel dürfte der letzten Stufe der Herausgabe des Materials zuzuschreiben sein. Sie steht bereits in deutlichem Abstand zur Offenbarungserfahrung, zu einer Zeit, in der vermutlich die oben aufgeworfenen Fragen eindeutig beantwortet werden sollten.

Klatsche in die Hand. In 25,3.6 bedeuten die Gesten und ein ähnlicher Aufschrei (האח) Schadenfreude. (Zu אח vgl. im galiläischen Aramäisch ואַח, das Freude bedeutet [*S. Lieberman, Hayerushalmi Kiphsuto*, Jerusalem 1934, 83.) Der Prophet soll die Genugtuung Gottes, seinen Zorn an Israel ausgelassen zu haben, repräsentieren. Vgl.: »Und wie es JHWH gefiel, euch Gutes zu tun und euch zahlreich zu machen, so wird es JHWH jetzt gefallen, euch auszutilgen und euch zu vernichten« (Dtn 28,63).

die bösen Greuel des Hauses Israel. Hinter dieser Übersetzung verbirgt sich eine unübertragbare Kombination von Synonymen im Hebräischen (תועבות und רעות s. V 9 sowie 20,43 und 36,31) in einer Konstruktusreihe mit einem dritten Nomen (בית ישראל), also wörtlich: »die Greuel des Bösen des Hauses Israels.« Vgl. קבעת כוס התרעלה »die Schale des Bechers des Taumelns« (Jes 51,17); נהי בכי תמרורים »die Totenklage des Weinens der Bitterkeit« (Jer 31,15). S. Ges-K §130 e und die Monographie von *Y. Avishur,* Construct State 1977. S löst das Problem der Übersetzung durch Einfügung eines »und« zwischen den Synonymen. In G fehlt das zweite Glied.

Schwert, Hunger und Pest. Die Dreiergruppe ebenfalls in Lev 26,25 f.; 2 Sam 24,13 (Feind = Schwert; vgl. Lev 26,6 f.) und Am 4,6–10. So wie hier ist die Dreierreihe aber nur noch in Jeremia (dort allerdings mehrfach) belegt (z. B. 14,12; 21,9; 27,8.13; 29,18).

Die Verteilung dreier Plagen auf zwei Gruppen – die in der Stadt und die außerhalb – wird erreicht, indem die Außenstehenden unterschieden werden als die, »die in der Nähe sind« und die, »die weit entfernt sind« – ein Merismus, d. h. eine Bezeichnung des Ganzen durch Aufteilung in zwei einander ergänzende Teile: »jung und alt« = jeder; »Mensch und Tier« = alle Lebewesen (s. auch 22,5; Dtn 13,8; 1 Kön 8,46; Jes 57,19; Dan 9,7; allgemein vgl. *J. Krašovec,* Der Merismus im Biblisch-Hebräischen und Nordwestsemitischen [BibOr 33], Rom 1977). Der Vergleich mit 5,12 und 7,15 zeigt, daß allein die Positionierung des Hungers festgelegt ist – nämlich in der Stadt. Schwert und Pest können frei variiert werden. V 12

der belagert bleibt. Formuliert mittels des Hendiadyoin »der, der übrigbleibt und der belagert wird«. S. zu dieser Sprachfigur *E. Z. Melamed*: Tarb. 16, 5605 / 1945, 173–189.242. Der zweite Begriff נצור ist das Passiv von נצר

»belagern« (Jer 4, 16). Wäre es von צור »bestürmen« abzuleiten, müßte es
נָצוּר vokalisiert werden; P. Joüon, Grammar 1996, § 80 l.

V 13   *ihr werdet erkennen … ihre Erschlagenen.* Die Pronomen sind uneinheitlich (s. weiter V 14: »sie werden erkennen«), weil die Blickrichtung wechselt
von denen im Land, über die der Prophet spricht, zu den Exulanten, an die
sich tatsächlich das Wort richtet. Die Pronomen in G weichen ab (s. o. zu
Text und Übersetzung), sind aber auf andere Weise inkonsistent: V 13 wird
so konsistent, aber V 14 – der in M in sich konsistent ist – ist in G inkonsistent. Der Wechsel der Blickrichtung ist offensichtlich auch hier vorhanden, ebenso in den Versionen.

    auf jedem hohen Hügel … Die Begriffe zur Bezeichnung von Götzenkult-
stätten werden in zwei parallelen Bikola angeordnet – eine Kombination
vertrauter Elemente, die neu angewandt wird. Die spätvorexilische bekannte
Formulierung »auf jedem hohen Hügel und unter jedem grünen Baum«
([Dtn 12, 2;] 1 Kön 14, 23; Jer 2, 20 u. ö.) wird erweitert, indem jedem Nomen
eine synonyme Entsprechung beigefügt wird. Das erste Adjektiv wird leicht
verändert, indem רמה das übliche גבה »hoch« ersetzt (so auch in 20, 28; 34, 6
– nur in Ezechiel). Um einen Parallelismus zu erzeugen, wird Hos 4, 13 zitiert: »(Sie opfern) auf den Gipfeln der Berge«. Als Parallele des zweiten
Nomens (»Baum«) wird das Wort »Eiche« aus demselben Hoseavers genommen (»unter Eiche, Pappel und Terebinthe …«), und »belaubt« stammt
aus dem »belaubten Baum« in Lev 23, 40. Die Erfindung einer »belaubten
Eiche« ist identisch mit »der blühende Baum« und steht in 20, 28 auch an
dessen Stelle.

V 14   *zur Einöde* (שממה ומשמה). Vgl. 33, 28 f.; 35, 3. »Bisw. wird die Totalität
einer Handlung oder eines Zustandes durch die Zusammenstellung zweier
oder sogar dreier stammverwandter und ähnlich klingender Substant. ausgedrückt« (Ges-K § 133 l, vgl. u. a. Nah 21, 11; Zef 1, 5).

    von der Wüste bis Dibla. מדבר ist indeterminiert aufgrund des Versmaßes
(vgl. Jes 16, 8; 42, 11; Ps 29, 8a). Trotzdem scheint es fälschlich als Konstruktus vokalisiert zu sein im Sinne von: »von der Wüste von Dibla(ta).« Die in
Frage kommende Wüste ist die südliche Steppe (wie in der Grenzlini-
enbeschreibung von Ex 23, 31). Dibla wurde schon im Mittelalter mit Ribla
identifiziert (Kimchi, der als Vergleich den Wechsel von Rëguël zu Dëguël in
Num 1, 14; 21, 14 heranzieht). G übersetzt sogar Ribla (רבלה, רבלתה) in
2 Kön 25 und Jer 52 meist mit Deblatha – was vermutlich zurückgeht auf
eine Variante דבל(ת)ה in der Vorlage von G, die in M allein hier erhalten
ist. Ribla bzw. Dibla war eine Stadt im Land Hamat (2 Kön 23, 33), dem
Land, das die Nordgrenze in Ezechiels Landverteilungsplan bildete (47, 17;
in Num 34, 8 Lebo Hamat). Nirgendwo sonst jedoch bildet Ribla bzw. Dibla
die Nordgrenze Israels (הרבלה in Num 34, 11 meint einen anderen Ort an
der Ostgrenze). Könnte ein Grund für die Wahl hier in der Alliteration liegen? (S. die Gesamtauslegung.)

Ez 7,1–27: Der Ausnahmezustand

Literatur J. A. Bewer, On the Text of Ezekiel 7,5–14: JBL 45, 1926, 223–231. – P. M. Bogaert, Les deux rédactions conservées (LXX et TM) d'Ézéchiel 7, in: J. Lust (Hg.), Ezekiel 1986, 21–47. – M. Dijkstra, Legal Irrevocability *(lo' yāšûb)* in Ezekiel 7.13: JSOT 43, 1989, 109–116. – T. H. Gaster, Ezekiel and the Mysteries: JBL 60, 1941, 289–310, bes. 297–304. – J. Goettsberger, Ez 7,1–16 textkritisch und exegetisch untersucht: BZ 22, 1934, 195–223. – J. Lust, The Use of Textual Witnesses for the Establishment of the Text. The Shorter and Longer Texts of Ezekiel. An Example: Ez 7, in: ders. (Hg.), Ezekiel 1986, 7–20. – M. Masson, *ṣᵉpīrâ* (Ezechiel VII 10): VT 37, 1987, 301–311. – E. Tov, Recensional Differences 1986.

Text

Übersetzung *1 Das Wort JHWHs erging an mich: 2 Du, Mensch – so spricht der Herr JHWH zur Erde Israels:*

> *Ein Ende!*
>> *Es kommt das Ende über die vier Enden der Erde!*
>
> *3   Das Ende ist nun über dir!*
> *Ich werde meinen Zorn gegen dich loslassen*
>> *und werde dich nach deinen Wegen bestrafen*
>> *und werde auf dich all deine Greuel legen.*
>
> *4 Mein Auge wird dich nicht verschonen,*
>> *noch werde ich Mitleid haben;*
>
> *Aber ich werde all deine Wege auf dich legen,*
>> *und deine Greuel werden in dir faulen.*
>> *Und ihr werdet erkennen, daß ich JHWH bin.*
>
> *5 So spricht der Herr JHWH:*
> *Ein Unheil!*
>> *Ein einzigartiges Unheil;*
>> *siehe, es kommt.*
>
> *6 Es kommt ein Ende.*
>> *Das Ende kommt.*
>> *Es ist reif für dich!*
>
> *Siehe, es kommt.*
>
> *7 Das Verhängnis ist über dich hereingebrochen,*
>> *O Bewohner des Landes!*
>
> *Die Zeit kommt,*
>> *der Tag ist nahe –*
>> *des Tosens, keine Ernterufe auf den Hügeln.*

8 Bald werde ich jetzt meinen Grimm über dich ausgießen
    und meinen Zorn an dir verausgaben.
Ich werde dich nach deinen Wegen bestrafen
    und werde auf dich all deine Greuel legen.
9 Mein Auge wird nicht verschonen,
    noch werde ich Mitleid haben.
Nach deinen Wegen werde ich dir vergelten,
    und deine Greuel werden in dir faulen,
Und ihr werdet erkennen, daß ich, JHWH, zuschlage.
10 Der Tag ist da!
    Siehe, er ist gekommen;
    das Verhängnis ist gekommen,
    der Stab ist gesprossen,
    Frechheit hat Blumen wachsen lassen.
11   Gesetzlosigkeit wuchs zu einem Stab des Frevels.
Keiner von ihnen und ihrem Überfluß
    und nichts von ihrem Tosen und keine Totenklage unter ihnen.
12 Die Zeit ist gekommen;
    der Tag ist angelangt!
Der Käufer – er soll sich nicht freuen,
    der Verkäufer – er soll nicht klagen;
    denn Grimm ist auf all ihrem Überfluß.
13 Denn der Verkäufer wird nicht zurückkehren zu dem, was er verkauft
   hat,
    obwohl beide weiterhin am Leben sein werden;
    denn die Vision über all ihren Überfluß wird nicht aufgehoben werden;
    und jeder, der in seiner Schuld lebt, wird nicht standhalten.
14 Sie haben das Horn geblasen
    und alles vorbereitet,
    aber niemand zieht hinaus in die Schlacht,
    denn mein Grimm ist auf all ihrem Überfluß.
15 Das Schwert außen,
    Pest und Hunger innen:
Der, der im Land ist,
    wird durch das Schwert sterben,
Und der, der in der Stadt ist –
    Hunger und Pest werden ihn aufzehren.
16 Die, die entkommen,
    werden in den Bergen umherziehen
    wie Tauben der Täler,
    jeder von ihnen wird in seiner Schuld stöhnen.
17 Jede Hand wird schlaff herunterhängen,
    alle Knie werden von Wasser triefen.

18 Sie werden sich in Sackleinen kleiden,
und Schaudern wird sie bedecken.
Verwirrung auf jedem Gesicht,
das Haar von jedem Kopf ausgerissen.
19 Sie werden ihr Silber auf die Straße werfen;
ihr Gold wird wie ein unreiner Gegenstand sein.
Ihr Silber und ihr Gold wird sie nicht retten können
am Tag von JHWHs Zorn.
Sie werden ihren Hunger nicht stillen,
noch werden sie ihre Bäuche [damit] füllen,
Denn es war ihr Stein des Anstoßes der Schuld.
20 Ihre schöne Zierde, auf die sie sich etwas einbildeten – daraus machten
sie Bilder ihrer scheußlichen, ekligen Dinge. Deshalb werde ich daraus für
sie einen unreinen Gegenstand machen.
21 Ich werde ihn Fremden als Beute übergeben,
den Frevlern der Erde als Raub,
und sie werden ihn entweihen.
22 Ich werde mein Gesicht von ihnen abwenden,
und sie werden meinen Schatz entweihen.
Brutale Männer werden ihn betreten
und ihn entweihen.

23 Schmiede die Kette!
Denn das Land ist voll von Blutgerichten,
und die Stadt ist voll von Gesetzlosigkeit.
24 So werde ich den Abschaum der Völker herbeibringen,
und sie werden Besitz von ihren Häusern nehmen;
Und ich werde dem Stolz des Starken ein Ende machen,
und ihre Heiligtümer werden entweiht werden.
25 Schrecken kommt!
Sie werden Frieden suchen, aber da wird keiner sein.
26 Ein Unglück wird nach dem anderen kommen,
schlechte Nachrichten werden auf schlechte Nachrichten folgen.
Sie werden (umsonst) nach der Vision des Propheten suchen,
der Priester wird keine Weisung erteilen können
und die Ältesten keinen Rat.
27 Der König wird klagen,
der Fürst wird sich in Trostlosigkeit kleiden,
und die Hände der Bürgerschaft werden gelähmt sein.
Ich werde sie ihre eigenen Wege schmecken lassen,
und ich werde sie nach ihren eigenen Rechtssätzen richten.
Und sie werden erkennen, daß ich JHWH bin.

2 G S fügen hinter *Mensch* hinzu: »sprich«.

5 *Ein Unheil! Ein einzigartiges Unheil:* einige hebräische Hss und Editionen: »Unheil nach (אחר = T בתר) Unheil«; S »Unheil um (ḥlp = hebr. תחת) Unheil«.

9 *Nach deinen Wegen:* G führt auf כי דרכיך wie in V 4.

11 *Keiner von ihnen ... unter ihnen:* G »und weder mit Getöse (= מהומה) noch mit Schnelligkeit (= מהרה)«.

14 *Sie haben ... geblasen:* G »Blase!«

16 *stöhnen:* G »ich werde töten (= אמית)«; S »wird sterben«.

20 *Ihre ... sie:* M »seine« (S »ihre«) bzw. »er« (G S »sie«).

ihre scheußlichen, ekligen Dinge: G bezeugt nur ein Attribut. Unklar ist allerdings, welches der beiden.

24 *des Starken:* G »ihrer Stärke (= עזם)«.

Gesamtauslegung: Struktur und Themen

Dieser schwierige Text wird begrenzt durch die Wortereignisformel in V 1 und die Erkenntnisformel, auf die in 8,1 eine neue Wortereignisformel folgt. Die Einheit des dazwischenliegenden Textes bewirkt der poetische Stil (s. u.) und die Verflechtung der verschiedenen Themen. Inhaltlich und formal zerfällt der Text in zwei Teile: A Unheilswarnrufe (V 2–9) und B Momente der Auflösung des öffentlichen Lebens am Tag des Unheils (V 10–27). Beide Teile sind am Anfang und am Ende des zweiten Teils miteinander verknüpft: V 10 beginnt mit einem Warnruf (vgl. auch V 12 und 25), wohingegen V 27 mit einer Zeile schließt, die Elemente aus beiden Teilen miteinander verbindet (»ihr Weg«, »Gericht«) und so einen Abschluß für den gesamten Text bildet. Bei dieser Zweiteilung eines Textes mit einem Abschluß, der Elemente aus beiden Teilen aufnimmt, handelt es sich um ein typisches Stilmittel des Buches. (Die folgende Analyse verdankt sich *H. van Dyke Parunak*, Structural Studies 1978, 192–205, wenn sie auch davon abweicht.)

A. Unheilswarnrufe.

1. V 2–4 beginnt mit einer Anrede samt einer Botenformel und endet mit einer Erkenntnisformel: die Androhung des nahe bevorstehenden Unheils als der göttlichen Vergeltung der Missetaten.

2. V 5–9 beginnt mit einer Botenformel und endet mit einer Erkenntnisformel. Es handelt sich fast um eine Wiederholung des Vorhergehenden mit einigen Weiterführungen, die größtenteils in dunklen Anspielungen auf die Ernte bestehen.

B. Der Zusammenbruch des gesellschaftlichen Lebens am Tag des Unheils.

Dieser Teil beginnt unvermittelt ohne Einleitungsformel (wodurch eine enge Verbindung zum vorhergehenden Abschnitt angezeigt wird) und mit

einer Variation der Warnrufe der V 6–7, wodurch beide Teile zusammengebunden werden (V 10–11). Nach dem Warnruf von V 12 findet ein Wechsel statt zu Kommentaren über das Ende und Szenen des Endes mittels Abschnitten von verschiedener Länge und ohne klare Abgrenzung.

1. V 10–11 kündigen zuerst den Anbruch des Unheilstages an mittels
einer chiastischen Inversion (mit Weiterführung) der Elemente »es kommt
das Unheil« und »Tag« von V 6. Daran schließt in V 11 ein Bild der Reife an,
das gezeichnet wird mittels Begriffen, die im folgenden eine Rolle spielen:
»Gesetzlosigkeit« (vgl. V 23), »Frevel« (vgl. V 21) und »Überfluß« (vgl.
V 12–14). Die Häufung von מ–ה–מ-Klängen in V 11 führt das מהומה von
V 7 weiter.

2. V 12–18, der erste Durchgang einer Reihe von Endszenarien: (a) die
Nichtigkeit des Handels (V 12–13); (b) der unmittelbar bevorstehende
Krieg, Unglück und Flüchtlinge (V 14–16); (c) eingestreute Verweise auf
den Zorn Gottes und die Sünde des Volkes (V 12b.13b.14b.16b); (d) all-
gemeines Entsetzen (V 17–18).

3. V 19–27, der zweite Durchgang einer Reihe von Endszenarien: (a) die
Nichtigkeit des Reichtums (V 19); (b) Invasion, Entweihung, Plünderung
(V 21–24); (c) verstreute Hinweise auf Sünden und den Zorn Gottes
(V 19b.20.22a.23); (d) alle Klassen sind gelähmt (V 25–27).

Es wird deutlich, daß der zweite Durchgang nicht nur dem ersten entspricht, sondern diesen steigert und spezifiziert. Dies zeigt sich insbesondere
an der Näherbestimmung der Sünde – kultisch und politisch –, den brutalen
Strafen und der Detailliertheit, mit der der Zusammenbruch der Institutionen beschrieben wird.

Stilmittel   Der Zerfall des Textes in einzelne Episoden wird durch Wiederholungen
und Vorwegnahmen ausgeglichen. Auf die umfassende Wiederholung in A
und die Weiterführung der Warnrufe von A in B wurde bereits aufmerksam
gemacht. Die dreifache, refrainartige Abfolge: »denn (mein) Zorn / Vision
ist über all ihren Massen« überschreitet die Grenze zweier Szenen (V 12–
14, B1 [a] und [b]). »Jeder in seiner Schuld« kommt in verschiedenen Szenen
vor (V 13b [c].16b [d]). Der Kommentar zur Nichtigkeit von Gold und Silber
(V 19a) nimmt an seinem Schluß (V 19b) den Götzendienst vorweg, der in
der nächsten Szene beschrieben wird.

Ein spezielles Schema von Vorwegnahme und Weiterführung findet sich
in B: eine zweigeteilte Zeile, deren Teil a das Subjekt der nächsten Zeile(n)
und ein Teil b, der das Subjekt der darauf folgenden Zeile(n) bildet. Entsprechend V 15: Das »Schwert« von aα wird aufgenommen als Subjekt von bα,
wohingegen »Pest und Hunger« in aβ ausführlich in bβ aufgenommen werden. Ähnlich V 25–26: »Unheil kommt« von V 25a wird in V 26a detailliert
aufgenommen (indem die kommenden Schrecken aufgezählt werden), während die vergebliche Suche nach Frieden von V 25b in V 26b weiter ausgear-
beitet wird (das Versagen aller Ratgeber). V 19aα (das Wegwerfen von Sil-

ber und Gold) wird wiederum – wenn auch ein wenig lockerer – erklärt in 19aγδ, wohingegen 19aβ (ihre Behandlung als unreine Gegenstände) sich zu einer Vorwegnahme von V 19b.20a (die Sünde der Herstellung von Götzen) entwickelt, wie V 20b klarmacht (»deshalb werde ich es für sie zu einem unreinen Gegenstand machen«).

Diese wiederholten Schemata und Parallelstrukturen zeigen, daß es sich bei diesem Text nicht einfach um eine amorphe Anhäufung von Zeilen und Glossen handelt, wie dies auf den ersten Blick scheint, auch wenn man nicht sagen kann, daß der Text streng durchstrukturiert ist. Aber für welchen Text des Ezechielbuches gilt das schon?

Dieser impressionistische, episodische Text ist im Versmaß formuliert. Während kurze Zeilen, Wiederholungen und parallele Kola in den vorherigen Kapiteln schon einige Male belegt waren, herrschen sie hier vor (in der Übersetzung bezeichnen eingerückte Zeilen meist die zweite Hälfte eines Parallelismus). Wiederholungen können als Refrain dienen (mit leichten, typischen Veränderungen wie in V 12b.14b; s. auch V 6.22), oder sie werden gemäß dem Fortführungsschema entwickelt, das im vorhergehenden Absatz erklärt wurde sowie in der noch umfangreicheren Erweiterung von V 24 in V 5–9. Der Parallelismus kann synonym (z. B. in V 4 [9].8.12aα. 19αγδ.21.23) oder antithetisch (V 12aβ.15a.16a) sein mit eingewobenem Chiasmus (s. die Einzelanalyse zu V 18) oder Paronomasie (s. zu V 24). Die Vielfalt der Bilder und mehrdeutigen Ausdrücke ist auffällig. Sie erschwert zugleich die Interpretation (z. B. in V 7.10–20). Alliteration ist ebenfalls mehrfach belegt (z. B. in V 6.10.11.13.14.24 – s. die Einzelanalyse).

Das Vokabular des Textes besteht zunächst aus bekannten Redewendungen (z. B. »verlieren gegen«, »verausgaben«, »richten / bestrafen«, »Greuel, scheußliche Dinge«, »Stein des Anstoßes«), aber dazwischen finden sich immer wieder Zeilen mit Begriffen, die sonst im Buch nirgends belegt sind, u. a. Hapaxlegomena (צפירה [so wie hier verwendet], תקוע, הד, קפדה). Viele dieser Begriffe sind in (zumeist poetischen) Texten außerhalb Ezechiels belegt:

(Seitenrandnotiz: Bezüge zur alttestamentlichen Literatur)

vier Enden der Erde (Jes)
Bewohner des Landes (Jes, Jer, Pentateuch)
gesprossen, hat Blumen wachsen lassen (Num, Jes)
Stab des Frevels (vgl. Jes 14, 5)
was verkauft wurde (Lev)
Zorn (חרון) (Ex 15, Jer, Jes)
Erzittern (Jes, Ps, Ijob)
Verwirrung (בושה) (Mi, Ob, Ps)
Frevler der Erde (Ps)
Frieden suchen (Ps)
Unglück (הוה) (Jer)

Diese Belege deuten darauf hin, daß die Quellen unseres Kapitels die Poesie und die Prophetie waren. Direkte literarische Abhängigkeiten lassen sich allerdings kaum nachweisen (obwohl V 19 ein Zitat von Zef 1,10 zu sein scheint; s. u.). Zumindest wurde jedoch reichlich aus dem Sprachschatz der Poesie und der Prophetie geschöpft. Die nächste Parallele dürfte Jes 13 darstellen. Dieser Text wird gewöhnlich jünger datiert als der unsrige. Das scheint eher dafür zu sprechen, daß beide Autoren aus einem gemeinsamen Sprachschatz schöpften. Genau wie unser Kapitel legt auch Jes 13 den Nachdruck auf das unmittelbar bevorstehende Unheil (Babylons) und schließt mit einer Beschreibung des »Tages JHWHs« und seiner verschiedenen Schrecken: Gottes Zorn, die Hilflosigkeit der Opfer, die Barbarei der Feinde. Die wichtigsten sprachlichen Parallelen sind folgende (die Zahlen beziehen sich auf die Verse in Jes 13):

der Klang der Massen / Tumult auf den Bergen (4)
der Tag JHWHs ist nahe (6)
jede Hand wird erschlaffen (7)
נבהלו (entsetzt sein) (8)
Wut (עברה), Zorn (חרון אף) (9)
Böses … Schuld … dem Stolz des Überheblichen ein Ende machen (11)
Häuser werden geplündert werden (16)
Silber … Gold (sind machtlos zu retten) (17)
ihr Auge wird nicht verschonen (18)
Zierde (צבי) … Stolz (גאון) (19)
die Zeit (את) ist nahe (קרוב לבוא) (22)

Die älteste Prophetie, die vom »Tag JHWHs« redet, dürfte bei Amos zu finden sein (5,18–20; 8). Vgl. *M. Weiss*, The Origin of the ›Day of the Lord‹ – Reconsidered: HUCA 37, 1966, 29–60. In der Sammlung von Unheilsworten Am 8 begegnen verschiedene Elemente unseres Kapitels zum ersten Mal. Den Anfang unseres Textes bildet eine Weiterführung von Am 8,1–3: die Vision eines Korbs reifer Sommerfrüchte (קיץ), der interpretiert wird als Zeichen dafür, daß »das Ende (קץ) kommt«.[1] Am 8,10 sagt eine allgemeine Totenklage für »diesen Tag« voraus. V 11 f. hingegen beschreiben den Tag als Zeitpunkt, an dem die Prophetie ausbleibt und das Volk »das Wort JHWHs sucht, es aber nicht findet«. Die Amosstelle ist hauptsächlich ›persönlich… Gott teilt in der ersten Person mit, was er tun wird.

Eine verwandte Stelle in Zef 1,7–18 (s. *M. Weiss* ebd.) beginnt mit einem Warnruf: »Der Tag JHWHs ist nahe!«, der in V 14 wiederholt wird, und schreitet dann zur Beschreibung der Opfer fort. Die Reichen werden aus-

---

[1] Die Beziehung zwischen Amos und Ezechiel wurde gesehen von *W. Rudolph*, Joel, Amos, Obadja, Jona (KAT 13, 2), Gütersloh 1971, ad loc.

gesondert, die »das Haus ihres Herrn mit Gesetzlosigkeit (חמס) und Betrug füllen.« Ihr Silber und Gold wird sie nicht retten. Schrecken wird die gesamte Bevölkerung ergreifen. Die Stelle wechselt zwischen persönlichen und unpersönlichen Ausdrücken.

Ein noch näherer Vorläufer des zweiten Teils unseres Kapitels findet sich in Jer 4, 5–9: Blast das Horn im ganzen Land, »denn ich bringe Unheil!« Der die Völker vernichtet, ist dabei, das Land zu verwüsten. Alle werden die Totenklage anstimmen; denn JHWHs Zorn ist unersättlich. »An jenem Tag wird dem König und seinen Beamten die Einsicht abhanden kommen; die Priester werden sich entsetzen, und die Propheten werden stumm erstarren.« Persönliche und unpersönliche Ausdrücke sind ineinander verwoben.

Im Kontext dieser Texte sind zwei Probleme unseres Kapitels zu lösen: Zunächst dürfte der wiederholte Wechsel zwischen persönlicher und unpersönlicher Sprache, d.h. zwischen Aussagen, in denen Gott selbst spricht, und zwischen Beschreibungen des Unheils, gängig sein. Man sollte darauf keine literarkritische Unterscheidung begründen (obwohl hier wahrscheinlich eine Vielzahl von Quellen kombiniert wurde). Die vielen stilistischen und semantischen Fäden, die die einzelnen Teile unseres Kapitels zusammenbinden, weisen auf die grundsätzliche Einheit des Textes hin. Die zweite Schwierigkeit besteht in der Staffelung der Ereignisse, wie sie durch V 2b »die vier Ecken des Landes / der Erde« angeregt wird. Das letzte Wort, הארץ, ist an ähnlichen Stellen belegt, und dort wie hier fragen sich die Übersetzer, ob der Begriff mit »das Land« (Israel oder Juda) oder mit »die Erde« zu übersetzen ist. Aber diese Art der Prophetie ist grundsätzlich doppeldeutig, da die Gegner Gottes, die die Opfer seines Gerichts sind, mal die Heiden sind, mal Israel. Somit ist die Sprache zugleich universalistisch und partikularistisch (zu dieser Doppeldeutigkeit s. kurz Art. »יום«: THAT 1, 726). Darüber hinaus ist vom Standpunkt des Propheten her gesehen das Unheil seines Volkes gleichbedeutend mit dem Ende der Welt (s. die treffende Beschreibung dieses Gefühls in 21, 8 f.).

Das Thema des Wachstums, des Reifens und der Ernte, das im ersten Teil des Kapitels durchschimmert, führt ein Wortspiel mit קיץ »reife Sommerfrucht«, d.h. gewöhnlich geerntete Feigen, und קץ »Ende« aus Am 8 fort. Dabei geht es nicht nur um den ähnlichen Klang der beiden Worte. Der Begriff קיץ, selbstverständlich mit der Erntezeit verbunden, weckt Assoziationen von Abschneiden und Kehraus, die als Metapher für den Eroberer dienen können. »Die stolzen Kronen der Betrunkenen Ephraims«, warnt Jesaja, »... werden wie eine junge Feige vor der Ernte (קיץ) sein. Jeder, der sie sieht, verschlingt sie, kaum daß sie in seiner Hand ist« (28, 3 f.). Die Verbindung von קיץ (der Wurzel von הקיץ) und הידד (bei הד scheint es sich um eine Abkürzung davon zu handeln) in Jes 16, 9–10 findet ebenfalls im Zusammenhang einer Unheilsansage statt:

Erntemetaphorik

Deshalb weine ich um Jazer,
Um Sibmas Weinstock …
Zu Ende sind die Rufe (הידד)
Über deine Feigen und die Ernte deines Korns (קיצך וקצירך)
Nicht mehr verkauft der Händler
Wein in der Presse;
Den Rufen habe ich ein Ende gemacht (הידד והשבתי).

»Dabei fragt man sich unwillkürlich«, schreibt *O. Kaiser*, Der Prophet Jesaja. Kap. 13–39 (ATD 18), Göttingen 1973, 61, »ob hier die Weinstöcke und Trauben nicht schon als Symbol der moabitischen Bevölkerung verstanden werden sollen.« Vor dem Hintergrund anderer Belege einer solchen Bildsprache ist dies durchaus möglich. Hier beispielsweise eine Stelle aus einem Fremdvölkerspruch (Jes 18, 5 f.):

Denn vor der Ernte, wenn die Blüte vorbei ist,
Wenn die Blume gereift ist zu Beeren,
Wird er die Rebe mit Winzermessern beschneiden
Und die Ranken abschneiden …
Die Drachen werden den Sommer auf ihnen verbringen (קץ),
Und alle Tiere des Feldes werden auf ihnen überwintern.

In Jesaja gibt es mehrere derartige Stellen (s. 17, 5 ff.; 24, 13), und er steht damit keinesfalls allein da. Mi 7, 1 legt Israel folgende Klage in den Mund: »Wehe mir! Ich bin wie der Rest der Obsternte (קיץ) geworden, wie die Nachlese, wenn die Weinernte vorbei ist.« Sowohl Zef 1, 2 als auch Jer 8, 13 spielen mit der Assonanz von אסף »sammeln (bei der Ernte)« und סוף »beenden« im Zusammenhang von Ernteszenen als Metaphern der Zerstörung. Joël 3, 13 beschreibt die Zeit der Strafe als reife Ernte, bei der die Fässer überfließen. In Teil A unseres Kapitels wird die Aufnahme von Am 8 in V 2 f. (»das Ende [קץ] kommt«) in V 6 f. weitergeführt (»es ist reif«, »Ernterufe«). Sie findet ihren Höhepunkt im Bild des blühenden Stabes in V 10 (unter Verwendung der Begrifflichkeit von Num 17, 23). Die Anspielungen sind oberflächlich und fast schon enigmatisch, aber daß es sich um Bezugnahmen handelt, dürfte feststehen.

Reichtum und Götzenbilder In V 19–24 taucht das Thema »Reichtum als Stein des Anstoßes« auf. Die ältesten Stellen nennen Gold und Silber als die Stoffe, aus denen Götzenbilder hergestellt (Ex 20, 23; 32, 2 ff.) oder womit sie überzogen werden (Dtn 7, 25; vgl. Jes 30, 22). Dann taucht der Gedanke auf, daß das undankbare Israel den »Nicht-Göttern« den Reichtum überantwortet hat, der ihm von seinem sorgenden Gott geschenkt worden war (angedeutet in Dtn 32, 15 f.; explizit in Hos 2, 10.16; ausgeführt in Ez 16, 17). Dementsprechend wird am Tag des Unheils auch Israels Reichtum zugrunde gehen. In Jes 2, 2 f. werden die Mehrung des Reichtums und die Götzen in eine enge Beziehung zueinander gesetzt. In V 20 f. werden beide bei der ersten Erwähnung ihrer Nichtigkeit am Tag des Unheils miteinander verbunden:

An jenem Tag, wird die Menschheit wegwerfen
Zu den fliegenden Füchsen und den Fledermäusen
Die Götzen aus Silber und die Götzen aus Gold,
Die sie für sich gemacht hatte zur Anbetung,
Um sich in die Felsspalten zurückzuziehen
Und in die Risse der Felsen
Wegen des Schreckens JHWHs …

Bei der Aufnahme des Themas in Jes 30, 22 wird das Element der Verunreinigung und des Abscheus hinzugefügt:

Du wirst den silbernen Überzug deiner Bilder und den goldenen Überzug deiner Götzen behandeln, als seien sie unrein. Du wirst sie wegwerfen als etwas Unreines; du wirst sie als Schmutz bezeichnen.

Zef 1, 18 behandelt das Thema im Kontext der selbszufriedenen Indifferenz der reichen Händler Judas gegenüber Gott (V 11 ff.). Am Tag des Unheils werden sie entdecken, daß ihr Reichtum sie nicht vor dem Zorn Gottes schützen kann (= unser V 19a). In Ez 7 werden alle Aspekte des Themas aufgenommen und miteinander verbunden. Die Nichtigkeit des Handels (V 12 f.) wird unterstrichen durch einen Kehrvers, der auf doppeldeutige Weise auf den Zorn Gottes und den Reichtum des Volkes Bezug nimmt (המונה V 12; s. die Einzelanalyse). Die Nichtigkeit des Reichtums wird in V 19 f. eindringlich formuliert mittels einer Sprache, die einerseits an Jesaja und Zefanja anknüpft (ist das Zefanjazitat ursprünglich oder geht es auf einen späteren Herausgeber zurück?), andererseits aber deutlich an den vorliegenden Kontext angepaßt (in V 19aγ) wird: Kein Reichtum wird den nagenden Hunger der Hungernden sättigen. Daß der Reichtum wie ein unreiner Gegenstand behandelt werden wird, wird mit typisch ezechielischen Begriffen als Ergebnis der unreinen Verwendung im Kult (V 20) erklärt. Auf diese Weise wird an die älteste Ausformung des Themas angeknüpft. Den Höhepunkt bildet die doppelte Drohung mit Entweihung und Besitzverlust (V 24).

Eine neue Begründung des Gerichts wird zum ersten Mal in V 23 genannt (und vielleicht in V 11; s. die Einzelanalyse): Blutschuld (משפט דמים) und Gesetzlosigkeit (חמס) füllen das Land. Bisher hatte Ezechiel das Volk auf einer Linie mit den priesterlichen Bundesflüchen aus Lev 26 (s. Ez 5) angeklagt ob seiner kultischen »Greuel« und »Scheußlichkeiten«.

Dem werden nun soziale Verfehlungen hinzugefügt mittels eines Rückgriffs auf die Sprache der Sintfluterzählung (»die Erde war voll von Gesetzlosigkeit«, Gen 6,11.13) und der älteren Prophetie (z. B. Jes 1,15: »Deine Hände sind voll von Blutschuld«). Bei חמס und דמים handelt es sich um Verbrechen gegen die etablierte göttliche Ordnung, für die Gott alle Menschen bestraft. Vgl. Hab 2,8.11.17, wo Babylon aufgrund dieser Verbrechen verurteilt wird. Ezechiels Zeitgenosse Jeremia beschuldigte die Menschen seiner Zeit ebenfalls solcher Verbrechen (2,34; 6,7). Beide Propheten richteten ihre Anschuldigungen besonders an die Führer des Volkes (Jer 22,17; Ez 19,3.6; 22,6.27). In 2 Kön 21,16 wird berichtet, daß Manasse Jerusalem mit »unschuldigem Blut« füllte. Der Ausdruck ist identisch mit Jer 19,4, wo das Menschenopfer im Hinnomtal verurteilt wird. Diese Verbindung von Blutvergießen und kultischen Vergehen findet sich explizit in Ez 16 (vgl. Ps 106,37 f.) und dürfte auch unserer Stelle zugrunde liegen, obwohl der Begriff חמס »Gesetzlosigkeit« zeigt, daß weitere Vergehen mit eingeschlossen sind. Vgl. 8,17; 9,9; 11,6.

Für Ezechiel charakteristische Begriffe und Inhalte werden in unserem Kapitel verbunden mit einer ungewöhnlich umfangreichen Zahl von poetischen Elementen, die auf andere biblische Texte anspielen. Unmittelbare Perspektivenwechsel, Unverständlichkeit, selbst Inkohärenz (V 11b) zeugen von einer Leidenschaft und Erregung, die mittels der gängigen Prosa des Propheten nicht hätte vermittelt werden können. Er versuchte daher eine Umsetzung mittels einer Sprache und Bildern aus dem breiten Strom der hebräischen Poesie, die ihm offensichtlich bekannt war. Hier wie an den wenigen anderen Stellen, wo der Prophet seine dichterische Kunstfertigkeit unter Beweis stellt (z. B. Ez 21; 28,11–19), sieht sich der heutige Ausleger vor unüberwindbare Schwierigkeiten gestellt, ihm zu folgen.

Einzelanalyse: Sprachliche und literarische Aspekte

Du, Mensch. Diese Anrede leitet gewöhnlich Unterabschnitte ein. Einige V 2 Male, wie hier, steht sie jedoch zu Beginn eines Textes. S. auch 21,24; 22,2; 27,2; 37,16 (fehlt in G). Der Botenformel (»so spricht …«) geht meist eine Redeaufforderung voraus (z. B. »sage [zu ihnen] …« – 12,10.23.28), oftmals fehlt diese aber auch (z. B. 26,3). So überrascht es nicht, daß diesbezüglich die Textzeugen an einigen Stellen voneinander abweichen. Hier fehlt die Redeaufforderung in M. G und S hingegen bezeugen sie. In 11,2 bezeugt M die Redeaufforderung, wohingegen sie in G fehlt. Ist die Botenformel, wie hier, nicht Teil der Verkündigung (s. die Einzelanalyse von 6,3), dann ist es sinnvoller, wenn die Redeaufforderung fehlt. Unserer Stelle sehr ähnlich ist 39,17: In M geht die Botenformel voraus und gehört nicht zur Verkündigung. G schickt hingegen einen Redebefehl voraus, wodurch die Botenformel zum Teil der verkündeten Rede wird. Gleichzeitig ergibt sich dadurch jedoch eine neue Schwierigkeit (s. die Einzelanalyse zu 39,17).

zur Erde (אדמת) *Israels*. Ein spezifisch ezechielischer Ausdruck. Mehr noch als ארץ ישראל »Land Israel« ist der Begriff אדמה »Erdboden« verbunden mit dem Boden der bebauten Heimat, auf dem Israel lebte. Im Mund eines Exulanten hat dieser Begriff einen besonders scharfen Unterton. B. *Kellers*, La Terre 1975, Versuch, den Ausdruck theologisch zu interpretieren – »das Land ohne JHWH und ohne ein geeintes Volk« – ist haltlos angesichts der Verwendung des Ausdrucks in den Gog-Kapiteln (Ez 38–39) und in 36,17 (dort mit Bezug auf die Vergangenheit, als JHWH inmitten des in seinem Land geeinten Volkes war).

Ein Ende! Ähnlich abrupt ist der Ausruf in V 5: »Ein Unheil!« Elliger (BHS), repräsentativ für die Forschung, schlägt vor, wie in V 6 mit Bezug auf zwei hebräische Hss T Vul (vgl. G S) das Wort בא (»kommt«) vor הקץ (»das Ende«) einzufügen. Sicherlich ist der Chiasmus in V 6 (קץ בא / בא הקץ) gefällig.[2] V 2 daran anzugleichen, wird gestützt durch die Meinung der Forschung, derzufolge V 2b–4 und 6–9 Dubletten beinhalten, d. h. Varianten eines Originals, das mittels bedachter Datenauswahl aus den Varianten rekonstruiert werden kann (vgl. Herrmann, Wevers). Es handelt sich hierbei um das Gegenstück zur antiken Technik, Differenzen zwischen ähnlichen Texten auszugleichen, um sie einander so gut als möglich anzupassen. Diese Tendenz erreicht in der Antike ihren Höhepunkt in T. Daher überrascht es, wenn Elliger sich zur Begründung seiner Emendation auf T beruft. T übersetzt die entscheidenden Stellen wie folgt:

V 2–3 Das Ende ist gekommen;
Gekommen ist die Strafe des Endes, um über die vier Winde der Erde zu kommen.
Jetzt ist gekommen die Strafe des Endes, um über dich zu kommen.
V 6 Das Ende ist gekommen.
Gekommen ist die Strafe des Endes, um über dich zu kommen.

Sich auf solch eine freie Wiedergabe zu berufen, um eine konjizierte Wiederherstellung eines ursprünglichen hebräischen Originals herzustellen, ist fragwürdig. S bezeugt ebenfalls die Freiheit des Übersetzers: Die zwei Sätze in V 2, in denen das Wort קץ belegt ist, werden aufgefüllt und einander angeglichen, um einen synonymen Parallelismus zu erzeugen:

Gekommen ist das Ende *(qṣ')* auf das Land Israel
Gekommen ist das Ende *(swp')* auf die vier Flügel des Landes

---

[2] D. N. Freedman (mündlich) charakterisiert ihn als »too striking to be dropped«. Er erklärt den Ausfall in M durch Haplographie.

Abgesehen davon, daß es sich hierbei nicht um einen Chiasmus handelt, darf man erneut den Wert einer solchen Version anzweifeln, wenn es darum geht, eine Vorlage zu rekonstruieren – erst recht eine, die M überlegen sein soll. Ebenfalls ist nicht sicher, ob nicht die Lesart von Vul in V 2 ebenfalls auf das Konto der Freiheit des Übersetzers geht: »Ein Ende kommt; es kommt ein Ende« (= Vul in V 6). Aber selbst wenn sie auf einer hebräischen Vorlage beruhte (vgl. die zwei in BHS zitierten [mittelalterlichen] Handschriften), enthebt dies einen nicht von der Aufgabe, die Belege gegeneinander abzuwägen, um entscheiden zu können, ob die angeglichene Lesart M vorzuziehen ist.

Auch die Beweiskraft von G ist extrem problematisch. »G bietet gegenüber M eine unterschiedliche Anordnung in den Eröffnungsversen ... In G werden auf diese Weise die parallelen Abschnitte zusammengestellt« (Cooke). G liest in V 2 an der entscheidenden Stelle:

Ein Ende kommt (= קץ בא)
Das Ende kommt über die vier Flügel des Landes

Daran schließt eine Kurzfassung der V 6–7 von M an:

Es kommt das Ende über dich, den Bewohner des Landes

Man sieht, daß G nicht den Chiasmus bezeugt (vgl. M in V 6), den BHS in V 2 mit Rekurs auf G herstellen will. G dürfte auf einer in bezug auf Begriffe und Wortstellung von M verschiedenen Vorlage beruhen. Zimmerli versucht, die Entstehung dieser Vorlage sowie die vermutete Entwicklung des »ursprünglichen« hebräischen Textes zum vorliegenden M detailliert zu rekonstruieren. Vgl. dagegen *H. van Dyke Parunak*, Structural Studies 1978, 194–198, der für die Priorität von M gegenüber G votiert. Allerdings garantiert das Vorhandensein einer anderen Lesart auch bei einem so alten Textzeugen nicht zugleich, daß diese M überlegen ist. Letztlich muß man weiterhin (wie im Fall von Vul) zwischen zwei Alternativen entscheiden: zwischen M (קץ) und der konjizierten Vorlage von G (קץ בא). Cooke hielt die Kürze des M für »eindrucksvoll«, er wies aber zugleich darauf hin, daß die Wiederholungen des M in den V 2–4.5–9 typisch für den Stil Ezechiels sind. In der Tat ist es das stilistische Argument, daß entschieden dagegen spricht, V 2 an V 6 anzugleichen. Der ganze Text wird beherrscht von variierenden Wiederholungen. S. z. B. die Variationen von »Tag / Zeit« in V 7.12 oder bei חרון / חזון in V 12–14.

Es kommt das Ende. Eine standardisierte Wendung der Unheilsprophetie, vgl. Gen 6,13 (mit Bezug auf die Sintflut); Am 8,2 (s. die Gesamtauslegung); Klgl 4,18. Das hebräische קץ bedeutet streng genommen »Dauer, Zeitspanne« (im Mischnahebräisch meint קצץ »ausmessen, Zeiten festlegen«), woraus sich die Bedeutung »Ende einer Zeit« entwickelt. Vgl. Ps 39,5: »Laß mich mein קֵץ wissen, das Maß meiner Tage.« Im späten biblischen Hebräisch bezeichnet der Begriff die eschatologische »Endzeit« (Dan 8,17; vgl. *H. L. Ginsberg*, Kohelet [Hebräisch], Tel Aviv u. a. 1961, 81).

vier Enden (wörtl. »Flügel«; s. die Einzelanalyse zu 5,3) *der Erde!* Wie Jes 11,12 zeigt, ist damit die gesamte Erde gemeint (vgl. Ijob 37,3). S. hierzu die Gesamtauslegung. Die Erde wird vorgestellt als ausgespannte Oberfläche, die gleich einem Tuch vier Ecken hat. Vgl. die Rede von den »vier Enden deines Gewandes« in Dtn 22,12 und das Bild in Ijob 38,13, wo die Erde an ihren vier Enden gehalten wird, um den Frevler herunterzuschütteln. Unser Ausdruck meint somit etwas anderes als das akkadische *kippat erbette* »der Kreis (Umfang) der vier (Viertel der Erde)«, das früher als Vergleich herangezogen wurde.

V 3   *Das Ende ist nun über dir!* S. die Einzelanalyse zu הִנְנִי עָלֶיךָ in 5,8.

werde meinen Zorn ... loslassen. Die nächsten Parallelen zu diesem ungewöhnlichen Ausdruck finden sich in Ex 15,7 (Schilfmeerlied) und Ps 78,49. Gottes Zorn wird hier als eigene Person vorgestellt. Vgl. 5,15–17; 14,19–21; 28,23, wo die Objekte des Verbums שלח die unheilvollen Werkzeuge Gottes sind.

bestrafen. Diese Bedeutung von שפט erfordert der Kontext. Der folgende parallele Ausdruck נתן עָלֶיךָ »auf dich legen« bedeutet nicht »dich belasten mit«, wie gemeinhin übersetzt wird, sondern »dir (die Strafe) auferlegen für«. Dies wird deutlich in Jona 1,14, wo der verzweifelte Seemann, der Jona ins Meer werfen will, zu Gott betet: »Lege nicht auf uns (die Strafe für das Vergießen) des Blutes eines unschuldigen Menschen.« Sie fürchten nicht eine Anklage, sondern eine Strafe Gottes. Ähnlich in Ez 23,49: »(Eure Henker) werden auf dich (die Strafe) deiner Verdorbenheit legen, und du wirst die Schuld deines Götzendienstes tragen« (= die Strafe erdulden [s. die Einzelanalyse zu 4,4]). Da die Subjekte nicht Richter (oder Kläger) sind, sondern Henker, bedeuten ihre Handlungen nicht einfach ein Vorbringen von Anklagen, sondern die Ausführung eines Strafentscheids.

V 4   *Deine Greuel werden in dir faulen* (wörtl. »sein«). Vgl. 24,7: »Ihr Blut (= das Blut der Erschlagenen in ihr) fault (wörtl. »war«) in ihr. Sie hat es auf einen kahlen Felsen getan. Sie hat es nicht auf den Boden ausgegossen, um es mit Staub zu bedecken.« Die Beweise für die Schuld werden nicht getilgt, sondern werden auf ewig von den Schuldigen Vergeltung fordern.

V 5   *Ein Unheil! Ein einzigartiges Unheil ...* Diese Worttrennung – אַחַת / רָעָה רָעָה – folgt der Akzentsetzung der Masoreten. Die Alternative /רָעָה אַחַת רָעָה הִנֵּה בָאָה »ein einzigartiges Unheil, ein Unheil wird mit Sicherheit kommen« (Hinweis von D. N. Freedman) ist zwar theoretisch möglich, aber unwahrscheinlich, da die Partikel הִנֵּה im Ausdruck הִנֵּה בָא(ה) innerhalb des Ezechielbuches (7,6.10; 17,12; 21,12; 33,33) ausschließlich deiktische Funktion übernimmt. (Und wenn הִנֵּה keine deiktische Funktion übernimmt, verbindet es dennoch nie Subjekt und Prädikat – was auch außerhalb Ezechiels selten belegt ist [z. B. Gen 34, 21].) Die Abfolge אחת רעה ist irregulär. Vgl. für eine ähnliche Voranstellung des Zahlworts »eins« vor das Nomen Num 31, 30 (אחד אחוז); Dan 8, 13 (אחד קדוש); Neh 4, 11 (באחת ידו). Die Übersetzung »ein einzigartiges Unheil« folgt Raschi und Kimchi, die den Ausdruck vor dem Hintergrund der Drohung Gottes in 5, 9 auslegen, Israel eine bisher nicht dagewesene Strafe aufzuerlegen. Einige hebräische Hss und T übersetzen »Unheil auf (hebräisch אחר) Unheil« (vorausgesetzt auch in Karas Unheilslitanei), aber dieser Gedanke wird in V 26 auf andere Weise ausgedrückt (und in Jer 4, 20; als Präposition wird dort אל / על verwendet). S übersetzt: »Unheil um (hebräisch תחת) Unheil«. Dies ist reizvoll aufgrund der Parallelen in der Gesetzessprache (»Auge um Auge«), die zu der für diese Verse typischen Vorstellung des »Maß für Maß« paßt (vgl. Jer 14, 16: »Ich werde ihre Bosheit über sie ausgießen«). Die Lesarten der Versionen betreffen stets den Austausch je eines Buchstabens von M. Man hat den Eindruck, als handle es sich bei M um eine Kombination dieser Lesarten (M אחת = eine Verschmelzung von אחר und תחת)!

Es ist reif für dich. Diese Übersetzung von הקיץ als Form von קיץ »reife V 6 Sommerfrucht« stützt sich auf die agrarische Metaphorik der V 10–11 und deren Ursprung in Am 8, 2, wo die Verbindung von קץ mit קיץ (wie unten vermutet wird) nicht einfach um der Assonanz willen geschieht. Andere übersetzen konventioneller: »Es ist aufgeweckt«.

Unheil ist … gekommen. Diese konventionelle Übersetzung von צפ(י)רה V 7 basiert auf dem Kontext (hier und in V 10), wo der Begriff mit der »Zeit« und dem »Tag« des Gerichts assoziiert wird. »Unheil« (ein Todesurteil) kann auch mit »kommen« und »herausgehen« (gewöhnlich Gegensätze!) konstruiert werden, ebenso wie דבר in der verwandten Bedeutung »Versprechen« oder »Beschluß«. Vgl. Jos 23, 15; Est 7, 8. Ibn Janach verband den Begriff mit צפירת תפארה »herrliche Krone« (Jes 28, 5) und צפירה »geflochtenes, kreisrundes Band« im Mischnahebräisch (in bezug auf Korbflechterei; mKelim 16, 3). Er definierte die Grundbedeutung anhand von arabisch *daw-r^{un}* »drehen« (vgl. דור »kreisrundes Band« in derselben Mischna), das auch bedeuten kann: »Wechsel des Glücks«. Maimonides (in seinem Kommentar zur Mischna, ad loc.) verwendete denselben arabischen Begriff zur Erklärung unserer Stelle: »Der Wechsel des (anderen) Königreiches (um zu herrschen) ist gekommen.« Die Forschung hat entsprechend צפ(י)רה zu dem arabischen *dafara* »flechten« in Beziehung gesetzt. Mit Blick auf die Assoziation mit Bildmaterial, das aus der Pflanzenwelt genommen wird – reifen, blühen und (implizit) Ernte –, verdient Luzzattos Konjektur, daß צפ(י)רה »Jahreszeit« (eine »Rundung« des Jahres) bedeute, Beachtung. In G fehlt der Begriff in beiden Versen. S »Ziege« (Bar Hebraeus: »die Babylonier, die wie Ziegen sprangen«; vgl. hebräisch צפיר »Ziege«).

Ernterufe auf den Hügeln. Diese Konjektur basiert auf der vermuteten

Äquivalenz von הד und הדד, dem Jubel der Erntearbeiter und Winzer (Jes 16,9f.; Jer 48,33). Nicht die freudigen Rufe der Erntezeit, sondern die Schreie der Niederlage und des Aufruhrs werden durch die Hügel tönen.

V 9   *Nach deinen Wegen.* Offensichtlich unter Einfluß des vorhergehenden Verses ändert M leicht den Text und die Bedeutung von V 4b, nämlich כי דרכיך zu כדרכיך. G bezeugt charakteristischerweise beide Male den gleichen Text. Zur Ursprünglichkeit solcher Variationen in Wiederholungen s. die Einzelanalyse oben zu V 2.

daß ich, JHWH, zuschlage. Ein als Prädikat dienendes Partizip innerhalb der Erkenntnisformel ist selten, ist jedoch in 20,12 und 37,28 belegt. Es handelt sich um eine weitere Variation der Wiederholung von V 4.

V 10   Die florale Metaphorik erinnert an Num 17,23: Der Nachweis, daß Gott Aaron erwählt hatte, bestand darin, »daß der Stab Aarons … blühte; er hatte Knospen hervorgebracht und Blüten getrieben …« (auf die Zusammengehörigkeit der beiden Stellen hat *D. Yellin, Ketavim* 1939, 118 f. hingewiesen). Die Verwendung der beiden Begriffe hier wirkt wie eine erbitterte Parodie auf die Erwählung Aarons. Der Vers ist durchgängig doppeldeutig: Einerseits steht das enigmatische מטה »Stab« für Herrschaft und Zucht (19,11 ff.) – wie im Bild Jesajas vom heidnischen Königreich, das als Züchtigungsrute von Gott eingesetzt wird (Jes 10,5). Andererseits läßt die Kombination hier mit זדון »Überheblichkeit« (und dessen Nähe zu חמס »Gesetzlosigkeit« in der nächsten Zeile) an מטה »Beugung des Rechts« (9,9 | דמים »Blutschuld«; vgl. חמס | דמים in V 23 unten) denken. Aufgrund des Parallelismus deutet Ibn Janach מטה hier eindeutig als Unrecht.

Der Begriff »Frechheit« ist ebenfalls doppeldeutig: Ist Israels Frechheit gemeint, die jetzt »Früchte trägt«, oder ist es die Frechheit als Epitheton des Feindes (in Jer 50,31 f. Babylon), die nun blüht?

V 11   Die erste Vershälfte führt die Doppeldeutigkeit fort. Man kann übersetzen: »die Gesetzlosigkeit Israels wurde jetzt zu einer Geißel ihres Frevels« (das Böse fällt auf den Täter zurück) oder: »die Verkörperung der Gesetzlosigkeit (der Feind, vgl. V 21.24 unten) ist nun zu einer bösen Geißel aufgestanden« – bzw. die denkbaren Kombinationen der einzelnen Teile dieser Sätze. Gemeint ist in jedem Fall: Die Zeit ist reif für die Strafe.

Die Übersetzung von קם ל mit »wachsen zu« stützt sich auf קמה »stehendes Getreide«.

Der Rest des Verses mit seinen verrückten Variationen von ה und מ / נ-Klängen ist problematisch (man beachte, daß im folgenden Laryngale [ה, ח] und Liquide [מ, נ, ר] im Refrain V 12–14 eine besondere Rolle spielen). Kimchi nimmt die folgende, überzeugendste Bedeutung an: Es wird nichts von ihnen übrig bleiben am Tag des Unheils. Zu »keine Totenklage« (= נֹהַ נְהִי [Jer 9,9]) vgl. Jer 16,6 und Ez 24,23.

V 12   »Gewöhnlich freut sich ein Käufer über seinen Handel, und ein Verkäufer bedauert, daß er seinen Besitz ohne Notwendigkeit teilen muß. Man vergleiche das talmudische Sprichwort: ›Die Menschen sagen: Wenn du gekauft hast, hast du gewonnen, wenn du verkauft hast, hast du verloren‹ (bBaba Meṣiʿa 51a). Hier wird hingegen gesagt, daß jeder, der Grundbesitz im Lande Israel verkauft, diesem nicht nachzutrauern braucht, denn selbst wenn er ihn nicht verkauft, wird er ihm nicht mehr lange gehören, da er bald ins Exil gehen wird und ihn verlassen muß. Noch braucht der, der ihn kauft, sich freuen, denn er wird seinen Besitz nur kurz behalten« (Kimchi). Vgl. weiterhin den Satz: »Wenn ein Mann seinem Nächsten etwas verkauft, ist der Verkäufer meist betrübt und der Käufer freut sich« (bBerakhot 5a). S. dazu *Y. Muffs*, Joy and Love as Metaphorical Expressions of Willingness and Spontaneity in Cuneiform, Ancient Hebrew, and Related Literatures: Divine Investitures in the Midrash in the Light of Neo-Babylonian Royal Grants, in: J. Neusner / M. Smith (Hg.), Christianity, Judaism and Other Greco-Roman Cults (SJLA 12), Leiden 1975, 26f. Eliezer von Beaugency fügt hinzu: »›Der Verkäufer – er soll nicht klagen‹, denn hätte er nicht verkauft, wäre der Besitz Fremden zugefallen. Daher ist es besser, daß er den Gegenwert in Geld erhalten hat.«

denn Grimm … Ohne sein Pendant אַף (אַף חֲרוֹן wörtl. »brennender Zorn«) ist der Begriff חֲרוֹן selten und nur in poetischen Texten belegt (Ex 15,7; Ps 2,5; 58,10; auch Neh 13,18). Da der Begriff alleine steht (auch in V 14), kann er in V 13 durch das assonante חָזוֹן »(prophetische) Vision, Offenbarung« ersetzt werden.

ihrem Überfluß. Das »ihrem« bezieht sich auf das Land (im Hebräischen weiblich), das vordem angeredet wurde. »Überfluß« steht als Übersetzung für הָמוֹן »Masse« (vgl. V 14; 32,12.16.24 u.ö.). Auch die Bedeutung »Reichtum« schwingt bei diesem Wort mit (s. die Analyse zu 29,19). Es ist doppeldeutig, wobei »Reichtum« im vorliegenden Kontext gut paßt und als Unterton kaum zu vermeiden ist.

der Verkäufer … verkauft. Die Formulierung ist direkt aus der Jobeljahrgesetzgebung (vgl. Lev 25,28) übernommen. Daraus schloß man zu Unrecht, daß dieses Gesetz zur Zeit Ezechiels praktiziert wurde. Man kann jedoch nur schließen, daß Ezechiel die Formulierung des Gesetzes kannte. Hier wird lediglich gesagt, daß der Verkäufer seinen Besitz nicht wiedersehen wird, selbst wenn er und der Käufer am Leben bleiben sollten (denn beide werden zu Flüchtlingen werden oder ins Exil gehen). Das Nomen חַיָּה* »Leben« ist ein seltenes, in poetischen Texten belegtes Wort. Es steht parallel zu נֶפֶשׁ »leben« in Ps 78,50; 143,3; Ijob 33,18.22.28. Die Formulierung וְעוֹד בַּחַיִּים חַיָּתָם, wörtl. »immer noch am Leben ist ihr Leben«, klingt im Hebräischen genauso eigenartig wie im Deutschen. Die entsprechenden Formulierungen am Ende des Verses sind noch eigenartiger, obwohl die Bedeutung jedes einzelnen Wortes für sich klar ist. Vermutlich ist uns die genaue Bedeutung der Wortverbindung nicht bekannt (zum Fehlen dieses Ausdrucks und weiterer Worte in G s.u.).

V 13

Der Vers sagt jedoch weiterhin, daß die *Vision* des Propheten (d. h. Offenbarung, vgl. V 26 und 12, 22 f.; 13, 16) – gemeint ist das in den vorhergehenden Versen angekündigte Unheil – *nicht aufgehoben werden wird* (לֹא יָשׁוּב).[3] Deshalb werde jeder wegen seiner Sünde verschmachten (wörtl. »jeder in seiner Schuld, sein Leben werden sie nicht festhalten« – eine ungewöhnliche und unklare Ausdrucksweise, aber der Text wird von G bestätigt).

In G fehlt alles zwischen יָשׁוּב »wird zurückkehren« in V 13aα und יָשׁוּב »wird aufgehoben werden« in V 13bα. Obwohl in der Forschung ein Konsens besteht, die Lesart von G zu favorisieren (BHS, s. die detaillierte Argumentation bei Zimmerli), spricht die auffällige Ausgewogenheit der beiden Vershälften des M für dessen Ursprünglichkeit. Die Übersetzung kann den formalen Parallelismus nur zum Teil zum Ausdruck bringen:[4]

aα	כִּי	+ Nomen	אֶל ... לֹא יָשׁוּב
aβ	וְ	+ Monosyllabum	... חִית-
bα	כִּי	+ Nomen	אֶל ... לֹא יָשׁוּב
bβ	וְ	+ Monosyllabum	... חִית- ... (zum Abschluß erweitert)

Aus einer entsprechenden Vorlage dürfte G aufgrund von Homoioteleuton entstanden sein.

V 14 *Sie haben das Horn geblasen* (תָּקְעוּ בַתָּקוֹעַ). Das hebräische תָּקוֹעַ, von G übersetzt mit »Horn«, ist sonst unbekannt. Das Wort ist gebildet nach einem typischen Schema für Adjektive (z. B. גָּדוֹל »groß«) und Verbalnomina (עָשׁוֹק »der Ausführende«). Bedeutet also תָּקוֹעַ »Bläser«? Die Vergangenheitsform des Verbums stimmt mit der Verwendung in V 10–12 überein. Allerdings gleicht die Formulierung Jer 6, 1: וּבִתְקוֹעַ תִּקְעוּ שׁוֹפָר »und in Tekoa (d. i. die Stadt südöstlich von Betlehem) blast das Horn!« Die Übereinstimmung wird noch verstärkt, indem G das Verb hier als Imperativ übersetzt. Cornill schob die Parallele bei Jeremia als sinnlos beiseite und emendierte unsere Stelle zu תִּקְעוּ תָּקוֹעַ mit nachgestelltem Infinitiv gemäß dem Wortbildungsschema von Jes 6, 9. Man muß jedoch damit rechnen, daß ein solches Spiel mit einer vielleicht bekannten Redewendung dem Stil Ezechiels entspricht (s. besonders V 10); und das Hapax תָּקוֹעַ ist in diesem Kapitel, das dermaßen viele nur hier belegte oder seltene Ausdrücke enthält, keinesfalls ungewöhnlich.

alles vorbereitet. Der infinitivus constructus dient hier wie im späteren biblischen Hebräisch der Weiterführung einer finiten Verbform, vgl. z. B. Est 1, 7; 1 Chr 21, 24b; 2 Chr 7, 3 (gegen Ges-K 360, Anm. 1).

---

[3] Dieselben Worte wurden in der ersten Hälfte des Verses übersetzt mit: »werden nicht zurückkehren«. Hierbei handelt es sich um ein Beispiel für Antanaklasis, d. h. die Wiederholung desselben Wortes in einer anderen Bedeutung; s. *I. Casanowicz*, Paronomasia 1984, 34; *D. Yellin*, Ketavim 1939, 107 ff.; *C. C. Torrey*, The Second Isaiah, New York 1928, 199 ff.

[4] Den Hinweis verdanke ich D. N. Freedman.

Die drei in 5,12; 6,12 genannten Plagen werden verteilt auf die »Stadt« **V 15**
und das »Land«; vgl. dazu Jer 14,18.

werden ... umherziehen. Wörtl. »werden sein auf«; היה על = היה אל, s. für **V 16**
diese Bedeutung Ex 10,6; 28,28; Jes 30,25; Jona 4,2. In Ezechiel ist אל oftmals gleichbedeutend mit על (z.B. 2,6.10; 3,15; 6,11.13; 7,18.26; 11,11;
12,12.19; 13,2.9 [היה על = היה אל; s. die Einzelanalyse zu 13,9]).
Der Vergleich von Zuflucht suchenden Flüchtlingen mit Vögeln auf den
Höhen ist auch anderweitig belegt: »Verlaßt die Städte! Laßt euch in den
Felsen nieder, o Bewohner Moabs! Seid wie die Taube, die nistet hoch an
den Seiten der Schlucht« (Jer 48,48; vgl. die Parallele in Jes 16,2, wo »flüch-
tende Vögel, wie aus dem Nest vertriebene Junge« genannt werden). Oder
in Ps 11,1: »Flieh in die Berge wie ein Vogel« (lies צפר [כמ[ו]). Zu den »Tauben des Tals« schreibt *Bodenheimer*, Art. »יונה«: Encyclopaedia Biblica 3,
606): »Man findet die Felsentaube (Columba livia) vor allem im Norden
und Süden Israels. Sie nistet im Gebirge, in Höhlen, in Tälern und in Felsspalten.« Beim Epitheton »in den Tälern« (הגאיות) handelt es sich um ein
doppeltes Wortspiel: Vordergründig entspricht der Gegensatz »Berge – Täler« 6,3. Gleichzeitig aber wird subtil auf das Gurren / Stöhnen (*הוגיות)
angespielt. Vgl. Jes 38,14, besonders jedoch 59,11, wo הגה genau wie hier
in Parallele zu המה steht.
Die Diskrepanz zwischen dem maskulinen Suffix in כלם »sie alle« und
dem femininen Partizip הומות »stöhnen« deutet darauf hin, daß weder die
Tauben noch die Menschen eindeutiges Subjekt des Satzes sind; denn obwohl המה sonst nicht in bezug auf Tauben belegt ist, kann der Begriff ebenso
wie הגה angenehme wie unangenehme Töne bezeichnen (Jes 16,11 von der
Harfe; Jer 48,36 von Flöten). Für Menschen, die in Schuld stöhnen, kann
sowohl הגה als auch המה verwendet werden, wie Jes 59,11 zeigt. Die grammatikalische Spannung wird von G S nicht bezeugt. Dort wird המות übersetzt, als sei es von מות »sterben« abzuleiten. An anderen Stellen in Ezechiel
wird den Überlebenden jedoch gestattet, in Selbstekel zu leben (s. 6,9). So
auch der Sinn von M.
Knie werden von Wasser triefen. G »Schenkel werden mit Nässe befleckt **V 17**
werden«, d.h. von Wasser, das man vor Entsetzen nicht halten kann. Vgl.
»Wer das Brüllen des Horns hört und sich entsetzt, das Schmettern der
Schilde und sich entsetzt, das Blitzen der Schwerter, und Wasser fließt
(שותין) über seine Knie« (bSota 44b). Vgl. damit und mit dem Vorhergehenden die assyrische Beschreibung flüchtender Feinde: »Ihre Herzen schlagen
wie die einer flügge gewordenen Taube, die verjagt wurde; sie verloren heißen Urin.« (ARAB II, 128 und Anm. 1, korrigiert durch CAD, Art. ṣarāpu).
Zum hebräischen Sprachgebrauch vgl. »unsere Augen fließen (תרדנה, wörtl.
laufen herunter) vor Tränen« (Jer 9,17; Klgl 1,16); »Hügel sollen fließen
(תלכנה, wörtl. gehen) von Milch« (Joël 4,18). Unser Satz lokalisiert den
Urin vielleicht deshalb an den Knien, weil die Infanterie knielange Röcke

trug.[5] Andererseits weist Ehrlich zu Recht auf den Unterschied zur oben zitierten Talmudstelle in Sifre zum Deuteronomium § 192 hin. Dort heißt es: »Wasser fließt herunter zwischen (בין) seinen Knien«. Demgegenüber vermutet *G. R. Driver*, Some Hebrew Medical Expressions: ZAW 65, 1953, 260, daß ברכים wie akkadisch *birku* als Euphemismus der Bezeichnung des Penis dient. Der Ausdruck begegnet sonst nur noch in 21,12. Aufgrund der dortigen Verbindung mit dem »schmelzenden« Herzen (vgl. Jos 7,5: »das Herz wurde zu Wasser«) und dem »verzagten« Geist sowie der Verbindung von schlaffen Händen und zusammenbrechenden Knien in Jes 35,3 (s. die Häufung solcher Ausdrücke in den Hodayot von Qumran IV 33 f.; VIII 34) wurde der Ausdruck übersetzt mit »Knie wurden zu (oder: wurden schwach wie) Wasser«. Jedoch dürfte es sich dabei um eine euphemistische Umschreibung der ursprünglichen Bedeutung handeln.[6]

V 18   Bei nationalem Unheil und bei Trauer waren solche Kasteiungen üblich (Am 8,10; Jes 22,12; Ez 27,31; vgl. *R. de Vaux*, Ancient Israel 1961, 59–61). Man beachte die Verflechtung eines Parallelismus – im a-Kolon חגרו parallel zu בסתה, im b-Kolon כל פנים parallel zu בכל ראשיהם – mit einem Chiasmus: aα und bβ Trauerriten, aβ und bα Niederlage.

V 19   *ein unreiner Gegenstand.* נדה meint speziell die Unreinheit während der Menstruation. Gemäß dem System von Reinheitsvorschriften handelt es sich um eine starke Verunreinigung. Vgl. Lev 15,19 ff.; 18,19. Die Strafe im Falle von Nichtbeachtung war das »Herausschneiden«, vgl. ebenfalls 22,10. In Klgl 1,17 wird der Begriff als Metapher gebraucht für das, dem man vor Abscheu fernbleibt. In Jes 30,22 wird ein synonymer Begriff verwendet. Die Stelle ähnelt unserer sehr (s. die Gesamtauslegung).

Die Zeile über die Wertlosigkeit von Silber und Gold dürfte aus Zef 1,18 zitiert sein. Zum abgeänderten Sinn hier s. die Gesamtauslegung.

Ihr Stein des Anstoßes der Schuld (מכשל עון). Dieser Ausdruck ist typisch ezechielisch. Er begegnet noch in 14,3.4.7 in bezug auf Götzen; in 18,30 in bezug auf ungesühnte Vergehen; in 44,12 in bezug auf die Leviten, die an illegitimen Heiligtümern gedient haben. Der Gebrauch in Ez 14 und 44 zeigt, daß die beiden Nomen miteinander verbunden sind, so daß man nicht übersetzen kann: »Ihre Schuld war ein Stein des Anstoßes« (s. die Einzelanalyse zu 18,30). In Übereinstimmung mit Ezechiels Verwendung der Wendung »Stein des Anstoßes« (s. 3,20 zu Text und Übersetzung) meint der Ausdruck »die Ursache für einen Sturz (bestehend) aus Schuld«; oder »die sündhafte Ursache ihres Sturzes«. Zu diesem Gebrauch der Genitivkonstruktion vgl. צון אדם »eine Herde (bestehend aus) Menschen« (36,38), d.h. eine Menschenherde; אחזת קבר »ein Besitz (bestehend aus) einem

---

[5] Dies war die gewöhnliche Kleidung ägyptischer und assyrischer Soldaten; s. z.B. ANEP Abb. 311, 369, 370.
[6] Den Hinweis verdanke ich D. N. Freedman.

Grab«, d. h. eine erbliche Begräbnisstätte (Ges-K § 128 k–m; *P. Joüon*, Grammar 1996, § 129 f. [3]–[4]). Das Suffix an עונם bezieht sich auf den gesamten Ausdruck. Vgl. *J. Weingreen*, The Construct-Genetive Relation in Hebrew Syntax: VT 4, 1954, 50–59. Der Ausdruck ist abzuleiten vom Verbalausdruck כשל בעון »aufgrund von Sünde fallen« (Hos 5, 5; 14, 2; Ps 31, 11). In diesem Vers wird auf das Volk durchgängig im Plural Bezug genommen (ישליכו, ישבעו, ימלאו, das Suffix ם), während Gold und Silber im Sinn einer Einheit als Singular behandelt werden (היה, יוכל).

Auf welche Weise Gold und Silber zur sündhaften Ursache ihres Sturzes wurden, berichtet der folgende Vers.

Es existieren zwei Ansichten darüber, wie diese Verse zu interpretieren seien. Die eine versteht den prächtigen Schmuck als Anspielung auf den Tempel (wie in 24, 21; s. u. zum »Stolz des Wilden« in 7, 24). »In diesem machten sie« (עשו בו) Götzen. Damit wird eindeutig auf Manasse (2 Kön 21, 7) Bezug genommen. Daher wird der Tempel unrein und durch Eindringlinge entweiht werden (vgl. Raschi, Kimchi, Abarbanel). Der anderen Interpretation zufolge (vgl. Kara, Ehrlich) liegt der Ursprung des Stolzes (sündiger Stolz Eliezer von Beaugency und Luzzatto zufolge) in Schmuckstücken, die aus dem zuvor erwähnten Silber und Gold hergestellt wurden. »Daraus (עדי verstanden als Kollektivum) machten sie« (עשו בו) Götzen. S. hierzu die Gesamtauslegung. Das Ende von V 20 wiederholt V 19aα, d. h. den zukünftigen Abscheu vor den Edelmetallen, während V 21 ihre »Entweihung« (d. h. Verletzung durch Plünderung und gewaltsame Enteignung, vgl. Jes 23, 9; 47, 6) durch die Hand von Eindringlingen vorhersagt. Die zweite Interpretation ist vorzuziehen: (1) Weil es sonst besser שׂמו בו »sie stellten in ihm auf« heißen würde (Ehrlich; vgl. 1 Kön 21, 7). (2) Nur die zweite Interpretation erlaubt es, den »unreinen Gegenstand« von V 19 und 20 auf dieselbe Sache zu beziehen, nämlich die Edelmetalle. In jedem Fall führt das ו in וצלמי das Prädikat ein (BDB 254, Def. 5), und das Singularsuffix in עדיו »sein Schmuck« sowie die Singularform שׂם »er stellte (zum Stolz; d. h. bildete sich darauf etwas ein)« müssen kollektiv verstanden werden (daher »ihre« und »sie«). Da die Formen von den Kommentatoren des Mittelalters auf diese Weise verstanden werden, können die Pluralformen in G S nicht als sicherer Beleg für eine von M verschiedene Vorlage herangezogen werden. Sie können einfach auf den Übersetzer zurückgehen.

Gleichgültig welcher Interpretation man folgt, V 20aβ muß in jedem Fall von kultischen Vergehen sprechen (»scheußliche ... Dinge«). Somit bilden die V 20–22 eine Überleitung zwischen V 19, wo allein von Silber und Gold die Rede ist, und V 24, wo eindeutig von Heiligtümern die Rede ist. Die verwendeten Begriffe sind mehrdeutig, so daß sie sowohl auf das eine wie auf das andere oder auf beides bezogen werden können. Vielleicht ist letzteres sogar intendiert.

den Frevlern der Erde. Sonst nur in den Psalmen belegt, wird der Ausdruck hier mit dem Begriff »Fremde« kombiniert und darüber hinaus in V 22 mit dem Ausdruck »brutale Männer« (פריצים) und in V 24 mit »der Abschaum der Völker« verbunden. Auf diese Weise wird der fremde Eroberer charakterisiert, der dazu bestimmt ist, Israel wegen seiner Sünden zu zerstören. In 30, 11 f. werden die Horden Nebukadnezzars in ähnlicher Weise charakterisiert, und es ist durchaus möglich, daß diese auch hier gemeint sind. Solche Beschreibungen des Feindes als skrupellos und barbarisch steigern die Schrecken einflößende Atmosphäre der Prophetie. Vgl. Dtn 28, 50 und Jer 6, 23.

V 22   *meinen Schatz.* Aufgrund der femininen Suffixe im nächsten Satz muß damit die Stadt gemeint sein oder das Land von V 23 (beide Femininum im Hebräischen). Für letzteres entscheidet sich T: »Das Land, in dem meine Gegenwart wohnt«.

V 23   *Schmiede die Kette!* Das Hapax רתוק wird als Äquivalent zu רְתוּקָה »Kette« (1 Kön 6, 21; Jes 40, 19) verstanden. Vor dem Hintergrund von Nah 3, 10 »gefesselt (רתקו) in Fesseln«, wo dies in bezug auf die Exilierten gesagt wird, könnte es vielleicht als Aufruf an einen nicht näher bestimmten Hörer gemeint sein (wie die Anrede in 24, 3), sich auf den Zug ins Exil vorzubereiten. Der Kontext spricht jedoch nicht vom Exil, sondern von der Zerstörung der Stadt. Die Versionen sind genauso wie wir ratlos.

voll von Blutgerichten. Ein nur hier belegter Ausdruck, dessen Bedeutung »Justizmord« durch den Parallelismus in 9, 9 erklärt wird: »Das Land ist voll mit Blutvergießen und die Stadt voll mit verkehrter Rechtsprechung«. Vgl. die Anklagen in 11, 6; 22, 6.12a.25.27. משפט meint an dieser Stelle aufgrund des Kontextes »Gericht, Urteil« und nicht »Fall, Verbrechen«; denn in V 27 wird das Nomen wieder aufgenommen. S. die Einzelanalyse dort. Aus 9, 9 kann geschlossen werden, daß die »Gesetzlosigkeit« im folgenden sich ebenfalls auf Beamte und nicht auf die Bevölkerung insgesamt bezieht.

V 24   *sie werden Besitz von ihren Häusern nehmen.* Die Besetzung des Landes durch Eroberer wird in Lev 26, 32 erwähnt, obwohl es sich nicht um einen Topos der Bundesflüche handelt: »Deine Feinde, die darin wohnen, werden sich über es (d. h. die Verwüstung des Landes) entsetzen.« Die Besetzung von Teilen des Landes nach der Zerstörung gehört zu den brennenden Fragen, die spätere Texte beschäftigen (s. 35, 10 ff.; 36, 2 ff.).

Die beiden Verhälften sind exakt gleich lang. Die erste Hälfte von V 24a ist assonant zur zweiten Hälfte von V 24b:

וְהֵבֵאתִי רָעֵי גוֹיִם   WHBᵓTY rAᶜe GOyIM
וְהִשְׁבַּתִּי גְּאוֹן עַזִּים   WHšBTY GᵉON ᶜAzzIM
(man beachte die teilweise chiastische Assonanz der letzten beiden Worte)

Die beiden Sätze in V 24b bilden einen Pseudo-Parallelismus: נחלו im zweiten Satz, ein Nifᶜal von חלל »entweihen« (vgl. 25, 3), hat den Unterton eines

Derivates von נחל »in Besitz nehmen« aufgrund der »Parallele« ירשׁו in Versteil a. S übersetzt sogar mit »als Erbe besitzen«, obwohl es als Piʻel von נחל nur heißen könnte »einen Besitz verlosen«! Alle diese formalen Übereinstimmungen stehen (treffend und passend) in Opposition zum gegensätzlichen Inhalt der beiden Sätze.

den Stolz des Wilden (גאון [vgl. V 20] עזים). Die Rede vom »Wilden« ist ungewöhnlich. Der Begriff ist in Ps 59,4 als Epitheton der Frevler belegt, die im Vers davor »Männer des Blutes (דמים)« genannt werden (vgl. unseren V 23). Die Kombination גאון עזים ist nur hier belegt. G übersetzt den Ausdruck in Übereinstimmung mit dem gängigen גאון עזם als »ihre stolze Kraft« (oder Ähnliches). Wie hier steht der Ausdruck oftmals in Verbindung mit Derivaten von שׁבת »zu Ende sein« (vgl. 24,21; 30,6.18; 32,12; 33,28). Unser Satz hat eine Parallele in Jes 13,11: »Ich werde dem Stolz des Arroganten (זדים) ein Ende machen.« Bei unserer Stelle dürfte es sich um eine spielerische Variation des gängigen Ausdrucks גאון עזם handeln. Die Dichte der Stilmittel in V 24 spricht dafür, den ungewöhnlichen M dem gängigen Text von G vorzuziehen.

ihre Heiligtümer (מקדשׁיהם). Abgesehen von der fehlenden Doppelung des ד (Ges-K § 93, oo, Anm. 1) ist das Wort als Partizip Piʻel aktiv vokalisiert: »die, die sie heiligen«. Zur Rechtfertigung des statischen Sinns, der dem Begriff »Heiligtümer« (= geweihter Ort) innewohnt, zieht Kimchi den Begriff מתעב »scheußlich« aus Jes 49,7 zum Vergleich heran. Diesen wiederum vergleicht er mit ממלא »voll« (= מלא) in 1 Chr 12,16. Die antiken Versionen übersetzen und spätere Ausleger interpretieren das Wort als Äquivalent zu מקדשׁיהם »ihre Heiligtümer«. Gemeint sind die zahlreichen heiligen Orte in und um den Jerusalemer Tempel (vgl. 21,7 sowie Jer 51,51; Ps 73,17). Bei der Vokalisation dürfte es sich um eine bewußte spätere Verzerrung handeln, die vielleicht meint: »Jene (Orte) heiligten sie (und nicht Gott!)«. Vgl. Kimchis erste Erklärung des מתעב גוי in Jes 49,7: »derjenige, den jedes Volk verabscheut.«

Schrecken. Hebr. *קפד (mit archaischem, unbetontem ה als Endung, obwohl kein Femininum, vielleicht aus metrischen Gründen [hier vielleicht, um zwei aufeinander folgende Betonungen zu vermeiden?] Ges-K § 90 f.; P. Joüon ebd. § 93 i). Es handelt sich um ein Hapax, das man erklärt mittels des syrischen *qᵉfada* »sich sträuben, starr werden (vor Entsetzen)«, abgeleitet vom Verb קפד »sich sträuben, schrumpfen, kribbeln (aus Furcht; gemeint ist die Haut)«. **V 25**

Ein Unheil ... הוה sonst nur noch Jes 47,11 in Parallele zu רעה »Unglück«. Zum Schema des Satzes vgl. das synonyme שׁבר על שׁבר in Jer 4,20. Die Struktur und die Begriffe von V 26 blicken vor und zurück. Wie V 26a das Thema von V 25a entwickelt (man beachte die Aufnahme von בוא »kommen«), so entwickelt V 26b das Thema von V 25b (man beachte die Aufnahme des ובקשׁו »und sie werden suchen«). Wie darüber hinaus das »und sie **V 26** suchen« in V 25a beantwortet wird durch »da wird keiner sein« (וְעָיִן), so muß das »und sie werden suchen« in V 26b gedanklich ergänzt werden durch ein implizites וְעָיִן, übernommen aus V 25a und in der Übersetzung ausgedrückt durch das »(umsonst)«.

Die erste Zeile von V 26b: »Sie werden nach der Vision des Propheten suchen« ist wie V 25b gestaltet. Auf diese Weise ist das וְעָיִן impliziert, das zum Verständnis der Aussage notwendig ist. Zugleich bildet V 26b die erste Zeile eines Trikolon, bestehend aus drei miteinander verknüpften und formal identischen Wortpaaren: חָזוֹן מִנָּבִיא »Vision vom einem Propheten«, תּוֹרָה מִכֹּהֵן »Weisung vom Priester« und עֵצָה מִזְּקֵן »Rat von einem Ältesten«. Die beiden letzten bilden einen Unterabschnitt, ein Bikolon, in dem das Verb תֹּאבַד »werden zugrunde gehen« des ersten Kolon im zweiten ergänzt werden muß, um dieses zu vervollständigen. Die Einheit des Trikolon gründet primär in den drei Wortpaaren. Sie wird verstärkt, indem das וּבִקְשׁוּ »und sie werden suchen« des ersten Kolon auch die implizite Einleitung der beiden folgenden Kola bildet. (Man kann nicht sagen, וּבִקְשׁוּ sei aus den vorhergehenden Zeilen übernommen, um die folgenden zu vervollständigen; denn im Unterschied zu וְעָיִן und תֹּאבַד, die übernommen werden, paßt es syntaktisch nicht in diese Zeilen.) Die Zeile »Sie werden nach der Vision des Propheten suchen« ist derart kunstvoll gestaltet, daß sie ein Komplement zum Vorhergehenden benötigt und sie gleichzeitig ein eigenes Trikolon beginnt. Dies ist eine der wichtigsten Techniken, mittels derer die V 25–26 miteinander verbunden werden. Diese Technik fehlt nicht nur, sondern wird letztlich getilgt, wenn man versucht, einen »passenden« Abschluß dieser Zeile zu ergänzen (BHS: וְלֹא יִמְצָא* »aber man wird sie nicht finden«).

Bei den Beratern des Königreiches handelt es sich um drei Klassen (vgl. 22, 26–28: Priester, Beamte [= Älteste, Jes 3, 4; Klgl 5, 12], Propheten; ebenso Jer 4, 9). Diese Dreiergruppe ist fast mit der von Jer 18, 18 identisch: »Dem Priester wird die Unterweisung nicht verloren gehen noch Rat dem Weisen und das Wort dem Propheten« (vgl. Mi 3, 11 für die frühere Zeit: Oberhäupter, Priester, Propheten). Die ungewöhnliche Nennung von zwei sakralen Institutionen (Prophet und Priester) vor den Ältesten an unserer Stelle nennt das zuerst, was zum Vorhergehenden (V 13.24) und als letztes das, was zum Folgenden gehört (in V 27), nämlich die staatliche Ordnung.

Zum Inhalt von V 26: Das Ausbleiben von Offenbarungen (»Visionen«) war ein Zeichen von Gottes Mißfallen (1 Sam 14, 37 f.; 28, 6), das über dem Volk wie eine Drohung schwebte (s. bes. Am 8, 4). Mit dem Untergang der Stadt schien dies feste Gestalt angenommen zu haben (Klgl 2, 9). Die Ohnmacht der anderen beiden Gruppen von Ratgebern ist verursacht durch die Schreckensherrschaft des Feindes. Die Tora des Priesters bezieht sich sowohl auf die Moral als auch auf die Religion; s. die ausgewogene Diskussion von *R. de Vaux*, Ancient Israel 1961, 353–355.

V 27   Hier wird die staatliche Hierarchie dreigeteilt. Die äußeren Pole, der König und das »Volk des Landes« (d.h. die gesamte Bürgerschaft; *R. de Vaux*, Ancient Israel 1961, 71), bereiten keine Probleme. In Ezechiel besteht allerdings der Gegensatz meist zwischen dem נשיא, dem »Anführer, Fürsten«, und dem »Volk des Landes« (45,16.22, 46,2 f.8 f.), wobei der נשיא für den König steht. Deshalb ist die Erwähnung des נשיא hier, nach dem König, problematisch (In G fehlt der gesamte erste Satz über den König; in M korrespondiert V 27a der dreifachen Unterscheidung von V 26b). Jer 44,21 (37,2) bezeugt zeitgleich eine dreifach gestufte Struktur der Gesellschaft in Juda: König, Beamte (שרים), das Volk des Landes. Da es sich bei den שרים höchstwahrscheinlich um Familienhäupter handelte (*R. de Vaux*, Ancient Israel 1961, 69), fragt man sich, ob נשיא hier die übliche Bedeutung »Oberhaupt eines Clans« hat, was allerdings für Ezechiel ungewöhnlich wäre. Dies erklärt wahrscheinlich auch 32,29, wo die מלכים »Könige« Edoms und die נשיאים »Anführer« als zwei verschiedene Gruppen genannt werden. Wenn נשיא hier »Anführer« meint, könnte das Fehlen des Artikels darauf hinweisen, daß es sich um eine Gruppenbezeichnung handelt. Vgl. die undeterminierten Gruppenbezeichnungen (»Priester«, »Prophet« usw.) in V 26 und in Jes 3,2 f. Alternativ könnte es sich bei מלך und נשיא um Synonyme handeln. *J. D. Levenson*, Theology 1976, 64 ff., nennt dies einen »synthetischen« bzw. »impressionistischen Parallelismus, bei dem in beiden Sätzen dieselbe Bedeutung vollständig zum Ausdruck gebracht wird«. Der Gegensatz bestünde dann zwischen König / Fürst auf der einen und dem Volk auf der anderen Seite.[7]

Ich werde sie ihre eigenen Wege schmecken lassen. Wörtl. »abseits (des Plans) ihres Weges (d.h. ihrer Lebensweise) מדרכם, werde ich an ihnen handeln« (zu dieser Verwendung von מן s. BDB 579, Sp. a unten; G führt auf ein üblicheres כדרכם). Der Weg des Volkes – unter Aufnahme der Begriffe von V 3 f.8 f. – bestand darin, Gott den Rücken zuzukehren. Er wird seinerseits das Gesicht von ihnen abwenden (V 22a). Daher auch der nächste Satz: Ihre Verurteilungen waren blutig (V 23). Seine Urteile über sie werden genauso sein.

---

[7] Den Hinweis verdanke ich D. N. Freedman.

Ez 8,1–11,25: Der verunreinigte und verlassene Tempel

S. Ackerman, A מרזח in Ezekiel 8:7–13?: HThR 82, 1989, 267–281. – *dies.*, Under Literatur
Every Green Tree. Popular Religion in Sixth-Century Judah, Atlanta 1992, 37–
100. – *Y. Avishur*, The »Duties of the Son« in the »Story of Aqhat« and Ezekiel's
Prophecy on Idolatry (Ch. 8): UF 17, 1986, 49–60. – *ders.*, The Incense and the Sweet
Scent: »The Commandments of the Ideal Son« in Aqhat and Idol Worship in Ezekiel
8, in: ders. (Hg.), Studies in Bible and the Ancient Near East. FS S. E. Loewenstamm,
Jerusalem 1978, 1–15. – *D. Barthélemy*, »Un seul«, »un nouveau« ou »un autre«? À
propos de l'intervention du Seigneur sur le coeur de l'homme selon Éz 11,19a et des
problémes de critique textuelle qu'elle soulève, in: R. Mosis / L. Ruppert (Hg.), Der
Weg zum Menschen. FS A. Deissler, Freiburg i. Br. 1989, 329–338. – *E. Baumann*,
Die Hauptvisionen Hesekiels in ihrem zeitlichen und sachlichen Zusammenhang
untersucht: ZAW 67, 1955, 56–67. – *J. Becker*, Ez 8–11 als einheitliche Komposition
in einem pseudepigraphischen Ezechielbuch, in: J. Lust (Hg.) Ezekiel 1986, 136–150.
– *F. M. Cross*, A Papyrus Recording a Divine Legal Decision and the Root רחק in
Biblical and Near Eastern Legal Usage, in: M. V. Fox u.a. (Hg.), Texts, Temples and
Traditions. FS M. Haran, Winona Lake 1996, 311–320. – *M. Dijkstra*, The Glosses in
Ezekiel Reconsidered. Aspects of Textual Transmission in Ezekiel 10, in: J. Lust
(Hg.), Ezekiel 1986, 55–77. – *ders.* Goddess, Gods, Men and Women in Ezekiel 8,
in: B. Becking / M. Dijkstra (Hg.), On Reading Prophetic Texts. Gender-Specific and
Related Studies in Memory of Fokkelien van Dijk-Hemmes, Leiden 1996, 83–114. –
J. Goettsberger, Zu Ez 9,8 und 11,13: BZ 19, 1931, 6–19. – *R. Gordis*, »The Branch to
the Nose«. A Note on Ezekiel VIII 17: JThS 37, 1936, 284–288. – *M. Greenberg*,
Vision 1980. – *D. J. Halperin*, The Exegetical Character of Ezek X 9–17: VT 26, 1976,
129–141. – *F. Horst*, Exilsgemeinde und Jerusalem in Ez VIII–XI. Eine literarische
Untersuchung: VT 3, 1953, 337–360. – *F.-L. Hossfeld*, Probleme 1987. – *ders.*, Die
Tempelvision Ez 8–11 im Licht unterschiedlicher methodischer Zugänge, in: J. Lust
(Hg.), Ezekiel 1986, 151–165. – *ders.*, Bewegung 1995. – *C. B. Houk*, The Final Re-
daction of Ezekiel 10: JBL 90, 1971, 42–54. – *O. Keel*, Jahwe-Visionen 1977, 126–273.
– *H. G. May*, The Departure of the Glory of Yahweh: JBL 56, 1937, 309–321. – *E. von
Mülinen*, Galgal. Hesekiel Kapitel 10,13: ZDPV 46, 1923, 79–107. – *M. Nobile*, Lo
sfondo cultuale die Ez 8–11: Antonianum 58, 1984, 185–200. – *S. Ohnesorge*, Jahwe
1991, 4–77. – *H. van Dyke Parunak*, Architecture 1980. – *K.-F. Pohlmann*, Ezechielstudien 1992, 96–107. – *H. W. Saggs*, The Branch to the Nose: JThS 11, 1960, 318–
329. – *N. M. Sarna*, Ezekiel 8,17. A Fresh Examination: HThR 57, 1964, 347–352. –
F. Sedlmeier, »Deine Brüder, deine Brüder …«. Die Beziehung von Ez 11,14–21 zur
dtn-dtr Theologie, in: W. Groß (Hg.), Jeremia und die deuteronomisch-deuteronomistische Bewegung (BBB 98), Weinheim 1995, 297–312. – *H. Torczyner*, Semel ha-
qin'ah ha-maqneh (Ez 8,3.5): JBL 65, 1946, 293–302. – *E. Vogt*, Der Sinn des Wortes
»Augen« in Ez 1,18 und 10,12: Bib. 59, 1978, 93–96. – *ders.* Untersuchungen 1981,
38–91.

Vorbemerkung: Die Übersetzung erfolgt kapitelweise. Daran schließen sich
jeweils die Anmerkungen zu Text und Übersetzung sowie die Einzelanalysen an. Die Gesamtauslegung folgt als letzter Schritt.

Text

8,1–18: Die Tempelgreuel

Übersetzung 1 *Im sechsten Jahr, im sechsten Monat, am Fünften des Monats, als ich in meinem Haus saß, während die Ältesten Judas vor mir saßen, fiel die Hand JHWHs dort auf mich.*

2 Ich sah, und da war eine Gestalt, die aussah wie Feuer: Vom Aussehen ihrer Lenden abwärts war Feuer, und vom Aussehen ihrer Lenden aufwärts war etwas, das aussah wie ein Leuchten, wie ḥašmal. 3 Er streckte etwas wie eine Hand aus und packte mich am Schopf. Ein Wind trug mich zwischen Erde und Himmel und brachte mich in einer Vision Gottes nach Jerusalem an den Eingang des Tors des Innenhofs, der nach Norden schaut, wo die Statue der Empörung, die empört, stand. 4 Da sah ich die Herrlichkeit des Gottes Israels wie die Erscheinung, die ich in der Ebene gesehen hatte. Er sagte zu mir: »Mensch, sieh nach Norden!« Ich sah nach Norden, und dort, nördlich des Altartores, stand die Statue der Empörung im Eingang. 6 Er sagte zu mir: »Mensch, siehst du, was sie tun, die großen Greuel, die das Haus Israel hier begeht, indem sie sich von meinem Heiligtum entfernen? Du wirst noch andere, größere Greuel sehen.«

7 Er brachte mich zum Eingang des Hofes, und dort sah ich ein Loch in der Wand. 8 Er sagte zu mir: »Mensch, grabe durch die Wand!« Ich grub durch die Wand, und dort war ein Eingang. 9 Er sagte zu mir: »Geh hinein und sieh die bösen Greuel, die sie hier begehen.« 10 Ich ging hinein und sah Bilder aller möglichen Kriechtiere und Bestien, Abscheu und all die Götzen des Hauses Israel rundherum in die Wand eingeritzt. 11 Und siebzig Mann von den Ältesten Israels standen vor ihnen – und Jaasanja, der Sohn des Schafan, war unter ihnen –, jeder mit einem Räuchergerät, und eine Wolke von Weihrauch stieg hinauf! 12 Er sagte zu mir: »Siehst du, was die Ältesten des Hauses Israel in der Dunkelheit tun, jeder in seinen Bilder-Kammern, indem sie sagen: ›JHWH sieht uns nicht. JHWH hat das Land verlassen.‹« 13 Er sagte zu mir: »Du wirst noch andere, größere Greuel sehen, die sie begehen.«

14 Er brachte mich zum Eingang des Tores des Hauses JHWHs, das im Norden liegt, und dort saßen Frauen, die den Tammuz beweinten. 15 Er sagte zu mir: »Siehst du, Mensch? Du wirst weitere Greuel sehen, die noch größer sind als diese.«

16 Dann brachte er mich zum Innenhof des Hauses JHWHs, und dort, am Eingang des Tempels JHWHs, zwischen der Vorhalle und dem Altar, standen etwa fünfundzwanzig Männer, dem Tempel JHWHs den Rücken zugewandt, und ihre Gesichter waren nach Osten gewandt, und sie fielen nach Osten hin anbetend vor der Sonne nieder. 17 Er sagte zu mir: »Siehst du, Mensch? Als ob die Greuel, die sie hier begehen, noch nicht genug wären für das

Haus Juda, füllen sie das Land mit Gesetzlosigkeit und reizen mich umso mehr. In der Tat: Sie haben die Ranke an ihre Nasen gebracht! 18 Ich hingegen werde in Zorn reagieren, und mein Auge wird nicht verschonen, noch werde ich Mitleid haben. Sie sollen laut schreien, daß ich höre –, aber ich werde nicht auf sie achten.«

1 sechsten: G »fünften«.

2 Feuer: G »ein Mann« (אישׁ anstelle des אשׁ in M).

7 und dort sah ich ein Loch in der Wand: fehlt in G.

8 durch die Wand: fehlt beide Male in G.

10 Bilder aller möglichen Kriechtiere und Bestien: fehlt in G.

16 fielen ... nieder: M משׁתחויתם wird generell als Schreibfehler anstelle von משׁתחוים identifiziert (Ges-K §75 kk). Die Grammatiker des Mittelalters sahen darin eine »Mischform«; zu Einzelheiten s. *D. Kimchi, Mikhlol* 1952, §40 h' (e) und Anm. 339.

17 ihre Nasen: »Es sollte heißen ›meine Nase‹, aber es handelt sich um einen Euphemismus« (Minchat Schay, der unter anderem Mekhilta, Shirta 4 [*J. Goldin*, The Song at the Sea, New Haven 1971, 155] zitiert).

Einzelanalyse: sprachliche und literarische Aspekte

V 1 *im sechsten Jahr, im sechsten Monat.* Der 18. September 592. Die letzte Datumsangabe (3,15) nannte den 7. August 593. Die darauffolgende Periode der Symbolisierung der Belagerung dauerte nach M 390 Tage, endete also am 31. August 592 – drei Wochen vor unserem Datum. Eine Bevorzugung von G »im fünften Monat« (18. August) als ursprünglich, in dem Sinne, daß M das Datum verschiebt, um eine Übereinstimmung mit der Symbolhandlung herzustellen (Smend u.a.), berücksichtigt nicht, daß M die Zeitdauer auf insgesamt 430 Tage (390 Tage Symbolisierung der Belagerung plus vierzig des Exils) festsetzt (Wevers). Wenn die vierzig Tage des Exils unmittelbar auf die Symbolisierung der Belagerung folgten, hätte diese visionäre Erfahrung die Periode selbst nach der Rechnung vom M unterbrochen. Dies ist keine unüberwindbare Spannung, denn warum sollte der Prophet nicht während der langen Phase seiner Unbeweglichkeit eine Vision empfangen haben? In der Tat weiß man nicht, ob nun die zwei Symbolhandlungen aufeinander folgten und somit die zweite und diese Offenbarung sich überschnitten. G datiert die Vision einen Monat früher, »vermutlich unter dem Einfluß des ›fünftes Tages‹« (Wevers), aber da G die Periode der Symbolhandlungen um zweihundert Tage verkürzt (s. zu 4,5.9), liegt dieses Datum trotzdem immer noch nach dem Abschluß der Symbolhandlungen.

Ältesten vor mir saßen. Offensichtlich warteten sie auf ein Orakel;

s. 14,1.3; 20,1. In 33,30f. findet sich die lebendige Beschreibung einer solchen Versammlung im Haus des Propheten, um ein JHWH-Orakel zu hören.

fiel auf mich. נפל wird verwendet zur Bezeichnung eines plötzlichen Übergriffs durch überwältigende Kräfte, meist schlechte (Ex 15,16; Jes 47,11; Ps 105,38; Dan 10,7), aber auch durch neutrale oder übernatürliche Kräfte (Gen 15,12; 1 Sam 11,7; 26,12; Ijob 4,12f.). Hier ist es lediglich ein Äquivalent zu היה על (s. die Einzelanalyse zu 1,3 »Hand … kam auf ihn«), das G an dieser Stelle bezeugt. Das נפל des M wird durch sein späteres Auftauchen in 11,5 gestützt (»der Geist fiel auf mich«) – ein spezifischer Gebrauch dieser Vision.

Von den in Ez 1 beschriebenen Gestalten erschien allein die menschliche **V 2** (V 26b–28). G macht dies dadurch deutlich, daß sie das אש »Feuer« des M mit »Mann« wiedergibt, so als stünde איש. Dadurch liefert sie ein Bezugswort für die folgenden Possessivpronomen (»seine«), und sie begrenzt das »Feuer« auf die untere Hälfte der Gestalt, wo allein es sein sollte (man beachte jedoch, daß in 1,26 für »Mann« das Wort אדם steht; eine weitere Variation). Das אש des M dürfte unter dem Einfluß des zweiten אש entstanden sein (beide Worte stehen in Pausalform), ebenso wie das eigenartige Wort חשמלה am Ende des Verses durch Angleichung an למעלה entstanden sein dürfte (beide Male handelt es sich um Pausalformen in der zweiten Vershälfte).

ein Leuchten. Im Hebräischen »wie das Erscheinen von זוהר«. Das Wort ist sonst nur noch in Dan 12,3 belegt, wo gesagt wird, daß »die Weisen leuchten sollen wie der Glanz des Firmaments« (יזהרו כזהר הרקיע). Die Verbindung mit der göttlichen Erscheinung hier und mit dem Himmel in Daniel ließ den Begriff zum passenden Titel der »Bibel« der jüdischen Mystik, dem Sohar, werden.

etwas wie (תבנית) *eine Hand.* Nur in dieser Vision ist in Ezechiel der **V 3** Begriff תבנית, wörtl. »Bauart, Modell«, belegt, nämlich hier, in V 10 und in 10,8 – ein Hinweis auf die Einheitlichkeit der Vision. G übersetzt uniform ὁμοίωμα »das, was gemacht ist, wie; eine Ähnlichkeit; ein Bild« (dasselbe Wort dient als Übersetzung des hebräischen דמות »Ähnlichkeit, Bild« in 1,5.16.22 u.ö.); S dmwtʾ »Ähnlichkeit«. Bei Beschreibungen himmlischer Dinge wird תבנית wie דמות (vgl. 10,21 דמות יד אדם) und מראה verwendet, um zwischen dem tatsächlichen Gegenstand und dem, was wie dieser aussah, zu unterscheiden. יד meint also die Hand eines Menschen (in 10,8.21 explizit יד אדם). Aber was der Prophet hier und in 10,8 sah, war nicht die Hand eines Menschen, sondern etwas, das zwar so aussah, aber nicht zu einem Menschen gehörte. In 8,10 sah der Prophet keine Kriechtiere, sondern Abbildungen davon an der Wand (vgl. Dtn 4,17f.; Ps 106,20). Außerhalb von Ezechiel ist תבנית ein architektonischer Begriff in Beschreibungen des Heiligtums und seiner Teile, z.B. in Ex 25,8f. »Modell« und in 1 Chr 28,11f. »Zeichnung, Plan« (vgl. V 19 »alles in einer

Schrift«); G παράδειγμα, das eine ähnliche Bedeutung hat. In Jos 22,28 bringt תבנית die Sache auf den Punkt: Die transjordanischen Stämme wollten keinen wirklichen Altar JHWHs errichten, sondern nur ein Modell bzw. eine Entsprechung (G ὁμοίωμα).

»Hand« und »Lenden« entsprechen der Beschreibung der Erscheinung als menschenähnlich. Von V 4 an jedoch wird auf diese als »die Herrlichkeit [כבוד] Gottes« Bezug genommen.

am Schopf. Wörtl. »Schopf meines Kopfes«. ציצת »Schopf« – in Num 15,38 »Quaste« – wurde von Ibn Janach zum Verb ציץ »sprossen« in Beziehung gesetzt (vgl. Ez 7,10). Er verglich damit auch die Definition des Talmuds: »ציצת meint ענף [›Sprößling, Zweig‹]« (bMenahot 42b) und das ציצין von T, das das Wort »Flosse« übersetzt (Lev 11,9). Dies wiederum wirft ein neues Licht auf die Übersetzung von Jer 48,9: »Gebt Moab ציץ [›Flügel‹]«. Entsprechend meint unser Ausdruck wörtlich »Auswuchs meines Kopfes«. Kimchi deutet das Ergreifen des Propheten am Schopf als Zeichen des Zorns. Vgl. die Beschreibung in der akkadischen »Vision der Unterwelt« einer Zuhörerschaft mit Nergal, dem Gott der Unterwelt: »... der tapfere Nergal saß auf einem königlichen Thron ... von [...] seinen *Armen* gingen Blitze aus [...] er nahm mich beim Schopf meines Kopfes und stell[te mich] vor sich« (ANET 110 a). Man beachte, daß die feurige Gestalt ihre Hand ausstreckt und Ezechiel ergreift, aber es ist der Wind, der ihn nach Jerusalem bringt. Es wird nichts darüber gesagt, wo sich die Figur während der Reise befindet (s. hierzu die Gesamtauslegung). In ähnlicher Weise und vermutlich unter Einfluß unserer Stelle wird in der apokryphen Erzählung von Bel und dem Drachen der Prophet Habakuk sowohl von einem Engel, der ihn beim Schopf ergreift, als auch durch »ein Wehen seines Windes / Atems« nach Babylon getragen (V 36 in der Version Theodotions).

zwischen Erde und Himmel. D. h. durch die Luft.

in einer Vision Gottes. Zur Bedeutung dieses Ausdrucks s. die Einzelanalyse zu 1,1. Was folgt, ist dementsprechend nicht als Bericht eines leibhaftigen Augenzeugen zu verstehen. Ezechiel »kam« in einer Vision nach Jerusalem, und in derselben Vision »kehrte er zurück« nach Babylon (11,24) »wie jemand, der in einem Traum sieht, daß er in Jerusalem ist, aber wenn er aufwacht, sich in Babylon sitzend wiederfindet« (Kara); ebenso der Transport in 40,2.

Tors des Innenhofs. Der Innenhof wird nochmals in V 16 und in 10,3 erwähnt. 10,15 erwähnt den Außenhof. Der visionär geschaute Tempel der Zukunft hatte ebenfalls zwei Höfe (40,17 ff.23 ff.) und ebenso der erste Tempel von Jerusalem (2 Kön 21,5; 23,12). Das Nordtor des inneren Vorhofs ist vermutlich dasselbe wie das »Altartor«, das weiter unten in V 5 erwähnt wird. Es wird so genannt, weil es dem großen Brandopferaltar im Innenhof gegenüberlag. Ezechiel wurde, wie es scheint, am äußeren Eingang dieses Tores niedergelassen – d. h. im Außenhof, genau nördlich des Eingangs.

die Statue (סמל) *der Empörung, die empört.* Das phönizische *sml* bezeichnet das Standbild eines Gottes oder Menschen (*C. F. Jean / J. Hoftijzer,* Dictionaire des inscriptions sémitiques de l'ouest, Leiden 1965, Art. »*sml*«). 2 Kön 21,7 erwähnt das »Standbild« (פסל) der Aschera, das König Manasse im Jerusalemer Tempel aufstellte. Dieses Standbild wird in 2 Chr 33,7.15 פסל ה(סמל) genannt. Offensichtlich wird dort mit Bezug auf unsere Stelle »die Statue der Empörung« mit Manasses Bild der kanaanäischen Göttin Aschera identifiziert. (Es paßt, daß im Phönizischen / Kanaanäischen das Bild dieser Göttin als סמל bezeichnet wird.) Der Begriff ist in der Warnung vor Götzendienst in Dtn 4,16–18 belegt, die mit unserer Stelle durch V 10 verbunden ist. קנאה, hier übersetzt mit »Empörung«, meint den leidenschaftlichen Groll, den jemand fühlt, wenn er sieht, daß das Seine jemand anderem gegeben wird (es wird deshalb oft mit »Eifersucht« übersetzt). Zur Form מקנה (= [א]מקנ) vgl. Ges-K § 75 qq und Dtn 32,16.21. Virolleaud's Annahme, daß קנאה mit akkadisch *uqnu* und ugaritisch *'iqn'u* »Lapislazuli« verwandt sei, ist eine geniale Kuriosität. Im Anschluß daran bildet *G. R. Driver,* Ezekiel 1954, 149, ein hebräisches Wort קונאה nach dem Syrischen *qūnā'a* »himmelsblau« – ohne zu berücksichtigen, daß das syrische Wort aus dem Griechischen stammt (κυανεος; *C. Brockelmann,* Lexicon Syriacum 1928, 674). Der mögliche Zusammenhang zwischen alten semitischen und griechischen Worten (s. Brockelmann) rechtfertigt nicht, die syrische Form als ursprünglich einzustufen.

in der Ebene. S. 3,23. Ob allein auf die menschliche Gestalt Bezug genommen wird (so *D. H. Müller,* Ezechiel-Studien 1894; s. zu 3,23) oder auch der Thronwagen mit einbezogen ist, ist unklar; s. die Gesamtauslegung. | V 4

Da in der ugaritischen Mythologie der Berg *ṣpn* der Wohnort Baals ist, | V 5
mit dem Aschera als Mutter verbunden wird (in der Bibel als Gemahlin; THAT 2, 577; IDB, Art. »Asherah«, 251), könnte die Lokalisierung des Standbilds im nördlichen (צפון) Tempelbezirk signifikant sein.

sich ... entfernen von. רחק מעל impliziert mehr als bloß eine physische | V 6
Distanzierung. Darin eingeschlossen sind Gleichgültigkeit und Feindschaft, wo früher Zuneigung bestand – z.B. Entfremdung (Jer 2,5; Ez 44,10; Ijob 19,13). Hier ist es die kultische Verehrung von Gegenständen außerhalb des Heiligtums ohne Rücksicht auf die göttliche Gegenwart darin (vgl. V 15–16). Andererseits könnte es sich hier um eine Anspielung auf eine erzwungene Entfremdung vom Heiligtum in der Gestalt des Exils handeln – die unvermeidbare Auswirkung der Missetaten des Volkes. Diese Interpretationen gehen davon aus, daß das Volk das Subjekt des Verbs ist (wie stets bei der Wendung רחק מעל, wenn Gott und Mensch involviert sind). Einige Kommentatoren des Mittelalters und Teile der Forschung gehen hingegen davon aus, daß Gott das Subjekt sei: »so daß ich mich meinem Heiligtum entfremden mußte«. Der Satz nimmt so die spätere Beschreibung des Verlassens des Tempels durch die Herrlichkeit vorweg.

V 7 *Eingang des Hofes.* Vielleicht ist die Südseite des Nordtores gemeint, die sich zum Innenhof öffnete.

Die Abfolge in V 7–8 ist eigenartig: In der Mauer des Eingangs zum Tor sieht der Prophet ein Loch (»ein gewisses [wörtl. einzelnes] Loch«, nicht bestimmter als im umgangssprachlichen Deutschen: »dieses Loch [hier]«), das er erweitern soll. Dabei entdeckt er (innen?) einen (wörtl. »einzelnen«, umgangssprachlich »diesen«) Eingang (zu einer Kammer des Torbaus?), durch den er hindurchtreten soll (V 9). G kürzt, indem sie das Loch und die Wand ausläßt, aber das Ergebnis ist weiterhin die eigenartige Entdeckung eines (blockierten?) Eingangs mittels einer Grabung. V 7b, der in G fehlt, dürfte einfach eine Variante zu V 8 darstellen (»und dort war ein Eingang«). Ursprünglich wird der Text gesagt haben, daß Ezechiel während des Grabens eine Nische fand – חור = »Versteck« wie in 1 Sam 14,11; Ijob 30,6. Der vorliegende Text entstand, weil man חור als »Loch« verstand und versuchte, beide Sätze in eine möglichst plausible Abfolge zu bringen. Gemeint ist ein geheimer Versammlungsort. Unsere Verwirrung, die genauen Einzelheiten herauszufinden, wird ein wenig gedämpft, wenn man im Hinterkopf behält, daß es sich um eine Vision handelt.

V 10 *Bilder aller möglichen Kriechtiere und Bestien.* Diese Kombination von Ausdrücken aus Dtn 4,17–18 fehlt nicht nur in G, sondern unterbricht die erwartete Abfolge כל שקץ »alles Abscheuliche«, als ob sie die Lesung שרץ bestätigen solle, die sonst in Verbindung mit גלול (wie hier) als שקוץ »abscheuliches Ding« gelesen wird – immer ein Götze. Hier hingegen sind »verabscheuungswürdige Tiere« gemeint wie in Lev 11,10–42, wo שקץ die nicht als Speise zugelassenen Tiere bezeichnet. Der springende Punkt hier besteht darin, daß es sich bei diesen »Götzen« um Ritzzeichnungen an der Wand handelt. Es fällt schwer, für diese Kultform eine außerbiblische Parallele zu finden. Die Bilder an der Wand erinnern an das Ischtar-Tor in Babylon, das rundherum mit Löwen und Schlangen verziert ist, oder die Felszeichnung in Maltaya mit einer Götterprozession auf den Rücken verschiedener wirklicher oder imaginärer Tiere. Die Verbindung mit Tammuz, die in V 14 erwähnt wird, paßt am allerwenigsten, da dieser Kult aus Mesopotamien und Kleinasien stammt. Theriomorphe ägyptische Gottheiten (ANEP Abb. 573) und auch Totems in Tierform (als Rückfall in eine primitive Religion) wurden ebenfalls als mögliche Ursprünge dieser Szene in Erwägung gezogen; s. die Gesamtauslegung.

Unsere Stelle ähnelt 23,14: Juda-Oholiba gelüstet es nach den Babyloniern, deren Bilder sie eingeritzt in roter Farbe sieht. Erneut begegnet hier ein mesopotamischer Hintergrund, aber die genaue Verbindung mit diesem Text ist unbekannt.

V 11 *siebzig ... von den Ältesten.* S. 7,26. Zur Ätiologie der Zahl s. Num 11,16.24 (vgl. Ex 24,1.9). Ohne daß dies explizit gesagt wird, meint die Rede von »siebzig Ältesten«, daß sogar der öffentliche Rat des Staates Juda (s.

hierzu *M. Weinfeld*, EJ, Art. »Elders«) in die Korrumpierung der Religion Judas verwickelt war. Bei Jaasanja muß es sich um eine bekannte Persönlichkeit gehandelt haben. Vielleicht entstammte er der Familie des königlichen Schreibers Schafan (2 Kön 22, 3; vgl. die anderen Mitglieder der Familie, die in Jer 29, 3; 36, 12 erwähnt werden).

eine Weihrauchwolke. Eine ironische Anspielung auf den ehrfürchtigen Augenblick beim Ritual des Versöhnungstages, wenn der Hohepriester der göttlichen Gegenwart im Allerheiligsten gegenübertritt. Diese wird durch eine »Weihrauchwolke« (Lev 16, 2.13) abgeschirmt. Dem Ausdruck geht hier das Hapax עתר voran, das offensichtlich mit dem syrischen ʿeṭra »Dampf, Rauch« verwandt ist, besonders bei Opfergaben (Payne-Smith). Vielleicht hatte dieses Wort einen heidnischen Unterton.

Weihrauch war Bestandteil privater Götzenkulte (Jer 19, 13 »auf den Dächern«; Jes 65, 3 »auf Ziegelsteinen«). Im Kult Israels diente er als mächtiges Sühnemittel (Num 17, 12) und war deshalb an Bedeutung allen Opfergaben vergleichbar (Dtn 33, 10).

jeder in seinen Bilder-Kammern. Die Vision der siebzig Ältesten insge- V 12 samt scheint durch eine andere ersetzt worden zu sein, die nun jeden einzelnen in seinem privaten Raum zeigt (G übersetzt sogar »geheimer Raum«). Diese werden »משכית-Kammern« genannt, ein Begriff, der in der priesterschriftlichen Literatur im Zusammenhang von Götzendienst belegt ist (Lev 26, 1; Num 33, 52) und sich in der Form משכי »Bild, Statue« in einer aramäischen Inschrift von Panammuwa II. (KAI 215.18) des 8. Jhs. v. u. Z. findet.

Der Plural חדרי »Kammern« wird durch den doppeldeutigen numerischen Bezug des distributiven איש »jeder = alle« verursacht, wodurch schwankende Konstruktionen entstehen (z. B. Verb im Singular Gen 44, 13; Lev 25, 46; im Plural Gen 44, 11; Lev 25, 17), manchmal sogar innerhalb eines einzigen Satzes: Neh 4, 12: »jeder [mit] seinem Schwert, gegürtet an seinen Hüften«. So wurden hier »sein (Bild)« und »(ihre) Kammern« miteinander verbunden. Die Versionen geben חדרי einfach durch den Singular »Raum« wieder.

JHWH sieht uns nicht. Vgl. die hochmütigen Gedanken des Frevlers in Ps 10, 11: »Gott ist unachtsam, er versteckt sein Gesicht. Er sieht (ראה) nie.« Vgl. Ps 94, 7 und Ijob 22, 13 f. als weitere Beispiele. Gott achtet nicht länger auf das, was die Menschen tun. Er hat das Land verlassen. Eine ähnliche Stimmung wird von Zefanja (vor der Reform Joschijas) beschrieben: »JHWH wird nichts tun, weder Gutes noch Schlechtes« (1, 12). Warum aber arbeiten diese Götzendiener dann in der Dunkelheit? Weil ihr Kult dies erfordert – von dem wir nichts wissen, oder vielleicht schämen sie sich paradoxerweise für das, was sie tun.

Dieser Toreingang ist kaum zu identifizieren. Einige haben vermutet, es V 14 handele sich um einen Eingang zum seitlichen Anbau des Tempels (der somit tiefer im Herzen des heiligen Bezirks lag).

Frauen. Hebräisch הנשים (so erneut in 2 Kön 23, 7). *P. Joüon*, Grammar

1996, § 137 m–n nennt diese Verwendung des Artikels »imperfect determination«. Vgl. im Deutschen: »ein gewisser«; s. auch Ges-K § 126 q–s.

die den Tammuz beweinten. Hebräisch »der Tammuz«, als handele es sich um ein einfaches Substantiv und nicht um einen Eigennamen, eher ein Ding als eine Gottheit. Vgl. »die Baale und die Astarten« (Ri 10,6 u.ö.). Sie werden dadurch zu Fetischen degradiert. Der Ritus, auf den hier angespielt wird, kann bis zum antiken Sumer zurückverfolgt werden (*S. Kramer,* The Sacred Marriage Rite, Bloomington 1969, Kap. 4), wo er den alljährlichen Tod und Abstieg des niederen Gottes Dumuzi in die Unterwelt kennzeichnete. »Im kultischen Drama des Todes des Gottes und der Trauer um ihn, das am Ende des Frühlings gefeiert wurde, wird dem Verlust des Gottes, dem Nachlassen der Kraft für neues Leben in der Natur, durch Klage und Trauer begegnet« (*T. Jacobsen,* Toward the Image of Tammuz and Other Essays ..., Cambridge 1970, 100). Das Weinen um den Tammuz war ein von Frauen durchgeführter Ritus, der in vielerlei Formen über Jahrhunderte hinweg im gesamten Nahen Osten praktiziert wurde. Ein assyrischer Kalender ordnet das *bikitu* »Weinen« für den zweiten Tag des Monats Tammuz an. Ab dem 10. Jh. v. u. Z. hielten die heidnischen Sabäer im nordsyrischen Haran während seines Monats ein Klagen *(al-Bukat)* um Tammuz ab (*S. Langdon,* Babylonian Menologies and the Semitic Calendars, London 1935, 120). Der gesamte Komplex der Dumuzi / Tammuz-Mythen und -Riten wurde ein wenig durch die jüngste Entdeckung großer Teile der sumerischen Mythologie geklärt. Weiterhin bleibt jedoch der Hintergrund der jüngeren Klagelieder unklar. Unsere Stelle ist viel zu kurz, als daß sie Licht auf die Frage werfen könnte. Sie paßt jedoch zum Wissen, das wir über diesen Ritus haben, der vermutlich aus Mesopotamien nach Juda importiert wurde. (vgl. *S. Gurney,* Tammuz Reconsidered. Some Recent Developments: JSS 7, 1962, 147 ff.) Zur Unwahrscheinlichkeit, daß Ezechiel dieses Weinen nicht im vierten Monat, dem Tammuz, sieht, wo es hingehört, sondern im sechsten Monat (V 1), s. die Gesamtauslegung.

V 15 Die Handlung, welche im nächsten Vers beschrieben wird, wird explizit als schlimmste Greueltat von allen qualifiziert, vielleicht aufgrund des Ortes, an dem sie durchgeführt wurde; s. die folgende Analyse.

V 16 *zwischen der Vorhalle und dem Altar.* In Joël 2,17 ist dies die Stelle, wo die Priester an einem Fasttag beten. Die Stelle scheint innerhalb des Hofes eine besondere Heiligkeit besessen zu haben. (mKelim 1,9 qualifiziert sie nur um einen Grad niedriger als das Heiligtum selbst, d.h. als den achten von zehn Heiligkeitsgraden.) Dieser heilige Bereich wird besetzt von Männern, die dem Heiligtum den Rücken zuwenden und sich vor der Sonne verneigen. Eine solche Verachtung JHWHs wird als Höhepunkt der Greuel gewertet.

Die Sonne wurde in neuassyrischer Zeit in Juda verehrt (s. *N. Sarna,* Psalm XIX and the Near Eastern Sun-god Literature [Fourth World Con-

gress of Jewish Studies Papers I], Jerusalem 1967, 171–175). Joschija entfernte die Pferde und Thronwagen, die der Sonne geweiht waren und bei
Tempelriten Verwendung fanden (2 Kön 23,11). Ebenfalls entfernte er Priester, die der Sonne oder den Gestirnen opferten (V 5). Wie viele andere heidnische Praktiken wurden diese wahrscheinlich von Manasse eingeführt, der
beschuldigt wird, der »Königin des Himmels« in den beiden Altarhöfen
einen Altar errichtet zu haben (2 Kön 21,5). Allgemein sieht man hierin
einen Beleg für mesopotamischen Einfluß, aber es ist eher wahrscheinlich,
daß es sich um westlichen (d.h.) aramäischen Einfluß handelt (s. *M. Cogan*,
Imperialism 1974, 84–87). Das schwächt ein wenig die Attraktivität der Lesart von G »zwanzig Männer« (anstelle von M »fünfundzwanzig«), die sich
auf die Verbindung der »heiligen« Zahl Zwanzig mit dem mesopotamischen
Gott Schamasch stützt. Fünfundzwanzig Männer tauchen später in dieser
Vision wieder auf (11,1), und es handelt sich um eine der Lieblingszahlen
Ezechiels, der sie öfter verwendet als jeder andere biblische Autor (vgl.
40,1.13.29; und, multipliziert mit tausend, im Landverteilungsplan von Ez
45). Die Konstruktion mit כ »ungefähr« tut so, als handele es sich um eine
runde Zahl. Dies paßt zu Ezechiels Vorliebe für diese Zahl.

In den vorhergehenden Szenen versprach Gott dem Propheten an dieser   **V 17**
Stelle stets, ihn weitere Greuel sehen zu lassen (V 6.13; »größere« in V 15).
Aber hier wirft er nach dem obligatorischen »Hast du gesehen, Mensch?«
alle Greuel des Tempels in einen Topf, die von einer noch empörenderen
Provokation übertroffen werden: der Gesetzlosigkeit, die im Land wuchert
(eine Anspielung auf die Sintfluterzählung Gen 6,11.13; vgl. 7,23). Die Abfolge כי ... מעשׂות ... הנקל ל + Verb ... *wayyiqtol* kombiniert zwei selbständige Konstruktionen: הנקל + *wayyiqtol* (z. B. 1 Kön 16,31: »Es war noch das
Geringste, [daß er den Sünden Jerobeams folgte …,] er heiratete Isebel …«)
und כי ... המעט + Verb (z. B. Jes 7,13: »Ist es [euch] zu wenig, [daß ihr Menschen behandelt, als seien sie hilflos], daß ihr auch meinen Gott behandelt,
als sei er hilflos?«). Dieser unerwartete Wechsel zu einer Verurteilung sozialer Vergehen (für Elliger [BHS] und andere handelt es sich bei den zur
Diskussion stehenden Worten um »spätere Hinzufügungen«) wird in der
nächsten Episode bekräftigt, nämlich in der Szene der Strafe. Denn in 9,9
bekräftigt Gott seine unbarmherzige Verurteilung des Volkes aufgrund
ihres sozialen Fehlverhaltens mit genau den gleichen Begriffen wie an unserer Stelle. Der schwer verständliche Ausdruck am Ende des Verses (»die
Ranke an ihre Nase halten«) hat nichts mit den Tempelgreuel zu tun, die in
V 17a abgeschlossen sind, sondern mit den sozialen Vergehen von V 17b.
Gemeinhin meint dieser Begriff »mich zum Zorn reizen« (G »spotten, hoch-
näsig sein«). Den genauen Sinn kennen wir nicht, aber es ist erwähnens-
wert, daß die jüdische Tradition das Suffix von אפם »ihre Nase« als Euphemismus *(tiqqun soperim)* anstelle von אפי »meine Nase« versteht. Das läßt
auf eine provokative Geste schließen. *N. Sarna*, Ezekiel 1964, hat den Aus-

druck als »sie senden Banden von Schlägern aus (זרומה von _ḏmr_ »stark sein«), um ihren Zorn zu vollstrecken« interpretiert, was den Vorteil hat, das es den Kontext (soziale Vergehen) berücksichtigt.

Ohne den Kontext zu berücksichtigen, haben alte und neue Exegeten nach götzendienerischen Riten in diesem Satz gesucht – mit oder ohne Bezug auf einen der zuvor erwähnten Greuel. Eine obszöne Interpretation von V 16, die sich im Talmud (bYoma 77a) findet, führte einige Kommentatoren des Mittelalters dazu, זמורה als Geräusch ausfahrender Luft zu verstehen, entweder wörtlich oder bildlich (d. h. als Anspielung auf den Geruch der Götzenopfer), eine verachtende Verspottung Gottes. Eine andere, ebenfalls alte Interpretation versteht זמורה als Phallus (wörtl. Stab) und den Ausdruck als Anspielung auf einen phallischen Ritus (Zusammenfassung bei _A. Kohut_, Aruch Completum III 1937, 300). Die Forschung sucht nach einer heidnischen Kultgeste. Da eine persische Herkunft generell abgelehnt wird (s. die Auseinandersetzung zwischen Torrey und Spiegel in _C. C. Torrey_, Pseudo-Ezekiel 1970, 84.177–179.216–220.242–249), konzentrierte sich jüngst die Aufmerksamkeit auf assyrisch-babylonische Bräuche. _H. Saggs_, Branch 1960, vermutete, daß unsere Geste identisch sei mit dem, was im Akkadischen _labān appi_ heißt (CAD 9, 12a: »... eine Geste, die sowohl die Nase als auch die Hand umfaßt und Demut gegenüber Göttern, Königen und Menschen ausdrückt«), besonders wenn die vor dem Gesicht gehaltene Hand einen Zweig hält, wie z. B. Sanherib im Bavian-Relief porträtiert wird (_A. Parrot_, Nineveh and Babylon, London 1961, 73, Taf. 81; vgl. _ders._ Babylon and the Old Testament, New York 1958, 141). (Zu einer umfassenden Diskussion des akkadischen Ausdrucks s. _M. Gruber_, Akkadian labān appi in the Light of Art and Literature: JANES 7, 1975, 73–83, mit einer Zeichnung des Bavian-Reliefs.) Aber diese Versuche, heidnische Kultgesten mit unserem hebräischen Ausdruck in Verbindung zu setzen, erscheinen deplaziert, wenn man beachtet, daß das »Halten des Zweiges an ihre Nase« von den Götzenriten unterschieden wird.

Text

9,1–11: Die Tötung der Schuldigen

9,1 Da schrie er laut, so daß ich es hören konnte: »Bringt die Vollstrecker der Stadt herbei, jeden mit seiner Waffe der Zerstörung!« 2 Sechs Männer erschienen, sie kamen durch das obere Tor, das nach Norden gerichtet ist, jeder mit seiner Schlagwaffe; unter ihnen war einer, der in Leinen gekleidet war, mit der Ausrüstung eines Schreibers an seiner Hüfte. Sie kamen und stellten sich neben den bronzenen Altar.

3 Da hatte sich die Herrlichkeit des Gottes Israels von dem Kerub, auf dem sie sich befunden hatte, wegbewegt zur Schwelle des Hauses.

Er rief dem in Leinen gekleideten Mann mit der Ausrüstung eines Schreibers an seiner Hüfte zu, 4 und JHWH sagte zu ihm: »Durchquere die Stadt, Jerusalem, und setze ein Zeichen auf die Stirn derer, die stöhnen und ächzen über all die Greuel, die in ihr begangen werden.« 5 Zu den anderen sagte er, so daß ich es hören konnte: »Durchquert die Stadt nach ihm und tötet; eure Augen sollen nicht verschonen, noch sollt ihr Mitleid haben; 6 erschlagt und vernichtet Greise, junge Männer und Mädchen, Kinder und Frauen, aber haltet euch fern von jedem, der das Zeichen trägt; und beginnt bei meinem Heiligtum!« So begannen sie mit den Ältesten, die vor dem Haus standen. 7 Er sagte zu ihnen: »Verunreinigt das Haus und füllt seine Höfe mit Leichen; geht los!« So gingen sie los und töteten in der Stadt.

8 Während sie töteten, blieb ich allein übrig; ich warf mich nieder auf mein Gesicht und schrie: »Ach, Herr JHWH, wirst du den ganzen Rest Israels vernichten, wie du deinen Zorn über Jerusalem ergießt?« Er sagte zu mir: »Die Schuld des Hauses Israel und Juda ist sehr groß. Das Land ist voll mit Blutvergießen und die Stadt voll von Unrecht, denn sie sagen: ›JHWH hat das Land verlassen; JHWH sieht nicht.‹ 10 Ich für meinen Teil werde mein Auge nicht verschonen, noch werde ich Mitleid haben. Ich werde ihre Wege auf ihre Köpfe bringen!«

11 Da erschien der in Leinen gekleidete Mann mit der Ausrüstung eines Schreibers an seiner Hüfte und berichtete: »Ich habe getan, wie du mir befohlen hast.«

Zu Text und Übersetzung

4 *JHWH*: fehlt in G.

6 *den Ältesten*: »den Männern« (d. h. M הזקנים wird nicht vorausgesetzt).

vor: G »im«.

7 *geht los!« So gingen sie los und töteten*: G S führen auf צאו (ו)הכו »geht los und tötet«.

8 *blieb übrig*: Die irreguläre Form wurde als Verschmelzung von וישאר und ונשאר erklärt (Ges-K §64 i).

9 *Blutvergießen*: einige Hss lesen חמס »Gesetzlosigkeit« (Minchat Schay).

Einzelanalyse: sprachliche und literarische Aspekte

9,1   *so daß ich es hören konnte.* Der Ausdruck קרא באזני, wörtl. »in den Ohren jemandes rufen / schreien«, meint hier etwas anderes als in 8, 18. Dort sind die Ohren des Angeredeten gemeint, entsprechend wurde übersetzt: »schreien, ... um mich zu hören« (wie in Ex 24, 7 »es dem Volk vorlesen, damit sie hören«). Hier hören die Ohren hauptsächlich das, was anderen mitgeteilt wird, daher die Übersetzung »so daß ich es hören konnte« (wie in 2 Sam 18, 12; 2 Kön 18, 26). Die Verwendung derselben Begriffe in unterschiedlicher Bedeutung ist charakteristisch für Ezechiel. In G geht das Wortspiel verloren, da dort in 8, 18 unser Ausdruck fehlt (vielleicht aufgrund von Homoioarkton, d. h. »ähnlichem Beginn«).

     Bringt ... herbei ...! Der herrische (königliche) Imperativ (Piʿel), der sich an Untergebene richtet; mit Menschen als Sprecher in Gen 43, 31; 45, 1; 1 Kön 3, 24 f.; mit Gott als Sprecher in Jes 40, 1 f.; Jer 46, 3; Joël 4, 9 f. S (und vermutlich T) übersetzen als intransitiven Imperativ »Kommt her!«, der normal heißen müßte: קרבו (Qal). Weniger überzeugend ist die Übersetzung von G als Vergangenheit Qal: »sind nahegekommen«.

     Vollstrecker. Diese Übersetzung (vgl. Cooke) versucht, die Mehrdeutigkeit des Wortes פקדה, das sowohl »Heimsuchung, Strafe« (Num 16, 29) als auch »Funktionär« (2 Kön 11, 18) bedeuten kann, zum Ausdruck zu bringen. Diese Figuren wurden von R. Chisda im 3. Jh. u. Z. als Personifizierungen des göttlichen Zorns gedeutet. Entsprechend gab er ihnen die Namen קצף »Zorn«, אף »Ärger«, חמה »Wut«, משחית »Zerstörer«, משבר »Zerschmetterer«, מכלה »Vernichter« (bShabbat 55a) im Anschluß an Ps 78, 49, wo ähnlich benannte personifizierte Attribute Gottes gegen die Ägypter losgelassen werden und zusammen »eine Schar todbringender Engel« genannt werden.

     Waffe der Zerstörung. Im nächsten Vers dienen dieselben Waffen zum »Schlagen«. Die verwandten Verben שחית »zerstören« und נפץ »schlagen« sind in Jer 51, 20 im Rahmen eines Parallelismus zusammen mit dem einzigen sonstigen Beleg des Nomens מפץ »Schlag« belegt. In G fehlt die Parallele hier, da sie V 2b nicht bezeugt.

V 2   *sechs Männer.* Zusammen mit dem himmlischen Schreiber sind es sieben, eine Zahl, die Vollständigkeit symbolisiert (IDB, Art. »Seven«). Man sah darin einen Hinweis auf die sieben Planetengottheiten der Babylonier, zu denen auch Nabu, der Gott der Schreiber, gehörte (z. B. *H. Zimmern* / *H. Winckler*, Die Keilinschriften und das Alte Testament, Berlin 1903, 404). Wenn dem so sein sollte, hat die Transformation in sechs Zerstörer ihren ursprünglichen Charakter mehr oder minder ausgelöscht. Eine deutlichere Linie der Abhängigkeit von den babylonischen Gottheiten besteht im Falle der späteren jüdischen Lehre von den sieben Erzengeln (Offb 8, 2; äthHen 20, 1–8). Man beachte, daß Rabbi Chisda im dritten Jh. u. Z. die Zerstörer der

Ezechielvision nicht mit benannten bzw. bekannten (Erz)engeln in Beziehung setzte, obwohl im Zeitalter des Talmud der Schreiber mit Gabriel identifiziert wurde (bYoma 77a).

obere Tor. Es befindet sich in der Mauer des Außenhofes, das in Jer 20,2 »das obere Tor Benjamins im Haus JHWHs« genannt wird, weil man durch dieses zum Stadttor Benjamins (Jer 37,13) gelangen konnte. Vielleicht handelt es sich um dasselbe Tor wie »das obere Tor des Tempels«, das Jotam errichtete (2 Kön 15,35; s. *B. Mazar,* EM 3, 814).

in Leinen gekleidet. Wie einfache Priester (Ex 28,29–42). Deshalb sind auch Engel derart bekleidet (Dan 10,5; 12,6f.). Priestern und Engeln gemeinsam ist, daß sie Gott dienen. Da einfaches Leinen gebleicht war (IDB, Art. »Linen«), symbolisierten die Gewänder ihre Reinheit.

Ausrüstung eines Schreibers. »Eine Palette mit einem Schlitz, in dem man die Stifte aufbewahrte, und mit ausgehöhlten Stellen, in die man die Tinte füllte, meist zwei – für schwarze und rote Tinte ... Das hebräische Wort [קסת] ist ein Lehnwort aus dem Ägyptischen *gst(y)* ›Schreibausrüstung‹« (*G. R. Driver,* Semitic Writing, Oxford 1954, 86, Abb. 31,1). Ein ägyptischer Schreiber, der seine Ausrüstung an seinem Rockbund befestigt hat, ist dargestellt bei *B. Mazar u. a.* (Hg.), Views of the Biblial World (Hebräisch), Jerusalem 1958–1961, Bd. III, 166 (zu unserem Vers).

bronzenen Altar. Der salomonische Altar (1 Kön 8,64), den Ahas entfernt und an einen Platz nördlich des vom ihm neu errichteten Altars aus Damaskus gestellt hatte (2 Kön 16,14).

von dem Kerub, auf dem sie sich befunden hatte, wegbewegt. T fügt erklärend hinzu: »im Allerheiligsten« und zeigt auf diese Weise, daß er den Text mit Blick auf 1 Kön 8,10f. als erste Stufe des Verlassens des Tempels durch die Herrlichkeit verstand, wo sie seit der Zeit Salomons gewohnt hatte (s. Raschi). Dieser und die anderen entsprechenden Verse werden in der Gesamtauslegung diskutiert. **V 3**

und JHWH sagte zu ihm. Das Tetragramm scheint genauso deplaziert zu sein wie in Lev 1,1. So überrascht es nicht, daß es in G fehlt. An beiden Stellen wäre es eher (wenn überhaupt) hinter dem vorhergehenden Verb (hier in V 3b) zu erwarten gewesen. Die historisch-kritische Forschung sah darin das Ergebnis der Kombination disparater Elemente. Das mag sein, aber der vorliegende Text hat seine eigene Logik: Lev 1,1 führt die Erzählung von Ex 40,35 weiter (die durch die V 36–38 unterbrochen wird). Der Kabod des Exodusverses ist das implizite Subjekt des ויקרא in V 4, und sowohl hier als auch in Lev 1,1 wird der implizite Kabod mit dem explizit genannten Subjekt des folgenden beigeordneten Verbs identifiziert, nämlich JHWH. Der Erzähler will offensichtlich herausstellen, daß die nachfolgenden schwerwiegenden Befehle (in beiden Büchern) auf JHWH selbst zurückgingen. Wäre nun JHWH das Subjekt des unmittelbar auf die Nennung des Kabod folgenden Verbs gewesen, hätte dies beim Leser den Eindruck hinterlassen **V 4** können, daß zwischen beiden Größen zu differenzieren sei. Im vorliegenden Text geschieht die Identifikation schrittweise mittels beigeordneter Verben, von denen allein das zweite JHWH als Subjekt hat.

setze ein Zeichen (תו). Das ת, der letzte Buchstabe des Alphabets, hatte in der althebräischen Schrift die Form eines X, des einfachsten aller Zeichen (*G. R. Driver* ebd. 88 f. [bes. 89, Anm. 3].162; es wurde von Bauleuten zur Kennzeichnung verwendet: EM 2, 187, Abb. 8 unten). Wie Bar Hebraeus beobachtet, diente es hier hauptsächlich dazu, den guten Teil des Volkes vom Rest der Bevölkerung zu unterscheiden. Die Exegeten hingegen haben dieses Zeichen zu anderen Rettungssymbolen in Beziehung gesetzt – z. B. das Blutzeichen, das auf die Türstürze und -pfosten der Israeliten gestrichen wurde, um den »Zerstörer«, der die ägyptischen Erstgeborenen erschlug (Ex 12, 23), abzuhalten, oder Gegenstände an der Stirn (z. B. die priesterliche Rosette, die für Israels Sünden Sühnung erwirkte [Ex 28, 38]; die »Stirnbänder« [טוטפת] oder »Gedenkzeichen«, die von einigen Juden in der Antike als Phylakterien, »Wächter«, angesehen wurden [Mt 23, 5; zur Verteidigung solch magischer Vorstellungen s. *L. Blau*, Altjüdische Zauberwesen, Jahresbericht der Landes-Rabbinerschule in Budapest, Budapest 1898, 152]; diese identifizierten den Träger für diejenigen, die es sahen [auch für böse Mächte], als Gott geweiht).

V 11 impliziert, daß der in Leinen gekleidete Mann einige fand, die der Markierung wert waren, aber da dies nicht explizit gesagt wird, schloß Abarbanel aus dem fürbittenden Protest des Propheten in V 8, daß niemand verschont wurde. Es stimmt, daß Ezechiels Ausgestaltung der Lehre vom Rest nicht mit Gerechten unter den Jerusalemern rechnet (s. 6, 9; 7, 16; 12, 16; 14, 22 f.), aber man täte seinen Worten Gewalt an, wenn man hierin Abarbanel folgte (man beachte, daß sich 21, 8 auf gerechte Jerusalemer bezieht). Einige Juden in späterer Zeit gelangten zum selben Ergebnis wie Abarbanel, offensichtlich angestachelt durch das christliche Entzücken über die Vorwegnahme der Rettung durch das Kreuz (X), und interpretierten die Wirkung des Zeichens als schnellen und leichten Tod, ohne von den von Gott in der Stadt losgelassenen Zerstörern berührt zu werden (*S. Lieberman*, Greek in Jewish Palestine, New York 1942, 190). Dies entspricht der Ansicht des Talmuds, daß selbst die Gekennzeichneten getötet wurden, weil ihr (vorausgesetztes) Schweigen angesichts der Frevler sie ebenfalls schuldig werden ließ (Raschi mit Zitat von bShabbat 55a).

V 6 Wörtl. »zur Zerstörung« – למשחית nimmt auf משחת in V 1 Bezug und gleichzeitig das המשחית von V 8 vorweg.

und beginnt. Hebräisch תחלו spielt auf חלל »entweihen, profanieren« von einer homonymen, aber nicht identischen Wurzel an – eine Anspielung, die durch den ausdrücklichen Befehl von V 7, den Tempel zu verunreinigen, verstärkt wird (man beachte das חללים »Leichen«).

mit den Ältesten, die vor. Die Ältesten von 8, 11 f., die sich irgendwo drinnen aufhielten und denen das Sprichwort in V 9 zugeschrieben wird, werden hier verwechselt mit bzw. nicht unterschieden von den fünfundzwanzig Männern aus 8,16, die sich *vor* dem Haus aufhielten und ihm ihren Rücken zeigten. G produziert umgekehrt eine ähnliche Verwechselung mit ihrem Ausdruck »die *Männer*, die sich *innen* befanden«.

Vgl. dagegen 2 Kön 11,15: Atalja wird bewußt aus dem Tempel gezerrt, **V 7** bevor sie hingerichtet wird. Da diese Männer das Haus ohnehin mit ihrem Götzendienst verunreinigt hatten, können sie auch dort getötet werden (Kimchi). Gottes schockierender Befehl bezeugt, daß der Tempel für seine Gegenwart vollständig untauglich ist. Während dieser Befehl im strengen Sinn außer der Reihe steht (da das Schlachten bereits begonnen hat), handelt es sich nicht bloß um eine Parallele zu V 6, sondern um die explizite göttliche Legitimation einer unvorstellbaren Entweihung.

Bei ויצאו והכו in V 7b muß es sich wie in M um Perfektformen handeln. Normalerweise steht jedoch bei einer Abfolge von Befehl und Ausführung das Verb ein Imperfekt konsekutivum (Ex 2,8b; Jer 36,14b; Neh 8,15 f.). Allerdings ist ein Perfekt konsekutivum anstelle eines Imperfekt konsekutivum in Ezechiel durchaus belegt; s. z. B. 13,6 und die Einzelanalyse zu 20,22 (והשבתי). G S übersetzen, als enthielte ihre Vorlage Imperative: צאו והכו »geht hin und tötet!« Mit Blick auf die Einheit des Ortes innerhalb der Vision (s. V 11; 10,7 und unten die Gesamtauslegung) dürfte diese Lesart M (oder einer erweiterten Lesart צאו [והכו] ויצאו והכו – Freedman mündlich) vorzuziehen sein. Die eingedrungene Lesart des M ויצאו dürfte aufgrund von Dittographie entstanden sein.

den ganzen Rest Israels. Die Bevölkerung Judas, die die Deportation von **V 8** 597 v.u.Z. überlebte. Der Aufschrei des Propheten wird angesichts des Schlachtens in den Vorhöfen des Tempels verursacht. Wenn das Heiligtum kein Asyl bot, welche Hoffnung sollte dann für die außerhalb bestehen?

des Hauses Israel und Juda. Eine eigenartige Kombination (zuvor entwe- **V 9** der »des Hauses Israels« [8,6.10–12] oder »des Hauses Juda« [8,1.17]), die auf die weite Verbreitung der Sünde zielt und die auf das »der ganze Rest Israels« des Propheten antwortet.

Das Land ist voll mit Blutvergießen. Der dritte Verweis auf die Sprache der Sintfluterzählung (noch stärker im Falle der alternativen Lesart »Gesetzlosigkeit«, vgl. 7,23; 8,17), wozu die Derivate der Wurzel שחת vorher in diesem Kapitel ebenfalls gehören (s. die Gesamtauslegung).

denn sie sagen. Die Umkehrung der Elemente des Sprichworts von 8,12 läßt eine bewußte Bezugnahme vermuten. Bemerkenswerterweise bezieht sich das Sprichwort hier auf soziale Mißstände, oben hingegen auf kultische.

In ironischer Antwort auf ihre Behauptung, Gott sähe nicht, wird Gottes **V 10** Auge sie nicht verschonen. Er wird sein Mitleid vergessen und die Frevler die Folgen ihres Tuns erleiden lassen (»die Wege von jemandem auf seinen Kopf bringen« noch in 11,21; 16,43; 22,31; vgl. 1 Kön 8,32).

Text

10,1–22: Die Verbrennung der Stadt und das Kerubenfahrzeug

1 Ich sah, daß sich auf der Fläche über den Keruben etwas wie ein Saphir   Übersetzung
befand; über ihnen war etwas, das die Gestalt eines Thrones zu haben
schien. 2 Er sprach den in Leinen gekleideten Mann an und sagte: »Gehe
in das Räderwerk unter dem Kerub, fülle deine beiden Hände mit brennen-
den Kohlen von unterhalb des Kerubs und streue sie über die Stadt«; er ging
vor meinen Augen hinein.

3 Die Keruben standen südlich des Hauses, als der Mann kam, und die
Wolke erfüllte den inneren Vorhof. 4 Die Herrlichkeit JHWHs erhob sich
von dem Kerub auf die Schwelle des Hauses, und das Haus war erfüllt von
der Wolke, und der Vorhof war voll vom Glanz der Herrlichkeit JHWHs.
5 Den Klang der Flügel der Keruben konnte man bis in den äußeren Vorhof
hören, wie der Klang von Gott, dem Allmächtigen, wenn er spricht.

6 Als er dem in Leinen gekleideten Mann befahl: »Nimm etwas Feuer von
unter dem Räderwerk, von unterhalb der Keruben«, ging der Mann und
stellte sich neben das Rad. 7 Einer der Keruben streckte seine Hand unter-
halb der Keruben aus in Richtung des Feuers, das unter den Keruben war,
und nahm einige. Er legte sie in die Hand des in Leinen Gekleideten, der sie
in Empfang nahm und wegging.

8 Etwas, das aussah wie eine Menschenhand, war unter den Flügeln der
Keruben zu sehen. 9 Ich sah, daß es vier Räder neben den Keruben gab, ein
Rad neben einem Kerub und eines neben jedem anderen Kerub; die Räder
sahen aus wie Chrysolith. 10 Was ihr Aussehen anbelangt, die vier hatten
dieselbe Gestalt, als sei ein Rad im anderen. 11 Wenn sie gingen, gingen
diese an ihren vier Seiten; sie änderten nicht ihre Position, wenn sie gingen.
Alle gingen in die Richtung, in die der Kopf blickte, ohne ihre Position zu
ändern, während sie gingen. 12 Ihr ganzes Fleisch und ihre Rückseiten und
ihre Hände und ihre Flügel und die Räder waren voll von Augen – alle vier /
ihre Räder /. 13 Es waren diese Räder, von denen ich hörte, daß man sie
Räderwerk nannte. 14 Jedes hatte vier Gesichter: Die Gesichter von einem
war wie das Gesicht eines Kerubs, die Gesichter des zweiten waren das Ge-
sicht eines Menschen, das dritte hatte das Gesicht eines Löwen und das vier-
te das Gesicht eines Adlers.

15 Die Keruben erhoben sich; es waren die Lebewesen, die ich am Fluß
Kebar gesehen hatte! 16 Wenn die Keruben gingen, gingen die Räder neben
ihnen; wenn die Keruben ihre Flügel emporhoben, um sich vom Boden zu
erheben, änderten die Räder nicht ihre Position neben ihnen. 17 Wenn jene
stehenblieben, blieben diese stehen, und wenn sich jene erhoben, erhoben
sich diese mit ihnen; denn der Geist der Lebewesen war in ihnen.

18 Die Herrlichkeit JHWHs kam hervor, weg von der Schwelle des Hau-

ses, und hielt auf den Keruben an. 19 Die Keruben hoben ihre Flügel empor und erhoben sich vom Boden; ich sah sie aufbrechen mit den Rädern neben ihnen. Sie hielten am Eingang des Osttors des Hauses JHWHs an, die Herrlichkeit JHWHs über und auf ihnen. 20 Es waren die Lebewesen, die ich unter dem Gott Israels am Fluß Kebar gesehen hatte. Ich erkannte nun, daß es Keruben waren. 21 Jeder hatte vier Gesichter und jeder hatte vier Flügel, und etwas, das aussah wie eine Menschenhand, war unter ihren Flügeln. 22 Was die Gestalt ihrer Gesichter anbelangt, es waren die Gesichter, die ich am Fluß Kebar gesehen hatte, mit derselben Erscheinung. Jeder ging geradeaus.

Zu Text und Übersetzung

2 dem Kerub: G S Vul T^ms. »Keruben« (Plural).

12 Ihr ganzes Fleisch: fehlt in G.

alle vier / ihre Räder /: G »zu den vier Rädern« (als stünde לארבעת האופנים). Das letzte Wort in M dürfte ursprünglich ו]אופניהם] »und [ihre Räder]« geheißen haben – eine dem in der Mitte des Verses stehenden והאופנים »und die Räder« vorzuziehende Variante.

14 die Gesichter von einem waren: S »eines«.

die Gesichter des zweiten … das dritte … das vierte: S »ein anderes« und so die weiteren Ordinalzahlen.

18 weg von der Schwelle des Hauses: G »vom Haus«.

Einzelanalyse: sprachliche und literarische Aspekte

Der Vers unterscheidet sich von 1, 26 hauptsächlich darin, daß die in Kap. 1 (vgl. 10, 15.20) erwähnten »Lebewesen« durch die »Keruben« ersetzt werden. Die Absicht dieses Verses, der die Erzählung unterbricht, dürfte darin bestehen, die Aufmerksamkeit auf die Gegenwart des (leeren) Throns zu richten, um seine Besteigung durch die Herrlichkeit (V 18) kurz anzudeuten. **V 1**

Er sprach … an (ויאמר) *… und sagte* (ויאמר). Das wiederholte ויאמר, das den Erzählfluß verlangsamt und einen feierlichen Tonfall einführt, ist auch sonst belegt: Gen 22, 7; 46, 2; 2 Sam 24, 17; Est 7, 5; Neh 3, 34. **V 2**

Es ist der priesterliche Charakter des in Leinen gekleideten Mannes, der ihn dazu qualifiziert, zwischen die Kerubim zu treten und mit dem unter ihnen brennenden himmlischen Feuer (s. dazu 1, 13) umzugehen.

unter dem Kerub. 1, 15 läßt vermuten, daß die Räder tiefer reichten als die Lebewesen, weshalb der Freiraum (wie im folgenden) »zwischen dem Räderwerk« (גלגל, s. zu V 13 unten) sowohl »unterhalb« als auch »oberhalb« von ihnen war. Da in den folgenden Anspielungen darauf כרובים immer im Plural belegt ist (V 2b.3a.6.7), dürfte der in den Versionen bezeugte Plural hier (V 2a) vorzuziehen sein: Bei M כרוב handelt es sich um einen Fehler aufgrund von Haplographie – die Endung ‏י‎‎ם wurde ausgelassen aufgrund der Ähnlichkeit mit dem Beginn des folgenden Wortes ‏ומלא‎.

streue sie über die Stadt. Zur Opferung des Frevlers in einem Regen himmlischen Feuers vgl. Ps 11,6; 140,11 und das Schicksal von Sodom und Gomorra (Gen 19,24). ‏זרק‎ »streuen« ist meist im Rahmen von Lustrationen durch einen Priester belegt, begegnet aber auch in nichtkultischen Kontexten (Ex 9,8 [die nächste Parallele].10; Ijob 2,12). Die Ansicht von *C. B. Houk*, Final Redaction 1971, derzufolge es sich hierbei um einen Reinigungsakt handele, wird daher nicht unbedingt durch das Vokabular gestützt. Gemeint ist vielmehr, daß der Untergang der Stadt besiegelt ist. Bei den Ereignissen auf der Erde handelt es sich hauptsächlich um die Ausführung dieses vorhergehenden himmlischen Ratschlusses.

V 3–4   V 3a positioniert das Kerubenfahrzeug südlich des Hauses, abseits der Greuel im nördlichen Bereich. Der Rest ist kaum verständlich. Ist mit »dem Mann« der in Leinen Gekleidete oder der von 8,2 (= die feurige Menschengestalt) gemeint? Wäre letzteres der Fall, trügen uns die Verse zurück zum Beginn der Vision, um den Bewegungen der göttlichen Erscheinung zu folgen. V 4a wiederholt V 9,3a mittels anderer Begriffe, aber hier wird darauf abgezielt, den Standort der Wolke des die Herrlichkeit umgebenden Glanzes zu bestimmen. Man vermutete (so *Y. Kaufmann*, Toldot III 1937–1956, 490, Anm. 15), daß diese Verse dazu dienen, dem Propheten die Sichtbarkeit der Szenerie zu begründen. Wenn dem so sein sollte, wäre die Begründung nicht mehr verständlich.

V 5   Die Absicht dieses Verses ist dunkel. Wenn das Geräusch der Flügel bedeutet, daß die Keruben sich erheben, kommt diese Notiz verfrüht (vgl. V 19). Wenn dagegen auf die Ankunft der Keruben angespielt wird – wann kommen sie dann und woher? Der Abschnitt impliziert, daß der äußere Vorhof ein Stück vom nördlichen Bereich des inneren Vorhofs entfernt gewesen sein muß. Wenn der Außenhof bis in den Norden reichte, traf dies vielleicht auf seinen äußersten nördlichen Bereich zu.

V 6–7   »[Der in Leinen gekleidete Mann] gehorchte nicht dem Befehl …, sondern handelte wie jemand, der sich fürchtet, einen für ihn zu heiligen und zu erhabenen Ort zu betreten. Er blieb neben dem Rad stehen, um zu sehen, was geschehen würde. Daraufhin nahm der Kerub etwas von dem Feuer unter den Keruben und füllte damit seine Hände« (Kimchi). Die Einzelheit, die die Handlung in V 7 abbrechen läßt, hat einen retardierenden Effekt, der durch das plötzliche Ende der Szene noch gesteigert wird. Die Vision enthält keine Beschreibung der brennenden Stadt. Vgl. demgegenüber die Szene in Kap. 9, wo die göttlichen Boten ihre Aufgabe im Angesicht des Visionärs erfüllen.

V 8–17   Die Erwähnung der Hand des Keruben hat die Beschreibung der gesamten Erscheinung der Keruben zur Folge, beginnend bei ihren Händen und den Rädern – die letzteren bildeten als Ort der vorhergehenden Handlung den ursprünglichen Fokus der Schau des Propheten. Die Abweichungen vom parallelen Abschnitt 1, 8–21 werden unten notiert.

Zur distributiven Funktion der Wiederholung vgl. 1, 23b. V 9

in die der Kopf blickte. Vielleicht ist gemeint, daß das menschliche Gesicht V 11 die Orientierung des Kopfes vorgab, so daß der Kopf in die Richtung »blickte«, in die das menschliche Gesicht schaute. Weiterhin wird angenommen, daß das menschliche Gesicht als einziges nach außen schaute. Unabhängig davon, in welche Richtung sich das Ganze bewegte, es folgte immer dem führenden Kopf. (Damit wird vorausgesetzt, daß jeder der Keruben, wie die Lebewesen in Kap. 1, ein menschliches Gesicht hatte; vgl. aber V 14.)

Dieser Vers ähnelt 1, 18, der den Rädern Augen zuschreibt. Er weicht von V 12 diesem ab, indem auch Fleisch, Hände und Flügel genannt werden – Eigenschaften, die eher zu den Keruben als zu den Rädern passen! Raschi und Kimchi bezogen all diese Begriffe auf die Räder (Kimchi verleiht der Rede vom »Fleisch« eine mystische Bedeutung). *D. J. Halperin*, Exegetical Character 1976, 137, stimmt dem zu und sieht in diesem Vers ein frühes (post-ezechielisches) Zeugnis der Umwandlung der Räder in das, was später eine Klasse von Engeln wurde (אופנים; s. *G. F. Moore*, Judaism, 3 Bde., Cambridge 1927, Bd. I, 409). Allerdings unterscheidet der Wortlaut (eine zugegeben wacklige Basis vor dem Hintergrund der Abweichungen von G) die »Räder« von »ihrem Fleisch«, das sich offensichtlich auf die Keruben bezieht (obwohl Fleisch auch bei einem Keruben überrascht; läßt G es deshalb aus?). In diesem Fall sind die Keruben anders als die Lebewesen in Kap. 1 vollständig mit Augen übersät – vgl. einige ägyptische Bes-Figuren (apotropäische Dämonen), deren Körper »übersät sind mit *udjat*-Augen [Augen des Horus]« (*H. Bonnet*, Reallexikon der ägyptischen Religionsgeschichte, Berlin 1971, 107 – man beachte vor allem Abb. 37, eine vielköpfige, vierflügelige Gestalt).

Es waren diese Räder (והאופנים), *von denen ich hörte, daß man sie Räder-* V 13 *werk* (גלגל) *nannte.* Der Prophet identifiziert die Räder, die er in seiner Beschreibung (V 9–19) אופנים nennt, mit dem גלגל, den er in der Gottesrede zuvor in V 2.6 gehört hatte. גלגל wird als Kollektivum zur Bezeichnung von Rädern eines Streitwagens verwendet (23, 24; 26, 10; in Jes 28, 28 von einem Hammer; vgl. Ps 77, 19). Gleiches gilt für die Verwendung im Plural (Jes 5, 28; Jer 47, 3). אופן wird in ähnlicher Weise zur Bezeichnung der Räder eines Streitwagens verwendet (Ex 14, 25; 1 Kön 7, 33; Nah 3, 2; Jes 28, 27 von einem Hammer) sowie der Räder des Waschbeckens im Tempel, die explizit mit den Rädern eines Streitwagens verglichen werden (1 Kön 7, 30–33). Es ist unmöglich, zwischen beiden Begriffen semantisch zu differenzieren: Beide bilden eine angemessene Bezeichnung für das göttliche Fahrzeug. Unsere Übersetzung von גלגל mit »Räderwerk« nimmt allein den kollektiven Gebrauch hier auf. (In Ps 83, 14; Jes 17, 13 bezeichnet גלגל eine wohlgeformte Pflanze, vielleicht eine Distel, die vom Wind verweht wird.)

Da kein Grund zur Annahme besteht, der Visionär (oder jemand anderes)

habe die Ersetzung eines Begriffs durch einen anderen erfunden (da beide
dasselbe bedeuten), dürfte es sich bei V 13 um eine authentische Aufzeichnung einer Erfahrung handeln: Das war es, was der Prophet hörte.

V 14   Das Vokabular dieser Verse weicht vermutlich in signifikanter Weise von
seiner Parallele in 1,10 ab. (a) Der wörtliche Sinn von M besteht darin, daß
jeder Kerub bzw. jedes Rad (s. u.) vier identische Gesichter hatte, aber die
Gestalt der Gesichter an jedem Kerub verschieden war. Dies weicht von 1,10
ab, wo jedem Lebewesen vier verschiedene Gesichter zugesprochen werden.
(b) Anstelle des Stiergesichts (1,10) wird das Gesicht eines Keruben genannt; vgl. die akkadische »Vision of the Nether World«, in der Namtartu
»ausgestattet wird mit dem Kopf eines *kuribu* [einem sphinxähnlichen den
Keruben verwandter Dämon], ihre Hände und ihre Füße waren menschliche« (ANET 109 c).

    Um unseren Text mit 1,10 zu harmonisieren, dehnte Kimchi die Bedeu-
tung von פְּנֵי הָאֶחָד hin zu »das Aussehen eines (Gesichtes)« = »ein Gesicht«
(vgl. S), so daß jeder Kerub vier verschiedene Gesichter hatte. Einige heutige
Kommentatoren kommen zum selben Ergebnis, indem sie das פְּנֵי tilgen. Die
Ersetzung des Stiergesichts durch ein Kerubengesicht erklärt der Talmud
folgendermaßen: »Ezechiel betete für das Stiergesicht, und es wurde in
einen Keruben verwandelt; er sagte: ›Herr des Weltalls, wie kann ein Anklä-
ger [denn das Stiergesicht erinnerte an das Goldene Kalb] ein Fürbitter [die
Funktion dieser Engel in der rabbinischen Theologie] sein!‹« Der Talmud
unterschied das Kerubengsicht vom menschlichen Gesicht – die beide zu
den Lebewesen gehörten –, indem das eine klein (Wortspiel, Aramäisch
כְּרַבְיָה = »wie ein kleines Kind«), das andere hingegen groß gewesen sei
(bHagiga 13b). Eine etwas weniger phantasievolle Interpretation legt der
oben zitierte akkadische Text nahe, wo »der Kopf eines *kuribu*« eindeutig
nicht menschlich ist (auch wenn nicht genau gesagt werden kann, wie er
aussah). Die Alternative zur Harmonisierung von 10,14 mit 1,10 besteht
darin, die Abweichung als weiter nicht erläuterte Abweichung von 1,10 zu
akzeptieren oder unseren Vers auf die Räder zu beziehen – das unmittelbare
Antezedens des Wortes »jedes«, da sie nach M in 1,15 ebenfalls vier Gesichter hatten (Eliezer von Beaugency, Halperin). Allerdings steht letztere Op-
tion, die eine Harmonisierung zwischen 10,14 und 1,10 überflüssig macht,
angesichts der Anspielung in V 21 auf »die vier Gesichter des Keruben« auf
einem wackligen Fundament.

    V 14 fehlt vollständig in G. Bedeutet dies, daß der Vers in ihrer Vorlage
fehlte, oder vielleicht, daß der Übersetzer ihn nicht in den Griff bekam?
Halperin sieht im Fehlen des Verses in G ein Zeichen dafür, daß dieser Vers
später hinzugefügt wurde, entsprechend seiner Theorie, daß M die jüngere
Tendenz zeige, die Räder in Engel zu verwandeln.

V 15   Eine unbeholfene Vorwegnahme der V 19a.20a. Offensichtlich wurden
Fragmente an falscher Stelle in den Text kopiert.

Hinter **ויצא** »kam hervor« erwartet man ein **מן** »aus« (wie G) dem Haus. V 18
M **מעל** »weg von« geht gewöhnlich **וירם** »er erhob sich« (wie in 10,4) voraus.
Handelt es sich bei M um die Verschmelzung einer Beschreibung des Aus-
zugs aus dem Tempel in einem einzigen Schritt (der ursprüngliche Text
dürfte gelautet haben **ויצא מן**) mit der Beschreibung des stufenweisen Aus-
zugs in 10,4 (9,3)?

Ich erkannte. »›Da ich hörte, wie sie Keruben genannt wurden [V 2.6], V 20
wußte ich, daß es Keruben waren.‹ In ähnlicher Weise achtet der Prophet
genau darauf, wie andere Teile des Fahrzeugs im Himmel genannt werden
[V 13]« (Kara). Aber vielleicht war es das Tempel-Setting, das dem Prophet
die wahre Identität der Lebewesen bewußt machte. Warum identifizierte
Ezechiel nicht bereits die Lebewesen der Berufungsvision mit Keruben?
Man muß im Hinterkopf behalten, daß Ezechiel der einzige ist, der für sich
beansprucht, himmlische Keruben gesehen zu haben. Die bis dorthin von
Menschen gesehenen Keruben waren lediglich Statuen im Allerheiligsten,
die sich den himmlischen Keruben nur annäherten. Daß die Menschen der
Antike sich eines Unterschieds zwischen ihrer Ikonographie und der realen
Erscheinung der Gottheiten bewußt waren, ist daraus zu schließen, daß der
sumerische Gudea die herrliche göttliche Erscheinung, die ihn im Traum
übermannte, nicht erkannte. Eine Göttin identifizierte diese für ihn mit
Ningirsu – ein bekannter sumerischer Gott, der mit Sicherheit in der Kunst
dargestellt wurde, allerdings nicht so, daß der Visionär ihn mit seiner wirklichen Erscheinung identifizieren konnte (zum Gudea-Text s. *A. L. Oppenheim*, The Interpretation 1956, 245 f.).

Die Identifikation der Keruben mit jenen Lebewesen beruhte auf folgen- V 21–22
den Charakteristika: vier Gesichter, vier Flügel (im Unterschied zu den sechs
Flügeln der Serafen Jesajas [Jes 6,2] und dem einzelnen Flügelpaar der Ke-
rubenstatue [1 Kön 6,27]), Hände unter ihren Flügeln und ihre Art der Bewegung. Deshalb werden diese Charakteristika wiederholt.

mit derselben Erscheinung. Wörtl. »ihre Erscheinung und sie [selbst].«
Die Wortwahl ist eigenartig, wird aber von den Versionen bezeugt. (Vgl.
P. P. Saydon, Meanings und Uses of the Particle 't: VT 14, 1964, 202 f.)

Text

11,1–25: Die Intrige und ähnliches

*1 Ein Wind hob mich in die Höhe und brachte mich zum Osttor des Hauses
JHWHs, das nach Osten gerichtet ist. Dort am Eingang des Tores waren
fünfundzwanzig Männer, und unter ihnen sah ich Jaasanja, den Sohn
Asurs, und Pelatja, den Sohn Benajas, hohe Beamte. 2 Er sprach zu mir:*

Mensch, dies sind die Männer, die Unruhen planen und böse Intrigen in dieser Stadt aushecken, 3 die denken: »Man braucht jetzt keine Häuser errichten; sie ist der Topf, und wir sind das Fleisch.« 4 So prophezeie gegen sie; prophezeie, Mensch!

5 Der Geist JHWHs fiel auf mich, und er sprach zu mir: Sprich, so spricht der Herr JHWH: Ja, das ist es, was ihr denkt, o Haus Israel; ich weiß, was euch in den Sinn gekommen ist! 6 Ihr habt Leichen in dieser Stadt aufgehäuft und habt ihre Straßen mit Erschlagenen angefüllt. 7 Daher, so spricht der Herr JHWH: Die Leichen, mit der ihr sie angefüllt habt – sie sind das Fleisch, für das sie der Topf ist; genauso wie für euch – ihr werdet von ihr weggeführt werden. 8 Das Schwert habt ihr gefürchtet, und ich werde das Schwert über euch bringen, spricht der Herr JHWH. 9 Ich werde euch aus ihr wegführen und euch in die Hände von Fremden geben und Urteile gegen euch vollstrecken. 10 Ihr werdet durch das Schwert fallen. Ich werde euch an der Grenze Israels richten, und ihr werdet erkennen, daß ich JHWH bin. 11 Sie wird weder ein Topf für euch sein, noch wird euer Fleisch in ihm sein. Ich werde euch an der Grenze Israels richten. 12 Und ihr werdet erkennen, daß ich JHWH bin, dessen Gesetzen ihr nicht gefolgt seid und dessen Urteile ihr nicht ausgeführt habt, sondern gemäß der Urteile der Nationen um euch herum habt ihr gehandelt!

13 Als ich prophezeite, fiel Pelatja, der Sohn des Benaja, tot um. Ich warf mich auf mein Gesicht und schrie mit lauter Stimme und sprach: »Ach, Herr JHWH, du bereitest dem Rest Israels ein Ende!«

14 Das Wort JHWHs erging an mich: 15 Mensch! Deine Brüder, deine Brüder, deine nächste Verwandtschaft und das gesamte Haus Israel, von dem die Bewohner Jerusalems sagen: »Entfernt euch von JHWH; das Land wurde uns als Erbbesitz gegeben!« – 16 Gewiß, sprich: »So spricht der Herr JHWH: Obwohl ich sie in die Mitte der Nationen entfernt und sie in die Länder zerstreut habe und nur ein kleines Heiligtum für sie bin in den Ländern, in die sie gekommen sind – 17 Gewiß, sprich: So spricht der Herr JHWH: Ich werde euch sammeln aus den Völkern und euch zusammenbringen aus den Ländern, in die ihr zerstreut worden seid, und ich werde euch das Land Israel geben. 18 Wenn sie dort ankommen, werden sie all ihre scheußlichen und gräßlichen Dinge aus ihm entfernen. 19 Ich werde ihnen ein einziges Herz geben und einen neuen Geist in euch legen. Ich werde das Herz aus Stein aus ihrem Fleisch entfernen und ihnen ein Herz aus Fleisch geben, 20 so daß sie meinen Gesetzen folgen und meine Urteile sorgfältig ausführen. Sie werden mein Volk sein, und ich werde ihr Gott sein. 21 Aber jenen, deren Herzen ihren Herz-aus-ekligen-und-scheußlichen Dingen nachgehen – ich werde ihren Weg auf ihre Köpfe bringen, spricht der Herr JHWH.

22 Da erhoben die Keruben ihre Flügel mit den Rädern neben ihnen und oben, die Herrlichkeit des Gottes Israels über ihnen. 23 Die Herrlichkeit

JHWHs erhob sich über die Stadt und hielt an auf dem Berg östlich der Stadt.

24 Da hob mich ein Wind in die Höhe und brachte mich nach Chaldäa zu den Exulanten, in einer Vision durch den Geist Gottes. Die Vision, die ich gesehen hatte, verschwand aus meiner Sicht, 25 und ich berichtete den Exulanten alle Handlungen JHWHs, die er mir gezeigt hatte.

Zu Text und Übersetzung

2 Er: G S »der Herr«.

7 werdet ... weggeführt werden. M הוציא Infinitiv Aktiv konstruiert wie ein Passiv? (*E. König*, Lehrgebäude III 1897, § 215 a); hebräische Editionen sowie G S T »Ich werde herausführen« (אוציא).

15 nächste Verwandtschaft: »Nachbarn im Exil« (als stünde גלותך).

17 euch ... euch ... euch. G »ihnen«.

ihr zerstreut worden seid. G »ich sie zerstreute«.

19 einziges: G »anderes«, S »neues«; T übersetzt diesen und den folgenden Ausdruck mit demselben Adjektiv (דחיל »fürchtendes«), das er in 18,31 und 36,26 verwendet, wo beide Male חדש steht.

euch. G S und hebräische Hss »sie«.

21 jenen, deren Herzen ihren Herz-aus-scheußlichen: M ist überfüllt. Lies vielleicht ואלה בשקוציהם, s. die Einzelanalyse.

Einzelanalyse: sprachliche und literarische Aspekte

Die Szene ähnelt derart der von Kap. 8, daß Raschi, Kara und Kimchi die fünfundzwanzig Männer hier mit den in 8,16 Genannten identifizieren. Die namentlich Genannten sind sonst nicht bekannt, aber ihre Namen sind in Texten der Königszeit belegt: Jaasanja, 2 Kön 25,23; Jer 35,3; Siegel aus dem siebten Jh. v. u. Z. (*R. Hestrin / M. Mendeles, Hotamot mime bayit rišon*, Jerusalem 1978, 19); Asur, Jer 28,1; Pelatja, 1 Chr 3,21; Neh 10,23; Benaja, üblich in der Königszeit. **V 1**

Er sprach. Wie wiederholt in 8,5–17 (9,1–9). Das »der Herr« der Versionen dürfte somit sekundär sein. **V 2**

die denken. Mit Blick auf V 5b wird אמר als »denken« verstanden. Ezechiel stellt auch sonst die innersten Gedanken seiner Zuhörer bloß (14,3; 20,32). **V 3**

Man braucht keine. Wörtl. »nicht nahe«. Die Übersetzung des ersten Satzes folgt *Fohrer* 60, der erläutert: »Den Neureichen [die zweite Garde, die nachrückte, um die Positionen derer aufzufüllen, die mit Jojachin ins Exil gegangen waren] erscheint vielmehr der Bau weiterer Häuser als unnötig, weil sie nicht nur das Eigentum der Deportierten enteignet haben ..., sondern sich fortlaufend an dem Besitz der sozial Schwächeren, der ›Erschlagenen‹, bereichern.« V 8 legt als Alternative nah: »Ihr fürchtet das Schwert«:

»Jetzt ist nicht die Zeit, um Häuser zu bauen« – da alle Kräfte im Rahmen des geplanten Aufstands in die Befestigung der Stadt investiert werden müssen; vgl. die Bezugnahme auf den Abbruch, der die Kriegsvorbereitungen begleitete, in Jes 9,9. Beide Interpretationen passen besser zum Kontext als die mittelalterliche Interpretation, die קרוב die gleiche Bedeutung wie in 7,7 verleiht und paraphrasiert: »Das Unheil, das die Propheten vorhersagten, steht nicht unmittelbar bevor [vgl. 12,22 f.], so laßt uns Häuser bauen und uns in ihnen niederlassen!« (Raschi, Kimchi).

sie ist der Topf. Vgl. 24,3 ff., wo Jerusalem mit einem Topf identifiziert wird, der mit auserlesenen Leckerbissen gefüllt ist. Hier setzen die Sprecher den Inhalt des Topfes, die auserlesenen Stücke, mit sich selbst gleich. Darauf antwortet Gott, daß sie vielmehr Abfall seien, der aus dem Topf geworfen wird (V 7), während ihre Opfer die auserlesenen Leckerbissen sind.

Damit scheint die Bedeutung der Metapher hier ausgeschöpft zu sein. In Kap. 24 wird dem eine verhängnisvolle Wendung gegeben, indem das Feuer unter dem Topf mit eingeschlossen wird. Das Verkohlen des Topfinhalts und die Läuterung seiner Unreinheiten dienen als Gleichnis für die Zerstörung Jerusalems. Jer 1,13 verwendet das Bild eines dampfenden Topfes in fast ähnlicher Weise, um ein geplagtes Land zu symbolisieren.

V 5   *Der Geist JHWHs.* Der den Prophet für die Vision vorbereitet (so auch in V 24). In der frühen Prophetie verleiht der Geist die Kraft, als Prophet aufzutreten (1 Sam 10,6; 1 Kön 22,24; in der vorexilischen klassischen Prophetie nur Mi 3,8; später Jes 61,1; vgl. Joël 3,1). Es wird gesagt, daß er auf einen Menschen »springt« (צלח 1 Sam 10,6 [S. Lieberman, JBL 65, 1946, 67 ff.]) – demgegenüber ist das »Fallen« eine blasse Variante (נפל). Oder נפל על ist das Äquivalent zu היה על – vgl. 8,1 und die Einzelanalyse dort. (רוח יהוה) היה על wechselt sich mit צלח ab (1 Sam 18,10 | 19,9). Zur Tat des Geistes s. die prägnanten Unterscheidungen bei *Y. Kaufmann*, Religion 1963, 98–100.

V 6   Die Führer werden hier speziell des Blutvergießens beschuldigt; s. auch 19,3.6; 22,6.25. Die zeitgleiche Literatur bezieht sich auf die Anklage: Die Könige Manasse (2 Kön 21,6; vgl. Jer 2,30) und Jojakim (Jer 22,17; 26,20–24) werden ausgesondert, um ihnen dies Vergehen anzulasten. Klgl 4,13 beschuldigt Propheten und Priester des Blutvergießens. Nur wenige Einzelheiten werden genannt. Wir können nur mutmaßen, daß unter Manasse der Hauptgrund für die Unterdrückung religiöser, unter Jojakim hingegen politischer und unter Zidkija politischer und sozialer Natur war.

V 7   Indem die erschlagenen Opfer in die Metapher einbezogen werden, geht der Prophet ein wenig in Richtung von Mi 3,3 f.: »Du hast das Fleisch meines Volkes verschlungen; du hast ihnen die Haut vom Leib gezogen und das Fleisch von ihren Knochen. Und indem du ihre Knochen zu kleinen Stücken zerbrochen hast, hast du es zerstückelt wie in einem Topf, wie Fleisch in einem Kessel.«

V 8   *Das Schwert habt ihr gefürchtet.* Wegen eures schlechten Gewissens.

Oder, falls die erste Hälfte von V 3 auf die Kriegsvorbereitungen anspielt, ist dies gemeint.

Sie werden nicht in Jerusalem zurückbleiben, ihrer imaginierten Bastion, **V10–11** sondern werden weit herausgeführt, an die äußerste Grenze Israels, wo sie von den Schwertern der Fremden (זרים wie 7, 21) niedergestreckt werden. »Die Grenze Israels« markiert die weiteste Distanz vom »Topf« und verleiht so dem Übermaß der Vertreibung (V 7b) Ausdruck bzw. der Vereitelung der Flucht kurz vor dem Erfolg (vgl. Klgl 1, 3b: »All ihre Verfolger haben sie innerhalb ihrer Grenzen [מצרים = T תחומיא; s. B-Y, Art. »מצר«] eingeholt«). Im Licht der späteren Ereignisse sahen die Kommentatoren des Mittelalters darin eine Vorhersage der Bestrafung und Exekution der Königsfamilie und des Adels durch Nebukadnezzar bei Ribla im Land Hamat (Jer 39, 6 f.). Entsprechend sehen neuere Kommentare hierin eine »Prophetie« vor dem Hintergrund der späteren Ereignisse *(vaticinium ex eventu)*, die von einer späteren Hand verfaßt wurde. Wenn jedoch die hier gegebene Interpretation zutrifft, ist dies nicht der Fall, obwohl die ursprünglich unbestimmte Wortwahl (»die Grenze Israels«) dazu einlud, hierin später eine Anspielung auf die Hinrichtungen in Ribla zu sehen. (Zur Beziehung Riblas zur Grenze Israels s. die Einzelanalyse zu 6, 14.)

weder. So die Hss von G, die unseren Vers enthalten (im Vaticanus fehlen **V 11** er und 12a – vielleicht aufgrund von Homoioteleuton mit V 10), sowie S Vul, wodurch die Negation zu Beginn des Verses auch den zweiten Satz regiert (Jes 38, 18 ist ein weiteres Beispiel für dieses bekannte Phänomen; Ges-K § 152 z; P. Joüon ebd. § 160 q; bes. *R. Weiss*, Double-Duty 1977, 82–92).

dessen Gesetzen. Praktisch identisch mit dem Ende von 5, 7, mit Ausnah- **V 12** me des Fehlens der Negation im letzten Satz (s. hierzu die Einzelanalyse von 5, 7). Beiden Kontexten ist gemeinsam, daß gehäuft Derivate von שפט »richten« in verschiedenen Bedeutungen (11, 9–12 | 5, 6–10) begegnen. Zum Bedeutungsspektrum von משפט s. die Einzelanalyse zu 5, 6; die »Urteile der Nationen« meinen eher ihre Sitten und Gebräuche, aber die Übersetzung (hölzern wie sie ist) versucht, die Verbindung zwischen den Derivaten von שפט beizubehalten.

Der Erkenntnisformel (»ihr werdet erkennen, daß ich JHWH bin«) folgt, wie an einigen anderen Stellen, ein »Nachtrag« (»dessen Gesetzen ihr nicht gefolgt seid …«; vgl. 6, 13 »wenn ihre Leichen …«; 12, 15 »wenn ich zerstreue …«). Aber dieser ist insofern einzigartig, als er auf die Sünde Israels und nicht auf Gottes Handeln Bezug nimmt. Diese singuläre Kehrtwendung betont eher den Grund für die Strafe als die Strafe selbst, vertauscht die Reihenfolge der Elemente von 5, 7–10 (wo der Grund [V 7] der Folge vorangeht) und lenkt so die Aufmerksamkeit auf diesen Text.

Über Pelatja wissen wir mehr als über Jaasanja in 8, 11. Karas Vermutung, **V 13** daß sein Tod in einem Zusammenhang mit dem visionären Schlachten durch die Vollstrecker in 9, 6 f. stand, ist insofern korrekt, als daß sich beide im

Rahmen einer Vision vollziehen und die Intervention des Propheten herausfordern (9, 8 und hier). Nichtsdestoweniger handelt es sich um separate Episoden. Nichts weist darauf hin, daß der Tod Pelatjas realer gewesen sei als die Massenhinrichtung in Kap. 9. Trotzdem unterscheiden einige neuere Kommentatoren zwischen beiden und halten erstere für real (z. B. Cooke, Carley). Stalkers nüchternes Urteil spricht für sich selbst: »Im Tod Pelatjas sieht man oftmals einen Beleg dafür, daß Ezechiel über hellseherische Fähigkeiten verfügt habe. Vielleicht war dem so, aber andererseits ist zu beachten, daß der Vorfall im Kontext einer Vision situiert ist. Es wird auch nicht gesagt, daß der Tod die Folge der Verkündigung des Propheten war [gegen Y. *Kaufmann*, Religion 1963, 431]. Viel eher gehört er zum Gericht Gottes [vgl. Kara]. Wenn Ezechiel ihn vorhergesehen oder vohergesagt hätte, wäre seine Reaktion nicht derart entsetzt und bestürzt ausgefallen« (vgl. auch J. *Lindblom*, Prophecy 1962, 134). Wir wissen nicht, warum dieser Tod so ungeheuerlich war. Hatte der plötzliche Tod von jemandem, dessen Namen bedeutete »Jah überliefert [einen Rest], der Sohn Jahs baut auf«, etwas Verhängnisvolles?

V 15   *deine nächste Verwandtschaft*. Wörtl. »die Männer deiner Lösung«, d. h. Verwandte, die verpflichtet waren, dich und deinen Besitz auszulösen, falls du diesen veräußern mußtest; Lev 25, 25–55. Der Begriff paßt gut in einen Kontext, in dem von Erbbesitz die Rede ist. Die dreifache Wiederholung von Verwandtschaftsbezeichnungen zu Beginn der Aussage, gefolgt von der Ausweitung »das gesamte Haus Israel«, unterstreicht den Einschluß der Diaspora, als handele es sich um eine Antwort auf die Sorge des Propheten (V 13), daß Israel ausgelöscht werde: Die Zerstörung Jerusalems und Judas ist kaum vollständig, wenn man die Diaspora in Betracht zieht (Smend). »Das gesamte Haus Israel« (sonst nur in Heilsprophetien 20, 40; 36, 10) als Gegensatz zu den im Lande Verbliebenen muß alle Israeliten im Exil einschließen, die Deportierten des Nordreichs ebenso wie die Exulanten Judas. So interpretiert Kimchi die dreifache Wiederholung zu Beginn: »Das Exil von Gad und Ruben [in Transjordanien] [1 Chr 5, 26 identifiziert es mit dem ersten Exil in 2 Kön 15, 29 im Jahr 723 v. u. Z.], das Exil Samarias [2 Kön 17, 6 im Jahr 722] und das Exil Jojachins; dann wiederholt er die drei im Ausdruck ›das gesamte Haus Israel« (vgl. Raschi). כלה »insgesamt« nimmt כלה (V 13) »Ende, Auslöschung« auf, wodurch ein Gegensatz zwischen den zwei erwähnten Völkern geschaffen wird – das eine ist zur Auslöschung bestimmt, das andere zu einem noch zu beschreibenden Schicksal.

Entfernt euch von JHWH. Zusammen mit dem exklusiven Anspruch auf den Besitz des Landes transportiert der Imperativ die Forderung, auf die Privilegien des JHWH-Kultes zu verzichten. Das erinnert an Jos 22, 24–27, wo Land und Kult miteinander verbunden werden. Hier wird die Vertreibung aus dem Land JHWHs gleichgesetzt mit einer Trennung der Bindungen an JHWH und somit des Rechtsanspruchs auf das Land. Aufgrund dessen erhoben die im Land Verbliebenen Anspruch auf den gesamten Besitz, der von den Exulanten hinterlassen wurde.

Während G die Vokalisierung des M bezeugt, verstehen einige Kommentatoren (Kara, Eliezer von Beaugency) das Verbum als Vergangenheit (»sie haben sich JHWH entfremdet«), was die glattere Lesart darstellt.

Der gesamte Vers bildet einen unvollständigen Satz *(casus pendens)*, dessen Subjekt in den Objektpronomen des nächsten Verses aufgenommen wird.

Gott hat sie in der Tat vertrieben, und seine Gegenwart unter den Exulan- V 16 ten ist nur ein Schatten dessen, was früher war. Erneut ist der Satz unvollständig und wartet auf seine Auflösung in den nächsten Versen. Da die göttliche Gegenwart allein im Jerusalemer Heiligtum voll und ganz offenbar ist (vgl. 37, 26–28), wird für die reduzierte Präsenz unter den Exulanten kühn das Bild des »kleinen Heiligtums« verwendet: מעט steht in Apposition zu מקדש wie in עזר מעט »geringe Hilfe« (Dan 11, 34). Darin wird offensichtlich zugestanden, daß die Exulanten auch im Exil ein wenig der göttlichen Nähe teilhaftig wurden (im Unterschied zur Ansicht der Jerusalemer). Jüdische Interpreten machten aus dem Konzessivsatz in V 16b eine tröstende Zusage: »Jetzt habe ich ihnen Synagogen gegeben, als zweites [im Rang] nach meinem Heiligtum« (T). Zur Theorie der Entstehung der Synagoge im babylonischen Exil s. *I. Sonne*, IDB, Art. »Synagogue« sowie *L. I. Rabinowitz*, EJ, Art. »Synagogue«.

Gottes Antwort an die Jerusalemer: nicht ihnen, sondern den gesammel- V 17 ten Exulanten wird das Land gegeben werden. Der plötzliche Wechsel zu Objektpronomen in der zweiten Person zeugt vom Bewußtsein, daß die Zuhörer die Exulanten waren, diejenigen, die tatsächlich vom Propheten angesprochen wurden (G verbleibt in der dritten Person). Der Wechsel stimmt mit dem Schema der formelhaften Sätze in 20, 34.41 und 36, 24 überein. Ein Spezifikum dieser Stelle bildet der Ausdruck »Ich werde euch das Land Israel geben« – der pointiert dem selbstsicheren Anspruch der Jerusalemer widerspricht.

Die im Land Verbliebenen werden umkommen und ihre Götzen als Be- V 18 weis ihres Frevels zurücklassen. Es wird den gesammelten Exulanten zufallen, das Land von ihren Greueln zu reinigen.

Umgekehrt werden die Gesammelten von Gott gereinigt werden (הסירו V 19–20 [V 18] | הסרתי [V 19]). V 19–20 lassen die Lehre eines zukünftigen erzwungenen Gehorsams der Israeliten erahnen, wie sie später in 36, 26–27 ausgearbeitet wird (daher das unpassende »in euch« des M; vgl. Minchat Schay). Man beachte, wie die Begriffe, die zur Beschreibung von Gottes Zwangsvollstreckung der Sünde verwendet werden, die Begriffe aufgreifen, die in V 12 zur Beschreibung der Sünde verwendet wurden.

ein einziges Herz. »Ein Herz« wird in Jer 32, 39 ergänzt um und erklärt durch »einen Weg« – Einmütigkeit des Geistes und Beständigkeit des Lebenswandels. Das Gegenteil wird durch den Ausdruck בלב ולב (Ps 12,3) »mit zwei Herzen« ausgedrückt, d. h. unehrlich (in 1 Chr 12,34 steht בלא לב ולב parallel zu בלבב שלם in V 39 [»von ganzem Herzen«]). Die Redewendung ist im Gebet יחד לבבי (Ps 86,11) »laß mein Herz ungeteilt sein« belegt, d. h. meine Liebe ganz auf dich konzentrieren (BDB). Sonst verwendet Ezechiel »neues (חדש) Herz« (18,31; 36,26). G übersetzt jedes אחד »eines« hier und in Jer 32,39 mit ἕτερος »ein anderes« als stünde Hebräisch אחר (obwohl sie in 1 Sam 10,9 לב אחר mit ἄλλος übersetzt!). Dies wäre eine mögliche hebräische Lesart, aber ihr fehlen die vollen Untertöne des אחד, wie sie oben dargelegt wurden. S geht in eine andere Richtung und assimiliert »eines« hier und in Jer 32 zu »neues« in Ez 18 und 36, indem sie an allen Stellen ḥdtʾ liest. Dabei dürfte es sich um den bewußten Versuch handeln, alle diese eng miteinander verknüpften Stellen anzugleichen. T gleicht die verschiedenen Begriffe auf andere Weise einander an – s. zu Text und Übersetzung.

V 21 Die erste Hälfte des Verses ist kaum verständlich. Die Übersetzung nimmt folgende Gedankenfolge an: Im Gegensatz zu den Gesammelten, denen ein »neues Herz« gegeben wird, haben die Jerusalemer ein geteiltes Herz bzw. »zwei« Herzen, von denen eines auf die Greuel fixiert ist (»ihr Herz-aus-Greuel«), das andere hingegen immer noch frei (und daher verantwortlich) ist, aber hinter dem fixierten herläuft (allerdings bedeutet הלך אל sonst nirgends »folgen«). G bezeugt M. S »Aber ihre Herzen gehen auf den Wegen ihrer Götzen und ihrer Greuel« (das ואל zu Beginn des Verses wird nicht übersetzt). Die vorgeschlagene Emendation (s. zu Text und Übersetzung) ergibt: »Aber diese, ihre Herzen folgen (הלך ב wie in V 12.20) ihren ekligen ...« In jedem Fall sorgten הלך בחקותי »meinen Gesetzen folgen« (V 12.20) und לב (V 19) für die Elemente, aus denen dieses widersprüchliche Bild geformt wurde. Der Text des vorliegenden M kann daher nicht weit von seiner ursprünglichen Gestalt entfernt sein.

V 22–23 Das Osttor des Tempels, wo die Keruben zuvor stehengeblieben waren (10,19), befand sich innerhalb einer Fortführung der Stadtmauer. Entsprechend kann das Erheben über das Tor auch als Erheben »über die Stadt« bezeichnet werden. Die Herrlichkeit, die die Stadt verläßt, nimmt die Richtung, die König David bei seiner Flucht vor Abschalom einschlug – Richtung Osten zum Ölberg (2 Sam 15,23 ff.). Sie bleibt erneut auf dem Berg östlich der Stadt stehen, als wolle sie die Stadt nur ungern verlassen. Ein Midrasch, der Rabbi Jochanan (3. Jh. u. Z.) zugeschrieben wird, drückt dies folgendermaßen aus: »Die Gegenwart [השכינה] wartete noch dreieinhalb Jahre auf dem Ölberg und verkündete jeden Tag dreimal: ›Kehrt um, ihr widerspenstigen Söhne‹ (Jer 3,22). Als sie sah, daß sie nicht umkehrten, flog sie weg und sagte: ›Ich werde zu meinem [himmlischen] Wohnort zurückkehren, bis sie ihre Schuld erkannt haben. In ihrer Not werden sie mich suchen und mich um Verzeihung bitten‹« (Hos 5,15) (PRK 13,11; s. die Gesamtauslegung). Abgesehen von seiner Schärfe kommt dem Midrasch der Verdienst zu, den Unterschied der in Kap. 11 vorausgesetzten Situation zum Vorhergehenden zu unterstreichen. Obwohl Kap. 9–10 berichten, wie die Stadt vernichtet und geschleift werden soll, wird in Kap. 11 darauf nicht Bezug genommen. Es paßt perfekt zu dem Bild, das Kap. 11 zeichnet, daß Gott auf einen Gesinnungswechsel der Bewohner der Stadt warten würde, wohingegen es allem, was wir aus Kap. 9–10 gelernt haben, widerspricht (s. die Gesamtauslegung).

Fohrers Gedanke, daß die Herrlichkeit sich vom Ölberg hin nach Babylon bewegte, um in der Eröffnungsvision (Kap. 1) zu erscheinen, geht über das im Text Gesagte sowohl hier als auch dort hinaus. Die letzte Station der Reise der Herrlichkeit war, wie R. Jochanan es sich vorstellte, »meine Wohnung«, d.h. der Himmel. Tatsächlich erscheint die Erscheinung in Kap. 1 von dort (oder von Norden) – auf jeden Fall nicht aus der Richtung Jerusalems.

verschwand aus meiner Sicht. Wörtl. »hob sich von mir« wie in Gen V 24 17,22; 35,13 als Zeichen für das Ende der Theophanie. Die Vision ist erst beendet, nachdem der Prophet wieder »zurück« in Chaldäa ist, ein deutliches Zeichen dafür, daß die gesamte Reise visionär war.

Gesamtauslegung: Struktur und Themen

Das unterschiedliche Material der Kap. 8–11 wird als eine einzige visionäre Erfahrung in Szene gesetzt, deren Komplexität einen bedeutenden literarischen Anspruch verrät.

Die Eröffnungs- und Schlußverse der Vision korrespondieren einander und legen einen Rahmen um das Ganze:

Rahmung der Vision

(a) 8,1a Datumsangabe, Ortsangabe, die Exilsältesten als Zuhörer
(b) 8,1b Gottes Hand fällt auf den Propheten (Beginn der Vision)
(c) 8,2–3 eine leuchtende menschliche Gestalt ergreift den Propheten; ein Wind bringt ihn in einer Vision nach Jerusalem
(c′) 11,22–24a Die Herrlichkeit wird ostwärts getragen; der Wind bringt den Propheten in einer Vision zurück nach Chaldäa
(b′) 11,24b Die Vision »hebt sich vom« Propheten (Ende der Vision)
(a′) 11,25 Der Prophet berichtet den Exulanten das Gesehene

Die beiden Handlungsträger in (c) – die leuchtende Gestalt (die Herrlichkeit) und der Wind, die beide am Transport des Propheten beteiligt sind – begegnen auch in (c′), wo jedoch jeder seine eigenen Wege geht. Bereits der Rahmenteil der Vision verrät also, daß die Herrlichkeit schwierig in die Vision zu integrieren ist.

Im Verlauf der Vision wird der Prophet durch einen Wind nicht nur nach Jerusalem und von dort wieder weg getragen (8,3b; 11,24), sondern auch innerhalb des Tempelareals herumgeführt, vom nördlichen Teil, wo die erste Szene spielt, zum Osttor, wo die zweite stattfindet (11,1). Diese interne Bewegung bezeichnet einen Bruch im kontinuierlichen Fortlauf der Vision. Die davor gruppierten narrativen Elemente in der ersten Szene (8,4–10,7) stehen – von den unten genannten Ausnahmen abgesehen – in einer einsehbaren Reihenfolge, ebenso die, die in der zweiten Szene folgen. Aber die letzte Szene scheint außerhalb der Reihenfolge situiert zu sein. Wie sollten nach dem in 9,6–8 beschriebenen allgemeinen Gemetzel fünfundzwanzig Männer an das Osttor des Tempels gelangt sein?

Hinweise auf die Herrlichkeit Gottes und ihre Träger unterbrechen den Erzählfluß in 8,2; 9,3 und 10,1.3–5. Die detaillierte Beschreibung des Kerubenfahrzeugs in 10,8 ff. vervollständigt diese. Die Erzählung wird in 10,18–19 mit dem Flug der Keruben wieder aufgenommen, stoppt jedoch erneut in V 20–22 in Form wiederholter Versicherungen der Identität der Keruben mit den Lebewesen aus Kap. 1. Während diese Hinweise bis 10,7 nicht zusammenhängen, bilden sie in 10,18–19 (verbunden mit 9,3; 10,4) und 11,22–23 einen Zusammenhang, der das stufenweise Verlassen des dem Untergang geweihten Tempels und der Stadt durch die Herrlichkeit beschreibt.

Aber lassen wir dies für einen Moment beiseite und widmen uns dem   Struktur
Rest der Vision. Sie zerfällt in zwei Teile: A, 8,5–10,7: die Greuel und ihre Folgen sowie B, 11,1–21: die Intrige und ähnliche Dinge.

8,5–10,7   Teil A ist weitestgehend klar strukturiert. Er besteht (1) aus einer sich steigernden Darstellung von vier (drei plus einem) Tempelgreul (8,5–18) sowie (2) aus der Tötung der Sünder und dem Befehl, die Stadt zu verbrennen (9,1–10,7). Die Besonderheiten werden der Reihe nach aufgelistet. Grundsätzlich bewegt sich der Prophet entlang der Nord-Süd-Achse. (1) und (2) sind auf vielerlei Weise miteinander verbunden. Nicht nur wird der Übergang von einem zum anderen durch eine Wiederaufnahme gekennzeichnet (ויקרא באזני קול גדול aus 8,18 erneut in 9,1), sondern beiden gemeinsam ist auch Gottes Unbarmherzigkeit (8,18; 9,5.10). Die in 8,17 erwähnte Gesetzlosigkeit am Schluß von (1) wird in 9,9 am Ende von (2) weiter ausgeführt. 8,17, wo »das Erfülltsein des Landes [womit der Horizont des Tempelareals verlassen wird] mit Gesetzlosigkeit« die kultischen Greuel krönt, bildet sogar eine Brücke zu (2), wo soziale Vergehen vorherrschen, die gesamte Bevölkerung der Stadt verdammt wird und ihre Vergehen sowohl die Stadt als auch das gesamte Land betreffen. Das Sprichwort des Gesetzlosen am Ende von (2), »JHWH hat das Land verlassen; JHWH sieht nicht«, wiederholt quasi in invertierter Form, was die götzendienerischen Ältesten in 8,12 sagten.

Die Erscheinung des in Leinen gekleideten Mannes, der über sein Handeln in 9,1 berichten soll, hat den Effekt, daß auf eine nicht sichtbare Peripherie hingewiesen wird, in der sich schreckliche Dinge abspielen. Die Einheit des Ortes wird so gewahrt, weshalb das Massaker an den Bewohnern der Stadt nicht beschrieben wird.

Der Befehl, die Stadt zu verbrennen (10,2), wird durch den in Leinen gekleideten Mann mit dem Vorhergehenden verbunden. Mittels der feurigen Kohlen von unterhalb der Keruben wird er mit der Herrlichkeit und den Keruben verbunden. Das Thema der Verbrennung wird durch den Fortgang des Mannes abrupt abgebrochen, ohne daß gesagt wird, wie der Befehl ausgeführt wurde. Man meinte daher zu Unrecht, daß die ursprüngliche Fortführung des Textes weggebrochen sei. Vielmehr dürfte der Grund darin liegen, daß man die Einheit des Ortes während der ganzen Vision einhalten wollte. Die Beschreibung, wie der Kerub dem in Leinen gekleideten Mann das Feuer übergibt, ermöglichte den Übergang zur sich daran anschließenden langen Beschreibung des Kerubenfahrzeugs, die bei den Händen des Keruben beginnt (10,8).

B, 11,1–21 besteht aus (1) einer Szene der Intrige am Osttor (V 1–13) 11,1–21
und (2) der Versicherung, daß die Exulanten in ihrem Land wiederhergestellt werden (14–21). Auf den ersten Blick scheint (2) nicht mit (1) verbunden zu sein. (Die Wortereignisformel in V 14 liefert dafür jedoch keinen Beweis; vgl. 21,5, wo Gottes Antwort auf einen Protest, der mit »Ach, Herr JHWH« beginnt, ebenfalls mit der Formel einsetzt.) Schaut man genauer hin, dann bildet (2) eine Antwort auf den Aufschrei des Propheten »Ach Herr, willst du dem Rest Israels ein Ende bereiten«, womit (1) endete (V 13). Die Exulanten sollen, so sagt (2), verschont und wieder in ihrem Land gesammelt werden. Nur die Jerusalemer (Judäer) werden vernichtet werden. Zwar ist der Antwortcharakter von (2) nicht explizit, und somit ist seine Beziehung zu (1) weniger organisch als die von A2 (Strafe) zu A1 (Sünde). Es ist sogar wahrscheinlich, daß ursprünglich selbständige Einheiten in B gemäß dem Schema von A nebeneinander gestellt wurden. Sowohl in A als auch in B wird dem Propheten zuerst der Frevel gezeigt, darauf folgt eine Todesstrafe. Er protestiert und erhält eine Antwort – in A eine Rechtfertigung der Strafe, in B eine Versicherung, daß es Überlebende geben wird (das glückliche Ende einer schrecklichen Vision). B scheint nach A gebildet zu sein mit dem Ziel, zivile Aspekte der Schuld Jerusalems bekannt zu machen.

Andere Charakteristika stützten die Verbindung der beiden Teile von B. Beide beginnen mit einer eigennützigen Behauptung der Jerusalemer (V 3.15b), an die der Befehl anschließt, Gottes zornerfüllte Antwort zu prophezeien. Darüber hinaus findet sich eine bemerkenswerte Assonanz von בשר ... (ה)סיר in V 3.7.11 (B1) zu בשר ... הסיר in V 18 f. (B2).

Wie oben bereits bemerkt, scheint B1 aus der Reihe zu tanzen. Das in A2 berichtete allgemeine Schlachten und Verbrennen läßt kaum Platz für die

Intrige von fünfundzwanzig Männern am Osttor des Tempels. Man mag vielleicht anmerken, daß in einer Vision die zeitliche Abfolge nicht beachtet werden muß. Aber andere Besonderheiten weisen B eher als Aufnahme bzw. invertierte Entsprechung denn als Folge von A aus. (Die Lokalisierung von B1 am Osttor verbindet den Text zwar mit der Bewegung der Herrlichkeit in östliche Richtung in 10, 19 [A2], aber dabei handelt es sich um eine mehr oder minder äußerliche Verknüpfung; die Positionierung von B neben A wurde dadurch erleichtert, wenn sie nicht sogar dafür geschaffen wurde.) Allein hier und in 8, 16 (A1) werden Gruppen von »[ungefähr] fünfundzwanzig Männern« genannt. In 11, 6 erinnert וּמִלֵּאתֶם חוּצֹתֶיהָ חָלָל »ihr habt ihre Straßen mit Erschlagenen angefüllt« an וּמַלְאוּ אֶת־הַחֲצֵרוֹת חֲלָלִים »füllt seine Höfe mit Leichen« in 9, 7. Die Anschuldigung in B1 ist praktisch identisch mit der Begründung für Gottes unwiderruflichen Beschluß in 9, 9 (A2) – Blutvergießen und Umkehrung des Rechts. Noch bemerkenswerter sind die Verknüpfungen zwischen B2 und A1 – den beiden äußeren Teilen der Vision. Beide beziehen sich auf eklige und scheußliche Praktiken der Jerusalemer (תּוֹעֵבוֹת, שִׁקּוּצִים / שֶׁקֶץ). Das mehrdeutige לְרָחֳקָה מֵעַל מִקְדָּשִׁי (8, 6) wird in 11, 14–15 einmal durch רָחֲקוּ מֵעַל יְהוָה und sodann durch מִקְדָּשׁ מְעַט aufgenommen. Beide Ausdrücke erläutern einander. In der Eröffnungsszene wirft Gott den Jerusalemern vor, sich von seinem Heiligtum entfernt (entfremdet) zu haben. Entsprechend ironisch ist es, daß in der Schlußszene die Jerusalemer die Exulanten verspotten, von JHWH entfernt zu sein, und weiter noch, daß Gott versichert, den Exulanten ein »kleines Heiligtum« zu sein, während die Jerusalemer (in deren Mitte das Tempelgebäude steht), der Zerstörung überantwortet werden.

B2 zeigt die Wiederaufnahme von Themen oder Vokabular aus dem Beginn des Textes, wie es für Schlußabschnitte bei Ezechiel charakteristisch ist. Man hat die Frage gestellt, ob eine Heilsbotschaft inmitten einer Unheilsvision nicht fehl am Platze sei (vgl. aber Ez 14; 16; 17 und 20, wo jedesmal mit einiger Variation Heilsbotschaften auf Unheilsansagen folgen). Man muß jedoch den Nebenaspekt dieser Heilsbotschaft beachten: Was die Exulanten tröstet, ist die Vorhersage der Zerstörung Jerusalems. Ob das von den Zuhörern als Happy End verstanden wurde, ist fraglich.

Das folgende übergreifende Schema von thematischen Wechseln ist in der Vision erkennbar:

A1 kultische Greuel, gekrönt von sozialem Fehlverhalten

A2 Strafe aufgrund sozialen Fehlverhaltens

B1 eine Intrige verbunden mit sozialem Fehlverhalten

B2 Bevorzugung der Exulanten gegenüber den in kultischen Greuel versunkenen Jerusalemern

Ein solch chiastischer Wechsel, den A1 bereits erahnen läßt, dürfte auf eine bewußte Gestaltung zurückgehen.

Zwischen den Teilen A und B, d. h. in der Mitte, befindet sich die Beschreibung des Kerubenfahrzeugs, das die Herrlichkeit besteigt, als sie den Tempel verläßt.

Herrlichkeit und Kerubenfahrzeug

Der Herrlichkeit und ihrem Kerubenfahrzeug kommt eine bedeutende, allerdings nicht immer klare Rolle in der Vision zu. Von 10,18 an ist die Abfolge klar: Die Herrlichkeit bewegt sich von der Schwelle des Hauses auf die Keruben zu. Diese heben ab, verweilen am Osttor (V 19) und tragen dann die Herrlichkeit weg von der Stadt zum Ölberg (11,22 f.). Auf diese Weise verläßt die Herrlichkeit stufenweise Tempel und Stadt in östliche Richtung.

Geht man hinter 10,18 zurück, gelangt man nach der Beschreibung (V 8–17) zu den dunklen Versen 10,1.3–5. Die Keruben werden rechts (südlich) vom Haus lokalisiert, während die Herrlichkeit sich auf der Schwelle befindet. Ez 10,4a wiederholt die Bewegung der Herrlichkeit weg vom Kerub (Singular) zur Schwelle, auf die bereits in 9,3 Bezug genommen wurde (dort werden die Begriffe נעלה und אלהי ישראל verwendet, hier וירם und יהוה). Die schwierigste Stelle ist 9,3a, wo es plötzlich und ohne jede Kontexteinbindung heißt: »der Kerub [Singular], auf dem [die Herrlichkeit] sich befunden hat«, nur um zu sagen, daß die Herrlichkeit sich von ihm bereits zur Schwelle begeben hatte. Wo befand sich dieser Kerub, und in welcher Beziehung zu ihm stand die Herrlichkeit bis dahin? Warum bewegte sie sich von ihm weg zur Schwelle?

Verfolgen wir die Hinweise auf die Herrlichkeit und den bzw. die Keruben vom Beginn der Vision an. Die glänzende menschliche Gestalt in 8,2 – offensichtlich die Herrlichkeit – wird nicht explizit lokalisiert (man beachte, daß nicht sie, sondern der Wind den Propheten nach Jerusalem und wieder zurück trägt), aber es liegt nahe zu sagen, daß sie sich in Babylon befand. Sie wird in V 4 mit der Herrlichkeit (כבוד אלהי ישראל) identifiziert, die irgendwo im Tempelbezirk auf den Propheten wartet, wobei ein gewisser Sprung postuliert werden muß – der in einer Vision vielleicht erträglich ist –, um die Herrlichkeit von Babylon nach Jerusalem zu bringen. Werden die Träger der Herrlichkeit in einem dieser Verse erwähnt? Die Sprache von 8,2 scheint sie auszuschließen. Die Sprache von 8,4 (»die Herrlichkeit des Gottes Israels«) kann sowohl auf die eine (vgl. 1,28 und 3,23 – s. die Einzelanalysen dort) als auch auf die andere Weise gedeutet werden.

Befindet sich die Herrlichkeit von Kap. 8 innerhalb oder außerhalb des Heiligtums? Bewegt sie sich zusammen mit dem Propheten? Das »dort« in 8,4 ist zu unbestimmt, als daß man daraus schließen könnten, wo sich die Herrlichkeit befand, als Ezechiel den Tempel erreichte. Daß sie das Subjekt des »er sprach zu mir« und »er brachte mich« der folgenden Narration ist, beweist nicht, daß sie sich außerhalb befand, da in 43,7; 44,2 die Herrlichkeit aus dem Innern des visionären zukünftigen Tempels zum Propheten spricht. In 40,1–3 »bringt« Gott den Propheten auf »einen hohen Berg«, ohne ihn unmittelbar zu begleiten (im ganzen Buch »bringt« Gott Gegenstände überallhin, ohne selbst »dort« zu sein).

Wenn wir damit rechnen, daß sich die Herrlichkeit von Kap. 8 außerhalb des Heiligtums befindet und ihre Träger mit einschließt, dann erklärt dies die Anwesenheit und äußere Lokalisierung der Keruben in 10, 1.3.18 u.ö. Andererseits sind die nachfolgenden Bewegungen der Herrlichkeit weg vom Keruben hin zur Schwelle und wieder zurück auf die Keruben (9, 3a [10, 4a]; 10, 18) dann sinnlos. Wenn wir hingegen damit rechnen, daß sich die Herrlichkeit von Kap. 8 innerhalb des Heiligtums befindet, werden die externen Keruben in 10, 3 u.ö. nicht erklärt, aber die Bewegung von 9, 3a nach außen hin zur Schwelle entspricht ihrer Fortführung in 10, 18 und hat eine Bedeutung: Die göttliche Gegenwart verläßt den Tempel. Der Kerub (Singular), von dem her sich die Herrlichkeit zur Schwelle bewegt (9, 3a [10, 4a]), ist dann die Figur im Allerheiligsten, »wo sich [die Herrlichkeit] befand«, seitdem der Tempel geweiht worden war (vgl. 1 Kön 8, 10 f. und *M. Weinfeld*, Deuteronomy 1972, 204 f.).

Keine Annahme erklärt somit alle Daten bzw. löst die Unklarheiten. Ist der Text deshalb in Unordnung und das Ergebnis einer anorganischen Schichtung? Eine gewisse Unordnung muß erlaubt sein, besonders in Kap. 10. Aber die Hinweise auf die Herrlichkeit und ihre Träger sind in der Vision derart verwurzelt, daß man sie nicht einfach wegerklären kann. Wenn man sie tilgt, geht viel Sinnvolles verloren (z. B. der Kontrapunkt zwischen dem Weggang Gottes und der »Entfernung« der Menschen vom Heiligtum [oder von ihm], auf die in 8, 6 und 11, 15 Bezug genommen wird).

Die Schwierigkeit scheint etwas mit dem Paradox zu tun zu haben, mit dem sich alle Religionen der Antike auseinandersetzen mußten, daß die Gottheit gleichzeitig in ihrem Tempel und »im Himmel« (bzw. allgegenwärtig) lokalisiert wird. Das Bild im heidnischen Tempel ist im wörtlichen Sinn der Sitz und der Wohnsitz der Gottheit. In ihren Bildern wohnen Marduk in seinem Tempel in Babylon und Sin in Haran. Analog bildeten die Kerubenstatuen im Jerusalemer Allerheiligsten (wie ihre Vorläufer im Zeltheiligtum) den Thron, auf dem JHWH, in Dunkelheit gehüllt, saß. Gleichzeitig wohnen die heidnischen Götter im Himmel oder auf dem Götterberg (beide können nicht scharf voneinander abgegrenzt werden) und bewegen sich frei im Universum. (Zu den paradoxen Vorstellungen hinsichtlich der Götter des Alten Orients s. The Significance of the Temple in the Ancient Near East, Biblical Archaeologist Reader I, hg. von G. E. Wright / D. N. Freedman, Garden City 1961, 152–154.159.164.169–171.) In ähnlicher Weise wohnt Gott im Himmel, seine Herrlichkeit bedeckt die Himmel und füllt die Erde, und er reitet während seiner Reisen auf Wolken oder einem Keruben. *M. Haran*, Ark und Cherubs [Hebräisch]: EI 5, 1958, 88 f.; vgl. *ders.*, Temples and Temple Service in Ancient Israel, Oxford 1978, 256 ff., formuliert treffend:

Gleichzeitige Präsenz Gottes im Himmel und im Tempel

Wir müssen die Tatsache betonen, daß, obwohl die Keruben über der Lade und die Lade selbst einen Thron und einen Fußschemel symbolisieren, die Bibel diese *nicht* an sie bindet oder auch nur für einen Moment annimmt, daß Gott allein dort zu lokalisieren sei ... Gottes Ort ist zunächst im Himmel, und hier steht auch sein Thron. Sein himmlischer Thron wird von lebenden Keruben gestützt. Die Israeliten fertigten Kerubenstatuen für das Allerheiligste des Zeltheiligtums als Repräsentanten jener himmlischen Keruben an. Der Thron hinter dem Vorhang des Allerheiligsten ist nur eine Miniaturausgabe und Nachbildung des himmlischen Throns: Die himmlischen Keruben sind »Lebewesen«, wie Ezechiel sie nennt ... wirkliche Lebewesen mit eigenem Willen. Die Keruben über der Lade sind aus Metall. Die himmlischen Keruben sind riesig, die von P sitzen auf den zwei Enden einer zweieinhalb mal zweieinhalb Ellen großen Platte. Die Keruben von P dienen auch als Sitz – Gott erscheint auf ihnen und spricht von ihnen aus zu Mose (Ex 25, 22). Über ihnen manifestiert er sich in einer Wolke (Lev 16, 2).

(S. auch *M. Metzger*, Himmlische und irdische Wohnstatt Jahwes: UF 2, 1970, 139–158.) All dies trifft auch auf die Keruben des Jerusalemer Tempels zu. In dieser Perspektive werden die Widersprüche in unserem Text zwar nicht gelöst, aber zumindest verstehbar.

Die leuchtende Gestalt – die Herrlichkeit – erscheint zu Beginn der Vision, nicht weil der Prophet auf keine andere Weise transportiert werden kann (denn der Wind trägt ihn letztlich hin und zurück), sondern um die Aufmerksamkeit auf ihre Gegenwart zu lenken. Wenn der Prophet das Tempelareal erreicht, wartet »die Herrlichkeit des Gottes Israels« »dort« auf ihn. Sie kann an jedem Ort zu jeder Zeit erscheinen. Die Narration muß ihre Gegenwart im Tempelbezirk konstatieren, ob mit oder ohne ihre Träger, innerhalb oder außerhalb des Tempels, spielt keine Rolle und wird entsprechend nicht angemerkt. Allein die Notiz von 9, 3, daß die Herrlichkeit sich vom Kerub weg bewegt, zwingt den Leser dazu, sich bewußtzumachen, daß sie sich vorher auf dem Keruben befand. Und da die einzig sinnvolle Bewegungsrichtung zur Schwelle nur von innen her verlaufen kann, folgern wir, daß der hier genannte Kerub sich auf die Statue im Allerheiligsten sowie auf die Herrlichkeit bezieht – d. h. auf die andauernde Anwesenheit Gottes darin. Diese Bewegung nach außen ereignet sich unmittelbar bevor der Befehl zur Tötung der Bevölkerung Jerusalems gegeben wird, was darauf schließen läßt, daß hiermit Gottes Rückzug seiner schützenden Gegenwart von der Stadt angezeigt wird.

Als nächstes wird, unmittelbar bevor der Befehl zur Verbrennung der Stadt gegeben wird, der (offensichtlich leere) Thron über den Keruben erwähnt (10, 1). Diese unbeholfen plazierte Notiz scheint den Weggang der Herrlichkeit von der Schwelle und ihr Sich-Niederlassen auf den Keruben in V 18 vorwegnehmen zu wollen bzw. damit in Verbindung zu stehen.

Wenn dem so ist, müssen sich die Keruben außerhalb des Tempels befinden. Es muß sich um lebende himmlische Keruben handeln (unter denen man allein feurige Kohlen [V 2] finden kann), und entsprechend lokalisiert sie 10,3 explizit im Süden (d.h. jenseits der Greuelseite) des Tempels. Wie und wann sie in den Hof südlich des Tempels kamen, ist für den Erzähler weniger wichtig als die Bewegungen der Wolke, die die Herrlichkeit umschirmt (an der schwer verständlichen Stelle 10,3b–4, teilweise bezogen auf 1 Kön 8,10f.). 10,5 gewinnt an Gewicht, wenn das Geräusch der Kerubenflügel auf ihre Ankunft am Schauplatz der Handlung gleichzeitig mit der Bewegung der Herrlichkeit zur Schwelle, die in V 4 erwähnt wird, hinweist. Sobald die Herrlichkeit im Innern aufbrach, erschien das himmlische Throngefährt mit den lebenden Keruben, um sie zu empfangen.

Die Einheit des Ortes innerhalb der Vision zwang dazu, das Thema der Verbrennung der Stadt mit dem Abgang des in Leinen gekleideten Mannes zur Ausführung seiner Befehle (V 7) abzubrechen. Eine detaillierte Beschreibung der Keruben schließt sich an, die mit ihren soeben erwähnten Händen (V 7) beginnt (V 8) und der Beschreibung ihrer einmütigen Bewegung endet – woran der Bericht darüber angeschlossen wird, wie sie sich in die Höhe erheben (V 17–19). Die Plazierung dieser statischen Unterbrechung der Ereignisfolge geschieht an einer kritischen Stelle – der Brandstifter hat die Szene verlassen, um seinem grausigen Geschäft nachzugehen. Es handelt sich um eine Atempause, in der die Aufmerksamkeit auf die Keruben gelenkt wird – Objekte, die den priesterlichen Propheten äußerst interessierten. Die Struktur dieser Beschreibung muß nun untersucht werden.

Die beschriebenen Einzelheiten ähneln denen der Lebewesen von Kap. 1, sind aber nicht mit ihnen identisch. Die Ähnlichkeit wird verstärkt, wenn man die versprengten Notizen in 8,2; 10,1.5 mit berücksichtigt. Die Bezugnahme auf Kap. 1 wird unterstrichen durch die Inversion der aufgelisteten Einzelheiten in unserer Vision – mit Ausnahme der Hände und der einmütigen Bewegung, deren Plazierung hier durch die Verknüpfung mit der angrenzenden Erzählung bedingt ist.

Verhältnis zu Ez 1

	Unsere Vision	Verse in Ez 1
8,2	leuchtende menschliche Gestalt	27
10,1	Thron	26
10,5	Geräusch der Flügel	24
(10,8	Hände	8)
10,9–13	Räder	15–18
10,14	Gesichter	10
(10,16–17	einmütige Bewegung	19–21)

M. Seidel, Parallels Between the Book of Isaiah and the Book of Psalms: Sinai 38, 1956, 150, erkannte, daß Inversion literarische Bezugnahme anzeigt:

»Wenn der Prophet das Vokabular einiger Verse, die er im Kopf hat, verwendet, kehrt er die Reihenfolge ihrer Elemente um ... Dies geschieht immer in Versen, die ein Bikolon mit einem Verb in jedem Kolon bilden, falls die Verben mit der Parallelstelle übereinstimmen.« *R. Weiss*, On Chiasm in the Bible (Hebräisch): BetM 7, 1962, 46 ff., führte dies weiter aus, indem er folgende Beispiele aus Ezechiel beibrachte: 8,12; 9,9; 11,3.7.11. Aber weder Seidel noch Weiss nennen dieses schlagkräftige Beispiel, das erstmals von Abarbanel entdeckt wurde.

Den Grund für diese detaillierte Beschreibung bildet, so weit sich dies aus dem Text erschließen läßt, die in 10,20, als der Prophet den gesamten Apparat im Flug erblickte, genannte Erkenntnis: »Es waren die Lebewesen, die ich unter dem Gott Israels am Fluß Kebar gesehen hatte. Ich erkannte nun, daß es Keruben waren.« Die Lebewesen am Fluß Kebar unterschieden sich derart von traditionellen Kerubendarstellungen – d.h. von den Kerubenstatuen im Tempel –, daß der Prophet sie damals nicht identifizieren konnte. Daher wird in Kap. 1 durchgängig das neutrale חיות »Lebewesen« als Bezeichnung verwendet. (Es gab z.B. nur zwei Statuen, es waren jedoch vier Lebewesen.) In der Tempelvision erscheinen die Träger der Herrlichkeit erneut, dieses Mal in der Nähe der Kerubenstatuen; denn die dreifache Identifikation durch den Propheten wiederholt das Wesentliche der Beschreibung von Kap. 1, indem חיות durch כרובים ersetzt wird. Als er sieht, wie die Apparatur fliegt – so hatte er sie zum ersten Mal gesehen –, bemerkt er, daß die Lebewesen mit den Keruben identisch sind. (Die künstliche Unterscheidung zwischen dem Singular »Kerub« für die Statuen [9,3; 10,4] und dem Plural »Keruben« für die lebenden [zu כרוב in 10,2 s. die Einzelanalyse] dürfte auf ihre unterschiedliche Anzahl zurückgehen; der Singular bezeichnet ein Paar [Statuen], der Plural hingegen zwei Paare [die lebendigen Keruben].)

Die bemerkte Unordnung hinsichtlich des Geschlechts der pronominalen Elemente, die sich auf חיות beziehen, weicht im Falle der Keruben einer Regelmäßigkeit, denn im Unterschied zu jenem Begriff stimmen das grammatikalische und das tatsächliche Geschlecht von diesen miteinander überein. Daß zwischen beiden Beschreibungen Unterschiede existieren, gehört notwendig zur Wiederholung: Der Gebrauch von רום (Qal und Nif'al) anstelle von הנשא aus Kap. 1 dürfte eine bewußte Variation darstellen wie auch sonst bei Ezechiel (vgl. 9,3a mit 10,4a). Vielleicht verrät das Kerubengesicht, das anstelle des Stiergesichts gesetzt wird, mit Sicherheit jedoch die Bezugnahme auf die Räder als גלגל neue Informationen. Falls es weitere wesentliche Änderungen gibt (s. die Einzelanalyse zu V 12.14), erklärt dies eher, warum die gesamte Beschreibung wiederholt wird. Bei der Beschreibung von Kap. 10 handelt es sich um eine Variante hinsichtlich einiger Einzelheiten zur Erfahrung von Kap. 1, die durch die »natürliche« Umgebung des Fahrzeugs im Tempelbezirk sowie die größere Leichtigkeit und Muße, mit der

der Prophet beobachten kann, bedingt ist, die sich von der ersten zwar in der verwendeten Terminologie unterscheidet, aber grundsätzlich mit ihr identisch ist. Die aktuellen Kommentare halten die Beschreibung von Kap. 10 für sekundär, einige vermuten, sie sei aus tendenziösen Gründen eingefügt worden (Halperin – s. die Literaturangabe in der Einzelanalyse zu V 12; laut *C. B. Houk*, Final Redaction 1971, 42–54, gehört die Beschreibung zu einer vermuteten Überarbeitung einer Reinigungs- in eine Strafszenerie). Das berührt jedoch die Frage der Gesamtinterpretation der Vision.

Aufgrund ihrer Komplexität und teilweisen Zusammenhangslosigkeit beurteilen die neueren Kommentare die Vision entweder als Flickwerk von Ergänzungen eines ursprünglichen Kerns oder als Kompilation separater Einheiten. Fohrer findet vier Stücke (Tempelgreuel, Verbrennung und Verlassen, schlechte Volksführer, Versprechen an die Exulanten). Bei der Beschreibung der Keruben handele es sich um eine »erläuternde Glosse zu 1,1–28a«. Zimmerli rechnet mit einem Kern in 8,1–10,7. Die Hinweise auf die Keruben seien sekundär (da die Herrlichkeit in vollem Glanz nach Jerusalem kam, so wie sie auch nach Babylon gekommen war, rationalisierte die »Ezechielschule« das Paradox der gleichzeitigen Präsenz in Jerusalem und im Himmel). Das gleiche gilt für den ganzen Abschnitt 11,1–21. Solche Analysen zielen darauf, eine Textform zu »rekonstruieren«, die frei von Spannungen ist. Die Tatsache, daß diese Rekonstruktionen jedoch sehr unterschiedlich ausfallen – was auf unterschiedliche Toleranzgrenzen in der Beurteilung dessen, was eine Spannung ist, schließen läßt –, weckt kein Vertrauen in die ihnen zugrundeliegenden Kriterien.

Die Grundannahme, die unserem Interpretationsversuch des Textes, ohne die Spannungen aufzulösen, zugrundeliegt, besteht darin, daß die vorliegende Komposition ein gewolltes Produkt darstellt. Diese Grundannahme wurde zum Teil durch die gefundenen Belege für eine Strukturierung und Verknüpfung der einzelnen Teile gerechtfertigt (vgl. die schematische Beschreibung der Vision, die besonders die chiastischen Merkmale betont [ohne sie jedoch besonders zu interpretieren], bei *H. Parunak*, Structural Studies 1978, 66–69). Es verbleiben genug Spannungen, so daß Grund zu der Annahme besteht, daß nicht alle Teile der Vision ursprünglich miteinander verbunden waren (z.B. dürfte die böse Intrige zu Beginn von Kap. 11 ursprünglich zu einer anderen, parallelen Vision gehört haben). Aber sie wurden in einer gewissen kunstvollen Weise zusammengefügt. Der dies getan hat, muß, so ist vorauszusetzen, die Inkompatibilität der Elemente, auf der die Analysen der modernen Exegeten fußen, erkannt haben, aber die Komposition als Ganzes machte Überlegungen zu Stimmigkeit und vollkommener Kohärenz zunichte. Da es sich um den Bericht einer visionären und nicht einer realen Erfahrung handelt, sah man vielleicht in ein wenig Inkohärenz nicht ein entscheidendes Argument gegen die Zusammenstellung dieser Teile.

(Marginalie) Ez 8–11 als Komposition

Nähe und Ferne
JHWHs

Welche Botschaft übermittelt diese komplexe Vision?

Nachdem der Prophet die Ankündigung des »Endes« in Kap. 7 aufgrund der sozialen und religiösen Verfehlungen des Volkes und mit gelegentlichen Verweisen auf die Sintfluterzählung (»das Ende kommt«, »das Land ist erfüllt … mit Gesetzlosigkeit«, V 6.23; vgl. Gen 6,13) empfangen hatte, wird er in einer Vision Zeuge der verdorbenen Machenschaften der Judäer (die in 8,17; 9,9 erneut mittels Begriffen der Sintfluterzählung beschrieben werden) und beobachtet ihre Vernichtung (mit שחת in 9,1.6.8; vgl. Gen 6,13.17). Auch in der älteren Prophetie sind Visionen belegt (z. B. 1 Kön 22,17–22; Am 7,1–9; 8,13; 9,1; Jes 6) und zumindest im Fall Elijas auch ein Transport mittels des Windes (1 Kön 18,12; 2 Kön 2,1 ff.16). Ezechiel ist der einzige Prophet, der einen visionären Transport hier und noch weitere zweimal (Ez 37; 43) erfuhr. Augenzeugenschaft, die dem lebendigen Realismus der Bildwelt dieses Propheten so gut entspricht, dient hier der Rechtfertigung Gottes: Der Prophet sieht mit seinen eigenen Augen die Verdorbenheit seines Volkes und hört, wie die Schuldigen in seiner Gegenwart verurteilt werden (Parunak sieht eine gewisse Analogie zum »prophetischen ריב-Schema«).

Das Motiv der beiden konstitutiven Elemente der Vision liefert die wiederholte, zweifache Behauptung der Schuldigen: »JHWH sieht uns nicht; JHWH hat das Land verlassen« (8,12; 9,9). Indem Gott den ersten Teil widerlegt, nimmt er den Propheten mit auf einen Rundgang durch den Tempel, wo er ihm die verschiedenen, dort praktizierten Greuel zeigt und ihn jeweils fragt: »Hast du gesehen, Mensch?« Der Prophet weiß, daß Gott alles gesehen hat, inklusive des heimlichen Ritus der Ältesten, die glauben, er sei ihnen gegenüber blind. Was die zweite Behauptung anbelangt, so erweist sich diese ironischerweise als prophetisch: Gott hatte zwar nicht das Land verlassen, als das Volk glaubte, daß er es getan hätte, aber jetzt hat ihn ihr Verhalten dazu gebracht. Der Prophet wird Zeuge, wie die Gegenwart Gottes den Tempel und die Stadt verläßt. Hierbei handelt es sich um das erste Beispiel innerhalb des Buches für ein Wort, das sich auf Sprichwörter des Volkes, die den Propheten erreicht hatten, stützt bzw. durch diese veranlaßt wurde. Der zweite Teil unseres Textes besteht hauptsächlich aus orakelartigen Antworten auf die zwei bekannten Sprichworte (11,3.15); s. M. *Greenberg*, Citations 1972, 273–278.

Kein Tempel wurde zerstört – so war der allgemeine Glaube im Alten Orient –, bevor sein Gott ihn verlassen hatte, sei es unfreiwillig unter dem Zwang eines höheren Beschlusses (Klage über die Zerstörung der Stadt Ur, ANET, 455 ff., »… über die Zerstörung von Ur und Sumer«, 617 d) oder aus Zorn über die Vergehen der Verehrer (der Kyroszylinder, ANET 315 c). Die Mutter Nabonids beschreibt daher die Zerstörung Harans und seines Tempels durch die Horden der Mandäer (ANET 311 b): »… Sin, der König aller Götter, wurde zornig über seine Stadt und seinen Tempel und stieg in den

Himmel hinauf, und die Stadt und die Bevölkerung in ihr wurden vernichtet« (ANET 560 d). In unserer Vision drückt sich diese allgemein verbreitete Ansicht darin aus, daß die einzelnen Stufen des Weggangs der Herrlichkeit mit den Szenen der Verfehlungen des Volkes verwoben werden. Wenn demgegenüber die Götter versöhnt und ihre Tempel wiederaufgebaut waren, kehrten sie zurück und bestiegen wieder den Thron inmitten ihrer Verehrer (s. die oben zitierten Texte). Wenn somit dem Propheten in einer Vision der in der Zukunft neu errichtete Tempel gezeigt wird, sieht er zugleich die Rückkehr der Herrlichkeit in das Allerheiligste, die ausdrücklich unserer Vision entspricht (43, 2–4).

Der Midrasch verstand den stufenweisen Weggang der Herrlichkeit aus Tempel und Stadt in dieser Vision als Zeugnis seiner geduldigen Hoffnung, daß die Katastrophe vielleicht verhindert werden könnte. Er vermehrt die wenigen Stufen unseres Textes mittels eines Mosaiks aus anderen Prophetentexten zu zehn und verlängert die letzte Stufe um Jahre: (1) von einem Keruben über der Lade zum anderen (Ez 9, 3, daher der Singular »Kerub«); (2) von dort zur Schwelle des Tempels (10, 4); (3) von dort zu den Keruben (V 18); (4) von dort zum Osttor (V 19); (5) daraufhin in den Vorhof (V 18); (6) danach zum Altar (Am 9, 1); (7) dann zum Dach (des Tempels, Spr 21, 9[!]); (8) von dort zur (Tempel)mauer (Am 7, 7); (9) von dort zur Stadt (Mi 6, 9[!]); (10) und schließlich zum Ölberg (Ez 11, 23). Rabbi Jonatan sagte: »Die Gegenwart verweilte drei Jahre auf dem Ölberg und rief jeden Tag dreimal aus: ›Kehrt um, widerspenstige Söhne‹ (Jer 3, 22). Als sie sah, daß sie nicht umkehrten, flog sie weg und sprach: ›Ich werde zu meinem [himmlischen] Thron zurückkehren, bis sie ihre Schuld erkannt haben; in ihrer Not werden sie mich suchen und mich um Verzeihung bitten‹« (Hos 5, 15) (PRK 13, 11). Man beachte die Übereinstimmung zwischen dem letzten Satz und dem oben angeführten Zitat der Mutter Nabonids.

Der Prophet wird durch den nördlichen Tempelbezirk von einem Kultgreuel zum nächsten geführt. Die Betonung des Nordens (8, 3.5[2×].14) könnte symbolische Bedeutung haben: Wir erinnern an die ugaritische Vorstellung, derzufolge der Wohnsitz der Götter im Norden lag. Das Kommen der Vollstrecker von Norden her steht vielleicht im Zusammenhang mit der dortigen Lokalisierung der Tempelsünden, oder es steht die allgemein bekannte Vorstellung (Jer 1, 14 u. ö.) im Hintergrund, daß das Unglück von Norden kommt (s. N. Sarna, EM, Art. »צפון«). Die Menge der heidnischen Riten und ihre simultane Durchführung in Gruppen, die einander nicht wahrnehmen, verleiht der Szenerie eine gewisse Unwirklichkeit. Sie wirkt eher wie eine Montage aller jemals im Jerusalemer Tempel ausgeübten heidnischen Riten als eine Wiedergabe dessen, was dort im Sommer des sechsten Jahres des Exils Jojachins geschah (T. H. Gaster, Ezekiel and the Mysteries: JBL 60, 1941, 289–310, rekonstruierte mit viel Phantasie einen umfassenden heidnischen Ernteritus aus Ez 7–9; zusammengefaßt in ders., Myth

1969, 607–615; *W. F. Albright*, Archaeology and the Religion of Israel, Baltimore 1946, 165–168, wies Gasters Vermutungen ausführlich zurück). Man sieht in den Angaben von Ez 8 grundsätzlich ein getreues Abbild der Religion des Staates Juda zur Zeit Ezechiels, aber der Widerspruch zu den Angaben bei Jeremia und in den Klageliedern, deren Verfasser sich zum Zeitpunkt der Zerstörung in Jerusalem aufhielten, läßt das Gegenteil vermuten. Vielleicht konnten allein ein Visionär und seine Zuhörer, die von der Realität in Jerusalem weit entfernt waren und die das Exil aufgrund des Bundesbruches erlitten, die Absicht einer solchen Phantasie akzeptieren und verstehen: die offenkundigen Fälle kultischer Verunreinigung des Heiligtums zu sammeln und lebendig darzustellen, um die schreckliche Erkenntnis zu vermitteln, daß seine Heiligkeit hoffnungslos geschädigt und sein Untergang unwiderruflich besiegelt war. Die öffentlichen heidnischen Rituale in Kap. 8 gehören historisch in die Zeit Manasses. Bei den heimlichen Kulten der V 10–12 handelt es sich um eine andere Geschichte. Sie wurden vielleicht in Ezechiels Zeit praktiziert (*M. Greenberg*, Prolegomenon 1970, XVIII–XXIX; vgl. die Kritik von *M. Smith*, Veracity 1975, 11–16). Eine gewisse Zuverlässigkeit wird der Darstellung vielleicht durch die Nennung Jaasanjas verliehen – offensichtlich ein bekannter Mann der Zeit. Vielleicht hatte Ezechiel von seinen Machenschaften durch einen Brief erfahren – eine Form der Kommunikation zwischen Juda und den Exulanten, die durch Jer 29 bezeugt ist.

Während auf die heidnischen Riten nicht weiter Bezug genommen wird, werden die hier beklagten sozialen Vergehen – besonders in 11, 2.8 – in der Parabel über Judas habgierige Könige (Ez 19) sowie in der vernichtenden Zurechtweisung seiner schlechten Führer in Ez 22 wieder aufgenommen. Sowohl Jeremia als auch die Klagelieder bezeugen dies zeitgleich: Ersterer beschuldigt Jojakim, unschuldiges Blut vergossen und illegalen Profit gesucht zu haben (Jer 22, 17; vgl. 2, 34). Die Klagelieder beschuldigen Priester und Prophet, unschuldiges Blut vergossen zu haben (Klgl 4, 13). Die Königebücher erwähnen nichts derartiges von den letzten Königen Judas. Da sie jedoch grundsätzlich nicht auf soziale Vergehen hinweisen (das »Füllen Jerusalems mit unschuldigem Blut von einem Ende zum anderen« durch Manasse [2 Kön 21, 16] ist eine bemerkenswerte Ausnahme), lassen sich daraus keine Schlüsse ziehen. Der soziopolitische Aufruhr der letzten Jahre Judas hat vermutlich Gewalt aufkommen lassen. Der bekannte Fall der Ermordung des Propheten Urija durch den König (Jer 26, 20 ff.) dürfte Anlaß genug gewesen sein für die generelle Anklage von Jer 2, 30. Wir verfügen nicht über die notwendigen Einzelheiten, um sagen zu können, wie es um die öffentliche Moral in Juda damals stand und ob die biblischen Anschuldigungen nüchtern oder um der Rechtfertigung Gottes willen überzogen waren.

Sechs Jahre vor dem Fall Jerusalems schrieb der Prophet die Stadt ab – er »sah«, wie ihre Bevölkerung massakriert und ihre Bauten den Flammen übereignet wurden. Einige Jahre nach dem Fall sah er mit derselben Sicherheit eine Vision der Wiederauferstehung seiner Nation und der Wiederherstellung ihres Tempels (Ez 37; 40 ff.). Die prophetische Vision beschrieb die Ereignisse der Zukunft, als seien sie bereits geschehen. Wenn sie dann eintrafen, wirkte dies wie die Erfüllung der Prophetie – was auch beabsichtigt war (2, 5). Auf diese Weise wurde bewiesen, daß Gott der Lenker der Geschichte war.

In der visionären Zerstörung der Stadt erhält man einen, für die Prophetie seltenen, flüchtigen Einblick in den himmlischen Verlauf der Dinge (vgl. z. B. 1 Kön 22, 19–23). Vielleicht würden menschliche Werkzeuge das Gericht über Jerusalem und Juda vollstrecken, aber sie würden lediglich eine bereits feststehende himmlische Realität in eine irdische übersetzen. Der Feind war in erster Linie Gott. Die babylonische Armee war nur eine spätere Entsprechung seiner himmlischen Vollstrecker. Letztere geben zufälligerweise einen noch tieferen Einblick in Ezechiels Bild der göttlichen Sphäre, insofern diese eine Vielzahl überweltlicher Wesen enthält.

Diese visionäre Vorwegnahme der Zerstörung Jerusalems hatte ein Nachleben. Klgl 4, 6 behauptet, daß Sodoms Zerstörung durch die Hand Gottes derjenigen Jerusalems durch Menschenhand vorzuziehen war. Sodom entging der Rache, der Plünderung und dem Raub sowie der Erniedrigung, daß sich ein Eroberer ihrer rühmen kann. Aus dieser Perspektive gesehen, stiehlt die hier beschriebene visionäre Zerstörung eines Tempels und einer Stadt, die von ihrem Gott verlassen wurden, den Babyloniern ihren Triumph. Dies wird in der nachbiblischen Literatur dargestellt. Nach der Apokalypse des Baruch gingen den angreifenden Babyloniern Engel voraus, die Jerusalems Mauern und den Tempel zerstörten, »damit der Feind nicht prahlt und sagt: ›Wir haben die Mauer Zions niedergerissen und den Ort des mächtigen Gottes verbrannt‹ … Man hörte eine Stimme aus dem Inneren des Tempels, nachdem die Mauer gefallen war, die sprach: ›Kommt nur ihr Feinde, kommt nur ihr Widersacher; denn der, dem das Haus gehörte, hat es verlassen‹« (syrBar 6–8). Die Fassung des Midrasch macht Jerusalems Fall abhängig vom (biblisch nicht belegten) Weggang des in ihr lebenden Propheten: »Sobald Jeremia die Stadt verlassen hatte, stieg ein Engel vom Himmel herab und durchbrach die Mauern Jerusalems, indem er einen Fuß auf sie setzte. Er schrie: ›Laßt die Feinde kommen und das Haus betreten, dessen Besitzer es verlassen hat … ein Weinberg … dessen Wächter ihn verlassen haben – damit ihr nicht prahlt und sagt, ihr hättet sie erobert! Eine eroberte Stadt habt ihr erobert, ein erschlagenes Volk habt ihr erschlagen‹« (PesR 26).

Als der Prophet die Ausführung der Todesstrafe bemerkt, schreit er zweimal auf zugunsten des verdammten Volkes (9, 8; 11, 13). Dies sind die einzigen Belege dafür, daß Ezechiel für sein Volk fürbittend eintritt. Dies hat vielleicht damit zu tun, daß er sich (visionär) inmitten der Erschlagenen befand. Das sonst auffallende Fehlen der Fürbitte innerhalb des Buches steht

Rezeption

Ezechiel als
Fürbitter

vielleicht in einem Zusammenhang mit seiner bedingungslosen Unheilsbotschaft. Man vergleiche, wie demgegenüber Gott Jeremias Fürbittversuche wiederholt zurückweist (Jer 7,16; 14,7–15,4; zum Propheten als Fürbitter s. die aufschlußreiche Studien von Y. Muffs, Tefillatam šel nevi'im: Molad 35 / 36, 5735 / 1975, 204–210; ders., Reflections on Prophetic Prayer in the Bible [Hebräisch]: EI 14, 1978, 48–54).

Anspruch auf das Land Der anmaßende Anspruch der Jerusalemer auf den gesamten Besitz der Exulanten (11,14f.) mit der Begründung, daß sich letztere von JHWH entfernt hätten, gehört zu dieser Vision als weiterer Aspekt der zentralen Thematik von Nähe und Ferne JHWHs. Es scheint, als sei nach der Deportation des Königs Jojachin und der judäischen Aristokratie die Frage aufgekommen, welche Rechtsansprüche auf das Land und auf JHWH (der Zusammenhang beider wird in dem in Jos 22 aufgezeichneten Vorfall deutlich) ihnen zustanden. Allein die in der Heimat Verbliebenen konnten den traditionellen JHWH-Kult am Tempel weiterführen, genauso wie allein sie im Augenblick das Land besaßen. Dem entsprach der Anspruch, daß sie allein »das Volk JHWHs« und die Erben der Bundesverheißungen bildeten. Diesem generellen Anspruch widmet sich Jer 24: Die im Land Verbliebenen sind wie ein Korb schlechter Feigen zur Vernichtung vorgesehen. Die Exulanten sind die guten Feigen, dazu ausersehen, wieder im Land gepflanzt zu werden. Ihnen wird ein Herz gegeben, um JHWH zu erkennen, und durch sie wird die ideale Beziehung zu ihm wieder errichtet werden: »Sie werden mein Volk sein, und ich werde ihr Gott sein.«

Ezechiel widmet sich diesem besonderen Anspruch. Gottes Antwort auf den exklusiven Anspruch der Jerusalemer auf das Land besteht darin, daß, obwohl er unter den Exulanten nur in verminderter Form gegenwärtig ist (»ein kleines Heiligtum [= Heiligkeit]«), es dennoch diese sein werden, die zurückkehren und das Land von den Greueln reinigen werden, die in ihm durch seine jetzigen, verdammten Bewohner aufgerichtet wurden. Hernach wird ihnen ein neues Herz gegeben, und als Konsequenz ihres Gehorsams »werden sie mein Volk sein, und ich werde ihr Gott sein« (zu diesem Ausdruck s. das Ende der Gesamtauslegung von Ez 14,1–11).

Die Positionierung unseres Abschnitts ließ Zweifel aufkommen; man meinte, seine Heilsbotschaft stehe an der falschen Stelle, und man wies in diesem Zusammenhang auf die Ähnlichkeit zu Worten, die aus der Zeit nach der Zerstörung Jerusalems stammen, hin – 33,23–29; 36,24–28. Zwar bezieht sich im ersten Text der Anspruch der Jerusalemer auf die Zeit nach der Zerstörung Jerusalems, aber die Hintergründe unseres Textes unterscheiden sich von denen in 33,23 ff. Dort sind diejenigen, die Anspruch erheben, »die Einwohner Jerusalems«, sie sind »die Bewohner dieser Ruinen ... diejenigen, die auf dem freien Feld sind ... in Festungen und Höhlen«. Unser Abschnitt entstammt der Zeit vor der Zerstörung der Stadt, jener der Zeit danach. Darüber hinaus drängen hier diejenigen, die diesen Anspruch erheben, die Exulanten hochmütig von JHWH ab, während sie pathetisch ihren Anspruch darauf gründen, mehr als einer zu sein – mehr als Abraham, der, obwohl er allein war, das Land als Erbbesitz erhielt. Diese Argumentation zeugt davon, daß die Zahl derer, die Anspruch erheben konnten, sehr gering war. Sie bezeugt, daß der Rest in Juda nach der Zerstörung dezimiert war. Unser Text hingegen zeugt von der Zeit, bevor Jerusalem in eine solche Notlage geriet.

Die Antwort Gottes enthält tatsächlich einen Funken Heil, aber hauptsächlich zielt sie darauf, den Anspruch der Jerusalemer abzuweisen. Das Versprechen der Wiederherstellung ist notwendig, um zu zeigen, daß die im Lande Verbliebenen verdrängt werden. Das Versprechen des neuen Herzens bildet eine Nebenlinie der zornigen Erklärung, daß die Rückkehrenden die von den jetzigen Bewohnern zurückgelassenen Greuel entfernen werden. Jer 24 zeigt, daß auch vor der Zerstörung der Stadt eine Heilsbotschaft für die Exulanten ohne weiteres an eine Unheilsansage für die Judäer angehängt werden konnte. Ihre thematische Übereinstimmung mit unserem Text (Bevorzugung der Exulanten, ihre Wiederherstellung und der Austausch des Herzens, »Ich ihr Gott, sie mein Volk«) kommt als weiterer Beleg hinzu. Besonders aufschlußreich ist der unentwickelte Zustand der Lehre »vom neuen Herzen« hier und in Jer 24, verglichen mit ihrer entwickelten Form in den späteren Prophetien Jer 31 und Ez 36.

Dies bedeutet nicht, daß V 14–21 einen integralen Bestandteil der Vision ausmachen. Vielmehr scheint es sich um ein ursprünglich selbständiges Wort zu handeln. Aber das Wort wurde in die Vision integriert, und ihre Datierung vor die Zerstörung Jerusalems kann man verteidigen, sie ist sogar wahrscheinlich.

Diese vier Kapitel zeichnen ein Panorama der Verbrechen der Jerusalemer und der göttlichen Intervention, um sie zu bestrafen. Charakteristisch sind die zwei Ereignisebenen, die schreckliche Vorausschau der Vollstreckung von Gottes Zorn, bevor er den Tempel und die Stadt verläßt, und schließlich die Abweisung der Ansprüche der Jerusalemer auf das Land zugunsten der Exulanten. Dabei werden drei bekannte Sprichwörter als zum Zorn reizende Täuschungen entlarvt. Das diverse Material, das in den Rahmen der Vision eingepaßt wurde, wurde derart angeordnet, daß auf die Nennung des Hauptthemas (Sünde und Strafe) ein in Struktur und Inhalt analoges Echo folgt, das sich nicht unbedingt hernach oder parallel ereignet. Ein Hilfsthema, das Verlassen des Tempels durch die Herrlichkeit, durchzieht das Ganze vom Anfang bis zum Ende und konzentriert sich nun im Mittelpunkt des Panoramas. Das Material wird sowohl innerhalb der Vision als auch im erzählenden Rahmen in einer konzentrischen Struktur angeordnet. Ein Wille zur Integration läßt sich deutlich erkennen.

Zur Rezeption des göttlichen Streitwagens (Merkaba)

Die Beschreibung der auf ihren Trägern thronenden Herrlichkeit hier und in Kap. 1 wurde in der späteren Literatur weithin rezipiert. Vermutlich basiert die Benennung der Kerubenstatuen im salomonischen Tempel als »etwas wie ein Streitwagen« (תבנית המרכבה, 1 Chr 28,18) auf diesen beiden Stellen, da sonst nirgends ein Zusammenhang zwischen den Statuen und den Trägern des mit Rädern versehenen Throns (= eine Form des Streitwagens) hergestellt wird. Danach diente der Begriff מרכבה zur Bezeichnung der Lebewesen, die Gott tragen. Ben Sira schreibt (frühes 2. Jh. v. u. Z.): »Ezechiel sah eine Vision (מראה) und beschrieb (ויגד) eine Art [oder: Einzelheiten] des Streitwagens [זני מרכבה, 49,8]«. Ob sich Ben Sira auf verschiedene Formen des Streitwagens bezieht (nämlich in Ez 1 und 10) oder ob er die verschiedenen Teile eines einzelnen meint, ist unklar. Durch den Einfluß Ezechiels statteten ihn spätere Visionen mit feurigen Rädern aus (Dan 7,9; vgl. dagegen den einfachen Thron in 1 Kön 22,19; Jes 6,1). In der jüdischen und christlichen Liturgie wurde die Szene der Gott lobenden Engel in Jes 6,3 (Trishagion) durch Elemente aus der Ezechielvision erweitert. Die Sektierer aus Qumran beschreiben eine Liturgie der Engel, in der Keruben eine Rolle spielen, die »die Gestalt auf dem Thronwagen, Räder (sowohl גלגלים als auch אופנים) und חשמל« preisen (J. Strugnell, The Angelic Liturgy at Qumran – 4Q Serek Šîrôt ʿÔlat Haššabbāt (SVT 7), Leiden 1960, 335 ff.; 1961, 333 ff.). Die geheime Offenbarung des Johannes überblendet in Kap. 4 (datiert in die Zeit vor den Evangelien) Elemente aus Dan 7, Jes 6 sowie aus Ez 1 und 10: Aus Ez 1 stammt der Bogen um den Thron (Offb 4,3); weiterhin die vier Lebewesen, entsprechend Ez 10,12 sind sie voll mit Augen (Offb 4,6). Besonders beachtenswert ist die Verteilung der Tiermerkmale – eines für jedes Lebewesen, was dem wörtlichen Sinn von Ez 10,14 gegen 1,6 entspricht.

Die Metamorphose der Räder in eine Klasse von Engeln (אופנים im Talmud, bHagiga 13a und in der alten jüdischen Liturgie) wurzelt in genialer Weise in Ez 10,9–17. D. J. Halperin hielt diesen Abschnitt, weil die Attribute von V 12 und 14 (Fleisch, Rücken, Hände, Flügel, Augen, Gesichter) auf die Räder bezogen werden und nicht wie sonst auf die Lebewesen (wie es jedoch der Autor von Offb 4,7 verstand), für sekundär. Ob es sich hierbei um die beste Erklärung dieser dunklen Verse handelt, mag dahingestellt sein, deutlich wird daraus jedoch, wie spätere Leser den Rädern einen unabhängigen Status als Engel zuschreiben konnten – deren ältestes Zeugnis die Engeltriade Serafim, Kerubim und Ofannim in äthHen 61,10; 71,7 ist (D. J. Halperin ebd. 129–141).

Die Vision der מרכבה bildet für das rabbinische Judentum zusammen mit den Stufen des Aufstiegs zum göttlichen Thron das früheste Zeugnis einer aufgezeichneten mystischen Erfahrung (Jochanan ben Zakkai, 1. Jh. u. Z., R. Akiba und seine Schüler, 2. Jh. u. Z.; bHagiga 14b). Da die Reise des Ekstatikers durch die Himmelssphären lebensbedrohlich war, wurde sie der Überlieferung zufolge nur wenigen gelehrt: »Man darf die מרכבה (d. h. die betreffenden Texte in Ezechiel) keinem Studenten erklären, außer er ist weise genug, das Bild selbst zusammenzusetzen« (mHagiga 2, 1). Daneben existiert das anonyme Diktum der mMegilla 4, 10, daß Ezechiels Beschreibung der *Merkaba* in der Synagoge nicht (als eine die Toralesung vervollständigende Prophetenlesung) öffentlich verlesen werden darf, weil eine Rezitation des Textes die Neugier, was es mit dieser gefährlichen Sache auf sich hat, geweckt hätte. (Dem Diktum wird im folgenden widersprochen [vgl. tMegilla 4, 33]; und in der Tat ist Ez 1 an Pfingsten neben der Sinaitheophanie die vorgeschriebene Lesung.) Aus der Zeit des 3.–4. Jh. u.Z. ist eine verzweigte Literatur überliefert, die Riten für den mystischen Aufstieg zur *Merkaba* beschreibt und vorschreibt, die sog. *Hekalot*–(»Palast«-)Literatur; s. hierzu *G. Scholem*, Die jüdische Mystik in ihren Hauptströmungen (stw 330), Frankfurt a.M. ⁶1993, 43–86; *I. Gruenwald*, Apocalyptic and Merkavah Mysticism, Leiden / Köln 1980). Ein Auszug aus einem bedeutenden Beispiel dieses Genre, eine Charakterisierung des Genres und Überlegungen zu hellenistischen Parallelen finden sich bei *M. Smith*, Observations on *Hekhalot Rabbati*, in: A. Altmann (Hg.), Biblical and Other Studies, Cambridge 1963, 142–160. *D. J. Halperin*, The Merkabah in Rabbinic Literature (American Oriental Series 62), New Haven 1980, verfolgt die frühen Auslegungen der *Merkaba*-Texte.

Ez 12, 1–16: Das Exil als Pantomime

Literatur M. Ater, »Denn sie sind ein Haus von Rebellion« (Ez 12, 2) (Hebräisch): BetM 35, 1990, 374–380. – K. Friebel, Sign-Acts 1999, 637–652. – F. Giesebrecht, Die Berufsbegabung der alttestamentlichen Propheten, Göttingen 1897, 166–171. – B. Lang, Kein Aufstand 1978, 17–27. – B. Uffenheimer, Ezekiel 12:1–16, in: Y. Avishur / J. Blau (Hg.), Studies in Bible and the Ancient Near East I; II, FS E. Loewenstamm, Jerusalem 1978, 45–54 (Hebräisch in I). 213–214 (engl. Zusammenfassung in II).

Text

Übersetzung *1 Das Wort JHWHs erging an mich:*
2 Mensch, du lebst inmitten des widerspenstigen Hauses,
    die Augen haben zu sehen, aber nicht sehen,
    Ohren zu hören, aber nicht hören;
    denn sie sind ein widerspenstiges Haus.
3 Du nun, Mensch, nimm Exulantengepäck
    und geh ins Exil bei Tage, vor ihren Augen,
    geh ins Exil von deinem Ort zu einem anderen Ort, vor ihren Augen,
    vielleicht werden sie sehen –
    denn sie sind ein widerspenstiges Haus.
4 Du sollst deine Sachen nach draußen nehmen als Exulantengepäck,
    bei Tage, vor ihren Augen,
    aber du selbst sollst am Abend aufbrechen, vor ihren Augen,
    als ob du ins Exil aufbrechen würdest.
5 Vor ihren Augen, grabe einen Gang durch die Wand
    und nimm (deine Sachen) mit nach draußen;
6 Vor ihren Augen, nimm deine Last auf deine Schultern,
    du sollst sie nach draußen bringen in der Dunkelheit;
    du sollst dein Gesicht bedecken, damit du das Land nicht siehst,
    denn ich mache dich zu einem Zeichen für das Haus Israel.
7 Ich tat, wie mir befohlen war:
    Ich nahm meine Sachen als Exulantengepäck bei Tage,
    und am Abend grub ich mich mit der Hand durch die Wand;
    ich brachte es im Dunkeln heraus;
    ich lud meine Last auf meine Schultern, vor ihren Augen.
  8 Das Wort JHWHs erging an mich am Morgen: 9 Mensch, siehe, das Haus Israel, das widerspenstige Haus, hat zu dir gesagt: Was tust du? Sag zu ihnen: So spricht der Herr JHWH:

*10 Der Fürst ist diese Last, in Jerusalem, und das ganze Haus Israel, das
darin ist.*
> *11 Sprich: Ich bin euer Zeichen;*
>> *so wie ich tat, wird ihnen getan werden:*
>> *Sie werden ins Exil in die Gefangenschaft gehen,*
> *12 Und der Fürst, der unter ihnen ist,*
>> *wird seine Last schultern in der Dunkelheit und aufbrechen;*
>> *sie werden durch die Wand graben, um ihn durch sie herauszubringen;*
>> *er soll sein Gesicht bedecken,*
>> *denn er wird das Land nicht mit den Augen sehen.*
> *13 Ich werde mein Netz für ihn auswerfen,*
>> *und er wird in meiner Falle gefangen werden;*
>> *Ich werde ihn nach Babylon bringen, dem Land der Chaldäer,*
>> *und er wird es nicht sehen,*
>> *und dort wird er sterben.*
> *14 Alle, die um ihn herum sind,*
>> *seine Hilfstruppen und seine Divisionen,*
>> *werde ich in alle Richtungen zerstreuen,*
>> *und ich werde mein Schwert hinter ihnen ziehen.*
> *15 Und sie werden erkennen, daß ich JHWH bin,*
>> *wenn ich sie unter die Nationen versprenge*
>> *und sie über die Länder zerstreue.*

*16 Aber eine kleine Zahl von ihnen werde ich das Schwert, Hunger und Pest
überleben lassen, damit sie von ihren Greueln unter den Nationen erzählen
können, zu denen sie kommen, und sie werden erkennen, daß ich JHWH bin.*

---

3 Das erste und geh ins Exil fehlt in G. *Das zweite geh ins Exil* sowie das zweite *vor
ihren Augen* fehlt in S.

**Zu Text und
Übersetzung**

4 Das zweite vor ihren Augen: fehlt in G S.

5 nimm (deine Sachen): G S T »geh«.

6 vor ihren Augen: fehlt in S.

du sollst ... bringen: G S T »geh«.

7 mit der Hand: fehlt in G.

brachte es: G S T »kam«.

12 in der Dunkelheit und: G S T »und in der Dunkelheit wird er«.

Sie: G S »und er«.

ihn ... herauszubringen: G S T »herauszugehen«.

denn er wird das Land nicht mit den Augen sehen: G »damit kein Auge ihn sieht«
(und er wird das Land nicht sehen« fehlt im Chester-Beatty-Papyrus B967); S »damit
er das Land nicht sieht«.

Gesamtauslegung: Struktur und Themen

Struktur Die Darstellung der Symbolhandlung gliedert sich unter Wahrung der Einheit der Zeit in drei Teile: A., die Aufforderung, V 3–6; B., die Durchführung während eines Tages und einer Nacht, V 7; und C., die Deutung am folgenden Morgen, V 8–15. Eine schlagkräftige Anklage des Volkes als willentlich blind und taub leitet das Thema ein (V 2). Ihr Gegenstück bildet die Schlußnotiz mit dem Schuldbekenntnis der Überlebenden der Katastrophe (V 16).

A. »Du, Mensch« (V 3) eröffnet die Aufforderung zur Zeichenhandlung, formuliert mittels Begriffen, die auf das Exil anspielen (גלה). Der erste Teil enthält eine allgemeine Aussage (V 3a–bα), die in den folgenden Versen näher spezifiziert wird. Der letzte Teil (V 3bβ) wiederholt die Anklagen (V 2: »sehen«, »widerspenstiges Haus«) und rundet so die allgemeinen Aussagen dieses Abschnitts ab. Es folgen Einzelheiten, wie der Prophet sich bewegen soll, insbesondere was mit dem Exulantengepäck zu tun ist, in den V 4–6a. Den Abschluß bildet der Hinweis, daß der Prophet selbst ein Zeichen darstellt (V 6b).

B. V 7 beschreibt die Handlungen während des Auftretens des Propheten, die sich unmittelbar auf das Exulantengepäck beziehen. Damit ist der Hauptgegenstand des Folgenden genannt.

C. Das Volk hat den Propheten nach dem Sinn seines Tuns befragt. Entsprechend offenbart Gott dem Propheten am nächsten Morgen (V 8–9): Die Last (= das Exulantengepäck) symbolisiert den König in Jerusalem und die Israeliten (V 10). Der Prophet ist für seine Zuschauer ein Zeichen – so wie er gehandelt hat, wird an denen, die sich in Jerusalem aufhalten, gehandelt werden: Sie werden ins Exil in Gefangenschaft gehen (V 11). Dabei werden die in den V 5–6 genannten Handlungen speziell auf den König bezogen, dessen Handeln während des Zusammenbruchs der Stadt vorhergesagt wird (V 12). Aber die Flucht des Königs endet mit seiner Gefangennahme und der Zerstreuung seiner Armee (V 13–15). Ein Rest der Zerstreuten bekennt die Schuld der Jerusalemer in allen Ländern ihres Exils (V 16).

Komplexität Der Text wird Schritt für Schritt komplexer. Die eröffnende Aufforderung
der Symbolik (V 3) unterscheidet nicht zwischen einem Handeln des Propheten am Tag und einem Handeln bei Nacht (auch nicht in M). Diese Unterscheidung wird erst in V 4 vollzogen. Doch findet sich dort noch kein Hinweis auf die Komplexität der nächtlichen Handlungen, die erst in den V 5–6 beschrieben werden. In der Bezeichnung des Propheten als Zeichen in V 6 findet sich kein Hinweis auf die doppelte Bedeutung des Zeichens, wie sie später entfaltet wird.

In der Deutung wird die ganze Komplexität des Zeichens erkennbar. Die Handlungen und Requisiten des Propheten sind einerseits symbolisch, andererseits dienen sie der Vorhersage: Als Symbol repräsentiert »diese Last«, die stufenweise »zu einem anderen Ort« transportiert wird, den König und die Bevölkerung Jerusalems – eine zweifache Referenz. Das überraschende Ende von V 11 – »so wird an ihnen gehandelt werden« – konzentriert sich allein auf Gegenstände, nicht auf Personen, d. h. auf den Transport des Gepäcks als Symbol für die Deportation der Jerusalemer. (Es kommt einem der Gedanke, daß es sich bei dem »wie ich tat« in V 11a um einen Hinweis handeln könnte, daß der Prophet den Feind symbolisiert, ebenso wie in 4, 3.)

V 12 interpretiert die nächtliche Aktivität des Propheten auf andere Weise. Der Vers spielt durch, wie der König beim Untergang Jerusalems erniedrigt wird (mittels der Interpretation von V 5 durch V 12 wird die Symbolik für einen Moment umgekehrt; wie das הוציא zeigt, wird der König mit dem Gepäck in V 5 identifiziert, indem nun andere für ihn die Mauer durchbrechen, um ihn herauszubringen). Um den Plan von V 3 zu erfüllen (»von deinem Ort zu einem anderen Ort«), fährt die Deutung fort mit der Gefangennahme des Königs und seiner Exilierung nach Babylon (»einem anderen Ort«). Hinzugefügt wird die Zerstreuung seiner Streitmacht (dieselbe Abfolge noch in 17, 20–21). Das Ganze endet mit der Erkenntnisformel (V 13–15).

Die fortschreitende Steigerung der Komplexität zeigt sich exemplarisch in der Entwicklung des Motivs der Verhüllung des Gesichts und des Nicht-Sehens des Landes (dessen genaue Bedeutung nirgends ganz klar wird). In Übereinstimmung mit dem Kontext der ersten Erwähnung des Motivs (V 6) repräsentiert der Prophet die Exulanten als eine undifferenzierte Größe. Später dann, wenn die Deutung zwischen König und Volk unterscheidet (V 12), wird das Motiv speziell auf den König bezogen. Die späteren Ereignisse wiederum wirken zurück und fügen dem Bild neue Nuancen hinzu. Nicht nur fand die Blendung Zidkijas in einer sekundären Anspielung in V 13 Eingang in den Text (»und er wird es [d. h. das Land Chaldäa] nicht sehen«), auch die Verhüllung des Gesichts in V 12 wurde nachfolgend so verstanden (z. B. von T). Die Verwirrung hinsichtlich der eigentlichen Bedeutung des Motivs hier und in V 6 wird somit noch verstärkt. Auf diese Weise bekam das Verhüllen des Gesichts eine symbolische Bedeutung als Zeichen der Blindheit.

Die Auslegungsgeschichte dieses Textes tendiert insgesamt zu Angleichung und Vereinfachung. Die antiken Versionen übersetzen an den Stellen, wo M »herausbringen« liest, durchgängig »herausgehen« und vermeiden so die doppelte Fokussierung auf den Propheten und sein Gepäck in V 5–7(.12). Wir gehen davon aus, daß es sich dabei um ein sekundäres Phänomen der Versionen handelt, nicht um einen Hinweis auf verschiedene oder gar bessere Lesarten. In ähnlicher Weise macht G in V 12 den König zum Subjekt sämtlicher Stufen der Handlung, obwohl M in den Plural wechselt, nämlich zum Gefolge des Königs, wodurch der König zum impliziten Objekt des Textes wird.

Die historisch-kritische Forschung macht Einfachheit zum Kriterium, um einen ursprünglichen Kern des Textes von seinen späteren Erweiterungen zu unterscheiden. Dies beruht auf dem modernen Axiom, daß das ursprüngliche Werk frei von Spannungen und eindeutig sei. Herrmann zufolge habe der ursprüngliche Kern aus der Darstellung des Exils der Bevölkerung bestanden. Anspielungen auf die Flucht und das Schicksal des Königs seien sekundär, inklusive sämtlicher Bezugnahmen auf das Verhüllen des Gesichts, die er als Anspielungen auf die Blindheit Zidkijas versteht.

Man achte darauf, wie Cooke mit dem Motiv der Verhüllung des Gesichts verfährt: Die Verwendung in V 6 sei abhängig von V 12. Der ursprüngliche Sinn (erhalten in der Lesart von G in V 12bα) habe gelautet: »so daß er für das Auge nicht sichtbar war«. Bezug genommen werde auf die Verkleidung des Königs, die selbst bereits nachträglich dem Text hinzugefügt worden sei. Weitere Glossierung habe daraus eine Anspielung auf die Blindheit (»damit er das Land nicht sehen wird«) gemacht. Zimmerli differenziert weiter: Ursprünglich habe der Prophet die Exilierung des Volkes mittels Handlungen am Tage darstellen sollen. Der Durchbruch durch die Wand sei hinzugefügt worden, um den Mauerdurchbruch der Babylonier einzutragen. Die Zeichenhandlung in der Nacht beziehe sich auf Zidkijas nächtliche Flucht. Noch jünger seien die Anspielungen auf die Blindheit. Diese Beispiele aus der Forschung erschöpfen bei weitem nicht die verschiedenen Mittel, auf die zurückgegriffen wird, um die Komplexität unseres Textes zu beseitigen. Die Entscheidung darüber, wann eine interne Spannung im Ezechielbuch groß genug ist, um eine literarkritische Operation zu rechtfertigen, sollte auf Kriterien beruhen, die sich aus dem Text selbst ergeben, und nicht aus der Toleranzgrenze der Exegeten. Die Annahme diachroner Schichtung sollte allein auf unmißverständlichen Anachronismen beruhen. Berücksichtigt man dies, dann läßt sich einiges zugunsten der Einheit unseres Abschnitts sagen. Zweifelsohne ist das Handeln des Propheten in unserem Abschnitt überladen. Aber ist es das mehr als in den Zeichenhandlungen von Ez 4–5? Dort befindet sich der Prophet unter Belagerung »und trägt die Schuld«, zugleich belagert er selbst und hält eine Strafpredigt, d. h. er ist gleichzeitig Opfer und Aggressor. Das Feuer, mit dem er ein Drittel seiner Haare verbrennt, symbolisiert den Hunger und die Pest in Jerusalem, später dann das Schwert, das die Versprengten verfolgt. Auch dort tendiert die Forschung dazu, den Text in einen Grundbestand und Zusätze zu zerlegen, um so die Komplexität der Symbolik zu vereinfachen; aber unser Abschnitt und Ez 4–5 stützen einander, indem beide bezeugen, daß Ezechiels Symbole komplex und vieldeutig sein können. Ebenso wie die Komplexität seiner Visionen die anderer Propheten übertrifft, so können auch seine Symbolhandlungen nicht auf das einfache Niveau anderer zurechtgestutzt werden. Man muß damit rechnen, daß Ezechiel, der authentische Ezechiel, barock war.

Gibt es Anachronismen, die die Annahme rechtfertigen, daß der Text be-   Schichtung
arbeitet wurde und geschichtet ist? Als Opfer der Unterdrückung durch die   des Textes?
Neuassyrer und Neubabylonier mußten weder der Prophet noch seine Zuhörer bis 586 warten, um sich in die Situation von Flüchtlingen und Deportierten zu versetzen oder das Schicksal des Königs vorherzusehen, nachdem
dessen aufrührerische Pläne im vierten Jahr seiner Regierung aufgedeckt
worden waren (vgl. die Prophezeiung von Jer 34,2, derzufolge Zidkija ge-
fangengenommen und nach Babylon deportiert werden würde; daß die
Blendung nicht erwähnt wird, belegt, daß dies vor dem Eintreffen der Ereignisse vorhergesagt wurde). Die Verschmelzung der Schicksale von König
und Volk entspricht der biblischen Konzeption, derzufolge beide Größen zu-
sammengehören (vgl. die Diskussion um die Verantwortung der Allgemeinheit gegenüber dem Herrscher bei *D. Daube*, Studies in Biblical Law, Cambridge 1947, 160 ff.). Einige verstehen das »Durchbrechen der Mauer« als
anachronistischen Verweis auf Zidkijas Flucht durch das Stadttor – aber damit werden die Unterschiede beider Fluchtweisen überspielt (gegen Cooke).
Auch kann das Durchbrechen (חתר) durch den Flüchtenden nicht gleichgesetzt werden mit dem Durchbrechen (בקע) der Stadtmauer durch die Babylonier (Zimmerli). Die Einzelheiten der Handlung des Propheten und ihre
Interpretation weichen in zu vielen entscheidenden Punkten deutlich von
den späteren Ereignissen ab, als daß sie als Anachronismen eingestuft werden könnten. Sicherlich sind diese Einzelheiten schwer zu interpretieren,
aber das Problem wird nicht gelöst, indem man den Abschnitt zerstückelt.
Man sollte nicht vorschnell literarkritisch argumentieren, da wir uns auf
unsicherem Terrain bewegen. Andererseits dürfte es sich bei den Anspielungen auf die Blendung des Königs in V 13 um eine jüngere – vielleicht noch
vom Propheten selbst vorgenommene – Neuinterpretation im Licht der Ereignisse handeln (s. die Einzelanalyse). Wir vermuten, daß dadurch auch die
Bedeutung des »Verhüllens des Gesichts und des Nicht-Sehens des Landes«
in den V 6 und 12 verändert wurde (s. die Einzelanalyse zu V 13). Auf keinen Fall jedoch ist die spätere Änderung umfangreich. Berücksichtigt man
Ezechiels Neigung zum Barocken, dann läßt sich die literarische Einheit des
Textes verteidigen. (Die grundsätzliche Einheit, Vielschichtigkeit und relec-
ture dieses Textes wird gewürdigt von *B. Lang*, Kein Aufstand 1978, 17 ff.,
vgl. ebenfalls *B. Uffenheimer*, Ezekiel 1978.)

Der Abschnitt nimmt das Thema des Exils wieder auf, das erstmalig durch   Thematische
die beiden Zeichenhandlungen in Ez 4–5 verkündet wurde – das Essen un-   Verknüpfungen
reiner Speise und das Zerstreuen der Haare in alle Richtungen. Während
jene Handlungen jedoch darauf abgestimmt waren, daß der Prophet einge-
sperrt war, erzielen diese demgegenüber Lebendigkeit, weil der Prophet sich
frei bewegen kann. Der Zweck ist jeweils derselbe: Das Publikum soll überzeugt werden, daß die Zerstörung Jerusalems und das Exil seiner Bewohner
unausweichlich bevorstehen. Die Jerusalemer sollen ihr Schicksal nicht ab-

wenden können, da ihre Umkehr weder gefordert noch bedacht wird. Es
wird keinerlei Raum gegeben, das Unheil abzuwenden. Die Botschaft richtete sich an die Exulanten. Ihre Sympathie für die Jerusalemer und die Hoffnungen auf eine schnelle Rückkehr in die Heimat rechtfertigen ihre Stig-
matisierung als »widerspenstiges Haus«. Nur wenn sie ihre Illusionen
aufgeben (»vielleicht werden sie erkennen«, V 3), können sie die Tiefe ihrer
Schuld erkennen und ihr Exil verstehen als Begleichung ihrer Sündenschuld
vor Gott, um mit ihm versöhnt zu werden. (Damit wird die Schwäche der
Behauptung von *B. Lang* ebd., 24, deutlich, daß dieser Text »die [unexpli-
zierte] Aufforderung an die Exulanten und an den König [enthalte], in letzter Minute Maßnahmen zu ergreifen, daß das befürchtete Schicksal nicht
eintritt«.)

Rückgriffe auf ältere Worte des Propheten finden sich an Beginn und Ende des Abschnitts. V 2 verweist auf 5,2(.12), da der Vers die Zerstreuung
und Verfolgung durch das Schwert auf das Schicksal der Truppen des Königs
bezieht. Der Rest, der 6,8 ff. zufolge seine Schuld erkennen wird, wird hier
(V 16) zum Bekenner im heidnischen Land. Die Rede vom »widerspenstigen
Haus« durchläuft eine bemerkenswerte Entwicklung. Bei der Berufung Ezechiels zweifelte Gott daran, daß sie auf den Propheten hören würden, bzw. er
sah voraus, daß dies nicht geschehen werde (z.B. 2,5.7; 3,7.27). Nachdem
nun seit mehr als einem Jahr ihre Begriffsstutzigkeit bezüglich seiner Worte
und Taten demonstriert worden ist, werden sie als ein Volk charakterisiert,
das »Augen hat zu sehen, aber nicht sieht … Ohren zu hören, aber nicht
hört«. (Man beachte die assoziative Verknüpfung mit der Nennung dieser
Sinne in 12,2 und den unmittelbar vorhergehenden Versen 11,24 f., wo der
Prophet den Exulanten über die von ihm gesehene Vision Bericht erstattet.)
Die Art und Weise, wie die Anweisungen an den Propheten formuliert sind,
berücksichtigt bereits die erwiesene Schuld des Volkes, willentlich die Augen zu verschließen. Jede einzelne Handlung geschieht »vor ihren Augen«
(לעיניהם – sechsmal wiederholt). Und wenn er von seinem Auftritt berichtet,
vergißt er nicht – zum siebten Mal – zu sagen, daß er alles »vor ihren Augen« getan hat.

Der Text enthält eine Vielzahl von Stilmitteln und Anspielungen. Das
beherrschende Thema des Verschließens der Augen, das in V 2 eingeführt
wird, wird evoziert mittels der Derivate des unmittelbar folgenden גלה (»ins
Exil gehen«) in V 3, worin das Homonym »aufdecken, entblößen« mit-
schwingt, was durch die Verbindung mit »Augen« verstärkt wird (vgl. גלוי
עינים »mit offenen Augen« Num 24,4.16; גלה לעיני »die Sicht enthüllen« Ps
98,2). Die Evokation ist besonders stark in M durch das – aufgrund von
Dittographie? – hinzugefügte (לעיניהם) … ונלי in V 3a. Im folgenden erfährt
das Thema eine überraschende Wendung, indem nun das »Nicht-Sehen-
des-Landes« (*»Nicht-Gesehen-Werden«) die Hauptrolle spielt. Das
»Durchbrechen der Wand« verbindet den Text mit der vorhergehenden

Tempelvision, dem einzigen weiteren Beleg dieses Ausdrucks (8,8). Die komplexeste Kombination von Wortspiel und Anspielung geschieht mittels der Wurzel נשא »(eine Last) tragen«. Ezechiel trägt sein Gepäck nach draußen als Zeichen für das Exil des Königs (נשיא) und der Jerusalemer, die beide mittels »dieser Last« (משא) symbolisiert werden. Möglicherweise kannte Ezechiel das bittere Wortspiel Jeremias mit משא (»Forderung Gottes« bzw. »Last, die von Gott abgeworfen wird«), aber so weit brauchen wir gar nicht zu gehen. Jeremia bezeugt, daß das Wort zu seiner Zeit in Mode war, womit Ezechiels ähnliche Verwendung hinreichend erklärt wäre.

Diese Stilmittel und die komplexe Symbolik unseres Abschnitts bilden eine Einheit, was ebenfalls für seine Authentizität spricht.

Einzelanalyse: sprachliche und literarische Aspekte

V 2 Vgl. Jer 5,21: »die Augen haben und nicht sehen, die Ohren haben und nicht hören« und Jes 6,9: »Ja, hören sollt ihr, aber nicht verstehen; sehen, aber nicht begreifen.« Dort wird jeweils die Dummheit und Geistlosigkeit des Volkes verurteilt (vgl. den jeweiligen Kontext), während hier seine Halsstarrigkeit gemeint ist. Obwohl sie Augen haben zu sehen (d.h. die sehen können) und Ohren zu hören (d.h. die hören können), haben sie sich geweigert, davon Gebrauch zu machen, »denn sie sind ein widerspenstiges Haus«. Die Verwendung des Perfekts (ראו, שמעו) konnotiert allgemeingültige Erfahrungssätze (vgl. *S. R. Driver*, Tenses 1892, §12). Seit mehr als einem Jahr hatte Ezechiel seine Botschaft ihren Augen und Ohren in Handlungen und Worten präsentiert, aber sie hatten ihn nicht beachtet und an ihrer Hoffnung festgehalten, daß Jerusalem überleben würde und sie schnell dorthin zurückkehren würden.

V 3 Die Anweisung von V 3 ist unspezifisch und verwendet entsprechende Begriffe: גלה »ins Exil gehen«, כלי גולה wörtl. »Gefäße des Exils«. In V 4–6 hingegen werden neben dem allgemeinen Begriff יצא »weggehen, aufbrechen« auch spezifische Anweisungen gegeben und entsprechende Vergleiche verwendet (כמוצאי גולה, ככלי גולה). Die Unterscheidung zwischen spezifischen und unspezifischen Anweisungen ist aufgrund des יומם »bei Tage« in V 3 ein wenig unscharf. Man erwartet dieses Detail eher im Rahmen der spezifischeren Beschreibung der Handlungen zwischen Tag und Nacht in V 4 (יומם begegnet fast immer in Verbindung mit einem zeitlichen Gegenbegriff [z.B. לילה »nachts«]; daß dies in V 3 nicht der Fall ist, ist ungewöhnlich). Darüber hinaus widerspricht die Anweisung in V 3 (»geh ins Exil bei Tag«) der Näherbestimmung in V 4, derzufolge der Tag allein der Vorbereitung und Zurschaustellung des Gepäcks dienen sollte, der Prophet jedoch erst am Abend aufbrechen sollte. Von daher streichen neuzeitliche Ausleger

Abb. 6: Ez 12,1–16
Assyrisches Palastrelief aus Ninive (Zeit Assurbanipals, 668–626 v.u.Z.): Exulanten tragen ihr Gepäck aus der von den Eroberern zerstörten elamitischen Stadt Hamanu
Quelle: Nachzeichnung *H. Keel-Leu*.

das וגלה »geh ins Exil« auf der Basis von G als Dittographie des vorhergehenden גולה. Das יומם bezieht sich dann allein auf die Vorbereitung des Gepäcks, genau wie in V 4. Dadurch wird zwar der Widerspruch zwischen V 3 und V 4 behoben, gleichzeitig aber geht die Unbestimmtheit von V 3 gegenüber den V 4–6 verloren, und das יומם in V 3 verliert sein Gegenstück. Die Schwierigkeiten lassen sich beheben, indem man das יומם ebenfalls streicht. Eine ursprüngliche Lesart עשה לך כלי גולה לעיניהם von V 3a vorausgesetzt, läßt sich G mit der implizierten Abfolge גולה יומם לעיניהם erklären als Angleichung an die identische Abfolge in V 4a. M entstand daraus durch Dittographie (גולה וגלה). S hingegen fand M bereits vor. Für S ist die Kürzung von Wiederholungen charakteristisch. V 3b wurde entsprechend geändert, um nicht Teile von V 3a zu wiederholen.

Exulantengepäck findet sich dargestellt in ägyptischen und assyrischen Siegerreliefs (Abb. 6). Es enthielt nur das Notwendigste. R. Chija Bar Abba, ein Tannait des 3. Jhs. aus Palästina, sagte: ein Stück Leder, eine Matte und ein Topf. Jedes Teil diente dabei einem doppelten Zweck: das Leder, um darin Mehl (nach einer anderen Version: Wasser) aufzubewahren und um es als Kopfkissen zu benutzen; die Matte zum Sitzen und Liegen; der Topf zum Essen und Trinken (KlglR 1,23; bNedarim 40b erwähnt statt des Stücks Leder eine Lampe).

vor ihren Augen, vielleicht werden sie sehen. »Vor ihren Augen« (wörtl. »zu ihren Augen«) wird innerhalb von V 3–7 siebenmal wiederholt, wodurch betont wird, daß der Prophet sich ihre Aufmerksamkeit zu allererst erzwingen muß. (Vgl. dagegen die Versionen, insbesondere S, die durch ihre Auslassungen dieses Moment abschwächen.) Nichtsdestoweniger dürften sie keine Notiz davon nehmen (»sehen«), da sie widerspenstig sind.

V 4 Der Prophet sollte seine Sachen – vielleicht mehrere Male – tagsüber aus seinem Haus bringen und sein Exulantengepäck vorbereiten, damit das Volk bemerkte, daß es sich um eine Pantomime handelte. Der eigentliche Aufbruch fand hingegen in der Nacht statt. Die mittelalterlichen Kommentatoren interpretierten die Dunkelheit als Bedeckung der Scham der Exulanten. Neuzeitliche Ausleger weisen darauf hin, daß die Kühle der Nacht sich für den Aufbruch ins Exil eignete. Abgesehen davon, daß heutige Wandernde am besten kurz vor Tagesanbruch aufbrechen, wird eine solch rationale Argumentation der Symbolik des restlichen Textes nicht gerecht. Mit Blick auf den nächsten Vers besteht die Möglichkeit, daß die Dunkelheit die Heimlichkeit des Aufbruchs symbolisiert, z. B. um einer Gefangennahme zu entgehen. Schließlich sind die Dunkelheit bzw. der Abend auch als Symbol für Unheil belegt, vgl. Jer 13,16: »Gebt JHWH, eurem Gott, Ehre, bevor er es finster macht und bevor eure Füße sich an den Bergen im Schatten stoßen, während ihr auf Licht wartet, es aber in Finsternis verwandelt und zur Dunkelheit gemacht wird.« Unserer Stelle noch näher ist Jes 24,11: »Die Sonne ist untergegangen (ערבה) bei aller Fröhlichkeit, die Freude der Erde ist ins Exil gegangen (גלה).«

als Aufbruch. Vgl. als wörtliche Parallele (und Antonym) für den Plural des Abstraktnomens מוצאי 26,10: מבואי (s. P. Joüon, Grammar 1996, § 88 L d–e und 136 g–i).

V 5–6 Diese Verse bestimmen die »Vorbereitung auf das Exil« näher. Der Durchbruch durch die Wand (קיר) des Hauses (Am 5,19) dürfte die zerstörten Häuser und die verzweifelten Fluchtversuche (vgl. Cooke) symbolisieren bzw. den Versuch einer heimlichen Flucht, um die Belagerer zu umgehen. Damit eine Wand durchbrochen werden konnte, mußte es sich um eine Lehmziegelmauer handeln, dem verbreitetsten Baumittel in Mesopotamien (G. *Conteneau*, Everyday Life in Babylon and Assyria, London 1954, 26 ff.). Die Kommentatoren des Mittelalters bezogen diese Handlung auf den Versuch Zidkijas, bei Nacht aus Jerusalem zu fliehen, nachdem die Stadtmauer gefallen war (2 Kön 25,4 ff.; Jer 39,4 ff.; 52,7 ff.). Allerdings wird dort ein Durchbruch nicht erwähnt, sondern ein Verlassen der Stadt durch »das Tor zwischen der Doppelmauer«. Das ist mehr als eine »unbedeutende Inkohärenz« (Cooke) und spricht eher dagegen, das Durchbrechen der Mauer mit dem Fluchtversuch Zidkijas in Verbindung zu bringen.

und trage deine Sachen durch es hindurch. והוצאת nimmt den Anfang von V 4 auf. Das nicht genannte Objekt ist das dort genannte Exulantengepäck. Formen dieses Verbs ohne Objekt begegnen noch in V 6.7.12. Das Fehlen des Objekts ist vollkommen normal (Ges-K § 117 f.) und gilt in denselben Versen auch für das Verb נשא »tragen«, wo zu ergänzen ist: das Gepäck. Die Aufmerksamkeit wird ganz auf das Exulantengepäck gezogen, dem Hauptgegenstand der Pantomime. Die Versionen ebnen alle Verben zu יצא »verlassen« aus V 4.12 ein, was offensichtlich eine Erleichterung darstellt.

du sollst dein Gesicht bedecken, und du sollst nicht das Land sehen. Ein schwieriger Satz. Fohrer versteht ihn rein symbolisch: Er beziehe sich auf den nächtlichen Aufbruch und das Unwissen der Exulanten (Finsternis, Blindheit) darüber, in welches Land sie gehen mußten. Die Kommentatoren des Mittelalters gleichen an das Vorhergehende an und interpretieren die Aussage als die Scham, die die Exilierten aufgrund ihrer Schande empfanden (Raschi; Kimchi verweist auf Jer 9,18: »Wir sind völlig zuschanden, weil wir unser Land verlassen und unsere Wohnungen aufgeben müssen.«). Das Land nicht zu sehen, ist gleichbedeutend damit, von anderen nicht gesehen zu werden (Eliezer von Beaugency). Das Bedecken des Gesichts war aber auch ein Zeichen der Trauer (2 Sam 19,5 mit anderem Verb). Sollte das den Schmerz über das Verlassen des geliebten Landes ausdrücken (Zimmerli)? J. Licht (mündliche Mitteilung) vermutet, daß eine Zeichenhandlung symbolisch aufgeladen wird: der heimliche Flüchtling, der sein Gesicht bedeckt, um nicht erkannt zu werden, und der so den Boden nicht erkennen kann – ein Symbol und Omen dafür, daß er das Land niemals wiedersehen wird. Vgl. Jer 22,12, wo gesagt wird, daß der exilierte König Joahas »das Land nie wiedersehen wird« (ואת הארץ הזאת לא יראה עוד). Ein Fluch in einem Vertrag zwischen Ašurnirari V. von Assyrien und Mati'ilu von Arpad in Syrien läßt vermuten, daß es sich hierbei um eine standardisierte Redewendung handelte:

»15' Wenn Mati'ilu gegen den bei den Göttern beschworenen Vertrag [sündigt], 16' so soll, so wie dieses Frühjahrslamm aus seiner Hürde herausgeholt ist, 17' zu seiner Hürde nicht zurückkehren und seine Hürde [nicht wieder erblicken wird], 18' … auch Mati'ilu nebst seinen Söhnen, [seinen Großen] 19' und den Leuten seines Landes aus seinem Lande [herausgeholt werden], 20' nach seinem Lande nicht zurückkehren und sein Land nicht [wieder erblicken].« (TUAT 1, 155).

Folgt man dieser Interpretation, dann führt das »Nicht-Sehen«, das zunächst schlicht das Unvermögen, durch den Gesichtsschleier zu schauen, meint, zur allgemeineren Bedeutung, die das עוד »wieder« erfordert. Die Ansicht einiger Kommentatoren (z. B. Herrmann, Cooke, Wevers), derzufolge die Zeile sekundär von V 12b her hinzugefügt sei, nachdem dieser Abschnitt als Anspielung auf Zidkijas Blendung verstanden wurde, ist abhängig vom Verständnis von V 12 b (s. u.).

Ich mache dich zum Zeichen (מופת). D. h. zu einem verhängnisvollen Beispiel für das, was den Israeliten widerfahren wird (vgl. V 11 und 24,24). Diese Bedeutung findet sich nur noch in Jes 8,18.

V 7   *mit meiner Hand.* Nicht mittels eines Werkzeugs, um zu zeigen, wie überraschend und unvorbereitet die Katastrophe hereinbrach. Die Kommentatoren des Mittelalters interpretieren dies als Zeichen der Heimlichkeit (damit der Fluchtversuch nicht gehört werden kann) und beziehen es auf Zidkija, ohne die unterschiedlichen Kontexte zu beachten.

V 7 kombiniert die Anweisungen der V 4–6 mit Blick auf ihre Ausführung, wobei alles übergangen wird, was nicht mit dem Exulantengepäck zu tun hat. Diese Konzentration auf das Wesentliche hat zur Folge, daß das »Verhüllen des Gesichtes« ausgelassen wird. Es kann somit als spätere Hinzufügung identifiziert werden.

V 9   *sehen.* הלא, wörtl. »ist nicht?«, dient oftmals einfach als affirmierende Partikel fast wie הנה, G ἰδού »siehe«, womit הלא an einigen Stellen auch übersetzt wird (vgl. 1 Sam 26,1).

V 10   *Der Fürst ist das Gepäck.* Hebräisch הנשיא המשא הזה. Dieser alliterierte Ausdruck ist nach Jer 23,33 אתם המשא gebildet (so mit G S): »Ihr seid die Last (und ich werde euch abwerfen, spricht JHWH).« Der Satz meint: Diese Last, das Exulantengepäck, repräsentiert den Fürsten und die Israeliten aus Jerusalem. Sie werden aus der Stadt herausgeführt ins Exil. Zwei Dinge überraschen: der Bezug auf zwei Subjekte, nämlich den Fürsten (bzw. König) und das Volk sowie die symbolische Deutung des Exulantengepäcks (משה weist zurück auf נשא על בתף »das Gepäck auf der Schulter tragen« in V 6 f.). Aber wir werden sehen, daß der Doppelaspekt der Handlungen des Propheten als Vorhersage und als Symbol durchgehalten wird. S vereinfacht, indem sie allein den Aspekt der Vorhersage bewahrt: »Der Fürst wird seine Last in Jerusalem tragen und das ganze Haus Israel mit ihm.« T folgt der anderen Bedeutung von משא (auf die in Jer 23,32 f. abgehoben wird) und übersetzt: »Das Gepäck dieser Prophezeiung in Jerusalem bezieht sich auf den Fürsten« usw.

Die letzten drei Worte von V 10, אשר המה בתוכם, sind unverständlich. Offensichtlich handelt es sich um eine Konflation verschiedener Lesarten, nämlich: »(Israel), das in ihrer (d. h. Jerusalems) Mitte ist (בתוכה)« und »(der Fürst), der (הוא) in ihrer (d. h. Israels) Mitte ist.«

Die Unterscheidung der Einwohner Jerusalems in »den Fürsten (König) und das Haus Israel« entspricht der gängigen Praxis, König und Stadt / Be-

völkerung als gleiche Partner einander in einer Schicksalsgemeinschaft ge-
genüberzustellen. Im Buch Josua werden die Besiegten oftmals als die Bevölkerung einer bestimmten Stadt samt ihrem König (6, 2; 10, 28ff. u. ö.)
aufgezeichnet. Die Wiedergabe der aufrührerischen Worte des Amos durch
Amazja erwähnt nur König und Volk (Am 7, 11), vgl. Hos 10, 7 (»Samaria ist
zerstört, sein König ist wie Schaum.« [Der Vers ist so abzutrennen.]). Die
besondere Erwähnung des Königs dient seiner Erniedrigung und geht zurück auf die volkstümliche Sitte, ihn als Glücksbringer zu verstehen. Ein
guter Beleg hierfür ist Klgl 4, 20, wo Zidkija »unser Lebensodem« genannt
wird (eine in Ägypten bekannte Vorstellung; vgl. TUAT 1, 547 von Mer-en-
Ptah) und sein Schatten das Leben unter den Völkern garantiert (vgl. den
ähnlichen Gebrauch von akkadisch *sillu* in bezug auf den König, CAD 16,
191 ff.). S. *D. R. Hillers*, Lamentations (AncB 7a), Garden City 1992, 92.

Sage. Dies leitet eine Rede des Propheten ein. Da es sich bei V 10 um ein   V 11
Gotteswort handelte – eingeleitet mittels »so spricht der Herr JHWH« –, war
es notwendig, den Subjektwechsel durch Unterbrechung des Redeflusses anzuzeigen.

wie ich getan habe, so wird ihnen getan werden. Nämlich dem Fürsten
und dem Volk. Vgl. 24, 22.24. Dort heißt es: »Wie ich / er tat, so sollst du
tun.«, womit eindeutig gesagt wird, daß das Volk das gleiche wie der Prophet
tun wird. Die passive Ausdrucksweise am Schluß unseres Verses ist aber
zumindest doppeldeutig. Es heißt nicht nur: »So wie ich gehandelt habe, so
sollen sie handeln«, sondern: »Wie ich gehandelt habe (mit meinem Gepäck,
das ich durch ein Loch in der Wand nach draußen getragen habe), so wird
man an ihnen handeln: Sie werden (mit Gewalt aus ihren Häusern vertrieben werden und) ins Exil in die Gefangenschaft gehen.« Der Wechsel zum
Passiv am Ende des Satzes verleiht der Handlung des Propheten somit eine
symbolische Färbung, die den wiederholten Gebrauch von הוֹצִיא »herausbringen« in den V 5–7 rechtfertigt. Dadurch wird die Aufmerksamkeit auf
das gerichtet, was mit dem Gepäck geschieht: Das Exulantengepäck ist ein
Symbol des Restes, der aus seiner Heimat in die Gefangenschaft geführt
wird. Dieser symbolische Sinn überdeckt die einfache Vorhersage, die durch
יצא »herausgehen« (V 4) ausgedrückt wird und die sich auf den Aufbruch
der Exulanten bezieht, die ihr Gepäck auf ihren Rücken tragen.

Der Fürst, der unter ihnen ist ... Da נשׂיא »Fürst« eine Passivform von נשׂא   V 12
»heben, tragen« darstellt, ergibt sich ein ironischer Effekt: »Der Heraus-
gehobene (נשׂיא) unter ihnen soll seine Last auf seine Schultern nehmen
(ישׂא).« Als ein prophetisches Zeichen stand der Prophet für den Repräsentanten der Nation, den König. Sein Bündel tragend, würde der König ver-
zweifelt versuchen, bei Nacht zu fliehen; seine Anhänger würden versuchen, ein Loch durch die zerfallenen Mauern zu graben, damit er
unbemerkt hindurch könnte (הוֹצִיא spielt auf die symbolische Verwendung
des Gepäcks in V 5b an), und er würde sein Gesicht bedecken.

weil (יַעַן) er das Land mit seinen Augen nicht mehr sehen wird. Hier wird für das Bedecken des Gesichts ausdrücklich eine Erklärung gegeben, die auf eine zweite Bedeutung hinzuweisen scheint: Er wird sein Gesicht bedecken, so daß er das Land nicht mehr sehen kann, da er in der Tat das Land nicht mehr sehen wird (bzw. niemals wiedersehen wird?). Das redundante הוא hat eine analoge Parallele in 11,15, aber לעין »durch das Auge« ist problematisch. T paraphrasiert: »Da er die Strafe eines Auges bekam (d. h. geblendet wurde), wird er das Land nicht sehen«. T sieht hier also eine Anspielung auf Zidkijas späteres Schicksal (so auch Kara), aber eine solche Anspielung wäre in diesem Satz verfrüht, da die Handlungen sich hier allein auf den Versuch des Königs, die Stadt zu verlassen, beziehen.

G S Vul und die Kommentatoren des Mittelalters interpretieren יען im Sinne von »so daß«, was der Emendation heutiger Ausleger zu למען entspricht. Der sich so ergebende Satz entspricht V 6aβ (»du sollst dein Gesicht bedecken, so daß du das Land nicht siehst«). Auch S versteht beide Passagen in gleicher Weise. Beachtenswert ist jedoch die abweichende Lesart von G. Die Forschung rekonstruiert die Vorlage ihrer ersten Hälfte als למען אשר לא ירָאי לעין »so daß er für das Auge nicht sichtbar ist«. Dies wird als die ursprüngliche Lesart angesehen im Sinne einer Anspielung auf eine Verkleidung, um nicht erkannt zu werden (so z. B. Cooke). Die zweite Satzhälfte in G, die im Chester-Beatty-Papyrus B967 fehlt, lautet: »und er wird das Land nicht sehen.« Sie wird als Behelfsübersetzung von M הוא את הארץ angesehen. Die Problematik des Halbsatzes und sein Fehlen in B967 zeigen, daß es sich um eine Hinzufügung handelt, die auf ein Mißverständnis des vorhergehenden יראה als ירא »er wird sehen« zurückgeht, wodurch das Ganze auf Zidkijas Blindheit bezogen wurde.

Diese Interpretation von G ist einleuchtend, aber nicht zwingend. So kommt interessanterweise Abarbanel zur gleichen Interpretation, allerdings auf der Basis von M: »Er wird sein Gesicht bedecken, damit seine Flucht nicht sichtbar ist für die Augen der Bevölkerung (הארץ = die Einwohner des Landes wie in Gen 11,1; vgl. Ez 14,13 ff.), wie ein Mann, der sich seiner Flucht schämt. Daher wird er versuchen, heimlich zu entfliehen, damit niemand vom Land ihn sehen kann« (= die ursprüngliche Lesart von G in der ersten Vershälfte). Ob nicht vielleicht die Vorlage von G mit M identisch war und nur von G ebenso verstanden wurde wie von Abarbanel? Der Vorteil der Interpretation von G und Abarbanel und damit ihr Vorzug gegenüber T besteht darin, daß sie nicht die Blindheit vorzeitig in den Kontext der Flucht einträgt. Wie soeben erwähnt, liegt durch diese Interpretation die Vorhersage von V 12b auf einer Linie mit der Handlung des Propheten, die dieser nach V 6a ausführen soll.

Wir haben bisher versucht, den vorliegenden M zu interpretieren. Wir haben hierzu eine komplexe Bedeutung der V 6a und 12b postuliert: eine prophetische Handlung, die zugleich symbolisch ist. Wir haben den sym-

Abb. 7: Ez 12,1–16
Malerei aus dem Grab des Nacht aus der Zeit von Tutmosis IV. (1422–1413 v. u. Z.):
Vogelfänger holen ihr Netz ein.
Quelle: Nachzeichnung *H. Keel-Leu.*

bolischen Sinn expliziert, zumindest in V 12b. Wir haben zugestanden, daß
לעין in den Vers eingedrungen und das הוא am Ende des Verses redundant
ist. All dies summiert sich zu einer Spannung. Wir werden versuchen, eine
Erklärung für diese Spannung in der Kommentierung des nächsten Verses
zu geben.

werfe mein Netz nach ihm aus (עליו). Das Bild ist das eines Vogelfängers   V 13
(Abb. 7, vgl. Hos 7,12) oder Jägers (Ez 19,8), folglich wird das Netz über
dem Boden ausgeworfen (AuS 6, 335 ff.). Spr 29,5 »er wirft ein Netz nach
seinen Füßen פעמיו« zeigt, daß על in diesem Kontext »nach« bedeutet, nicht
aber »über« (Ehrlich). Die zukünftige Gefangennahme des judäischen Königs durch die Babylonier wird als Handlung Gottes interpretiert. Die Gottheit als Jäger, die ihre Feinde (bzw. die ihrer Verehrer) in einem Netz ergreift, ist ein Motiv der altorientalischen Ikonographie (Abb. 8: ein Riese,
möglicherweise eine Gottheit, hält ein Netz mit Gefangenen; vgl. ANEP
Abb. 307; in ANET 625 i droht der Gott Dagan: »O Babylon … ich werde
dich in einem Netz fangen«, ebd. 632 x: »ich werde [deinen Feind] in einem
Netz, das nicht reißt, fangen«). In unserem Abschnitt ist der König von Juda
Gottes Feind, der sich plötzlich gegen ihn und den Herrscher von Babylon
aufgelehnt hat (s. Ez 17). Die Vorhersage seiner Gefangennahme und Deportation nach Babylon muß kein vaticinium ex eventu sein (d. h. erst nach dem
Geschehen formuliert). Vielmehr spiegelt sich darin die Praxis der Neuassyrer (8.–7. Jh.) und Neubabylonier wider, aufständische Könige in die Haupt-

Abb. 8: Ez 12,1–16
Sumerische Kalksteinstele: Ein Riese, möglicherweise eine Gottheit, hält ein Netz mit Gefangenen.
Quelle: Nachzeichnung *H. Keel-Leu.*

stadt zu deportieren, wo sie gefangen gehalten oder getötet wurden. Vgl. für die Assyrer ANET 295 a (Ägypter), 300 b (Araber), 301 d (Babylonier); für die Babylonier vgl. das Schicksal Jojachins, besonders jedoch ANET 308 c: eine Liste von sieben Königen, darunter die Könige von Tyrus, Gaza, Sidon, Arwad und Aschdod, die Gefangene am Hof Nebukadnezzars waren. 2 Kön 25,28 bezieht sich auf königliche Mitgefangene Jojachins, gegenüber denen er höher eingestuft wurde. Dabei handelte es sich vermutlich um politische Gefangene oder Geiseln (vgl. *J. Gray*, I & II Kings [OTL], London ³1977, 774).

und er wird es nicht sehen. Ist hiermit, wie die meisten Kommentatoren des Mittelalters und der Neuzeit meinen, die Blendung Zidkijas vor seiner Deportation (2 Kön 25,7; Jer 39,7; 52,11) gemeint? Und falls dies der Fall sein sollte: Handelt es sich dann um eine Umdeutung des Motivs des Nicht-Sehen-Könnens vor dem Hintergrund späterer Ereignisse? *P. E. Deist* hat die Ereignisse (Eroberung und Zerstörung der Stadt, Massaker an den Mitgliedern des Königshofes und Blendung) mit Flüchen im aramäischen Sefire-Vertrag I A 35–40 (TUAT 1, 181 f.) verglichen, die der Blendung vorausgehen (ca. 750 v. u. Z.). Er vermutete, daß der Vertrag, durch den Zidkija als Vasall Babylons eingesetzt wurde, verschiedene Bestimmungen für den Fall eines Vertragsbruchs enthielt, so daß diese Strafen die »unvermeidliche Konsequenz für den Bruch des Loyalitätseids« darstellten (The Punishment of the Disobedient Zedekiah: JNWSL 1, 1971, 71 f.). Entsprechend ist es auch hier nicht notwendig, eine »Prophetie aus der Rückschau« anzunehmen. Weiterhin ist zu beachten, daß zeitweise die assyrischen Könige gegenüber unterworfenen Feinden das praktizierten, was in Sefire ein Fluch ist, der von den Göttern, nicht aber von den Menschen umgesetzt wurde. Ein Relief in Niniveh zeigt Sargon II. (8. Jh.), wie er die herausgerissenen Augen eines Gegners auf einer Schnur aufreiht (*A. Parrot*, Samaria: die Hauptstadt des Reiches Israel [Bibel und Archäologie 3], Zollikon 1957, Abb. XXIII). Dennoch bleiben Zweifel, vor allem aufgrund der Detailliertheit, mit der die verschiedenen Arten der Bestrafung des Königs Zidkija beschrieben werden, nämlich sowohl die Blendung als auch das babylonische Exil. Wenn die Vorhersage, daß der Flüchtling »das Land nicht sehen wird« (V 6aβ.12b), verstanden werden kann, ohne auf die Blindheit des Königs zu rekurrieren, dann deshalb, weil das in Frage kommende Land sein Heimatland ist. Wenn aber in diesem Vers gesagt wird, daß der König »es nicht sehen wird«, kann damit nur Chaldäa gemeint sein (außer man ist bereit, mit *Ibn Janach, Sefer ha-riqmah* I, 1929, Kap. 34 [33], 363 f. das »es« als Vorwegnahme auf Jerusalem zu beziehen, s. die Vorbehalte des Herausgebers Wilensky in Anm. 5). Eine solch exakte Vorhersage zusammenhängender Details ist untypisch für die biblische Prophetie und dürfte daher erst im Nachhinein formuliert worden sein. Da das entsprechende Wort in 17,16b.20 diese Details nicht enthält, schließen wir, daß das Thema Sehen / Nicht-Sehen, das diesen Abschnitt beherrscht, die nachfolgende Glossierung durch eine ironische Neuinterpretation des Nicht-Sehens in bezug auf den König nach dessen Blendung in Ribla begünstigte.

Läßt man sich auf die Möglichkeit einer späteren Änderung des Textes ein, können die Spannungen in den V 6aβ und 12b neu bedacht werden. Die Meinung der Forschung, derzufolge diese Passagen insgesamt als Glossen aus späterer Zeit zu identifizieren seien, geht zu weit. Die Spannungen können durch die zurückhaltendere Annahme gelöst werden, daß allein das הארץ (הוא את) eine Glosse darstellt – eines Stückes mit ואותה לא יראה –, die in den Text eingetragen wurde, um den ursprünglich passiven Sinn des Satzes לֹא (ת)יראה »du / er wirst / wird das Land nicht sehen« zu ändern. Denn der Satz erklärt das Verhüllen des Gesichts, wie einige Kommentatoren des Mittelalters gesehen haben (ebenso wie G in V 12b), als Versuch, nicht erkannt zu werden. Wir vermuten, daß erst nach Zidkijas Blendung dieser ursprüngliche Konsonantenbestand auf subtile Weise geändert wurde, indem die Verbformen aktiv verstanden und in den V 6aβ und 12b die Objekte (»[er] das Land«) hinzugefügt wurden. In V 13 wurde der neue Satz hinzugefügt (»aber er wird es nicht sehen«), so daß nun das Wort ausdrücklich auf die Blendung bezogen werden konnte. Man kann hierin ein Art Vorform homiletischer Technik sehen, wie sie in talmudischer Zeit als *al-tiqrê* »lese nicht (x sondern y)« bekannt ist (s. Art. »Al Tikrei«: EJ), mit dem Unterschied, daß hier im Gegensatz zu dort die Umdeutung in den Text selbst eingetragen wurde. Der Glossator – vielleicht der Prophet selbst, der in späterer Zeit einen »tieferen« Sinn in seinen Handlungen entdeckte – wurde nicht von der Inkohärenz abgeschreckt, daß nun die Blindheit des Königs bereits zum Beginn seiner Flucht eingetragen wird. Dies sollte nicht überraschen, haben doch bereits T und Kara das Problem nicht beachtet. Harmonisierende Auslegungen – von Raschi angefangen – hingegen haben versucht, den ursprünglichen Sinn, den der Kontext erfordert, aus dem jetzigen Wortlaut herauszuarbeiten.

und dort wird er sterben. So erneut in 17,16. Diese Vorhersage stimmt teilweise mit der von Am 7,17 hinsichtlich des Todes eines anderen Gottesfeindes, dem Priester Amazja, »auf unreinem (d.h. fremdem) Boden«, überein. Vgl. auch Jes 22,18, wo gesagt wird, daß der Bösewicht Schebna hinweggeschleudert und im Exil sterben werde, sowie Jer 20,6, wo von Paschhur gesagt wird, daß er ins Exil geführt und in Babylon sterben werde. Daß Zidkija möglicherweise tatsächlich in babylonischer Gefangenschaft starb (Jer 52,11), macht aus der Prophezeiung weniger eine »Prophetie aus der Rückschau« als vielmehr die »Erfüllung« der Vorhersage Jeremias (Jer 22,10f.), derzufolge Joahas in Ägypten sterben werde (2 Kön 23,43).[8]

V 14   *seine Hilfstruppen* (עזרה). Die Versionen übersetzen den Ausdruck als Plural »seine Helfer«. Da Ezechiel sonst das Partizip im Plural verwendet ע(ו)זריו (32,21; 30,8), wurde עזרה in der Forschung durch dieses Wort ersetzt. Aber עזר kann »derjenige, der hilft« bedeuten (wobei dies allerdings der einzige Beleg für einen kollektiven Gebrauch wäre), und das ה als alte Suffixform der 3. Person maskulinum Singular begegnet auch sonst in Ezechiel (z.B. in 11,15 כלה sowie an weiteren zehn Stellen aufgelistet bei *R. Gordis*, The Biblical Text in the Making, Philadelphia 1937, 93 ff.). Da der Satz ohne das עזרה glatter verlaufen würde, schlägt Ehrlich eine Lesart

---

[8] Anders *W. Rudolph*, Jeremia (HAT 1/12), Tübingen 1968, 139. Er datiert den letzten Vers exakt auf den Moment der Deportation des Königs nach Ägypten.

אזרה »ich werde zerstreuen« vor (so wie im nächsten Vers). Die ersten beiden Zeilen wären dann als alternative Varianten zu verstehen (oder, bei Bei-
behaltung des עזרה, wären dies und אשר סביבתיו Varianten).

seine Abteilungen. Akkadisch *agappu* und im späteren Hebräisch (א)גנף
meinen »Flügel«. Daher die Vermutung, daß das ezechielische אגף, das sonst
nirgends belegt ist, eine militärische Bedeutung hat wie das lateinische *ala*
»Flügel« (»… ursprünglich war die römische Kavallerie an beiden Seiten der
Legionen wie Flügel angeordnet; später waren damit Hilfstruppen gemeint,
insbesondere Kavallerie«, Cassel's New Latin Dictionary); andere ziehen als
Vergleich arab. *ja / uff,* »starke Kompanie« heran (vielleicht letztlich dasselbe Wort?). Vgl. mit der ersten Hälfte des Verses den ähnlichen Vers 17,21
(auch von Zidkija). Mit der zweiten Vershälfte vgl. 5,2(.12), dort nur mit
Bezug auf Zidkijas Truppen.

Daß einige der Katastrophe entrinnen und unter den Nationen überleben   V16
würden, war bereits in 5,3 angekündigt und in 6,8ff. angedeutet worden:
»Sie werden sagen: Wir sind für unsere Sünden bestraft worden, da wir dies
und das getan haben. Daher werde ich bekannt machen, daß ich sie keineswegs auslöschen werde« (Raschi mit Bezug auf 6,10). Ob nun der Rest oder
die Heiden diejenigen sind, die »erkennen, daß ich JHWH bin«, ist nicht sofort klar. Da Ezechiel von der späteren, blasphemischen Reaktion der Heiden
auf die Zerstörung Jerusalems enttäuscht war (36,20ff.), könnte es sich hierbei um eine ältere Erwartung handeln (die durch die Ereignisse enttäuscht
wurde), daß der Jerusalemer Rest Gott gegenüber den Heiden rechtfertigen
würde.

Ez 12,17–20: Das Grauen naht

Text

Übersetzung   *17 Das Wort JHWHs erging an mich:*
18 Mensch! Dein Brot esse bebend,
und dein Wasser trinke zitternd vor Angst,
19 Und sage zum Volk des Landes: So spricht der Herr JHWH über die Be-
wohner Jerusalems im Land Israel:
Sie werden ihr Brot in Angst essen
und ihr Wasser in Verlassenheit trinken;
So wird ihr Land verlassen sein aufgrund dessen, womit es angefüllt ist,
wegen der Gesetzlosigkeit all seiner Bewohner.

> *20 Die bewohnten Städte werden verfallen,*
> *und das Land wird verlassen sein;*
> *und ihr sollt erkennen, daß ich JHWH bin!*

19 Anstelle des dritten *ihr* (3. Person Singular) lesen G S T »das«. Einige hebräische Hss und Editionen lesen die 3. Person Plural (ארצם).   **Zu Text und Übersetzung**

Gesamtauslegung: Struktur und Themen

Da dieser und der vorhergehende Abschnitt gleichermaßen Zeichenhandlungen beschreiben, gleichen sich beide im Aufbau. Auf die Wortereignisformel (V 17) folgt (a) die Aufforderung zur Zeichenhandlung. Daran schließt (b) die Aufforderung an, ihre Deutung dem Publikum in Form eines Prophetenwortes (»so spricht der Herr JHWH«) mitzuteilen (V 19aα). Die Deutung (c) beginnt mit einer direkten Bezugnahme auf die Zeichenhandlung, d. h. darauf, wie die Bewohner Jerusalems angsterfüllt ihre Mahlzeiten zu sich nehmen werden (V 19aβ). Sie geht über zu einer Anklage der ganzen Bevölkerung wegen Gesetzlosigkeit (V 19b). Der Höhepunkt besteht in der Vorhersage einer landesweiten Verwüstung (V 20). Der Abschnitt endet mit der Erkenntnisformel.   **Struktur**

Die einzelnen Teile sind durch Verben miteinander verbunden. Die einzelnen Bestandteile der Aufforderung (V 18) sind größtenteils körperlich (Zittern und Beben) und weisen auf eine emotionale Komponente (Angst) hin, die Aufforderung und Deutung miteinander verbindet (V 19aβ). ארץ und שׁמם begegnen jeweils dreimal im zweiten und dritten Teil. Ihre Mehrdeutigkeit und der Wechsel von einer Bedeutung zur anderen verleihen dem Abschnitt einen überraschenden Fluß. Es handelt sich um die Schlüsselbegriffe des Abschnitts. In den V 19b und 20a sind die Worte שׁמם, ארץ und ישׁב chiastisch (abccba) angeordnet, womit der Teil des Prophetenwortes, der die Drohung enthält, abgeschlossen wird.   **Stichwortverknüpfungen**

Die Struktur richtet sich nach dem Hauptthema: »Er hatte Jerusalem und seinen Bürgern die Zerstörung angedroht (V 19); nun nimmt er die anderen Städte Judas hinzu, die noch bewohnt waren (V 20aβ), gleichsam als wolle er sagen, daß keine Ecke des Landes meinen sollte, vom Schlachten ausgenommen zu sein.« (Calvin)   **Thema**

Abarbanel und Fohrer beziehen die hier beschriebene Situation auf die vorhergehende. Das Grauen und Entsetzen bezieht sich auf die Überlebenden der Katastrophe, die im Land Israel zurückgeblieben sind. Eher jedoch sollte man unseren Abschnitt unabhängig vom vorhergehenden behandeln und ihn ähnlich wie die Zeichenhandlung von 4,10f.16f. als Vorhersage dessen verstehen, was vor dem Fall der Stadt geschehen wird. Vergleicht

man den Ausdruck »Bewohner Jerusalems im Land Israel« hier mit dem
später verwendeten »Bewohner dieser Ruinen im Land« usw. (33,24),
spricht dies ebenfalls dafür, daß unser Abschnitt sich auf das noch nicht zerstörte Jerusalem bezieht.

Während in 4,10f. die Mahlsymbolik Not symbolisiert, inszeniert der
Prophet hier die Zeichen des Grauens, das die Bevölkerung beim Anblick
des babylonischen Angriffs erfaßt. Grundsätzlich werden mit der Symbolik
des Essens und Trinkens Emotionen verbunden: »Geh, iß dein Brot in Zu-
friedenheit, und trinke deinen Wein in Freude« (Koh 9,7; vgl. Ps 42,4; 80,6;
Ijob 3,24). Zimmerli hält das Zittern des Propheten für eine Krankheit, interpretiert es dann jedoch symbolisch. Nichts im Text weist darauf hin. Warum sollte Ezechiel sich nicht aufgefordert gefühlt haben, das Zittern darzustellen, gerade im Hinblick auf die weitaus schwierigeren Übungen der
Belagerungssymbolik in Ez 4–5?

Einzelanalyse: sprachliche und literarische Aspekte

bebend (רעש), *zitternd* (רגזה), *Angst* (דאגה). Das Verb und Nomen רעש (be-   V 18
reits in 3,12.13; weiterhin in 37,7; 38,19) steht meist im Zusammenhang
mit Erdbeben. An einer Stelle jedoch wird ein Schlachtroß als ברעש וברגז (die
maskuline Form von רגזה) »zitternd vor Erregung« beschrieben (Ijob 39,24).
Das erklärt, warum in der zweiten Hälfte unseres Verses zu »zitternd« noch
»in Angst« hinzugefügt wurde. Da רגז verschiedene Formen von Unruhe
bezeichnet, unter anderem Ungeduld (Ijob 39,24), Jubel (Jer 33,9), Trauer
(2 Sam 19,1) und Zorn (Hab 3,2), mußte näher definiert werden, welche
Emotion das Zittern und Beben ausdrücken sollte, z.B. mittels der entsprechenden Mimik. Da »in Angst« die Ausgewogenheit des Satzes stört und
einen Gefühlsausdruck bezeichnet, vermutet die Forschung, es sei zu einem
späteren Zeitpunkt aus dem folgenden Vers eingedrungen. Es handelt sich
aber um einen notwendigen Teil der Anweisungen an den Propheten, wie er
sich zu verhalten habe. Vgl. dagegen 4,10f., wo die exakte Bemessung der
Nahrungsmittel ausreicht, die anstehende Hungersnot vor Augen zu führen. Das in der Interpretation (4,16) erwähnte Entsetzen fügt dem nichts
hinzu.

sag zum Volk des Landes. D.h. zur Exilsgemeinde. Einige Kommentato-   V 19
ren übersetzen mit »sage vom« (אל = על, 2 Kön 19,32; Jer 22,18) und beziehen den Text auf die im Land Verbliebenen, da der Ausdruck sich sonst auf
einen Bevölkerungsteil im Land Israel beziehe. Beim folgenden »die Bewohner Jerusalems« müsse es sich dementsprechend um eine sekundäre Erläuterung handeln. Doch dies ist nicht notwendig. Ezechiel verwendet den
Ausdruck »das Volk des Landes« auf verschiedene Weise: In 33,2 ist die Be-

völkerung eines hypothetisch vorgestellten Landes gemeint, in 39,13 die des zukünftigen Landes Israel. In 7,27; 22,29; 45,16.22; 46,3.9 bezeichnet der Ausdruck das einfache Volk des gegenwärtigen oder des zukünftigen Landes Israel im Gegensatz zum König oder höheren Klassen. Während der Ausdruck sich sonst auf Bewohner des Landes Israel bezieht, schließt Ezechiel die Exulanten gewöhnlich in allgemeine Ausdrücke ein (wie »das Haus Israel, das widerspenstige Haus«). Insofern identifizieren die mittelalterlichen Kommentatoren das »Volk des Landes« zu Recht mit den Exulanten, der Stammzuhörerschaft des Propheten. Im folgenden, bes. in V 20, bezeichnet »das Land« das gesamte Land Juda. Dementsprechend muß das exilierte »Volk des Landes« sowohl Jerusalemer als auch Bewohner von außerhalb der Stadt eingeschlossen haben. Vgl. auch Jer 52,28, wo die Deportierten (aus der Zeit Jojakims?) »Judäer« genannt werden (*A. Malamat*, Twilight 1975, 134). Eichrodt sieht darin eine Ironie: Sie sind ein »Volk des Landes« ohne Land.

die Bewohner Jerusalems im Land Israel. Im Gegensatz zu den Jerusalemern unter den Exulanten. S und Kimchi fassen – vielleicht unter dem Einfluß von V 20 – den präpositionalen Ausdruck weiter: »und bezüglich derer, (die wohnen) im Land Israel«. Aber die spätere Parallele in 33,24, »die Bewohner dieser Ruinen im Land Israel«, spricht dagegen, den Ausdruck mit על als Anspielung auf eine separate Gruppe zu verstehen.

in Verlassenheit (שִׁמָּמוֹן). Zusammen mit דְּאָגָה »Angst« (vgl. 4,16) scheint שִׁמָּמוֹן eine emotionale Bedeutung zu haben: Erschrecken, blankes Entsetzen. Aufgrund der Mehrdeutigkeit des verwandten Verbs im folgenden Vers ist dies jedoch nicht sicher.

so (= ebenso) wird ihr Land … Zu dieser Bedeutung von לְמַעַן vgl. die Einzelanalyse des Schlusses von 4,17. Der Satz meint ursprünglich folgendes: Das Essen und Trinken des Volkes in Angst illustriert recht lebendig den Zustand des von Verbrechen heimgesuchten Landes. Jedoch stellt dieser Satz ein gutes Beispiel für die Ambiguität dar, die durch (vielleicht unbewußte) Wortwahl einer an Assoziationen und Interpretationsmöglichkeiten reichen Sprache entsteht. So kann man zu einer Bedeutung gelangen, die mit dem vorhergehenden Satz nicht im Verhältnis von Ursache und Wirkung steht, so daß das לְמַעַן zu einer vagen, fast leeren Konjunktion verblaßt.

ihr Land. Das feminine Suffix in אַרְצָה bezieht sich auf Jerusalem (Kimchi). Vgl. אֶרֶץ יַעְזֵר »das Land (die Gegend) von Jaser« (Num 32,1; vgl. Jos 17,8; 1 Kön 4,10). Vermutlich ist hier das Land Juda und nicht nur die Gegend um Jerusalem gemeint. Dies gilt auf jeden Fall für die Lesarten »das Land« oder »ihr Land«, welche beide möglich sind (s. o. zu Text und Übersetzung).

verlassen sein (תֵּשַׁם) … Der Ausdruck שָׁמֵם מִן (יֵשַׁם) kann je nach Kontext verschiedene Bedeutungen haben. Die folgenden Beispiele, die unserem Abschnitt sehr ähneln, mögen dies erläutern: »Das Land und alles, was es anfüllte, waren entsetzt vor (= wegen) der Stimme seines Gebrülls« (19,7); »das Land wird leer sein von seiner Fülle« (32,15). Wenn wir uns mit Blick auf שממון »Entsetzen« im vorhergehenden Vers für die erste Möglichkeit entscheiden, dann können wir den Ausdruck »womit es angefüllt ist« (מלאה) als Ad-hoc-Synonym zu »Gesetzlosigkeit« (חמס) verstehen, da Ezechiel מלאה oftmals zusammen mit חמס und Mord (7,23; 8,17; 9,9 [eine Lesart]; 11,6; 28,16 mit Begriffen aus der Sintflutgeschichte [Gen 6,11.13]) verwendet. Gemeint ist dann, daß die Bevölkerung des Landes von blankem Entsetzen gezeichnet ist aufgrund dessen (d.h. als Strafe für das), wovon das Land voll ist, nämlich der Gesetzlosigkeit seiner Bewohner. Zur Bedeutung von למען und der Beziehung zum vorhergehenden Satz s.o.

Weniger gewagt ist es, die zweite Möglichkeit zu wählen, die besser bezeugt ist (Lev 26,43 תעזב מהם »von ihnen vergessen zu sein« parallel zu בהשמה מהם »von ihnen verlassen sein«; Sach 7,14), und entsprechend zu übersetzen: »So wird das Land verlassen (d.h. leer) sein von dem, was es füllte (d.h. Leben und Wohlstand), aufgrund der Gesetzlosigkeit« usw. Anstelle der Ad-hoc-Synonymie von מאלה und חמס tritt die übliche Bedeutung der beiden Worte, aber auf Kosten eines Wechsels von שממון »Entsetzen« hin zu שמם מן »verlassen sein«, wodurch die mittels des למען angezeigte Grund-Folge-Beziehung abgeschwächt wird. Eine dritte Möglichkeit besteht darin, von der Bedeutung »verlassen sein« für שמם auszugehen, an der Synonymität festzuhalten und mit den zwei Bedeutungen von מן zu spielen; entweder: »das Land wird verlassen sein *aufgrund dessen*, was es erfüllt, nämlich seine Gesetzlosigkeit« usw. oder aber: »das Land wird verlassen sein *von dem*, was es erfüllt, nämlich die Gesetzlosigkeit (oder besser: der Wohlstand, der auf Verbrechen all seiner Bewohner gründet [Am 3,10]).«

Während im vorhergehenden Vers nicht klar ist, wie weit das Unheil V 20 reicht, wird dies hier durch den Ausdruck »die bewohnten Städte … und das Land« klargestellt. In ähnlicher Weise wird hier die Mehrdeutigkeit von שמם durch das vorhergehende eindeutige חרב »in Ruinen liegen« aufgelöst. Das Unheil wird in einer landesweiten Verwüstung bestehen.

Ez 12,21–28: Ausverkauf der Prophetie

F. V. Vilson, The Omission of Ezekiel 12, 26–28 and 36, 23b–38 in Codex 967: JBL 62,   Literatur
1943, 27–43.

Text

*21 Das Wort JHWHs erging an mich: 22 Mensch, was meint ihr im Land
Israel mit diesem Sprichwort: »Die Zeit verstreicht, und keine Vision erfüllt
sich?« 23 Sage daher zu ihnen: So spricht der Herr JHWH:*
> *Ich werde diesem Sprichwort ein Ende bereiten;*
>> *sie werden es nicht länger gebrauchen in Israel!*

Sprich vielmehr zu ihnen: »Die Zeit ist da, und jede Vision wird erfüllt!«
> *24   Eitle Visionen wird es nicht mehr geben,*
>> *und leere Prophezeiungen inmitten des Hauses Israel.*

> *25   Denn ich, JHWH, werde das Wort sprechen, das ich will, und es*
>> *wird sich erfüllen.*
>> *Es wird keine Verzögerung mehr geben!*
>> *Denn in eurer Zeit, ihr rebellisches Haus, werde ich mein Wort*
>>> *sprechen und es erfüllen,*

Spricht der Herr JHWH.
> *26   Das Wort JHWHs erging an mich: 27 Mensch, das Haus Israel*
>> *sagt:*
>> *»Die Vision, die er hat, ist weit weg,*
>>> *er prophezeit über eine ferne Zukunft.«*

> *28   Sage daher zu ihnen: So spricht der Herr JHWH:*
>> *Es wird keine Verzögerung mehr geben!*
>> *Jedes Wort, das ich spreche, wird sich erfüllen,*
>> *Spricht der Herr JHWH.*

24 Visionen ... und ... Prophezeiungen: Einige Hss lesen חָזוֹן und מִקְסָם, d.h. den   Zu Text und
status absolutus und nicht constructus. Übersetze entsprechend: Keine Vision wird   Übersetzung
mehr eitel sein und keine Prophezeiung leer.

Gesamtauslegung: Struktur und Themen

Struktur Die beiden Abschnitte 12, 21–25 und 26–28 haben die gleiche Grundstruktur: Zunächst wird ein beliebtes Sprichwort zitiert. Darauf folgt eine Antwort Gottes, die dem Sprichwort widerspricht (vgl. 11, 2 ff. 14 ff.). Beide Abschnitte beginnen bzw. enden mit der Wortereignis- und der Gottesspruchformel. Die Antwort Gottes beginnt jeweils mit: »Sage daher zu ihnen: So spricht der Herr JHWH«.

Der erste, komplexere Abschnitt zerfällt in zwei gleiche Teile. V 22–23 beginnen mit einer zornigen Frage hinsichtlich des Sprichwortes in Israel und schließen mit Gottes Gegen-Sprichwort. V 24–25 bestehen aus zwei כי-Sätzen, die Gottes Erwiderung näher begründen. Die beiden Teile des Abschnitts sind durch Stichwortverknüpfungen eng miteinander verbunden: »jede / irgendeine (כל) Vision« (V 22.23.24), »Zeit« (ימים) (V 22.23.25), »nicht mehr (לא עוד)« (V 23.24.25), »Wort« (V 23.25 [zweimal]). Von Israel wird in der dritten Person gesprochen. Der Abschnitt ist genau durchdacht.

Der zweite Abschnitt besteht nur aus der Grundstruktur. Allerdings ist das populäre Sprichwort komplexer: ein Zweizeiler in chiastischem, synonymen Parallelismus im Unterschied zum einfachen, einzeiligen Sprichwort des ersten Abschnitts.

Das Vokabular des zweiten Sprichworts entspricht in weiten Teilen dem des ersten: »Vision«, »Zeit« und Gottes Erwiderung (eine invertierte Variante von V 25a). Es stellt so etwas wie ein Echo auf das erste Sprichwort dar. Die Beziehung zwischen den beiden klärt man am besten im Anschluß an eine Diskussion ihres jeweiligen Inhalts.

Unerfüllte **Unheilsansagen** Beiden Abschnitten gemeinsam ist, daß das Volk unerfüllte Prophetien abtut und Gott daraufhin erwidert, daß seine Worte sich (bald) erfüllen werden. Der größte Unterschied besteht in der Begründung, weshalb die Prophezeiungen abgetan werden. Damit wollen wir uns zunächst beschäftigen.

Andere Propheten erwähnen die skeptische Resonanz auf ihre Unheilsansagen. Jesaja klagt die Sünder an, die sagen: »(JHWH) lasse eilen, er mache schnell sein Wort, damit wir es sehen, laß das, was JHWH geplant hat, bald eintreffen, damit wir es erfahren« (5, 19). Jeremia klagt: »Siehe, sie sagen zu mir: ›Wo ist das Wort JHWHs? Es soll doch kommen!‹« (17, 15). Das populäre Sprichwort unseres ersten Abschnittes unterscheidet sich davon auf zweierlei Weise: Zum einen handelt es sich weniger um eine Forderung als vielmehr um einen »theologischen Slogan« (*W. McKane*, Proverbs [OTL], London 1970, 30), um eine Theorie der Nutzlosigkeit, die auf einer Generationen betreffende Verzögerung der Erfüllung von Prophetien basiert. Darüber hinaus ist es derart allgemein formuliert (»jede / irgendeine Vision«), daß es auf Unheils- wie auch auf Heilsansagen bezogen werden kann. »Widerspruchsvolle Prophetenworte haben von der Zukunft dieses Landes geredet, bald Heil und Freiheit verheißend, bald düstere Unheilstage ansagend.

(…) Sowenig die überschwenglichen Segensbilder der Heilspropheten sich verwirklicht hatten, ebensowenig die Untergangsschilderungen ihrer Gegner. (…) Wer ein nüchterner Realist blieb, konnte nur skeptisch die Achseln zucken über die unkontrollierbaren Voraussagen« (*Eichrodt* 84); »… eine Stimmung, verursacht durch das Auftreten falscher Propheten, durch die erwiesene Unzuverlässigkeit der Prophetie und ihrer Unfähigkeit, den Gang der Dinge zu erhellen« (*W. McKane* ebd.). Das Sprichwort läßt zwar eine solche Interpretation zu, auf Gottes Erwiderung kann sie aber nur auf Umwegen angewendet werden (z. B. indem man דבר als »Inhalt« einer jeden Prophezeiung versteht, genauer gesagt, als die Entscheidung, ob sie wahr oder falsch ist). Aber zwei Überlegungen sprechen gegen diese Interpretation: (1) Die V 24–25, die das Vorhergehende begründen und auf diese Weise erklären, bekräftigen die Entschlossenheit Gottes, sein Wort dem »widerspenstigen Haus« gegenüber zu bestätigen. Im Kontext Ezechiels kann sich dies nur auf bisher unerfüllt gebliebene Unheilsansagen beziehen. (2) Das nächste Kapitel beschäftigt sich ausführlich mit den falschen Heilspropheten. Weit davon entfernt, die Ansicht zu stützen, daß diese beim Volk diskreditiert waren, zeigt Ezechiels Donnern vielmehr, daß man diesen weithin glaubte und ihnen folgte. Daher kann sich trotz der allgemeinen Rede von »jeder Vision« unser Kontext allein auf Unheilsansagen beziehen. Das Volk zweifelt allein an diesen.

Der erste Abschnitt bezieht sich im Unterschied zum zweiten nicht auf Ezechiels Prophetien. Er reagiert auf ein Sprichwort im Land Israel. Daher ist zu vermuten, daß die Unheilsansagen beispielsweise Jeremias oder Urijas angezweifelt werden (obwohl, wie oben beobachtet, das Phänomen unerfüllter Unheilsansagen schon seit Generationen bekannt war). Wenn dem so ist, haben wir hier den Beleg für die innerhalb Ezechiels kaum belegte – und bei den anderen klassischen Propheten sehr seltene – Aussage, daß neben ihm auch andere wahre Propheten auftraten.

Der zweite Abschnitt antwortet auf eine andere Art von gefährlicher Prophetie, die vermutlich erstmalig in Am 6,3 erwähnt wird: »(Wehe denen,) die den Tag des Unglücks weit hinausschieben.« Sowohl Ibn Esra als auch Kimchi interpretieren diesen Vers, indem sie das populäre Sprichwort aus unserem V 27 zitieren. Die Erfüllung von Unheilsworten konnte aufgrund der Reue der Verurteilten (1 Kön 21,29 [Ahab]; 2 Kön 22,19 f. [Joschija]) für eine Generation oder länger hinausgeschoben – nicht aufgehoben – werden, oder aufgrund von Gottes langer Geduld. Hiskijas Bestrafung wurde ausdrücklich zu seinen Gunsten ausgesetzt bis zur Zeit seiner Nachfahren (Jes 39,6 f.). Es war deshalb möglich, Ezechiels Unheilsansagen zu entschärfen, ohne ihre Gültigkeit in Zweifel zu ziehen (im Gegensatz zum Sprichwort des ersten Abschnitts), indem man sie einfach »weit hinausschob«. Genau dies unternimmt das populäre Epigramm im zweiten Abschnitt.

Nicht nur die Ansichten, sondern auch die Standorte der Verfasser beider

Sprichworte sind verschieden. Das erste richtet sich an Personen, die sich »im Lande Israel« befinden. Das zweite richtet sich an die Exulanten. Einige Ausleger trennen daher die beiden Abschnitte voneinander: Bei zwei Anlässen sei das Thema unerfüllter Unheilsansagen aufgekommen und sei in ähnlicher Weise abgehandelt worden. Andere wiederum vermuten, daß es sich um verschiedene Varianten ein und desselben Wortes handele. Da aber auch die letztgenannten Ausleger voraussetzen müssen, daß diejenigen, die die Traditionen gestalteten, ihre Version für verständlich hielten, und da es außerhalb des Ezechielbuches Belege für beide Ansichten gibt, macht es nur einen geringen praktischen Unterschied, welcher Hypothese man sich anschließt, um die Ähnlichkeit beider Worte zu erklären.

Einzelanalyse: sprachliche und literarische Aspekte

Mensch, was meint ihr … Man erwartet hinter der Anrede »Mensch« eine   V 22
Weiterführung wie: »sage zu den Israeliten: [Was meint ihr …].« Stattdessen richtet sich Gott direkt an die Schuldigen (vgl. 18, 2), als sei der Prophet mit gemeint. Kimchi verweist zutreffend auf Ex 16, 28, wo Gottes Kritik am Verhalten des Volkes Mose mit einschließt.

Ihr im Land Israel. Vgl. 18, 2: »Was meint ihr mit diesem Sprichwort, daß ihr im Land Israel benutzt?« Dort bezieht sich das Sprichwort auf die Gerechtigkeit Gottes. Daß es auch von Jeremia (31, 28) zitiert wird, beweist, daß es in der Heimat kursierte. Andere übersetzen על an dieser Stelle mit »betreffs des Landes Israel« wie in 36, 6, aber dort ist das Land der Gegenstand der Aussage, während hier der Gegenstand eine unerfüllte Vorhersage ist. Vermutlich hatte Ezechiel erfahren, daß dieses Sprichwort in Juda kursierte.

Sprichwort. Zur Bedeutung von משל im Sinne eines populären, oftmals einzeiligen Sprichworts, das eine allgemeingültige Erkenntnis fomuliert, s. W. McKane ebd. 22 ff. Ein solches Sprichwort setzt eine lang andauernde Situation voraus (s. u.).

Die Zeit vergeht … Wörtl. »die Tage werden lang«. Rückt die Verkündigung einer Prophetie immer mehr in die Vergangenheit, ohne sich zu erfüllen, verliert sie ihre Kraft und gerät in Vergessenheit. Vgl. hierzu *I. L. Seeligman,* Die Auffassung von der Prophetie in der Deuteronomistischen und Chronistischen Geschichtsschreibung, in: Congress Volume. Göttingen 1977 (VTS 29), Leiden 1978, 255 ff. Aus Gottes Erwiderung, derzufolge die Erfüllung garantiert noch »in eurer Zeit« eintreffen werde, kann geschlossen werden, daß die »Zeit«, auf die hier angespielt wird, in Lebenszeiten gemessen wird. Das Leben von Generationen war überschattet von unerfüllten Vorhersagen. Dies führte zum Unglauben, den das Sprichwort artikuliert.

Vision. D. h. Vorhersage. חָזוֹן bezeichnet eigentlich ein optisches Phänomen (חזה »sehen«; Dan 8,15 ff.), aber meist (wie auch hier) bezieht sich der Ausdruck auf die verbale Offenbarung, die von einer Vision begleitet sein kann, aber nicht muß (THAT 1, 536; vgl. *Y. Kaufmann,* Religion 1963, 97 ff.).

V 23 Gott kontert mit einem eigenen Sprichwort, das das erste Verb des Sprichworts umkehrt, indem קָרְבוּ »sind nahegekommen« durch יָאַרְכוּ »lang werden« ersetzt wird. Weiterhin wird das Verb אָבַד »vergehen« durch das Nomen דָּבָר ersetzt, das wörtl. »Wort« bedeutet, hier jedoch den Inhalt oder das Geschehen einer Prophetie meint. Der sich daraus ergebende Satz meint: »Die Zeit, da jede Prophetie sich erfüllt, ist nah.« Der Ausdruck »die Zeit ist nahe« gehört zu den Unheilsansagen, vgl. 7,7 קָרוֹב הַיּוֹם (der Plural יָמִים wird hier deshalb beibehalten, um so weit wie möglich die Wortwahl des Sprichworts beizubehalten; vgl. aber 22,4). Wenn der Tag des Unheils kommt, wird sich jede Prophetie erfüllen. Dann wird sich zeigen, daß keine einzige Vorhersage gefehlt hat. In Gottes Erwiderung steht ein Nominalsatz anstelle des zweiten Verbalsatzes des Sprichworts. Dabei handelt es sich um eine freie Variation. Gleiches gilt für die Variation der ersten Hälfte von V 25b in V 28 (s. u.). S erzeugt hier einen Verbalsatz (»und jede Vision wird [*nhw'*]«). Einige Kommentatoren »emendieren« daraufhin unnötigerweise דָּבָר in ein anderes Verb (s. BHS).

V 24 Die Rede von »eitlen Visionen« und »leeren Prophezeiungen« ist durchaus gerechtfertigt, wenn man berücksichtigt, wie das Volk die Prophetie einschätzt. In gewisser Weise wird damit diese Einschätzung sogar als gültig anerkannt. Der Vers begründet die Aussage von V 23a: Warum wird das Sprichwort aus der Mode kommen? Weil am Tag, an dem die Heimsuchung eintrifft, die Unheilsansagen nicht mehr als eitel und leer betrachtet werden! Der Ausdruck מִקְסָם »Prophezeiung« ist geringschätzig. Wenn er in bezug auf Unheilsansagen verwendet wird, spiegelt das die Meinung des Volkes wider. Die Übersetzung von חָלָק »glatt« (nur hier im übertragenen Sinn) folgt einer Bedeutung des Wortes im nachbiblischen Hebräisch: »unbeschrieben, leer« (Eliezer von Beaugency, Luzzatto).

Folgt man dieser Interpretation, können dieser und der folgende Vers nur als Rechtfertigung von Unheilsansagen verstanden werden. Die Mehrdeutigkeit der vorhergehenden Verse, wo »jede Vision« auch Heilsansagen umfassen könnte, wird so aufgegeben. Nichtsdestoweniger fällt auf, daß die verwendeten Epitheta sonst eher im Kontext falscher Heilsansagen begegnen. (Besonders deutlich wird dies, hält man sich an die gängige Vokalisation, bei der »eitle Vision«, »leere Vorhersage« Konstruktusverbindungen sind, die den Epitheta falscher Prophetie in 13,6 f. entsprechen. Weniger deutlich wird dies bei der alternativen Lesart, die allerdings leichter ist und mehr der Ausdruckweise des Sprichworts entspricht.) Dies veranlaßte zahlreiche Kommentatoren (z. B. Cooke, Fohrer, Zimmerli, Wevers), unseren Vers irr-

tümlich auf falsche Heilsansagen zu beziehen (sie übersetzen חלק mit »ver-
führerisch, schmeichelnd« in Übereinstimmung mit anderen Derivaten von
חלק) und ihn dementsprechend auszuscheiden. (Selbstverständlich liegt im
Verstummen der falschen Prophetie, wenn das Unheil kommt, ein unver-
meidbarer, allerdings unpassender Unterton unseres Abschnitts.)

Dieser Vers führt V 23b weiter, begründet aber gleichzeitig den vorher-   **V 25**
gehenden Vers. Es wird deshalb keine eitlen und leeren (unerfüllten) Prophezeiungen mehr geben, weil alles, was Gott spricht, sich ohne Verzögerung erfüllen wird.

Ich werde sprechen. Dieser frei übersetzte Satz ist eigentümlich konstruiert. Hilfreich ist ein Vergleich mit dem ähnlichen V 28:

(25)   אדבר את אשר אדבר
       »Ich werde sagen, was ich sagen werde«   דבר ויעשה

(28)   כל דברי אשר אדבר   »ein Wort, das sich
                                                  erfüllen wird«
       »All meine Worte, die ich sage«

Daß beide Sätze neben den Ausdruck »es wird keine Verzögerung mehr geben!« gestellt sind, läßt ebenfalls vermuten, daß sie einander äquivalent
sind. Beim ersten Teil des Abschnitts von V 25 handelt es sich um eine
Idem-per-idem-Konstruktion (*S. R. Driver*, Notes on the Hebrew Text and
Topography on the Books of Samuel, Oxford ²1913, 185 f. zu 1 Sam 23, 13),
die aufgrund des Pendants in V 28 äquivalent zu einem Nominalsatz sein
muß: »was immer ich sagen werde«. Das ו in ויעשה dient als Relativpronomen wie in 14, 7: »jeder Mann ... der sich selbst entfremdet (וינזר)«; vgl. Gen
16, 1: »eine Magd, deren Name (ושמה) Hagar war«; Mal 1, 10: »Wäre nur
einer unter euch, der die beiden Torflügel schließen würde (ויסגר)«; Ijob
14, 5: »Du hast ihm Grenzen gesetzt, die er nicht überschreiten darf (ולא
יעבר)«. Der Kontext verleiht dem folgenden Vers eine gewisse Dringlichkeit: »Es wird sich *bald* erfüllen«.

Es ... Verzögerung. Das feminine Verb bezieht sich auf ein abstraktes
Subjekt im Neutrum (wörtl. »es wird nicht verschleppt werden«); vgl.
Num 14, 1; Jes 7, 7; 14, 24; Jer 7, 31 (Ges-K §122q; *P. Joüon*, Grammar 1996,
§152c).

Das »Haus Israel« sind die Exulanten. Mit »er« ist Ezechiel gemeint.   **V 27**

Jedes Wort. Die Akzente verbinden כל דברי mit dem Vorhergehenden (im   **V 28**
Sinne von: »Kein Wort, das ich spreche, wird sich verzögern«). תמשך »verzögern« kann so jedoch kaum konstruiert werden, da das Subjekt ein Neutrum (s. o.) ist und nicht ein maskulinum Plural. Die Parallele in V 25 spricht
für unsere Konstruktion.

Ez 13,1–23: Billiger Ersatz anstelle wahrer Prophetie

W. H. Brownlee, Exercising the Souls from Ezekiel 13.17–32: JBL 69, 1950, 367–373. Literatur
– *F. Dumermuth*, Zu Ez 13,18–21: VT 13, 1963, 228–229. – *M. Fishbane / S. Talmon*, Structuring 1976. – *F.-L. Hossfeld / I. Meyer*, Prophet gegen Prophet. Eine Analyse der alttestamentlichen Texte zum Thema: Wahre und falsche Propheten (BBB 9), Freiburg (Schweiz) 1973, 126–145. – *W. H. Propp*, The Meaning of *Tāpel* in Ezekiel: ZAW 102, 1990, 404–408. – *H. W. Saggs*, »External Souls« in the Old Testament: JSS 19, 1974, 1–12.

Text

1 *Das Wort JHWHs erging an mich:* 2 *Mensch, prophezeie gegen die Pro-* Übersetzung
pheten Israels, die prophezeien, und sage zu den Propheten, die aus ihrem
eigenen Herzen sprechen: Hört das Wort JHWHs! So spricht der Herr
JHWH:

> 3 *Wehe den verbrecherischen Propheten,*
>> *die ihren Launen folgen,*
>> *ohne etwas gesehen zu haben.*
> 4 *Deine Propheten, Israel, sind wie Schakale in Ruinen!*
> 5 *Ihr seid nicht in die Bresche gesprungen*
>> *und habt einen Zaun um das Haus Israel gezogen,*
>> *so daß sie in der Schlacht am Tag JHWHs bestehen könnten.*
> 6 *Sie geben eitle Visionen von sich und falsche Weissagungen,*
>> *die sagen: »So spricht JHWH«, wenn JHWH sie nicht gesendet hat,*
>> *vielmehr erwarten sie, daß ihr eigenes Wort sich verwirklichen*
>> *werde!*
> 7 *Eitle Visionen habt ihr von euch gegeben,*
>> *und falsche Weissagungen habt ihr gesprochen,*
>> *die sagen: »So spricht JHWH«, wenn ich gar nicht gesprochen habe.*
> 8 *Daher, so spricht der Herr JHWH:*
> *Weil ihr eitle Dinge gesprochen*
>> *und falsche Visionen von euch gegeben habt,*
>> *siehe, ich komme an euch,*
>> *spricht der Herr JHWH.*
> 9 *Meine Hand wird über die Propheten kommen,*
>> *die leere Visionen von sich geben und falsch wahrsagen;*
>> *sie werden nicht zur Gemeinschaft meines Volkes gehören,*
>> *sie werden nicht aufgelistet sein im Verzeichnis des Hauses Israel,*
>> *und sie werden die Erde Israels nicht erreichen;*

so sollt ihr erkennen, daß ich der Herr JHWH bin –
10 *Deshalb weil sie mein Volk in die Irre geführt haben,*
   indem sie sagten: »Alles ist gut«, wenn nichts gut war.
Das Volk errichtet eine trockene Mauer,
   und sie bestreichen sie mit ungehärtetem Mörtel.
11 *Sage zu denen, die mit ungehärtetem Mörtel bestreichen,*
   daß sie fallen wird.
Wenn ein starker Regen kommt,
   und ihr, Hagelsteine, werdet fallen,
   und ein heftiger Sturmwind wird heranstürmen,
12 *so daß die Mauer fällt,*
   dann werdet ihr sicher gefragt werden: »Wo ist der Mörtel, mit dem
     ihr bestrichen habt?«
13 *Daher, so spricht der Herr JHWH:*
   Ich werde einen heftigen Sturmwind heranstürmen lassen in meinem
   Zorn,
     und in meinem Grimm wird starker Regen kommen
     und Hagelsteine in Wut zur Zerstörung.
14 *Ich werde die Mauer niederreißen, die ihr mit ungehärtetem Mörtel*
   bestrichen habt,
     bis auf den Boden werde ich sie einebnen, daß ihre Fundamente
     freigelegt sind.
Wenn sie fällt und ihr in ihrer Mitte zugrundegehen werdet,
   dann werdet ihr erkennen, daß ich JHWH bin.
15 *Ich werde meine Wut an dieser Mauer auslassen und an denen,*
   die sie mit ungehärtetem Mörtel bestrichen haben,
     und ich werde zu euch sagen: Vorbei ist es mit der Mauer und
     vorbei mit denen, die sie bestrichen haben –
16 *Israels Propheten, die über Jerusalem prophezeit haben,*
   die Alles-ist-gut-Visionen für sie von sich gegeben haben,
   wenn nichts gut ist, spricht der Herr JHWH.

17 *Und du, Mensch, richte dein Gesicht gegen die Frauen deines Volkes,*
die den Propheten aus ihren eigenen Herzen spielen, und prophezeie gegen
sie und 18 *sage: So spricht der Herr JHWH:*
   Wehe denen, die Bänder nähen an jedem Handgelenk
     und Stoffetzen für Köpfe jeder Größe,
     um Menschen zu fangen.
Die Menschen meines Volkes fangt ihr
   und erhaltet eure eigenen Menschen am Leben!
19 *Ihr entweiht mich in meinem Volk*
   mit Händen voll von Gerste und Brotkrumen,
   indem ihr die Menschen zum Tode verurteilt, die nicht sterben sollen,

> *und die Personen leben laßt, die nicht leben sollen,*
> *wie ihr mein Volk anlügt, das auf Lügen hört!*
> 20 *Daher, so spricht der Herr JHWH:*
> *Ich komme zu euren Bändern,*
> > *mit denen ihr Menschen wie Vögel fangt;*
> > *ich werde sie von euren Armen herunterreißen*
> > *und werde die Menschen, die ihr fangt, freilassen wie Vögel.*
> 21 *Ich werde eure Stoffetzen zerreißen*
> > *und mein Volk aus euren Klauen retten.*
> > *Sie werden nicht mehr länger in euren Klauen sein,*
> > *und ihr werdet erkennen, daß ich JHWH bin.*
> 22 *Weil ihr arglistig das Herz des unschuldigen Mannes betrübt,*
> > *dem ich kein Leid zufügen würde,*
> > *und ihr dem Frevler Mut macht,*
> > > *so daß er von seinem bösen Weg nicht umkehrt und sein Leben*
> > > *rettet,*
> 23 *siehe, ihr werdet keine eitlen Visionen mehr von euch geben*
> > *noch irgendwelche Wahrsagerei;*
> > *ich werde mein Volk aus euren Klauen retten,*
> > *und ihr werdet erkennen, daß ich JHWH bin.*

*1 die prophezeien und sage zu den Propheten, die aus ihrem eigenen Herzen spre-**chen*: G »prophezeie und sage zu ihnen«.

Zu Text und Übersetzung

3 den verbrecherischen Propheten, die ihren Launen folgen: G »denen, die aus ihrem eigenen Herzen prophezeien«.

10 mit ungehärtetem Mörtel: G »sie wird fallen«, S »so daß sie fallen wird«.

11 mit ungehärtetem Mörtel: fehlt in G S.

Gesamtauslegung: Struktur und Themen

Durch die Wortereignisformel in V 1, die erst wieder in 14,1 begegnet, wird das gesamte Kapitel als ein einziges Geschehen abgegrenzt. Ungeachtet dessen kann man aus inhaltlichen Gründen die Einheit des Kapitels in Frage stellen. Der Hauptabschnitt A über falsche Propheten beginnt mit »Mensch« (V 2) und endet mit dem stereotypen »spricht JHWH« (V 16). Daran schließt ein Unterabschnitt B über Wahrsager an, der eingeleitet wird mit »und du, Mensch« und schließt mit der Erkenntnisformel »ihr sollt erkennen …« (V 17–23).

Struktur

Abschnitt A über falsche Propheten läßt sich in zwei Teile gliedern: (1) die Anklage unechter Propheten (»Mensch« V 2 – »ihr sollt erkennen …« V 16). V 10 setzt ein mit der Begründung der in V 9 angekündigten Strafe, wechselt aber in der zweiten Hälfte das Thema: (2) die volkstümliche Vorstellung von Wohlergehen, die durch falsche Propheten genährt wird, wird bald in einer Katastrophe enden (V 10–15, ausgeführt mittels des Bildes von der unsolide gebauten Mauer). Der Abschluß (V 16) verbindet Ausdrücke beider Teile dieses Abschnitts: »Israels Propheten, die eine Vision prophezeit haben« (1), »daß alles gut ist, während nichts gut ist« (2).

Abschnitt B über Wahrsager hat einen ähnlichen Aufbau, ist jedoch kürzer: (1) eine erste Offenbarung (V 17–21) und eine zusätzliche Anmerkung (V 22 f.), die mit der Aufnahme von Begriffen aus A (»eitel«, »Weissagungen«) und B schließt. Das für Ezechiel typische Strukturprinzip der Zweiteilung mit einer rekapitulierenden Zusammenfassung läßt sich gut erkennen: auf kleinem Raum in Abschnitt A, im großen Zusammenhang zwischen A und B. Die folgende Tabelle verdeutlicht die Ähnlichkeiten im Aufbau zwischen A und B:

	Falsche Propheten		Wahrsager
V 2	Mensch, prophezeie gegen die Propheten ... aus ihrem eigenen Herzen ...	V 17	Und du, Mensch ... gegen die Frauen ... die aus ihrem eigenen Herzen prophezeien, und prophezeie gegen sie
V 3	So spricht der Herr JHWH: Wehe den	V 18	und sage: So spricht der Herr JHWH: Wehe denen
V 4–6	[Beschreibung der Vergehen; Gleichnis, Metapher]	V 18–19	[Beschreibung der Vergehen; Jagdmetapher]
V 7	Habt nicht (הלא) ...		
V 8	Daher, so spricht der Herr JHWH: Weil ... siehe, ich komme an euch	V 20	Daher, so spricht der Herr JHWH: Ich komme zu ...
V 9	[Strafe] und ihr sollt erkennen, daß ich JHWH bin	V 20–21	[Strafe] und ihr werdet erkennen, daß ich JHWH bin
V 10	Deshalb weil [Vergehen, Mauermetapher in Form eines	V 22	Weil [Vergehen, Wiederholung des Vorhergehenden]
V 11–12	Bedingungssatzes; wird nicht (הלא)]		
V 13	Daher (לכן), so spricht der Herr JHWH	V 23	Daher (לכן)
V 13–15	[Strafe]		[Strafe; formuliert mittels Begriffen des Haupt- und des Unterabschnitts]
	Und ihr werdet erkennen, daß ich JHWH bin (14)		Und ihr werdet erkennen, daß ich JHWH bin.
V 16	Schluß, der beide Teile des Abschnitts aufgreift		

Die Begriffsfelder der beiden Hauptteile ähneln einander. So findet sich eine Vielzahl von Wiederholungen einzelner Begriffe und Redewendungen: V 1–9, Propheten, Prophetie, Israel, Vision, Mantik, eitel, falsch; V 10–15, Mörtel, Einreißen (Assonanz mit »ungehärtetem Mörtel«), Ende (כלה); V 17–23, fangen / erjagen (סוד), Seelen, Polster, Bänder. Einige Begriffe sind in beiden Abschnitten belegt und binden diese so zusammen (besonders in den Zusammenfassungen V 16.23), Vision, mein Volk (V 9 f.18 f.21).

Der Wechsel von der zweiten zur dritten Person in V 2–10 ließ vermuten, daß hier zwei Texte zusammengearbeitet wurden. Nach Rothstein (und im Anschluß daran Cooke) sind die Verse in der zweiten Person älter; die in der dritten Person setzen hingegen eine spätere Perspektive voraus, da sie von der Zerstörung ausgehen und eine Restauration im Blick haben (V 3.5[G].6.9). Doch bedarf es dazu einer Textänderung, um einen kohärenten Text zu erzeugen. Herrmann und Zimmerli haben daher zu Recht den Personwechsel als literarkritisches Kriterium aufgegeben. Man muß sonst das »ich werde an euch kommen« in V 8 (zweite Person) trennen von dem Satz »meine Hand wird über die Propheten kommen« in V 9 (dritte Person), ungeachtet der Tatsache, daß auf die Ansage »ich komme gegen …« stets ein Satz mit einer Bestrafung folgt. Der Personwechsel in V 8–9 findet sich auch in 26, 2 ff.; 28, 21 ff. Die Anzahl der Personwechsel ist beachtenswert, nicht aber das Phänomen als solches. Bei der Anrede Israels in V 4 könnte es sich um einen Spruch handeln, der vom Propheten selbst eingefügt wurde. Vom literarischen Standpunkt aus betrachtet, folgt das Kapitel einem einheitlichen Entwurf.

Zwei Ersatzformen für wahre Propheten werden angeklagt: falsche Propheten im Exil (V 2–9) und in Jerusalem (V 10–15) sowie Wahrsager (unter den Exulanten?). Beide Gruppen verderben die Offenbarungen Gottes und Ezechiels Sendung. Die falschen Propheten lenken die Gedanken des Volkes vom nahe bevorstehenden Untergang ab und garantieren diesen damit nur umso mehr. Der göttliche Zorn gegen sie bricht oftmals in den Vorhersagen Jeremias aus:

Falsche Propheten

Sie weissagen Lügen in meinem Namen. Ich habe sie nicht gesandt, noch habe ich ihnen Aufträge erteilt oder zu ihnen gesprochen. Lügengesichter, Wahrsagerei, Nichtiges und Trug ihres Herzens weissagen sie dir (14, 14).

Besonders nah an unserem Kapitel, was Inhalt und Sprache anbelangt, steht Jer 23:

Sie reden die Vision ihres Herzens und nicht das aus dem Mund JHWHs. [...] Ich habe die Propheten nicht gesandt, aber sie rennen. Ich habe nicht zu ihnen gesprochen, trotzdem weissagen sie [...] Ich komme an die Propheten, die ihre Zunge zur Offenbarung erklären. Ich komme an die, die Lügenträume weissagen [...] und sie berichten und mein Volk durch ihre Lügen und ihrem Geschwätz in die Irre führen, obwohl ich sie nie gesandt habe […] und sie nützen diesem Volk gar nichts (23,16–32).

Sie bemerken nicht, daß »der Sturm JHWHs, sein Zorn ausgebrochen ist« gegen die Sünder (23,19). Sie versprechen: »Alles wird gut werden bei euch, nichts Böses wird über euch kommen.« (V 17) Sie »heilen die Brüche meines Volkes oberflächlich, indem sie sagen: ›Alles ist gut‹, wo gar nichts gut ist.« (6,14; 8,11) Sie schaffen es, »die Hand der Missetäter zu stärken, damit sie nicht umkehren, jeder von seiner Bosheit« (23,14). Diese falschen Propheten werden, wenn Jerusalem fällt, durch Schwert und Hunger sterben (14,15).

An einigen Stellen im Brief Jeremias an die Exulanten werden »Propheten und Wahrsager« unter ihnen angeklagt, die sie »betrügen« (Jer 29,15.8 f. 23.28). Welche falschen Hoffnungen sie entfachten, läßt sich daraus erschließen, wie sehr Jeremia darauf beharrte, daß das Exil lange dauern werde und sie sich daher niederlassen und auf ein Leben in Babylon einrichten sollten. Diesbezüglich bestand also zwischen dem Exil und Jerusalem kein Unterschied. An beiden Orten gab es falsche Propheten, die gegen die Unheilspropheten arbeiteten. Und ebenso wie Jeremia gegen solche Menschen in der Heimat und im Ausland wettern konnte, so vermutlich auch Ezechiel.

Die beiden Teile von Ezechiels Anklage gegen falsche Propheten beschäftigen sich mit dem Thema trügerischer Bollwerke gegen das kommende Unheil. Zuerst wird Israel mit einem zerstörten Weinberg verglichen (vgl. V 4 ff.). Die falschen Propheten reparieren nicht den Zaun, sondern schlagen Kapital aus den Trümmern wie Schakale, indem sie die Löcher vergrößern und den Weinberg dem Feind wehrlos ausliefern. Sie lassen Israel seine Schuld nicht wissen, und damit bleibt es wehrlos vor dem göttlichen Zorn. Sie beschützen das Volk nicht, indem sie bei Gott für es eintreten. Das zweite Bild zeigt das Volk, wie es eine trockene Mauer baut, um sich zu schützen. Die Propheten unterstützen es in dieser Selbsttäuschung, indem sie die Mauer mit einfachem Lehm verputzen, als ob eine solch schwache Konstruktion einem heftigen Regenguß standhalten könnte. Anstatt daß sie dem Volk sagen, wie aussichtslos ihre Hoffnungen sind, bestärken die Propheten es darin und lassen es am Tag des Zorns hilflos zurück.

Der Dichter, der das zerstörte Jerusalem beklagt, nahm Ezechiels Urteil und seine Sprache auf:

Deine Propheten verkünden dir eitle und fade Visionen,
deine Schuld decken sie nicht auf,
um dein Schicksal zu wenden.
Vielmehr verkünden sie dir eitle und trügerische Worte. (Klgl 2,14)

Als nächstes tadelt der Prophet Frauen, die seine Warnungen im Rahmen seines Wächteramtes unnütz werden lassen. Indem er Gottes Todesurteile verkündete, konnte er die Verurteilten zur Umkehr bringen und so ihr Leben retten. Diese Frauen warnten jedoch nicht, sondern sagten Glück vorher. Weit davon entfernt, die Menschen zum Handeln zu bewegen, bremsten sie sie, als sei es nutzlos im Angesicht des vorherbestimmten Schicksals zu handeln. Durch mantische Rituale, in denen sie Gott anriefen, beanspruchten sie das Privileg des Propheten: zu verkünden, wer leben und wer sterben sollte (1 Kön 14,1 ff.; 2 Kön 1,6; 8,10; 20,1), und dies mit Begründungen, die nichts mit den Verdiensten ihrer Kunden zu tun hatten. Auf diese Weise entmutigten sie fälschlicherweise die Unschuldigen und bestärkten die Sünder in ihrem Tun, die leichtgläubig auf ihre Lügen hörten und sich von den wahren Worten Gottes aus dem Munde Ezechiels abwendeten.

Da die Riten und die Hilfsmittel dieser Frauen ihnen ihren Einfluß im Volk sicherten, wird jenen im Text besondere Aufmerksamkeit geschenkt. An ihren Armen und Köpfen trugen die Frauen etwas, was der Prophet spöttisch als Polster und Stoffetzen bezeichnet. Da mittels dieser das Volk betrogen (»gefangen«) wurde, könnte es sich vielleicht um mantisches Zubehör gehandelt haben, etwa Amulette, die (wie die Gewänder der Priester), wenn sie getragen wurden, ihrem Träger eine besondere Heiligkeit und Macht verliehen (W. R. Smith). Das Getreide, das man in einem Ritual verwendete, bei dem Gott angerufen (in der Sprache des Propheten »entweiht«) wurde, war entweder ein Mittel, durch das der göttliche Entscheid (über Leben oder Tod) festgestellt wurde (indem man es auf Wasser streute), oder aber, was wahrscheinlicher ist, es handelte sich um Opfergaben, welche die Gebete und Anrufungen der Frauen begleiteten. Vgl. Lev 2,14 f. und die Todah-Kuchen Lev 7,12. Falls letzteres zutreffen sollte, machten die Verkleinerungsformen »eine Handvoll« und »Krumen« mehr Sinn, um auf diese Weise ihre heiligen Opfergaben zu verhöhnen.

Eine Beschwörung aus dem babylonischen Talmud (bPesachim 110a) wird seit langem mit unserem Abschnitt in Verbindung gebracht, spätestens seit R. Samuel Ben Meir, einem Kommentator des 12. Jhs.:

Amemar (5. Jh. u. Z.) sagte: Die Oberhexe sagte einmal zu mir: »Wenn jemand unter Hexen geraten ist, soll er dies sprechen: Heißer Mist in zerrissenen Körben sei in eurem Mund, ihr Hexen! Eure Köpfe sollen kahl sein, eure Krumen sollen davonfliegen (פרה פרחייכי), eure Gewürze sollen verstreut werden ...«

L. Ginzberg, Beiträge zur Lexicographie des Jüdisch-Aramäischen: MGWJ 78, 1934, 28 f., übersetzte im Anschluß an H. Yalon, Quntresim le-ʿinyene halašon haʿivrit II / 1, 1938, 21, »Köpfe kahl seien« und verstand dies so, daß ihre magischen Kopfbedeckungen entfernt werden sollten in Übereinstimmung mit dem Rest des Satzes, der wünscht, daß diese Hexen ihre anderen magischen Geräte verlieren sollten. Aufgrund der Aufmerksamkeit, die ihnen geschenkt wird, sind die Fallen und nicht die Frauen der Gegenstand des göttlichen Zorns, denn diese stellen nur eine Travestie der legitimen Methoden der Zukunftsbefragung dar und lenken das Volk vom Glauben an Gott ab. Das Schweigen in bezug auf die Frauen steht im Gegensatz zum Gesetz in Ex 22,17; Lev 20,27 (1 Sam 28,9), das Hexen und Totenbeschwörer verurteilt. Waren diese Frauen ›kleine Fische‹, zu unbedeutend für Gottes Aufmerksamkeit?

Die allgemeinen und individuellen Aufgaben, die in den »Wächter«-Texten miteinander verschmolzen sind, werden hier voneinander getrennt: Die falschen Propheten entsprechen dem ersten, die Wahrsagerinnen dem zweiten. Zusammen machen sie Ezechiels gesamtes Werk zunichte.

Datierung · Im Rahmen der Unheilsworte des ersten Teils des Buches fällt dieses Kapitel durch seine Sympathie auf, die es »meinem Volk« (עמי siebenmal!) entgegenbringt, das Gott voller Eifer vor seinen selbstsüchtigen Verführern schützen will. Eine solches Wohlwollen und solch eine Schilderung Israels als Opfer findet sich erst wieder in Kap. 34, der Kritik an den vergangenen Herrschern Israels (»Wehe [euch], Hirten Israels! ...« Vgl. bes. 34,10: »Ich werde meine Herde retten aus ihrem Rachen, damit sie ihnen nicht länger zum Fraß werden« mit unserem V 21) innerhalb der Heilsworte. Wie Jer 23 zeigt, wurden falsche Propheten auch vor der Zerstörung Jerusalems angeklagt. Der Abschnitt über die beschmierte Wand (V 10–15) stammt also eindeutig aus der Zeit vor der Zerstörung. Wie aber sieht es mit den spezifischen Redewendungen in V 2–9 aus? Der Zukunftshorizont ist die Rückkehr aus dem Exil, doch setzt dies nicht notwendig einen Standpunkt nach der Zerstörung voraus. Da auf bereits exilierte Propheten Bezug genommen wird, kann ihre Bestrafung allein darin bestehen, aus der Gemeinschaft ausgeschlossen zu werden. Ihre Vergehen werden fast durchgängig im Perfekt beschrieben (anders als in Jer 23, wo meist Partizipien und Imperfekte verwendet werden). Sicherlich läßt sich auf Worte vor der Zerstörung verweisen, insbesondere solche, die Anklagen enthalten (vgl. Ez 22, bes. V 28), wo das hebräische Perfekt dem englischen present-perfect entspricht. Nichtsdestoweniger läßt der vorherrschende Gebrauch des Perfekts eher an Klgl 2,14 denken, das eindeutig nach der Zerstörung zu datieren ist. Nimmt man den Gebrauch der Zeiten zusammen mit der Sympathie, die dem Volk entgegengebracht wird einerseits, und dem Zorn gegen ihre Verführer andererseits, so gewinnt die Möglichkeit Gewicht, daß es sich bei V 2–9 um eine Version der Polemik gegen falsche Prophetie handelt, die nach der Zerstörung verfaßt wurde (dies unter der Voraussetzung, daß vor der Zerstörung allein Worte des Zorns gegen das Volk gesprochen wurden; vgl. aber Ez 18). Der Hintergrund des Abschnitts gegen die Wahrsagerinnen läßt sich unmöglich bestimmen. Die terminologische Verbindung zum Wächteramt deutet auf eine Situation vor der Zerstörung hin. Wir schlagen daher vor, den ersten Teil des Kapitels spät zu datieren. Die heutige Gestalt des Kapitels geht somit auf editorische Arbeit, die vielleicht noch durch den Propheten selbst vorgenommen wurde, zurück. Die Verbindung zwischen beiden Teilen geschah durch das gemeinsame Thema des Ersatzes anstelle wahrer Prophetie. Die Plazierung des gesamten Kapitels wurde durch inhaltliche und terminologische Verbindungen zwischen dem Ende von Ez 12 und dem ersten Abschnitt von Ez 13 bestimmt (»eitle Visionen … Weissagungen«).

In den letzten beiden Abschnitten des Kapitels begegnet eine bemerkenswerte Häufung von Begriffen, die sonst innerhalb des Begriffsfelds »Aussatz« vorkommen: »verputzte Wände« (Lev 14, 42 u.ö.; 39), מספחת (s. u. zu V 18), »herabreißen (der Kleidung)« (Lev 13, 56), פורחת (Lev 13, 42 u.ö.), »freilassen, entlassen« (Lev 14, 53 von einem Vogel). *N. H. Tur-Sinai, Pešuṭo* 1967, ad. loc., verband dies mit den magischen Paraphernalia der Frauen, von denen er annimmt, daß sie bei ihren Opfern Lepra hervorrufen sollten. Assonanz bedeutet jedoch nicht gleich semantische Identität: מספחת und פורחת meinen hier nicht dasselbe wie in Levitikus, wenn auch der Klang und die Anspielung vorhanden sind. Es ist schwer zu sagen, was mit dieser Assonanz ausgesagt werden soll. Vielleicht sollte damit gesagt werden, daß diese Menschen und ihr Tun wie unreiner Schorf am Körper des Volkes sind.

Einzelanalyse: Sprachliche und literarische Aspekte

V 2 *prophezeie gegen.* אל in dieser Bedeutung noch in V 17 und in 21,2.7. Die Bedeutung entspricht also der von על (z. B. 25, 2). Die Angleichung der beiden Präpositionen geschah vermutlich unter Einfluß des Aramäischen, wo על vorherrscht und auch die Bedeutung von אל abdecken kann.

die prophezeien. Die Tautologie wirkt pathetisch (*Davidson*: »sie prophezeien, und das ohne aufzuhören: ihre Münder waren immer nur voll von ›der Herr sagt‹«). S suggeriert dies geschickt durch die Hinzufügung eines dativus ethicus *lhwn* hinter dem Verb (*T. Nöldeke*, Kurzgefasste syrische Grammatik, Leipzig 1880, § 224). Dadurch entsteht eine Bedeutung »die es lieben, zu prophezeien, die nach Belieben prophezeien« (vgl. die ausgezeichnete Zusammenfassung zum dativus ethicus in BDB 515, Def. i).

Alternativ kann man mit Blick auf das המתנבאות מלבהן in V 17 den ähnlichen Ausdruck הנבאים מלבם »die aus ihrem eigenen Herzen prophezeien« einfügen, der jetzt zu Versteil b gehört. Der Ausdruck wurde aufgebrochen und auf die beiden Vershälften verteilt:

b   *   *   *

הנבא ואמרת אל נביאי ישראל הנבאים מלבם

a   *   *   *   *   *

»Prophezeie und   sage   zu den Propheten Israels, die aus ihren eigenen Herzen
prophezeien«

Die Lesart von G verweist auf 34, 2.

Propheten, die aus ihrem eigenen Herzen sprechen. »aus ihrem eigenen Herzen« wird als Einheit verstanden, da das מ als mit dem Nomen verschmolzen gilt (vgl. מרחוק nach Konstruktus in Jer 23,23; Ges-K §130 a; E. *König*, Lehrgebäude III 1895–97, §336 w). Dadurch tritt die menschliche Einbildung an die Stelle JHWHs als Ursprung prophetischer Autorität (vgl. die feste Redewendung von den נביאי יהוה). Num 16,28 dient unserem Abschnitt als Vorbild: »JHWH hat mich gesandt (s. unseren V 6: »wenn JHWH sie nicht gesandt hat«) und nicht (komme ich) aus eigenem Herzen.« Vgl. auch Jerobeams Fest, das er »aus seinem eigenen Herzen« veranstaltete (1 Kön 12,33 Qere), und Jer 23,16 »die Vision ihrer eigenen Herzen«, die durch falsche Propheten verkündet wird.

Wehe denen. הוי על (V 18 mit ל) anstelle des außerhalb des Ezechielbuches üblichen אוי ל (in Ezechiel nur in 16,23). Weiterhin הוי allein (34,2) = אוי allein (24,6.9) = אוי ל »wehe«.   V 3

den verbrecherischen Propheten. Im Hebräischen fast ein Anagramm des Ausdrucks »Propheten aus ihrem eigenen Herzen«. נבל konnotiert moralische Verworfenheit; vgl. Jes 32,6 mit seinen weiteren Parallelen zu unserem Abschnitt:

Denn der Tor (נבל) spricht töricht (נבלה),
Und sein Herz (לבו) plant Böses,
Um lästerlich zu handeln
Und Falsches (תועה) zu sagen gegen JHWH.

Launen. רוח bezeichnet sowohl Inspiration als Grundlage von Prophetie (11,5) als auch das belebende Prinzip des »Willens« oder »Geistes« (parallel zu לב in 18,31; 36,26; vgl. 20,32 und Jer 3,16, wo ebenfalls רוח und לב in V 2 in Parallele stehen). »Etwas folgen« (הלך אחרי) oftmals mit pejorativem Sinn wie in 20,16 (den Götzen), Jer 3,17 (dem bösen Herzen). Unser Satz erinnert an die Beschreibung des falschen Propheten in Mi 2,11:

Wenn ein Mann, der Täuschung und Falschheit folgt (הלך רוח ושקר), lügen (כזב; vgl. Ez 13,6ff.19) sollte …

Solche Menschen setzen ihre eigenen Eingebungen und den Willen zur Täuschung an die Stelle des Gehorsams gegenüber Gott.

ohne etwas gesehen zu haben. So verstehen die antiken Versionen (G S T Vul) unseren Ausdruck. Auf das לבלתי folgt ein Perfekt anstatt des üblichen Infinitivs (vgl. aber Jer 23,14). Es hat daher an dieser Stelle nicht die Bedeutung »damit nicht«. Die Forschung übersetzt diese Unregelmäßigkeit auf verschiedene Art und Weise: Cooke und Zimmerli folgen Ges-K §152 x und übersetzen »gemäß dem, was sie nicht gesehen haben«; »so daß sie (d.h. das Volk [Cornill]; die Propheten [so *S. R. Driver*, Tenses 1892, §41. obs.]) nicht [die Wahrheit] sehen können«; *G. R. Driver*, Ezekiel 1954, 150, vermutet, daß es sich bei ראו um ein Nomen wie שׁחו mit der Bedeutung »Sicht, Sehen« handele. Ich verstehe לבלתי hier als לבלי »falls nicht« mit Bezug auf Dtn 9,28 und Num 14,16, Ijob 14,12 und Ps 72,7, wo beide Begriffe jeweils äquivalent verwendet werden.

V 4 Schakale streunen in Ruinen (Klgl 5,18). Es war ein vertrautes Bild zu sehen, wie sie Löcher in zusammengestürzte Mauern gruben oder jene vergrößerten (Neh 3,35). Sie ziehen also aus der Zerstörung ihren Nutzen und leisten zugleich ihren eigenen Beitrag dazu. In Israel, einer religiös-moralische Ruine, wimmelt es von prophetischen Schakalen, die sich an der Zerstörung mästen und die dadurch, daß sie dem Volk das erzählen, was es hören will, das Ende heraufbeschwören.

sind geworden. היה wie in 22,18.

V 5 Ein verwandtes Bild: Bebaute Weinberge und Felder wurden vor Plünderern durch (Stein-)Zäune geschützt (Num 22,24; Jes 5,5; Spr 24,31; Ps 80,13). Israel war Gottes strafendem Schlag hilflos ausgeliefert, denn die Unbescholtenheit des Volkes (Zaun) war zerstört (niedergerissen) durch Schuld. In Jes 30,13 heißt es entsprechend: »Diese Schuld soll für euch wie ein sich vergrößernder Riß an einer hohen Mauer sein.« Einerseits bestand die Aufgabe des Propheten darin, das Volk wegen seiner Schuld zu warnen (einen Zaun zu bauen), und andererseits bei Gott für es einzutreten (in die Bresche zu springen). Ps 106,23 bezieht letzteres auf das archetypische Handeln des Mose in der Krise des Goldenen Kalbs (Ex 32):

(Gott) hätte sie vernichtet,
Wenn nicht Mose, sein Erwählter, in die Bresche gesprungen wäre vor ihn,
Um seinen Zorn abzuwenden von der Vernichtung.

Das Motiv begegnet erneut in 22,30, allerdings in leicht veränderter Form.

Die Bilder der V 4 und 5 sind nicht dieselben, aber ihre Positionierung lädt dazu ein, sie gemeinsam zu interpretieren. So im Midrasch (RutR Petichta 5): »Wie der Schakal, der durch die Ruinen streunt, auf die Durchlässe (Breschen) achtet, durch die er fliehen kann, falls ein Mensch erscheint, so seid ihr … nicht in die Bresche gesprungen wie Mose (um Gottes Schlag abzuwehren).«

seid nicht in die Bresche gesprungen. Wörtl. »hinaufgegangen«. In 22,30 und Ps 106,23 ist vom »Stehen in der Bresche« die Rede (so T hier). »Hinaufsteigen« bezieht sich vielleicht auf das Erstürmen von Rampen, um den mittleren oder oberen (und damit dünneren) Teil einer Mauer zu durchbrechen (s. Y. Yadin, The Art of Warfare in Biblical Lands I, New York 1963, 315.422–425). Die Verteidiger hätten zu solchen Lücken hinaufsteigen müssen.

vielmehr erwarten sie. Ein Hinweis darauf, daß diese Propheten aufrichtig V 6 waren und an ihre Sendung glaubten. Einige ältere Ausleger verstanden יחל transitiv: »die Erwartung wecken« (vgl. Ps 119,49).

sich verwirklichen werde. Das Pi'el קים entstammt spätem Sprachgebrauch (sonst nur in Est und späten Psalmen; einmal in Rut). Es ersetzte das vorexilische הקים in derselben Bedeutung; vgl. Jer 28,6. Deshalb ist es möglich, daß JHWH das Subjekt des Infinitivs ist: »erwarten, daß (er) erfüllen werde.«

die sagen. Das *waw* im Sinne eines Relativpronomens (vgl. oben zu 12,25 V 7 ועשה).

Meine Hand wird über ... kommen (היתה אל). Sonst dienen exakt die V 9 gleichen Worte der Beschreibung ekstatischen Geistbesitzes (33,22; 1 Kön 18,46 = היתה על; Ez 1,3), hier werden sie jedoch im Sinn einer Konfrontation (אל wie אליכם im vorherigen Vers) verwendet. Diejenigen, auf die Gottes Hand niemals im Sinne einer prophetischen Inbesitznahme herabkam, werden seine Strafe erfahren – ein bissiges Wortspiel.

zur Gemeinschaft (סוד) *meines Volkes.* סוד bezeichnet eine Gruppe von Freunden (Jer 15,17 »Zecher«; 6,11 »junge Leute«). Israel wird als engster Kreis beschrieben, zu dem diese Propheten keinen Zutritt mehr haben werden. Der Ausdruck verweist auf Gen 49,6, wo Jakob die Gemeinschaft mit Simeon und Levi aufkündigt: »meine Seele wird ihren Kreis (סודם) nicht betreten.«

Verzeichnis. Ein weiteres spätes Wort, das sonst nur in Est und Esra / Neh belegt ist (in den »genealogischen Listen« Esra 2,62; Neh 7,64), sowie in 1 / 2 Chr. Der Ausdruck scheint sich hier eher auf die offizielle Liste einer Volkszählung zu beziehen als auf ein himmlisches »Buch des Lebens / der Lebenden«, auf das in Ex 32,32 f.; Jes 4,3; Ps 69,29; Dan 12,1 angespielt wird (THAT 2, 172 f.), vgl. den Schuldspruch, der über den falschen Exilspropheten Schemaja in Jer 29,32 ausgesprochen wird: »Keiner seiner Nachkommen wird inmitten dieses Volkes wohnen, und er wird das Gute nicht sehen, das ich meinem Volk tun werde.« Ez 20,38 droht ebenfalls dem Frevler den Ausschluß aus der Gemeinschaft derer an, die aus dem Exil zurückkehren.

Deshalb weil. יען וביען nur noch in 36,3; Lev 26,43. V 10

in die Irre geführt haben (הטעו). Bei der Wurzel טעה handelt es sich um die aramäische und nachbiblische Entsprechung zum biblischen תעה (התעה von falschen Propheten z. B. Jer 23,32). In der Bibel ist der Begriff nur hier belegt.

trockene Mauer (חִיץ). Ein weiteres Hapax. Der Begriff ist in mSheviʿit 3, 8 belegt: Zu den Dingen, die während des Brachjahres untersagt waren, gehörte die Terrassierung von Abhängen. Es war jedoch erlaubt, einen חִיץ zu errichten, der nicht mit Mörtel verputzt war. חִיץ meint also eine unverputzte, wohingegen קִיר (V 12) eine verputzte Wand bezeichnet (Ehrlich).

ungehärteter Mörtel. תָּפֵל wird auf verschiedene Weise erklärt: (a) »alles, dem ein entscheidender Bestandteil fehlt« (Raschi zu 22, 28); in Ijob 6, 6 »fad, schal«; in unserem Zusammenhang »Mörtel ohne Häcksel« (Vul) oder »einfacher Ton ohne Stroh« (T), d. h. ohne das organische Material, das die Bindung von Putz und Ziegeln ermöglicht (vgl. *C. F. Nims*, Bricks without Straw: BA 13, 1950, 22 ff.; *S. Avitsur*, Man and his Work [Hebräisch], Jerusalem 1976, 134). (b) Alles, was an die Wand geschmiert wird. Der Zusammenhang hier verlangt, daß es sich um etwas Substanzloses handeln muß, z. B. »Tünche«, wobei תָּפֵל als Äquivalent zu טָפֵל »auftragen, bestreichen« (im Mischnahebräisch טְפֵלָה »Gips«) verstanden wird. So zumeist die Forschung (vgl. die EÜ). Ich entscheide mich für (a), da Klgl 2, 14 sich eindeutig auf unseren Text bezieht: »Deine Propheten verkündeten שָׁוְא וְתָפֵל über dich«. Das Wortpaar wird am besten mit »leer (eitel) und fad (sinnlos)« übersetzt. Vgl. auch die Ersetzung von תְּפִלַּת תְּפִלָּה »vergebliches Gebet« durch תְּפִלַּת שָׁוְא in tBerakhot 6, 7 (*S. Lieberman, Tosefta Ki-fshuṭah*, Traktat *Zeraʿim*, Teil 1, New York 1955, 111, verweist auf Klgl 21, 4). Die Ableitung von arab. »Speichel« stellt eher eine Kuriosität dar (Herrmann, Tur-Sinai, in: E. Ben Yehuda, Complete Dictionary 1910–1959), die sich kaum auf Ijob 6, 6 anwenden läßt.

Wie in 22, 28 ausdrücklich erwähnt wird, waren es die Propheten selbst, welche die Wand bestrichen haben: Das Volk errichtete die trockene Mauer – ein Bild für ihren unbegründeten Optimismus, während die Propheten sie mit wertlosem Zeug bestrichen – ihre selbst-inspirierten Vorhersagen von Wohlstand. Ein solches Bauwerk bietet keinen Schutz vor dem Sturm (Gottes Zorn).

Hier und im folgenden übersetzen G S תָּפֵל so, als stünde im Text תִּפֹּל »sie (femininum, s. u. zu V 14) wird fallen«. Syntaktisch ist dies kaum möglich, jedoch wird dadurch der Blick auf das Spiel mit den Assonanzen im Hebräischen gelenkt.

V 11 *daß sie fallen wird.* Der subordinierende Gebrauch von *waw* ist belegt, wenn auch nur selten (Gen 47, 6 וְיֵשׁ = »daß es gibt«; s. *S. Loewenstamm / J. Blau*, Thesaurus of the Language of the Bible II [Hebräisch], Jerusalem 1959, 439 [q, r]). G S lassen das *waw* an dieser Stelle unübersetzt (»sie wird fallen«). Vielleicht las die Vorlage allein תִּפֹּל. Bei וְתִפֹּל könnte es sich um eine irrtümliche Dittographie handeln.

Die ersten beiden Bedingungssätze sind eigenartig. Man erwartet וְהָיָה (so in G) als Beginn der Bedingung (Ges-K § 159 g; T יְהִי). Die Anrede der Hagelsteine ist sehr seltsam. G Vul und Abarbanel verstehen וְאַתֵּנָה nicht als

Pronomen, sondern als Verb: »und ich gebe (= stelle her)«. Die beiden folgenden Verben könnten dann als Relativsätze konstruiert werden: »Hagelsteine, die fallen … ein Sturmwind, der heranstürmt«. S schafft einen glatten Satz: »Siehe (הנה anstelle von היה)! Ich werde starken Regen geben, Hagelsteine, die herabfallen und einen heftigen Sturm. Und (die Mauer) wird gespalten werden …«

Hagelsteine (אלגביש). G »große Steine« (dagegen in 38,22 »Hagelsteine«), S und die Kommentatoren des Mittelalters »Hagelsteine«. Nur hier und in 38,22 findet sich die Verbindung mit Regen, Feuer und Schwefel vom Himmel. Dies ist nicht das übliche Wort für Hagel, und die Verbindung mit נביש in Ijob 28,17 f. (im Zusammenhang mit Edelsteinen) ist unsicher. Vgl. das akkadische Wortpaar *algames/šu – gamesu*, eine Steinart. Das ugaritische *algbt* (»24 Talente *a*.« in einer Liste von Handelsgütern) ist damit verwandt.

heranstürmen. Im Hebräisch der Midraschim hat בקע diese intransitive Bedeutung (*E. Ben Yehuda*, Complete Dictionary 1910–1956). Die Vokalisation dürfte auf späteren Gebrauch zurückgehen. Man erwartet יבקע (zum Nif'al vgl. Jes 58,8 vom Licht).

Ich werde … heranstürmen lassen. Für das gewöhnlich intransitive Pi'el **V 13** in transitiver Verwendung vgl. קנא Pi'el Dtn 32,21a; 1 Kön 14,22; יחל Ps 119,49.

werde … niederreißen. In Klgl 2,2 sind es die »Festungen Judas«, die **V 14** »niedergerissen werden«, während in Mi 1,6 die Fundamente Samarias freigelegt werden. Die Sprache des Verses ist somit eher dem Rahmen einer umfassenden Zerstörung als dem Zusammensturz einer einfachen Mauer angemessen. Die Bezugnahme auf Jerusalem im nächsten Vers wird auf diese Weise erleichtert.

Wenn sie fällt und ihr in ihrer Mitte zugrundegehen werdet. Gemeint ist nicht die Mauer (maskulinum), sondern die Stadt Jerusalem (vgl. 5,12). T hatte bereits in seiner Übersetzung von V 13 die politischen Bezüge der Bildsprache ergänzt. Hier erkennt er den Wechsel von der Mauer zur Stadt und weitet dies auf den gesamten Vers aus: »Ich werde die Stadt (קרתא) zerstören, in der ihr falsch verkündet habt. Ich werde sie niederschlagen, so daß ihre Fundamente bloßgelegt sein werden. Sie wird fallen, und ihr werdet in ihr umkommen.« Man beachte, daß dabei auf Propheten in Jerusalem Bezug genommen wird.

Ich werde … sagen: Vorbei. Im Gegensatz zur anonymen Frage von V 12 **V 15** ist hier Gott der Sprecher, der eine definitive Aussage macht. S paßt unseren Abschnitt mehr, T weniger an V 12 an, aber die einander sich ergänzenden Wechsel – »ich werde sagen« und »Vorbei« – zeigen, daß der Sinn hier ein anderer ist, was ein Beispiel für Ezechiels Eigenart ist, bei Wiederholungen zu variieren.

Den Propheten spielen. Obwohl sowohl נבא (V 2.16) als auch התנבא (hier) **V 17** beide von נביא abzuleiten sind und »als Prophet auftreten« bedeuten, bezieht sich נבא eher auf die mündliche Verkündigung, wohingegen התנבא mehr auf das spezielle Verhalten abhebt (z. B. Zeichen von Besessenheit). Herabsetzung (1 Kön 22, 8.18), Irrsinn (Jer 29, 26 f.) und Betrug (hier) begegnen nur mit Bezug auf letzteres. S. THAT 2, 16 f.; *M. Segal, Mevo Hamiqra II*, Jerusalem 1955, 240, bes. Anm. 39.40; *R. Wilson*, Prophecy and Ecstasy: JBL 98, 1979, 321–327.

V 18–19   Die Handlungen und Begriffe in diesen Versen sind unklar. Bei כסתות (Singular כסת) handelt es sich in G S und dem tannaitischen Hebräisch (s. u.) um »Kissen, Polster«. BDB »fillet«, d. h. magische Bänder (mit Bezug auf akkadisch *kasū* »magisch festbinden«), berücksichtigt diese Belege nicht. אצילי ידי אצילות יד in Jer 38, 12 bedeutet »Ellbogen« entsprechend einem verwandten Ausdruck im Syrischen sowie G S T (in Jeremia dagegen »Achselhöhle«); eigentlich »Armgelenk«. Man beachte, daß in V 20 die »Polster« zu den »Waffen« der Frauen in Beziehung gesetzt werden. Zum ungewöhnlichen Plural ידי gibt es Parallelen, die *Kimchi, Mikhlol* 1952 11a zusammengestellt hat. מספחות wirkt auf den ersten Blick wie der Plural von מספחת (Lev 13, 6 ff.) »Schorf«, von ספח »hinzufügen, ergänzen«, weshalb G S auf eine Übersetzung »Mantel, Umhang« kommen, der sich der Großteil der Forschung anschließt. Aber im tannaitischen Hebräisch (tBaba Qamma 11, 12) finden wir den Satz: »ein Kissen, gefüllt mit weichen Stoffen, und ein Polster (קסת), gefüllt mit מספחות (Variante in bBaba Qamma 119b: mit weichen Stoffen)«. Deshalb bestimmt *S. Lieberman, Tosefeth Rischonim* II, Jerusalem 1937, 104, מספחות als »Stoffetzen«. So auch T פתכמרין (mit dem auch טלאות »Flicken« in 16, 16 übersetzt wird). Die Verwendung dieses Wortes zur Beschreibung der Kopfbedeckung der Frauen ist beleidigend. Daß so wie die »Polster« an ihren Armen auch die »Stoffetzen« an den Köpfen der Frauen und nicht an denen ihrer Kunden hingen, ist die nächstliegende Bedeutung von »eure Stoffetzen« in V 21. *L. Ginzberg* ebd. wies auf die Bedeutung des tannaitischen Wortgebrauchs hin, um deutlich zu machen, daß die Begriffe in später Zeit allgemein bekannt waren, da sonst nicht vermutet werden kann, daß biblische Hapaxlegomena zur Bezeichnung solcher alltäglichen Dinge ins tannaitische Hebräisch übernommen worden wären (er postuliert jedoch die nicht überzeugende Bedeutung »gehäckseltes Stroh« für מספחות). Die jüdischen Phylakterien, die landläufig für Amulette gehalten wurden (aram. קמיא wie Ephräm der Syrer כסתות übersetzt [Smend]), wurden früher mit diesem Arm- und Kopfschmuck in Verbindung gebracht (Origenes übersetzt in »*ho hebraios*« beide Begriffe auf diese Weise). Insofern V 20 die »Polster« zum Instrument macht, »Seelen zu fangen« (s. u.), handelt es sich um quasi magische Objekte.

Um Seelen zu fangen. Bei צודד handelt es sich um eine Intensivierung von צוד »erlegen« (nicht »töten«), wahrscheinlich aufgrund der Bezugnahme auf viele Objekte (נפשות »Seelen«). Ein ähnlicher Ausdruck begegnet in

Spr 6,26: »eine verheiratete Frau kann eine ehrbare Person (נֶפֶשׁ) fangen (תָצוּד)« mit ihrer List. Es handelt sich um ein Bild für die Verführung Leichtgläubiger. Theorien, die von der Idee ausgehen, daß es sich um ein magisches Einfangen körperloser Seelen handele (*T. H. Gaster*, Myth 1969, 615 ff.), übersehen, daß es keinen Beleg dafür gibt, daß נֶפֶשׁ im Hebräischen je diese Bedeutung gehabt hat.

fangt ihr. Interrogatives ה, gefolgt von einem langen Konsonant wie in 18,29; 20,30 (Ges-K §100 l; *P. Jouon*, Grammar 1996, §102 m). Hier drückt es Empörung aus. S. u. zu 20,4. Der bestimmende Gegensatz besteht zwischen »Seelen meines Volkes« und »deinen eigenen Seelen«, was durch die ausgewogene Umschreibung ausgedrückt wird (z. B. נְפָשׁוֹת לְעַמִּי anstelle von נַפְשׁוֹת עַמִּי). Die Verben, die mit dem jeweiligen Objekt verbunden werden, stehen zueinander nicht in einem solchen Gegensatz: Meint ihr, ihr kämt damit durch, mein armes Volk in die Falle zu locken und auf seine Kosten euren Lebensunterhalt zu verdienen?

Entweiht mich ... mit Händen voll von Gerste ... Die Glückspropheten V 19 erniedrigen Gott, weil sie ihn während ihres Hokuspokus anrufen (mesopotamische Seher und Exorzisten riefen stets die Gottheit an; s. hierzu *H. Saggs*, The Encounter with the Divine in Mesopotamia and Israel, London 1978, 129 ff.). Gerste und Brot werden nicht deshalb in eine enge Beziehung zur »Entweihung« gesetzt, weil damit die dürftige Bezahlung ihrer Dienste gemeint wäre, sondern als Mittel der Mantik. Es existieren zwei Möglichkeiten: Entweder wurde das Orakel mittels dieser Materialien durchgeführt wie z. B. in Mesopotamien, wo man Mehl auf Wasser streute (*G. Conteneau*, La Divination chez les Assyriens et les Babyloniens, Paris 1940, 296; er vergleicht griechische Aleuromantik und Alphitomantik, d. h. Mantik mittels Weizen- und Gerstenmehl). Oder aber diese Gegenstände wurden Gott im Zusammenhang mit dem Orakel geopfert (vgl. das Gerstenopfer in Num 5,15). S. hierzu *W. R. Smith*, On the Forms of Divination and Magic Enumerated in Deut. XVIII 10, 11, Part 1: Journal of Philology 13, 1885, 273–287; vgl. damit die bescheidene Opferung von Honig, Weihrauch und Kuchen, die die mesopotamischen *namburbi*-Exorzismen begleiteten (*R. I. Caplice*, The Akkadian Namburbi Texts: An Introduction, Los Angeles 1974). Bemerkenswerterweise wurden in Mesopotamien Brotkrumen ausschließlich Geistern geopfert (die sowohl dort als auch in Israel in der Mantik eine Rolle spielten; *A. L. Oppenheim*, Analysis of an Assyrian Ritual [KAR 139]: History of Religion 5, 1966. 250–265).

Wie Vögel. Eine Vermutung auf der Basis von aram. פְּרַחְתָא »Vogel«, ab- V 20 geleitet von פְּרַח »fliegen« (vgl. zum Bild Klgl 3,52: »Sie erlegten mich [צְדֹנִי] wie einen Vogel«). Für die Übersetzung von ל mit »wie« verweist Gesenius[17] auf Gen 23,17 f.; Num 22,22; Dtn 31,21; 1 Sam 22,13; Ps 48,4. Keine dieser Stellen überzeugt jedoch. M nennt das Wort in beiden Vershälften und konstruiert es mit »fangen«. S G hingegen bezeugen es nur in der zweiten Vershälfte als Gegenstück zu »ich werde freilassen« (S »und lasse sie wegfliegen«). Vgl. das Bild eines fliehenden Vogels in Ps 124, 7; Spr 6, 5.

Vor dem zweiten לפרחת fällt das eigenartige und redundante את נפשים auf. Offensichtlich ist der Ausdruck korrupt. Cornill konjiziert geschickt להופשים »frei« als ursprüngliche Lesart vor dem Hintergrund des Ausdrucks שלח להופשים »freilassen«, der in zeitgleichen Texten begegnet (Jer 34, 9–16; Jes 58, 6).

V 22 *Das Herz betrübt.* כאה Nifʿal findet sich zusammen mit »Herz« noch in Ps 109, 16 (»der verzagten Herzens war«). Die Kombination von aktivem Hifʿil und passivem Nifʿal begegnet öfter (נזהר – הזהיר »verstecken«, נסתר – הסתיר »warnen«, השאיר – נשאר »verlassen – zurückbleiben«). Daher verdiente der Beleg des Hifʿil הכאות mehr Aufmerksamkeit, als die jüngere Forschung, die zu הכאיב emendiert, ihm widmet. Die antiken Versionen übersetzen M הכאות und הכאיב »Leid zufügen« in diesem Vers mit demselben Begriff, was jedoch nicht hinreicht anzunehmen, daß sie dasselbe Wort an beiden Stellen gelesen haben.

Ez 14,1–11: Gott wird nicht antworten

R. Mosis, Ez 14, 1–11 – Ein Ruf zur Umkehr: BZ 19, 1975, 161–194. – *K.-F. Pohl-* **Literatur** *mann*, Ezechielstudien 1992, 6–11. – *J. Schoneveld*, Ezekiel XIV, 1–8: Old Testament Studies 15, 1969, 163–204.

Text

1 Einige Männer von den Ältesten Israels kamen zu mir und setzten sich Übersetzung *vor mir nieder. 2 Das Wort JHWHs erging an mich: 3 Mensch, diese Männer haben ihre Götzen in ihren Gedanken aufgerichtet und ihren Stein des An-stoßes zur Sünde vor ihre Gesichter gestellt. Sollte ich da auf ihre Frage antworten?*

4 Nun, rede zu ihnen, und sage zu ihnen: So spricht der Herr JHWH: Jeder aus dem Haus Israel, der seine Götzen in seinen Gedanken aufrichtet, den Stein des Anstoßes zur Sünde vor sich stellt und zu einem Propheten kommt: Ich, JHWH, werde ihm seine Antwort geben – dem, der kommt mit seinen vielen Götzen! –, 5 um das Haus Israel bei ihren Gedanken zu fassen, sie, die von mir abgefallen sind mit all ihren Götzen!

6 Daher sage zum Haus Israel: So spricht der Herr JHWH: Zeigt Reue und kehrt um von euren Götzen; kehrt euer Gesicht ab von all euren Scheußlichkeiten!

7 Jedem vom Haus Israel oder von den Fremden, die in Israel leben, der von mir abfällt, seine Götzen in seinen Gedanken aufrichtet, der seinen Stein des Anstoßes vor sich stellt und zu einem Propheten kommt, um mich durch ihn zu befragen, werde ich selbst eine Antwort geben. 8 Ich werde mein Gesicht gegen diesen Menschen wenden. Ich werde aus ihm ein Zeichen machen und ein Musterbeispiel und werde ihn aus meinem Volk herausschneiden. Und ihr sollt erkennen, daß ich JHWH bin.

9 Und falls ein Prophet so irregeführt ist, daß er ein Orakel erteilt: Ich, JHWH, habe diesen Propheten irregeführt. Ich werde meine Hand gegen ihn ausstrecken und ihn vernichten aus meinem Volk Israel. 10 Beide sollen dieselbe Strafe erleiden, der Fragende ebenso wie der Prophet, 11 damit das Haus Israel nicht länger von mir abweicht und sie sich nicht länger mit all ihren Verfehlungen verunreinigen. Aber sie sollen mein Volk sein, und ich werde ihr Gott sein, verkündet der Herr JHWH.

Zu Text und Übersetzung

1 kamen: M liest Singular, alle Versionen Plural. Minchat Schay zu 23, 44 nennt acht Belege dieses Verbs im Singular, wo der Kontext den Plural erfordert. Vier davon finden sich in Ezechiel: hier und 20, 38; 23, 44; 36, 20, alle Plene (mit ו). Man vermutet, daß das ו fälschlich vor anstelle hinter das א geschrieben wurde (ויבאו wie in 9, 2 u. ö.).

zu mir: S fügt hinzu: »um den Herrn zu befragen« wie in 20, 1.

4 dem, der kommt mit: Qere (בא) = T (דאתי); Ketiv (בה) »in bezug auf« = S »[Ich, der Herr, werde ihm ein Zeuge sein] bezüglich dessen, bezüglich [der Vielzahl seiner Götzen].« G »in die sein Denken verstrickt ist«, eine eigenartige Wiedergabe eines Textes, der unserem nahesteht (G übersetzt גלולים manchmal mit »Denken, Gedanke(n)«; s. Cookes Anmerkung hier und zu 6, 4).

7 selbst: nicht bezeugt von S T (במימרי בי hat mit M בי nichts zu tun, vielmehr handelt es sich um eine fixe Hinzufügung zu משתאל – s. T, V 3.4; 20, 3 Ende; 20, 31 [zweimal]; 36, 37). Auch G bezeugt nicht das בי, sondern eher einen Text ähnlich dem Ende von V 4 ohne גלולים.

8 aus ihm ein Zeichen machen und ein Musterbeispiel: Einige Hss lesen והשמתיהו »ich werde ihn vernichten«; G »Ich werde ihn zur Wüste und zur Vernichtung machen«.

Gesamtauslegung: Struktur und Themen

Struktur

Das Wort beginnt mit einer Notiz, derzufolge einige der Ältesten dem Propheten ihre Aufwartung machen (vgl. 8, 1; 20, 1), sowie der Wortereignisformel (V 1–2). Es reicht von V 3–11 (bis »verkündet der Herr JHWH«) und besteht aus: A (V 3), einer Rechtfertigung, warum diesen Männern eine Antwort verweigert wird, gefolgt von einer abstrakten, allgemein gehaltenen Beschreibung des Vergehens und der Bestrafung der entsprechenden Israeliten in drei Abschnitten (B, C, D).

In B (V 4–5) werden der Fall des götzengläubigen Fragestellers und seine – nur vage angedeutete – Strafe erwähnt, und anschließend wird die Strafe begründet. Daran schließt eine Ermahnung zur Umkehr (V 6) in formelhaften, zugleich aber für unseren Text spezifischen Begriffen an. Diese dient als Überleitung zu C (V 7–8), der zweiten und hauptsächlichen Anklage. Ein neuer Satz wird der Anklage hinzugefügt, der Gegenstand des Herantretens an den Propheten wird näher bestimmt, und darüber hinaus wird die Strafe detailliert beschrieben. Das Ganze endet mit der Erkenntnisformel.

In D wird eine weitere Vorschrift für den Fall eines antwortenden Propheten (V 9–10) hinzugefügt: Sein Vergehen und seine Bestrafung werden verkündet und als Resumee die Gleichheit der Schuld von Fragesteller und Prophet festgehalten. Der Schlußsatz bekräftigt Gottes grundsätzliche Absicht zur Besserung und Wiederherstellung.

Obwohl es sich bei D um einen Anhang an A–C zu handeln scheint, ist er mit dem vorhergehenden verbunden und bringt das Wort thematisch (s. u.) zu seinem Höhepunkt. Überhaupt ist der gesamte Abschnitt hochgradig strukturiert. Die als Parallelismus gestaltete Beschreibung der Anklage in A wird in B und C jedes Mal variiert wiederholt, um Eintönigkeit zu vermeiden: A – נתנו‎, על לבם‎; B – אל לבו‎, ישים‎; C beginnt mit einer gänzlich neuen Formulierung. Der Kreis der Subjekte weitet sich: A – »diese Männer«; B – »jeder Mann vom Haus Israel«; C fügt hinzu »und die Fremden, die in Israel leben«. Der erste Satz in B spricht nur von »Gedanken« (V 5), die anschließende Ermahnung (V 6) spricht von »Gesichtern«. Auf diese Weise wird das Paar »Gedanken – Gesichter« gebildet (V 3.4.7) und so die heterogene Ermahnung mit ihrem Nachbarn verknüpft. Die Begriffe נתן שׂם פנים‎ / der Anklage finden einen Widerhall im השׂים‎*, נתן פנים‎ der göttlichen Strafe (Ende von C). Die göttliche Bestrafung des Fragenden (C) und die des Propheten (D) werden durch ähnliche Begriffe ausgedrückt (für die Kombination von הכרית‎ und השמיד‎ s. z. B. Jes 10,7) und können so in V 10 gleichgesetzt werden (»ebenso«). Schließlich läßt sich ein interessanter Fortschritt bei den Anklagebegriffen in B, C und D ausmachen:

NAZORU me'lay (V 5)
YINNAZER ME'AḤARAY (V 7)
yitʿu ME' AḤARAY (V 11)

Bezug zu Lev 17 Der (priesterlich) legalistische Stil dieses Wortes wurde oben in der Gesamt-
analyse der Wächterpassage diskutiert. Hier erwähnen wir bemerkenswerte
Berührungen mit Lev 17:

Ez 14	Lev 17
»rede … und sage …«	»rede … und sage …« (V 2)
B. Der illegitime Fragesteller (I): »Jeder vom Haus Israel«	Der illegitime Opferherr (I): »Jeder vom Haus Israel« (V 3)
Strafe	Strafe (V 4b)
Absicht (לְמַעַן)	Absicht (לְמַעַן … וְלֹא … עוֹד) (V 5 ff.); vgl. V 11 in unserem Text.
C. Der illegitime Fragesteller (II): »jedem … oder von den Fremden …« »Ich werde mein Gesicht gegen … wenden … und werde ihn aus meinem Volk heraus-schneiden«	Der illegitime Opferherr (II): »jeden … oder von den Fremden« (V 8); »dieser Mann soll aus seinem Volk heraus-geschnitten werden« (V 10)
D. Der unautorisierte Prophet: »sie sollen ihre Schuld tragen«	Derjenige, der verbotenes Fleisch ißt: »er soll seine Schuld tragen« (V 16)

Die strukturelle Übereinstimmung dieser Passagen zeigt, daß die Wiederholung von B und C in unserem Text für den priesterlichen Gesetzesstil
typisch ist. Die große Ähnlichkeit läßt vermuten, daß Ezechiel die Passagen
aus Levitikus bekannt waren.

Während die Antwortverweigerung Gottes gegenüber dem Volk dem traditionellen Prinzip entspricht, daß Sünde das Orakel verstummen läßt (s.
Einzelanalyse zu 7,26), ist der Gedanke, daß bereits das Aufsuchen Gottes
durch Sünder ein todeswürdiges Vergehen darstellt, singulär. Dies wird um
so mehr gestützt durch die Tatsache, daß Gottes Antwortverweigerung als
Antwort übermittelt wird. Gott spricht zu diesen Sündern nur, um sein
Schweigen zu rechtfertigen. Offensichtlich wird hier mehr kommuniziert
als einfach Sünder abzuweisen.

Synkretismus als Grundlage der Anklage? Der Prophet klagt seine Zuhörer nicht offen des Götzendienstes an. Er
liest es in ihren Gedanken. Moderne Ausleger haben dies als Unterstellung
eines »Synkretismus« verstanden, d. h. die Verehrung von JHWH neben anderen Gottheiten der volkstümlichen Religion, eine Art von »Stehen zwischen den Stühlen«. Aber der Prophet sagt nichts Derartiges. Es scheint vielmehr, als habe das Volk sich untadelig verhalten. Wären sie Götzendiener
gewesen, hätte es keinen Grund gegeben, dies bis zu diesem Augenblick der
Hilfesuche bei JHWH zu ignorieren. Sollte JHWH den Götzendienst so lange
geduldet haben, wie die Schuldigen darauf verzichteten, ein JHWH-Orakel
einzuholen? Daß die Ältesten wegen eines Orakels zu Ezechiel kamen,
macht deutlich, daß sie ihrem eigenen Selbstverständnis zufolge wahre
JHWH-Verehrer waren, die seine Aufmerksamkeit verdienten. Gottes unge-
haltene Antwort zeigt, wie verschieden er und sein Volk die Realität beur-

teilten. Die Situation erinnert an die von Kap. 20: Auch dort kommen einige der Ältesten wegen einer Anfrage. Sie werden abgewiesen, und ihnen wird vorgeworfen, daß sie sich an die Völker angleichen (V 32: »was in euren Gedanken aufgestiegen ist«). Auch hier haben die Ausleger das, was der Prophet nur den Gedanken des Volkes zuschreibt, in die empirische Realität übertragen. Aber sollte es derart einfach sein? Ist es plausibel, daß jemand, der JHWHs Autorität in Frage stellt, ein Orakel von ihm durch den Eiferer Ezechiel einholt?

Bei den »Götzen« in den Gedanken der Menschen und »vor ihren Gesichtern« muß es sich um eine feste Kategorie für ihre unverbesserliche Geisteshaltung handeln. Die von den falschen Propheten genährte Versicherung, daß zwischen Israel und JHWH alles gut stand, bestätigte das Volk auf seinem Kurs – einem Kurs, der, wie das Exil bewiesen hatte, von Gott verworfen worden war. Zu denken, daß zwischen Israel und seinem Gott unter diesen Umständen normale Beziehungen bestünden, zeugte von einer Begriffsstutzigkeit, die rasend machen konnte. Gott war unter den Exulanten nur »als ein kleines Heiligtum« präsent. Hier definiert Ezechiel, was damit gemeint ist. Die Kommunikation zwischen Himmel und Erde bewegt sich nur in eine Richtung. Aus eigenem Entschluß schickt Gott Warnungen, Ermahnungen und Drohungen an das Volk. Für menschliche Interessen hingegen ist er nicht zugänglich. Eine Antwort aus dem Himmel auf menschliche Bitten, die Angst zu nehmen, wird es nicht geben, kein wohlwollendes Sich-Herablassen zu handeln, das von unten initiiert wird – nicht bevor »ihr unbeschnittenes Herz sich demütigt« (Lev 26,41).

»Götzen« = unverbesserliche Geisteshaltung

Die drastischen Konsequenzen, die beiden Parteien der Anklage angedroht werden, unterstreichen den Zorn, der durch die mangelnde Einsicht des Volkes in ihre Schuld geweckt wurde, und ihren zurückgewiesenen Status in den Augen JHWHs. Solch mangelnde Einsicht zeigt sich in ihrer selbstsicheren Behauptung, die Jeremia zitiert: »JHWH hat uns in Babylon Propheten erstehen lassen«. Aber die Anwesenheit von Propheten, die im Namen JHWHs Antworten erteilten, erforderte eine besondere Erklärung. Jeremia verweist auf die falschen Propheten, um die Schuld des Volkes abzuschwächen (14,13); in 4,10 beschuldigt er Gott, das Volk durch diese in die Irre geführt zu haben (das verbreitete Mißverständnis dieses Abschnitts korrigiert Y. *Muffs, Tefillatam šel nevi'im*: Molad 35–36, 1975, 206 ff.). Für Ezechiel ist der illegitime Prophet selbst ein Opfer und Zeichen von Gottes Zorn. Dies geht über Dtn 13,2 ff. hinaus, wo Bestätigungszeichen eines subversiven Propheten als Prüfung der Loyalität des Volkes gegenüber JHWH interpretiert werden. Es geht auch über 1 Kön 22,20 ff. hinaus, wo der »Lügengeist« den Auftrag erhält, in Ahabs Propheten zu fahren, um dessen Tod in der Schlacht sicherzustellen (es wird nichts darüber gesagt, daß diese Propheten irgendeine Strafe menschlicher oder göttlicher Art erlitten hätten). Unser Abschnitt schreibt den Fehler eines Propheten, auf eine Anfrage zu antworten, göttlicher Irreführung zu. Die Begriffsstutzigkeit der Israeliten, eingeschlossen der Propheten, ist strafbar, und Gott bestraft sie, indem er die Quelle der Inspiration zerstört, wodurch sowohl der Fragesteller als auch der Antwortende in gleicher Weise vernichtet werden. Erneut bietet Ez 20 eine Parallele: Um die Schuld der Israeliten zu bestrafen, gab Gott ihnen schlechte und tödliche Gesetze (und führte sie damit in die Irre), »damit ich sie vielleicht vernichtete« (V 25 f.). Dieses Konzept eines göttlichen Eingriffs in die menschliche Freiheit ist nicht spezifisch für Ezechiel, sondern nur seine drastische Ausformung (s. hierzu *Y. Kaufmann*, Religion 1963, 75 ff.; *W. Eichrodt*, Theologie des Alten Testaments II, Leipzig 1935, 178 ff.). Dessen Gegenstück bildet ein ähnlicher, eschatologischer Eingriff, um Israel ein für alle Mal von der Sünde zu retten – die Lehre vom neuen Herzen (11,19 f.; 36,26 f.).

Wie sehr die Bindung zwischen Gott und Israel in der Gegenwart aufgelöst war, zeigt die Vorhersage (am Ende von V 11), daß allein nach einer Reinigung »sie mein Volk und ich ihr Gott sein werden«. Diese Formel geht zurück auf Ex 6,7, wo Gott Mose befiehlt, dem Volk seinen Plan, sie zu retten und sie an Kindes Statt anzunehmen, mitzuteilen: »und ich werde euch mir zum Volk nehmen und werde euer Gott sein«. Sie begegnet erneut in der Beschreibung der unüberbietbaren Glückseligkeit in den Segnungen des Bundes von Lev 26,12: »Ich werde unter euch einhergehen, und ich werde euer Gott und ihr werdet mein Volk sein«. Die Formel entstammt der Heirats- und Adoptionsterminologie (*Y. Muffs*, Studies 1965) und gehört zu den deuteronomistischen Standards (*M. Weinfeld*, Deuteronomy 1972, 327). Als zentraler Ausdruck der Bindung zwischen Israel und seinem Gott wird sie von Jeremia wiederholt, als er Gottes Erwartung während des Exodus in Erinnerung ruft (7,23; 11,4) sowie wenn er eine letztgültige Versöhnung (30,21; 32,27 ff.) vorhersagt. Ezechiel verwendet die Formel allein im Rahmen von Zukunftsvisionen. Der erste Beleg fand sich in 11,20, wo das Thema des »neuen Herzens« eingeführt wurde. Wenn das Thema in Ez 36 ausgeführt wird, begegnet die Formel (in V 28) in der Verkündigung der vollkommenen Beziehung zwischen Gott und Israel. Unser Abschnitt kann andererseits zu 37,23 in Beziehung gesetzt werden, wo die Reinigung von Götzen, ekligen Dingen und Vergehen die Bedingung der Wiederherstellung der vollkommenen Bindung erfüllt, die erneut mittels derselben traditionellen Formel beschrieben wird.

Dieses Wort trägt eine schwere ideologische Bürde – weitaus subtiler als sonst. Mittels einer Sprache, die die Luft alten priesterlichen Gesetzes atmet, verkündet Ezechiel eine neue theologische Weisung (Tora), die für seine Zeit und seinen Ort enge Vorgaben für den Kontakt mit Gott festlegt, Vorgaben, die dem Götzendienertum des Volkes entspringen. Wir verstehen dies als Rubrik für die Unverbesserlichkeit des Volkes, genährt von irregeleiteten Zusicherungen von Gottes Gunst, die ihm von denjenigen Propheten gegeben wurden, die hier und in den vorhergehenden Worten verurteilt wurden. Aber Propheten wie Laien, die sich Gott aufzwingen wollen, ohne ihre Verdammnis zu beachten, werden vernichtet werden. Gottes unmittelbare Strafabsicht verfolgt letztlich ein erzieherisches Ziel – die Irrenden zu ihm zurückzubringen. Was jetzt nicht geschehen kann, wird dann geschehen, wenn JHWH und das Volk wie zu Beginn wieder durch einen Bund wechselseitiger Verpflichtung vereint sind.

Einzelanalyse: sprachliche und literarische Aspekte

V 1 *setzten sich vor mir nieder.* Die Hinzufügung in S basiert auf 20,1. Einige Führer der Gemeinde kamen aufgrund einer besonderen Anfrage. Der Prophet wurde angewiesen, ihnen mitzuteilen, daß ihr Gang vergebens war.

V 3 *haben ... in ihren Gedanken aufgerichtet.* העלו על לבם wörtl. »ließen in ihren Herzen aufsteigen«. Die intransitive Form erscheint noch in 38,11: »Gedanken יעלו על לבך werden in deinen Verstand kommen« (wörtl. »werden in deinem Herzen aufsteigen«); vgl. 20,32 (»in deinen Geist«). Die intransitive Form ist in zeitgenössischen Quellen gut bezeugt (2 Kön 12,5; Jer 51,50; Jes 65,17). Hier wird das Vorsätzliche ihres schuldhaften Denkens durch die Verwendung des Hif'il ausgedrückt, eine ansonsten zwar gängige, stets aber nur transitiv belegte Form des Ausdrucks. Einige Ausleger verstanden den Ausdruck wörtlich (z.B. *J. Schoneveld,* Ezechiel XIV, 1969, 193 ff.): »trugen Götzen an ihrer Brust« (d.h. Amulette oder Tätowierungen). Wenn aber in V 6 die Männer zur Umkehr aufgefordert werden, wird nicht der Ausdruck von 20,7 verwendet, »werft weg die scheußlichen Dinge vor euren Augen«, d.h. die Götzen, denen sie in Ägypten dienten, sondern es heißt: »wendet eure Gesichter ab von euren Scheußlichkeiten« – eine Metapher für die Ignorierung dessen, was nur in Gedanken existiert. Der Begriff »Gesicht« steht auch in V 8 anstelle von »Achtung, Aufmerksamkeit«. Gemeint ist Gottes zornige Heimsuchung dieser Sünder. Zu »Stein des Anstoßes zur Sünde« s. die Analyse zu 7,19.

Sollte ich da ... antworten? אדרש wörtl. »mir selbst erlauben, befragt zu werden« (Nif'al). Das erste (ה)אדרש steht anstelle des Infinitivs (ה)הדרש. Kimchi erklärt das ungewöhnliche א als Vermeidung zweier aufeinander folgender ה-Laute, die durch das vorgeschaltete ה-Interrogativum entstanden wären (regelmäßig vokalisiert mit langem *a,* Ges-K §100 m); vgl. 2 Kön 6,21 האכה, offensichtlich anstelle des Infinitivs ההכה (Mosche Ben Scheschet). Der infinitivus absolutus verstärkt den entrüsteten Ton der Frage (Ges-K §113 q).

V 4 *Jeder.* Zur Konstruktion (erweitert in V 7) s. Lev 17, wo diese öfters begegnet, sowie Lev 22,14. Die Antwort des Propheten wird als allgemeingültige Regel formuliert.

werde ihm schon seine Antwort geben. Das Nifʿal von ענה drückt wie im Mischnahebräisch einen etwas formelleren Antwortton (hier auf sarkastische Art) aus. Der Nifʿal wird vielleicht aufgrund des Einflusses des נדרש in V 3 verwendet. Gemeint ist damit ein »mir selbst antworten«, d.h. eine Antwort geben, die mir paßt und nicht der Anfrage der Fragenden entspricht (Kimchi).

dem, der kommt mit seinen vielen Götzen. Offensichtlich ein zorniger Einwurf. Der Text ist unsicher (s.o.) und lädt zu einer Emendation des בה / בא in בי wie am Ende von V 7 ein. Andere streichen »mit seinen vielen Götzen« aufgrund des Fehlens dieses Ausdrucks in V 7.

bei ihren Gedanken zu fassen. תפש »bei einem [geheimen] Verbrechen   V 5 erfassen« begegnet in Num 5,13. Dort wird von der des Ehebruchs Verdächtigen gesagt, daß weder ein Zeuge anwesend war, noch sie *in flagranti* »erfaßt wurde [נתפשה]«. Unser Abschnitt liegt 1QHodayot 12,19 zugrunde: »denn du, Gott, antwortest ihnen, um sie durch deine Macht zu richten ... so daß sie gefangen werden in ihren Gedanken [יתפשו במחשבותם], denn sie sind von deinem Bund abgewichen.« Hier klingt ein triumphierender Ton mit, wie die mittelalterlichen Kommentatoren erkannten: »damit die Israeliten erkennen, daß ich ihre geheimsten Gedanken kenne« (Kara); »sie verbergen ihre Gedanken vor mir, aber ich werde sie bei ihren Gedanken fassen. Denn ich werde vor ihnen ihre götzendienerischen Gedanken und ihre bösen Pläne bloßlegen« (Kimchi).

von mir abgefallen sind (נזרו). Das ungewöhnliche Verb wird gewöhnlich mit זר »Fremder« in Verbindung gebracht und mit »sie entfremdeten sich selbst« übersetzt. Hier steht es in Verbindung mit וינזר in V 7 (s.u.) und יתעו in V 11. Dies erinnert an Ps 58,4, wo זרו (ein Passiv, ähnlich unserem נזרו) parallel zu תעו »umherirren« steht, so daß eine Ableitung von זור = סור »abwenden« (wie im Aramäischen; T übersetzt das hebräische סור oftmals mit זור) wahrscheinlicher ist. Zum Nifʿal vgl. נסוג (von סוג) »abfallen«.

und kehrt um (והשיבו). Gewöhnlich transitiv gebraucht (Raschi und Ehr-   V 6 lich ergänzen »eure Gedanken«), stellt es vielleicht eine unvollständige Vorwegnahme des Ausdrucks »kehrt euer Gesicht ab« am Ende des Verses dar. Weiterhin lassen שובו והשיבו in 18,30 und השיבו in 18,32 annehmen, daß das Hifʿil hier eine längere, emphatischere Variation des Qal darstellt; vgl. זנה / הזנה »huren« in Hos 4,10ff. Der Ausdruck »Alle« im zweiten Teil der Mahnrede Gottes ist ein charakteristisches Stilmittel, wobei die zweite Hälfte des Parallelismus verstärkt oder weiterführt, was in der ersten Hälfte gesagt wird. Vgl. *J. Kugel,* The Idea of Biblical Poetry, New Haven 1981, 47f.

oder von den Fremden, die in Israel leben. Man behielt diesen altehrwür-   V 7 digen Begriff (Lev 17,8.10.13; 20,2; 22,18) bei, obwohl er nicht mehr zur Beschreibung der Exilsgemeinde paßte. Vgl. dagegen die neue Terminologie in Jes 56, 3 »der Fremde, der sich JHWH angeschlossen hat«, um dem Satz die Aura einer altehrwürdigen, allgemeingültigen Aussage oder Regel zu verleihen.

der von mir abfällt. נזר wurde von נזרו gebildet, als sei das נ ein Radikal (vgl. נמלתם Gen 17, 11 gebildet von נמול »beschnitten sein« anstelle מול) und wurde ebenso im Nifʿal konjugiert! Die gewöhnliche Ableitung von נזר »weihen« im Sinne von »sich von mir absondern« ist künstlich und pedantisch. Der äquivalente Gebrauch von מעלי und מאחרי mit denselben Verben hat seine Parallele bei der Verwendung beider Ausdrücke nach תעה; vgl. V 11 mit 44, 10.

mich durch ihn (לו בי) ... *ich selbst* (לו בי). Im Hebräischen reimen sich die beiden Sätze. Dadurch wird die Aufmerksamkeit auf ihren Gegensatz gelenkt. Entsprechend beeinflußt die Bedeutung eines jeden der beiden reimenden Elemente jeweils die Bedeutung des anderen. So muß bei לדרש לי »durch ihn (= den Propheten) zu befragen« die Präposition לו mit אליו (דרש אל = eine Totenbefragung durchführen, Dtn 18, 11) gleichgesetzt werden; בי ist wie in den späten Texten 1 Chr 10, 14; 2 Chr 34, 26 das Objekt zu דרש. G S Vul und die Kommentatoren des Mittelalters verstehen den Satz so. Eine andere Möglichkeit besteht darin, לו zu verstehen als »für ihn«, d. h. den Fragenden: »damit [der Prophet] ihn anstelle seiner fragen soll« (Kara, Cooke). Dies hat den Vorteil, daß dann לו in diesem und im folgenden Satz denselben Bezug hat. Nichtsdestoweniger ist es etwas ungewöhnlich.

בי »ich selbst« im zweiten Satz bekommt diese ungewöhnliche Bedeutung durch das בי im ersten Satz. Der Satz meint: Ich werde ihm direkt antworten und nicht durch ein Medium.

V 8   *ich werde mein Gesicht gegen ... wenden ... und werde ... herausschneiden.* Übernommen aus einer Bestrafungsformel in den Gesetzen der Priesterschrift (z. B. Lev 17, 10; 20, 3.6). Gemeint ist nicht der Ausschluß aus der Gesellschaft oder der Kultgemeinschaft (W. Zimmerli, Eigenart 1954, 11–19), sondern der unmittelbare Tod (Tod, wie hier [V 9] und woanders durch die Parallelen angedeutet; so verstanden in talmudischer Zeit [s. EJ, Art. »Karet«] und für die biblische Zeit diskutiert von M. Tsevat, Studies in the Book of Samuel I: HUCA 32, 1961, 195 ff.)

Ich werde aus ihm ... machen. Mit den Versionen als verkürzter Hifʿil von שים verstanden; s. J. Barth, Die Nominalbildung in den semitischen Sprachen, Leipzig 1894, 119 f.; Ges-K § 73 a; P. Joüon, Grammar 1996, § 54 f. und E. Ben Yehuda, Complete Dictionary 1910–1959, 7558 für eine Vielzahl von Beispielen im nachbiblischen Hebräisch. Eine Emendation ins Qal wird von den Versionen nicht gestützt. In einigen Handschriften ist der Zischlaut ein שׂ, was die Bedeutung »Ich werde ihn vernichten« ergibt (so Kara). Vgl. Dtn 28, 37: Das gefallene Israel wird לשמה ולמשל »[ein Gegenstand] der Bestürzung und ein Sprichwort« sein. Die Verbindung mit dem Folgenden fällt nicht leicht, und die Wiederholung von ישׂים ist in den vorherigen Versen bei dieser Lesart verloren.

ein Zeichen. Eine Warnung, eine Lehre, wie in Num 17,25 der Stab Aarons als ein »Zeichen für die Aufständischen« der Erwählung der priesterlichen Linie aufbewahrt wird. Die Verurteilung des Fragenden wird für alle die eine Warnung sein, die sich Gott aufdrängen wollen.

ein Musterbeispiel. Der Plural ist im Rahmen dieser Redewendung sonst nicht belegt (und dementsprechend in den Singular emendiert). Er drückt Verallgemeinerung und Ausweitung aus und ist mit anderen Nomen des Gefühls belegt, z. B. כלימות »Beleidigung« (Jes 50,6, hier zusammen mit dem Singular רוק »Speichel«), גדופים »Vorwurf« (Jes 43,28, zusammen mit חרם »Zerstörung«). S. die ausführliche Diskussion in *E. König*, Lehrgebäude III 1895–1897, § 261 a–h, § 264 d; Ges-K § 124; *P. Joüon* ebd. § 136 g–j.

so irregeführt ist. Zu dieser Bedeutung von פתה »irren« s. Jer 20,10, von V 9 J. A. Moffatt bestens übersetzt mit »perhaps he will make a slip«; die implizierte handelnde Kraft – Versuchung, Sünde – wird hier erstmalig mit Gott identifiziert.

Strafe erleiden. Wörtl. »[die Folgen / Strafe] ihrer Schuld tragen«, s. die V 10 Einzelanalyse zu 4,4.

Der besondere Vorwurf des תעה מאחרי und des התטמא (»abirren von V 11 [JHWH]«, »sich verunreinigen«) ergibt sich durch die Verbindung eines jeden dieser beiden Ausdrücke mit זנה »untreu sein (von einer Frau)« in Hos 4,12 (זנה מאחרי JHWH in Hos 1,2) und Ps 106,39. Daß wir uns damit auf dem Feld der Metaphern für den Bundesbruch befinden, wird noch deutlicher durch den letzten Satz, in dem der klassische Ausdruck für die Bundesverpflichtung auftaucht: »Ich, ihr Gott, sie, mein Volk« (s. die Gesamtauslegung).

mit all ihren Verfehlungen. Die Verunreinigung durch Verfehlungen generell, d. h. nicht durch besondere Gegenstände wie Götzen, Tote oder physische Zustände wie Menstruation, begegnet erneut in 37,23; vgl. Lev 16,16 zum Ziel der Reinigung am Versöhnungstag.

Ez 14,12–23: Eine Ausnahme von der Regel

J. Day, The Daniel of Ugarit and Ezekiel and the Hero of the Book of Daniel: VT 30, 1980, 174–184. – *H. H. P. Dressler*, The Identification of the Ugaritic Dnil with the Daniel of Ezekiel: VT 29, 1979, 152–161. – *K. Koenen*, Heil den Gerechten – Unheil den Sündern! Ein Beitrag zur Theologie der Prophetenbücher (BZAW 229), Berlin – New York 1994. – *K.-F. Pohlmann*, Ezechielstudien 1992, 6–11. – *S. Spiegel*, Noah, Daniel and Job. Touching on Canaanite Relicts in the Legends of the Jews (1945), in: F.-A. Greenspahn (Hg.), Essential Papers on Israel and the Ancient Near East, New York 1991, 305–355. – *H.–M. Wahl*, Noah, Daniel und Hiob in Ezechiel XIV 12–20 (21–23): Anmerkungen zum traditionsgeschichtlichen Hintergrund: VT 42, 1992, 542–553.

Text

12 Das Wort JHWHs erging an mich: 13 Mensch, wenn ein Land gegen mich *gesündigt hat, indem es eine Verfehlung begangen hat, und ich habe meine Hand gegen es ausgestreckt, und ich habe seinen Stab des Brotes gebrochen und habe den Hunger gegen es losgelassen, um Mensch und Tier aus ihm herauszuschneiden, 14 und diese drei Männer wären unter ihnen: Noach, Daniel und Ijob, aufgrund ihrer Gerechtigkeit sollen sie sich retten, spricht der Herr JHWH.*

15 Wenn ich wilde Tiere durch das Land ziehen ließe und es beraubte, so daß es eine Wildnis würde, durch die niemand hindurchzöge wegen der Tiere, 16 wenn diese drei Männer in ihm wären, bei meinem Leben, spricht der Herr JHWH: Söhne und Töchter würden sie nicht retten. Sie allein würden gerettet werden, während das Land zur Wildnis würde.

17 Oder ich brächte das Schwert über das Land und verfügte: Ein Schwert soll durch das Land gehen! Und ich würde Menschen und Tiere aus ihm herausschneiden, 18 und diese drei Männer wären in ihm, bei meinem Leben, spricht der Herr JHWH, Söhne und Töchter würden sie nicht retten, nur sie allein würden gerettet werden.

19 Oder ich ließe die Pest los über das Land und würde meinen Zorn ausgießen über es mit blutigem Tod, indem ich Mensch und Tier aus ihm herausschneiden würde, 20 und Noach, Daniel und Ijob wären in ihm, bei meinem Leben, spricht der Herr JHWH, weder einen Sohn noch eine Tochter würden sie retten. Durch ihre Gerechtigkeit würden sie sich selbst retten.

21 Und nun, so spricht der Herr JHWH: Um so mehr wenn ich gegen Jerusalem meine vier bösen Plagen loslasse – Schwert, Hunger, wilde Tiere und die Pest –, um Mensch und Tier aus ihr herauszuschneiden! 22 Und

*Überlebende werden in ihr zurückbleiben, die herausgebracht werden –
Söhne und Töchter. Ja, sie werden zu euch hinauskommen, und wenn ihr
ihre Wege seht und ihre Taten, werdet ihr getröstet sein ob des Bösen, das
ich über Jerusalem gebracht habe, alles, was ich über sie gebracht habe.
23 Sie sollen euch trösten, wenn ihr ihre Wege seht und ihre Taten, und ihr
sollt erkennen, daß ich nicht umsonst all das tat, was ich an ihr tat, spricht
der Herr JHWH.*

Zu Text und Übersetzung

14 sie sich retten: G »gerettet werden« (wie in V 16.18).
    16 wenn ... wären: Hss, G S »und ... waren«.
    22 herausgebracht werden: G S »herausbringen«.
    alles: G fügt hinzu »das Böse«.

Gesamtauslegung: Struktur und Themen

Struktur

Der Text beginnt mit der Wortereignisformel, es fehlt jedoch seltsamerweise die Botenformel (»so spricht der Herr JHWH ...«), obwohl sie in der Einleitung des zweiten Teils des Wortes in V 21 vorkommt. (Die Versionen bezeugen alle M; es gibt eine irreduzible Inkonsistenz und Variabilität bei den Wiederholungen und Formeln Ezechiels; er war keine Maschine.) Die Botschaft gliedert sich in zwei Hälften: V 13–20, vier hypothetische Fälle in einem normierten Gesetzesstil, der eine Vergeltungslehre enthält, und V 21–23, die Ausnahme von dieser Lehre im Falle Jerusalems. Aus den hypothetischen Fällen ergibt sich die konkrete Anwendung, diese wiederum erhält ihre Wirkkraft aus dem Widerspruch zu der in den hypothetischen Fällen entwickelten Lehre. Die Kombination beider Teile ist ursprünglich.

Ezechiels mit Wiederholungen arbeitender Stil wird nirgends besser deutlich. Jeder der vier Fälle besteht aus einer siebenteiligen Aussage. Drei Teile beschreiben die Pest und die Verwüstung, die sie anrichtet; drei die Unfähigkeit der Vorbilder, das Leben selbst ihrer eigenen Kinder zu retten, denn sie können allein ihr eigenes in Sicherheit bringen; ein Teil – stets an einer anderen Stelle positioniert – enthält die Formel »spricht JHWH«, wobei in drei von vier Fällen ein Schwur vorangeht. Trotz dieses Schemas gibt es keine zwei Aussagen, die einander gleichen. Der Zweck der meisten Wechsel besteht darin, Eintönigkeit zu vermeiden, einige Variationen jedoch bedeuten mehr. Während in den letzten drei Fällen zwei der drei Teile, in denen die Vorbilder genannt werden, auf ihre (Un)fähigkeit, selbst zu retten, abhebt, handelt im ersten Fall nur ein Teil von der Rettung, während die vorhergehenden Teile die Vorbilder einführen und benennen. Der zweite Fall weicht stärker vom Schema des ersten ab als die anderen: Die ersten beiden Zeilen sind länger, während die dritte Zeile, die die Verwüstung beschreibt, nicht nur kürzer ist, sondern ganz am Schluß positioniert wird. Ein neuer Schwursatz taucht auf, der negiert, daß die Vorbilder auch nur ihre eigenen Kinder retten können. Der Schwur und die nachfolgende Wiederholung des gesamten Satzes in den restlichen Fällen zeigen an, welches Gewicht dieser Negation beigemessen wird. Die Abweichungen vom Schema im zweiten Fall beugen nicht nur jeglicher Monotonie vor, sondern lassen den Hörer (oder Leser) auf den neuen Gegenstand aufmerksam werden. Weitere Variationen der Negation mittels des Schwurs sorgen für frischen Wind: Beim ersten Mal wird sie als Konditionalsatz formuliert, was für negative Schwursätze typisch ist (Ges-K §149; *P. Joüon, Grammar* 1996, §165); darauf erscheint sie als direkte Negation (לא) und schließlich als Konditionalsatz mit den Objekten im emphatischen Singular (»[nicht einmal] ein einziger Sohn oder eine Tochter«). Verschiedene Merkmale verbinden den vierten Fall mit dem ersten: der Name der Vorbilder, die Verben »loslassen« und »sich retten« (mit der Inversion von Piʿel zu Hifʿil, s. die Einzelanalyse zu V 14), der Ausdruck »durch ihre Gerechtigkeit«. Der gesamte Abschnitt wird auf diese Weise gerahmt.

Ein emphatisches כי (»und jetzt«) markiert den Übergang zur Anwendung (V 21–23) im gängigen Prophetenstil. Wenn die schematisierte Regelmäßigkeit und der Gesetzesstil der vier hypothetischen Fälle der Unausweichlichkeit und Konsequenz von Gottes Handeln an frevelhaften Völkern entspricht, so stimmt der Bruch in der Art und Weise der Formulierung seines Handelns an Jerusalem überein mit dem Widerspruch zwischen der in den Fällen entwickelten Lehre und dem Schicksal der Bewohner Jerusalems. Die direkte Beziehung des Widerspruchs zur Lehre kommt nicht nur in der ungelenken Rede von den »Söhnen und Töchtern« zum Ausdruck, sondern in der bewußten Vermeidung jeder Form von נצל »retten«, das durch יתר »übrigbleiben«, פלט »überleben« und יצא »herauskommen« ersetzt wird. Gott hat nicht die Absicht zu retten, indem er seinem Prinzip der Vergeltung im Falle Jerusalems zuwiderhandelt, sondern er will eine Lehre erteilen. Die völlige Neuheit dieser Absicht rechtfertigt ihre emphatische, wiederholte Ausformulierung in V 22–23. Wir weisen darauf hin, daß in der teilweise chiastischen Wiederholung in V 23 ein neues Element begegnet, daß keine Entsprechung in V 22 hat: Der Ergebnissatz »und ihr sollt erkennen, daß nicht umsonst …« (man beachte, wie נחם »trauern« quasi eine klangliche Inversion von חנם »umsonst« bzw. ein semantisches Äquivalent zu לא חנם darstellt).

Daß beide Teile des Wortes inhaltlich und sprachlich aufeinander bezogen sind, spricht für seine Einheitlichkeit. Die Interpretation muß vom überraschenden Ende ausgehen, auf das der gesamte Text hinzielt. »Söhne und Töchter« werden, entgegen dem Prinzip der göttlichen Vergeltung, die Zerstörung Jerusalems überleben, aber nur, um Gottes Gericht zu bezeugen. Worauf bezieht sich dies? *S. Spiegel,* Noah 1991, 320 f., machte die Beobach-

Hoffnung für die Kinder der Exulanten?

tung, daß »in 24,21 der Prophet den Eltern in Babylon, deren Kinder in Palästina zurückgeblieben waren, offen erklärte: ›Eure Söhne und Töchter, *die ihr zurückgelassen habt*, werden durch das Schwert fallen.‹ Ez 14,12 ff. könnte sich auf die Angst beziehen, die die Gefangenen um ihre Kinder in Judäa ausstanden«. Dies erklärt, warum in diesem Text die »Söhne und Töchter« eine so bedeutende Rolle spielen. Bei den in V 22 Erwähnten handelt es sich nicht um die vorher genannten Söhne und Töchter aus den hypothetisch entwickelten Fällen, sondern vielmehr um die Söhne und Töchter der Zuhörer im Exil. Die Beispiele wurden gerahmt, um die Kinder aufgrund der aktuellen Sorge der Exulanten um ihre Kinder einzuschließen. Man hätte nun aus Abrahams bekannter Fürbitte zugunsten Sodoms schließen können, daß allein ein paar Gerechte eine Stadt retten könnten oder daß wenigstens ein Gerechter (Abraham) seine unwürdige Familie (Lot und seine Töchter; vgl. Gen 19,29) retten könne. Die Exulanten konnten wahrscheinlich auf etwas Derartiges hoffen, denn es waren unter den Propheten und Priestern Jerusalems oder unter den Exulanten, deren Leiden sie vor Gott geläutert hatte, sicherlich einige Gerechte, die die Stadt schützen konnten. Sollte es daher für die Familien, die in der Heimat zurückgeblieben waren, keine Hoffnung geben? Gegen eine solche Hoffnung geht der Prophet in seiner Rede an. Die wahre Lehre von der Vergeltung (die in Ez 18 dargelegt wird) besteht darin, daß im Falle einer allgemeinen Vernichtung sogar tugendhafte Vorbilder (die es weder in der verdorbenen Stadt noch unter den Exilierten gab) allein sich selbst retten können. Die Exulanten stützten sich auf eine falsche Lehre und damit auf eine leere Hoffnung. Nichtsdestoweniger würde es Überlebende geben, wie Ezechiel an verschiedenen Stellen betonte (6,8; 7,16; 12,16) und wie die Bundesflüche vorhergesagt hatten (Lev 26,39 ff.). Der Prophet stellt nun diesen Glaubensartikel mittels einer sarkastischen Umformulierung in den Kontext der elterlichen Angst: Das Überleben der verdorbenen Söhne und Töchter und deren Ankunft unter den Exulanten würde die Eltern »trösten« – nicht durch die Hoffnung auf ihre Flucht, sondern durch die Beseitigung der Zweifel der Exulanten darüber, daß das Schicksal Jerusalems gerechtfertigt war! Aufgrund seines vorrangigen Interesses für Theodizee überführte der Prophet jede Situation in ein Zeugnis der Gerechtigkeit Gottes. Nur die Wortwahl verrät den zugrundeliegenden menschlichen Schmerz, der durch die Theozentrik des Propheten überlagert wird.

Daß Ezechiel das Überleben eines Restes neben der totalen Vernichtung verkündet, stellt keine so überraschende Inkonsistenz dar, wie sie diejenigen daraus machen, die V 22–23 als Zusätze identifizieren, die nach der Zerstörung Jerusalems aufgrund der tatsächlich vorhandenen Überlebenden verfaßt wurden (z. B. Spiegel, Wevers; vgl. Herrmann und Cooke). Jeremia führt so eine Inkonsistenz in einem einzigen Atemzug in einem Wort an die ägyptische Diaspora aus, die, da sich diese Vorhersage nie verwirklichte,

schwerlich verbessert werden kann, indem man die Inkonsistenz als eine
Hinzufügung ex eventu erklärt: »Ich werde über sie wachen zu ihrem Unheil … alle Männer von Juda im Land Ägypten werden durch Schwert und
Hunger umkommen. Nur die wenigen, die das Schwert überleben, werden
zurückkehren … in das Land Juda. Dann wird der ganze Rest Judas erkennen, wessen Wort sich erfüllt, meines oder ihres!« (Jer 44,27 f.; vgl. V 14)
Man beachte, daß die »inkonsistenten« Überlebenden wie bei Ezechiel der
Rechtfertigung Gottes dienen. Nun haben durchaus einige Exegeten Jer
44,28 als vaticinium ex eventu eingeordnet (Rothstein, Rudolph, Hyatt),
das die Rückkehr einiger Exulanten in die Heimat voraussetze. Aber darauf
hebt V 28 nicht ab. Der Vers spricht von »Überlebenden« (פליטי) eines Blut-
bads (V 27), von dem *G. Coutourier*, The Jerome Bible Commentary, London 1970, zurecht anmerkt, daß wir von einem solchen nichts wissen. Beim
Blutbad handelt es sich schlicht um eine romantische Vorstellung genau derselben Art wie die der »inkonsistenten« Überlebenden von V 28 – beide gehören in die ideale Welt des gerechten Lohns und der Rechtfertigung Gottes.
Aus V 28 einen Beleg für eine (friedliche) Heimkehr abzuleiten, wobei man
den einfachen drastischen Wortsinn ignoriert, um dann den Vers als »Vorhersage danach« einzuordnen – das alles nur aufgrund des Widerspruchs zu
V 27 –, ist eine Lösung, die mindestens so problematisch ist wie das Problem, das sie lösen soll. Die prophetische Botschaft der Zeit des Untergangs
wird durch einen bedeutsamen Ur-Widerspruch gelöst: der sicheren Vorhersage der vollständigen Zerstörung Judas aufgrund des Bundesbruches gegen
das göttliche Versprechen eines ewigen Bundes mit seinem Volk. Das ist der
Ursprung all der anderen Widersprüche, eingeschlossen der hier diskutier-
ten kleineren.

In der Schmähung Jerusalems am Ende von Ez 5 werden die vier Plagen in
folgender Reihenfolge aufgelistet: Hunger, wilde Tiere, Pest / Blut und
Schwert. Das Herzstück bildet die Dreiergruppe Schwert, Hunger und Pest.
Die wilden Tiere wurden aufgrund von Lev 26,22 f. hinzugefügt. (Wie sehr
Ezechiel die wilden Tiere an die ursprüngliche Dreiergruppe anpaßte, wird
in 33,27 deutlich, wo er die sonst nicht belegte Reihe Schwert, Tiere und
Pest bildet; vielleicht kannte er Hos 2,20, Tier und Schwert.) So kam man
auf die Anzahl von vier Plagen, eine im Ezechielbuch beliebte Zahl (s. das
göttliche Fahrzeug in Ez 1 und 10 und Art. »Number«, in: IDB 3, 565 a), die
in Jer 15,3 (»Vier Familien… das Schwert zum Töten, die Hunde zum Her-
umzerren, die Vögel des Himmels und die Tiere des Feldes, um zu fressen
und zu vertilgen«) und Sach 2,2–4 (»vier Hörner, um Juda zu zerstreuen«)
mit Bezug auf die Vernichtung angewendet wird. Für den traditionsbewuß-
ten Ezechiel (vgl. dagegen die Verbindungen der anderen Propheten) ist es
typisch, daß er seine Individualität dadurch zum Ausdruck bringt, daß er die
Reihenfolge der Teile dieser Reihe freier handhabt als dies sonst belegt ist
(z. B. hält sich Jeremia stets an die traditionelle Dreiergruppe, Ezechiel hat

Die Plagen

sie in 6,11 und 12,16, verändert sie aber in 6,12 und 7,15, wobei jede Aufzählung der vier Plagen verschieden ist [5,17; 14,13–19; 14,21]).

Einzelanalyse: sprachliche und literarische Aspekte

gesündigt … Verfehlung. Vgl. für die Abfolge die Vorschrift Lev 5,21 in der   V 13
Priesterschrift. Insofern das hypothetische Land der V 13–20 nicht unbedingt mit Israel gleichzusetzen ist, handelt es sich hier um die einzige Stelle
in der Hebräischen Bibel, die eine Verfehlung gegen JHWH einem nicht-is-
raelitischen Subjekt zuschreibt. Da der Begriff sich auf Mißachtung oder
Verletzung heiliger Dinge oder Schwüre JHWHs bezieht (*J. Milgrom*, Concept 1976, 236ff.), können strenggenommen nur die, die JHWH kennen, sich
eine Verfehlung gegen ihn zuschulden kommen lassen. Allerdings wird in
Jer 50,14 und Ez 16,50 ebenfalls ein falsches Handeln der Heiden gegenüber
JHWH mit Begriffen umschrieben, die sonst nur in bezug auf Israel verwendet werden. Entweder schimmert hier ein universalistischerer Standpunkt
als für das Ezechielbuch üblich durch, oder aber der zugrundeliegende Bezug
(und die spätere ausdrückliche Anwendung) auf Jerusalem macht sich bereits bemerkbar.

Stab des Brotes … Hunger. S.o. zu 5,16. Zum zweiten Begriff s. Am 8,11.

Noach, Daniel und Ijob. Die biblischen Figuren Noach und Ijob gelten als   V 14
Vorbilder an Tugend (Gen 6,9; Ijob 1,1) aus vorisraelitischer Zeit (zur Situierung Ijobs in der Vorzeit s. *N. Sarna*, Epic Substratum in the Prose of Job:
JBL 76, 1957, 14f.). Der biblische Daniel, ein Held jüdischer Treue und ein
Zauberer, der zur gleichen Zeit wie Ezechiel lebte (Dan 1,1–6 zufolge), wird
eigenartigerweise zwischen den beiden genannt (Bar Hebraeus verwunderte
die chronologische Unordnung der Liste). Die einleuchtende Folgerung, daß
es sich bei diesem דנאל (der jüdische Daniel schreibt sich דניאל) ebenfalls um
eine altehrwürdige, nichtjüdische Figur handle (s. z.B. Smend; deshalb kann
in 28,3 der König von Tyrus mit ihm verglichen werden), wurde durch den
Beleg eines Danel in Jub 4,20, der als Onkel und Schwiegervater Henochs
vorgestellt wird, ein wenig gestützt. Sie erhielt Unterstützung durch die
Entdeckung des Aqhat-Epos aus der ugaritischen Literatur. Der Vater des
tragischen Helden Aqhat ist ein König, Dan'el (*dn'il*), der als idealer, gerechter Herrscher beschrieben wird, »der richtet den Rechtsfall der Witwe und
ein Urteil fällt im Fall der Waise« (ANET 151 und 153a; zur Erzählung s. die
wunderbare Nacherzählung bei *T. H. Gaster*, The Oldest Stories in the
World, Boston 1958, 175ff.). Man vermutet, daß diese Figur der Vorzeit
auch unter den Kanaanäern und Israeliten in verschiedenen Ausformungen
tradiert wurde. Zur Zeit Ezechiels verband man die Gerechtigkeit des ugaritischen Vorbilds mit der Weisheit der späteren jüdischen Figur.

Daß diese drei altehrwürdigen Figuren keine Israeliten sind, entspricht der Allgemeinheit der hier entfalteten Vergeltungslehre und dem ausländischen Hintergrund, vor dem solche Weisheitsthemen meist abgehandelt werden: die Erzählung vom Garten Eden über den Ursprung von Sünde und Leid; das Gericht über Sodom und Gomorra, das durch die Anwesenheit Gerechter hätte abgewendet werden können (handelt es sich bei unserem Text um einen Gegenentwurf dazu?); die Geschichte Jonas, welche die Kraft der Umkehr beschreibt; vgl. *Y. Kaufmann*, Religion 1963, 283.297. Hier wird mittels dieser Figuren die Unbarmherzigkeit und Strenge des göttlichen Gerichts unterstrichen: Nicht einmal die Söhne und Töchter – die es selbst nicht verdient haben – solcher Vorbilder würden um ihrer Väter willen ausgenommen werden. Diese können allein sich selbst retten.

(Die moderne Forschung hat die Frage der drei Vorbilder unnötig verkompliziert. Daß der Name Noach möglicherweise als theophores Element in amoritischen Namen des 19. und 18. Jhs. v. u. Z. belegt ist, trägt für das Verständnis des hier vorliegenden Bezugs auf Noach nichts aus; s. *M. Noths* kritische Auseinandersetzung mit J. Lewy in VT 1, 1951, 254 ff. Ezechiels Noach läßt sich allein und hinreichend mit dem gleichnamigen Vorbild der biblischen Fluterzählung erklären; in Jes 54,9, einem vermutlich wenige Jahrzehnte nach Ezechiel komponierten Text, wird Noach ausdrücklich mit der Flut in Verbindung gebracht. Es besteht daher keinerlei Anlaß, für Ezechiel eine unterschiedliche israelitische Tradition über einen anderen Noach anzunehmen. *S. Spiegel* ebd. begründete die Verbindung dieser drei und ihre Beziehung zu den »Söhnen und Töchtern« folgendermaßen: Wie Noach seine Söhne rettete, so bekam Ijob seine Kinder zurück [nach Spiegel holte er sie durch sein Gebet vom Tod zurück], und Dan'el bekam Aqhat zurück [nach Spiegels Rekonstruktion]. Obwohl die Forschung Spiegels tour de force nicht folgte, halten einige Exegeten daran fest, in der Beziehung zu den Kindern das die drei Figuren verbindende Element zu sehen. Ijob, so schreibt *Eichrodt* 110, wird mit den anderen drei verbunden »durch dasselbe Schicksal ohnmächtigen Miterlebens des Unglücks der eigenen Kinder«. Daß diese Ansicht der von Spiegel diametral entgegensteht, zeigt, daß der Versuch, das Kindermotiv in den Legenden über die drei zu begründen, in die Irre führt. S. daher zu einer anderen Erklärung des Motivs die Gesamtauslegung.)

sich retten. נצל Pi'el ist ungewöhnlich. Sonst bedeutet das Pi'el dieses Verbs lediglich »abziehen, säubern«, aber es ist zu selten belegt, als daß man die Bedeutung »retten« hier ausschließen könnte. Man beachte, wie der Abfolge Hif'il – Pi'el in הצליח – נצל in V 13 f. die Abfolge Pi'el – Hif'il in V 19 f. הציל – שלח entspricht; s. die Gesamtauslegung. G gleicht an die Passivformen von V 16.18 an.

V 15   Obwohl לו meist Hypothesen einleitet, dient es manchmal auch zur Einleitung gewöhnlicher Konditionalsätze (Gen 50,15; Mi 2,11).

Es ist schwer zu entscheiden, ob das Fehlen des *waw* zu Beginn des Satzes   V 16
auf einen Schreibfehler zurückgeht oder es sich um eine bewußte Variation
handelt, für die es in unserem Text viele Beispiele gibt.

blutigem Tod (wörtl. »Blut«). Ezechiel verbindet stets Pest und Blut bzw.   V 19
blutigen Tod miteinander: 5, 17; 28, 23; 38, 22.

Um so mehr. »Wenn ich durch eine dieser vier Plagen ein Land der Hei-   V 21
den vernichte, um so mehr erst, wenn ich alle vier über ein solches Land
bringe! Und gegen Jerusalem habe ich tatsächlich vier losgelassen, und ich
werde es nicht zurücknehmen.« (Kimchi)

herausgebracht werden. In Jer 38, 22 steht derselbe Begriff (מוצאים) mit   V 22
Bezug auf die königliche Familie, die in die Gefangenschaft geführt wurde.

Söhne und Töchter. Als Apposition zum Vorhergehenden. Die Bedeutung
dieser Worte ergibt sich aus der Verwendung in den drei vorhergehenden
hypothetisch entwickelten Fällen, wo sie sich auf die unwürdigen Kinder
von Noach, Daniel und Ijob beziehen, die die Zerstörung ihres Landes nicht
überleben würden. Im Gegensatz dazu wird hier gesagt, daß nur unwürdige
Menschen die Zerstörung Jerusalems überleben und zu den Exulanten geführt werden, d. h. die Söhne und Töchter der hypothetisch entwickelten
Fälle. Die Begründung für diese verblüffende Ausnahme von der Regel folgt
sogleich.

Die Lesart von G und S »die herausbringen werden« (als stünde המוצאים)
macht aus den Überlebenden eine eigene Gruppe, von denen ihre Kinder entsprechend der hypothetisch entwickelten Fälle (die drei Vorbilder auf der einen, ihre Kinder auf der anderen Seite) zu unterscheiden sind. Auf den ersten
Blick besticht diese Lesart, sie verwirrt jedoch auf den zweiten: Handelt es
sich bei der eigenen Gruppe Überlebender um Sünder oder Gerechte? Was
ist damit mehr gewonnen als die strukturelle Entsprechung, und weshalb
sollten sie neben den »Söhnen und Töchtern«, deren Sünde betont wird, erwähnt werden? M bezeugt die ökonomischere und klarere Lesart.

Zimmerli betont zurecht, daß, im Unterschied zu den hypothetisch entwickelten Fällen, im Fall der Anwendung auf Jerusalem Verben der Wurzel
יצא »herausgehen« und nicht der Wurzel נצל »retten« verwendet werden.
Die positiven Konnotationen des letztgenannten Verbs sind in diesem Zusammenhang, wo vom Überleben der Sünder die Rede ist, unangemessen.

Taten. עלילות, meist zusammen mit דרך »Weg«, wird im Ezechielbuch
stets pejorativ gebraucht (z. B. 20, 43 f.; 21, 29) wie das verwandte Wort מעלל
bei Jer (7, 3, u. ö.).

daß ich gebracht habe ... Bei diesem Satz handelt es sich um eine Apposition zu »dem Bösen«, dem logischen Objekt des Vorhergehenden. Als Apposition zu einem Objekt geht ein את voran (s. *J. Blau*, Gebrauch 1954, 11).
G gleicht unseren Satz an den vorhergehenden an. M gleicht ans Ende des
nächsten Verses an (»alles, was ich getan habe«).

nicht umsonst. Wie in 6, 10.   V 23

Ez 15, 1–8: Der Weinstock und Jerusalem

K.-F. Pohlmann, Ezechielstudien 1992, 159–174. – *K. von Rabenau*, Die Form des Rätsels im Buche Hesekiel, in: ders. (Hg.), Gottes ist der Orient. FS O. Eissfeldt, Berlin 1957, 129–131. – *A. E. Rivlin*, The Parable of the Vine and the Fire: Structure, Rhythm and Diction in Ezekiel's Poetry (Hebräisch): BetM 63, 1975, 562–566. – *H. Simian-Yofre*, Le Métaphore d'Ézéchiel 15, in: J. Lust (Hg.), Ezekiel 1986, 234–247.

Literatur

Text

1 *Das Wort JHWHs erging an mich:*

Übersetzung

2 *Mensch, was wird aus dem Weinstock unter allen Sträuchern,*
der Weinranke, die zu den Sträuchern des Waldes gehört?

3 *Kann man davon Holz nehmen, um daraus etwas Nützliches zu machen?*
Kann jemand davon einen Pflock nehmen, um daran ein Gefäß zu hängen?

4 *Siehe, es wurde dem Feuer als Brennmaterial übereignet.*
Wenn das Feuer seine beiden Enden verzehrt und sein Inneres verkohlt,
ist es dann noch zu etwas nütze?

5 *Wenn selbst, als es ganz war, man nichts Nützliches daraus machen konnte,*
wie soll man erst, wenn das Feuer es verzehrt und es verkohlt ist,
daraus einen nützlichen Gegenstand machen!

6 *Nun denn, so spricht der Herr JHWH: Wie den Weinstock unter den Sträuchern des Waldes, den ich dem Feuer als Brennmaterial übereignet habe – so habe ich die Bewohner Jerusalems übereignet. 7 Ich werde mein Gesicht gegen sie wenden. Sie sind dem Feuer entkommen, aber Feuer wird sie verzehren. Und ihr sollt erkennen, daß ich JHWH bin, wenn ich mein Gesicht gegen sie wende. 8 Ich werde das Land wüst machen, weil sie sich aufgelehnt haben, spricht der Herr JHWH.*

2 *Mensch*: G schickt zusätzlich ein »und du« voraus.

Zu Text und Übersetzung

   3 *Kann man ... nehmen*: G T »sie nehmen« wie im nächsten Satz, wo es im Hebräischen wörtlich heißt: »sie nehmen«.

Gesamtauslegung: Struktur und Themen

Struktur   Das Wort ist in zwei Hälften gegliedert: A (V 2–5), eine Betrachtung des üblen Geschicks des Weinstocks, und B (V 6–8), ein Vergleich dessen mit den Bewohnern Jerusalems. Der Stil von A ist fast poetisch. V 2 und 3 bilden Parallelismen, bei denen jeweils die zweite Hälfte länger ist als die erste. V 4 und 5 enthalten Wiederholungen: Der Verzehr durch das Feuer und die Erwähnung der Nützlichkeit begegnen jeweils dreimal (niemals jedoch in genau derselben Weise!). V 6 beginnt mit לכן und eröffnet so die Folgerungen, d. h. den Vergleich mit Jerusalem (כן ... כאשׁר). Auf den Vergleich (V 6) folgt eine metaphorische Ankündigung der Zerstörung Jerusalems (Verbrennen) (V 7), die durch die an die Exulanten gerichtete Erkenntnisformel abgeschlossen wird. Daran schließt ein Nachsatz an (V 8) (s. die Diskussion dieses Phänomens in der Gesamtauslegung von Ez 6; die Forschung wertet dies charakteristischerweise als Beleg für eine spätere Hinzufügung). בשׂומי פני nimmt das ונתתי פני auf und leitet zur abschließenden unmetaphorischen Ankündigung der Zerstörung Jerusalems über, die durch die Formel »spricht der Herr JHWH« abgegrenzt wird. Es finden sich in diesen Versen Verweise auf Ez 14: נתן פנים verweist auf 14, 8; V 8 verweist auf 14, 16 (»Verwüstung«) und 14, 13 (»eine Verfehlung begehen«).

   A und B sind eng miteinander verbunden: A durch die erwähnten Parallelismen und Wiederholungen, B durch die vierfache Wiederholung des נתתי (übereignet [zweimal V 6], wenden [V 7], machen [V 8]). A ist mit B durch gemeinsame Motive und Begriffe verbunden: V 6, der insbesondere das Geschick des Weinstocks mit dem Jerusalems vergleicht und das Motiv des Feuers in B einführt (V 6.7); und die Passiv-Aktiv-Abfolge von נתן in V 4 (A) und V 6 (B), wodurch das נתתי in B eingeführt wird. Eine solche Dichte gemeinsamer Merkmale und Verbindungen spricht für die literarische Einheit des Textes.

Weinreben =   Die didaktische Betrachtung des üblen Geschicks des Weinstocks wird von
Brennmaterial   einer Reihe rhetorischer Fragen gerahmt, die von der zentralen Aussage ausgehen: »Siehe, es wurde dem Feuer als Brennmaterial übereignet« (V 4a). Diese Aussage beansprucht allgemeine Geltung, wobei der Weinstock allen anderen Sträuchern gegenübergestellt wird, wie es durch die theologische Begründung in V 6 angezeigt wird und so auch von G und S verstanden wurde, die sie mittels limitierender Partikel (πάρεξ »außer«; ›l‹ »nur«) einführen. Der Weinstock ist zu nichts nütze (V 3) außer als Brennmaterial für das Feuer. G's seltsame Übersetzung des שׁני קצותיו verweist auf ein weiteres Detail: »Was jährlich (שׁני wie שׁנה »Jahr«) abgeschnitten wird (קצותיו wie von קצץ »abschneiden«), verzehrt das Feuer.« Dahinter steht eine Praxis der Antike, wie ein Blick auf Joh 15, 2 deutlich macht:

Er schneidet ab jede meiner Reben,
  die nicht Frucht bringt.
Aber jede die Frucht bringt, reinigt er,
  damit sie mehr Früchte bringt.

Es wird auf zwei jährliche Beschneidungen angespielt, die erste zu Ende des
Winters, die zweite im Sommer. Diese gesammelten Weinreben, die in Form
von חבילי זמורות »Bündel von Weinreben« gesammelt wurden (mSanhedrin
7,2; bAbodah zarah 18a), dienten als Brennmaterial. Um die Argumentation
von V 4b–5 zu verstehen, muß man nur darauf achten, daß sparsame Bau-
ern ihr Material so gut wie möglich verwerteten. Wenn daher Holz nicht zu
Arbeitsgegenständen verarbeitet werden konnte, wurde es mit Sicherheit als
Brennmaterial verwendet. Das Insistieren auf der Nutzlosigkeit der Reben
in V 4–5 ist gleichbedeutend damit, sie dem Feuer zu überantworten, da dies
die sichere Konsequenz daraus war, daß es für jegliche gewerbliche Zwecke
unbrauchbar war.

Teil A des Textes basiert somit auf einer alltäglichen Praxis und enthält
keine künstlichen Elemente um der Historie willen. Daher wird die Metapher auch nicht verfrüht aufgelöst. Die Konstruktion der V 2–5 ist wohl-
durchdacht. V 2–3 stellt den Weinstock den anderen Sträuchern (עץ viermal) mittels rhetorischer Fragen, die seine Nutzlosigkeit anzeigen,
gegenüber. Dies führt zur Schlußfolgerung (V 4a), daß sein vorherbestimm-
tes Schicksal darin besteht, als Brennmaterial zu dienen. Daraufhin wird
näher ausgeführt, was mit der Rebe als Brennmaterial geschieht. Wenn erst
das Feuer sie erfaßt hat, so daß sogar ihr Inneres verkohlt, ist ihre Nutzlosigkeit nur umso mehr bestätigt – ausgenommen als Brennmaterial, zu dem sie
bestimmt ist. Hier endet die Betrachtung, ohne die letzte Stufe, wenn der
Weinstock zu Asche wird, zu beschreiben. Dies wird aufgeschoben und die
Aufmerksamkeit des Hörers für den zweiten Teil des Textes, den Vergleich,
geweckt.

Beim Vergleich des Weinstocks mit Jerusalem (stellvertretend für Juda /
Israel) handelt es sich um eine groteske Umkehrung der traditionellen Verwendung des Weins als Bild für Israel. Das Bild des Weins drückt in treffen-
der Manier veschiedene Aspekte der Beziehung Israels zu Gott aus. Wie der
Winzer seinen Weinberg liebevoll bebaut, so pflegt und sorgt Gott für Israel.
Er erwartet seinen treuen Gehorsam (Jes 5,1–7). Wie der Winzer Schößlinge in gute Erde verpflanzt, so verpflanzte Gott Israel von Ägypten nach Kanaan (Ps 80,9). Israel war Gottes »geliebte Pflanzung« (Jes 5,7). Während
dieses Bild in den Gebeten Israels als lobende Selbstbeschreibung verwendet
wurde (»Wende dich uns wieder zu … und sorge für diesen Weinstock!« Ps
80,15), machten die Propheten von der Metapher polemischen Gebrauch:
Sowohl Jesaja (5,1 f.) als auch Jeremia (2,21) sprachen von der Enttäuschung
des göttlichen Winzers, dessen Arbeit nur schlechte Frucht brachte. Eze-

Der Weinstock
als Bild für Israel

chiels Vorstellung jedoch hakt bei einem bisher unbeachteten Aspekt der Metapher ein. Warum soll man überhaupt von der Frucht sprechen, wenn der einzig angemessene Vergleichspunkt das Holz des Weinstocks war, dessen Zerstörung vorherbestimmt war?

Die Applikation führt den Vergleich mittels einer Wiederaufnahme der Aussage, daß das Schicksal des Weinstocks das Feuer darstellt (V 6), ein. Der Hörer war nachdenklich über die teilweise verbrannten Weinreben und deren offensichtliche Nutzlosigkeit zurückgelassen worden. Der Prophet unternimmt nun den letzten Schritt: Jerusalem ist zum Teil verbrannt (Jojachins Exil). Obwohl es also der Vernichtung entgangen war, war es dazu verurteilt, wieder den Flammen überantwortet zu werden. Was in der Betrachtung des Weinstocks nicht ausgesprochen wurde, wird im Vergleich auf brutale Weise enthüllt: Das nur zum Teil verbrannte Jerusalem wird beim nächsten Mal komplett vom Feuer verzehrt werden.

Sobald der Vergleich mit Jerusalem gezogen wird, wird die Betrachtung über den Weinstock in eine Art Allegorie überführt. Der Prophet konzentriert sich auf ein Thema, das er in den eröffnenden Versen eingeführt hatte, genauer gesagt, das endgültige Geschick des Weinstocks: die Vernichtung. Aber als Allegorie impliziert das Bild des Weinstocks einiges mehr. Anders als die minderwertigen Früchte der Weinberg-Allegorie ist der Weinstock als Holz von Natur aus wertlos und daher für das Feuer bestimmt. Dies impliziert, daß Israel von Geburt an minderwertig ist. Damit ist eines der Hauptthemen des Ezechielbuchs genannt, das nur darauf wartet, näher ausgeführt zu werden. Seine Wertlosigkeit unterscheidet den Weinstock von den anderen Sträuchern. Dies entspricht Israels moralischer Unterlegenheit gegenüber den Völkern. Ein weiteres Thema des Buches kommt hier zum Vorschein. Keinem dieser Themen wird jedoch Aufmerksamkeit geschenkt. Der Fokus ist von Anfang an auf das Geschick des Weinstocks als dem einzigen expliziten Vergleichspunkt mit Jerusalem gerichtet. Nichtsdestoweniger wurde in der Forschung versucht, an dem einen oder anderen Punkt anzuknüpfen. Dies geschah sicherlich unter dem Einfluß der komparativen Interpretation der Leitfrage von V 2 (s. Zimmerlis Kritik an Baumann). Insbesondere *W. A. Irwin*, Problem 1943, 43, insistierte darauf, daß der vorliegende Ablauf der Argumentation falsch sei. V 2–5 sagen, daß »das Holz des Weinstocks in jedem Fall wertlos ist … Wenn ein Stück verbrannt ist, kann ihm kein Wert mehr zukommen.« Aber V 6 ff. konzentrieren sich »nicht auf die Eigenschaften des Holzes, sondern auf das Feuer, das dieses einzelne Stück Holz verbrannt hat … Dieser Verfasser verfehlte den springenden Punkt des Textes, daß das Holz des Weinstocks wertlos ist. Stattdessen griff er das Bild des brennenden Feuers auf und gab dem Ganzen so eine ganz andere Richtung. Das Wort und seine Auslegung haben nichts gemein außer den Symbolen Weinholz und Feuer. Die Auslegung ist falsch (und kann daher nicht vom Propheten stammen)«. Dieses Beispiel zeigt, wie äußere Kriterien an einen Text herangetragen werden. Es wäre kaum wert, zitiert zu werden, wenn nicht sogar neuere Kommentare davon beeinflußt wären. Zimmerli erhebt zögerliche Einwände, aber Wevers muß Irwins Hauptthese zustimmen, daß »der Prophet den zentralen Vergleichspunkt nicht logisch durchführt.« Wir konnten nicht feststellen, daß Ezechiels Logik seiner Absicht nicht angemessen gewesen wäre.

Einzelanalyse: sprachliche und literarische Aspekte

V 2 *was wird aus dem Weinstock unter allen Sträuchern.* Vgl. מה יהיו חלמתיו »Was wird aus seinen Träumen« (Gen 37, 20). So G τί ἂν γένοιτο τὸ ξύλον τῆς ἀμπέλου »was wird aus dem Holz des Weinstocks«; S *mnʾ nhwʾ lqysʾ dgptʾ* »was soll werden aus …«; Raschi: »Was ist sein Ende (= wie wird es enden) unter all den anderen Sträuchern.« Alle diese Übersetzungen verstehen das מן (in מכל) als Partitivus »außerhalb, anders als [all die anderen Bäume]«; vgl. T »Was unterscheidet (מה שנא) den Wein von allen anderen Sträuchern.« Die Frage zielt auf das Geschick des Weinstocks, wie seine Entwicklung und seine Bestimmung ihn von den anderen Sträuchern unterscheidet. Hebräisch עץ bedeutet gleichzeitig »Baum, Strauch« und »Holz«. Da es in V 3 »Holz« heißen muß, am Ende von V 2 aber »Sträucher (des Waldes)«, schwanken die modernen Übersetzungen an den anderen Belegstellen, favorisieren jedoch meist »Holz des Weinstocks« als Übersetzung von עץ הגפן (wir übersetzen mit »Weinstock«, gemeint sind also der hölzerne Stamm und seine Zweige). Die meisten modernen Übersetzungen verstehen das מ komparativisch und übersetzen: »Was hat das Holz des Weinstocks dem Holz aller anderen Sträucher voraus …« (EÜ). Dabei ignoriert man jedoch das Verb יהיה, und auch im folgenden (V 3 ff.) wird darauf nicht Bezug genommen, vielmehr wird auf die Verwendung des Holzes des Weinstocks abgehoben und nicht auf einen Vergleich mit den anderen Sträuchern. Diese Interpretation importiert eine Polemik gegen den Stolz der Judäer (der durch das Bild Israels als Weinstock ausgedrückt wird) in die Eröffnung des Textes, die sich im Text sonst nirgends findet.

der Weinranke. זמורה meint speziell eine abgeschnittene Weinranke (I. *Löw,* Flora I 1924, 71 f.; זמר »einen Weinstock beschneiden«). Daher kann man es nicht mit dem vorhergehenden עץ im Sinne von »Holz eines jeden Zweigs« (z. B. Zimmerli) in Verbindung bringen (wie bereits in G). Vielmehr muß es sich um eine Apposition zu »Weinstock« im ersten Satz handeln. Die Kombination mit עץ erklärt das sonst unrichtige maskuline Verb היה. Allerdings gibt es Parallelen für die Kombination des femininen זמורה mit maskulinem היה (P. *Joüon,* Grammar 1996, § 150 b.k; s. zu all dem G. R. *Driver,* Ezekiel 1954, 151, aber Vorsicht bei Anm. 3!).

zu ... gehört. D. h. zu ihnen gezählt wird (vgl. Ehrlich). Zu dieser Bedeutung von היה ב s. z. B. Spr 22, 26; 23, 20. Wie anders ist doch sein Geschick,
obwohl er zu den »Sträuchern des Waldes« zählt! Ein großer Teil der Forschung folgt Raschi und Kimchi, indem er den Weinstock (bzw. die Rebe) als
wild wachsend, zugleich aber die Näherbestimmung »Sträucher des Waldes« als einfache Zugehörigkeit zu einer Art versteht (wie »Vögel des Himmels« oder »Fische des Meeres«). Es gibt keinen Unterschied in bezug auf
die Zweige zwischen wildem und kultiviertem Wein, und allein auf diese
kommt es hier an.

man ... nehmen ... jemand ... nehmen. Der Wechsel von Aktiv zu Passiv   V 3
erscheint bei עשׂה hier und in V 5 sowie bei נתן in V 4 und 6; vgl. נצל in
14, 14.16 u. ö. (Die Versionen übersetzen solche Feinheiten sehr unterschiedlich; hier z. B. werden sie von G und T ignoriert, wohingegen S den
Unterschied beachtet.)

Siehe, es wurde ... übereignet. Es ist bestimmt, als Brennmaterial zu die-   V 4
nen »aufgrund eines Naturgesetzes« (so Cooke zu V 6, wo Gott in der Tat
als Urheber dieses »Gesetzes« spricht). Trotz V 6 versteht ein Teil der Forschung diesen Satz als Beispiel, das sich auf einen bestimmten Fall bezieht
und dem Rest des Verses entsprechend auf die Situation Jerusalems zugeschnitten ist. Die abgeschnittenen Reben werden jedoch nicht nur grundsätzlich ins Feuer geworfen (s. u.), sondern auch die besonderen Umstände,
die im folgenden Satz beschrieben werden, sind allgemeiner Natur.

Wenn das Feuer seine beiden Enden verzehrt. Die Asche von verbranntem
Wein enthielt immer auch nur zum Teil verbrannte Reben, die zur weiteren
Verwendung gesammelt wurden. (Verkohltes, aber immer noch brennbares
Holz ist פחם »Holzkohle«, die laut Spr 26, 21 zu גחלים »Asche« verbrennt; s.
S. Krauss, *Qadmoniot Ha-talmud* II / 1, Tel Aviv 1929, 131 ff.) Der Ver-
gleich der Überantwortung an die Flammen mit dem Unheil, das Jerusalem
zu erleiden hatte, in V 6 ist durchaus passend. In bShabbat 30a wird das Bild
jedoch anders verstanden. Dort wird mittels des Verses bewiesen, daß ein
Stück Holz, das dermaßen vom Feuer ergriffen ist, von allein weiterbrennt:
»Wenn seine beiden Enden vom Feuer verzehrt wurden, dann ist mit Sicherheit sein Inneres verkohlt, es hat seine Feuchtigkeit verloren und ist verdorrt« (Raschi). Auf dieser Stufe kann es nur noch als Brennmaterial dienen.
Der Vergleich mit Jerusalem zielt dann auf seine unentrinnbare Vernichtung.

Unser Versuch, das Bild eher aus dem täglichen Leben als aus den im
Hintergrund stehenden Ereignissen zu erklären, wird dadurch gestützt, daß
es sowohl den Kommentatoren des Mittelalters als auch der Forschung bisher nicht gelungen ist, die historischen Bezugspunkte der »zwei Enden« und
des »Inneren« zu bestimmen; genannt werden beispielsweise Jojakims Exil
(auf der Basis des schwierigen Verses Dan 1, 2), Jojachins Exil, Zidkijas dem
Untergang geweihter Staat (Raschi, Kara); die Exulanten des transjordani-

schen Israel, das ephraimitische Israel und Jojachin (Abarbanel); Israels Exil, Jojachins Exil, Jerusalems »verbrannter« Staat (Fohrer). Vgl. die entsprechende Suche nach spezifischen Anspielungen in Jes 42,25: »Es loderte rings um ihn ... es brannte in ihm.«

V 6   *wie den Weinstock.* Die schwierige Syntax im Deutschen orientiert sich am Hebräischen. Der Satz beginnt mit כאשר »wie«. Darauf folgt normalerweise ein Verb. Hier jedoch findet sich das Verb erst später in einem Relativsatz (»den ich dem Feuer übereignet habe ...«), der ein Nomen (»den Weinstock ...«) näher bestimmt, das sich in den Vordergrund geschoben hat. Zwei Dinge scheinen miteinander in Konflikt zu stehen: (1) Der Vergleich des Schicksals, das Gott für die Einwohner Jerusalems bestimmt hat, mit dem von ihm vorherbestimmten Schicksal des Weinstocks (»Wie ich den Weinstock dem Feuer übereignet habe ... so habe ich übereignet ...«); (2) Die Eröffnung des zweiten Teils des Textes (nach לכן) mittels einer symmetrischen Wiederholung des Anfangs (V 2), um die Zusammengehörigkeit der beiden Teile zu betonen (»Wie der Weinstock [*כעץ הגפן] unter den Sträuchern [עץ kollektiv wie in 47,7, eine Variation von עצי in V 2] des Waldes ... so habe ich gemacht [eine andere Nuance des נתתי als in V 8] die Bewohner Jerusalems«). Die Syntax hat durch die Spannung gelitten.

V 7   *Und ihr sollt erkennen.* Gemeint sind die Exulanten.

Ez 16,1–63: Jerusalem, die Hure

E. J. Adler, The Background for the Metaphor of Covenant as Marriage in the Hebrew Bible, Diss. California University 1990. – *P. Beauchamp,* Un paralléle problématique. Rm 11 et Ez 16, in: R. Kuntzmann (Hg.), Ce Dieu qui vient. FS B. Renaud, Paris 1995, 137–154. – *R. Bloch,* Ézéchiel XVI. Exemple parfait du procédé midrashique dans la bible: Cahiers Sioniens 9, 1955, 193–223. – *G. Bodendorfer,* Drama 1997. – *G. Bodendorfer-Langer,* ›Durch dein Blut lebe‹ (Ez 16,6). Ein Ezechielwort und die jüdische Identität: Protokolle zur Bibel 3, 1994, 83–98. – *Ders.,* ›Und die Hand des Armen und Elenden machte sie nicht stark‹ (Ez 16,49). Zur Parteilichkeit der Bibel und der unterschiedlichen Wertung in jüdischer und christlicher Auslegung: Protokolle zur Bibel 3, 1994, 9–24. – *P. Buis,* Ecriture et prédication. Un constat d'adultére pas ordinaire (Ezechiel 16): ETR 53, 1978, 502–507. – *S. J. De Vries,* Remembrance in Ezekiel: Interp. 16, 1962, 58–64. – *O. Eissfeldt,* Übersehene Angaben der Bibel zur Geschichte des Landes Juda unter den Assyrern, Babyloniern und Persern I. Ezechiel als Zeuge für Sanheribs Eingriff in Palästina: PJ 27, 1931, 58–66. – *J. Fitzmyer,* A Note on Ez 16,30: CBQ 32, 1961, 460–462. – *J. Galambush,*

Jerusalem 1992. – *M. Görg,* Ein verkanntes Wort für ›Hebamme‹ in Ez 16,4: BN 58, 1991, 13–16. – *S. L. Gravett,* That all Women May Be Warned. Reading the Sexual and Ethnic Violence in Ezekiel 16 and 23, Diss. Duke University 1995. – *M. Greenberg,* Ezekiel 16. A Panorama of Passions, in: J. H. Marks / R. M. Good (Hg.), Love and Death in the Ancient Near East. FS M. H. Pope, Guilford 1987, 143–150. – *J. C. Greenfield,* Two Biblical Passages in the Light of Their Near Eastern Background. Ezekiel 16:30 and Malachi 3,17: EI 16, 1982, 56–61. – *H. W. Jüngling,* Eid und Bund in Ez 16–17, in: E. Zenger (Hg.), Der neue Bund im Alten (QD 146), Freiburg / Basel / Wien 1993, 113–148. – *J. M. Kennedy,* Hebrew פתחון פה in the Book of Ezekiel: VT 41, 1991, 233–235. – *T. Krüger,* Geschichtskonzepte 1989, 137–198.325–332. – *G. Langer,* Zur jüdisch-christlichen Bibelauslegung in den ersten Jahrhunderten. Das Problem des Geschichtsverständnisses am Beispiel der Exegese von Ez 16, in: C. Thoma / G. Stemberger / J. Maier (Hg.), Judentum – Ausblicke und Einsichten. FS K. Schubert, Frankfurt 1993, 53–79. – *A. Luc,* A Theology of Ezekiel. God's Name and Israel's History: Journal of the Evangelical Theological Society 26, 1983, 137–143. – *C. Maier,* Jerusalem als Ehebrecherin in Ezechiel 16. Zur Verwendung und Funktion einer biblischen Metapher, in: H. Jahnow u. a. (Hg.), Feministische Hermeneutik und Erstes Testament. Analysen und Interpretationen, Stuttgart / Berlin / Köln 1994, 85–105. – *M. Malul,* Adoption of Foundlings in the Bible and Mesopotamian Documents. A Study of Some Legal Metaphors in Ezekiel 16,1–7: JSOT 46, 1990, 97–126. – *J. Miler,* ›Et tu seras bouche bée ...‹. Une lecture d'Ézéchiel 16: Christian scholar's review 130, 1986, 225–238. – *L. Monari,* ›... perché ti vergogni!‹. Rifflesioni su Ez 16: Parola Spirito e Vita 20, 1989, 63–73. – *ders.,* Ez 16 e le Tradizioni di Israele: Parola Spirito e Vita 24, 1991, 31–42. – *ders.,* La misericordia unilaterale (Ezechiele): Parola Spirito e Vita 29, 1994, 63–71. – *M. S. Odell,* The Inversion of shame and Forgiveness in Ezekiel 16,59–63: JSOT 56, 1992, 101–112. – *M. H. Pope,* Mixed Marriage Metaphor in Ezekiel 16, in: A. B. Beck u. a. (Hg.), Fortunate the Eyes that See, Grand Rapids 1995, 384–399. – *G. Ravasi,* Israele, Sposa amata, castigata e perdonata (Ez 16): Parola Spirito e Vita 10, 1984, 50–64. – *B. Renaud,* L'Alliance éternelle d'Éz 16,59–63 et l'Alliance nouvelle de Jér 31,31–34, in: J. Lust (Hg.), Ezekiel 1986, 335–339. – *A. Saenz-Badillos,* Un Hapax Biblique: Le-mis'y en Ez 16,4: AOAT 215, 1985, 349–357. – *O. H. Steck,* Zion als Gelände und Gestalt. Überlegungen zur Wahrnehmung Jerusalems als Stadt und Frau im Alten Testament: ZThK 86, 1989, 261–281. – *M. G. Swanepoel,* Ezekiel 16. Abandoned Child, Bride Adorned or Unfaithful Wife?, in: P. R. Davies / J. A. Clines (Hg.), Among the Prophets. Language, Image and Structure in the Prophetic Writings (JSOT.S 144), Sheffield 1993, 84–104. – *S. Virgulin,* Conoscenza e infedeltà (Ez 16): Parola Spirito e Vita 18, 1988, 49–62. – *W. Vischer,* Jérusalem a justifié Sodome (Le seiziéme chapitre du prophète Ezéchiel): Verbum Caro 42, 1957, 71–87. – *ders.,* Jerusalem, du hast deine Schwestern gerechtfertigt durch alle deine Greuel, die du getan hast: TEH 56, 1957, 16–38. – *M. H. Woudstra,* The Everlasting Covenant in Ezekiel 16:59–63: Calvin-Theological Journal 6, 1971, 22–48. – *M. A. Zipor,* Ezechiel 16,7: ZAW 103, 1991, 99–100.

Text

1 Das Wort JHWHs erging an mich: 2 Mensch, teile Jerusalem ihre Greuel *mit 3 und sage: So spricht der Herr JHWH zu Jerusalem:*

Deine Herkunft und deine Geburt waren im Land der Kanaanäer. Dein Vater war ein Amoriter, deine Mutter eine Hethiterin. 4 Was deine Geburt betrifft: Am Tag, als du geboren wurdest, wurde deine Nabelschnur nicht durchgeschnitten, du wurdest nicht mit Wasser sauber gewaschen, du wurdest nicht mit Salz abgerieben noch in Windeln gewickelt. 5 Keiner kümmerte sich genug um dich, um dir eines dieser Dinge aus Mitleid mit dir zu tun, sondern du wurdest auf offenem Feld zurückgelassen, um zu sterben, verstoßen, am Tag, als du geboren wurdest. 6 Ich kam vorbei und sah dich, wie du dich in deinem Blute wälztest. Und ich sagte zu dir: »In deinem Blute, lebe!« Ich sagte zu dir: »In deinem Blute, lebe!« 7 Ich ließ dich blühen wie die Blumen des Feldes. Du wuchsest heran und wurdest reif und entwickeltest die lieblichste Zierde: Deine Brüste waren gut geformt, dein Haar sproß. Aber du warst völlig nackt. 8 Ich kam vorbei und sah, daß du das Alter der Liebe erreicht hattest. Da breitete ich den Saum meines Mantels über dir aus und bedeckte deine Nacktheit. Ich verpflichtete mich dir gegenüber und trat in einen Bund mit dir ein – spricht der Herr JHWH –, und du wurdest mein.

9 Dann wusch ich dich mit Wasser und spülte das Blut von dir ab und salbte dich mit Öl. 10 Ich kleidete dich mit Stickerei und gab dir lederne Schuhe und gab dir einen Kopfschmuck aus Leinen und kleidete dich in Seide.

11 Ich bedeckte dich mit Schmuck, tat Reifen an deine Arme und eine Kette um deinen Hals. 12 Ich befestigte einen Ring an deiner Nase, Ringe an deinen Ohren und eine prächtige Krone auf deinem Kopf. 13 So warst du in Gold und Silber geschmückt, deine Kleider waren aus Leinen, Seide und Stickerei. Du hast das feinste Mehl, Honig und Öl gegessen. Du warst sehr, sehr schön, bereit, eine Königin zu sein. 14 Du wurdest bekannt unter den Völkern für deine Schönheit, die vollendet war durch meinen Glanz, den ich dir gewährte – spricht der Herr JHWH.

15 Dann, vertrauend auf deine Schönheit, hurtest du zu deinem Ruhm, und du gossest deine Hurerei aus über jeden, der vorbeikam – ihm wurde sie zuteil!

16 Du nahmst einige deiner Kleider und machtest daraus buntgefärbte Höhen und hurtest auf ihnen – solche Dinge wird es nie wieder geben! 17 Du nahmst deine prächtigen Sachen von meinem Gold und meinem Silber, das ich dir gegeben hatte, und machtest dir männliche Bilder und hurtest mit ihnen. 18 Du nahmst deine bestickten Kleider und bekleidetest sie damit. Mein Öl und meinen Weihrauch stelltest du vor ihnen auf. 19 Meine Speise, die ich dir gegeben hatte, das feine Mehl, Öl und Honig, womit ich dich genährt hatte – du stelltest vor ihnen einen besänftigenden Geruch auf. So war es! – spricht der Herr JHWH.

20 Du nahmst deine Söhne und deine Töchter, die du mir geboren hattest, und opfertest sie ihnen als Speise. Und als sei deine Hurerei nicht genug gewesen, 21 schlachtetest du meine Söhne als Opfer und liefertest sie ihnen aus! 22 Und mit all deinen Greuel und deiner Hurerei erinnertest du dich nicht an die Zeit deiner Jugend, als du völlig nackt warst und dich in deinem Blute wälztest.

23 Nach all deinem Bösen – wehe, wehe dir! spricht der Herr JHWH – 24 bautest du dir selbst ein Podium und machtest dir eine Höhe an jedem freien Platz. 25 An jeder Straßenecke bautest du deine Höhe, und du machtest deine Schönheit abscheulich, indem du deine Beine öffnetest für jeden, der vorbeikam. Indem du deine Hurerei vermehrtest, 26 hurtest du mit den Ägyptern, deinen Nachbarn mit dem großen Glied. Du vermehrtest deine Hurerei, um mich zu quälen.

27 So streckte ich meine Hand gegen dich aus und strich deinen Anteil und übergab dich dem Willen deiner Feinde, den philistäischen Frauen, die ob deines verdorbenen Weges beschämt waren. 28 Damit unzufrieden, hurtest du mit den Assyrern. Du hurtest mit ihnen, aber hattest immer noch nicht genug. 29 So dehntest du deine Hurerei zum Land der Händler aus, nach Chaldäa. Doch du hattest auch damit nicht genug.

30 Wie heiß deine Glut ist – spricht der Herr JHWH –, daß du all diese Dinge getan hast, die Taten einer halsstarrigen Hure: 31 daß du dein Podium an jeder Straßenecke aufgestellt hast und deine Höhen auf jedem freien Platz gemacht hast. Du warst nicht wie andere Huren, weil du Bezahlung verachtet hast. 32 O ehebrecherische Frau, die, obwohl sie mit ihrem Ehemann verheiratet ist, Fremde nimmt! 33 Jede Hure nimmt Geschenke, aber du gabst deine Geschenke deinen Liebhabern, bezahltest sie, daß sie von überall her kamen in deiner Hurerei! 34 Du hast das Gegenteil von anderen Frauen getan, indem du hurtest, obwohl deine Hurerei nicht gefragt war, und du zahltest Lohn, obwohl dir kein Lohn bezahlt wurde. Ja, du warst das krasse Gegenteil!

35 Nun also, Hure, höre das Wort JHWHs! 36 So spricht der Herr JHWH: Weil dein Saft vergossen wurde und deine Nacktheit zur Schau gestellt wurde bei deiner Hurerei mit all deinen Liebhabern und wegen all deiner abscheulichen Götzen und wegen des Blutes deiner Kinder, das du ihnen gegeben hast –, 37 Nun also, siehe, ich versammle all deine Liebhaber, zu denen du so nett warst – und zusammen mit allen, die du geliebt, und allen, die du gehaßt hast –, ich versammle sie gegen dich von überall her. Ich werde ihnen deine Nacktheit zur Schau stellen, und sie werden auf deine Nacktheit starren. 38 Ich werde dich dazu verurteilen, als Ehebrecherin und Mörderin bestraft zu werden, und werde deinen Körper zu einem blutbefleckten Gegenstand des Zorns und der Leidenschaft machen. 39 Ich werde dich

ihnen übergeben, und sie werden dein Podium zerstören und deine Höhen niederreißen. Sie werden dir deine Kleider ausziehen und all deine prächtigen Sachen nehmen und dich völlig nackt zurücklassen. 40 Sie werden eine Menge versammeln, die dich steinigen und mit ihren Schwertern zerhacken wird. 41 Sie werden deine Häuser mit Feuer verbrennen und die Strafe an dir vollstrecken vor den Augen vieler Frauen. So werde ich deiner Laufbahn als Hure ein Ende machen, und du wirst keinen Lohn mehr bezahlen. 42 Ich werde meinen Zorn an dir stillen, und mein Grimm wird an dir verebben. Ich werde zur Ruhe kommen und nicht mehr gequält werden. 43 Weil du dich nicht an die Tage deiner Jugend erinnert hast und mich nicht bei all diesen Dingen gefürchtet hast, siehe, ich halte an dich, damit du für deine Wege die Verantwortung übernimmst – spricht der Herr JHWH. Hast du nicht verdorben gehandelt über all deine Greuel hinaus?

44 Siehe, Klatschweiber werden über dich lästern: »Wie die Mutter so die Tochter.« 45 Du bist die Tochter deiner Mutter, die ihren Ehemann und ihre Kinder verschmäht hat, und die Schwester deiner Schwestern, die ihre Ehemänner und Kinder verschmäht haben – ihr Töchter einer hethitischen Mutter und eines amoritischen Vaters! 46 Deine große Schwester Samaria und ihre Töchter, die zu deiner Linken leben, und deine kleine Schwester, die zu deiner Rechten lebt, Sodom und ihre Töchter – 47 bist du nicht ihren Wegen gefolgt und hast ihre Greuel begangen? Sehr schnell wurdest du verworfener als sie auf all deinen Wegen.

48 Bei meinem Leben! spricht der Herr JHWH, deine Schwester Sodom und ihre Töchter haben nicht so gehandelt, wie du und deine Töchter getan haben. 49 Das war die Sünde deiner Schwester Sodom: Sie und ihre Töchter waren stolz vor Überdruß an Brot und sorgloser Ruhe, und den Armen und Bedürftigen unterstützten sie nicht. 50 Sie wurden hochmütig und begingen Greuel vor mir, so daß ich sie aus dem Weg räumte, als ich sie sah. 51 Aber Samaria hat nicht halb so viele Sünden begangen wie du. Du hast mehr Greuel als sie begangen, so daß deine Schwestern gerecht aussahen durch all die Greuel, die du begangen hast.

52 Dann trage die Schande, deine Schwestern gerechtfertigt zu haben. Weil die Sünden, die du begangen hast, noch scheußlicher waren als ihre, sehen sie im Vergleich mit dir gerecht aus! Dann sei beschämt und trage deine Schande, daß du deine Schwestern hast gerecht aussehen lassen! 53 Ich werde ihr Schicksal wiederherstellen – das Schicksal Sodoms und ihrer Töchter und die Schicksale Samarias und ihrer Töchter – und die Schicksale deiner Gefangenen unter ihnen, 54 so daß du deine Schande tragen kannst und geschändet bist bei all dem, was du getan hast, wodurch du sie tröstest. 55 Wenn deine Schwester Sodom und ihre Töchter wieder in ihrem früheren Zustand hergestellt sind, und Samaria und ihre Töchter in ihrem früheren Zustand hergestellt sind, werden auch du und deine Töchter in euren früheren Zustand hergestellt werden. 56 Hat nicht deine Schwester Sodom

dir stets als Musterbeispiel gedient in deinen stolzen Tagen, 57 bevor deine eigene Bosheit zur Schau gestellt wurde – jetzt tadeln dich die aramäischen Frauen und alle, die um sie herum sind, die philistäischen Frauen, die dich ringsum verachten. 58 Du mußt deine Verdorbenheit tragen und deine Greuel, spricht JHWH.

59 Ja, so spricht der Herr JHWH: Ich werde an dir so handeln, wie du handeltest, als du den Eid verspottet und den Bund gebrochen hast. 60 Aber ich werde mich des Bundes erinnern, den ich mit dir in der Zeit deiner Jugend geschlossen habe, und ich werde einen ewigen Bund mit dir errichten. 61 Und du wirst dich an deine Wege erinnern und wirst dich schämen, wenn du deine großen Schwestern zusammen mit deinen kleinen aufnimmst – denn ich werde sie dir als Töchter geben, wenn auch nicht wegen deines Bundes. 62 Ich werde meinen Bund mit dir errichten, und du wirst erkennen, daß ich JHWH bin. 63 So wirst du dich erinnern und wirst beschämt sein und wirst deinen Mund nicht öffnen können wegen deiner Schande, wenn ich dich von all dem, was du getan hast, lospreche, spricht der Herr JHWH.

Zu Text und Übersetzung *4 sauber:* fehlt in G S.

6 Ich sagte zu dir: »In deinem Blute, lebe!«: Anstelle der Wiederholung dieses Satzes lesen G (S): »(und) wachse«.

32 Fremde: G »die ehebrecherische Frau wie du, die von ihrem Mann Lohn nimmt« (als stünde אתננים).

41 deine Häuser mit: S »dich inmitten von«.

45 deiner Schwestern: s. die Einzelanalyse.

53 die Schicksale deiner Gefangenen: G »Ich werde dein Glück wiederherstellen« (als Wiedergabe von ושבתי שביתיך).

Gesamtauslegung: Struktur und Themen

Struktur Das längste Prophetenwort des Buches – 63 Verse zwischen zwei Wortereignisformeln (16,1; 17,1) – ist in drei Abschnitte gegliedert. Auf die Aufforderung, Jerusalem ob ihrer Greuel anzuklagen (V 2), folgt Teil A (V 3–43), eine erweiterte Metapher der nymphomanischen Ehebrecherin; B (V 44–58), der gehässige Vergleich Jerusalems mit ihren Schwestern Sodom und Samaria; und C (V 59–63), eine Coda, die die Demütigung des wiederhergestellten Jerusalems vor dem bundestreuen JHWH vorhersagt. Jeder Abschnitt endet mit einem kurzen, zusammenfassenden Satz, der jeweils mit der Formel »spricht (der Herr) JHWH« schließt. Diese Formel, die die göttliche Herkunft eines Abschnitts verbürgt und dementsprechend an Endpunkten verwendet wird, scheint ebenfalls die Unterabschnitte durch Markierung der Anfänge und Enden innerhalb jedes Abschnitts zu gliedern.

Teil A besteht aus einem detaillierten Schuldaufweis, der eingeleitet wird mit »und sage: So spricht der Herr JHWH« (V 3) und bis V 34 reicht. Daran schließt der Urteilsspruch (»Nun also, Hure, höre das Wort JHWHs! So spricht der Herr JHWH: Weil …«) in den V 35–43 an. (Eine ähnliche Struktur hat Ez 34: Anklage V 2–6, Folgen V 7 ff.) Die Formel »spricht der Herr JHWH« unterteilt A weiterhin in folgende Unterabschnitte:

A 1 Ein verlassener weiblicher Säugling wird von JHWH gerettet und in Besitz genommen (V 3–8). Die Erzählung schreitet fort in lebhaften Episoden von der Geburt und Aussetzung des Säuglings (V 3–5 mit einer Vielzahl von Negationen; man beachte die Inklusio, die durch den Ausdruck »am Tag deiner Geburt« gebildet wird) über die erste Wahrnehmung des Kindes durch Gott, bei der er es rettet und aufwachsen läßt, bis es heiratsfähig ist (V 6–7), bis hin zur zweiten Wahrnehmung, als er sie zur Frau nimmt und ihr seine Treue gelobt (V 8). Verlassen von ihren Eltern, wird sie gerettet durch einen gnädigen göttlichen Retter, der mit ihr einen Bund schließt.

A 2 Es wird prächtig für sie gesorgt, und sie wird eine bekannte Schönheit (V 9–14). Gott verschwendet an sie die Fürsorge, die ihre Eltern ihr versagt haben (vgl. V 9 mit V 4). Er bekleidet sie, schmückt sie (V 10–12) überreich (in V 13 ist nicht Gott das Subjekt) und verkündet, daß sie ihre Schönheit seinem Tun zu verdanken hat (V 14).

A 3 Sie verschwendet ihre Gaben für Hurerei (V 15–19). Nach einer allgemeinen Anschuldigung (Vorwegnahme von A 5; V 15b = V 25) beschreiben die V 16–19, wie sie ihre Geschenke benutzt, um »männliche Bilder« herzustellen. Das ותהי לי am Ende von V 8 hallt in den Ausrufen am Ende der V 15.16.19 nach.

A 4 Sie opfert ihre Kinder den Bildern (V 20–22). Als sei die Untreue nicht genug, tötet sie ihre Kinder, um ihre Bilder zu speisen, ohne daran zu denken, wie sie als Säugling in ihrem Blut lag und gerettet wurde. Ihr Kindermord läßt daran denken, wie sie selbst am Rand des Todes stand, als sie, nackt und blutig, ein Opfer der Grausamkeit ihrer eigenen Eltern war.

A 5 Sie hurt mit jedem Vorübergehenden (V 23–29; hier und in A 6 eröffnet die Formel »spricht der Herr JHWH« den Unterabschnitt). V 24 f. steigern die Sprache der V 15 f.: Anstatt eines einzelnen Begriffs (במה) begegnen zwei (רמה, גב). Verschiedene Orte werden genannt, eine obszöne Gebärde und der »Ausbau« der Hurerei. Eine neue Stufe der Schandtat ist erreicht, als sie sich Männer anstatt Bilder zu Liebhabern nimmt. Zusammen mit den »männlichen« Partnern werden »weibliche« Feinde erwähnt, die die Liste von Jerusalems internationalen Kontakten vervollständigen. Das wiederholte »du hattest auch damit nicht genug« am Ende des Abschnitts unterstreicht die völlige Hemmungslosigkeit der Frau und bereitet das Folgende vor.

A 6 Die Andersartigkeit der nymphomanischen Hure (V 30–34; sie wird nun eine זונה »Hure« genannt, noch eine Stufe unter »einer, die hurt« [תזני]).

Die Wiederaufnahme der V 24–25a in den V 30–31a endet mit der Einleitung des Themas der Andersartigkeit: »Du warst nicht wie andere Huren …« Die V 33 f. sind entsprechend antithetisch konstruiert. V 34 folgt einer strengen Form: Zwei Sätze mit הפך »Gegenteil« bilden eine Inklusio, die beiden zentralen Sätze sind chiastisch angeordnet (Verb – Objekt – Objekt – Verb). Das in V 31 eingeführte Thema des »Hurenlohns« klingt im weithin alliterierten vorletzten Verbalsatz des Schlußsatzes (V 34) wieder an.

A 7 Gott verurteilt sie zu einem gewaltsamen Tod (V 35–43). Nach einer Anrede der Hure (V 35) eröffnet eine Botenformel den Urteilsspruch: Auf eine Zusammenfassung der Vergehen (V 36) folgt eine Liste der Konsequenzen: öffentliche Zurschaustellung (V 37), Verurteilung zur Strafe für Ehebruch und Mord (V 38), Überantwortung an den Pöbel zu Plünderung und Lynchjustiz (V 39–41). Erst dann wird Gottes Zorn sich legen (V 42). Ein abschließender Rückverweis auf den Beginn des Textes (das Vergessen des Bundes ihrer Jugend und seiner Vorteile durch die Frau) schließt den Urteilsspruch ab. In der auf das »spricht der Herr JHWH« folgenden rhetorischen Frage (V 43) wird זמה mit דרכך verbunden, das der Formel vorausgeht, um auf V 27 hinzuweisen, wo die Scham der philistäischen Frauen aufgrund des verdorbenen Verhaltens Jerusalems (דרכך זמה) erwähnt wird. Die Frage zielt darauf, Jerusalem klarzumachen, daß sie in unverschämter Sorglosigkeit Schlechtigkeit angehäuft hat. Die Untertöne von V 27 mit dem Gegensatz der tugendhafteren Heiden und dem Motiv der Schande verweisen bereits auf den nächsten Abschnitt des Textes.

B wird beherrscht von für Jerusalem unvorteilhaften (d. h. beschämenden) Vergleichen. Der Gedankengang wandert zügig vom eröffnenden Sprichwort (»Wie die Mutter so die Tochter«) über eine implizite (»wie die Mutter so die Töchter«) zur expliziten Gleichsetzung der drei Schwestern. Dies ist der Ausgangspunkt der Gliederung.

B 1 Jerusalem ist die schlimmste der verkommenen Schwestern (V 44–47). Die perfide Familie wird eingeführt: »Mutter« und »Mutter – Vater« bilden nicht nur eine Inklusio (V 44b–45), sondern verbinden auch B 1 mit A 1 (man beachte die Umkehrung der Elternteile). Die Schwestern werden benannt (V 46), und von Jerusalem wird gesagt, daß sie sie bald in Schlechtigkeit übertroffen hatte (V 47) – eine Brücke zum Folgenden.

B 2 Jerusalem muß beschämt werden, weil sie ihre Schwestern hat gerecht aussehen lassen und weil ihre Wiederherstellung nur als Beigabe zu deren Wiederherstellung geschieht (V 48–58). Sodom wird zu Beginn und Ende dieses Abschnitts genannt (V 48–50.56 f.), denn als sprichwörtlich verdorben ist ihre »Rechtfertigung« durch Jerusalem für letztere die schlimmste Erniedrigung (man beachte, daß mit beiden »Stolz« assoziiert wird). Die Abfolge der V 53–55 ist: Wiederherstellung der drei mit Jerusalem »unter ihnen« (V 53), deren Gleichstellung jene tröstet und diese beschämt. Die drei werden ihren früheren Zustand erreichen – eine implizite Zügelung von Israels Traum der Vorherrschaft über das Land Israel – und eine Vorbereitung des Folgenden. (V 58 bezieht sich auf V 43 [זמה ,תועבה].)

C Wieder in den Bund aufgenommen und in ihren früheren Zustand versetzt, wird Jerusalem sich schämen, wenn sie sich ihrer Vergangenheit erinnert (V 59–63). Indem diese Coda mit כי und einer Botenformel, die oftmals dazu dient, eine neue Wende einzuleiten (s. zu 14,21), beginnt, bildet sie zugleich den Höhepunkt und die Auflösung: den Höhepunkt in Form von Gottes Sieg über menschliche Verstocktheit und eine Lösung in Form der Besserung Jerusalems und der Anerkennung ihres verabscheuungswürdigen Verhaltens, wie durch ihre tiefe Scham gezeigt wird. Die Themen von A (Bund der Jugend) und B (Schwestern, Scham) werden in einer sublimen Katharsis zusammengebunden.

Obwohl B deutlich neue Akzente setzt, ist der Abschnitt abhängig von A: Die Identität der Hure wird für den Leser vorausgesetzt (sie wird in B nirgends identifiziert), er weiß von der Niederträchtigkeit ihrer Eltern und ihren Greueln (auf die angespielt wird, die aber nicht beschrieben werden). (Bezüglich der »Wiederauferstehung« der hingerichteten Hure s. den Schluß der Gesamtauslegung von Ez 14,12–23 zur Inkohärenz, die alle Unheilsansagen durchzieht.) Das zeitliche Setting von B wird durch die Gleichsetzung der drei Schwestern festgelegt. Jerusalem hat sich denen zugesellt, die ihre Glanzzeit hinter sich haben und in der Vorhölle auf ihre Wiederherstellung warten. Was in A angedroht wurde, ist eingetroffen. C markiert eine weitere Ausdehnung des historischen Horizontes jenseits der Wiederherstellung hin zu einer neuen Situation, in der die zwei »Schwestern« Jerusalem unterlegen sein werden. Daß C abhängig ist von B (Motiv der Schwestern) und A (Bund der Jugend), ist offensichtlich. Das Wort bewegt sich also auf einer sich steigernden chronologischen Linie.

Das Wort wird zusammengehalten durch verschiedene sich durchhaltende Themen, von denen einige jedoch im Textverlauf transformiert werden. Das Hauptthema durchzieht alle drei Hauptabschnitte. Die »Töchter« hingegen wechseln ständig – in V 20 sind es Kinder, in V 27 Frauen (= Feinde), in V 46 und in ganz B Verwandte und schließlich in V 61 die überraschende Transformation der »Schwestern«. Das Motiv der Scham begegnet in A nur in bezug auf die philistäischen Frauen (V 27), in B und C hingegen in bezug auf Jerusalem. A und B gemeinsam ist der Begriff »Greuel« als Antwort auf den Auftrag, der dem Propheten in V 2 auferlegt wird. Die Hure »erinnert« sich nicht ihrer Jugend in A (V 22.43), aber Gott tut dies in C (V 60), während sie sich nach ihrer Besserung an ihre »schlechten Wege« erinnert (V 61).

Das Charakteristikum des Textes besteht in den Gegensätzen bzw. Antithesen. Der Lebenslauf der Hure beginnt mit der Rettung vom Tod, steigt auf zum Gipfel der Schönheit und des Ruhms, stürzt sodann in die Tiefen der Erniedrigung und eines blutigen Todes (A). B stellt die Handlungen und das Schicksal der Hure denen ihrer Schwestern gegenüber. C sagt Jerusalems Schande im Kontrast zwischen ihrem Verhalten in der Vergangenheit und Gottes zukünftiger Gnade voraus. Die freche Ehebrecherin, die vor keiner Verdorbenheit errötet (A), lernt die Schande (B) und wird in der Bestrafung aufgrund ihrer Vergangenheit gedemütigt (C). Gott, dessen Zorn wilde Vergeltung entfesselt (A), erscheint in B als jemand, der Wiedergutmachung durch Erniedrigung mildert und sie schließlich (in C) huldvoll von all ihrer Sünde losspricht.

Verknüpfung der einzelnen Teile Die Teile der einzelnen Hauptabschnitte sind eng miteinander verknüpft. Um mit A zu beginnen: Was die Eltern ihrem Kind vorenthalten haben, gab Gott ihm ohne Einschränkung. Das »Feld« sollte ihr Grab werden. Nach Gottes Ruf zum Leben wird das Feld zum Symbol ihres blühenden Wachstums wie »die Blumen des Feldes«. Die zur Geschlechtsreife gelangte Frau wird beschrieben als »völlig nackt« und bereit, Gottes großzügige Geschenke zu empfangen. »Völlig nackt« ist sie, wenn ihr bei der Hinrichtung das letzte Kleidungsstück vom Leib gerissen wird. Dazwischen beschreibt der Prophet, wie sie alles, was sie hatte, an »männliche Bilder« verschwendet, um auf diese Weise zu verurteilen, daß sie ihre Kindheit vergaß, in der sie »völlig nackt« war und sich in ihrem Blut wälzte.

Die Gegensätze werden mittels Wiederholungen hervorgehoben. Gott »ging vorüber« und rettete ihr Leben; er »ging vorüber«, als sie reif war, und nahm sie zur Frau. Sie hingegen drängte ihre Gunst jedem auf, »der vorüberging«. Eine Reihe von sechs (oder sieben) Verbalsätzen erläutert die Geschenke näher, die Gott der Frau machte (»Ich kleidete … ich gab ihr Schuhe … ich band …« usw.). Dem entsprechen sechs Sätze, die entfalten, wie sie diese Geschenke – und ihre Kinder – an »männliche Bilder« (»du nahmst … und machtest …«) verschwendete. Ihr Blut, in dem sie durch Gottes Wort lebte, taucht wieder auf im Blut ihrer Kinder, die sie für ihre Götzen opferte. Gott bedeckte ihre Nacktheit, aber ihre Nacktheit wurde durch ihre Hurerei aufgedeckt; so wird Gott sie Vollstreckern ausliefern, die ihre Nacktheit zur Schau stellen und sehen werden. Der Schlüsselbegriff der Erzählung von der Entwicklung der Hure ist זנה »huren, Unzucht treiben« (zusammen mit dem Derivat תזנות zwanzigmal belegt), welches immer abscheulichere Vergehen beschreibt. Mit Götzen Unzucht zu treiben, war »zu wenig«, so daß sie ihre Kinder für sie tötete. Götzen waren auch nicht genug, so daß sie »ihre Hurerei ausweitete (= steigerte)« (dreimal in V 25–29) auf ihre männlichen Nachbarn, ohne Befriedigung zu finden (dreimal in V 28–29). Der Tiefpunkt der Verdorbenheit, Lohn zu zahlen anstatt zu empfangen, wird in verschiedenen antithetisch aufgebauten Sätzen erwähnt (V 31b–34). Das Urteil über ihren Lebenswandel besteht in einem Ausbruch des aufgestauten Zorns, wobei sich sowohl die Strafgegenstände als auch die Strafmaßnahmen häufen.

Neben dieser klimaktischen Struktur wird diese lange, weitschweifige Diatribe mittels grausamer Bilder und einer schockierenden Sprache in Gang gehalten: Unzucht mit männlichen Bildern, Schlachten der Kinder, um sie zu essen, Spreizen der Beine für jeden Vorbeikommenden, »dein ›Saft‹ wurde ausgegossen«, ein blutüberströmtes Objekt des Zorns und der Eifersucht, »mit ihren Schwertern zerhacken«. Der Text enthält eine Vielzahl seltener oder einzigartiger Begriffe und grammatikalischer Unregelmäßigkeiten.

Nur hier belegte Begriffe (inklusive der Begriffe, die nur in Ezechiel belegt sind, gefolgt von der Versnummer):
מֹשִׁי (10), מתבוססת (6), נעל (5), החתל / חתל ,המלח (4), מכרת (3), תזנות (passim und nur in Ez 23), פשׁק (25), מה אמלה לבתך (30), נדה ,נדן (33), שׁחד (Verb, 33), נחשׁת (obszön, 36), בתק (40).

Seltene Worte oder Redewendungen:
רבה, (»aufwachsen«) עדי עדיים (»Wachstum«, 7), רבבה (Plural) (3), מלדת (obszön, 24), רמה ,גב (16), לא באות ולא יהיה ,טלאות (12), עגיל (7), ערם ועריה (26), זנה mit Akkusativ (28), קלס (31), הפך (Nomen, 34), זנה (Passiv, 34), הא ,רנז ל (43).

Grammatikalische Unregelmäßigkeiten:
Affirmativ תי am Verb für die zweite Person femininum Singular – 13, 18, 22, 31 (zweimal), 43 (zweimal); Pluralsuffix יך an Substantiven mit der Endung ות – 15 u. ö., 31; verdoppeltes ר – 4 (zweimal); Assimilation des Wortpaars שׁשׁי ומשׁי – 13.

Einige dieser Besonderheiten begegnen im Rahmen von Themen, die nicht weiter aufgenommen werden (Sorge um das Neugeborene, der Prostituiertenjargon), andere dürften umgangssprachlicher Herkunft sein. Zu den letzteren sind wohl auch Ausrufe, Akkadismen (נדן ,בתק ,נחשׁת – vielleicht auch Jargon) und Aramaismen (Afformativ תי [vgl. *E. Y. Kutscher*, The Language and Linguistic Background of the Isaiah Scroll (Hebräisch), Jerusalem 1959, 20 f. 142 f.], פשׁק ,מלא לבת, vielleicht קלס) zu zählen. Die Vorliebe für Pluralformen (מלדות, רמות ,דמי ,מכרת [39], Suffixe der zweiten Person Plural an Nomen auf ות) paßt zum schwülstigen Stil des Textes. Der Sprachstil entspricht also der klimaktischen Struktur wie der Antithese, um einen besonderen Effekt zu produzieren, so daß trotz der Länge des Textes keine Langeweile entsteht.

Der Übergang von A zu B geschieht mittels des Spruchs »Wie die Mutter so die Tochter«, der den Perspektivenwechsel zu den drei »(Töchtern /) Schwestern« und zur Antithese Jerusalem – Sodom (und Samaria) erleichtert, die in B dominiert. Der springende Punkt der Antithese besteht in der Umkehrung der traditionellen Wertung Sodoms im Vergleich mit Jerusalem, indem anstelle des Stolzes der letzteren der Tadel tritt, ihre »Schwester(n)« vergleichsweise gerecht aussehen zu lassen. Die sprachlichen Besonderheiten von A finden sich auch in B: einzigartige und seltene Worte

(קת ,פלל ,שמעה »Sprichwort«, כמו את »jetzt«), ein Aramaismus (bzw. Akkadismus שוט »verschmähen«), תי für die zweite Person femininum Singular am Verb Afformativkonjugation (V 51, vielleicht V 50), morphologische Assimilation (V 50) und andere Unregelmäßigkeiten (in der Deklination von אחות). Stil und Sprache bestätigen die Zusammengehörigkeit von B und A.

Der Übergang von B zu C geschieht mittels כאשר עשית (V 59) »wie du getan hast«, wodurch das כאשר עשית / כל aus den V 48.51.54 aufgenommen wird. Hier wird der Ausdruck als Bundesbruch definiert, womit das Hauptthema der Coda eingeführt wird (ברית V 60 (zweimal).61.62). Der Prophet konstruiert seine abschließende Antithese um das Thema des Bundes herum – die Treue Gottes trotz der Treulosigkeit Jerusalems, ausgedrückt in seiner letzten eschatologischen Gabe, die sie beschämen wird bis hin zum Schweigen. Selbst dieser kurze Abschnitt hat sein ungewöhnliches Wort, nämlich פתחון פה (V 63).

Die strukturelle Kohärenz, das Fortschreiten in der Zeit, der homogene Stil, der einheitliche Sprachgebrauch und die innere Verbindung der einzelnen Teile des Textes verleihen dem Ganzen eine architektonische Gestalt. Die kleinen Mängel werden von der großartigen Form des Ganzen getragen. Erneut beobachten wir das »Halbierungs«-Schema: ein Thema (A), eine Variation dazu (B) und ein Schluß, der beide Elemente miteinander verschmolzen (C).

Der Satz »Teile Jerusalem ihre Greuel mit« faßt das Hauptthema dieses komplexen Wortes zusammen: Jerusalem mißachtet ihre Schande (in Jer 2,23 leugnet sie diese), daher muß der Prophet sie mit ihrer erschreckenden Vergangenheit konfrontieren. Der Text unterscheidet diese Anklage zeitlich von den vorhergehenden. Es handelt sich um den ersten und eindrücklichsten von drei Gängen durch die Geschichte Israels (Ez 16; 20; 23): Die Metapher wird ausführlicher und in mehr Richtungen ausgeführt als in Ez 23 (Ez 20 verwendet keine Metapher); er berücksichtigt mehr die historischen Ereignisse als Ez 20; keines der anderen beiden Kapitel kann es in bezug auf Struktur und Rhetorik mit diesem aufnehmen. Wir wenden uns nun den Themen zu.

Ehemetaphorik   Das Bild Israels als Frau JHWHs geht auf das Gebot der Alleinverehrung JHWHs zurück. Die Pflichten einer Ehefrau gegenüber ihrem Mann liefern eine Parallele zur Forderung unbedingter Treue gegenüber JHWH. Einige Wendungen in der Tora spiegeln dieses Bild bereits wider. Im Dekalog und der kleineren »Bundesformel« wird JHWH קנה »leidenschaftlich, eifersüchtig« genannt gegenüber denen, die nicht an ihn glauben (Ex 20,5; 34,14). In Num 5,14.30 beschreiben das verwandte Nomen קנאה und das Verb קנה das Handeln eines Ehemanns, der an der Treue seiner Frau zweifelt (vgl. Spr 6,34). In Ex 34,14f. und Num 15,39 steht זנה »huren« für Apostasie (vgl. Ez 6,9; s. zum Vorhergehenden die brillanten Anmerkungen von G. Cohen,

The Song of Songs, in: ders., Samuel Friedland Lectures, 1960–1966, New York 1966, 1–22, bes. 4 ff.). Die Ausarbeitung dieses Bildes in der Prophetie basiert auf diesem alten Fundament. Zum ersten Mal findet sich das Bild in Hoseas Anklage des Nordreiches. »Klagt eure Mutter an [= das Nordreich]«, ruft er ihren »Kindern« (= Einwohnern) zu, »… denn sie ist nicht meine Frau, und ich bin nicht ihr Mann« (= ein Scheidungsformular; vgl. Y. *Muffs*, Studies 1965, IV, 4 ff.):

Laß sie ihre Hurerei aus ihrem Gesicht entfernen und ihren Ehebruch von ihren Brüsten, sonst ziehe ich sie aus wie am Tag ihrer Jugend … Ihre Mutter hat Unzucht getrieben … denn sie sagte: Laß mich meinen Liebhabern folgen, die mir mein Brot geben, mein Wasser und meine Wolle, meinen Flachs, mein Öl und meinen Trank … Sie erkannte nicht, daß ich es war, der ihr Korn, frischen Wein und Öl gab. Das Silber, von dem ich ihr so viel gab, und das Gold, das sie dem Baal vermachten! So werde ich mein Korn zurücknehmen zu seiner Zeit und meinen frischen Wein zu seiner Zeit, und ich werde meine Wolle und meinen Flachs wegreißen, so daß sie nicht ihre Nacktheit bedecken. Jetzt werde ich ihre Scham entblößen vor den Augen ihrer Liebhaber, und niemand wird sie aus meiner Hand retten … Ich werde ihre Reben und Feigenbäume verwüsten, von denen sie sagte: Sie sind der Lohn, den meine Liebhaber mir zahlten (Hos 2, 4–14).

Hierbei handelt es sich um einen offenkundigen Vorläufer der Bildwelt unseres Textes. Israel ist eine untreue Ehefrau. Nachdem sie die Gaben ihres Gottes empfangen hatte, gab sie sie an andere (dieses Motiv entstammt der Geschichte vom Goldenen Kalb, das aus den goldenen Gegenständen gegossen wurde, welche die Ägypter, von Gott dazu veranlaßt, den aufbrechenden Israeliten gaben, vgl. auch Dtn 32, 15). Gott wird sie bestrafen, indem er sie auszieht und sie nackt ihren Liebhabern zur Schau stellt. In Hosea findet sich keine Zeitperspektive (vgl. dagegen, wie Ezechiel den Vergleich »wie am Tag deiner Geburt« ausbaute!), kein politisches »Huren« und keine wahnsinnige Verdrehtheit und Unersättlichkeit.

Jeremia rezipierte das Bild. In 2, 20–25 brandmarkt er Israels illegitime Kulte als Hurerei und Jagd nach »Fremden« (s. Ez 16, 32). In Jer 3 spricht er jedoch in Begriffen, die von Ezechiel her vertraut sind:

Du hast mit vielen ›Freunden‹ Unzucht getrieben. Schau dich um zu den Hügeln und sieh, wo hast du dich nicht hingelegt? Du hast an den Wegen auf sie gewartet … und hast das Land verunreinigt mit deiner Unzucht und deinem Bösen … Du hast die Stirn einer Hure. Du wolltest dich nicht schämen … Sie trieb Unzucht mit Holz und Stein … Erkenne deine Schuld, denn du hast dich gegen JHWH, deinen Gott, aufgelehnt und hast deine Gunst verschleudert an Fremde [wörtl. Wege] unter jedem grünen Baum (3, 1–13).

Promiskuität an vielen Orten (die Altäre fremder Götter), unverschämte Schamlosigkeit, Holz und Stein, die Verschwendung der Gunst an Fremde – Jeremias Bild ist nur einen Schritt von der Hure Ezechiels entfernt.

Die Ausweitung des Bildes auf Bündnisse mit fremden Nationen erreichte Ezechiel auf demselben Weg. Andere Propheten verurteilten das Vertrauen auf fremde Mächte als Beleidigung Gottes (Jes 7–8 [Assur]; 30–31 [Ägypten]), aber es ist Hosea, der – nachdem er Israel angeklagt hat, von Gott »wegzulaufen« hinter Ägypten und Assur her (»wie eine dumme Taube«; 7,11–13) – die Jagd nach Bündnissen als »Liebesangebote« (8,9) brandmarkt. Ein Jahrhundert später sagt Jeremia Judas Enttäuschung durch Ägypten vorher, ebenso wie es früher von Assur enttäuscht wurde, »denn JHWH hat die, auf die du vertraust, verschmäht« (Jer 2,36f.). Dann, im Anschluß an Hosea, nennt er Judas Verbündete ihre »Liebhaber« (22,20.22 [רעיך »Freunde« wie in Spr 29,33]; 30,14; vgl. Klgl 1,19). Ezechiel übernahm diese Bilder nicht nur von seinen Vorgängern, sondern er malte den »sexuellen Reiz« der Liebhaber in charakteristischer Lebhaftigkeit aus (V 26; vgl. 23,6ff.). Indem Israel seine Sicherheit in Bündnissen mit irdischen Mächten suchte, hat es JHWH die Treue gebrochen, hat »Unzucht getrieben« mit den Heiden (vgl. die unmetaphorische Sprache in 29,16).

Indem er die Metapher zeitlich ausweitet, stattet Ezechiel die Ehebrecherin Hoseas und Jeremias mit einer Biographie aus. Den Anstoß dazu gab die Rechtfertigung Gottes. Die unmittelbar bevorstehende Vernichtung des »Restes Israels« war eine Katastrophe, die eine entsprechende Sünde als Rechtfertigung verlangte. Gestützt wurde dies durch die Unheilsansagen der Propheten, welche die kumulierte Sünde der gesamten Geschichte Israels anzitierten: Jerusalem und Juda würden ausgelöscht, »weil sie taten, was böse war vor meinem Angesicht und sie mich quälten vom Tag, als ihre Väter aus Ägypten kamen, bis heute« (2 Kön 21,15 – ein Kommentar zur Herrschaft Manasses). Während der Herrschaft Jojakims klagte Jeremia das Volk an, »rückwärts gegangen zu sein, nicht vorwärts, von dem Tag, als eure Väter das Land Ägypten verließen, bis heute« (7,24f.). In Ez 20,8ff. und 23,3.19 verlegt unser Prophet den Widerstand Israels zurück in die Zeit des Ägyptenaufenthalts. Hier wählt er einen anderen Weg. Indem er beim Ursprung des Volkes ansetzt (Hos 2,5 könnte dies nahegelegt haben), wird die Anklage noch schlagkräftiger.

Das Findelkind Die aus Erfahrung und Erzählung bekannte Rede vom ausgesetzten Findelkind dient dazu, die dem Tode nahe Schwachheit Israels zu dessen Beginn zu repräsentieren (vgl. den Beginn des heilsgeschichtlichen Credos: »Mein Vater war ein heimatloser Aramäer«, Dtn 26,5). Ihre verzweifelte Lage stellt Gottes unverdiente Güte deutlich heraus. Das Auffinden auf dem »Feld« ähnelt der Darstellung im Gedicht von Dtn 32,10, wo Gott Israel »in der Steppe, in der leeren Wüste, wo wilde Tiere heulen« findet. Der Sinn ist der gleiche: die Erzählung von Gottes Beziehung zu seinem Volk mit einer Situation beginnen zu lassen, die am besten dazu geeignet ist, seine Wohltätigkeit ihnen gegenüber zur Geltung zu bringen und seine gnädige und zärtliche Fürsorge zu illustrieren (*S. R. Driver*, Deuteronomy [ICC], Edinburgh 1902, 356) – um den nachfolgenden Abfall umso schwärzer auszumalen. (*R. Bach*, Die Erwählung Israels in der Wüste: ThLZ 1953, 687, vermutete hinter Hos 9,10; 10,11; Dtn 32,10 und unserem Text eine abweichende Tradition der Gründung Israels, die die Wüstenzeit als Zeit der Harmonie zwischen Gott und Israel schildere, die Patriarchen und den Sinai aber nicht kenne. Aber damit wird ein poetisches Bild überbewertet, das allein um des Gegensatzes willen gezeichnet wird, was entsprechend von *W. Rudolph*, Hosea (KAT), Gütersloh 1966, 185, Anm. 5, kritisiert wird.) Der Prophet ignoriert die traditionellen Vorfahren Israels, die Patriarchen, weil sie dem Volk einen Grund zu Stolz und Hoffnung gaben (vgl. das Vertrauen auf den Bund mit Abraham nach der Zerstörung Jerusalems in 33,23 ff.). Er wählt stattdessen die heidnischen Vorfahren Jerusalems und schafft so ein Motiv für die grausame Aussetzung des Säuglings (die notwendig war, um Gottes Güte hervorzuheben) und eine auf Vererbung basierende Begründung für ihren ausschweifenden Lebenswandel.

Die Forschung hielt die Erzählung der Aussetzung, Rettung und vermutlichen Heirat des Findelkinds für zu detailliert und zu entfernt von der Geschichte Jerusalems, als daß es sich um eine Schöpfung des Propheten handeln könne:

Während also diese Züge der Erzählung vom Propheten allegorisch gemeint sind, spottet die so breit ausgeführte Schilderung der Aussetzung des Mädchens und ihres Aufwachsens unter den Blumen des Feldes jeder Deutung auf Jerusalems Geschick. Hier ist es also mit Händen zu greifen, daß Hesekiel einen ihm irgendwie zugekommenen Erzählungsstoff aufgenommen hat. Dieser Stoff aber war die Geschichte von einem in der Wildnis ausgesetzten Mädchen: gleich nach der Geburt, unbesorgt und ungepflegt, ward es dem Tode preisgegeben; aber als es so in dem Blute zappelte, das ihm noch von seiner Geburt her anhaftete, kam ein Mann des Weges vorüber, der ihm das Leben schenkte. Hesekiel sagt in seiner Umdichtung, es sei Jahve gewesen; aber da der Mann dem Mädchen durch sein Wort das Leben verleiht, wird es sich ursprünglich um einen Zauberer gehandelt haben. So wuchs, kraft des Zauberwortes, das Kind heran und wurde eine kraftvolle Jungfrau; aber kein Gewand bedeckte ihre Glieder. Und wieder haftete Blut an ihr: das Blut der ersten Jungfrauenschaft. Da kam noch einmal ein Wesen vorüber, nach Hesekiel wiederum Jahve; aber die Fortsetzung, wonach das Mädchen zur Königin erhoben ward, macht es klar, daß die Erzählung an einen König gedacht hat. Wenn die beiden Vorübergehenden von Anfang an dieselbe Person gewesen sind – was nicht ohne weiteres selbstverständlich ist –, werden wir an einen Zauberkönig zu denken haben, der jetzt die Wirkung seines lebenspendenden Wortes, vielleicht zu seiner eigenen Ueberraschung, so herrlich vor sich sieht. Da gewann er das Mädchen lieb: er hüllte sie in das eigene Kleid und ging die Ehe mit ihr ein. Dann führte er sie heim, schmückte sie mit den köstlichsten Gewändern und setzte ihr die Krone aufs Haupt: so ward das arme, ausgestoßene Mädchen die Königin, und das Lob ihrer Schönheit erscholl unter den

Völkern. All dies offenkundig ein Märchenstoff, von starkem, altertümlich-morgen-
ländischem Duft erfüllt. Wir würden die Märchennatur dieser Erzählung mit voller
Sicherheit behaupten.
(*H. Gunkel*, Das Märchen im Alten Testament, Tübingen 1917, 115 f.)

Ein Vergleich mit dem Schema von Aussetzungsgeschichten läßt an dieser
Annahme zweifeln. Das typische Findelkind ist ein Wunderkind, das zu
Großem bestimmt ist. Die potentielle Größe des Helden oder der Heldin
wird auf diese Weise hervorgehoben. Die Aussetzung des Kindes wird den
Eltern aufgrund von Schande oder Notwendigkeit aufgezwungen. Es wächst
als Pflegekind auf und zeigt bereits unerwartete Qualitäten, noch bevor seine wahre Identität enthüllt ist (*G. Binder*, Art. »Aussetzung«: Enzyklopädie
des Märchens I, 1048–1065). Demgegenüber dient Ezechiels Geschichte dazu, Niederträchtigkeit zu begründen und zu illustrieren – ein Motiv, das
ohne Parallele in anderen Aussetzungsgeschichten ist. Die Aussetzung des
Mädchens durch seine Eltern ist bewußt grausam (und das Kind erbt diese
Grausamkeit). Ihre bemerkenswerten Fähigkeiten sind nicht ihre eigenen,
sondern verweisen auf JHWHs Herrlichkeit, die er ihr gewährt. Nicht sie
ist wundervoll, sondern es sind die Sorge und die Geschenke, die JHWH an
sie verschwendet. Es mag eine Beziehung zwischen der Erzählung Ezechiels
und den Aussetzungsgeschichten geben, aber diese besteht in der Umkehrung. Unter dieser Voraussetzung macht die Beziehung Sinn. Aber die Frage
bleibt, ob – all diese Elemente vorausgesetzt: die Metapher der Ehebrecherin, die Sicht der radikalen Bosheit Israels, die Praxis der Aussetzung – der
Ursprung dieser Geschichte besser aus der Umkehrung eines volkstümlichen Motivs oder der freien Eingebung des Propheten erklärt werden kann.
Eine Besonderheit der Geschichte spricht für letzteres:

Jerusalem =
Israel
Die Behauptung, daß die Erzählung von Jerusalems Geschichte weit ent-
fernt sei, verliert viel von ihrem Gewicht, wenn man berücksichtigt, daß
Jerusalem Israel repräsentiert. Gott schloß allein mit dem Volk, niemals
mit der Stadt einen Bund (V 8). Allein vor dem Hintergrund der Geschichte
Israels können die Einzelheiten von Gottes zweimaligen Vorbeigehen an
dem Mädchen und der unbehütete Zeitraum dazwischen erklärt werden.
Im Schema der Aussetzungsgeschichten lebt das Findelkind zwischen seiner
Rettung und der Enthüllung seiner Identität unter der Fürsorge eines Hü-
ters. Hier wächst das Mädchen jedoch so unbehütet auf, daß ihr Körper bis
zum Zeitpunkt der Heirat schmutzig bleibt. Gottes Aussetzung des Mädchens bis zur Geschlechtsreife, nachdem er ihre Rettung befohlen hat, ist
eine künstliche Angleichung an die Exodus-Tradition. Während der langen
Phase der Knechtschaft in Ägypten blühte Israel auf und wuchs heran, offensichtlich vergessen von seinem Gott, bis die Zeit der Rettung kam, als
Gott es als sein Volk annahm (die Aussetzung des Kindes im »Feld« und
seine Entwicklung »wie die Blumen des Feldes« erinnern an die Arbeit der

Israeliten auf dem »Feld« und Gottes Wundertaten gegen Ägypten, »dem Feld von Zoan« [Ex 1, 14; Ps 78, 43]). Man darf weiterhin die Folgerung wagen, daß die Zurückweisung des Kindes durch seine kanaanäischen Eltern sich auf die erzwungene Auswanderung der Familie Jakobs nach Ägypten aufgrund der Hungersnot in Kanaan bezieht, wo für sie gesorgt wurde (Gen 45, 7; 50, 20). Gunkels Rätselraten über das doppelte Vorbeigehen weist auf ein Problem bei der Rekonstruktion dieser hypothetischen Sage hin, das sich umgehen läßt, wenn man den Plot versteht als – wie für Ezechiel in seinen Geschichtsüberblicken typisch – grobe Reflexion der Grundzüge der traditionellen Erzählung von Israels Anfang als Volk. Geht man soweit, dann ist man versucht, auch die anderen Einzelheiten der Geschichte nicht als Sage zu interpretieren, sondern mit Ereignissen der alten Geschichtstraditionen zu verbinden. Handelt es sich um einen Zufall, daß Gegenstände, die beim Bau des Zeltheiligtums und zur Herstellung der Kleidung der Priester verwendet wurden, im Zusammenhang mit der Kleidung der Frau auftauchen? Wie überaus weit man in diese Richtung geführt wird – und eine Würdigung der Motive von Gunkels Ansatz wenn nicht sogar dessen Ergebnisse –, mag ein Blick auf T zu den V 3–14 belegen:

3 Dein Aufenthalts- und Geburtsort war das Land der Kanaanäer. Dort offenbarte ich mich deinem Vater Abraham [in dem Bund, den ich schloß] zwischen den Teilen [Gen 15] und ließ ihn wissen, daß ihr nach Ägypten gehen werdet, mit erhobenem Arm ich euch retten würde und durch das Verdienst eurer Väter ich die Amoriter vor euch vertreiben und die Hittiter vernichten würde. 4 Als weiterhin eure Väter nach Ägypten zogen, Fremde in einem Land, das nicht das ihre war, versklavt und gequält, die Gemeinde Israels war wie ein Kind, verlassen auf dem Feld, dessen Nabelschnur nicht durchschnitten worden war [...]. 5 Das Auge Pharaos hatte kein Mitleid mit dir, dir auch nur eine Freundlichkeit zu erweisen, dich von deiner Sklaverei ausruhen zu lassen, mit dir Erbarmen zu haben. Vielmehr erließ er gegen dich einen Befehl der Vernichtung, deine männlichen (Säuglinge) in den Fluß zu werfen, um dich zu vernichten, als du in Ägypten warst. 6 Und die Erinnerung an den Bund mit deinen Vätern kam vor mich, und ich offenbarte mich, um dich zu befreien, denn ich sah, daß du in deiner Sklaverei gequält wurdest, und ich sagte zu dir: Wegen des Bluts der Beschneidung werde ich Mitleid mit dir haben, und ich sagte zu dir: Wegen des Bluts des Pesachopfers werde ich dich befreien. 7 Ich werde dich zahlreich machen wie die Blumen des Feldes, und du wirst zahlreich und stark werden und zu Generationen und Stämmen werden. Und wegen der gerechten Taten deiner Väter ist die Zeit der Rettung deiner Gemeinde gekommen, denn du wurdest versklavt und gequält. 8 Da offenbarte ich mich Mose im Dornbusch, denn ich sah, daß die Zeit, dich zu befreien, da war, und ich beschützte dich durch mein Wort, und ich entfernte deine Sünden, und ich schwor durch mein Wort, daß ich dich befreien würde, wie ich deinen Vätern geschworen habe, sagt der Herr Gott, damit du ein Volk wirst, das mir dient. 9 Und ich befreite dich aus der Sklaverei Ägyptens und entfernte die harte Tyrannei von dir und führte dich in die Freiheit. 10 Und ich kleidete dich mit bestickten Gewändern aus den Schätzen deiner Feinde, und ich tat prächtige Schuhe an deine Füße, und ich weihte einige von dir zu Priestern, um mir mit Kopfbünden aus Leinen zu dienen,

[und] den Hohepriester in vielfarbigen Gewändern. 11 Und ich schmückte dich mit dem Schmuck der Worte der Tora, geschrieben auf zwei Tafeln und gegeben durch Mose, und ich weihte dich mit der Heiligkeit meines großen Namens. 12 Ich setzte die Lade meines Bundes unter dich, mit der Wolke meiner Herrlichkeit, die dich beschattete, und ein von mir bestellter Engel führte dich an deinem Kopf. 13 Und ich setzte mein Heiligtum in deine Mitte, geschmückt mit Gold und Silber und Vorhängen aus Leinen und vielfarbigem und besticktem Stoff, und ich nährte dich mit Manna so gut wie feines Mehl, Honig und Öl. So wuchsest du auf, sehr reich und mächtig, und du wurdest erfolgreich und herrschtest über jedes Königreich.

Das Schwestern-motiv Die sündigen Schwestern, das Thema von B, begegnen erneut (d. h. zwei von ihnen) in Ez 23. Sie begegnen zum ersten Mal in Jer 3, 6ff., einem Text aus der Zeit Joschijas. Jeremia erweitert das Bild Hoseas von der treulosen Frau (das in den unmittelbar vorhergehenden V 1–5 verwendet wird) auf Israel und Juda und präsentiert die beiden verwandten Königreiche als Schwestern:

Hast du nicht gesehen, was das abtrünnige Israel getan hat? Wie sie auf jeden hohen Hügel ging und unter jeden grünen Baum und dort hurte … Und diese Treulose, ihre Schwester Juda, sah dies. Sie sah [lies ותרא], daß ich, eben weil Israel Ehebruch begangen hatte, sie vertrieb und ihr den Scheidungsbrief gab. Trotzdem fürchtete sich ihre Schwester Juda nicht, sondern ging selbst hin und hurte … Das abtrünnige Israel hat sich als gerechter erwiesen als das treulose Juda (Jer 3,6–11).

In Ezechiels Fassung repräsentieren die Schwestern Städte (vielleicht aufgrund seiner Konzentration auf Jerusalem), aber ihre Darstellung in unserem Kapitel unterscheidet sich deutlich von der in Kapitel 23 – obwohl beide Elemente enthalten, die direkt von Jeremia übernommen worden sind. So treten in Ez 23 wie bei Jeremia nur zwei Schwestern auf. Sie haben eine Geschichte der Untreue, die bis zu ihrem Ägyptenaufenthalt zurückreicht (anders als unser Text, vgl. aber 20,7–8). In unserem Text gibt es drei Schwestern – Sodom wird hinzugefügt –, und während alle »ihre Ehemänner abgewiesen haben«, wird keine explizit als Ehefrau JHWHs bezeichnet. Dieser Punkt muß verschwiegen werden wegen Sodom, die nie mit JHWH »verheiratet« war (und deren Sünde dementsprechend nicht in Untreue bestehen kann). Abgesehen von diesen Hauptunterschieden zu Jeremia und Ez 23, besteht der zentrale Punkt unseres Textes – nämlich Jerusalems »Rechtfertigung« ihrer Schwestern durch ihre Bosheit – aus einer fast wörtlichen Übernahme eines Motivs aus Jeremia, das hier ausgeführt, in Ez 23 aber ignoriert wird. Es diente allein der Steigerung des herabsetzenden Vergleichs, demzufolge Sodom in der Argumentation als Schwester angenommen und ihr Vorrang über Samaria eingeräumt wurde. Wir schließen daher, daß es sich bei unserem Text und Ez 23 um unabhängige Übernahmen des jeremianischen Motivs handelt, die je eigene Aspekte zur Ausführung auswählen. Wir werden gleich sehen, weshalb hier das Motiv der »Rechtfertigung« gewählt wurde.

Das Bundesthema der Coda (C) ist mehrdeutig und kann leicht mit anderen eschatologischen Bünden verwechselt werden, die später im Buch erwähnt werden. Der Bund legte Israel – verstärkt durch Fluchsanktionen (V 59) – Verpflichtungen auf, die es verletzte. Der »Bund deiner Jugend« (V 60), an den sich JHWH erinnert, ist sein einseitiges Versprechen, das er Israel gegeben hat (20,5 zufolge in Ägypten, worin jedoch die Versprechen an die Patriarchen eingeschlossen sind, s. die Einzelanalyse). JHWH behauptete, daß, obwohl Israel seine Verpflichtung verletzt hat, er des Bundes gedenken und (ihn) (wieder) errichten wird והקמותי (als) einen ewigen Bund mit Israel für die Zukunft.

In 34,25 erwähnt Ezechiel einen neuen, zukünftigen »Bund des Friedens«, den Gott mit Israel schließen (כרת) wird. Dieser wird darüber hinaus in 37,26 als ewiger Bund qualifiziert. Die Forschung hat herausgearbeitet, daß sonst in Ezechiel כרת allein zur Bezeichnung eines Bundesschlusses verwendet wird (17,13). Daraus schloß man, daß Ezechiels Konzept des eschatologischen Bundes zwischen JHWH und Israel als Neubeginn zu verstehen sei und nicht als Fortdauer des alten Bundes und daß sein Begriff für den Bundesschluß כרת und nicht הקים sei. Unser Abschnitt könne daher nicht von Ezechiel stammen. Der vermeintliche Widerspruch verschwindet jedoch, wenn man den Bund von 34,25 nicht als großartigen Vertrag zwischen Gott und Volk versteht, sondern als besondere Zusicherung der immerwährenden konkreten Sicherheit im Land. In Zukunft wird der von Lev 26,6 in Aussicht gestellte Segen, daß Gehorsam belohnt wird und Gott »Frieden im Land gibt, und ihr euch niederlegt und niemand euch aufschreckt. Ich werde die bösen Tiere aus dem Land austilgen, und kein Schwert wird durch das Land ziehen« – dieser Segen wird sich für immer verwirklichen: »Ich werde mit ihnen einen Bund des Friedens schließen, und ich werde die bösen Tiere aus dem Land austilgen, so daß sie in Sicherheit wohnen können [sogar] in der Wüste und schlafen können [sogar] in den Wäldern« (Ez 34,25). Das ist in der Tat ein neuer Bund, der nie zuvor geschlossen wurde (כרת). Seine weitere Qualifikation als »ewig« ist, falls es sich nicht um eine Anlehnung an unseren Text handelt, keineswegs weniger bezeichnend als die identische Qualifikation verschiedener solcher Bünde in der priesterlichen Literatur: der Sabbat (Ex 31,16), die Versorgung der Priester (Num 18,19), das erbliche Privileg der priesterlichen Familie (Num 25,13). Damit wird nicht angezeigt, daß der »Bund des Friedens« das vorzügliche Bindeglied zwischen Gott und Israel bezeichnet und daher in verschiedenen Bezeichnungen in 16,60.62 wiederholt wird. Vielmehr will unser Text zusammen mit 20,37 die einzige Bezugnahme auf den großen eschatologischen Bund sein, die den Begriff ברית verwendet (die anderen Bezüge verwenden die doppelte Adoptions- / Heiratsformel, 11,20; 14,11 [s. die Gesamtauslegung] u.ö.).

Der Bund

Der Gebrauch von הקים (V 60) mit explizitem Bezug auf den alten Bund läßt vermuten, daß – ob nun eine Kontinuität im Blick ist oder nicht – der eschatologische Bund den alten bestätigt. Nichts in diesem Abschnitt weist auf eine andere Hand als die Ezechiels hin.

Die Forschung hält B und C meist für jüngere Ergänzungen zum Kern des Wortes in A. Das Setting von A weist eindeutig auf die Zeit vor der Zerstörung. Die Bestrafung der Stadt steht noch aus (= Ez 23). In B hingegen ist die Strafe eingetroffen. Der Vergleich der drei Schwestern zielt auf ihre gemeinsame politische Vernichtung, der nur durch ein Handeln Gottes in der Zukunft abgeholfen werden kann. Da dieses Setting die Zerstörung voraussetzt, nimmt die Forschung gemeinhin an, daß dies auch für die Abfassungszeit der Komposition gelte. In C wird die in B vorhergesagte völlige Wiederherstellung Jerusalems durch die Vorherrschaft über ihre Schwestern ersetzt. Dies, so vermutet die Forschung, sei eine noch jüngere Hinzufügung, die mit den jüngsten Heilsweissagungen zu vergleichen sei (z. B. 34, 24 ff.).

Man sollte jedoch rhetorische und psychologische Überlegungen vorantreiben, um zu einer ausgewogeneren Sicht des Kapitels zu gelangen. Ist ein so extremer Stimmungswechsel von der zornerfüllten Anklage in A zur gelassenen und sublimierten Versöhnung in C in einem einzigen kreativen Augenblick denkbar? Schwächen nicht die tröstenden Aspekte in B und C die Anklage in A? Vom Standpunkt des Unheilspropheten aus verdienen die unverbesserlichen Zuhörer keinerlei Trost. Trost ziemt sich für gebrochene, verzweifelte Zuhörer nach der Zerstörung. Bei der analogen Abfolge von unbarmherzigen Unheilsansagen und der Zusicherung von Gottes Erbarmen an reuevolle Überlebende in Dtn 28, 30 und (in größerer Nähe zu Ezechiel) in Lev 26 handelt es sich nicht um einen effizienten Schachzug, der einfach den Gegenbeweis für ungültig erklärt, indem er derselben vernichtenden Analyse unterworfen wird (z. B. *O. Eissfeld*, Einleitung in das Alte Testament, Tübingen 1964, 237 f., zu Lev 26, 40–45; *G. v. Rad*, Deuteronomium [ATD 8], Göttingen 1964, 130–132, zu Dtn 30). Daß prophetische wie pentateuchische Bundestheologie nicht die Zerstörung Israels als JHWHs letztes Wort betrachten konnte; oder daß der Stimmungswechsel eine Katharsis widerspiegelt, die dem Zorn ein Ventil eröffnet, das der dauernden Bindung JHWHs an Israel erlaubt, sich erneut geltend zu machen; daß hier eine Parallele vorliegt zum Wandel von der schmerzerfüllten Klage hin zum gelassenen Vertrauen im Gebet (*F. Heiler*, Prayer, London / New York / Toronto 1932, 260 ff.) – diese Möglichkeiten müssen als Alternativen und Analogien zur historisch-kritischen Erklärung der Gedankenabfolge in unserem Kapitel in Betracht gezogen werden. Wir brauchen uns in dieser Frage nicht zu entscheiden, um letztlich die verbindende Funktion der zwei verschiedenen Themen, die in der klimaktischen Coda zusammenfließen, zu würdigen: Ob ursprünglich oder sekundär, die Bedeutung der einzigen großartigen Bewegung vom Anfang zum Schluß dieses langen Wortes verdankt viel der Durchdringung dieser beiden Themen.

Aus den späteren Abschnitten des Wortes geht hervor, daß die schreckliche Anklage der Hure jenseits ihrer Verurteilung auf ihre Wiederherstellung zielt. Sie muß ihre Schuld anerkennen. »Bei jeder Verhandlung von Strafrechtsfällen ist es das erste Ziel, den Schuldigen zum Geständnis seiner Schuld zu veranlassen. Das Geständnis bietet die beste Gewähr dafür, daß der Urteilsspruch den Schuldigen trifft und das Gericht sich nicht in einem Justizirrtum befindet« (*H. J. Boecker*, Redeformen des Rechtslebens im Alten Testament, Neukirchen-Vluyn 1964, 111). Zu diesem Zweck müssen zwei Fähigkeiten, die dieser Hure in ungewöhnlicher Weise fehlen, erzeugt werden: Erinnerung und Scham. Indem wir die Themen des זכר, des »Erinnerns«, und des בוש / כלם, des »Schämens«, verfolgen, können wir die Entwicklung der Hure verfolgen.

Erinnerung der Schuld

Israels Aufgabe, JHWHs erlösende und helfende Taten als Hauptmotiv des Gebotsgehorsams immer zu erinnern (insbesondere in Zeiten des Wohlstands), ist ein vertrautes Thema des Deuteronomiums (5,15; 8,2–18; 11,15; 16,12; 24,18.22; 32,5). Die priesterliche Literatur preist demgegenüber JHWHs Erinnerung an seinen Bund als Teil seiner Treue (Gen 9,15 f.; Ex 2,24; 6,5). Man beachte besonders den Epilog der Bundesflüche in Lev 26,42 ff. Wenn der Rest reuevoller Exulanten sieht –

Dann werde ich mich an meinen Bund mit Jakob erinnern. Ich werde mich auch an meinen Bund mit Isaak erinnern und auch an meinen Bund mit Abraham ... Auch wenn sie im Land ihrer Feinde sind, werde ich sie nicht verschmähen oder zurückweisen, um sie zu zerstören und so meinen Bund zu brechen; denn ich bin JHWH, ihr Gott. Ich werde zu ihren Gunsten mich an den Bund mit ihren Vorfahren erinnern, die ich aus dem Land Ägypten befreit habe vor dem Angesicht der Nationen, um ihr Gott zu sein, ich, JHWH.

Unser Wort stellt menschliches Versagen hinsichtlich dieser Verpflichtung ihrer göttlichen Erfüllung gegenüber. Die Hure Jerusalem erinnerte sich bewußt nicht an ihre niederen Anfänge und an all das, was sie Gott verdankte (V 22.43). Dafür wurde sie letztlich bestraft. Aber JHWH wird sich an den »Bund ihrer Jugend« erinnern (V 60) und die verlorene Tochter zu einer Ehre bringen, die das Vorherige noch übertrifft. Dadurch wird in ihr eine Erinnerung an ihr früheres abscheuliches Verhalten geweckt, und sie wird beschämt sein.

Jeremia war insofern ein Vorgänger Ezechiels, als er die Schamlosigkeit der Judäer anklagte. Sie haben »das Gesicht [wörtl. die Stirn] einer Hure; sie werden sich nicht schämen« (3,3; vgl. 6,15; 8,12). Der charakteristische Bekenntnissatz, den Jeremia in den Mund des reuigen Volkes legt, lautet: »Wir fühlen Scham und Schande.«

Im Anklageteil unseres Texte (A) wird die Schamlosigkeit der Hure derart ausführlich beschrieben, daß sie nicht explizit erwähnt werden muß. Die »Scham« der philistäischen Frauen aufgrund ihres Verhaltens unterstreicht nur, wie sehr ihr eine solche fehlt (V 27). In B hingegen wird die Hure mehrfach ermahnt, Scham zu empfinden in einer Situation, die selbst in ihr eine solche erwecken kann: Sie wird auf unvorteilhafte Weise mit ihren Schwestern verglichen, besonders mit ihrer »Schwester« Sodom, der sie sich immer überlegen fühlte. Rivalität zwischen Geschwistern gibt ihr die Gelegenheit, zum ersten Mal Scham zu empfinden – eine wirkliche Erniedrigung, indem ihre verachteten Schwestern im Vergleich zu ihr gerecht aussehen. Dies weckt in ihr eine Fähigkeit, durch die sie auf der letzten Stufe ihrer Wiederherstellung die unverdiente Gunst Gottes mittels reuevoller Scham ob all ihrer zurückliegenden Vergehen beantworten kann.

Verbunden mit diesem Thema ist der Selbstekel, der in 6,9 vorhergesagt wird; s. die Diskussion dort. In 36,31 f. werden Scham und Selbstekel miteinander verbunden. Danach begegnen nur Scham und Schande (39,21; 43,10; 44,13). Die Erwähnung dieser Begriffe in den jeremianischen Bekenntnisformeln erklärt ihre Erwähnung in den Heilsansagen Ezechiels: Scham und Schande aufgrund der Vergangenheit bezeugen ein neues, empfängliches, reuiges Herz, das die Zukunft Israels beseelen wird.

Wenn, wie in der Coda vorhergesagt, die Erinnerung der Hure Jerusalem an ihre böse Vergangenheit und die ihr das Herz zerreißende Scham darüber erwachen, sind Zweck und Ziel des Urteils, das zu Beginn des Wortes dem Propheten zu verkünden aufgetragen wurde, erreicht.

Einzelanalyse: sprachliche und literarische Aspekte

Teile … mit. T וחוי … אוכח »Klage an … und erkläre« (identisch mit der V 2
Übersetzung des Ausdrucks הודע … שפט in 20,4; 22,2) hält den forensischen Aspekt fest: Der Prophet soll Jerusalem Gottes Anklage und daraufhin das Urteil verkünden (s. für einen Überblick zu diesem Motiv und eine kritische Beurteilung der Literatur *K. Nielsen*, Yahweh as Prosecutor and Judge, Sheffield 1978). Das forensische הודע findet sich noch in Ijob 10,2; 13,23 (»Laß mich wissen, warum du mich anklagst!«).

Da die Stadt Jerusalem – ein Symbol für Israel – angeredet wird, werden V 3
die heidnischen Vorfahren herangezogen, um das Volk zu verurteilen. »Land der Kanaanäer« (anstelle des üblichen »Land Kanaan«) betont die heidnische Abkunft. Die biblische Völkerkunde bindet Kanaanäer, Amoriter und Hethiter eng aneinander und verbindet diese drei wiederum eng mit den Jebusitern, den vorisraelitischen Bewohnern der Stadt (Gen 10,15 f.; Ri 19,11 f.; 2 Sam 5,6). *B. Mazar*, Jerusalem through the Ages (Hebräisch), Je-

rusalem 1968, 4, rekonstruiert die dürftigen Nachrichten über einen vordavidischen israelitischen Kontakt mit Jerusalem (einschließlich Traditionsmaterial, das Ezechiel bekannt gewesen sein dürfte) folgendermaßen:

Zur Zeit Josuas führte Adoni-Zedeq, der König von Jerusalem, eine Allianz amoritischer Königreiche im Süden des Landes an (Jos 10,1.3). Nach dem Tod Josuas (2. Hälfte des 13. Jhs. v. u. Z.) wurde die Stadt zerstört und der amoritische Anteil der Bevölkerung ausgelöscht (Ri 1,8 ff.). Die Jebusiter, die vermutlich zu den Hethitern und ihren Nachbarn gehörten, wanderten während der ersten Hälfte des 12. Jhs. nach der Zerstörung des hethitischen Reiches von Norden ein. Dies bildet den Hintergrund von Ez 16,3.

Dein Ursprung (מכרתיך). G S »deine Wurzel«. Das hebräische Wort ist nur noch in 21,35; 29,14 belegt. Die Ableitung ist unbekannt. Der Plural dieses und des folgenden Nomens (מלדתיך »deine Geburt«) drückt die Vielzahl der Elemente aus, die die Konzeption umfaßt (Ges-K § 124 f.; *P. Joüon*, Grammar 1996, § 136 i, Anm.). Der Doppelausdruck leitet das in V 3–5 Folgende ein, während »deine Geburt« vor der Darstellung der Geburt des Mädchens eigens wiederholt wird. Ein ähnliches Vorgehen begegnet in 1,8b: »Gesichter und Flügel«, wobei »Gesichter« in V 10 wiederholt wird.

ein Amoriter. Ohne Rücksicht auf den Artikel in האמרי, der auf das vorhergehende הכנעני zurückgeht, wo regulär ein Gentilizium kollektiv verwendet wird (Ges-K § 126 m); vgl. אמרי in V 45.

V 4–5 Die Rabbinen des Talmud hielten diese Handlungen am Neugeborenen für dermaßen lebensnotwendig, daß sie sie selbst dann erlaubten, wenn es sich dabei um eine Verletzung des Sabbats handelte (bShabbat 129b; s. den Kommentar von Rabbi Nissim von Gerona). Früher rieben arabische Hebammen nach dem Durchtrennen der Nabelschnur den Körper des Kindes mit einer Mischung aus Salz und Öl ab. Nach sieben weiteren Tagen nach der Geburt rieb man den Körper mit Salz ein im Glauben, daß es die Haut des Kindes hart machen und sich gut auf seinen Charakter auswirken würde. Das Kind wurde sofort in Windeln gewickelt und blieb so für eine Zeit von vierzig Tagen bis zu sechs Monaten, um seine Glieder »gerade zu machen« oder »an ihren Platz zu setzen« (*E. Grant*, The People of Palestine, Philadelphia/London 1921, 66; *H. Granqvist*, Birth and Childhood among the Arabs, Helsingfors 1947, 74.93–101.243; *J. Morgenstern*, Rites of Birth, Cincinnati/Chicago 1966, 8 f.).

Das verdoppelte ר (כָּרַּת שָׁרֵּךְ) ist gelegentlich belegt (Ges-K § 22 s; *P. Joüon* ebd. § 23 a).

כָּרַּת »wurde durchgeschnitten« ist Qal Passiv (Ges-K § 52 e) mit verdoppeltem ר wie im folgenden Nomen anstelle des erwarteten כֻּרַת wie in Ri 6,28. רחצת »du wurdest gewaschen« und חתלת »du wurdest in Windeln gewickelt« sind dieselben Formen (das davon abgeleitete חתללה »Windeln« ist ein Nomen, das auf dem Qal basiert). Die Verbindung eines infinitivus absolutus Hof'al mit dem Nachfolgenden (החתל) geschieht aufgrund des vorhergehenden המלח (zur Vermischung der Stämme beim infinitivus absolutus s. Ges-K §113 w; *P. Joüon* ebd. §123 p).

Das Hapax למשעי (T »um gereinigt zu werden«) wurde auf verschiedene Weise erklärt. *G. R. Driver*, Difficult Words 1950, 63 ff., versteht es als aramaisierendes Verbalnomen vom aramäischen שעי »bestreichen, einschmieren« (nach Raschi u. a. handelt es sich um eine Nebenform von שעע »überstreichen«). Ibn Janach (Haschoraschim) vergleicht es dem arabischen *mašaʿa* »reinigen« (zur teilweisen Entsprechung von arabischem š und hebräischem שׁ s. *C. Brockelmann*, Grundriß der vergleichenden Grammatik der semitischen Sprachen I, Berlin 1908, §167 δ, der dies auf die Verbindung eines Zischlautes mit einem Gaumenlaut zurückführt). Die Form bleibt irregulär. Das Fehlen in G S dürfte auf Verlegenheit zurückgehen. Die Praxis der Aussetzung von Kindern ist in der Sargonlegende (ANET 119) sowie biblisch – für Ismael und Mose, beide Male ausgesetzt von ihren Müttern in Notsituationen (der Midrasch verbindet unseren Abschnitt mit einer Legende des wunderbaren Überlebens aller männlichen Israeliten, die in Ägypten geboren wurden und von ihren Müttern auf den Feldern zurückgelassen wurden [bSota 11b; *L. Ginzberg*, Legends of the Jews II, Philadelphia 1910, 257 f.]) – und für weibliche Kleinkinder im vorislamischen Arabien – aufgrund von Armut oder Furcht vor Schande – bezeugt (verurteilt von Muhammad im Koran 81,8; 16,60 f.; 17,33; 6,138.141.152; s. die anschauliche Beschreibung bei *C. M. Dougty*, Travels in Arabia Deserta, New York 1926, 239 f.). Antike Gesetzgeber und Philosophen empfahlen die Aussetzung ungewollter, behinderter oder schwacher Kinder (Plutarch, Lykurg 16; Platon, Staat 5,459–461; s. *W. Lecky*, History of European Morals II, London 1877, 24 ff.). Hier wird kein Motiv für die Aussetzung genannt. Man könnte aus V 44 f. höchstens auf die Bosheit der Eltern schließen. Daß השליך »aussetzen« bedeutet, vermutete *M. Cogan*, A Technical Term for Exposure: JNES 27, 1968, 133 ff. Er verwies unter anderem auch auf Gen 21, 15 (s. Ehrlich).

verstoßen. Wörtlich »im Verstoßen deiner Person«. Diese Interpretation von נעל wird durch den Gebrauch des Verbums נעל in V 45 gestützt (Ehrlich). Die Kommentatoren des Mittelalters interpretieren »im Schmutz deiner Person« (vgl. נגעל »verschmutzt«, 1 Sam 1, 21) gemäß dem Mischnahebräisch und dem Aramäischen.

»In deinem Blut, lebe!« Obwohl du beschmutzt bist und niemand sich   V 6
um dich sorgt, sollst du nicht sterben (Eliezer von Beaugency, Raschi). Die Wiederholung fehlt in G, daher hält die Forschung sie für eine Dittographie (»welche durch keine exegetische Kunst erträglich gemacht werden kann«, *Cornill* 258 f.; eine ursprüngliche Wiederholung hätte allein das »in deinem Blut, lebe« umfaßt, so Ehrlich). Vgl. entsprechend Ps 130,6c: שמרים לבקר

wird von G nicht wiederholt. *A. B. Ehrlich,* Die Psalmen, Berlin 1905, behauptet, daß eine ursprüngliche Wiederholung hätte lauten müssen משמרים. *H. Gunkel,* Die Psalmen (HK II / 2), Göttingen ⁵1968, hält die Wiederholung für einen eindeutigen Fehler. Aber ebenso wie *Kraus,* Psalmen (BK AT XV), Neukirchen-Vluyn ²1961, die Wiederholung für eine »emphatische Unterstreichung leidenschaftlicher Sehnsucht« hielt, so sahen auch die Kommentatoren des Mittelalters und Davidson hier eine emphatische Redeweise, um die Größe von Gottes Mitleid herauszustellen. Der kürzere Text von G muß nicht ursprünglicher sein, selbst wenn er auf einer entsprechenden hebräischen Vorlage basierte. Der Plural דמיך »dein Blut« entspricht der Verwendung in priesterlichen Gesetzen, die sich auf Körper und Blut beziehen: Lev 12,4f.; 15,19; 20,18. Man beachte jedoch, daß in V 22 der Singular verwendet wird. Für einen ähnlichen Wechsel bei תזנות s. V 15.

V 7   *Ich ließ dich blühen.* Nimmt man die übliche Bedeutung des Hebräischen, so ist zu übersetzen: »Ich machte dich unzählig.« Offensichtlich hat hier die Realität Einfluß auf die Metapher (die große Vermehrung Israels in Ägypten?). Eliezer von Beaugency und Ehrlich vermeiden dies, indem sie eine Bedeutung »Wachsen« für רבבה annehmen (ein Verbalnomen der Wurzel רבב »wachsen«). Ebenso wie נתן + Objekt + דם »[einen Gegenstand] blutig machen« (V 38) meint, so meint נתן + Objekt + רבבה »[einen Gegenstand] wachsen lassen« (vgl. *S. R. Driver,* Tenses 1892, §189). Dementsprechend konnotiert der Vergleich mit »den Pflanzen [צמח wörtl. »Sproß«] des Feldes« nicht Quantität (wie »Gras des Feldes« Ijob 5,25), sondern kräftiges Wachstum: »Wie die Blumen des Feldes die vorher erwähnte Sorge nicht benötigen, so wirst du ohne eine dieser Aufmerksamkeiten wachsen und reif werden« (Eliezer von Beaugency). Man beachte, wie צָמַח aufgenommen wird in צָמֵחַ »[dein Haar] wuchs«, wo ebenfalls die Entwicklung und nicht die Vervielfachung im Vordergrund steht.

Entwickeltest die lieblichste Zierde. בא ב »kommen mit« = bringen, hervorbringen (wie die Entsprechungen im Arabischen, *W. Wright,* A Grammar of the Arabic Language, Cambridge ³1955, 159 c; s. 1 Kön 13,1; Ps 66,13; Spr 18,6, zitiert in KBL). Die »lieblichsten [wörtl. »Zierde«] der Zierden« sind Zeichen sexueller Reife, nämlich Brüste und Körperbehaarung. In einem antiken sumerischen Heiratsgedicht (*S. N. Kramer,* The Sacred Marriage Rite, Bloomington 1969, 98) prahlen die Begleiter der Göttin:

Seht, hoch [?] ist unsere Brust,
Seht, Haar ist auf unserer Vulva gewachsen,
Am Schoß des Bräutigams laßt uns jauchzen.

Die Verse erinnern an הביאה סמנים »sie entwickelte Zeichen (der Pubertät)« des Mischnahebräisch, nämlich Brüste und Körperbehaarung (mNidda

5,7 ff.; tNidda 6,4 ff.). Auf die erotische Anziehungskraft von Mädchenbrüsten wird in Ez 23,3 angespielt, auf die Brüste von Frauen in mSota 1,5 und bBerakhot 10b (der »Ruhm der Schönheit einer Frau« ist ihre Brust).

Obwohl diese Lesart von G S bezeugt wird (die fälschlich lesen עָרֵי עָרִים »Stadt der Städte«), ließ der Bezug der »Zierde« auf körperliche Merkmale und das darauffolgende Schmücken der Frau durch Gott (V 11) den größten Teil der Forschung das בַּעֲדִי עֲדָיִים zu בְּעָדִים / בְּעֵת / עֵד »[du gelangtest] zu / in die Zeit / in die Monatsregel« (Jes 64,5) emendieren. Man beachte, daß bei den Juden die Menstruation nicht zu den Pubertätsmerkmalen gerechnet wird. Auch würde ihre Erwähnung hier nicht zum erotischen Kontext passen.

Deine Brüste. M hat kein Pronomen ebenso wie רֹאשׁ »[dein] Kopf« (V 43) oder בְּרִית »[mein] Bund« (V 59). Solch eine Auslassung ist typisch (vgl. z. B. 25,6). Daß G an all diesen Stellen ein Pronomen bezeugt, könnte eine Übersetzungstechnik darstellen, dürfte aber nicht auf eine andere Vorlage zurückgehen. (Ein Körperteil im Dual mit Suffix wird einem einzelnen Körperteil ohne Suffix in Klgl 21,15; 3,41 gegenübergestellt.)

Du warst völlig nackt. Wörtl. »du [warst] Nacktheit und Blöße«. Zur appositionellen Verwendung von Substantiven als Prädikatsnomen s. *S. R. Driver* ebd. §189 (2) (wo אַל תְּהִי מֶרִי in 2,8 ebenfalls diskutiert wird).

Alter der Liebe. דּוֹדִים meint speziell die sexuelle Liebe (Ez 23,17; vgl. Spr V 8 7,16; Hld 4,10; 7,13).

Das Bedecken einer Frau mit einem Kleidungsstück drückt eine Inbesitznahme aus (Rut 3,9). Vgl. mPe'a 4,3: »Wenn ein armer Mann sich auf den [Ertrag der Ernte] wirft und seinen Mantel darüberwirft, [um ihn in Besitz zu nehmen,] wird er von dort entfernt.« Im alten Arabien symbolisierte das Werfen eines Kleidungsstückes über eine Frau ebenfalls die Inbesitznahme (*A. Guillaume*, The Life of Muhammad. A Translation of Ibn Isḥāq's *sīrat rasūl allāh*, London 1955, 515; vgl. *J. Wellhausen*, Zwei Rechtsriten bei den Hebräern: Archiv für Religionswissenschaft 7, 1904, 40 f.; eine Entsprechung aus heutiger Zeit findet sich bei *H. Granqvist*, Marriage Conditions in a Palestinian Village, II, Helsingfors 1935, 81, Anm. 3). Da es so verstanden wird, daß die Frau fortan für alle mit Ausnahme ihres Ehemanns verhüllt ist, kann in Dtn 23,1 das Verbot der Beziehung zur Stiefmutter als »Aufdecken des Saums des Vatergewandes« bezeichnet werden (s. Ehrlich; s. ebenfalls *R. Patai*, Sex and Family in the Bible and the Middle East, New York 1959, 197 f.).

Ich verpflichtete mich dir gegenüber. Dies bezieht sich auf JHWHs Versprechen, Israels Gott zu sein, das in 20,5 erwähnt wird (»Ich schwöre ihnen feierlich, indem ich sprach: Ich, JHWH, bin euer Gott« – zugleich eine Aufnahme von Ex 6,1–8, bes. V 7). Es handelt sich hierbei um eine andere Weise, die göttliche Seite der doppelseitigen Verpflichtung des Satzes »Ihr werdet mein Volk sein, und ich werde euer Gott sein« auszudrücken (s. die

Gesamtauslegung von Ez 14). Die menschliche Seite dieses Satzes wird hier am Ende des Verses durch die Aussage »und du wurdest mein« ausgedrückt. Durch den Gebrauch der Ehemetapher stellt unser Abschnitt das Aufrichten des Bundes in seinen ursprünglichen Zusammenhang, nämlich die feierlichen Worte, die eine Heirat oder Adoption bestätigen. S. z.B. die Heiratserklärung des Ehemanns aus Elephantine: »Sie ist meine Frau, und ich bin ihr Mann«, diskutiert von *R. Yaron*, Introduction to the Law of the Aramaic Papyri, Oxford 1961, 46 f. (und vgl. die Rekonstruktion der israelitischen Formulare bei *M. A. Friedman*, Israel's Response in Hosea 2:17b: ›You Are My Husband‹ [Hebräisch]: Bar-Ilan Annual 16–17, 1979, 32–36.129 f., englische Zusammenfassung). Nur in Ezechiel wird diese Erklärung als Schwur bezeichnet. Als Begründung hierfür nahm man an, daß Heirat im alten Israel als wechselseitiger »Bund« verstanden wurde, bei der jede Seite der anderen Treue schwor, weshalb Israels Bund mit Gott mit Begriffen eines solchen wechselseitigen Heiratsschwurs beschrieben werden konnte. Die beiden Texte, auf denen diese Theorie basiert (Mal 2,14; Spr 2,17), können aber auch anders interpretiert werden (*J. Milgrom*, Cult and Conscience 1955, 133 f.). Es gibt in der Tat keine Stelle, an der Heirat explizit als Bund bezeichnet und dem Ehemann ein Schwur auferlegt wird. Den Ursprung des Schwurbildes hier – und in der Parallele 20,5 – dürfte eher eine Fusion des Schwurs Gottes an die Patriarchen, ihnen das Land Kanaan zu geben (z.B. Gen 26,3; Dtn 1,8 etc.), mit der feierlichen Erklärung der wechselseitigen Verpflichtung, die mit dem Exodus und mit dem Bund mit dem Volk verbunden ist (in der priester(schrift)lichen Literatur und im Deuteronomium), darstellen. Diese Fusion zeigt sich deutlich in 20,6, wo das »Erheben der Hand« (als Schwur) mit der Landzusage an das Volk in Ägypten (s. die Einzelanalyse) verbunden wird. Ezechiel ignoriert die Patriarchentradition in seinen Geschichtsüberblicken (s. die Gesamtauslegung), aber das Konzept eines göttlichen Schwurs an Israel als Bestandteil des Bundes mit dem Volk verrät, daß er diese Tradition kannte. In der Schwur- und Bundesterminologie, die nicht in den Bereich der Heiratsmetapher gehören, beeinflußt die Realität die Ausformung der Metapher.

V 9   *Wusch ich dich.* Der Frau wird nun alle Sorge zuteil, die ihr fehlte, als sie geboren wurde, und noch vieles mehr. Die ersten drei Handlungen – Waschen, Salben, Bekleiden – stehen in Parallele zu den Unterlassungen am Ende von V 4 (»Abreiben mit Salz« schließt Öl mit ein). Das abgespülte Blut meint im teleskopischen Blick der Allegorie ihr Geburtsblut, das immer noch an ihr klebte. Einige Kommentatoren des Mittelalters (Ibn Caspi, Abarbanel) und die Forschung, die in V 7 zu עדיים emendiert, verstehen es als Menstruationsblut.

V 10–12   Stickerei zeichnet die Kleidung einer Prinzessin aus (Ps 45,15) und dient als Beute für edle Frauen (Ri 5,30). Ein großer Teil der Decken des Zeltheiligtums bestand aus solcher Arbeit (Ex 26,36; 27,16; 28,39 u.ö.). תחש, woraus die Schuhe des Findlings gemacht sind (und die Decke des Wüstenheiligtums Ex 26,14; Num 4,6), scheint verwandt zu sein mit akk. *dušu (*tuḫšia)* »Ziegen- / Schafleder [färbte und gerbte die Farbe des *dušu*-Steins]«, woraus Luxusschuhe und -sandalen hergestellt wurden (CAD; auf die Verbindung mit תחש wies mich freundlicherweise H. Tadmor hin). Diese Ableitung dürfte Bodenheimers Parallelisierung mit arab. *daḫs* »Delphin« (oder Seekuh, IDB Art. »Fauna«, 252) vorzuziehen sein. Das Verb חבש dient gewöhnlich der Bezeichnung einer umgebundenen Kopfbedeckung (Ez 24,17) – in Ex 29,9 der Turban der Priester, der ebenfalls aus Leinen besteht (Ex 39,28). Das Wort משי wird traditionell mit »Seide« übersetzt, spätestens seit dem Karaiten David Ben Abraham Alfasi des 7. Jhs. u. Z. (ebenfalls Ibn Janach), aber es ist (a) zweifelhaft, ob Seide in Westasien im 6. Jh. v. u. Z. bekannt war. Die älteste Erwähnung von Seide im Westen findet sich bei Aristoteles (4. Jh. v. u. Z.), nämlich eine Sorte, die auf der ägäischen Insel Kos hergestellt wurde (*G. Sarton*, A History of Science I, Cambridge 1952, 336). (b) G S übersetzen mit »[feiner] Schleier [aus Haar]« (»mit dem Frauen ihre Gesichter verhüllten, so daß sie sehen konnten, ohne gesehen zu werden« [Bar Hebraeus]). Neben der üblichen Ableitung von ägypt. *msy*, das ein Kleidungsstück bezeichnet, verwies *C. Rabin*, FS Segal, Jerusalem 1964, 172, als Alternative auf heth. *maššia* »Schleier, Schal«. Ketten und ein Ring werden in Gen 24,22 als Brautgeschenke erwähnt. Eine goldene Halskette schmückt Josef als stellvertretenden Regenten (Gen 41,42).

Die »prächtige Krone« (in Jes 62,3 | »königlicher Turban«) weist darauf hin, daß es sich bei der Frau um eine Königin handelt, und zwar, wie V 13 zeigt, eine wirkliche und nicht eine rituelle (als seien Bräute Königinnen [*R. Patai* ebd. 1959, 66]; zur Widerlegung der Theorie, daß im alten Israel Braut und Bräutigam während der Hochzeitswoche als »König und Königin« galten, s. *M. Pope*, Song of Songs [AncB], Garden City 1977, 141–144). In der Forschung wird dieses Schmücken meist als Ausstattung der Braut verstanden (vgl. *H. Granqvist*, ebd. 44, als Vergleich), aber da die Hochzeit bereits stattgefunden hat (V 8b), ist es wahrscheinlicher, daß hiermit die Kleidung gemeint ist, mit der der königliche Ehemann seine Frau für das Leben ausstattete (s. die Gesamtauslegung).

Mehl, Honig und Öl sind die Bestandteile »meiner Speise« in V 19. Vgl.   **V 13** Ex 16,31, wo der Geschmack des Manna mit »in Honig gebackenen Waffeln« verglichen wird (Num 11,8: »Ölcreme«); auch die ungesäuerten Kuchen des Speiseopfers bestehen aus »feinem Mehl ... durchtränkt mit Öl« (da Honig gesäuert war, war er bei Opfern verboten, Lev 2,4.11).

bereit, eine Königin zu sein. Wörtl. »bereit für das Königtum« (מלוכה). Daß Schönheit zum Königtum befähigt, ist allgemein bekannt: Ps 45,3 (mit Bezug auf den König): »du bist der schönste der Männer« (vgl. Jes 33,17) und als Archetyp David (1 Sam 16,12.18; 17,42) und sein Sohn Abschalom, dem das Volk folgte (2 Sam 14,25). Für die spätere jüdische Literatur s.

S. *Leiter,* Worthiness, Acclamation and Appointment. Some Rabbinic Terms, Proceedings of the American Academy for Jewish Research 41–42, 1973–74, 137 f. Dieser Satz bildet eine Klimax (Cooke) und ist assonant zum Ende von 15,4, wörtl. »ist es bereit für Arbeit« (מלכה), umso mehr ein Grund, ihn nicht zu streichen, nur weil er in G fehlt.

V 14   »Schönheit« (יפי), »vollendet« (כליל), »Glanz« (הדר) erscheinen zusammen noch in 27,3.4.10 in der Klage über Tyrus.

V 15   Die Abfolge »du vertrautest auf (ב) deine Schönheit, und du hurtest zu (על) deinem Ruhm« begegnet ganz ähnlich noch in 28,17: »dein Herz war hochmütig wegen (ב) deiner Schönheit. Du vernichtetest deine Weisheit bei (על) deinem Glanz.« Jedesmal beschreibt der erste Satz die Geisteshaltung, die dem Bösen des zweiten Satzes den Weg bereitete, das als Folge von Ruhm und Glanz begangen wurde.

deine Hurerei. Die Suffixe dieses Nomens wechseln unregelmäßig zwischen Singular (תך V 26.29) und Plural (תיך V 15.20.22.25.34.36), als ob die Endung ות des Abstraktnomens der feminine Plural ות wäre (Ges-K §91 l; *P. Joüon* ebd. §94 j).

iIhm wurde sie zuteil! Nämlich deine Hurerei. Ein Ausruf des Ekels, der als Gegensatz zum »du wurdest mein« am Ende von V 8 formuliert ist, dem ersten von drei solchen Ausrufen; s. V 16.19. Die Jussive stehen anstelle des Imperfekts (Ges-K §109 k; *P. Joüon* ebd. §114 l). Die Verbindung eines Verbs im Maskulinum mit einem femininen Subjekt begegnet öfters in Verbindung mit היה ל (*P. Joüon* ebd. §150 k.l). Die Versionen weichen stark voneinander ab, was auf textkritische oder exegetische Unsicherheit zurückgehen könnte: In G S fehlt der Ausdruck; T gleicht an das Ende von V 16 an und übersetzt לא als Verneinung; eine Lesart des Origenes »du warst sein« (als stünde תהי) verstärkt den Gegensatz zum Ende von V 8.

V 16   Vgl. mit diesem und dem folgenden Vers die Schmeichelei der Ehebrecherin in Spr 7,16: »Ich habe mein Lager mit Decken bedeckt, / mit gestreiften Tüchern aus ägyptischem Garn. / Ich habe mein Bett parfümiert mit Myrrhe, Aloe und Zimt.« In unserem Vers ersetzen Höhen (במות)(wo man fremden Göttern opferte, 2 Kön 21,3) das Bett, wodurch mit Blick auf Jes 57,7 die Bezugsgröße wieder hineinkommt. Gewöhnlich werden sowohl diese als auch die Jesaja-Stelle als Anspielung auf die Tempelprostitution verstanden. *O. Eissfeldt,* der alle Begriffe für »Höhe« in unserem Abschnitt als das aufgestellte Bett, auf dem dieser Ritus vollzogen wurde, interpretiert, meint, daß »Hurerei« eine doppelte Bedeutung habe (Prostitution im Fremdgötterkult: JPOS 16, 1939, 286–292 = Kleine Schriften II, 101–106).

Solche Dinge wird es nie wieder geben! Wörtl. »Nicht-kommende Dinge, und es wird nicht geschehen!« Ein schwer zu verstehender Ausdruck, vielleicht eine feste Redewendung. Die Versionen bezeugen den Konsonantenbestand von M, interpretieren ihn aber auf verschiedene Weise.

V 17   Zur Verwandlung von Edelmetall in Götzen s. 7,20. Der spezifische Sinn dieser Anklage läßt sich nur schwer ermitteln: Ist in die Verehrung eines jeden Bildes die einer weiblichen Aschera eingeschlossen, die nur aufgrund der verwendeten Metapher »männlich« ist (ebenso wie unten die Verbündeten »männlich« und die Feinde »weiblich« sind), oder aber wird allein auf die Verehrung männlicher Götter Bezug genommen (z. B. Baal) oder auf »Phalloi, die zum kanaanäischen Fruchtbarkeitskult gehörten« (Ehrlich u. a.), auf die vermutlich auch in Jes 57,8 angespielt wird?

In Mesopotamien und Ägypten finden sich Beispiele für eine rituelle Bekleidung des Kultbilds und die Darbringung täglicher Opfer, u. a. Honig, Weihrauch und Öl (*B. Meissner*, Babylonien und Assyrien II, Heidelberg 1925, 85 ff.; *J. Černý*, Ancient Egyptian Religion, London 1952, 101 f.). Solche Anspielungen auf einen Götzendienst Israels finden sich in der Bibel allein hier. **V 18**

»Meine Speise, die ich dir gab« wird durch einen appositionellen Relativsatz (ohne אֲשֶׁר) erläutert (da vorher die »Speise« nicht erwähnt wurde): »[das] Mehl … [womit] ich dich genährt habe« (so ebenfalls Vul). Das Ganze bildet einen casus pendens, und der folgende Satz, sein Prädikat, wird eingeleitet durch וְ »du stelltest« usw. (*S. R. Driver* ebd. §123). **V 19**

Vgl. Jer 3,24: »Die Schande (= Baal) hat den Besitz unserer Väter seit unserer Jugend gefressen – ihr Vieh und ihre Herden, ihre Söhne und Töchter.« Auf Kinderopfer im Hinnomtal wird in Jer 7,31; 19,5 Bezug genommen (»ihre Söhne und Töchter im Feuer verbrennen«); 32,35 (»ihre Söhne und Töchter dem Moloch überantworten [wörtl. vorübergehen lassen]«). Es handelt sich um eine der Praktiken, die Joschija bei seiner Reform abschaffte (2 Kön 23,10: »er verunreinigte das Tofet, das im Hinnomtal war, so daß niemand seinen Sohn und seine Tochter durch das Feuer dem Moloch überantworten konnte«). Ezechiel verwendet das volle »dem Feuer überantworten« (הַבְעִיר בָּאֵשׁ) in 20,31. Hier wird das abgekürzte »überantwortet« hinreichend definiert durch »schlachten [ihnen als Speise]« in V 20f. (s. 23,37 »ihnen ihre Söhne als Speise … auszuliefern«). Den Königen Ahas (2 Kön 16,7) und Manasse (2 Chr 33,6) wird diese Praxis zugeschrieben, und 2 Kön 17,17 schreibt auch dem Nordreich für das vorhergehende Jahrhundert diese Praxis zu. Egal ob an anderen Stellen »durch das Feuer hindurchgehen lassen« eine Weihe meint oder nicht (so *M. Cogan*, Imperialism and Religion 1974, 77.83; *M. Weinfeld*, The Worship of Molech and of the Queen of Heaven and Its Background: UF 4, 1972, 133–154; 10, 1978, 411–413 – gegen die Kritik von *M. Smith*, A Note on Burning Babies: JAOS 95, 1975, 477 ff.), in Ezechiel und Jeremia sind Kinderopfer gemeint (zu Belegen für diese Praxis s. *A. Green*, The Role of Human Sacrifice in the Ancient Near East, Missoula 1975). Jeremia leugnet (an den oben genannten Stellen) vehement, daß JHWH solche jemals befohlen habe. Daraus kann geschlossen werden, daß es sich um einen Teil des JHWH-Kultes handelte (*G. B. Gray*, Sacrifice in the Old Testament, Oxford 1925, 87 f.; vgl. Greens entstellende Diskussion, 173– **V 20–21**

179). Indem Jeremia den Empfänger dieses Opfers als »Baal« oder »Moloch« brandmarkt, leugnet er deren Legitimität im JHWH-Kult.

Eliezer von Beaugency und Ehrlich vermuteten, daß die letzten zwei Worte von V 20 mit dem Folgenden zu verbinden seien.

V 22 Das abschließende הָיִית ähnelt dem Versende הָיוּ in 22,18. G »du lebtest (חִית)« – ohne Zweifel eine Aufnahme von בְּדָמַיִךְ חֲיִי in V 6b – überfüllt den Satz mit einer Bezugnahme auf Gottes Retterhandeln, während M darauf abzielt, die gefährliche, blutige Situation der Frau vor Gottes Eingreifen herbeizurufen (V 6a).

V 23 *Nach all deinem Bösen – wehe, wehe dir!* ... Anstatt aufzuhören und umzukehren, bautest du ... (V 24). Vgl. Jer 3,7: »Ich dachte, nachdem sie all diese Dinge getan hatte, würde sie zu mir zurückkehren. Aber sie kehrte nicht zurück.«

V 24 *Podium* (גַּב) ... *Höhe* (רָמָה). Diese Begriffe werden gemeinhin als Synonyme für »Höhe« (בָּמָה V 16) verstanden, die die lasziven Riten, auf die im Kommentar zu V 16 angespielt wurde, konnotieren (*P. H. Vaughan*, The Meaning of »BÂMÂ« in the Old Testament, London / New York 1974, 29 ff.). In diesem Fall würde die Referenz wieder die Ausformung der Metapher beeinflussen. Aber G übersetzt den ersten Begriff durchgängig mit »Bordell« im Anschluß an die קֻבָּה von Num 25,8 und das nachbiblische Hebräisch (zur Verwandtschaft der Wurzeln (ב)גב, (ב)קב etc. s. *H. L. Fleischer*, in: J. Lewy, Chaldäisches Wörterbuch über die Targum ... I, Leipzig 1881, 421a), wohingegen sie beim zweiten Begriff wechselt zwischen »öffentliche Bekanntmachung« (V 24), »Bordell« (V 25) und »Postament« (V 31). Herrmann macht den attraktiven Vorschlag, daß רָמָה sowohl den Platz einer Hure als auch Stand bedeuten kann. Die Expansion dieser Einrichtungen erinnert an die Anklage des Ahas, daß er fremden Göttern Altäre »an jeder Ecke Jerusalems« (2 Chr 28,24) errichte.

V 25 *indem du ... öffnetest.* Die seltene Wurzel פֹּשֵׂק ist nur einmal im Qal belegt (Spr 13,3 »er öffnet seine Lippen« von einer wortgewandten Person) und noch einmal hier im frequentativen Piʿel. Gemeint ist das Öffnen von etwas, das gewöhnlich geschlossen ist. Im nachbiblischen Hebräisch und Aramäisch ist das Wort meist in der Bedeutung »trennen, schneiden« belegt.

V 26–29 Hurerei als Metapher für Bündnisse mit Fremdvölkern wird in der Gesamtauslegung diskutiert. Die Völker werden in der Reihenfolge aufgelistet, in der Israel mit ihnen Kontakt hatte. Erwähnt werden Verbündete (männlich) und Feinde (weiblich) von Juda-Jerusalem. Die Verbindung mit Ägypten (s. nächstes Kapitel) wird in 20,7 f.; 23,3 auf Israels Anfänge zurückgeführt (ihre kultische Untreue wird auf den Kontakt mit Ägypten zurückgeführt). Seit der Zeit der Assyrer haben sich Israel und Juda immer wieder an Ägypten um Hilfe gegen die mesopotamische Weltmacht gewandt: König Hosea von Israel (2 Kön 17,4; »So« = Sasis [*H. Geodicke*, The End of So [Sô'], King of Egypt: BASOR 171, 1963, 66]) und die judäischen Könige Hiskija (Jes 20; 30,1–15; 31,1 ff.; ANET, 287 d), vermutlich Jojakim (2 Kön 24,7; vgl. *A. Šanda*, Exegetisches Handbuch zum AT, Münster 1912) und Zidkija (Ez 17). Die Philister, Israels alte Rivalen in der Frage der Kontrolle über das Land (Samson, Saul, Davidsgeschichten), setzten den Judäern auch in der Zeit der Assyrer zu (IDB, Art. »Philistines«, 793 f.). Ahas litt unter ihnen (2 Chr 28,18), und Hiskijas Königreich wurde durch den siegreichen Sanherib, der den Aufstand in Palästina am Ende des 8. Jhs. niederschlug, zu ihren Gunsten verkleinert: Sanherib übereignete den treuen philistäischen Städten Aschdod, Ekron und Gaza (= »philistäische Frauen«) das angrenzende judäische Territorium; ANET 288 a. Diese territoriale Beschneidung Judas dürfte der spezifische Hintergrund der Anspielung in V 27 sein (so *O. Eissfeldt*, Ezechiel als Zeuge 1931, 58–66 [= Kleine Schriften I, 239–246]).

Judas »Affäre« mit den Assyrern begann, als Ahas ein »Geschenk« (שׁחד, vgl. שׁחד in V 33) und ein Vasallenangebot an Tiglat-Pileser III. sandte, um Hilfe gegen israelitisch-aramäische Attacken zu erlangen (2 Kön 16,7 ff.; Jes 7,8). Das gesamte folgende Jahrhundert blieb Juda ein assyrischer Vasall mit dem Zwischenspiel eines Aufstands unter Hiskija.

Judas letzter »Liebhaber« war das »Händlerland« Babylonien (»Kanaan« = Händler mit Bezug auf den Handel der Phönizier [= Kanaanäer; Gen 10,15]; s. Hos 12,8; Zef 1,1; Sach 14,21; Spr 31,24 und *M. Astour*, The Origin of the Terms »Canaan«, »Phoenician«, and »Purple«: JNES 24, 1965, 346 ff.; in Ez 17,4 trägt Babylon den Beinamen »Stadt der Händler«). Hiskija leitete die Beziehungen ein, als er die Gesandten des babylonischen Aufständischen Merodach-Baladan gegen die Assyrer empfing (2 Kön 20,12 ff.), offensichtlich um selbst von seinem Oberherrn abzufallen. Joschija hat vermutlich seine antiägyptische Politik, die zu seinem Tod bei Megiddo führte, mit Babylon und den Medern, die die Assyrer bezwungen hatten (2 Kön 23,29; Josephus, Ant 10.5.1), koordiniert. Daraufhin unterwarf Nebukadnezzar das gesamte westliche Asien inklusive Juda. Es handelte sich also um eine Tatsache, daß die Beziehungen Israels und Judas zu den drei Großreichen der Region allesamt mit Bündnissen einhergingen, die man in der Hoffnung auf politische und militärische Sicherheit einging. Jesaja ging Ezechiel voraus, wenn er Bündnissen mit ebenjenen drei Völkern entgegentrat.

mit dem großen Glied. בשׂר »Fleisch« ist ein Euphemismus für den Penis V 26
in Gen 17,13; Lev 15,2 ff. (Priesterschrift).

Willen. Oder »Verlangen, Gier« (vgl. Ex 15,9), abgeleitet von der konkre- V 27
ten Bedeutung »Kehle« von נפשׁ, z. B. Jes 5,14 (»Scheol hat ihre נפשׁ aufgerissen / hat weit ihr Maul geöffnet«). Unser Ausdruck ist lebendiger als das נתן ביד »jemanden in die Hand [der Macht] von ... ausliefern«, womit S T übersetzen. Er konnotiert die Begierde der Philister, ihre Opfer zu »verschlingen« (vgl. Ps 27,12; 41,3).

ob deines verdorbenen Weges. Die ungewöhnliche Positionierung des Suffixes am ersten Wort einer Konstruktusverbindung erscheint noch in 18,7 und 24,13. Das gleiche findet sich in Num 25,12 »meinen Bund des Wohlergehens« als Kontrast zur gewöhnlichen Konstruktion des Ausdrucks in Jes 54,10 (s. *E. König,* Lehrgebäude III 1895–1897, § 277).

זמה »Verdorbenheit« (wörtl. »böse Absicht«) umfaßt Mord (Hos 6,9), insbesondere jedoch Unkeuschheit (Lev 18,7; Ri 20,6; Jer 13,27). In 16,43.58 und in 23,27.29.35 dient der Ausdruck als verschärfendes Synonym von תועבה und תזנות.

V 28 *hurtest mit ihnen.* זנה wird mit direktem Objekt konstruiert in Jer 3,1; Jes 23,17 f.

V 30 *Wie heiß deine Glut ist.* Im Anschluß an den mittelalterlichen karaitischen Dichter, den *F. Stummer,* אמלה (Ez XVI 30A): VT 4, 1954, 34–40, zitiert, der unseren Ausdruck in der Zeile »אמולה לבתי« wie brennendes Feuer« verwendet. Stummer übersetzt »fieberheiß ist mein Herz« und zitiert Zorells Vergleich des hebräischen אמל mit arabisch *mll* »heiß sein«. Aber bei לבה scheint es sich um eine Verschmelzung von לבה »Flamme« (Ex 3,2) und לב »Herz« zu handeln. Daher übersetzt man besser mit »Glut«. Aramäisch מלי א / לבת »voll sein mit Zorn gegen« ist in den Elephantine-Papyri (*A. Cowley,* Aramaic Papyri of the Fifth Century B.C., Oxford 1923, Nr. 37.11; 41.4) und einem Ostrakon aus Assur belegt (KAI 233,19). Offensichtlich handelt es sich um ein Lehnwort aus dem Akkadischen (*S. H. Kaufman,* The Akkadian Influences on Aramaic, Chicago / London 1974, 66). Unser אמלה לבתך wurde daher folgendermaßen interpretiert: »wie voll bin ich mit Zorn gegen dich« (*B. Porten,* Archives from Elephantine, Berkeley / Los Angeles 1968, 269, Anm. 12). An M kann festgehalten werden durch Verdoppelung des ל in אמאלה (Pu'al).

Zur Vokalisation schwacher Schlußlaute s. Ges-K § 75 pp; *P. Joüon* ebd. § 78 g.

halsstarrigen (שלטת). Wörtl. »herrschend«, d.h. die tut, was ihr gefällt, die sich niemandem unterwirft (Kara). *J. C. Greenfield,* Biblical Passages 1982, nimmt eine Bedeutung »eine Frau, die autorisiert ist, nach Belieben zu verfügen« über den Besitz, der ihr von ihrem Mann übereignet wurde, an. Dies basiert auf der Bedeutung von שׁל(י)ט ב im Elephantine-Aramäisch (*Y. Muffs,* Studies in the Aramaic Legal Papyri from Elephantine, Leiden 1969; s. Index unter שלט, 231).

Der Vorschlag würde an Gewicht gewinnen, wenn sich zeigen ließe, daß sich שלטת eher auf die folgenden als auf die vorhergehenden Handlungen der Hure bezieht. Wie andere Derivate von שלט, derer es viele im späten biblischen Hebräisch gibt, handelt es sich bei שלטת vermutlich um einen Aramaismus, einer Wiederbelebung eines alten Sprachgebrauchs (Gen 42,6) unter aramäischem Einfluß (aramäisch שלט = vorexilisch hebräisch משל; vgl. *M. Wagner,* Aramaismen 1966, 306–309).

Zum Pluralsuffix in בבנותיך s. die Einzelanalyse zu 6,8 »wenn du zer- V 31
streut wirst«.

weil du Bezahlung verachtet hast. Trotz der Einwände von B-Y 5961b,
Anm. 5, ist diese Interpretation gerechtfertigt. Der Infinitiv mit ל expliziert
oftmals ein vorhergehendes Verb im Stil eines Gerundiums; Ges-K §114 o;
P. Joüon ebd. §124 o; z.B.: »Sie ließen die ganze Gemeinde gegen ihn mur-
ren, להוציא indem sie [ihre] Verleumdungen über das Land verbreiteten«
(Num 14,36); »er offenbarte seine machtvollen Taten seinem Volk, לתת indem er ihnen das Erbe der Völker gab« (Ps 111,6). Hier wird »du warst nicht
wie [jede andere] Hure« erläutert durch לקלס »in [deiner] Verachtung«.
Was die Ausleger verwirrte, war die ungewöhnliche positive Erläuterung
eines negativen Verbs (לא היה) durch den Infinitiv. Die Versionen deuten
fälschlicherweise »jede andere Hure« als Subjekt des Infinitivs und mißver-
stehen auf je verschiedene Weise das לקלס (obwohl sie יתקלסו in 22,5 korrekt übersetzen): G S »wie eine Hure, die Lohn sammelt [לשקט?]«; Vul »wie
eine Hure, indem sie einen höheren Preis verschmäht«; T »die aus Lohn
Gewinn zieht«.

O ehebrecherische Frau (für *Frau* vgl. Spr 30,20). Das Pi'el von נאף er- V 32
scheint noch in 23,27 sowie gehäuft in Jeremia und Hosea, den literarischen
Vorläufern Ezechiels in so vielen Dingen.

obwohl sie mit … verheiratet ist. תחת bedeutet »unter der Kontrolle, Autorität von [einem Ehemann]« in 23,5 und Num 5,19f.19 (Priesterschrift).

Fremde nimmt. Mit Bezug auf diese Frau meint »nehmen« nicht einfach
»empfangen«, sondern »sich beschaffen« (s. den nächsten Vers). זרים »Fremde« meint zunächst Männer außerhalb des Ehebunds (vgl. die Verwendung
in der identischen Metapher in Jer 2,25; 3,13; s. das feminine זרה in Spr
2,16; 5,3 u.ö. und זרים von Bastarden in Hos 5,7). Der Unterton fremder
Völker (Ez 7,21; 11,9; Klgl 5,2) und fremder Götter (Dtn 32,16, wo es parallel zu »Greuel« steht) schwingt dabei mit. In einem Wort wird so die ganze
Bandbreite von Treubrüchen, auf die in unserem Abschnitt angespielt wird,
umfaßt. Für das ungewöhnliche את mit indeterminierten Nomen s. 43,10
und Ges-K §117 c.d; *E. König* ebd. §288 g–h.

Diese Interpretation des M (vgl. Raschi) erklärt die Anrede in der zweiten
Person und versteht תחת so wie die Parallele in 23,5. Die sich daraus ergebende Spannung zwischen der implizierten zweiten Person des Vokativs und
dem Verb in der dritten Person (תקח »sie nimmt«) ist ungewöhnlich, aber
nicht ohne Parallele (Jes 22,16; 47,8a; 54,1 [allerdings findet sich bei keiner
dieser Stellen ein Vokativ, der aus einem determinierten Nominalsatz besteht wie hier]; s. *E. König* ebd. §344 l). So erwachen Zweifel, ob M zuverlässig ist. G behält die Anrede durch Einschub eines erläuternden »wie du«
bei. Sie stolpert über תחת (»von«), liest aber am Ende des Verses אתנים. Die
Vorlage von G dürfte gelautet haben: »Die Frau, die Ehebruch begeht, während sie mit ihrem Ehemann verheiratet ist, nimmt Lohn.« Es dürfte sich

um eine Variante zu V 33a handeln. Gab es also in V 33b eine Lesart אתניך anstatt des heutigen נדניך? Ebenso wie V 33a in der dritten Person formuliert ist, so auch diese hypothetische Vorlage, die eventuell damit verschmolzen wurde. Die Korruption von אתנם zu את זרים könnte durch ein Mißverständnis des תחת als »anstatt« ausgelöst worden sein (z. B. Num 3,12.45, wo Y תחת X לקח = »X anstelle von Y nehmen« bedeutet). In diesem Sinn interpretiert auch Kara unseren Abschnitt: »Du bist wie (vgl. G!) eine ehebrecherische Frau, die den Gatten ihrer Jugend verläßt und anstelle ihres Ehemannes Fremde nimmt.« Das oben erwähnte weite Bedeutungsspektrum von זרים sorgte durch den Erhalt dieser Lesart für eine Anreicherung des Textes.

V 33   Bei den Hapaxlegomena נדה und נדן »Geschenk« (G S T Vul übersetzen wie (ו)אתן in V 31.34) scheint es sich um morphologische Varianten wie אתנה und אתנן (Hos 2,14; 9,1) »Hurenlohn« zu handeln (Mosche ben Scheschet vergleicht auch עדי und עדנים »Schmuck«, 2 Sam 1,24). J. C. Greenfield vermutet zwei grundsätzlich verschiedene Worte: נדן von akkadisch *nidnu* »Geschenk«, insbesondere das Brautgeschenk des Ehemanns; נדה von palästinensisch-arabisch *ndy* »bringen, geben«. Der Sinn scheint klar: Alle Huren empfangen Geschenke, aber du gabst deine Aussteuer (meine Geschenke an dich) an all deine Geliebten. »Du bezahltest« übersetzt שחד mit dem verwandten שוחד »Bestechung« oder besser »Geschenk«, um jemanden zu etwas zu bringen, was er sonst nicht täte. In 2 Kön 16,8 wird das Verb in bezug auf internationale Beziehungen verwendet.

V 34   *Du hast das Gegenteil ... getan.* Wörtl. »in dir war das Gegenteil«, aber am Ende des Verses wird daraus »du wurdest das Gegenteil«, d. h. die Verkörperung des Gegensatzes.

bei deiner Hurerei ... Wir konstruieren diesen Satz entsprechend seiner eindeutigen Parallele im nächsten Teil des Verses: Hier wird תזנות als Verbalnomen verwendet, im nächsten Satz תת; זונה אחריך »deine Hurerei war gefragt« steht parallel zu נתן לך »wurde dir bezahlt«.

V 36   *Dein Saft vergossen wurde.* Gemeint ist das »Feuchtwerden« des weiblichen Genitals bei sexueller Erregung. נחשתך – die Übersetzung der Versionen mit »dein Kupfer« bezeugen den Konsonantenbestand – ist offensichtlich verwandt mit akk. *naḫšāti* »krankhafter genitaler Ausfluß [einer Frau]« von *nḫš* »überfließen« (M. Greenberg, NHŠTK 1977, 85 f.). Im Mittelalter vermutete man einen Zusammenhang mit dem enigmatischen Mischnabegriff נחוסתו שלתנור »der Boden eines Ofens«, was A. Geiger, Urschrift und Übersetzungen der Bibel, Frankfurt 1928, 391 ff., aufgriff. Mit Verweis auf T S emendierte Geiger das vorhergehende Wort zu הושפך und das folgende zu ותגלי, also zu: »du stelltest deinen Unterkörper zur Schau und entblößtest deine Nacktheit«. Die Forschung schließt sich dem weitestgehend an, aber die oben erwähnte Parallele aus dem Akkadischen ermöglicht es, den Text so zu interpretieren, wie er dasteht. (T »deine Vulva wurde zur Schau gestellt und deine Scham entblößt« in V 37 und 23,18 als Standardübersetzung für verschiedene ähnliche Ausdrücke ohne Rücksicht auf den exakten Wortlaut wiederholt; T kann daher nicht als Zeuge für eine Emendation unseres Textes herangezogen werden.) Vielleicht handelt es sich hier um den ältesten Beleg des Motivs der Hypersexualität in der erotischen Literatur.

wegen des Blutes. »Du wirst verurteilt zu einer Strafe gemäß (כְּאוֹתוֹ) deiner Sünde, Maß für Maß: Du hast deine Kinder nicht verschont ... so werde auch ich für meinen Teil dich nicht verschonen ...« (Kimchi), G und einige Hss von T: »im Blut«. So offenkundig auch Raschi (»in [für] der [/ die] Schuld des Blutes ...«). Aber es handelt sich dabei um eine leichtere Lesart, und Ezechiel bevorzugt כְּ bei Unheilsansagen: כִּדְרָכַיִךְ »entsprechend deiner Wege« (7,3.8f.; 24,14). Minchat Schay beobachtet einen Wechsel in den Manuskripten zwischen כְּ und בְּ, wobei die besseren כְּ bezeugen. Er zitiert Profiat Durans *Ma'ase epod*, Kap. 14 (Wien 1865, 82) für die gelegentliche Austauschbarkeit der Bedeutung zweier Präpositionen (z. B. Sach 2,10; Jer 18,17; Hos 7,12; bei allen Belegen bezeugen die Hss oder die Versionen verschiedene Varianten).

du so nett warst. M wird gestützt von G, die fälschlich übersetzt »vermischt« (von einer homonymen Wurzel). Die Forschung bevorzugt die Emendation zu עָגַבְתְּ »du warst begierig« mit 23,9 u. ö. Die folgende Erwähnung von »allen, die du gehaßt hast« spielt offensichtlich auf die Philister an (V 27), die tatsächlich später dafür verurteilt werden, daß sie an Juda Rache genommen haben (25,15). Vgl. 23,22.28, wo die »Gehaßten« die vorherigen Liebhaber sind.   V 37

deine Nacktheit zur Schau stellen ... sie werden ... starren. Die öffentliche Erniedrigung einer Hure durch nackte Zurschaustellung wird in Hos 2,12; Nah 3,5; Jer 13,22.26 erwähnt. Eine modifizierte Form begegnet in mSota 1,5 für eine des Ehebruchs Verdächtige vor ihrem Prozeß (wie hier). Das dort genannte Rationale – »sie stellte sich für die Sünde zur Schau, deshalb stellt Gott sie zur Schau« – paßt auch in unserem Fall, da diese Erniedrigung der Anklage von V 36 entspricht. Eine solche Enthüllung der Nacktheit bzw. Entkleidung ist vom Ausziehen der Ehebrecherin nach ihrer Verurteilung (V 39) zu unterscheiden.

zu einem blutbefleckten Gegenstand. Ähnlich 35,6: »Ich werde dich zu   V 38
Blut machen.« Ihr Ende ist wie ihr Anfang, »sich wälzend in ihrem Blut«. Zorn und Eifersucht (vgl. 5,13) zeichnen den betrogenen Ehemann aus. Vgl. Spr 6,34 »der Zorn (חֵמָה) des Ehemanns wird eifersüchtig sein (קִנְאָה)«.

Indem Gott die Frau ihren Gaffern (eingeschlossen ihren Liebhabern) zur   V 39
Bestrafung ausliefert, scheint erneut die Ausformung der Metapher durch die zugrundeliegende Realität beeinflußt zu sein (fremde Völker werden Juda verwüsten). Die finstere Drohung von Hos 2,5 – »damit ich sie nicht nackt ausziehe und sie zurücklasse wie am Tag ihrer Geburt« (man beachte, wie der Schluß von Ez 16,39 die Nacktheit der Frau, als sie noch ein Kind war, in V 7 aufnimmt) – spiegelt wahrscheinlich noch genauer wider, was

mit einer solchen Frau geschah: Ihr Ehemann (oder die männlichen Famili-
enmitglieder) setzten die Strafe fest, die den Rückzug aller Güter und aller
Geschenke ihres Ehemanns symbolisierte. Verträge aus Nuzi (15. Jh. v. u. Z.,
nördlicher Irak) legen fest, daß, wenn eine Frau sich von ihrem Mann schei-
den läßt, sie »nackt herausgehen wird«. Wenn sie ihn wegen eines anderen
Mannes verläßt, »sollen meine Söhne die Kleider meiner Frau abstreifen
und sie aus meinem Haus werfen« (*C. Gordon,* Hos 2, 4–5 in the Light of
New Semitic Inscriptions: ZAW 13, 1936, 277 ff.). Eine aramäische Beschwörung der »Scheidung« von der Dämonin Lilith lautet: »Nackt wirst
du weggeschickt, ohne Bekleidung« (*J. Montgomery,* Aramaic Incantation
Texts from Nippur, Philadelphia 1913, Nr. 17, 190). Tacitus berichtet, daß
die alten Germanen die Bestrafung einer Ehebrecherin dem Ehemann über-
ließen: »Er rasierte das Haar der Frau ab, zog sie in der Gegenwart ihrer
Angehörigen aus, verstieß sie aus seinem Haus und trieb sie durch das gesamte Dorf« (Germania 19).

V 40   Nachdem ihr der gesamte Besitz genommen wurde, wird sie hingerichtet
(Lev 20, 10) durch Steinigung (Dtn 22, 23 f.), einer öffentlichen Strafform,
die die Empörung der Gemeinschaft ausdrückte. Dann wird ihr Körper zer-
hackt (das Hapax בתק ist verwandt mit akkadisch *bataqu* »schneiden, ab-
trennen [von Gliedmaßen]« [CAD]). Diese Handlung ist ohne Beispiel und
erinnert an die alte englische Bestrafung für Hochverrat, die damit endete,
daß der Körper des Schuldigen geviertteilt wurde (*W. Blackstone,* Commentaries on the Laws of England IV, Boston 1962, 88).

Die Hinrichtung wird durch den קהל durchgeführt – ein Begriff, der die
Versammlung bewaffneter Truppen (17, 17; 26, 7; 32, 3.22 f.; 38, 4.7.13.15)
ebenso wie die Masse (27, 27.34) bezeichnet. In der Wiederholung der Allegorie in 23, 24 dient der Begriff der Bezeichnung der Versammlung von Völkern, die Jerusalem angreifen. Damit beeinflußt erneut die zugrundeliegende Realität mittels des Begriff קהל hier (und in der Parallele
23, 46 f.) die Ausformung der Metapher: Armeen werden Jerusalem über-
rennen (vgl. dagegen *J. Milgrom,* Priestly Teminology and the Political and
Social Structure of Pre-Monarchic Israel: JQR 69, 1978, 73, der in unserem
Abschnitt einen Beleg für die Ersetzung des vorexilischen עדה durch קהל in
nachexilischer Zeit als Bezeichnung der Institution sieht, die die Gerichts-
funktion ausübt [in Lev 24, 16 steinigt die עדה]).

V 41   *Sie werden deine Häuser mit Feuer verbrennen.* Ebenso 23, 47. Eine weitere Beeinflussung der Ausformung der Metapher durch die zugrundeliegende Wirklichkeit. Jeremia drohte Jerusalem dauernd ihre Einnahme
und ihre nachfolgende Verbrennung an (z. B. 32, 29; 34, 22; 37, 8; 38, 18).
Eine feste Formel der assyrischen Königsinschriften, die von einem erfolgreichen Feldzug gegen eine aufständische Stadt berichtet, lautet: »Ich zerstörte, riß und brannte die Stadt X nieder.« Dieses erwartete Schicksal holte
die Stadt ein. 2 Kön 25, 8 ff. berichtet, wie die Stadt nach ihrer Einnahme

systematisch niedergebrannt und zerstört wurde. Der Versuch von S, das Bild beizubehalten (s. o.), schlägt fehl, da die vorausgesetzte Lesart בתוך »inmitten von« anstelle von בתיך »deine Häuser« nicht dem Sprachgebrauch des Hebräischen entspricht. Man brennt nicht »in«, sondern »mit« (ב) Feuer.

vor den Augen vieler Frauen. »Frauen« = Völker (5,8). Die Welt wird geteilt in Jerusalems männliche »Liebhaber« (Verbündete) und alle anderen, die zumindest potentielle Rivalen oder Gegner und somit weiblich sind; vgl. die »philistäischen Frauen« in V 27.

Vgl. 5,13. Kein Trost, der hier am falschen Platz wäre, sondern der Hinweis, daß Gott nicht ruhen wird, bis er die letzte Strafe vollstreckt hat. **V 42**

mich nicht … gefürchtet hast. Die Negativ-Partikel zu Beginn des Verses **V 43** regiert auch das zweite Verb (Eliezer von Beaugency, Ehrlich; s. weiterhin zu 11,11). Aufgrund der Parallelität von רגז | פחד (Jer 33,9) kann unser Abschnitt mit ולא פחדתי אליך »du hast keine Furcht vor mir« (Jer 2,19) verglichen werden. Die Konstruktion רגז ל »zittern wegen« vergleicht Ehrlich mit Jes 14,9. G S T übersetzen transitiv »du erzürntest mich«, der gängigen Bedeutung des Hif'il, wozu der größte Teil der Forschung emendiert. בראש דרכך wörtl. »dein Weg auf [deinem] Kopf«, knüpft an בראש כל דרך, wörtl. »am Kopf eines jeden Weges«, in V 31 an: Die Strafe entspricht dem Verbrechen.

Wie die Mutter. Wörtl. »wie ihre Mutter«; das Fehlen des Mappiq beim ה **V 44** des Suffix ist vor den Begadkepat (Ges-K § 91 e; *P. Joüon* ebd. § 94 h) nicht ungewöhnlich; vgl. 24,6; 47,10.

Die Verdorbenheit der amoritischen und hethitischen Frauen wird vorausgesetzt: »Sie verschmähen ihre Ehemänner und begehen Ehebruch mit anderen Männern. Sie verschmähen ihre Kinder und schlachten sie für Moloch« (Eliezer von Beaugency). Vgl. Lev 18,27; 20,23 (wo ebenfalls spezifisch sexuelle Verfehlungen mit dem Molochkult in Verbindung gebracht werden). Da die Verdorbenheit der Tochter ihrer schlechten Abstammung zu verdanken ist, gleicht das Verhalten der Mutter ganz dem ihrigen (obwohl nirgends beschrieben wird, daß dem so ist). **V 45**

Die Schwester deiner Schwestern. אחות bezeichnet hier und in V 51.52. 55.61 den Plural. Dagegen begegnet die im nachbiblischen Hebräisch reguläre Form אחיות für den Plural nur in V 52. Die Suffixe von אחות (Plural) wechseln zwischen solchen, die gewöhnlich an Nomen im Singular angefügt werden (ך V 45.51 [*Ketiv*].52 [an אחיות!]) und solchen, die an Nomen im Plural angefügt werden (יך V 51 [*Qere*].55.61). S. *H. Bauer / P. Leander,* Grammatik 1922, § 28 s, q'; § 78 c für eine diachrone Erklärung.

Die Verse leiten ein neues Thema ein – Verdorbenheit von Geschwistern. Die Rede von der Schwesternschaft Samarias, deren Ähnlichkeit mit Jerusalem bezeugt ist (vgl. Hos 5; 2 Kön 17,19), ist gerechtfertigt. Die mit Sodom basiert jedoch nicht auf einer Ähnlichkeit hinsichtlich der Sünde, sondern in der legendären Schuld dieser Stadt, die um der Schmähung Willen eingeführt wird.

V 46   Samaria ist »groß« an Fläche, nicht aber in bezug auf ihr Alter. Jünger als Jerusalem, repräsentiert sie das Nordreich, das weitaus größer war als Juda (das Jerusalem repräsentiert). Sodom ist »klein« an Fläche, nicht aber in bezug auf ihr Alter, da sie zerstört wurde, bevor Juda überhaupt existierte. Städte (Dörfer) werden meist dann als »Töchter« bezeichnet, wenn sie dem Gebiet einer Hauptstadt eingegliedert sind (Ez 26,6 von Tyrus; 30,18 von Tachpanhes; oftmals in Städtelisten, z. B. Jos 15,45; Neh 11,25 ff.). »Links« = Norden und »rechts« = Süden in Richtung der aufgehenden Sonne.

V 47   *Bist du nicht.* ולוא wird wie in V 43.56 als rhetorische Frage verstanden. G S verstehen es als negativen Indikativ, der sich auch auf das folgende Verb bezieht: »Du folgtest nicht … noch hast du begangen« (*R. Weiss,* Double-Duty 1977, 89).

    Sehr schnell. Wörtl. »in einem kurzen Moment«. Temporales כמעט noch in Jes 1,9 »Wir wären bald wie Sodom geworden«; Ps 81,15 »Bald würde ich ihre Feinde beugen« (beide Stellen aufgeführt bei Ibn Janach. Zum Hapax קם existiert ein Äquivalent im Arabischen, das »nur, einzig« bedeutet und der Intensivierung des Adverbs (»bald«) dient. Zum Inhalt des Verses vgl. 5,5 ff., wo behauptet wird, daß Jerusalem schlechter sei als ihre Nachbarn.

V 49–50   Der sprichwörtliche Reichtum der Städte der Küstenebene (Gen 13,10 »wie der Garten JHWHs«) nährte in ihnen Stolz und Hartherzigkeit, weshalb sie Greuel begingen (Sodomie [vgl. Gen 19,5 f.] wird als תועבה bezeichnet in Lev 18,22; 20,13). Reichtum als Ursache von Schuld ist ein Thema des Deuteronomiums, z. B. 8,12; 32,15. Die Ausdrücke »Überdruß an Brot und sorgloser Ruhe« (bei dem letzteren handelt es sich um Synonyme in einer Konstruktusverbindung, *Y. Avishur,* Construct 1977, 163) bilden eine Apposition zu »Stolz« (גאון), dem Subjekt von היה, das sie explizieren. Vgl. Gen 15,12 אימה חשכה נפלת »eine furchtbare Dunkelheit fiel [Singular]«, wo »Dunkelheit« sowohl eine Begleiterscheinung als auch Bestandteil des vorher erwähnten »Schreckens« darstellt. Ehrlich vokalisiert einfach zum Konstruktus גְּאוֹן »Stolz von«. Man beachte, wie תגבהינה in der Form an תעשׂינה angeglichen wird (normal תגבהנה).

    Als ich sie sah. Offensichtlich eine Anspielung auf »Ich will jetzt hinabgehen und sehen …« (Gen 18,21; so Raschi). S übersetzt derart; G »so wie ich sah«. Offensichtlich »als ich sie gesund sah« (so Kimchis erste Auslegung). Einige Handschriften und Manuskripte von G lesen »wie du sahst« und nehmen so die Anspielung auf Sodom als Musterbeispiel für Jerusalem (V 56) weiter unten vorweg. Auf seine Weise verwendet auch Jer 3,7 f. das Motiv, demzufolge Jerusalem die Bestrafung ihrer Schwester beobachtet – allerdings vergebens.

V 51–52   Vgl. hierzu Jer 3,11: »Das abtrünnige Israel hat sich als gerechter erwiesen als das treulose Juda.« Bezeichnenderweise führt Ezechiel den Gedanken ins Extreme: Jerusalem ist hier das aktive Subjekt. Sie soll gedemütigt werden, weil sie »ihre Schwestern gerechter [aussehen] ließ als sie«, weil sie in

der Tat (unabsichtlich) für sie eintrat (פללה), weil sie, schlußendlich, sie tröstete (s. V 54)! צדקתך ist Infinitiv constructus femininum von צדק (gebildet
wie יסרה Lev 26,18).

Weil Jerusalem sich tiefer als ihre Schwestern erniedrigt hat, muß der   V 53–55
Entschluß Gottes, ihr zu vergeben und sie wieder herzustellen, um der Gerechtigkeit willen auch ihre Schwestern einschließen. Aber da sie sich ihrer
Überlegenheit rühmte (s. V 56 f.), muß es für sie erniedrigend sein, mit
ihnen auf eine Stufe gestellt zu werden. Da weiterhin die Fälle ihrer Schwestern besser sind als ihrer, hat deren Wiederherstellung Vorrang (vgl. die
Reihenfolge in V 53.55), so daß ihre Wiederherstellung daneben nebensäch-
lich (»unter ihnen«) wirkt. Jerusalems Stolz wird durch und durch gebrochen. *A. Soggin* diskutiert den Ausdruck שבות / שבית שוב umsichtig in
THAT 2, 886 ff. »Schicksal wiederherstellen« (beide Worte stammen von
שוב) eher als »aus der Gefangenschaft zurückkehren« (das zweite Wort von
שבי) wird angezeigt durch Ijob 42,10 und die Parallele im Aramäischen: »die
Götter stellten das Schicksal meiner Dynastie wieder her (השבו שיבת)« (Sefire Inscription III 24 f. ; *J. C. Greenfield*, Stylistic Aspects of the Sefire Treaty Inscription: AcOr 29, 1965, 4). Die exakte Bedeutung des Verbs der Inschrift (warum Qal? Vgl. das aramäische Haf῾el) bleibt jedoch unklar. Der
Ausdruck begegnet noch in 29,14 (von Ägypten) und 39,25 (von »Jakob«).
Er begegnet weitaus öfter in den Heilsansagen Jeremias (30–33).

Die Schicksale deiner Gefangenen. Das zweite Wort שבית wird als Derivat
von שבי »gefangen nehmen« verstanden (so in Num 21,29). Dagegen spricht
G, die das erste Wort übersetzt, als stünde ושבתי, wodurch der zweite Teil des
Satzes ganz dem ersten entspricht (M ist aus einer irrtümlichen Metathesis
unter dem Einfluß des vorher wiederholten שבית entstanden). S. noch V 55.

du sie tröstest. Dein Unglück tröstete sie. So spricht 32,31 vom Trost des   V 54
Pharaos, wenn er alle anderen Könige bei seiner Ankunft in der Scheol liegen sieht. Alternativ gab deine extreme Bosheit ihnen Raum, ihr Verhalten
zu beschönigen.

Man beachte, wie in V 55b eine künstliche Unterscheidung im Verb   V 55
תשבינה gemacht wird, so daß der Wechsel zur zweiten Person im letzten Satz
deutlich markiert wird.

Als Musterbeispiel. Wörtl. »ein Bericht in deinem Mund«. Hast du nicht   V 56
selbstgefällig in deinen erfolgreichen Tagen die Städte der Ebene als Beispiel
hochgehalten? Die Verdorbenheit Sodoms und ihre angemessene Bestrafung waren beliebte Allgemeinplätze, auf die die Propheten sich ständig bezogen (Am 4,11; Jes 1,9 f.; 3,9; 13,19; Jer 49,18; 50,40).

jetzt tadeln dich. Wir vermuten, daß כמו את = כאת »jetzt« Ri 13,23; Num   V 57
23,23 bedeutet. G »wie du jetzt ein Tadel bist« bezeugt vermutlich M, hat
aber Anlaß zu verschiedenen Emendationen gegeben (כמוה את חרפת »wie
sie bist du der Tadel«). Zum Inhalt vgl. oben V 27.

Aramäischen = G »Syriens«, aber S liest »edomitischen«, was im Licht von 25,12 (man beachte die vorherige Erwähnung der Philisterinnen in V 15) und 35,5 (»die herzliche Verachtung« der Edomiter) reizvoll ist. Die Aramäer werden sonst nicht zu den Feinden Jerusalems gerechnet.

V 59   *Wie du handeltest.* Wie du mir den Rücken zugekehrt hast, so werde ich dich verlassen. Wie du deine Verpflichtungen mir gegenüber mißachtet hast, so werde ich meine dir gegenüber nicht beachten. Wie das Folgende zeigt, meint dieser Satz nicht, daß Gott seinen Bund brechen wird (umso weniger einen Schwur, den er nie leistete!), aber er wird Jerusalem gegenüber dieselbe Härte an den Tag legen wie sie ihm gegenüber, als sie den Bund verletzte und den Schwur mißachtete. Das Konzept ist das gleiche wie in Lev 26, wo der »Eigensinn« des Volkes durch einen entsprechenden auf seiten Gottes beantwortet wird (Lev 26,23.27.40f.). Besonders aufschlußreich ist die Eröffnung dieses Abschnitts (Lev 26,14–16aα): Wenn du meine Gesetze verschmähst und »meinen Bund brichst, werde ich für meinen Teil dir dies tun ...« Die Forschung ist geteilter Meinung darüber, worauf sich »dies« bezieht: Sind die vorhergehenden Missetaten des Volkes gemeint oder die nachfolgenden Strafen? Da V 44 bestimmt, daß Gott selbst im Exil seinen Bund halten wird, kann »ich werde dir dies tun« auf keinen Fall den Bruch des Bundes von seiten JHWHs meinen. Daher wählt die Forschung meist den einfachen Weg und bezieht »dies« auf die nachfolgenden Strafen, aber das Hebräische gibt hierfür keinerlei Hinweis. Sämtliche jüdische Kommentatoren, die den Vers interpretieren (viele tun dies nicht), verstehen den Bezug als Rückverweis (s. Abarbanel, Sforno, Malbim, Hoffman). Repräsentativ ist Ehrlich: »Wenn Israel sich so verhält, daß es den Bund mit JHWH bricht, wird JHWH ebenso handeln und sich entgegen seiner Bundesverpflichtungen ihnen gegenüber verhalten.« Ezechiels Sprache dürfte hier das gleiche meinen.

Eid ... Diese Begriffe entstammen dem deuteronomistischen Bundeskonzept (geschlossen in den Steppen Moabs), auf das sich Israel durch Selbstverfluchungen im Fall der Verletzung des Bundes verpflichtet hat (Dtn 29,11.13.18ff.; zum Hintergrund des 1. Jt. v. u. Z. s. M. *Weinfeld,* Deuteronomy, 62 f.102 ff.). Erneut beeinflußt die Realität die Ausformung der Metapher (vgl. oben V 8, wo auf Gottes Schwur an die Patriarchen angespielt wird).

Der Vers rekapituliert die Bestrafung der Ehebrecherin und ihre Vergehen, indem eine Antithese zum Folgenden geschaffen wird (s. die Gesamtauslegung).

V 60   *Aber ich.* Im Hebräischen folgt das Pronomen dem Verb und ist so doppelt emphatisch. Im Gegensatz zu dir werde ich mich an meinen früheren Bund mit dir erinnern. So wieder in V 62: Im Gegensatz zu dir werde ich meinen Bund mit dir aufrechterhalten.

Ich werde ... errichten (והקמותי). Anders als der Ausdruck כרת ברית, der sich stets auf einen neuen Bundesschluß bezieht (so 34,25; 37,26 mit Bezug auf den »Bund des Friedens«, eine göttliche Wohltat der zukünftigen Ordnung), meint הקים ברית gewöhnlich »einen Bund aufrechterhalten«, der bereits geschlossen wurde (Gen 17,19.21: Ich werde Ismael segnen, aber אקים meinen Bund mit Isaak; Lev 26,9: Ich werde euch fruchtbar und zahlreich machen, und הקמתי meinen Bund mit euch; Dtn 8,18: להקים seinen Bund, den er euch geschworen hat), obwohl viele annehmen, daß auf diese Weise auch ein neuer Bundesschluß formuliert werden kann (z.B. Gen 6,18; Ex 6,4). In unserem Abschnitt wird die Kontinuität des »ewigen Bundes« mit dem »Bund deiner Jugend« dadurch suggeriert, daß die Erinnerung des letzteren als Motiv des ersteren dient. הפר in V 59 und הקים in V 60 sind somit antonyme Verben, die beide dasselbe ברית als Objekt haben. Vgl. die gleiche Antonymie in Num 30,14–16. Die Sprache ist jedoch derart äquivok, daß sie die Möglichkeit offen läßt, zwischen beiden zu unterscheiden. Es wird klar gesagt, daß der Ursprung und die Basis des »ewigen Bundes« in Gottes Erinnerung an den »Bund deiner Jugend« besteht. In der Zukunft wie in der Vergangenheit bindet Gott sich selbst an Israel als Ausdruck seines Willens und seines Wesens und nicht aufgrund einer Eigenschaft oder eines Verdienstes Israels. S. die Gesamtauslegung.

wenn du ... aufnimmst. Als Erbe oder Geschenk. Zu dieser Verwendung V 61 von לקח s. Num 34,14f.; bes. Jos 13,8 und 18,7, wo die Reihenfolge ... לקח נתן begegnet. G »in meinem Nehmen (= wenn ich nehme)« folgt der Verwendung in V 16ff., wo לקח dem weiteren Handeln vorausgeht. Die »Schwestern« im Plural beziehen sich auf Sodom und ihre »Töchter« sowie auf Samaria und deren Töchter, die allesamt »Töchter« (d.h. Abhängige) des wiederhergestellten Jerusalems sein werden.

Der letzte Satz ist unklar. Ich folge der Lesart von T »obwohl du die Tora nicht gehalten hast«, die Raschi auf die Begriffe des Textes überträgt: »nicht weil du den Bund gehalten hast, sondern wegen meiner Treue«. Ehrlich (Hebräisch): »Juda wird mit Sicherheit beschämt sein, wenn sie sieht, daß ihr Gott den Bund aufrechterhalten hat und sich mit ihr abgegeben hat jenseits des Buchstabens des Gesetzes, als er mehr gab, als er versprochen hatte [nämlich Sodom] – während sie nicht einmal die Worte des Bundes gehalten hat.«

wirst deinen Mund nicht öffnen können. Wörtl. »eine Öffnung deines V 63 Mundes haben« (s. zu 3,27 »ich werde deinen Mund öffnen«). Gemeint ist: fähig zu sein, dich zu rechtfertigen, in Erinnerung an V 56 – Jerusalems arroganter Verweis auf Sodom (und damit auch auf Samaria).

wenn ich dich ... lossprecht. Zu dieser Bedeutung von כפר ל s. Dtn 21,8 »Vergib deinem Volk!«; Jes 22,14 »deine Schuld soll dir niemals vergeben werden« (wörtl. diese Schuld soll niemals von dir gesühnt werden). Es ist bemerkenswert, daß die gewöhnliche Abfolge von Scham, die zu Umkehr und zur Auslöschung der Sünde führt, von Gott hier umgekehrt wird (J. *Milgrom*, Cult 1976, 120, Anm. 43 a, irrt darin, unsere Stelle der »einstimmigen« Lehre der Propheten zuzurechnen, derzufolge Umkehr die Sünde auslösche).

Ez 17,1–24: Die Fabel von den zwei Adlern

R. S. Foster, A Note of Ezekiel XVII 1–10 and 22–24: VT 8, 1958, 374–379. – Literatur
M. Greenberg, Ezekiel 17 1957, 304–309. – *F.-L. Hossfeld*, Untersuchungen 1983,
59–98. –*T. Krüger*, Geschichtskonzepte 1989, 332–341.399 ff. – *B. Lang*, Kein Aufstand 1978, 22–88. – *K.-F. Pohlmann*, Ezechielstudien 1992, 235–256. – *K. von Rabenau*, Die Form des Rätsels im Buche Hesekiel, in: ders. (Hg.), Gottes ist der Orient.
FS O. Eissfeldt, Berlin 1957, 129–131. – *H. Simian-Yofre*, Ez 17,1–10 como enigma
y parábola: Bib. 65, 1984, 27–43. – *E. Zurro*, La raíz ברה II y el hápax *מברח (Ez
17,21): Bib. 61, 1980, 412–415.

Text

1 Das Wort JHWHs erging an mich: 2 O Mensch! Gib ein Rätsel auf und Übersetzung
*erzähle eine Fabel dem Haus Israel 3 und sage zu ihnen: So spricht der Herr
JHWH:*
Ein großer Adler –
mit großen Flügeln,
mit langen Fittichen,
Voll mit Federn,
herausgeputzt mit Stickerei –
kam zum Libanon.
Er nahm die Krone einer Zeder,
4 den höchsten ihrer Triebe brach er ab.
Er brachte ihn in das Land Kanaan,
in einer Händlerstadt setzte er ihn ab.
5 Er nahm einen Samen des Landes
und pflanzte ihn in ein Saatfeld –
Ein Stück neben reichlich fließende Wasser
wie eine Weide pflanzte er ihn.
*6 Er sproß und wurde zu einem wuchernden Weinstock von niedrigem
Wuchs,*
Damit seine Zweige sich zu ihm wendeten,
seine Wurzeln unter ihm waren.
So wurde er ein Weinstock,
der Triebe hervorbrachte
und wachsende Zweige.
7 Da war ein anderer großer Adler,
mit großen Flügeln und vielen Federn,
Und siehe! Dieser Weinstock

rankte seine Wurzeln um ihn
Und ließ seine Zweige zu ihm hinwachsen,
    um bewässert zu werden, weg von dem Bett, in das er gepflanzt war.
8 In ein gutes Feld,
    bei reichlich fließenden Wassern
        wurde er gepflanzt,
Um Zweige hervorzubringen
    und Frucht zu tragen,
        um ein majestätischer Weinstock zu werden.
9 Sage: So spricht der Herr JHWH: Wird er gedeihen?
    Bestimmt wird er seine Wurzeln ausreißen,
        und seine Frucht wird verrotten und verdorren müssen –
            jedes Blatt, das gewachsen war, wird verdorren –
Und nicht mit großer Stärke oder einer großen Armee,
    um ihn aus seinen Wurzeln zu heben.
10 Obwohl er gepflanzt ist, wird er gedeihen?
    Bestimmt, aber wenn ihn berührt
        der Ostwind,
            wird er verdorren,
im Bett, in dem er wuchs, wird er verdorren.

11 Das Wort JHWHs erging an mich: 12 Sage jetzt zu dem widerspensti-
gen Haus: Ihr wißt genau, was diese Dinge bedeuten! Sage:
Der König von Babylon kam nach Jerusalem und nahm seinen König und
seine Beamten gefangen und brachte sie nach Babylon. 13 Er nahm einen
aus dem königlichen Samen und schloß einen Bund mit ihm und verpflich-
tete ihn auf einen Schwur (und er nahm die führenden Männer des Landes),
14 ein niedriges Königtum zu sein, sich nicht zu erheben, seinen Bund zu
halten, damit er Bestand habe. 15 Aber er lehnte sich gegen ihn auf, indem
er seine Gesandten nach Ägypten schickte, um Pferde und eine große Ar-
mee zu erhalten. Wird er gedeihen? Wird er, der solche Dinge getan hat,
entkommen? Wird er einen Bund brechen und entkommen?

16 Bei meinem Leben, spricht der Herr JHWH! Bestimmt wird er an dem
Platz, an dem der König ihn gekrönt hat, dessen Schwur er verspottet und
dessen Bund mit ihm er gebrochen hat – in Babylon wird er sterben. 17 Und
weder mit einer großen Streitmacht noch mit einer großen Versammlung
wird Pharao mit ihm in die Schlacht gehen, wenn Rampen aufgeworfen
werden und ein Belagerungswall errichtet wird, um viele Leben auszulö-
schen. 18 Er hat den Schwur verachtet, um den Bund zu brechen – obwohl
er seine Hand darauf gab, hat er all diese Dinge getan! – er wird nicht ent-
kommen!

19 Und jetzt, so spricht der Herr JHWH: Bei meinem Leben, bestimmt
wird mein Schwur, den er verspottet, und mein Bund, den er gebrochen
hat – ich werde es auf seinem Kopf vergelten! 20 Ich werde mein Netz nach

ihm auswerfen, und er wird in meiner Falle gefangen werden. Ich werde ihn nach Babylon bringen und dort mit ihm ins Gericht gehen wegen des Vergehens, das er gegen mich begangen hat. 21 All seine Flüchtenden unter all seinen Divisionen werden durch das Schwert fallen, und die Überlebenden werden in alle Winde zerstreut werden. Und ihr sollt wissen, daß ich, JHWH, das gesprochen habe.

22 So spricht der Herr JHWH:
Aber ich werde nehmen
    von der hohen Krone einer Zeder und sie einsetzen;
        von ihrem höchsten Trieb werde ich einen zarten ausreißen;
Und ich werde pflanzen –
    auf einem hohen und aufragenden Berg,
23   in den bergigen Höhen Israels werde ich ihn pflanzen.
Er wird Zweige tragen
    und Früchte hervorbringen
        und eine edle Zeder werden.
Jeder Vogel jeden Flügels
    wird unter ihm wohnen;
        im Schatten seiner Zweige werden sie wohnen.
24 Und alle Bäume des Feldes werden wissen, daß ich, JHWH,
Den hohen Baum erniedrigt habe,
    den niedrigen Baum erhöht habe,
Den grünen Baum habe verdorren lassen
    und den verdorrten Baum habe blühen lassen.
Ich, JHWH, habe gesprochen und es getan.

Zu Text und Übersetzung

5 ein Stück: fehlt in G S.

   7 rankte: Einige östliche Hss lesen Qere: כפנה.

   13 (und er nahm die führenden Männer des Landes): s. die Einzelanalyse.

   21 Flüchtenden: im Anschluß an Qere: מברחיו. Die Versionen scheinen מבחר(י)ו zu übersetzen; s. die Einzelanalyse.

   22 und sie einsetzen: fehlt in G S.

Gesamtauslegung: Struktur und Themen

Die zwei Wortereignisformeln dieses Textes – eine zu Beginn, vor der Fabel (V 1), eine in der Mitte, vor der Auslegung (V 11) – unterstreichen die Symmetrie von Fabel und Auslegung (*A. Rivlin*, Parable 1973, 344; in etwa zu vergleichen sind 12,8; 21,6). Die zwei Schlußformeln (V 21.24) runden den Hauptteil (ein Unheilswort) und die Coda (ein Heilswort) ab. Weitere Gliederungen werden durch die Botenformeln (V 1.19.22) und Schwüre (V 16.19) angezeigt, wie aus dem Folgenden deutlich werden wird.

Das Wort ist von Dualismen durchzogen: Fabel und Auslegung, zwei Adler, zwei Pflanzen, zwei Arten der Bestrafung, zwei Wirkmächte (irdische und göttliche), Unheil und Heil. Mit diesem Dualismus stimmt die doppelte Aufforderung, die den Text eröffnet, überein: »Gib ein Rätsel auf und erzähle eine Fabel« – ein Hinweis darauf, daß mehr dahintersteckt. Insgesamt folgt die Zweiteilung des Textes – in diesem Fall eine Fabel in Poesie und ihre Auslegung in Prosa – mit einer angefügten Coda, die auf den Anfang zurückverweist (in Poesie und mit Begriffen der Fabel), einem bekannten Schema (Ez 13; 16).

Struktur   Detailliert sieht die Struktur folgendermaßen aus:

A. Die Fabel / das Rätsel (V 1–10). Auf die Erkenntnisformel folgt die Aufforderung, eine Fabel zu erzählen, die mittels einer Botenformel eingeleitet wird (V 1–3a).

A 1. Das Vergehen. Was folgt, ist aufgrund des Versmaßes (wenn dieses auch wechselt), der Parallelismen, Wiederholungen und Stilmittel (Chiasmus, Assonanz; eine ausführliche Analyse bei *A. Rivlin*, Parable 1973, 342–359) als Poesie gekennzeichnet. Ein großer Adler landet auf einem Berg (V 3aβ–bα, zwei Zeilen, die durch ein staccatohaftes 2:2:2, 2:2:2 betont sind; גָּדוֹל – גְּדֹל; Flügel | Fittiche | Federn; die Vokalisierung der ersten Zeile folgt einem chiastischen Schema; jeder Ausdruck ist mit einem Artikel versehen). Er bricht die Spitze einer Zeder ab und bringt sie zu einer Handelsstadt (V 3bβ–4b, zwei Zeilen, 3:3, 3:3, Parallelismus, Chiasmus). Dann pflanzt er ein Samenkorn unter besten Bedingungen (V 5, zwei Zeilen, 3:3, 3:3; זֶרַע – זֶרַע), damit daraus ein zwar untergeordneter, aber blühender Weinstock werde. Und er gedeiht (V 6, drei Zeilen, 6 [1 + 5], 3:3, 2:2:2 – variierende Verkürzung der Länge bei sechs Betonungen, Stakkato des Endes wie am Anfang, Parallelismus). Ein zweiter, weniger imposanter Adler erscheint, zu dem sich der Weinstock erstaunlicherweise hinwendet (V 7, drei Zeilen, 3:3, 3:3, 3:4, die Zeilen 2–3 sind jedoch nicht unterteilt; Parallelismus zwischen den Kola; Variation der Begriffe der Erzählung vom ersten Adler – רַב / מלה; כפן / פנה), obwohl ihm nichts zum Gedeihen fehlte (V 8, zwei Kola, 2:2:2, 2:2:3, Stakkato, steigernde Wiederholung von V 5 und V 6c mit verstärkten Varianten אדרת, פרי, שתולה, טוב [vgl. damit סרחת in 6a]). Wir weisen darauf hin, daß allein der erste Adler aktiv handelt und in seiner Erzählung die Pflanzen passiv oder untätig sind. Der zweite Adler ist lediglich da, während es in seiner Erzählung der Weinstock ist, der aktiv wird – der Adler dient als Versuchung, der der Weinstock nicht widerstehen kann.

A2. Die Strafe (V 9–10). Nach einer Einleitung, die V 3aα aufnimmt, werden die Hörer durch eine Reihe rhetorischer Fragen (הלא meint eine Beteuerung) gedrängt, sich die Folgen des Vergehens bewußt zu machen.

(a) Der erste Adler wird den Weinstock entwurzeln, so daß er verdorrt, und er wird dazu keiner großen Anstrengung bedürfen (in V 9a stehen die Einleitungsformel und das rhetorische »Wird er gedeihen?« außerhalb des

Versmaßes; der Rest von V 9 besteht aus zwei Kola, 3:3:3 [jede Zeile endet mit einem Verb]; 3:3 – שֶׁרָשֶׁיהָ rahmt den Abschnitt). (b) Durch den Hauch des Ostwinds wird er verdorren (V 10, drei Kola, 3, 2:2:2, 3; Wiederholung des »Wird er gedeihen?«, יבשׁ [vgl. V 9b]). Das Versmaß des hinteren Teils der V 9–10 läßt sich schwer bestimmen, und es ist hauptsächlich den wiederholten Formen von יבשׁ zu verdanken, daß die einzelnen Elemente identifiziert werden können.

B. Die Auslegung (V 11–21). In einer neuen Offenbarung wird der Prophet zuerst angewiesen, seine Zuhörer die Bedeutung der Fabel bedenken zu lassen (V 11–12a) und dann diese mitzuteilen. Dies wird auf zwei Ebenen entfaltet.

B1. Auf der irdischen Ebene (V 12b–18) weist die Entschlüsselung der Fabel (V 12–15) die Entsprechung zu den Beziehungen der Könige von Juda zu den Königen Babylons und Ägyptens auf. Das Vergehen der Judäer wird dargelegt (V 12b–15a = A1) und die rhetorische Frage gestellt: »Wird er gedeihen / entkommen?« (V 15b = 9a). So weit umfaßt der Plot allein menschliche Akteure (so wie in A1 allein Adler und Pflanzen genannt werden).

Die Strafe, die der babylonische König dem Judäer aufgrund seines Vertragsbruches auferlegen wird, wird dargestellt (V 16–18). Dabei wird über die in der Fabel beschriebene Entwurzelung (Exil) bis zu Zidkijas Tod in Gefangenschaft hinausgegangen. Dies stimmt mit der in der Gesamtauslegung zu Ez 5; 12; 15 erwähnten Praxis überein, ein Bild noch jenseits seiner Reichweite auszudeuten. Man muß hierzu kein sekundäres Wachstum annehmen. Obwohl die Handelnden im Strafabschnitt immer noch Menschen sind (Nebukadnezzar, Zidkija und [später] der Pharao), wird das Ganze von einem Schwur Gottes gerahmt (»Bei meinem Leben, spricht der Herr JHWH«), der somit als Garant der Ausführung der Strafe im Hintergrund steht. Der Abschnitt endet mit einer Bekräftigung, daß der, der den Bund gebrochen hat, nicht entkommen wird (V 18), womit die rhetorische Frage von V 15b beantwortet wird (der Bezug zur Frage wird durch die Umkehrung der einzelnen Teile angezeigt).

B2. Die Auslegung bewegt sich daraufhin zur göttlichen Ebene: Gott wird seinen Schwur und Bund rechtfertigen (V 19–21). Just in dem Moment, als die Bedeutung der Fabel ausgeschöpft zu sein scheint, macht uns das לכן (V 19) darauf aufmerksam, daß wir erst jetzt bei der Beschreibung der Folgen angelangt sind. Eine Botenformel markiert die neue Botschaft, die mit einem zweiten Schwur Gottes beginnt, in welchem er Zidkija für den Bruch seines (d. h. Gottes) Schwurs und Bundes zur Rechenschaft ziehen wird. Gefangennahme, Exil und Gericht in Babylon (wobei hier noch die Zerstreuung des judäischen Heeres hinzugefügt wird) werden auf Gott zurückgeführt. Dieser Abschnitt scheint die himmlische Entsprechung der irdischen Ereignisse, die in B1 vorhergesagt wurden, zu beschreiben. Als dem bloßen Werkzeug Gottes ist vom babylonischen König keine Rede mehr. Gott allein ist der Urheber der Strafe, und wenn sie eintrifft, wird sie als sein Beschluß erkannt werden (V 21b). Die zwei Strafebenen in der Auslegung erinnern an die doppelte Form der Bestrafung in der Fabel: durch Adler und Wind (A2 [a][b]).

C. Die Coda: eine Heilsprophetie (V 22–24). Gottes Vorhersage der Bestrafung wird eine Vorschau auf die Erneuerung des Königreiches Juda angehängt, ohne neue Erkenntnisformel – und so einerseits als Fortsetzung, allerdings versehen mit einer Botenformel – und andererseits als eigene Botschaft. Versmaß und Bildsprache stammen aus der Fabel. Die Coda zerfällt in zwei Teile: C1. Gottes neue Pflanzung eines Zedernsprosses (V 22ab–23aa, 2:3 [unter Auslassung des ונתתי]:4, 2:3:4, jede Zeile des Trikolons wird länger und wird gerahmt durch וקתלתי אני – אקתל, wodurch die Aktivität Gottes als Sprecher betont wird, Parallelismus) und sein Gedeihen (V 23aβ–b, 2:2:3, 2:2:3, Trikola mit verschiedenen wachsenden Gliedern, man beachte die Rahmung ושכנו – תשכנה); C2. Die umfassende Anerkenntnis Gottes als desjenigen, der das Schicksal des Volkes wendet (V 24, eine erweiterte Erkenntnisformel wird aufgebrochen, um zwei Antithesen [höher – tiefer, verdorren – blühen] zu rahmen, jedesmal 3:3). Indem die Coda ihr Bildmaterial aus der Fabel und ihre Theozentrik aus der oberen Ebene der Auslegung bezieht, bindet sie die Hauptelemente des Textes zusammen.

Die Struktur des Wortes könnte man als spiralförmige Entwicklung von Figuren und Ebenen folgendermaßen beschreiben (im Uhrzeigersinn, beginnend bei der Fabel):

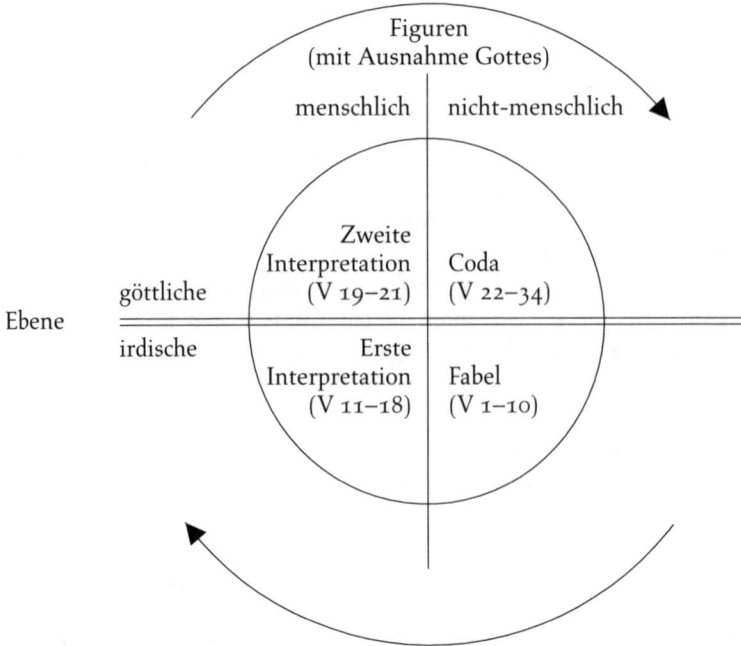

Die Kommentatoren des Mittelalters und die Forschung halten das Wort (abzüglich der Coda) für einheitlich: die verhängnisvolle Schuld Zidkijas, der den Vasalleneid gegenüber Nebukadnezzar brach. Die Anerkenntnis der kunstvollen Form der Fabel wird meist durch die Beobachtung eingeschränkt, daß sie allzusehr durchkonstruiert sei (nicht jedoch weil menschliche Handlungen und Motive nichtmenschlichen Figuren zugeschrieben werden; so funktionieren nun einmal Fabeln): z. B. Adler sind nicht an einen Ort gebunden, so daß ein Weinstock unter ihnen wachsen oder sich um sie herumwinden könnte. Diese Beurteilung des Wortes fußt in der Aufnahme von V 19 in 2 Chr 36,13: Zu Zidkijas Vergehen zählt der Chronist die Auflehnung gegen Nebukadnezzar, »der ihn einen Eid bei Gott schwören ließ«. Wahrscheinlich war unser Text die Quelle dieser Behauptung, da kein weiterer Hinweis auf solch einen Eid existiert. Aber die Interpretation des Chronisten vereinfacht den Sprung von einer Ebene zur anderen in V 19, den der unvoreingenommene Leser als bedeutsam empfindet. Schlimmer ist jedoch, daß das Verständnis der Mehrdimensionalität der Fabel, die durch den Ebenenwechsel zustande kommt, verhindert wird.

Wie würde der erste Hörer der Fabel, der ihre Deutung nicht kennt, sie auf der Basis der bekannten biblischen Bildwelt entschlüsseln? Vielleicht würde er sie richtig entschlüsseln. Es existieren aber auch andere Möglichkeiten, die eine in sich stimmige Lösung ergäben. Der große Adler könnte JHWH sein – wie in den Bildern von Ex 19,4; Dtn 32,11; die Zeder – Israel (Num 24,6); Kanaan – das unter diesem Namen bekannte tatsächliche Land; die Pflanzung und Sorge um den Weinstock – Gottes Einsetzung Israels im Lande (Ps 80,9–12); der kleinere Adler handelt nicht, sondern verführt allein zur Untreue – eine fremde Gottheit; das Werben des Weinstocks um Unterstützung – Abfall von JHWH; die Zerstörung des Weinstocks durch den ersten Adler (und den Ostwind) – Gottes Strafe (Jes 5,5 f.; Ps 80,13 f.; Hos 13,15).

Solch eine partielle Entschlüsselung – der Libanon und die doppelte Pflanzung des Adlers werden nicht berücksichtigt – läge vor dem Hintergrund der bekannten Themen Ezechiels nahe. Die Mehrdimensionalität der meisten Begriffe in der Fabel ermöglicht eine solche Fehldeutung und rechtfertigt die Benennung als Rätsel ebenso wie als Fabel. Das herausfordernde »Natürlich wißt ihr, was diese Dinge bedeuten!« weist auf die Möglichkeit der Fehldeutung hin.

Für jemanden, der eine Deutung entlang dieser Linien unternommen hätte, wäre die richtige Entschlüsselung (B1) aufschlußreich und überraschend – ersteres, weil nun alle Begriffe der Fabel berücksichtigt wären, letzteres, weil der Prophet einmal von seinem Steckenpferd, der Theozentrik, heruntergekommen wäre und sich mit menschlichen Dingen beschäftigte! Die Wirkung bestünde in einer schrecklichen Vorahnung: Zidkijas Abfall von seinem babylonischen Oberherrn verdient eine furchtbare Rache. Nebukad-

nezzar könnte es nie zulassen, daß ein derartiger Bruch eines Vasallenver-
trags ungestraft bliebe.

**Zidkijas
Bundesbruch**

Just an diesem Punkt, wo der Leser meint, alles erfaßt zu haben, macht
ihm das לכן klar, daß die Hauptkonsequenz des Wortes noch aussteht. Nach
allgemeiner Ansicht (vor dem Hintergrund von 2 Chr 36) besteht der Höhepunkt des Wortes darin, daß Gott den mittels eines Schwurs bekräftigten
Vertrag des babylonischen Königs als seinen eigenen identifiziert.

M. Tsevat, Treaties 1959, 201–204, vermutete, daß Nebukadnezzar Zidkija, als er ihn als König einsetzte, bei JHWH Treue schwören ließ; daß darüber
hinaus Ezechiel – einzigartig unter den Propheten – diesen erzwungenen
Schwur für bindend hielt. Tsevat schreibt Ezechiel die singuläre Lehre zu,
daß selbst ein solcher Schwur durch die absolute Forderung gestützt wird,
das gegebene Wort zu halten, wie dies in Lev 5,4 mit Bezug auf einzelne
Personen formuliert wird. »Das Gesetz ... hat seinen Sitz im Leben des einzelnen; ... Ezechiel ... wendet es ... auf die Beziehung zwischen dem herr-
schenden Staat und seinem gefangenen Vasallen an ... Es gelten nicht mehr
zwei Maßstäbe« (204). Daß Nebukadnezzar (oder ein anderer neubabylo-
nischer König) seinen Vasallen einen Treueid auferlegte, den sie bei ihren
eigenen Göttern zu leisten hatten, ist jedoch sonst nicht bekannt. Die von
Tsevat genannten neuassyrischen Belege (ergänzt von *R. Frankena*, The
Vassal Treaties of Esarhaddon and the Dating of Deuteronomy: Oudtesta-
mentische Studiën 14, 1965, 131; *M. Cogan*, Imperialism 1974, 46f.) beruhen größtenteils auf Ergänzungen von Textlücken. Es gibt einen eindeutigen Fall, bei dem der assyrische König Asarhadon phönizische Götter in die
Schwüre, die seinen Vertrag mit Baal von Tyrus bekräftigen sollen, aufnimmt (ANET 534). Doch scheint es sich dabei um ein besonderes Zuge-
ständnis zu handeln (s. Cogan). Der einzige Beleg für eine entsprechende
neubabylonische Praxis ist 2 Chr 36 – wobei dieser Text vermutlich auf
dem Verständnis unseres Ezechieltextes durch den Chronisten basiert, so
daß es sich nicht um einen unabhängigen Zeugen handelt (Mendenhall, zitiert von Zimmerli, stützt seine Ansicht allein darauf).

Aber selbst wenn man die Möglichkeit in Betracht zieht, daß Nebukadnezzar Zidkija auf einen im Namen JHWHs geleisteten Eid verpflichtete,
besteht dann der natürliche Sinn von V 19 darin, daß JHWH selbst feierlich
diesen Eid schwor? Wir verstehen, daß der Chronist, der seine Theodizee so
gut wie möglich stützen wollte, diese Bedeutung in unseren Vers hineinge-
lesen hat. Wir erinnern nur daran, wie er in 2 Chr 35,22 Joschijas vorzeitigen Tod durch die Erfindung eines »Gottesorakels« erklärt, das Necho verkündete, welches jedoch der König von Juda verschmähte. Weshalb hätte
Ezechiel zu einem eifernden Parteigänger der Interessen Nebukadnezzars,
daß ein erzwungener Eid auf JHWH gültig sei, werden sollen? Das natürliche – in der Tat naheliegende – Verständnis von V 19 besteht darin, »meinen Schwur ... und meinen Bund« in der JHWH-Rede auf seinen Bund mit

Israel zu beziehen (wie in 16,59), den der König verpflichtet war einzuhalten.

In der Tat steht für die Königebücher fest, daß die Könige für Bundesbrüche ihrer Reiche (1 Kön 12,28 ff.; 14,15 f.) verantwortlich sind. Manasse werden öffentliche Übertretungen der Tora des Mose zur Last gelegt (2 Kön 21,8–11). Ezechiel teilt insofern diese Ansicht, als er die Schuld für das religiöse »Abirren« Israels dem Versagen ihrer Könige zuschreibt (34,6). 2 Kön 24,18 beurteilt Zidkija als »böse vor dem Angesicht JHWHs«, und in Ez 21,30 brandmarkt ihn der Prophet als »entweihten, gottlosen Mann«.

Man ist daher berechtigt, V 19 in seiner ursprünglichen Bedeutung zu nehmen und in B2 insgesamt einen Wechsel von irdischen zu göttlichen Angelegenheiten zu sehen. Beide, die Fabel und ihre irdische Deutung, werden plötzlich in eine Allegorie der Beziehung Gottes zu(m König von) Juda verwandelt. Der irdische Herrscher, Nebukadnezzar, wird den Verrat des aufständischen Zidkija nicht ungestraft lassen, um so weniger wird der göttliche Herrscher den Treubruch der Judäer ihm gegenüber gutheißen.

Versteht man den Ablauf des Textes auf diese Weise, muß man zwei Kehrtwendungen des Publikums in seiner Wahrnehmung annehmen.

Was man vage für eine Allegorie des Abfalls von Gott hielt, wird voll und ganz politisch gedeutet. Aber dann wird diese Überführung ins Politische als Modell verwendet, aus dem eine theologische Analogie gezeichnet wird. Damit wird man (1) der Mehrdimensionalität der Fabel gerecht – deren durchschimmernder Bezug auf das Göttliche auf diese Weise bestätigt und deren Qualität als Rätsel nun realisiert wird; (2) der Struktur des Textes gerecht, dessen konsekutiver, mit לכן eingeleiteter Abschnitt jetzt sein volles Gewicht bekommt; und (3) dem Denken Ezechiels gerecht, das nun von der idiosynkratischen Last einer fraglichen Stichhaltigkeit befreit wird, die ihm durch die Interpretation des Chronisten und Tsevats auferlegt wird.

Alle Teile des Textes beleuchten sich nun wechselseitig: Die Fabel ist in der Tat ein Rätsel (חדה) – das gelöst wird, indem die menschlichen Entsprechungen identifiziert werden, alle auf der irdischen Ebene. Dann werden beide allegorisiert, indem auf die göttliche Ebene gewechselt wird. D. h. alle vorhergehenden Übertragungen ins Politische stellen eine »Annäherung« (משל) an die Beziehungen Gottes zum König von Juda dar. (Man beachte die Korrespondenz zwischen der Reihenfolge von חדה und משל in V 2 und ihrer literarischen Umsetzung [Hinweis von Lou Levine, Toronto].)

Daraus ergeben sich weitere Punkte: Die zwei Strafhandelnden in der Fabel (Adler und Wind) nehmen die irdische und die himmlische Ebene der wirklichen Bestrafung Zidkijas vorweg. Darüber hinaus wird dem Schwur Gottes, der die irdische Deutung der Fabel einleitet und der garantiert, daß der menschliche Herrscher seine Ansprüche einfordern wird, eine neue Dimension gegeben mittels des parallelen Schwurs, der den himmlischen Geschehensablauf einleitet. Die Ereignisse der beiden Abläufe geschehen tatsächlich parallel und simultan: Nebukadnezzar wird den Aufrührer aus eigenen Gründen bestrafen, aber indem er so handelt, wird er, ohne es zu wissen, den Plan ausführen, den der göttliche Architekt der Geschichte mit dem König, der verantwortlich für den Bruch seines Bundes mit Juda ist, hat. Dies führt uns zur Coda.

Die Coda entspricht der Fabel nicht nur oberflächlich (Poesie, mit menschlichen und nicht-menschlichen Figuren), es handelt sich um die exakte Entsprechung zum irdischen Arrangement des Königs von Babel (s. das Schema oben). Ohne die Coda erschiene Gott nur als zerstörerischer Charakter, als göttliche Entsprechung zum babylonischen König in der Rolle des empörten Oberherrn. Den konstruktiven Arrangements des Erdlings entsprechen keine auf der höheren Ebene. Die Coda füllt diese Lücke. Es handelt sich nicht bloß um eine oberflächliche Analogie zur Fabel, sondern sie stellt Gott als denjenigen dar, der die Ordnung des Erdlings ungültig macht und durch eine andere ersetzt, indem er ihre Wirkung umkehrt. Der revolutionäre Charakter der Taten Gottes wird durch die emphatischen Pronomen »*ich* werde nehmen«, »*ich* werde pflanzen« und die Antithesen von V 24 unterstrichen.

Das Wort ist inhaltlich und durch Stichworte mit dem vorhergehenden verknüpft. Das Thema der Untreue zum Bund beherrscht beide. Die Nachbarschaft des Ausdrucks »den Bund brechen und den Schwur verachten« in 16,59 zu unserem Text liefert in der Tat einen Hinweis für unser Verständnis des Ausdrucks in V 19. Nur in diesen beiden Texten begegnet diese Terminologie. Zufällige Übereinstimmungen, die allein zwischen diesen beiden Texten bestehen (und vermuten lassen, daß sie zur selben Zeit komponiert wurden), sind die Begriffe רקמה »Stickwerk« und »Kanaan« für Chaldäa.

Datierung Sollte unsere Vermutung hinsichtlich des sekundären Charakters der Erwähnung des »Pharao« in V 17 und der Weise, wie er in den Text gelangt ist, zutreffen, dann stammt das Korpus des Wortes noch aus der Zeit vor der Belagerung Jerusalems. Die diplomatische Mission nach Ägypten (V 15) gehört an den Anfang des Aufstands während der letzten Tage von Psammetich II. (s. Teil II der Einleitung). Die Vorhersage der Vertreibung von Zidkijas Heer, seine Gefangennahme, seine Gefangenschaft und sein Tod in Babylon verweisen auf 12,13–14 und müssen nicht notwendig in die Zeit nach der Zerstörung datiert werden; s. die detaillierte Diskussion in der Einzelanalyse dieser Verse. Daß die spezifischen Schrecken des Schicksals Zidkijas – die Tötung seiner Kinder und seine Blendung – nicht erwähnt werden, weist auf eine Datierung der Komposition vor der Zerstörung der Stadt hin.

Ursprünglichkeit Die Forschung datiert die Coda fast einstimmig zusammen mit den Visionen von Ez 34–48 in die Zeit nach der Zerstörung Jerusalems. Wie im Fall der Coda von Ez 16 stellt sie die Zugehörigkeit eines Heilswortes zu einem Unheilskontext in Frage. Es sind zwei Dinge zu beachten: Verkündete Ezechiel Heilsworte vor der Zerstörung? Entstammt dieses Heilswort der Zeit vor 586? *B. Lang*, Kein Aufstand 1978, 84 ff., hat auf die einzelnen Heils-ansagen in 11,17 f.; 13,9 hingewiesen als Beleg dafür, daß Ezechiel (wie Je-remia, Kap. 24) eine Wiederherstellung vor der Zerstörung erwartet hat. Wir haben angenommen, daß die Heilscoda von Ez 16 immer schon mit den vorhergehenden Unheilsansagen verbunden war. Hier ist die ursprüng-liche Zugehörigkeit der Coda zum Korpus des Wortes weniger offensicht-lich, es sei denn, man nimmt an, daß der Wechsel zur göttlichen Ebene der Ereignisse die Behauptung von JHWHs Überlegenheit über alle irdischen Könige sowohl im konstruktiven wie im destruktiven Umgang mit König-reichen erfordert. Doch bevor man sich dafür entscheidet, daß die Coda jün-ger ist, müssen wir die Tatsache in Betracht ziehen, daß in den Heilsansagen nach der Zerstörung Jerusalems das Motiv für Gottes Heilshandeln in seiner Sorge um die Schädigung des Rufes JHWHs besteht (36,20 ff.; 39,25 ff.). Dieses Thema ist hier kaum präsent. In Sprache und Konzeption paßt die Coda zum Korpus des Wortes und vervollständigt es. Es besteht kein Grund, die ezechielische Herkunft anzuzweifeln. Ob sie bereits von Anfang an die Auflösung des Unheilswortes bildete, kann nicht sicher beantwortet werden, wenn sie auch literarisch perfekt eingepaßt ist.

Einzelanalyse: Sprachliche und literarische Aspekte

V 2 »Ein חדה [Rätsel] ist ein dunkles Sprichwort, von dem her etwas anderes verstanden werden muß, während ein משל [hier, Fabel] den Vergleich einer Sache mit einer anderen meint – so ist dieser משל, in dem der König mit einem Adler verglichen wird, zugleich ein חדה, da allein der Kluge es ver-stehen kann.« (Kimchi) Ein חדה war von Natur aus unklar und verwirrend, ein משל hingegen erhellend (*W. McKane*, Proverbs. A New Approach [OTL 40], London 1970, 267). Obwohl beide Begriffe parallel verwendet werden (Ps 49,5; 78,2; Spr 1,6), sind sie nicht austauschbar (wie Ri 14,12 ff. und 1 Kön 10,1 zeigen). Hier dürften damit die zwei Stufen der Fabel gemeint sein. S. die Gesamtauslegung.

V 3 *Ein großer Adler.* Der Artikel in הנשר (ebenso wie der in הארץ am Ende des Verses) zeigt eine »unvollständige Determination« an, d.h. »ein gewis-ser Adler«. Sie wird in Gleichnissen (2 Kön 14,9) und Vergleichen (Num 11,1) verwendet; Ges-K §126 q–t; *P. Joüon*, Grammar 1996, §137 m–o; *E. König*, Lehrgebäude III 1897, §299 h–i.

»Voll mit Federn« und »herausgeputzt mit [wörtl. der hat] Stickerei« ver-weist auf den goldenen Adler, dessen Hals und Schenkel beide komplett ge-fiedert und dessen Halsfedern golden und wie Lanzenspitzen geformt sind. Aufgrund dieser Charakteristika kann nicht der weißköpfige Geier gemeint sein, der dem Adler in Gestalt und Flugeigenschaften ähnelt und ebenfalls

נֶשֶׁר genannt wird. Zur Symbolik des Adlers s. die Gesamtauslegung zu Ez 1,1–28. Zur dort genannten Königssymbolik muß zum einen die Verwendung als Bild für göttlichen Schutz hinzugefügt werden (Ex 19,4; Dtn 32,11) und zum anderen der Gebrauch als Bild für einen mächtigen, schnellen, feindlichen Eroberer (Dtn 28,49; Hab 1,8; Jer 4,13).

Libanon. Das Libanongebirge war in der Antike mit Zedern bewachsen, die sowohl von Ägypten (z. B. ANET 243) und Mesopotamien (z. B. ANET 307; Jes 37,24) als auch von Israel (1 Kön 5,28) begehrt und ausgebeutet wurden. In der Bibel symbolisiert die Libanonzeder Erhabenheit (Ri 9,15; 1 Kön 5,13; 2 Kön 14,9; Jes 10,33 f.; Hld 5,15). Da Jerusalem auf einen Berg gebaut war und einer der Palastbauten das »Libanonwaldhaus« (1 Kön 7,2; benannt nach den beim Bau verwendeten Zedern) genannt wurde, war es möglich, die Davididendynastie als »Zeder« zu bezeichnen (Jer 22,6.23), wie dies auch hier geschieht.

Triebe. יְנִיקָה wörtl. »Säugling« – ein Konkretum gebildet als Abstraktnomen wie נְטִישָׁה »Ranke« (Jer 5,10). In V 22 begegnet die Partizipialform יוֹנֶקֶת. Vgl. damit נֹבֶלֶת »unreife, abgefallene Frucht« (Jes 34,4). Der (neu gekrönte) königliche Sproß wird in Jes 11,1 mit einem Zweig verglichen, der dem Hauptstamm entsprießt. **V 4**

Land Kanaan. Zweideutig. S. zu 16,29. Umgepflanzte Zedern waren typisch für assyrische Königsgärten (ARAB § 254; Assurnasirpal, ANET 559 a; vgl. C. A. *Oppenheim*, On Royal Gardens in Mesopotamia: JNES 24, 1965, 328–333).

Samen. Obwohl man einen Weinstock aus einem Samen ziehen konnte (Dtn 22,9), pflanzte man (נָטָא oder שָׁתַל) gewöhnlich einen Ableger (כַּנָּה, Ps 80,16). זֶרַע »Samen« könnte daher hier einen Sämling meinen (*B. Lang* ebd. 31); vgl. Jes 17,10 זֶרַע זָר »einen Trieb säen«. Der Adler bemühte sich, die Pflanze an einen möglichst günstigen Ort zu setzen: ein fruchtbares, reichlich bewässertes (»Saat-«)Feld. Obwohl im modernen Weinbau nicht unbedingt künstliche Bewässerung eingesetzt wird (*U. Feldman*, צמחי התנ״ך, Tel Aviv 1956, 23), beschreibt unser Text (vgl. Jes 27,3) die Sorge des Weinbauern, der es mit der Bewässerung des Weines übertreibt. **V 5**

Ein Stück. קַח ist ein Hapax und wird von G S übergangen. Es wird meist als Fehler angesehen (anstelle eines Verbs?). Die beste Interpretation der Schreibung ergibt sich durch akkadisch *qū* »Pflanze« (vgl. syrisch *qwh'* »Stiel, Stengel«). In der Sprache der äthiopischen Falaschas wird eine Wasserpflanze, die anstelle von rituellen Weiden benutzt wird, *qaha* genannt (*I. Löw*, Flora III 1924–1934, 326).

Wie eine Weide … Im Mischnahebräisch bezeichnet צַפְצָפָה(ה/ת) wie auch arabisch *ṣafṣāf* verschiedene Mitglieder der Familie der Salicaceae – Weide und Pappel –, die an Bächen und Flüssen oder Schwemmebenen wachsen. Zu Einzelheiten der örtlichen und geographischen Unterschiede s. *I. Löw* ebd. 322; *J. Felix*, Plant World of the Bible (Hebräisch), Tel Aviv 1957, 113–

16; *S. Lieberman, Tosefta Ki-fshutah IV. Moed*, New York 1920, 858 f. Für unseren Vergleich dürfte auch relevant sein, daß das Wachsen und die Reifung der Schößlinge dieser Familie sehr schnell vonstatten gehen (Encyclopedia Britannica, 15. Aufl., Bd. 16, Art. »Salicales«, 181).

Die Ausdruckskraft des Vergleichs geschieht mittels eines zweiten Akkusativs zu שִׂים, »der den idealen oder realen Effekt bezeichnet, daß die beschriebene Handlung sich auf den ersten Akkusativ auswirkt«: d. h. er setzte (den Trieb) ein, um kraftvoll – im idealen Sinn – eine Weide zu sein (indem er reichlich Wasser trank; vgl. in 19, 5 »sie machte ihr Junges erfolgreich zu einem Löwen«; Sach 7, 12 »sie machten ihre Herzen erfolgreich zu Diamanten«; 12, 2 »Jerusalem erfolgreich zu einem Giftbecher machen«; *E. König* ebd. § 327 t–v).

Eine andere Interpretation des צַפְצָפָה setzt es in Beziehung zu צוּף »schwimmen, im Wasser treiben« und versteht es als Synonym und Apposition zu »reichliche Wasser« im Sinne von »Bewässerungsgräben« (Kara, Eliezer von Beaugency, Lang).

V 6   *Er sproß und wurde.* Eine glattere Lesart erhält man durch Vokalisation der zwei Verben als Jussive וִיצְמַח וִיהִי »damit es sprieße und werde«. Zur Konstruktion s. Klgl 1, 19 (וִישִׁיבוּ) und *P. Joüon* ebd. § 116 e.

wuchernden Weinstock. סרח meint »sich ausbreiten«, »Grenzen überschreiten« (von Kleidung Ex 26, 12 f.). In 23, 15 ist von Männern die Rede, »die überfließen in Hinsicht auf [סְרוּחֵי] Turbane«, d. h. die wehende (herabhängende) Turbane tragen. Hier ist gemeint, daß der Wein üppig wuchs.

wachsende. Wie in 44, 20 »das Haar wachsen lassen (שַׁלַּח)«.

V 7   *ein anderer.* So G. M אַחֵר = »ein anderer« wie in 19, 5 oder fehlerhaft anstelle von אֶחָד.

rankte. So übersetzt von G S. Vgl. arabisch *kafana* »[in Tücher] einwikkeln«. Andere ziehen als Vergleich aramäisch כְּפָנָא »Hunger« heran und übersetzen: »streckte hungrig aus«. Die Variante כְּנָפֶה in einigen Hss wird von Kimchi mit dem aramäischen כְּנַף »sammeln« erklärt.

weg von dem Bett. Obwohl er in einem gut bewässerten Bett gepflanzt war, streckte der Weinstock seine Wurzeln zum anderen Adler hin aus. Die Verbindung des Ausdrucks mit den beiden weit voneinander entfernten Verben »rankte« und »wuchs« stimmt mit der hebräischen Syntax überein, z. B. Gen 41, 57 (»zu Josef« wird verbunden mit »kam«). Dieses und andere Beispiele finden sich bei *J. Ibn Janach, Ha-riqma* 1929, Kap. 33–34; vgl. ebenfalls *A. Sperber*, Biblical Exegesis. Prolegomenon to a Commentary to the Bible: JBL 64, 1945, 117 ff. (besonders geeignet sind Ex 14, 30 »Israel … [sicher] am Ufer« und 2 Sam 11, 2 »Als er auf dem Dach war, sah er …«). Neuere Übersetzungen (EÜ, Luther) verstehen das מ komparativisch: »mehr als das Bett, in das der Weinstock gepflanzt war«. Aber der Komparativ wird meist mit Ausdrücken (Verben oder Adjektiven) verbunden, die eine Eigenschaft bezeichnen im Unterschied zum »um zu bewässern« (*E. König* ebd.

§ 308 b; in c werden einige Ausnahmen aufgelistet, zu denen unsere Stelle vielleicht hinzuzufügen wäre, wenn es keine Alternative gäbe – aber es gibt eine!).

»Der Wein beging einen wirklich sehr großen Fehler; denn als er unter V 8 dem ersten Adler war, ›wurde er in ein gutes Feld gepflanzt … um ein erhabener Weinstock zu werden‹« (Abarbanel und die Kommentatoren des Mittelalters). Bei dieser Interpretation protestiert der gesamte V 8 gegen die Torheit des Weinstocks und seine Undankbarkeit im Angesicht der besten Aussichten, die ihm von dem ersten Adler angeboten wurden. Andere hingegen verstehen die Reihe von Infinitiven in V 8b als Zweckangabe für den Wechsel des Oberherrn durch den Weinstock, wobei V 8a als Parenthese verstanden wird. (Herrmann scheidet V 8a als Glosse aus.)

Ein anderes Problem stellt die Bedeutung von שְׁתוּלָה in V 8a.10 dar. Einem vermuteten Unterschied zwischen נטא »pflanzen« und שׁתל »verpflanzen« liegt die moderne Annahme zugrunde, derzufolge der zweite Adler den Weinstock verpflanzt habe (Ehrlich emendiert in V 8 zu וְהוּא שְׁתָלָה »er verpflanzte ihn«). Aber abgesehen von der (künstlichen?) Unterscheidung des Midrasch zu Ps 1, 3, der von Ehrlich mit Hinweis auf bʿAvodah Zara 19a zitiert wird, lassen sich keine biblischen Belege für diese Unterscheidung anführen. Ebenso wie נטא in Ps 107, 37 dazu dient, die Pflanzung des Weinbergs zu beschreiben, so dient der Begriff in Ps 80, 9 dazu, die Umpflanzung eines Weinstocks zu bezeichnen, während in Ez 19, 10.13 der Begriff undifferenziert sowohl für die erste als auch für die zweite Pflanzung des Weins verwendet wird. Keiner der biblischen Belege erfordert eine Bedeutung »verpflanzen« für שׁתל (außer vielleicht Ez 19, 13). Einige hingegen – so z. B. Ez 17, 22 – erfordern die Bedeutung »pflanzen«. Die meisten Belege übersetzt man am besten mit »pflanzen«. Was die Vorstellung selbst anbelangt, so signalisierten weder der Referent (das wankelmütige Juda) noch die Metapher (der Weinstock) durch einen Ortswechsel einen Treubruch. Sie streckten sich von ihrem Platz in eine neue Richtung aus – ein Gedanke, der bestens in V 6.7b dargestellt wird.

Die Forschung wollte damit ein Motiv der Weiterbildung des Treubruchs des Weinstocks stützen. Aber nichts in den V 5–7 läßt darauf schließen, daß der erste Adler dem Weinstock irgendetwas, das seine Herrlichkeit als Weinstock hätte steigern können, mißgönnt hätte. Vielmehr achtet er darauf, ihn in ein fruchtbares Feld zu pflanzen und an einen Ort, wo er reichlich mit Wasser versorgt wurde. Die einzige Bedingung dafür war, daß er sich unterordnete. Es geht am Text vorbei zu sagen, daß der Weinstock wegen einer Behinderung seines Wachstums, die nicht genannt wird, unzufrieden war. V 6 endet damit, daß der neue Weinstock sich entwickelt. Es wird kein Grund genannt, weshalb er in V 7 seine Untertanenpflicht wechselt, womit angedeutet wird, daß dies grundlos geschah. Die Erklärung, die ein Teil der Forschung in V 8 findet, verwirrt die Sache, indem der Weinstock (zumindest teilweise) gerechtfertigt und rückblickend der erste Adler verunglimpft wird. Auch schwächt dies den Höhepunkt, der vorhanden ist, wenn man V 8b als Geschick versteht, das der erste Adler für den Weinstock vorgesehen hatte – das nun verscherzt war. Daß der erste Adler dem Wein gut gesinnt war, wird durch die Parallele von Gottes Plan in bezug auf den Zweig der Zeder in V 23 gestützt, mit dem Unterschied, daß der Plan des Adlers vereitelt wurde, wohingegen Gottes Vorhaben gelang. Daraus ist zu schließen, daß, obwohl der Weinstock zum Zeitpunkt seines Abfalls nur »Triebe und Zweige« hervorgebracht hatte, er zu Zweigen, Früchten und Majestät gelangt wäre. Indem er seinem gütigen Herrn den Rücken zuwandte, verlor der undankbare Weinstock für immer die Gelegenheit, die Majestät zu entwickeln, die er für ihn vorgesehen hatte.

V 9   Die Forschung fügt ein interrogatives ה vor dem Verb תשלח (wie in V 10.15) ein, weil dies durch Haplographie ausgefallen sei (aufgrund des vorhergehenden JHWH). S. aber zur Auslassung der Interrogativpartikel ה Ges-K § 150, bes. Anm. 1.

    verrotten … müssen (יקוסס). Im Mischnahebräisch קסס »sauer werden (von Wein)« – z. B. Maaser Scheni 4, 2, in Parallele zu faulenden Früchten und verrostenden Münzen. Das Verb gehört in den Bereich des Weinbaus (*I. Löw*, Flora I 1924, 100 f., verbindet es mit קשקשת »Schuppe« und übersetzt unser Verb »seine Frucht schuppig werden lassen«). Das anschließende intransitive ויבש »und es wird verdorren« verleiht G S Gewicht, die יקוסס mit »wird verfaulen« übersetzen, wobei die nota accusativi את vor »seine Früchte« unter Einfluß des vorhergehenden aktiven Verbs ינתק steht. S. u. zu V 21. Zum intransitiven Polel vgl. Ps 90, 6: ימולל ויבש »[das Gras] liegt danieder und verwelkt«. T, die Kommentaren des Mittelalters und ein Teil der Forschung verstehen es als »abschneiden« von קצץ.

    Jedes Blatt. Wörtl. »[Bezüglich] aller Blätter seines Sprießens wird er [der Weinstock] verdorren«. Der Nominalsatz bestimmt das Verb näher (*P. Joüon* ebd. § 126 g). Beim Hapax טרפי handelt es sich um einen Aramaismus (aramäisch טרפא »Blatt« hier in S T), der mit טרף »gepflückt« nichts zu tun hat: עלי זית טרף »ein gepflücktes Olivenblatt« (sehr gelungen übersetzen T Onkelos S טרף mit תביר [»abgebrochen«] bzw. ›ḥyd‹ [»gegriffen«]).

    Und nicht mit großer Stärke oder einer starken Armee. Eine Anspielung auf die dem Bild zugrundeliegende Wirklichkeit. Es wird den Adler keine große Mühe kosten, den Weinstock zu entwurzeln. למשאות »zu heben« ist ein aramaisierender Infinitiv Qal von נשא mit Präfix מ (vgl. משא 2 Chr 19, 7) und der Endung ות der späthebräischen Verben לא (Ges-K § 74 h).

V 10   *Ostwind.* Ein neues Bild: Obwohl der Weinstock an einen fruchtbaren und gut bewässerten Ort gepflanzt ist, läßt ihn die Berührung mit dem Ostwind verdorren. Das Motiv ähnelt Hos 13, 15: »Obwohl er unter dem Schilf (= dem Sumpfgebiet) gedeiht, wird der Ostwind – ein Wind JHWHs – aus der Wüste wehen, und seine Brunnen werden versiegen und seine Quellen vertrocknen.« *B. Lang* ebd. 45 f. verteidigt die Ursprünglichkeit dieses neuen Bildes (gegen Zimmerli u.a.) durch einen Vergleich mit dem »adlergleichen« mesopotamischen Dämon Pazuzu, der den unheilvollen malariaträchtigen Südostwind repräsentierte (ANEP Abb. 659). Die in der Bibel mit dem Ostwind verbundenen Assoziationen sind jedoch weniger dämonisch, als daß es sich um ein Werkzeug des Willens JHWHs handelt: Als solcher erscheint der Ostwind in den Exoduserzählungen (Ex 10,13; 14,21; vgl. Ps 78,26), im Buch Jona (4,8) und der oben erwähnten Stelle in Hosea. Für den Moment weisen wir darauf hin, daß V 10 die Zerstörung des Weinstocks durch ein weniger materielles Hilfsmittel beschreibt als V 9. Der infinitivus absolutus יבוש nach einer finiten Verbform ist selten (Gen 19,9; Jos 24,10; *E. König* ebd. § 220 a).

Die Auslegung der Fabel. Nach einer Aufforderung an die Zuhörer, die   V 12–15
Bedeutung der Fabel zu bedenken (zur Kraft des »Ihr wißt [wörtl. wißt ihr nicht] genau« s. Sach 4, 5.13 und Ri 15,11; Jes 40,21.28; 2 Chr 32,13), und der Erlaubnis, dies für einen Moment zu tun, soll der Prophet seine Rede wieder aufnehmen (»sage«), indem er sie erklärt. Der erste Adler – der größer ist als der zweite – ist Nebukadnezzar, der König von Babel. Der Libanon ist Jerusalem. Die Krone der Zeder und ihr oberster Trieb sind der königliche Hof und der König (Jojachin), die exiliert und in Babylon (dem Land der Händler, der Stadt der Kaufleute) gefangen gehalten wurden. All dies ist zusammengefaßt in der kurzen Darstellung von 2 Kön 24,11–15.

Daß der Adler das einheimische Samenkorn begünstigt, zeigt deutlich die knappe, aber signifikante Vorgabe des Annalisten, daß Nebukadnezzar, nachdem Jojachin sich freiwillig ergeben hatte, der judäischen Monarchie erlaubte, weiter zu regieren, indem er den Davididen Zidkija (Jojachins Onkel) auf den Thron setzte (24,17). Allein aus dieser Vorhersage lernen wir, daß das Vasallentum Zidkijas aus einem mit einem Schwur besiegelten Vertrag bestand, der durch Fluchsanktionen (akkadisch *adê u māmīt*; CAD, Art. »adû«; s. auch die Gesamtauslegung) verstärkt wurde. Der letzte Satz von V 13, »und er nahm die führenden Männer des Landes«, scheint vor den letzten Satz von V 12 zu gehören (vgl. 2 Kön 24,15). Verschiebt man ihn dorthin, schließt er den Satz, der die Deportation betrifft, chiastisch ab: ויקח – לקח. Ehrlich beläßt im Anschluß an Kimchi den Satz an seiner Stelle in V 13, indem er ihn als Festnahme von Geiseln der führenden judäischen Familien als Garantie für die Einhaltung des Vasallenschwurs interpretiert. אלה »die führenden Männer«, wörtl. die »Widder«. Zu dieser Metapher (auch in Ex 15,15) vgl. אלם in einer phönizischen Inschrift aus dem 3. Jh. u. Z. aus Maʿṣub (KAI 19,1.2) und das ugaritische »Stier / Gazelle« = Adlige in KRT IV 6–7 (*J. Gibson*, Canaanite Myths and Legends, Edinburgh 1978, 92, Anm. 6). Der zweite (weniger prächtige) Adler ist der König Ägyptens (Psammetich II.). Die Wurzeln und Zweige, die sich nach ihm ausstrecken, sind Zidkijas Gesandte, die um ägyptische Hilfstruppen und Kavallerie ersuchten.

V 15b–18 *Wird er gedeihen?* Dies stellt eine Antwort auf V 9 dar, wobei im folgenden das tatsächlich Gemeinte benannt wird (»Wird er entkommen« usw.). Das Ausreißen und Hochheben weg von seinen Wurzeln, so daß der Weinstock verdorrt, bezieht sich auf den Transport Zidkijas nach Babylon, wo er sterben wird (was auch so eintraf; vgl. Jer 39,7; 52,11).

Die geringe Anstrengung, die V 9 zufolge die Entwurzelung des Weinstocks kostete, wird in V 17 auf die geringe Unterstützung bezogen, die der Pharao gewährte, um Nebukadnezzar bei der Belagerung Jerusalems entgegenzutreten (vgl. Jer 37,5; עשׂה אות »sich feindlich verhalten gegenüber« 7,27; 16,59; 22,14; 23,25.29; 39,24, daher kann das Antecedens von אותו »ihm« nicht das erwartete sein, nämlich Zidkija). Smend stört diese Umkehrung nicht, und die »(Pferde und) die starke Armee« Ägyptens, die in V 15 erwähnt werden, sind bereits in der vorhergehenden Verbindung dieses Ausdrucks mit dem ersten Adler (Babylon) in V 9 unklar.

(Selbstverständlich interpretierten die Kommentatoren des Mittelalters [Raschi, Kara, Kimchi] den »rätselhaften« V 9 durch den klaren V 17: »›Weder mit einer großen Streitmacht noch einer starken Armee‹ wird der *zweite* Adler *ihnen zu Hilfe* kommen … um *denen entgegenzutreten, die ihn* entwurzelten und von seinen Wurzeln weg transportiert haben« [Raschi, Hervorhebung M. G.]. Auf diese Weise wird die Spannung zwischen V 9 und V 17 ausgeglichen, doch müssen dazu die entscheidenden, kursiv gesetzten Worte ergänzt werden!)

Die hellseherische Vorhersage des vergeblichen Ausfallversuchs des Pharaos Hofra läßt an der Ursprünglichkeit des Textes von V 17 zweifeln, ebenso wie die falsche Vorhersage der leichten Eroberung des Weinstocks durch den ersten Adler dessen Ursprünglichkeit bestätigt. All dies wird gelöst, wenn »Pharao« in V 17 sekundär ist. Ursprünglich hätte dann V 17 mit V 9 übereingestimmt: Der babylonische »Adler« bedurfte keiner großen Streitmacht, um mit Zidkija (dem vermuteten Antecedens von אותו) während der Belagerung fertig zu werden. Als die Ereignisse dieser Vorhersage entgegenliefen, erlaubte die Flexibilität des Hebräischen ein neues Verständnis des Satzes als eine bis dahin unbemerkte Bezugnahme auf die eitle Geste des Pharaos (z. B. יעשׂה = unpersönlich »man wird umgehen«; אותו bezieht sich auf Nebukadnezzar). Die vereindeutigende Glosse »Pharao« wurde in den interpretierenden V 17 eingefügt, wohingegen der rätselhafte V 9 unverändert bleiben konnte. Der Glossator (vielleicht der Prophet) könnte davon ausgegangen sein, daß seine Leser seine neue Sichtweise von V 17 auf V 9 übertrugen (s. M. *Greenberg*, Ezekiel 17, 1957, 308 f.).

dessen Bund mit ihm. Die Akzente verbinden »mit ihm« mit dem folgenden »in Babylon wird er sterben«, was nur bedeuten kann, daß Zidkija und Nebukadnezzar zusammen sterben sollten (d. h. gleichzeitig; vgl. מות עם 1 Sam 31,5; Ijob 12,2) – und genau auf diese Art und Weise versteht es Abarbanel. Da jedoch diese Präzisierung sinnlos ist, folgt man allgemein

Ehrlich, der das »mit ihm« zum Vorhergehenden zieht (vgl. die Sprache von Lev 26,44; Ri 2,1 u.ö.).

er seine Hand darauf gab. Eine Geste des Versprechens und des Vertrags: 2 Kön 10,15 (s. *J. Montgomery*, Kings [ICC], Edinburgh 1951); Esra 10,19; 1 Chr 29,24; 2 Chr 30,8. In Klgl 5,6 könnte der Ausdruck das gleiche bedeuten (so *D. R. Hillers*, Lamentations [AncB], New York 1992), obwohl er dort meist als Bittgeste verstanden wird (so T hier!).

mein Schwur … mein Bund. Wenn in 2 Chr 36,13 berichtet wird, daß V 19 Nebukadnezzar Zidkija auf den Vasalleneid mit der Anrufung JHWHs verpflichtet hat, dann wird dort vermutlich dieser Abschnitt ausgelegt, indem »mein Schwur« dieses Verses und »sein Schwur« in V 16 (übersetzt mit »dessen Schwur«) identifiziert werden (G S lesen in V 16 ebenfalls »mein Schwur … mein Bund«). Dem folgen die Kommentatoren und die Forschung. S. aber die Gesamtauslegung.

Ich werde es … vergelten. Zur Inkongruenz des Suffixes mit dem femininen אלה und ברית vgl. Ex 11,6 (»wie es«); Jer 51,46 (»danach«); erleichtert hier durch den allgemeinen Bezug von »es« auf das Vergehen und nicht speziell auf den Schwur oder den Bund.

Eine Aufnahme von 12,13, wobei »sein Vergehen …« mittels einer An- V 20 spielung auf den Bundesbruch hinzugefügt wird (*J. Milgrom*, Concept 1976, 238). Der letzte Satz (»wegen des Vergehens …«) wird (ohne Präposition) als näher bestimmender Akkusativ konstruiert (*C. Brockelmann*, Syntax § 102; *E. König* ebd. § 328); vgl. 1 Sam 12,7b, wo את verwendet wird.

Flüchtenden. So verstanden als Hapax von ברח »fliehen« in verschiede- V 21 nen jüngeren Versionen von G und der syrischen Hexapla. Andere Versionen von G sowie S T bezeugen das üblichere מבחר »Elite-[Truppen]« (23,7; Dan 11,15). Der gesamte Satz fehlt in G. *J. Blau*, Gebrauch 1954, 9, erklärt das vorangestellte, ungewöhnliche את als Versuch, מברחו, das Subjekt von »[durch das Schwert] fallen«, zum Objekt zu machen.

werden … zerstreut werden (יפרשו). Ein ungewöhnliches Verb (Pi'el in Sach 2,10), das offensichtlich gewählt wurde, um mit ופרשתי (V 20) eine Inklusio um die Beschreibung der Flucht zu legen.

Hohen Krone. Die Betonung der Höhe – auch in den folgenden Begriffen V 22 »aufragenden Berg«, »bergigen Höhen« (V 23) – bildet einen Kontrast zum niedrigen Weinstock von V 6. Der Glanz des in Zukunft wiederhergestellten Sprosses Davids in Jerusalem wird damit angekündigt.

und sie einsetzen. Die Abfolge »nehmen – setzen« verweist auf V 5, aber »sie einsetzen« an dieser Stelle ist problematisch; es fehlt (daher?) in G S und nimmt ungewollt das folgende »und ich werde pflanzen« vorweg. Vielleicht handelt es sich um eine variierende Dublette des letzteren an falscher Stelle.

Früchte. Diese fabelhafte Zeder wird im Unterschied zu heutigen, echten V 23 Zedern Früchte tragen (Lang). Man unternahm unnötige Versuche, dieses

Wunder zu tilgen: z. B. die Änderung von פְּרִי »Frucht« zu פֹּארוֹת »Zweige« oder die Deutung als »Blätter«. Vgl. mit diesem zukünftigen Früchtetragen die Tradition des Midrasch, daß bei der Schöpfung auch die unfruchtbaren Bäume Früchte trugen (GenR 5, 9; ARN B 42). Die Begriffe, die zur Bezeichnung des Gedeihens der Zeder verwendet werden, sind dieselben wie bei der Beschreibung der Aussichten des Weinstocks (V 8b).

Jeder Vogel jeden Flügels. Als Zitat der Fluterzählung (Gen 7, 14) betont der Satz die große Zahl und die Vielfalt von Vögeln, die in der großen Zeder Schutz suchen werden. In der Fabel gebieten große Vögel über gequälte Pflanzen, hier sorgt ein großer Baum für eine Unzahl von Vögeln. Dort sind die Zweige niedrig und dürftig; hier sind sie hochragend und schützend. Da Vögel zu Zedern dazugehören (»Zedern des Libanon … dort nisten Vögel«, Ps 104, 16 f.), sind sie hier wörtlich zu verstehen. Sie dienen dazu, die Fülle der Zeder zu illustrieren. Sie sind kein Bild für die Völker. Diese werden von den »Bäumen des Feldes« im nächsten Vers repräsentiert. Ebenso sind in 31, 6 die Vögel und Tiere real und unterschieden von den »Völkern«, und in 31, 13 ff. repräsentieren die »Bäume des Wassers / des Feldes« die Völker als unterschieden von den realen Vögeln und Tieren.

V 24 Der Schlußvers ist eine stark erweiterte Erkenntnisformel, die von zwei Teilen einer einfach erweiterten Formel gerahmt wird: »Alle … werden erkennen, daß ich, JHWH, gesprochen habe und es getan habe« (= habe erlassen, daß es so sei und habe es bewirkt) wie in 37, 14. Diese einfach erweiterte Formel wurde aufgesprengt, so daß »alle … werden erkennen, daß ich, JHWH« der Nennung der machtvollen Taten vorangeht, wohingegen »ich, JHWH, habe gesprochen und es getan« sie triumphal abschließt.

»›Habe den hohen Baum erniedrigt‹ – die Völker, die Israel beherrscht haben; ›habe den grünen Baum verdorren lassen‹ – Zidkija und seine Nachkommen; ›und habe den verdorrten Baum blühen lassen‹ – Jojachin, der kinderlos ins Exil ging, wird in Babylon Serubbabel zeugen, der vielleicht über Judäa als Regent herrschen wird« (Raschi). Diese typische Spezifizierung des Mittelalters geht über den Text hinaus, der umgekehrt die hymnische Sprache nutzt, um Gott als Herrscher über das Geschick des Menschen zu feiern (1 Sam 2, 4 ff.; Ps 113, 7 ff.; Dan 2, 22). Da allerdings diese Umkehrungen mittels Begriffen der Weinstockmetapher der Fabel geschehen, beziehen sie sich vermutlich alle auf die davididische Linie – erniedrigt wird sie erhöht werden; verdorrt wird sie wieder blühen. Vgl. die (offensichtlich) identischen Objekte der umgekehrten Verben in Dtn 32, 39 (Gottes Selbst-Ruhm).

Ez 18, 1–31: Göttliche Gerechtigkeit und Umkehr

Literatur   *J. N. Carreira,* Raizes da linguagem profética de Ezequiel. A propósito de Ez 18, 5–9: Est.B 26, 1967, 275–286. – *J. B. Geyer,* Ezekiel 18 and a Hittite Treaty of Mursilis: JSOT 12, 1979, 31–46. – *P. M. Joyce,* Individual Responsibility in Ezekiel 18?, in: E. A. Livingstone (Hg.), I. Papers on Old Testament and Related Themes, Sixth International Congress on Biblical Studies, Oxford 3–7 April 1978, Sheffield 1979, 185–196. – *H. Junker,* Ein Kernstück der Predigt Ezechiels. Studie über Ez 18: BZ 7, 1963, 173–185. – *N. Kilp,* Eine frühe Interpretation der Katastrophe von 587: ZAW 97, 1985, 210–220. – *K. Koenen,* Heil den Gerechten – Unheil den Sündern! Ein Beitrag zur Theologie der Prophetenbücher (BZAW 229), Berlin / New York 1994, 175–184. – *J. Lust,* Ezechiel en de zure druiven: Collationes 17, 1987, 131–138. – *T. Krüger,* Geschichtskonzepte 1989, 355–393 – *G. H. Matties,* Ezekiel 18 1990. – *K. F. Pohlmann,* Ezechielstudien 1992. – *W. Reiser,* ›Damit ihr lebt!‹. Predigt über Ezechiel 18: ThZ 50, 1994, 169 ff. – *A. Schenker,* Saure Trauben ohne stumpfe Zähne. Bedeutung und Tragweite von Ez 18 und 33.10–20 oder ein Kapitel alttestamentlicher Moraltheologie (OBO 38), in: P. Casetti / O. Keel / A. Schenker (Hg.), Mélanges Dominique Barthelemy. Études Bibliques offertes a l'occasion de son 60e anniversaire, Freiburg (Schweiz) / Göttingen 1981, 449–470. – *H. Schulz,* Todesrecht 1969, 167 ff. – *E. Vogt,* Untersuchungen 1981, 108 ff.

Text

Übersetzung   *1 Das Wort JHWHs erging an mich: 2 Wie kommt ihr dazu, dieses Sprichwort im Land Israel zu verbreiten: ›Väter essen unreife Trauben und die Zähne ihrer Söhne werden stumpf‹? 3 Bei meinem Leben! verkündet der Herr JHWH, ihr werdet keine Gelegenheit mehr haben, dieses Sprichwort in Israel zu verbreiten! 4 Seht, jede Seele gehört mir; wie die Seele des Vaters so gehört mir auch die Seele des Sohns. Die Seele, die sündigt, wird sterben.*

5 Wenn ein Mann gerecht ist und recht und gerecht handelt – 6 er ißt nicht auf den Bergen und sucht bei den Götzen des Hauses Israel keine Hilfe; er macht die Frau seines Nächsten nicht unrein oder nähert sich einer Frau während ihrer Menstruation; 7 er unterdrückt niemanden; er gibt sein Schuldpfand zurück; er nimmt nichts mit Gewalt; er gibt sein Brot dem Hungernden und bedeckt den Nackten mit Kleidung; 8 er verleiht nicht mit Zins oder macht Gewinn; er enthält sich des Unrechts und richtet zuverlässig zwischen Männern; 9 er folgt meinen Gesetzen und bewahrt meine Satzungen, indem er ehrlich handelt – er ist ein gerechter Mann. Er wird leben, verkündet der Herr JHWH.

10 Zeugte er aber einen gewalttätigen Sohn, der Blut vergoß / und eines von diesen Dingen tat, / 11 der keines von diesen Dingen tat, sondern auf den Bergen aß, die Frau seines Nächsten unrein machte, 12 den Armen und den Bedürftigen unterdrückte, Dinge mit Gewalt nahm, sein Schuldpfand nicht zurückgab, bei den Götzen Hilfe suchte, Greuel verübte, 13 mit Zins verlieh und Gewinn machte – wird er leben? Er wird nicht leben. Weil er all diese Greuel begangen hat, wird er getötet werden. Sein Blut wird auf ihm sein.

14 Zeugte er aber einen Sohn, der all die Sünden sah, die sein Vater beging, darüber nachdachte und dergleichen nicht tat – 15 er aß nicht auf den Bergen oder suchte bei den Götzen des Hauses Israel Hilfe; er verunreinigte nicht die Frau seines Nächsten; 16 er unterdrückte niemanden, er nahm kein Pfand und nahm nichts mit Gewalt; er gab sein Brot dem Hungrigen und bedeckte den Nackten mit Kleidung; 17 er vermied es, dem Armen zu schaden, er nahm keinen Zins oder machte Gewinn; er beachtete meine Satzungen und folgte meinen Gesetzen – er wird nicht wegen der Schuld seines Vaters sterben. Er wird leben! 18 Sein Vater aber, weil er seine Schulden nicht zahlte, das Eigentum seines Bruders mit Gewalt nahm und tat, was nicht gut war inmitten seines Volkes – er starb um seiner Schuld willen. 19 Ihr sagt: »Wie ist es möglich, daß der Sohn nicht die Schuld seines Vaters büßte?« Weil der Sohn recht und gerecht handelte! Er hat all meine Gesetze genau beachtet. Mit Sicherheit wird er leben! 20 Die Seele, die sündigt, wird sterben. Ein Sohn wird nicht die Schuld seines Vaters büßen, und ein Vater wird nicht die Schuld seines Sohnes büßen. Die Gerechtigkeit des gerechten Mannes wird auf ihn zurückfallen, und der Frevel des Frevlers wird auf ihn zurückfallen.

21 Und wenn der Frevler umkehrt von all seinen Sünden, die er begangen hat, meine Gesetze beachtet und tut, was recht und gerecht ist, dann wird er leben und nicht sterben. 22 Alle Vergehen, die er begangen hat, werden ihm nicht vorgeworfen werden. Um seiner gerechten Taten willen wird er leben. 23 Sollte ich etwa Verlangen haben nach dem Tod des Frevlers, verkündet der Herr JHWH, und nicht vielmehr danach, daß er von seinem Weg umkehrt und lebt?

24 Aber wenn der Gerechte umkehrt von seiner Gerechtigkeit und Böses tut, indem er all die Greuel begeht, die der Frevler tat, wird er leben? Seine Gerechtigkeit wird man nicht beachten. Wegen der Vergehen, die er beging, und der Sünden, die er sündigte – wegen ihnen wird er sterben. 25 Ihr sagt: »Der Weg des Herrn hält sich nicht an die Regel!« Höre, Haus Israel, ist es mein Weg, der sich nicht an die Regel hält? Eure Wege sind es, die sich nicht an die Regel halten! 26 Wenn ein gerechter Mann von seiner Gerechtigkeit umkehrt, unrecht handelt und deshalb stirbt, wegen seiner unrechten Taten wird er sterben. 27 Wenn aber ein Frevler umkehrt von seinen frevlerischen Handlungen und tut, was recht und gerecht ist, dann hat er sein Leben gerettet. 28 Er dachte nach und kehrte um von all den Vergehen, die er begangen hatte. Er wird mit Sicherheit leben und nicht sterben. 29 Das Haus Israel sagt: »Der Weg des Herrn hält sich nicht an die Regel.« Sind es etwa

meine Wege, die sich nicht an die Regel halten, Haus Israel? Ganz bestimmt sind es eure Wege, die sich nicht an die Regel halten!

30 So werde ich jeden von euch richten nach seinen Wegen, Haus Israel, verkündet der Herr JHWH! Kehrt um, und wendet euch ab von all euren Vergehen, die ihr begangen habt, damit es euch nicht ein Anstoß zur Schuld wird! 31 Werft alle Vergehen, die ihr begangen habt, von euch, und schafft euch ein neues Herz und einen neuen Geist! Warum solltet ihr sterben, Haus Israel? 32 Denn ich habe nach niemandes Tod Verlangen, verkündet der Herr JHWH. Kehrt um und lebt!

Zu Text und Übersetzung

9 ehrlich. M אמת; G »ihnen gemäß« (als stünde אותם); vgl. M in V 19.

10 / und eines von diesen Dingen tat /: So S unter Nichtbeachtung des אח (vielleicht ein Fehler eines Schreibers, der zum folgenden מאחד falsch ansetzte); G »der Sünde begeht«.

13 er getötet werden. Einige hebräische Hss, S T Vul »sterben«.

14 darüber nachdachte. G »es fürchtete sich« (als stünde וירא).

17 vermied es, dem Armen zu schaden. G bezeugt ein עול »Schuld« anstelle des עני »Armen« des M, entsprechend übersetzte sie: »er enthält sich der Schuld« wie in V 8.

18 das Eigentum seines Bruders. G bezeugt einen mit V 12 identischen Text, d. h. גזלות »mit Gewalt genommene Dinge« anstelle des גזל אח des M.

Gesamtauslegung: Struktur und Themen

So einfach die einzelnen Teile dieser Prophetie je für sich wirken, so sehr wird der Interpret herausgefordert, wenn er versucht, den Text als Gesamtheit zu erfassen. Seine beiden Themen – das Prinzip der individuellen Vergeltung und Gottes unaufhörliche Bereitschaft, Reumütige anzunehmen und zu retten – werden eher nebeneinandergestellt, als daß sie explizit miteinander verbunden würden. Der Zusammenhang muß gedanklich ergänzt werden. Die Bedeutung und Funktion der eingeschobenen Zitate muß herausgearbeitet werden. Die Gedanken dieser Prophetie müssen mit anderen des Buches und der Schrift konfrontiert werden. Schließlich muß die Beziehung dieser Prophetie zu ihrer Parallele in 33,10–20 kommentiert werden. Wir beginnen mit einer Strukturanalyse.

Struktur

An die Wortereignisformel (V 1) schließt Gottes Ermahnung ohne Anrede oder Botenformel an, als zähle der Prophet selbst zu den Ermahnten. Das Sprichwort über Söhne, die unter den Missetaten ihrer Väter leiden (V 2), eröffnet den ersten und längsten Abschnitt des Wortes, der in der (theoretischen) Widerlegung des Sprichworts besteht. Im zweiten Abschnitt wird das Prinzip der Gerechtigkeit Gottes, demzufolge die Vergangenheit nicht die Beurteilung der Gegenwart beeinflußt, auf das Leben des Einzelnen hin ausgeweitet; es bildet die Basis für die Lehre einer jederzeit möglichen Umkehr

(V 21–32). Der Schluß des zweiten Abschnitts (der mit לכן beginnt), bindet beide Abschnitte zusammen. Da jede Person entsprechend ihrer eigenen Leistung gerichtet wird, wird das Publikum zu Umkehr und Leben ermahnt (V 30–32). Eine Besonderheit dieses Wortes besteht darin, daß die einzelnen Teile ineinander verwoben sind, ohne daß sich klare formale Grenzen ausmachen ließen.

A. Das Prinzip der individuellen Vergeltung (V 3–20). Die Grenzen dieses Abschnitts werden markiert durch die beiden Nennungen des Prinzips in V 4 und – in umgekehrter Reihenfolge (Seidels Regel) und erweitert – in V 20. Allerdings greifen die Begriffe von V 3 und V 4 auf das Sprichwort in V 2 zurück, daher unsere Abgrenzung des Abschnitts. Wenn wir in dieser Analyse dennoch den Abschnitt mit V 3 beginnen lassen, dann deshalb, weil wir die Form dem Inhalt überordnen, da strenggenommen Gottes Widerlegung mit dem Schwur in V 3 beginnt. Ähnlich endet die abschließende Formulierung des Prinzips in V 20bα; der Rest von V 20b bildet eine Brücke zum zweiten Abschnitt, die wir zunächst unberücksichtigt lassen.

Aus Gottes Eigentumsrecht auf jede Person wird das gewichtige Prinzip abgeleitet, daß allein der Sünder sterben soll (V 4). Dies wird anhand des Schicksals dreier Generationen illustriert. Die erste Generation definiert den Standard des Gerechten, der das Leben verdient (V 5–9); die zweite Generation, die Antithese, definiert den Frevler, der zum Tode verdammt ist (V 10–13); die dritte Generation – der gerechte Sohn eines frevlerischen Vaters – entspricht in der Wahrnehmung derjenigen, die das Sprichwort verwenden, ihnen selbst. Um das überschüssige »ein Vater soll nicht für ... seinen Sohn sterben« zu illustrieren (s. die Einzelanalyse zu V 20), bedarf es der ersten beiden Generationen; um das Sprichwort zu widerlegen, sind nur die letzten beiden notwendig. Entsprechend konzentriert sich die nachfolgende Argumentation auf diese, indem sie eine unter Umständen fiktive Kritik an den Zuhörern nutzt, um das Prinzip der moralischen Autonomie der Generationen zu betonen und zu bekräftigen. Die detaillierte Rechtfertigung der unterschiedlichen Geschicke der beiden letzten Generationen (V 18.19b), die eingeschobene Kritik, an die sich quasi als Höhepunkt eine Bekräftigung des Prinzips vom Anfang anschließt (V 20) – all dies zeigt, daß der Kern der Argumentation in V 18–20 liegt. Das Sprichwort wurde prinzipiell widerlegt.

Während des ersten Abschnitts herrschen Gegensätze zwischen Vater und Sohn entsprechend der Formulierung des Sprichworts vor. Im letzten Satz von V 20 jedoch wird das Vergeltungsprinzip mit Hilfe eines neuen Gegensatzpaares neu formuliert: nämlich »Gerechtigkeit« und »Frevel«, als wolle man sagen, daß Gott im Gericht weder Väter noch Söhne kenne, sondern nur Gerechte und Frevler. Diese neuen Begriffe fungieren als Brücke zum nächsten Abschnitt, den sie beherrschen.

B. Gottes immerwährende Bereitschaft, Reumütige anzunehmen und zu retten (V 21–32). Indem wir den Anhaltspunkten der Struktur von Teil A folgen, identifizieren wir die Begrenzungen von B mit den V 23 und 32 – eine Darstellung und Bekräftigung der wesentlichen Lehre dieses Abschnitts. Erstere stellt sich als Schlußfolgerung aus einer Prämisse dar (Umkehr macht vergangene Sünden ungültig) und wird als rhetorische Frage formuliert: »Habe ich etwa Verlangen nach dem Tod des Frevlers …?« Letztere beschließt die Schlußfolgerung in Form einer Deklaration und einer Ermahnung: »Denn ich habe kein Verlangen nach jemandes Tod …«

Der Prämisse und der Schlußfolgerung, die die erste Darlegung der Lehre beinhalten (V 21–23), wird ein weiterer Gegenstand hinzugefügt: Abkehr von Gerechtigkeit macht vergangene Verdienste ungültig (V 24) – ein logisches Ergebnis der Lehre und ein Triumph der Folgerichtigkeit, auch wenn dies für das Hauptinteresse des Wortes, Umkehr zu stärken, relativ uninteressant ist. Daraufhin wird eine weit verbreitete Nörgelei über die Willkür von Gottes Handeln zitiert und an die Nörgelnden zurückgegeben mit der erneuten Bekräftigung der Regel, daß die Vergeltung exakt der aktuellen Situation der Person entspricht (V 25–29). Bis hierhin sieht die Struktur von B folgendermaßen aus:

B1 Lehre
    a. Umkehr macht vergangene Sünden ungültig.
    b. Gott will die Umkehr.
    c. Abkehr macht vergangene Verdienste ungültig.
B2 Kritik und ihre Abweisung
    d. Nicht Gottes, sondern euer Verhalten ist verkehrt.
    c'. Abkehr macht vergangene Verdienste ungültig.
    a'. Umkehr macht vergangene Sünden ungültig.
    d'. Nicht Gottes, sondern euer Verhalten ist verkehrt.

Man beachte, wie a und b in B1 – invertiert! – in B2 eingewoben sind, wobei a' (V 27 f.) doppelt so lang ist wie c' (V 26; vgl. demgegenüber die gleiche Länge von a und c), was eine Betonung der Lehre von der Umkehr verrät. Man beachte ferner die Rahmung d–d', die diese schlagfertige Respons als eigenständige Einheit abgrenzt und zugleich die rigorose Konsequenz Gottes der Verkehrtheit des Volkes entgegensetzt.

Die theoretische Widerlegung des Sprichworts ist nun komplett. Aus dieser Perspektive korrespondiert die umgekehrte Nörgelei von B2 dem abgewiesenen Sprichwort in V 2–3. Aber der Prophet fährt fort, die praktische Schlußfolgerung aus seiner Darlegung zu ziehen. Das, was letztlich Gottes Unwillen auslöste, war nicht einfach ein Erkenntnisfehler, sondern die zersetzende moralische Konsequenz, die es implizierte. Ihre Abschaffung wird nun angekündigt.

B3. Ein Ruf zur Umkehr (V 30–32). Der Schluß des Wortes beginnt mit dem üblichen לָכֵן (V 30) und einem Resümee der Lehre von A: Jede Person wird gemäß ihrem eigenen Lebenswandel und nicht dem ihres Vaters gerichtet (man beachte, wie »seine Wege« in V 30a mit »meine bzw. eure Wege« in V 29 verbunden ist). Sodann wird die wesentliche Aussage von B (נָשׁוּבוּ ... וְחָיָה »damit er umkehrt ... und lebt«, V 23) in Imperative transformiert, die, aufgeteilt und erweitert, in Form eines stufenförmigen Rahmens den Höhepunkt des Wortes darstellen:

שׁוּבוּ וְהָשִׁיבוּ »Kehrt um und wendet euch ab!« (V 30b)

וְהָשִׁיבוּ וַחְיוּ »Kehrt um und lebt!« (V 32b)

Innerhalb des Rahmens finden sich drängende Rufe zur Umkehr; sie werden durch Gottes definitive Negation gekrönt, daß er dem Menschen Böses will (»Denn ich habe nach niemandes Tod Verlangen«) – eine überhöhte Umformulierung der rhetorischen Frage von V 23 – gefolgt von der Aufforderung umzukehren und zu leben (V 32).

Erneut wird das Halbierungsschema sichtbar, mit einer Konklusio, die charakteristischerweise beide Teile aufnimmt. Die generelle Übereinstimmung der Elemente von A und B (wenn auch unterschiedlich proportioniert) ist beachtenswert:

A	B
Sprichwort, erste Darstellung der Vergeltungslehre (V 2–4) und ihre Illustration (V 5–18)	Erste Darstellung von Gottes gutem Willen gegenüber Reumütigen innerhalb der Präsentation der Lehre vom Gericht entsprechend der aktuellen Situation (V 21–24)
Die Kritik des Volkes (V 19)	Die Nörgelei des Volkes und Gottes Erwiderung (V 25–29)
Die erneute Darstellung der Lehre	Praktische Konsequenzen der Lehren von A und B mit einer Bekräftigung von Gottes gutem Willen gegenüber Reumütigen (V 30–32)

Wie es sich für ein Streitgespräch gehört, ist diese Prophetie voll von rhetorischen Effekten. Abschnitt A ist didaktisch orientiert und vorherrschend im unpersönlichen Gesetzesstil gehalten. Die einzige persönliche Note ist das Suffix »meine«, das an die »Gesetze« und »Vorschriften« in V 9.17.19 angehängt wird. In B1 und B2 tritt zum unpersönlichen Stil Gottes Offenbarung seines guten Willens hinzu, gekleidet in wachrüttelnde rhetorische Fragen (V 23) und ungeduldige Vorhaltungen gegenüber den Zuhörern (V 25.29). In B3 wird der unpersönliche Stil vollständig ersetzt durch einen in nachdrücklichen Beteuerungen und Imperativen selbst redenden Gott (man beachte das wiederholte »spricht der Herr JHWH« in V 30.32). Eine eindeutige Steigerung der Leidenschaft, die am Schluß ihren Höhepunkt erreicht, durchzieht das Wort.

Stilmittel

Emphatische Stilmittel, wie sie bereits aus den vorhergehenden Worten bekannt sind, herrschen vor: Wiederholung mit oftmals signifikanter Variation (z. B. die Steigerung von »jemand« in V 7a zu »arm und bedürftig« in V 12a, um den Frevler zu verunglimpfen; von »gibt zurück« in V 7a zu »nimmt nicht« in V 16, um den Gerechten zu adeln); nebeneinander gestellte Gegensätze (durchgängig); chiastische Inversion oder anderweitige Zusammenbindung von Abschnitten durch Stichwortverknüpfungen. Ein gewisses Eingehen auf die Zuhörer wird durch den wiederholten Einschub ihrer vorgeblichen Kritik und Entgegnungen erreicht.

Um die Argumentation zu festigen, wird die Zeit ebenfalls über das Notwendige hinaus ausgedehnt. Im Sprichwort wird die Schuld des Vaters dem Sohn auferlegt; das ist die Richtung, in der in der Bibel und sonst im Alten Orient Schuld zugeschrieben wird (zu Dtn 24, 16 s. die Diskussion unten). Aber in der krönenden Zusammenfassung von V 20 wird verkündet, daß die moralische Autonomie der Generationen sowohl vorwärts als auch rückwärts gilt: Söhne sollen nicht wegen ihrer Väter leiden, *aber Väter auch nicht wegen ihrer Söhne*. Bei diesem Prinzip handelt es sich um die vollständige und theoretische Entkräftung der im Sprichwort implizierten Anschuldigung. Aber im nächsten Abschnitt (B1) wird aufgrund logischer Kohärenz daraus ein weiteres Prinzip erschlossen: Jemandes Vergangenheit determiniert nicht dessen gegenwärtige Beziehung zu Gott. In dieser Form wird eine Überzeugung vorweggenommen, die allein in den Köpfen derer entstehen kann, die die Argumentation von A überzeugt hat: Wenn es in der Tat keine übertragbare Schuld gibt, dann müssen wir selber für unsere schrecklichen Sünden leiden. Welche Hoffnung gibt es dann noch für uns (= 33, 10)? Die vorweggenommene Überzeugung träfe man umgekehrt in angemessener Weise mittels der Versicherung, daß die Umkehr eines Frevlers seine bösen Taten ungültig machte, so daß er leben könnte. Aber erneut wird die Argumentation in Richtung des komplementären und, um es genau zu sagen, überflüssigen Falls des wieder auf die schiefe Bahn geratenen Gerechten fortgeführt. Diese Ausweitung ist allein als rhetorisches Stilmittel gerechtfertigt, das dazu dient, Gottes Weg mit den Menschen als in striktester Weise an die Regeln gebunden darzustellen, in diametraler Opposition zu dem, was die Menschen sich vorstellten.

Vergleich mit 33,10–20 Eine Analyse der Beziehung von B (V 21–32) zur Parallele in 33, 10–20 muß die offensichtlich größere Angemessenheit der Argumentation dort abwägen gegen die Anzeichen, daß der dortige Abschnitt abgeleitet ist. Zusätzlich muß die Rhetorik unseres Textes in Betracht gezogen werden. Es besteht kein Zweifel, daß die Zusage der Tilgung einer frevlerischen Vergangenheit und die Lebenszusage für den Reumütigen besser auf die in 33, 10 geäußerte Verzweiflung antwortet (»Unsere Fehltritte und unsere Sünden sind auf uns; wie sollen wir da leben?«) als auf das Sprichwort, das den Anlaß zu unserem Wort gab. Kam diese Zusage zuerst im Rahmen von

Ez 33 zustande und wurde erst später mit unserem Teil A verbunden? Es gibt triftige Gründe, die Relation der Vorstellungen der beiden Worte tatsächlich so zu bestimmen. Aber dies erklärt kaum die literarischen Tatsachen. Zu viele Elemente in B sind mit A verknüpft, als daß B von andersher übernommen sein könnte. In Ez 33 den Ursprung von B zu sehen, ist umso unwahrscheinlicher, wenn man darauf achtet, wie wenige Elemente von B, die sich in Ez 33 finden, mit dem Spruch in 33,10 verbunden sind. Die Klage über Gottes Willkür (18,25.29; 33,17.20) gehört eher in den Zusammenhang einer Gegenbeschuldigung (das Sprichwort von A) als zur Verzweiflung derer, die ihre Schuld eingestehen (der Spruch von Ez 33). Entsprechend handelt es sich bei Gottes Zusage, daß er jeden entsprechend seiner Wege richten werde (18,20; 33,20), eher um eine Entkräftung des Vorwurfs, daß er die Menschen nach den Wegen anderer richte, als um eine Arznei für die Verzweiflung, in den eigenen Missetaten gefangen zu sein. Wir schließen daher, daß es sich bei B um eine Fortführung von A handelt, in dem die Konsequenzen gezogen werden. Damit er später als Erwiderung auf die Verzweiflungsaussage (33,10) dienen konnte, wurde B umgeformt und mit anderen Teilen unseres (vgl. 33,14b–15 mit 18,5.7) und anderer Texte (s. die Einzelanalysen dort) erweitert. Die Wiederverwendung und Kombination von Elementen aus Ez 18 im Mosaik von Ez 33 stellt ein gutes Beispiel für Ezechiels Praxis dar, sowohl den Wein zu mischen, als auch alten Wein in neue Schläuche zu füllen.

Das Sprichwort, das den Auslöser für dieses Wort bildete, ist nicht für die Exulanten spezifisch, vielmehr war es auch in Jerusalem im Umlauf (Jer 31,29–30). Es drückt sich in ihm eine Zurückhaltung gegenüber der Wahrnehmung aus, daß die Familie eines Mannes für seine Missetaten bestraft werden könne, als seien sie eine Fortsetzung seiner Person und ein Pfandbrief für sein gutes Verhalten. Diese Wahrnehmung beherrschte die Behandlung von Aufständischen gegen menschliche und göttliche Autorität innerhalb und außerhalb Israels. Die Praxis wird in den hethitischen »Vorschriften für das Tempelpersonal« lebendig beschrieben:

> Das Prinzip der Kollektivstrafe in Israel und im Alten Orient

Wenn ein Diener seinen Herrn irgend erzürnt, so wird man ihn entweder hinrichten oder seine Nase, seine Augen, [30]seine Ohren verderben oder [man wird] ihn, seine Frau, seine Kinder, seinen Bruder, seine Schwester, seine angeheirateten Verwandten, seine Sippe ... [ergreifen] und ›hinüberrufen‹ ... Wenn er stirbt, stirbt er nicht allein, sondern seine Sippe geh[t] mit ihm. Wenn [jemand] aber das Gemüt eines Gottes erzürnt, [35]s[uch]t der Gott das etwa an jenem [all]ein heim? [Su]cht er es nicht auch an seiner Frau, [seinen Kindern], seiner [Nachko]mmenschaft, seiner Sippe, seinen Sklaven und Mägden, seinem Vieh, seinen Schafen und an seinen Feldfrüchten he[im], um ihn auf diese Weise gänzlich zugrunde zu richten?
W. Beyerlin (Hg.), Religionsgeschichtliches Textbuch zum Alten Testament. (ATD.E 1), Göttingen 1985; vgl. das Pestgebet des Mursilis, ANET 395, §9.

In Israel wurden Aufständische (1 Sam 22,19; 2 Kön 10,1–11) ebenso behandelt, vgl. auch wie Nebukadnezzar an Zidkija handelte (2 Kön 25,7). Die progressive Regelung in Dtn 24,16 ächtete diese Praxis (zu Geschichte und rechtlicher Bedeutung dieser Regelung s. *M. Greenberg*, in: M. Haran [Hg.], FS Y. Kaufmann, Jerusalem 1960, 20–27). Von König Amazja wird gesagt, er habe im Gehorsam gegenüber dieser Regelung die Kinder der Mörder seines Vaters geschont (2 Kön 14,6). Aber während der ganzen biblischen Zeit blieb es ein Glaubensartikel, daß Gott die Kinder derer, die sich gegen ihn aufgelehnt haben, bestrafen kann (Ex 20,5; Dtn 5,9; vgl. Jer 18,12; Ijob 27,14). Die Gerechtigkeit »horizontaler« kollektiver Bestrafung einer Gesellschaft, in der es Verbrecher gab, wurde einige Male angezweifelt, und es existieren Beispiele für einen Skrupel Gottes in dieser Frage (s. 9,4); in 14,16 werden nicht nur die Gerechten zur Rettung ausgesondert, sondern es werden auch ihre (erwachsenen) Kinder unabhängig von ihnen behandelt – eine Vorwegnahme des Prinzips unseres Textes. Moses und Aaron rufen aus: »Ein Einzelner sündigt, und du zürnst der ganzen Versammlung?« Die Söhne Korachs kamen nicht zusammen mit ihrem aufständischen Vater um (Num 26,11; s. TpJ). Aber man fühlte die Solidarität der Familie derart stark, daß eine »vertikale« kollektive Bestrafung über Generationen hinweg nichtsdestoweniger akzeptiert war.

Ezechiels Generation jedoch war sich ihrer religiösen Überlegenheit gegenüber ihren Ahnen aus der Zeit Manasses und Amons bewußt. Daß der Niedergang des nationalen Geschicks unter der Regierung des gerechten und frommen Joschija begonnen hatte und bis zur Zeit Zidkijas fortdauerte, forderte Gottes Gerechtigkeit heraus. Nicht einmal der Autor der Königsbücher, der die Sünden sammelte, um das Exil zu erklären, konnte im »Bösen« der Könige nach Amon Grund genug finden, es zu rechtfertigen; er mußte »die Sünden Manasses« beschwören, um die Entscheidung, Juda zu zerstören, zu erklären (2 Kön 21,11 ff.; 23,26; 24,3 f.; vgl. Jer 15,4). Exakt im Moment des Beginns der Reform des guten Königs Joschija sank das politische Geschick Judas so tief, daß der ägyptische Pharao die Nachfolge auf dem Thron bestimmte (2 Kön 23,33 f.). Weitere Rückschläge folgten: das Vasallentum unter Nebukadnezzar (24,1), die Eroberung Jerusalems und das Exil König Jojachins und der Aristokratie und die Einsetzung Zidkijas über Juda durch die Babylonier (V 8–17). Wenn nach dem endgültigen Zusammenbruch von 586 ein gläubiger Mann klagen konnte: »Unsere Väter haben gesündigt und sind nicht mehr; wir haben für ihre Schuld gelitten« (Klgl 5,7), so verwundert es kaum, daß bereits in früheren Zeiten ambitionierte Geister, die Zeuge der Agonie ihres Landes wurden, das bittere, sowohl von Jeremia als auch von Ezechiel zitierte Sprichwort prägten.

Im Gegensatz zu Ezechiel bestätigt Jeremia stillschweigend die Gültigkeit des Sprichworts. In der gegenwärtigen Situation, die aufgrund von Israels Verstocktheit hart ist, nützt Gott sein Vorrecht gegenüber den Kindern der

Apostaten (die, obgleich sie nicht so schlimm sind wie ihre Väter, noch immer keine reinen Hände haben); erst in einer Zeit, die noch aussteht (»in jenen Tagen«), wird Gott als Teil des »neuen Bundes« von dieser harten Linie abgehen. Dann, aber nicht jetzt, »werden die Zähne dessen, der unreife Früchte ißt, stumpf werden«, und das Sprichwort wird keine Verwendung mehr finden.

Ezechiel hingegen fordert die sofortige Aufgabe des Sprichworts. Es zeichnet ein falsches Bild von Gottes jetzigem Handeln. In seinen Augen meint das Sprichwort, daß die, welche es verwenden, sich selbst für unschuldig halten. Dementsprechend definiert er Unschuld und bekräftigt, daß ihre Belohnung mit »Leben« nicht durch die Schuld der Eltern aufgehoben werden kann. Er verkündet, daß die von Dtn 24,16 mit Blick auf die menschliche Strafe aufgestellte Restriktion auch für die göttliche Gerechtigkeit gilt. »Moses sagte: ›der heimsucht die Schuld der Väter bei den Söhnen‹, aber Ezechiel kam und annulierte dies: ›Die Person, die sündigt, muß sterben.‹« (R. Jose bar Chanina, Palästina, 3. Jh. u. Z. [bMakkot 24a]). Man beachte jedoch, daß Gottes skrupulöse Unterscheidung zwischen dem Geschick der einzelnen Generationen im Kontext von Menschen mit einem exakt gegenteiligen Lebenswandel geschieht. Indem Ezechiel das Sprichwort als Schwarz-Weiß-Malerei versteht, fällt seine Antwort genauso aus: der allseits gerechte Sohn, der allseits frevelhafte Vater (»er tut keins von diesen Dingen«; ein weiterer Aspekt dieses Rigorismus spiegelt die vorhergehende Variante: »er begeht eines dieser [Vergehen]« – d. h. selbst ein einziges Vergehen bedeutet den Verlust des Status der Gerechtigkeit). Eine solche Vereinfachung des Gegenstands durch ideale Normen dient dazu, Gottes Prinzip der individuellen Vergeltung mit äußerster Klarheit darzustellen.

Ezechiels Prinzip der individuellen Vergeltung

Wenn das Sprichwort tatsächlich wahr war und Gott sich selbst vom Rechtsstandard ausnahm, indem er unschuldige Söhne für die Vergehen ihrer Väter bestrafte, hätte die Demoralisierung kaum abgewendet werden können. Während nun Ezechiel für die im Lande Verbliebenen keine Hoffnung bereithielt, antizipierte er die Verbesserung und Wiederherstellung der Exulanten (z. B. 11,16.18). Entsprechend der etablierten Ansicht, wie sie in Lev 26,41; Dtn 4,29; 1 Kön 8,47 f.; Jer 29,12 f. zum Ausdruck kommt, galt die Züchtigung durch das Exil der Verstocktheit Israels, bis es sich zerknirscht wieder seinem Gott zuwandte. Dies konnte allein auf der Basis des Vertrauens in Gottes Gerechtigkeit geschehen. So lang wie die im Sprichwort zu Tage kommende Ansicht vorherrschte, bestand wenig Aussicht auf Umkehr. Das grundsätzliche Problem, das das Sprichwort thematisiert, war eher ein praktisches als ein theoretisches. Es standen vitale, das Verhalten betreffende Konsequenzen auf dem Spiel. Daher mußte der statisch-didaktische Abschnitt A durch den dynamisch-volitiven Abschnitt B ergänzt werden.

B beginnt mit einem Sprung: Indem eine zweite Ursache der Verzweiflung angenommen wird, die erst nach der – genauer gesagt durch die – Akzeptanz des gewichtigen Prinzips von A eintreten kann, bewegt sich der Prophet vom Bereich der moralischen Autonomie zwischen den Generationen hin zur Befreiung des Individuums von der Last seiner eigenen Vergangenheit. Wenn die Probleme der jetzigen Generation in ihren eigenen Sünden begründet lägen und diese so abscheulich wären, wie Ezechiel sie rundherum macht, welche Hoffnung hätten sie haben sollen, mit Gott versöhnt zu werden und wieder seine Gunst zu erlangen, d. h. »Leben« zu gewinnen? Als Antwort auf diese vorweggenommene Notwendigkeit (die in 33, 10 explizit gemacht wird) fügt Ezechiel dem Prinzip von A eine Entsprechung hinzu, die auf Gottes »eigentümlichem Interesse« an jeder Person basiert: Gottes Wohlwollen, daß selbst der Frevler leben und nicht sterben soll, weshalb er es den Menschen erlaubt, ihre Taten zu tilgen und noch einmal neu anzufangen. Auf diese Weise wird der Grund für den drängenden Ruf zur Umkehr bereitet, mit dem das Wort endet.

Ezechiel stellt sich an die Seite Hoseas (z. B. 14, 2) und Jeremias (3, 12.14.22; 18, 11 u. ö.), wenn er Gottes Ruf zur Umkehr an die Nation verkündet (in Jer 25, 5; in 35, 15 wird dieser Ruf als Hauptlast aller Prophetie beschrieben). Aber keiner seiner Vorgänger stützte seinen Ruf mit den theologischen Postulaten, die hier aufgestellt werden. Nirgendwo sonst wird die dauernde Möglichkeit zur Umkehr durch Gottes Bekenntnis garantiert, daß die Menschen leben und nicht sterben sollen (vgl. dagegen 1 Sam 2, 25: »denn JHWH wollte sie töten« und die endlosen Unheilsansagen der Propheten). Besonders weit reicht die in V 31 vorausgesetzte menschliche Fähigkeit, sich »ein neues Herz und einen neuen Geist zu schaffen«. Nicht nur schreibt allein Ezechiel dem Menschen eine solche Fähigkeit zu, auch innerhalb der Prophetien Ezechiels wird dies einzig an dieser Stelle gesagt. Sonst steigert der Prophet die Unverbesserlichkeit des Volkes (z. B. Ez 16; 20), während in 11, 19 und 36, 36 ausdrücklich Gott es ist, der in der erlösten Zukunft »ein neues Herz und einen neuen Geist« schaffen wird. Diese singuläre Bevollmächtigung des Volkes, die so im Gegensatz zur sonstigen Stimmung des Buches steht, bildet eine Einheit mit den befreienden, stärkenden Nachrichten dieses Wortes, die als Mittel gegen die Verzweiflung gedacht sind.

Es stimmt, daß die Prinzipien von Vergeltung und Umkehr, die Ezechiel aufstellt, hochgradig theoretisch sind und die Realität kaum berücksichtigen. »Er lehnt es aus theologischen Gründen einfach ab, daß zwischen dem, was sein soll, und dem, was ist, irgendeine Diskrepanz besteht oder bestanden hat. In dieser Hinsicht scheint mehr als eine familiäre Ähnlichkeit zwischen ihm und den Freunden Ijobs zu bestehen« (Freedman, mündlich). Aber indem er so unerbittlich den Ereignissen das Joch der Verstehbarkeit auferlegte, gab er eine Antwort auf die Bedürfnisse der Stunde.

Ezechiels Botschaft war für die Nation gedacht – d. h. die exilische Fortführung der Nation, die er gewöhnlich בית ישראל nennt (V 25.29–31; vgl.
3,4 mit 3,1). Weder der Singular in den Beschreibungen des Gerechten
und des Frevlers im Rechtsstil in V 5–17 noch die Auswahl der Verhaltens-
weisen impliziert einen Wechsel der Fokussierung weg von der nationalen
Gemeinschaft hin zu Individuen, noch nicht einmal von einer Heimatper-
spektive zu einer exilischen. Auch enthält das Sprichwort nichts, was eine
Datierung in die Zeit nach der Zerstörung fordern würde, da das Mißgeschick Judas, auf das oben angespielt wurde, hinreichend ist, die aus ihm
sprechende Verbitterung zu erklären.

Die Liste begegnet in drei Variationen: die Basisliste in V 5–9, ihr sehr
viel kürzeres negatives Pendant in V 10–13 und ihre weithin vollständige
Wiederholung in V 14–17. Alle beginnen und enden mit allgemeinen Aussagen, dazwischen sind die besonderen aufgelistet. Die Beziehung der drei
Listen zueinander gestaltet sich folgendermaßen:

Der Gerechte	Der Frevler	Der Gerechte
Handelt recht und gerecht	Tat keines dieser Dinge	Handelte nicht so
1 kein Essen auf Bergen	1	1
2 Schauen auf die Götzen	6	2
3 Ehebruch	2	3
4 Menstruierende	–	–
5 Mißhandlung	3	4
6 Pfand	5	5
7 Raub	4	6
8 hungrig	–	7
9 nackt	–	8
10 Eigeninteresse	7	10
11 Missetat	–	9 [emendiert]
12 Schlichtung	–	–
Hält die Gesetze	Beging Greuel	Hielt die Gesetze

Wevers hat darauf aufmerksam gemacht, daß diese Variabilität dagegen
spricht, in der Liste einen allgemein bekannten Standard wie den Dekalog
zu sehen. Vielmehr tragen sowohl die Blickrichtung als auch die Sprache
deutlich den Stempel Ezechiels. Ein priesterliches Interesse am Ritual (kultische und sexuelle Verunreinigungen) werden kombiniert mit einer prophetischen Betonung sozial-moralischer Tugenden. Obwohl die rituellen
Bedingungen (wie im Dekalog) vorangestellt werden, ist die Anzahl der so-
zial-moralischen doppelt so groß. Verglichen mit dem Dekalog ist Ezechiels
Liste spezifischer, aber weniger umfassend und ausdrucksreich. Formal ist
sie komponiert mittels indikativer Verbalsätze, nicht aber Imperativen. An-

dere vergleichbare Listen beschreiben den idealen Menschen, »der auf Gottes heiligem Berg Gast sein darf« (Ps 15 ausführlich; kurz Ps 24,3 f.; vgl. Jes 33,14b–16) – aber sie sind deutlich anders als die ezechielische Liste, und ihnen fehlen die rituellen Qualifizierungen. Formal gesehen verwendet Jes 33 allein Partizipialsätze, wohingegen die beiden Psalmen Partizipial- und Verbalsätze miteinander mischen. Man vergleiche damit auch die kurzen prophetischen Gerechtigkeitsdarstellungen (Am 5,13.15; Jes 1,16f.; Mi 6,8), wo ebenfalls die kultischen Elemente fehlen. Formal gesehen sind Amos und Jesaja in Form von Imperativen formuliert, Micha hingegen in Infinitivsätzen. Es existiert eine Vielzahl vergleichbarer Listen, aber wenig spricht für die Annahme eines einzigen Archetypus oder auch einer Lebenssituation, aus der alle heraus entwickelt worden sind. Ezechiels Liste ist die längste, und ihre Analyse ergibt, daß sie im Gleichklang mit dem Mann und seiner Prophetie steht.

Vergleich mit Ez 22

Man kann einen fruchtbaren Vergleich zwischen unserer und der Liste der Verbrechen Jerusalems in Ez 22 ziehen:

	Verse in Ez 22	Ordinalzahl bzw. Vers in Ez 18
6	Blutvergießen	V 10
7	Eltern	–
	עשׁק	V 18
	Mißhandlung	5
8	Entheiligung von Sancta	–
	und des Sabbats	–
9	Verleumder	–
	Essen auf Bergen	1
10	Frau des Vaters	–
	Menstruierende	4
11	Ehebruch	3
	Schwiegertochter	–
	Schwester	–
12	Bestechung	–
	Eigeninteresse	10
	Vorteil mittels Gewalt	vgl. 7

Die Zugehörigkeit dieser Listen zu einer Familie ist kaum zu übersehen, was den Eindruck stützt, den unsere Liste macht, daß es sich um eine Schaffung Ezechiels handelt. Die Unterschiede lassen sich dadurch erklären, daß es sich bei unserer um eine Tugendliste handelt (und somit die Nummern 8, 9 und 12 enthält), wohingegen es sich bei Ez 22 um eine Anklageschrift handelt (daher die Hinzufügung von Entweihung und sexueller Vergehen; s. die Gesamtauslegung von Ez 22). Aber die Überlappung mit unserer Liste betrifft erstens die Einteilung und zweitens spezifische Gegenstände: Kult – 1; Sexualität – 3; Gesellschaft – 5; 10; 22,10.18. Die Unterschiede lassen sich durch geographische bzw. soziale Umstände erklären. Man kann nicht sagen, die Liste von Ez 18 sei für Individuen oder die Exulanten maßgeschneidert, wohingegen Ez 22 die Gemeinschaft im Blick habe. Darüber hinaus zeigt die Berücksichtigung des »Essens auf Bergen« – ein spezifisches Vergehen der in der Heimat Verbliebenen – in beiden Listen, daß beide die Zeit vor der Zerstörung im Blick haben.

Eine Studie der Einzelheiten unserer Liste enthüllt eine charakteristische Perspektive. Die allgemeinen Aussagen, welche den Rahmen bilden, unterscheiden sich deutlich: Der Schlüsselsatz zu Beginn lautet: עשה משפט וצדקה »tun was recht und gerecht ist« (V 5). Die Schlüsselbegriffe am Schluß sind הלך בחקותי, עשה משפטי / שמר »meinen Gesetzen folgen, meine Satzungen (Weisungen) bewahren / tun« (V 9.17). Während in V 19 beides miteinander kombiniert wird – »der Sohn tat was recht und gerecht war; er hielt genau [שמר ויעשה] meine Gesetze« –, beziehen sie sich ursprünglich auf ganz verschiedene Gegenstände.

»Tun was recht und gerecht ist« definiert den Standard des göttlichen wie des königlichen Verhaltens. Das ist »der Weg JHWHs« (Gen 18,19); so handelt er, und das verlangt er (Jer 9,23; Ps 99,4). Als Gottes Erwählter muß der König dieses Ideal verkörpern. Die Vorbilder David (2 Sam 8,15) und Salomo (1 Kön 10,9) handelten so, und Jeremia besteht auf der Verpflichtung der aktuellen wie der zukünftigen Davididen, so zu handeln (Jer 22,3.15–17; 23,5; 33,15). In 22,3 legt Jeremia dem König die Bedeutung dieses Satzes mittels folgender Befehle dar: »Rettet den Geplünderten aus der Hand dessen, der ihn unterdrückt; den Armen und die Witwe mißhandelt nicht; handelt nicht gesetzlos und vergießt kein unschuldiges Blut an diesem Ort.«

Eine derartige Spezifizierung ermöglicht es uns zu sehen, in welcher Kontinuität Israels Konzept des göttlichen wie des monarchischen Ideals zu den entsprechenden Konzepten des Alten Orients stand. Um ein paar mesopotamische Beispiele zu nennen: König Ur-Nammu von Ur (Ende des 3. Jt. v.u.Z.) herrschte in Übereinstimmung mit der »Billigkeit und Wahrheit« seines Gottes (ANET 523 c; zu diesem sumero-akkadischen Äquivalent zu משפט וצדקה s. CAD, Art. kittu, die Zitationen über Könige und Götter); Lipit Ischtar, der König von Isin (Beginn des 2. Jt.), und Hammurabi von Babylon (frühes 2. Jt.) hielten sich für von Gott erwählt, um die Gerechtigkeit in ihrem Lande durchzusetzen (ANET 159 c, 164 b), wobei letzterer spezifizierte: »damit der Starke nicht den Schwachen unterdrücke, damit die Waise und die Witwe gerecht behandelt werden« (ANET 178 a). Die Besonderheit Israels besteht in der Demokratisierung dieses Ideals. Sowohl Gen 18,19 als auch Am 5,24 fordern die gesamte Gemeinschaft – nicht allein den König –

»Recht und Gerechtigkeit« in Israel und im Alten Orient

auf zu tun, »was recht und gerecht ist«. Es wurde von jeder Person erwartet, daß sie nach dem königlichen Standard handelte (vgl. auch Jer 9, 23).

Der Ausdruck »meine Gesetze zu befolgen und meine Satzungen zu halten« (so auch 5, 7) entstammt der priesterlichen Sprache, die sich im Heiligkeitsgesetz findet (z. B. Lev 18, 4), wo damit die Ansprüche an die Israeliten zusammengefaßt werden (Lev 26, 3.14 f.). Es war angemessen, daß Ezechiel das alte, demokratisierte, königliche Ideal, recht und gerecht zu handeln – »den Weg JHWHs« –, mit den göttlich autorisierten »Gesetzen und Vorschriften« verband. Darin drückt sich sein Konzept aus, in dem die »Gesetze und Vorschriften« die Einzelheiten von »Gottes Weg« ausmachen. Die Verbindung wurde vereinfacht, da beide sich substantiell überlappten (vgl. Jer 22). Die sprachliche Nähe der Gegenstände unserer Liste zu den Vorschriften der Gesetzeskorpora in Exodus, Levitikus und dem Deuteronomium (s. die Einzelanalysen) weist darauf hin, daß derartige Korpora (תורות) den Bezugspunkt für Ezechiels Verallgemeinerungen darstellten: »er folgt meinen Gesetzen und hält meine Gebote« (V 9.17). Die Orientierung des priesterlicher Propheten hin zur תורה bedeutete für ihn, daß das alte Ideal in toraähnlichen Bedingungen verkörpert war.

Wie wir bereits bemerkt haben, finden sich Listen, welche das richtige Verhalten beschreiben, in verschiedenen Formen und Kontexten auch anderswo in der Schrift. Was läßt sich über ihre Herkunft sagen? Simlai, ein Weiser des 3. Jhs. u. Z. aus Palästina, brachte verschiedene Listen in eine aufsteigende Reihenfolge entsprechend der Kürze:

613 Gebote [eine traditionelle Zahl, deren Herkunft unbekannt ist] wurden Mose übereignet ... David kam und faßte sie zu elf zusammen [Ps 15] ... Jesaja kam und faßte sie zu sechs zusammen [Jes 33, 15] ... Micha kam und faßte sie zu drei zusammen ... Jesaja kam erneut und faßte sie zu zwei zusammen: »So spricht JHWH: Wahrt das Recht [מֹשְׁפֹט], und tut was gerecht ist [צדקה]« [Jes 56, 1); Amos kam und faßte sie zu einem zusammen: »Sucht mich, und ihr werdet leben« [Am 5, 4] ... [eine andere Meinung]: Habakuk kam und faßte sie zu einem zusammen: »Der Gerechte soll wegen seiner Treue leben« [Hab 2, 4] (bMakkot 24a).

Simlai scheint ein philosophisches Interesse daran zu haben, in den genannten Texten immer weitergehende Verallgemeinerungen zu unterscheiden. Dieses Motiv scheint bereits dem Gespräch zwischen R. Akiba und Ben Azzai über das allgemeinste Prinzip der Tora zugrunde zu liegen (Akiba: »Du sollst deinen Nächsten lieben wie dich selbst«; Ben Azzai: »Das ist das Buch der Generationen Adams ... er schuf ihn nach seinem Abbild«, Sifre zu Lev 19, 18). Noch früher führten Jesus und die Schriftgelehrten ein ähnliches Gespräch, in dem Jesus zwei Prinzipien anführte: » Höre Israel ... der Herr ist einer« und »Du sollst deinen Nächsten lieben ...« (Mk 12, 28–34 par.). Man wird kaum daran zweifeln, daß diese Übungen pädagogisch-praktische Absichten verfolgten. Jesus schafft hier eine Liste, die hauptsächlich auf der

»zweiten Tafel« des Dekalogs basiert, als Antwort auf die Frage: Was muß man Gutes tun, um das ewige Leben zu erlangen? (Mt 19,16–22 par.). Dieses Motiv führt uns zurück zu einigen der oben zitierten Stellen in der Hebräischen Schrift: »Leben erlangen« ist das Hauptanliegen unseres Ezechieltextes, von Am 5,4 und Hab 2,4. Damit ist nicht das »ewige Leben« der neutestamentlichen Stelle gemeint, sondern, wie auch sonst im Denken des alten Israel, der innerweltliche Genuß guter Dinge. Der Empfehlung von Lev 18,5, daß Gottes Gesetze denen das Leben schenken, die sie beachten (zitiert in Ez 20,11), entspricht dem deuteronomischen Motiv, daß das Halten der Gebote belohnt wird, »daß ihr leben und das Land in Besitz nehmen werdet« (16,20; vgl. 30,19f.) bzw. »daß ihr leben werdet und es euch gut gehen wird und ihr ein langes Leben haben werdet in dem Land, das ihr in Besitz nehmt« (5,30; 8,1).

Kurzfassungen tugendhaften Verhaltens wurden somit zum Zwecke öffentlicher Erziehung in Fragen der notwendigen Voraussetzungen eines gesegneten Lebens formuliert. Beim Dekalog scheint es sich um eine solche Kurzfassung gehandelt zu haben, die die Tradition zu einem zentralen Gründungselement des Sinaibundes machte. Der Dekalog wurde als göttliche Offenbarung an das Volk ausgezeichnet, und in dieser Hinsicht ist er mit den meisten der oben zitierten Beispiele verwandt, bei denen es sich um prophetische Verkündigungen an das Volk handelt. Die Stellen bei Amos, Micha und Jesaja stehen alle in irgendeiner Weise in Bezug zum Kult im Tempel. Dies ist nur natürlich, da das Hauptmotiv des Kults in der Erneuerung des Lebens und der Quelle des Segens bestand. Die Propheten nutzten die Beliebtheit des Kults, um ihre Kurzfassungen dessen, was das Leben garantierte, zu verkünden. Die Psalmen 15 und 24 sowie Jes 33 sind ebenfalls tempelzentriert, indem sie die notwendigen Bedingungen für den Einlaß in den heiligen Bezirk vorschreiben. Die griechischen und ägyptischen Tempelinschriften der Ptolemäerzeit, die rituelle und moralische Qualifizierungen der Tempelbesucher festsetzen, liefern hierzu eine gewisse Analogie (*M. Weinfeld*, Instructions for Temple Visitors in the Bible und in Ancient Egypt, Egyptological Studies [Scripta Hierosolymitana 28], in: S. Israelit-Groll [Hg.], Jerusalem 1982, 224–250).

Die Forschung, angefangen bei S. Mowinckel, hat eine dramatische »Tempeleinlaßliturgie« als Sitz im Leben dieses Listentyps postuliert. Man nimmt an, daß ihre Autoren und Ausführende Priester waren: Dem Pilger, der den heiligen Vorhof betreten wollte, wurde eine Kontrolliste vorgelegt. Nach der Versicherung, daß er diese eingehalten hatte, wurde er für »gerecht« befunden, und ihm wurde der Zutritt erlaubt (s. Zimmerli). Zu diesem hypothetischen Konstrukt gibt es keine außerisraelitische Parallele. Es gibt keinerlei Hinweis hierauf mit Ausnahme dieser biblischen Listen. (Die ägyptische »Unschuldsbeteuerung« [ANET 34ff.] der Toten vor einem Gericht von 42 Göttern, um für das ewige Leben würdig befunden zu werden,

Liegt Ez 18 eine »Tempeleinlaßliturgie« zugrunde?

steht den oben zitierten Stellen aus dem Neuen Testament näher, obwohl sie als Analogie angeführt wurde; sie hat nichts mit dem Tempelkult zu tun.) Die Frageform solcher Stellen wie Ps 15: »Wer darf sich aufhalten / hinaufsteigen« usw. verweist auf die Weisheitsliteratur als Vorbild. Vgl. sowohl Form als auch Inhalt des weisheitlichen Abschnitts Ps 34,12–15 (s. hierzu *H. Gunkel*, Die Psalmen, Göttingen 1929, 143; *N. H. Ridderbos*, Die Psalmen [BZAW 117] Berlin 1972, 249):

Kommt, ihr Söhne, hört mir zu;
Ich werde euch die Furcht JHWHs lehren.
Wer ist der Mensch, der nach dem Leben Verlangen hat [חפץ חיים; vgl. Ez 18,23.32],
Der die Jahre liebt, um Gutes zu erfahren?
Halte Deine Zunge vom Bösen fern
Und deine Lippen davon, arglistig zu reden;
Meide das Böse und tue Gutes;
Suche Freundschaft und jage ihr nach.

Man beachte den Schlüsselgedanken des »Verlangens nach Leben«. Man muß schließen, daß die Praxis der Zusammenstellung von Tugenden, die ein gottgefälliges Leben ausmachen – d. h. die Definition der Zugehörigkeit zur Gemeinschaft der JHWH-Gläubigen (so Weinfeld) –, verschiedene Sitze im Leben hatte, die allesamt einen pädagogischen Zweck verfolgten. Aufgrund seiner priesterlichen Ausbildung und seiner prophetischen Vorgänger verfügte Ezechiel über verschiedene Modelle, denen er folgen konnte. Zur Definition des Gerechten wählte er die kasuistische Form aus, die in priesterlichen Definitionen weit verbreitet war; s. z. B. Num 35,15b–21 (Asylstädte für Totschlag; aber wenn jemand unter den und den Umständen tötete, רוצח הוא מות יומת הרוצח »ein Mörder ist er; dieser Mörder soll getötet werden«). Zimmerli nennt den Ausdruck צדיק הוא »er ist gerecht« in unserem V 9 in Übereinstimmung mit der Theorie einer Einzugsliturgie eine Deklarationsformel; der Priester deklariert den Kultteilnehmer als qualifiziert, das Heiligtum zu betreten und des Lebens wert zu sein. Aber es wird nicht klar, warum eine Deklaration in der dritten Person formuliert sein sollte und nicht in der zweiten (wie z. B. Gen 29,14; 49,3; 1 Sam 15,13; 24,18; 29,9 u. ö.). Daß unser צדיק הוא eher im Sinne einer Definition zu verstehen ist, erfordert der Kontext, der mit dem Postulat »Wenn ein Mann gerecht ist« beginnt (V 5), mit der Aufzählung oder Definition der Eigenschaften fortfährt, die ihn derart auszeichnen, und mit dem zusammenfassenden »er ist gerecht, er wird leben« endet. Zusammenfassend ist zu sagen: Der Anlaß, eine solche Liste wie die in Ez 18 zusammenzustellen, ist pädagogischer Natur. Die in Ez 18 spezifischen Gegenstände stammen hauptsächlich aus Gottes »Gesetzen und Vorschriften« unter der Aufsicht der Priester. Aber das Übergewicht sozial-moralischer Vorschriften entstammt der spezifisch prophetischen Einschätzung als Essenz dessen, was Gott von Israel verlangt.

Einzelanalyse: sprachliche und literarische Aspekte

V 2 *Wie kommt ihr dazu ... zu verbreiten?* (מה אתם משלים). Dies ist die gleiche Konstruktion wie in Jona 1,6 מה לך נרדם »Was fällt dir ein zu schlafen?« (*P. Joüon*, Grammar 1996, §127 a, 161 i; *E. König*, Lehrgebäude III 1895–1897, §412 i). Nur wird hier das Pronomen אתם hinzugefügt, um zu betonen, daß dieses Sprichwort gerade bei ihnen fehl am Platze ist (»du unter allen Völkern!«). G (ohne אתם) und S (ohne לכם) bezeugen einfachere Konstruktionen als M (vgl. z. B. 12, 22a).

im Land Israel. Ezechiel erfuhr, daß dieses Sprichwort in der Heimat hoch im Kurs stand (vgl. 11, 3.15; 12, 22; 33, 24). Da es unabhängig davon in Jer 31, 29 bezeugt ist, wird es auch bei den Exulanten in Umlauf gewesen sein.

essen ... werden stumpf. Imperfektformen, typisch für Maximen (z. B. Ex 23,8: »... macht Sehende blind und verdreht ...«). In Jer 31, 29 steht das erste Verb im Perfekt. So wird Vorzeitigkeit ausgedrückt (nachdem die Väter unreife Trauben gegessen haben). Die Tempora können in Maximen aber auch einfach wechseln (Ijob 3, 17; Spr 14, 1; 19, 24; *S. R. Driver*, Tenses 1892, §35; *P. Joüon* ebd. §112 d, 113 c). Der Artikel in הבנים, der in Jeremia fehlt, betont das possessive »ihre Söhne« (*P. Joüon* ebd. §137 f. [S. 422, I.2]), ebenso V 20. Die unterschiedlichen Formulierungen hier und in Jeremia erklären sich durch die mündliche Überlieferung des Sprichworts.

Den Sinn des Spruchs gibt die Paraphrase von T wieder: »Die Väter sündigen, und die Söhne werden bestraft.« Die Übersetzung des M hängt von der Bedeutung des seltenen Verbs קהי (תקהינה) ab. G ἐγομφίασαν »schmerzen [der Zähne]« (in Jer 31, 29 liest G ἡμωδίασαν »stumpf werden [der Zähne durch saure Speisen]«), Vul *obstupescunt* »gefühllos, taub werden«. Das hebräische קהי (= aramäisch קהא) bedeutet »stumpf, taub werden« (Koh 10, 10 von einem eisernen Werkzeug, im späteren Hebräisch auch bei Sinnesempfindungen). Spr 10, 26 vergleicht die Wirkung von Essig auf Zähne mit der von Rauch auf die Augen. Tur-Sinai erklärte unser קהי kongenial mit »nichts zu essen haben«: Da die Väter die unreifen Trauben aufgegessen haben, ist für die Kinder nichts mehr zum Essen übrig (s. B-Y 5800 ff., bes. die Anmerkungen). Warum aber wählt die Maxime die Eltern als schuldig, unreife Trauben gegessen zu haben, und ihre Kinder als darunter leidend aus, ist doch der Brauch, unreife Trauben zu essen, in frühen und späten Quellen für Palästina-Syrien trotz der unangenehmen Wirkung auf die Zähne als sehr beliebt belegt (mShebiʿit 4.8; *I. Löw*, Flora I 1924, 76 f.; AuS IV, 345; *G. Crowfoot* / *L. Baldensperger*, From Cedar to Hyssop, London 1932, 10.26; *E. Grant*, The People of Palestine, Philadelphia 1921, 81)? Der erste Teil des Sprichworts konstatiert einen Gemeinplatz, einen harmlosen Vorfall (Herrmann sprach von »sarkastischem Volkshumor«). Erst der zweite Teil ist ungeheuerlich. Hier kommt ein Ressentiment gegenüber einer göttlichen Ordnung (bzw. Unordnung) zur Sprache, in der die Söhne für die Handlungen ihrer Väter geradestehen müssen. Freedman wies mich darauf hin, daß die Sprecher des Sprichworts den Grundsatz akzeptieren, demzufolge Sünde sehr wohl Bestrafung verdiene und diese auch tatsächlich bestraft wird. Sie beklagen sich jedoch darüber, daß die Falschen bestraft würden. Gott interessiere nicht, wer leidet, solange nur das Gleichgewicht von Sünde und Strafe gewahrt bleibe.

ihr werdet keine Gelegenheit mehr haben. »… weil ich euch die Regel   V 3
lehren werde, nach der ich euch richten werde, und ihr werdet nicht mehr
länger auf Abwege geraten, wenn ihr sie beachtet« (Kimchi, Abarbanel).

Der Satz wirkt wie ein Syllogismus, aber die Prämissen und ihre Bezie-   V 4
hung zur Konklusio sind nicht eindeutig. Die Argumentation dürfte folgende sein: Da mir, dem Spender allen Lebens, jedermann gehört, habe ich das
gleiche Anrecht auf den Vater wie auf den Sohn (bzw. Vater und Sohn sind
vor mir gleich). Sünder sind vor mir nicht Väter oder Söhne, sondern Individuen. Als ein solches ist jeder für die Folgen seines Verhaltens verantwortlich. Eine Person ist in moralischer Hinsicht nicht einfach die Fortsetzung
einer anderen. Gott wird nicht des Sünders habhaft durch dessen Sohn, noch
bestraft er den Sohn als »Teil« seines Vaters. Der Sünder ist für Gott wie
jeder andere ein eigenständiges moralisches Wesen. Er ist weder Vater noch
Sohn (im Anschluß an Abarbanel).

wird sterben. Zu »Leben« und »Tod« in diesem Text s. die Gesamtauslegung.

und handelt recht und gerecht. Diese allgemeine Aussage wird in V 6–8   V 5
spezifiziert und in V 9 in juristischen Termini (»Gesetze, Satzungen«) neu
formuliert; s. die Gesamtauslegung.

ißt […] auf den Bergen. »Berge« werden in 6,13 (vgl. 20,28; 34,6) als Ort   V 6
von Götzenopfern, deren Fleisch verzehrt wird, erwähnt. Beide Aussagen
von V 6a bilden eine Einheit. Freedman vergleicht damit die Abfolge von
Kult und Mahl in der Erzählung vom goldenen Kalb (Ex 32,6). Da der Ausdruck spezifisch ezechielisch ist (nur noch in V 11.15; 22,9), wurde vorgeschlagen, den Text in Übereinstimmung mit 33,25 zu verändern und den
Ausdruck durch das »Essen des Blutes« (הרם für הר[י]ם) als bekanntem Kultvergehen zu ersetzen. Es ist jedoch nicht zulässig, einen wiederholt vorkommenden, ungewöhnlichen und textkritisch gut bezeugten Ausdruck durch
einen einzelnen, allgemeinen und daher textkritisch zweifelhaften zu ersetzen.

sucht bei den Götzen des Hauses Israel keine Hilfe. Wörtl. »seine Augen
erhebt er nicht zu den Götzen«, ebenso 23,27 (zu Ägypten), Ps 123,1 (zu
Gott; vgl. 121,1); vgl. Lev 19,4: »Blicke nicht [תפנו wörtl. »sich wenden«]
zu den Götzen [אלילים].« Ist die Kombination der »Berge« mit dem »Erheben der Augen« als bewußte Anspielung auf die gottesfürchtige Geste in Ps
121,1 zu deuten, die hier in den Kontext des Abfalls gestellt wird?

macht … unrein. טמא wird verwendet für Keuschheitsvergehen in 22,11;

23, 13.17; 33, 26, ebenso Gen 34, 5 und im Gottesurteil des vermuteten Ehebruchs (Num 5, 14.27 ff.).

einer Frau während ihrer Menstruation. Das Abstraktum נדה »Unreinheit (durch Menstruation)« wird hier im konkreten Sinne als Apposition zu אשה (vgl. אשה זונה, »eine hurerische Frau«, 16, 30) verwendet. So durchgängig im Mischnahebräisch (mNidda 4, 1, im Plural!). »Sich nähern« ist ein Euphemismus für den Geschlechtsverkehr (Dtn 22, 14; Jes 8, 3; vgl. Lev 18, 14). Die volle Formulierung findet sich Lev 18, 19: »Nähere dich nicht einer Frau in der Zeit ihrer Menstruation, um ›ihre Blöße aufzudecken‹ (= ihr beizuwohnen).«

V 7   *unterdrückt.* Noch in 45, 8; 46, 18. הונה meint speziell die Vertreibung einer meist hilflosen Person aus ihrem Besitz (Jer 22, 3), z. B. durch Übervorteilung (Lev 25, 14.17).

sein Schuldpfand nicht zurückgab (חבלתו חוב). Der singuläre Ausdruck übersetzt wie חבלת חובו, s. die Einzelanalyse zu מדרכך זמה (16, 27). חבלה Femininum zu חבול, V 12.16 (vgl. das abwechselnde גזלה / גזל, V 7.18); חוב bedeutet im Aramäischen und im Mischnahebräisch »Pfand«. Im älteren Hebräisch entspricht dem נשי (2 Kön 4, 7). Bei beiden Begriffen handelt es sich um ein Hapax. Das Verb חבל ist auch in Ex 22, 25 belegt, wo von der Rückgabe eines geliehenen Kleidungsstücks vor Einbruch der Nacht die Rede ist. In diesem Sinne verstehen viele das »Zurückgeben« auch hier. Der Zusammenhang mit dem folgenden Vers läßt jedoch darauf schließen, daß die pflichtgemäße Rückgabe des Pfands nach Abzahlung der Schuld gemeint ist (Ibn Caspi). *J. Milgrom,* Cult 1976, 95 ff., verweist auf den Talmud. Dort begegnet חבל im Zusammenhang des Pfändens von Besitz eines säumigen Schuldners, um seine Zahlung sicherzustellen (s. Raschi zu Ex 22, 25; Milgroms Behandlung unserer Stelle auf S. 90 ff. könnte klarer sein; s. auch *I. L. Seeligman,* Lending, Pledge, and Interest in Biblical Law and Biblical Thought: *SBANE,* Hebräischer Teil, 183–205, bes. 191–195).

mit Gewalt nahm. Lev 5, 21.23; 19, 13; Jes 3, 14. Zur Bedeutung dieses Ausdrucks, der oftmals mit »rauben« wiedergegeben wird, s. *J. Milgrom* ebd. 89–94.

Brot … Kleidung. Diese positiven Handlungen haben keinen spezifischen gesetzlichen Hintergrund. Sie betreffen die brüderliche Solidarität mit dem Unglücklichen; s. Jes 58, 7 und Ijob 22, 7; 24, 10; 31, 16–22 (die ersten beiden Stellen in Ijob nehmen darüber hinaus auch auf das Pfand des Armen Bezug). Als allgemein menschliche Tugenden waren sie auch außerhalb Israels anerkannt. Der ägyptische Beamte Harkhuf (Ende 3. Jt. v. u. Z.) rühmt sich in seiner Autobiographie: »Ich gab Brot dem Hungrigen, Kleidung dem Nackten« (*M. Lichtheim, Ancient Egyptian Literature* I, Berkeley 1973, 24).

V 8   *Zins* (נשך) … *macht Gewinn* (תרבית). Offenkundig bezogen auf Lev 25, 36 f., wo nur נתן לקח plus die beiden Begriffe erscheinen (vgl. Spr 28, 8). Der Unterschied zwischen נשך und תרבית (רבית, מרבית) ist nicht klar. Nach

Tur-Sinai (B-Y, s. v. »rbyt«, Anm.) »beziehen sich die beiden Begriffe auf zwei Aspekte des Gebrauchs: Es schädigt (נֶשֶׁךְ) den Besitz der einen Partei und vermehrt (מַרְבָּה) den der anderen«. Er zitiert ergänzend die Ansicht H. P. Müllers, daß es sich im Grunde um ein festes Wortpaar handele, hinter dem ein einheitliches Konzept stehe, wie im späteren Hebräisch מַשֶּׂה וּמַתָּן »Tragen und übergeben«, מֶקַח וּמִמְכָּר »kaufen und verkaufen«, wobei beide Begriffe »Handel, Geschäft« meinen. Eliezer von Beaugency kommentiert hier: »Da innerhalb dieses Abschnitts נֶשֶׁךְ verbunden wird mit Leihen, תַּרְבִּית hingegen mit Sammeln, muß man schließen, daß ersteres ein reduziertes Gewicht, eine Geldsumme oder ein Maß meint; d. h. der Verleiher nimmt einen Teil (נֶשֶׁךְ) des festgesetzten Betrags, wenn er verleiht, wohingegen er das volle Maß oder Gewicht bei der Rückzahlung verlangt.« Aber S. Loewenstamm, nšk and m / trbyt: JBL 88, 1969, 78–80, argumentiert, daß נֶשֶׁךְ den Gewinn an einem Kredit bedeutet, wohingegen sich תַּרְבִּית auf den Verleih von Lebensmitteln bezieht. Lev 25, 36 f. unterscheidet die Verben nicht.

enthält sich. Wörtl. »hält seine Hand zurück« (20, 22; Klgl 2, 8; Ps 74, 11). Für die Verbindung von עוֹל, עָשָׂה und מִשְׁפָּט in den beiden Teilen dieses Verses zitiert Kimchi zu Recht Lev 19, 35 »ihr sollt kein Unrecht tun im Gericht« (לֹא תַעֲשׂוּ עָוֶל בַּמִּשְׁפָּט). Die Begriffe werden hier neu kombiniert. Im Kontext der alltäglichen Geschäfte eines Laien meint מִשְׁפָּט in diesem Zusammenhang »Entscheidung, Urteil, Schlichtung«. Das für Ezechiel unübliche מִשְׁפַּט אֱמֶת »richtet zuverlässig (ehrlich?)« wurde in Sach 7, 9 (8, 16) aufgenommen.

er folgt (יְהַלֵּךְ). Hier im Piʿel (Ps 142, 4), poetischer als das Qal von V 17 (הָלַךְ). Für den Wechsel vgl. Ps 81, 13–14. Die Wiederholungen im Text werden auf diese Weise variiert (הָבֵל / הַבְלָה, Tempuswechsel usw.). Der formelhafte Ausdruck des Gehorsams (vgl. 5, 6; 11, 20; Lev 26, 3) faßt die vorhergehenden Handlungen in Begriffen eines Kanons göttlicher Gesetze zusammen.   V 9

indem er ehrlich handelt. עָשָׂה אֱמֶת ist ein später Sprachgebrauch (Neh 9, 33 [von Gott]; 2 Chr 31, 20). Angesichts von V 19b dürfte G »sie zu tun« (אוֹתָם) vorzuziehen sein. M dürfte unter dem Einfluß von אֱמֶת im vorhergehenden Vers entstanden sein.

Zeugte er aber. Ein Konditionalsatz mit einer Perfektform des Verbs in der Protasis (so fast durchgängig bis V 17); s. die Anmerkung zu 3, 18 und die gegenteilige Interpretation bei S. R. Driver ebd. §149 (die Analogie zu V 14 bezeugt im Gegensatz zu seiner Position, daß es sich bei unserem וְהוֹלִיד nicht um ein konsekutives, sondern um ein normales Perfekt handelt).   V 10

einen gewalttätigen Sohn, der Blut vergoß. Diese extremen Antonyme zu צַדִּיק ersetzen das gewöhnliche רָשָׁע – verwendet in V 20 – und signalisieren eine Polarisierung in diesem Abschnitt. Zu פָּרִיץ s. 7, 22; Jer 7, 11 (»eine Räuberhöhle«); »der Blut vergoß« ist ein beliebter Ausdruck in Ezechiel: 16, 38; 22, 3.27; 23, 45; 33, 25.

/ *der eines von diesen Dingen tat* /. אח ist schwierig. S übergeht es, wohingegen die Übersetzung von T »seinem Bruder« לאחיו erforderte. Der Ausdruck könnte der fehlerhafte Beginn des מאחד sein und ist zu übergehen. Der Rest des Satzes ist nach Lev 4, 2; 5, 13 gebildet und scheint eine inferiore Variante des nächsten Satzes zu sein. Solche Varianten entstanden als alternative Lösungen des Problems, wie man eine Liste, die sowohl positive als auch negative Aussagen enthält, verneinen soll. Ibn Caspi versucht, beide zu behalten: Der böse Sohn »beging jedes« dieser Vergehen, die vom gerechten vermieden wurden, und »tat keine« von dessen tugendhaften Handlungen. Der Ausdruck כי גם »sondern« schließt an die zweite Möglichkeit an und macht den bösen Sohn zum polaren Gegensatz seines Vaters.

V 12   *den Armen und den Bedürftigen*. Hauptsächlich ein Ausdruck der Psalmensprache (Ps 12, 6; 35, 10; 37, 14, u. ö.; auch Dtn 24, 14; Jer 22, 16; Ez 16, 49). Da er in V 7 nicht verwendet wird, unterstreicht er hier die Böswilligkeit des Mannes, der sich die Schwachen aussucht, um sie zu schikanieren.

V 13   *Sein Blut wird auf ihm sein*. Der Ausdruck bedeutet, daß er dies sich selbst zuzuschreiben hat, da er sich entschieden hat, das Böse zu tun (vgl. 33, 4 f.). Ursprünglich diente der Ausdruck dazu, Scharfrichter von der Blutschuld freizusprechen (s. K. *Koch*, Der Spruch ›Sein Blut bleibe auf seinem Haupt‹ und die israelitische Auffassung vom vergossenen Blut: VT 12, 1962, 413). Obwohl in unserem Abschnitt kein menschlicher Vollstrecker auftaucht, wird durch die Verbindung mit dem Verb יומת »er wird sterben« der ursprüngliche Kontext beibehalten. Man erwartet das passive ימות »er wird sterben« (wie in V 21.24.27), das normalerweise in göttlichen wie in königlichen Verfluchungen begegnet (1 Sam 14, 39.44; 22, 16), auch wenn letztere mit dem Entschuldungsformular verbunden sind (1 Kön 2, 37). ימות wird durch die Hss und die Versionen gestützt.

V 14   *darüber nachdachte*. Wie in Koh 7, 14 und V 28. וַיִּרְאֶה ist in Form und Bedeutung von וַיַּרְא »er sah« zu Beginn des Verses zu unterscheiden. Dieser Kunstgriff fehlt in G, deren Übersetzung »und fürchtete« (von וי[י]רא) eine allgemeine Sequenz »sehen – fürchten« formuliert (z. B. Jes 41, 5; Sach 9, 5), für die die Forschung votiert. M hingegen impliziert ein reflektierteres Motiv für die Wahl des Sohnes, den richtigen Weg zu nehmen, und die Reue des bösen Mannes in V 28.

V 16   *er nahm kein Pfand*. Ein solcher Skrupel noch jenseits des Standards von V 7 bildet das exakte Gegenstück zur besonderen Böswilligkeit des Vaters in V 12a (s. die Einzelauslegung).

V 17   *er vermied es, dem Armen zu schaden*. Wörtl. »vom Armen [מעני] zog er seine Hand zurück« (= hörte auf [ihn zu schaden; vgl. 20, 22] – so die mittelalterlichen Kommentatoren). Das ungeschickte Lob des M korrigierten S und T durch die Hinzufügung einer Negation: »er zog seine Hand *nicht* zurück [von der Hilfe]«. Eliezer von Beaugency glossierte einfach: »aus Gerechtigkeit« in Übereinstimmung mit V 8, und gelangte so zum Text, den auch die Übersetzung durch G widerspiegelt. Falls M falsch sein sollte, so dürfte der Fehler durch die Hinzuziehung des »Armen« zum vorhergehenden »Hungrigen« und »Nackten« entstanden sein; die Wortkombination findet sich in auffallend ähnlicher Weise in Jes 58, 7.

weil er seine Schulden nicht zahlte. עשק unterscheiden sich von גזל (Lev   V 18
19,13; Mi 2, 2; Jer 21,12; 22, 3) insofern, als daß illegal erworbener Besitz legal in den Besitz des Schuldners kam (z. B. der Lohn, der einem Arbeiter zusteht); s. *J. Milgrom* ebd. 98 f.

seines Bruders. גזל את findet sich nur hier. Zugrunde liegt die Idee, daß »ganz Israel aus Brüdern bestehe, wie geschrieben steht ›bis dein Bruder kommt und es zurückfordert‹« (Dtn 22, 2, wo »dein Bruder« einen Israeliten meint, »den du nicht kennst«; so Kimchi). In G fehlt את, anders S T.

was nicht gut war. Ein für die Sprache der Weisheit charakteristischer Litotes für das »Böse« (Spr 16, 29; 17, 26; 18, 5; 19, 2 u. ö.).

inmitten seines Volkes. עמיו ist ein alter Begriff, der in festen Redewendungen auftaucht (נאסף אל – »versammelt [im Tod] zu –«; [קרב]מן נכרת – »ausgeschnitten [aufgrund von Sünde] aus [der Mitte der] –«) in der Bedeutung »seine Verwandtschaft«; ansonsten begegnet der Begriff selten und unterscheidet sich nicht von עמו »sein Volk« (*A. R. Hulst,* THAT 2, 297 ff.).

Ihr sagt. Da »ihr« diejenigen sind, die das Sprichwort verbreiten und da-   V 19
her eine Schuldzuweisung zurückweisen, ist es kaum denkbar, daß sie diejenigen sind, die einen solchen Einwand erheben. (נשא ב hat hier nicht die normale Bedeutung »sich teilen, jemanden die Last abnehmen« [Num 11,17; Ijob 7,13]), da dies hier nicht zur Debatte steht. ב ersetzt das gewöhnliche את [s. Num 14,33 f.] unter dem Einfluß des benachbarten בעון in V 17 f.). Die Frage soll provozieren: Wie ist es möglich, daß euer Beispiel nicht der Realität entspricht, daß unschuldige Kinder die Bestrafung ihrer Eltern ertragen müssen, wie wir es selbst erfahren! »[Ezechiel] meint nicht, daß sie um das Recht streiten, sondern um die Tatsache« (Calvin). Die Antwort ist: Der Sohn im Beispiel war – im Gegensatz zu euch –wirklich unschuldig! Bei diesem Wortwechsel dürfte es sich nicht um eine direkte Reaktion auf die Rede des Propheten handeln, sondern um ein rhetorisches Stilmittel zur Betonung des Unterschieds zwischen der Wahrnehmung der göttlichen Führung in den Augen des Volkes (er bestraft die Unschuldigen, wie das Sprichwort sagt) und der offenbarten göttlichen Regel der Vergeltung, die im folgenden Vers wiederholt wird.

ein Vater ... nicht die Schuld seines Sohnes. Dieser überaus durchkon-   V 20
struierte Satz, der über das hier und anderswo in der Schrift Behandelte hinausgeht, erinnert an Dtn 24, 16: »Väter sollen nicht um ihrer Söhne willen getötet werden, und Söhne sollen nicht um der Väter willen getötet werden; jeder soll für sein eigenes Vergehen getötet werden.« Der ursprünglich deuteronomistische Satz scheint noch über die aktuell anstößige Praxis hin-

auszugehen; vgl. 2 Kön 9, 26; 14, 6, wo diese Frage nur die Söhne von Verbrechern betrifft (so auch die hethitische Praxis; ANET 207 ff.). Wir verstehen die ausbalancierten Sätze als rhetorisches Stilmittel zur Betonung der Trennung der Generationen in bezug auf ihre jeweilige Schuld. Ibn Caspi liefert eine andere Interpretation für den Einschluß des »irrelevanten« Satzes in Ezechiel (die auch für das Deuteronomium gilt): »Wie es selbstverständlich ist, daß Väter nicht für die Vergehen ihrer Söhne büßen müssen, so ist es selbstverständlich, daß Gott nicht die Söhne wegen ihrer Väter bestraft.«

Die literarische Beziehung von Ezechiels theologischem Prinzip und dem rechtlichen des Deuteronomiums ist als strikte Umkehrung der Teile zu denken:

Dtn 24, 16		Ez 18, 20	
Väter nicht für Söhne	1	wer sündigt, stirbt	3
Söhne nicht für Väter	2	Söhne nicht für Väter	2
jeder stirbt für seine eigene Sünde	3	Väter nicht für Söhne	1

Dies stellt ein Paradebeispiel für Seidels Regel, derzufolge literarische Bezugnahme durch Inversion angezeigt wird, dar. Die »normale« Abfolge »Väter – Söhne« erscheint im Deuteronomium in der Anfangsposition. Das läßt darauf schließen, daß Ezechiel vom Deuteronomium abhängig ist (vgl. Ez 5, 10, eine weitere Aufnahme von ausbalancierten Sätzen des Deuteronomiums ohne Inversion).

wird auf ihn zurückfallen. Wörtl. »wird auf ihm sein.«

V 21   Eliezer von Beaugency beschreibt die Beziehung zwischen diesem neuen Schritt der Argumentation und dem vorhergehenden: Auch wenn jemand böse ist, wird er nicht leiden ob seiner früheren Sünden, wenn er sich bessert. Umso weniger kann ein Sohn, der eine andere Person als sein Vater ist und der niemals sündigte, an Stelle eines bösen Vaters leiden!

V 24   *wird er leben?* »Er wird nicht leben! Umsoweniger wird die Gerechtigkeit des Vaters eines bösen Sohnes – ein Sohn, der von seiner Kindheit an böse war – zugunsten des Sohnes angerechnet werden«; wiederum versucht Eliezer, das neue Argument mit dem alten zu verknüpfen. Da der Wille Gottes darin besteht, daß der Sünder umkehrt und lebt, handelt es sich hierbei um ein zusätzliches Argument, das die rhetorische Funktion hat, zu unterstreichen, daß die Vergangenheit desjenigen, der in seiner Haltung umkehrt, gestrichen wird. Dazu ist analog, daß »ein Vater nicht für die Schuld seines Sohnes leiden muß« in V 20.

V 25   *hält sich nicht an die Regel* (לֹא יִתָּכֵן). תָּכַן im Qal (Spr 16, 2) und Pi'el (Jes 40, 13) meint: das Maß, den Umfang oder Charakter von etwas »festlegen«. Ezechiel zitiert diesen Ausdruck (ebenso V 29; 33, 17) stets als beliebten Einwand seiner Erklärung der Regel, daß Gott jemanden allein nach der augenblicklichen Situation richtet. Der Ausdruck wird allgemein im Sinne von »ungerecht, unfair« interpretiert, d. h. bezogen auf den Standard (so die Versionen – G T S) als unmetaphorisches Äquivalent des Sprichwortes – ein Einwand gegen die unfaire Übertragung der Strafe von Sündern auf ihre Kinder. Mehr in Übereinstimmung mit der bezeugten Bedeutung von תכן steht die Bedeutung »festgelegt« oder besser »festlegbar«, d. h. Gottes Weg ist unberechenbar und willkürlich. Wenn jemand bestraft wird, kümmert es ihn nicht, ob er ein Sünder ist oder nicht. Drohend erwidert der Prophet an Stelle Gottes: Mein Weg ist unberechenbar? Euer Weg ist unberechenbar und hält sich nicht an die Regel, sondern »dreht sich« (Spr 19,3), ist krumm (Ps 146,9), verkehrt (Spr 21,8) – die Beschreibung der Wege des Frevlers. Die mittelalterlichen und einige moderne Kommentatoren meinen, daß der Widerspruch des Volkes gegen die Rede des Propheten von einer göttlichen Vergeltung gerichtet sei; wenn dem so sein sollte, dann haben die Zuhörer nicht das Sprichwort in Umlauf gesetzt!

deshalb. Im Hebräischen steht ein Pronomen im Plural; vgl. בהם »für sie, dafür« in 33,18 – in beiden Fällen wird auf implizit sündige Handlungen Bezug genommen. V 26

Im letzten Vers stimmen das Subjekt im Plural (דרכיכם) und das Verb im Singular (יתכן) nicht miteinander überein. Die Handschriften und Versionen passen beide aneinander an. Die korrekte Abfolge in V 25 von göttlichem Weg im Singular und den Wegen der Menschen im Plural bricht in diesem Vers zusammen. V 29

Kehrt um, wendet euch ab. S. die Einzelanalyse zu 14,6 zu »und wendet« (die Übersetzung des השיבו mit »wendet euch ab« resultiert aus den besonderen Umständen und impliziert nicht die Entscheidung für die dort genannte erste Alternative). V 30

damit es euch nicht ein Anstoß zur Schuld wird. Nämlich eure Verstocktheit (Kimchi). Zur Bevorzugung dieser Konstruktion von מכשול עון gegenüber »damit eure Sünde nicht euer Anstoß zur Schuld wird«; s. die Einzelanalyse zu 7,19, wo der Ausdruck als »sündige Ursache des Sturzes« erklärt wird.

Ez 19,1–14: Eine Totenklage über die Könige Israels

P. C. Beentjes, Ezechiel 19. Motive und Struktur: Bijd. 35, 1974, 357–371. – *dies.*, What a Lioness was Your Mother. Reflections on Ezekiel 19, in: B. Becking / M. Dijkstra (Hg.), On Reading Prophetic Texts. Gender-Specific and Related Studies in Memory of Fokkelien van Dijk-Hemmes, Leiden / New York / Köln 1996, 21–36. – *C. T. Begg*, The Identity of the Princess in Ezekiel 19: EthL 65, 1989, 358–369. – *ders.*, The Reading in Ezekiel 19:7a. A Proposal: EthL 65, 1989, 370–380. – *W. H. Brownlee*, Two Elegies on the Fall of Judah (Ezekiel 19): Ex Orbe Religionum 1, 1972, 93–103. – *M. Dahood*, Ezekiel 19, 10 and Relative *kî*: Bib. 56, 1975, 96–99. – *H. Jahnow*, Das hebräische Leichenlied im Rahmen der Völkerdichtung (BZAW 36), Gießen 1923. – *I. Kottsieper*, ›Was ist deine Mutter‹. Eine Studie zu Ez 19, 2–9: ZAW 105, 1993, 444–461. – *K.-F. Pohlmann*, Ezechielstudien 1992. – *H. A. Williamson*, Text of Ezekiel 19:7: ET 34, 1922 / 1923, 378.

Literatur

Text

1 Und du, stimme eine Klage an über die Fürsten Israels, 2 und sage:

Übersetzung

Was für eine Löwin war deine Mutter,
* die unter Löwen lag,*
Die ihre Jungen aufzog
* unter den jungen Löwen.*
3 Sie zog eines ihrer Jungen groß –
* er wurde ein junger Löwe;*
Er lernte, Beute zu zerreißen,
* er fraß Menschen.*
4 Nationen hörten von ihm –
* er wurde in ihrer Schlinge gefangen;*
Sie führten ihn in Fesseln
* in das Land Ägypten.*
5 Als sie sah, daß sie vergeblich wartete,
* daß Hoffnung verloren war,*
Nahm sie ein anderes Junges,
* machte es zu einem großen Löwen.*
6 Er ging unter Löwen einher,
* er wurde ein junger Löwe.*
Er lernte, Beute zu zerreißen,
* er fraß Menschen.*
7 Er kannte seine Witwen
* und verwüstete ihre Städte;*
Das Land und alles in ihm waren entsetzt

beim Klang seines Gebrülls.
8 Nationen wurden gegen ihn aufgestellt
aus Ländern ringsumher;
Sie warfen ihr Netz nach ihm aus,
er wurde in ihrer Falle gefangen.
9 Sie nahmen ihn, gefesselt, in Ketten
und führten ihn zum König von Babel –
führten ihn in Schlingen,
So daß man seine Stimme nicht mehr hören konnte
auf den Bergen Israels.

10 Deine Mutter war wie ein Weinstock, in deinem Blut,
gepflanzt am Wasser;
Sie war fruchtbar und voller Zweige
wegen reichlich fließender Wasser.
11 Sie hatte mächtige Äste
für Zepter von Herrschern;
Sein Wuchs ragte empor
unter den Wolken;
Seine Höhe war deutlich sichtbar
mit seinen vielen Zweigen.
12 Aber sie wurde in Zorn entwurzelt,
auf den Boden geschleudert;
Der Ostwind
ließ ihre Frucht trocknen,
Sie brachen ab und verdorrten,
Ihre mächtigen Äste –
Feuer fraß sie.
13 Jetzt ist sie in der Wüste gepflanzt,
in einem dürren und durstigen Land.
14 Feuer brach aus dem Ast ihrer Triebe aus,
es fraß ihre Frucht;
Kein mächtiger Ast blieb an ihr bestehen,
kein Zepter, um zu herrschen.
Dies ist eine Totenklage, und sie wurde zur Totenklage.

Zu Text und Übersetzung

1 *die Fürsten*: G liest den Singular.
7 *kannte*: G »weidete«, was וירע entspricht (anstelle von M וידע).
11 *Äste*: G liest den Singular.
Zepter: G liest den Singular.
14 *sie wurde*: G S »wird sein«.

Gesamtauslegung: Struktur und Themen

Das neue Thema der (schlechten) Herrscher Israels mit seinen kurzen Zeilen   Struktur
– überwiegend 3:2, das Metrum der Totenklage – grenzt diesen Text vom
vorhergehenden trotz des Fehlens der üblichen Eröffnungsformeln deutlich
ab (vgl. dagegen die Totenklagen in 27, 1 ff.; 28, 11 ff.; 32, 1 ff. 17 ff.). Mit dem
eröffnenden »und du« (G fügt hinzu: »Menschensohn«) beginnt normalerweise ein Unterabschnitt, was den Text wie eine Weiterführung des vorhergehenden Wortes (zur Verbindung von Ez 17 und 18 s. das Ende dieses Abschnitts) aussehen läßt. Die Totenklage schließt mit V 14a. Darauf folgt ein
kurzes Kolophon, das, zusammen mit V 1, einen Rahmen bildet: »Stimme
eine Totenklage an ... Dies ist eine Totenklage ...«.

Der Text zerfällt in zwei Abschnitte, von denen jeder mit der Anrede
»deine Mutter« (V 2.10) beginnt, wobei die Metapher von Löwen im ersten
zu einem Weinstock im zweiten Abschnitt wechselt. Das Metrum der Zeilen
des ersten Abschnitts ist regelmäßiger (meist 3:2) als das der Zeilen des
zweiten, und ihr Stil ist »poetischer«: In der Weinstockallegorie sind mehrere Zeilen (sieben von zwölf) nicht voneinander getrennt (Enjambement) –
Zeilen, von denen der zweite Teil den ersten syntaktisch abschließt
(V 10.11.12aβ.12bβ) anstatt eines Echos oder einer syntaktisch unabhängigen Vervollständigung (so wie zehn der sechzehn Zeilen der Löwenallego-
rie).

Der erste Abschnitt (V 2–9) gliedert sich erneut in zwei Teile: V 2–4, die
Löwin und ihr erstes Junges; V 5–9, die Löwin und ihr zweites Junges. Die
weithin aus Wiederholungen bestehende zweite Geschichte wird durch Erweiterungen im Parallelismus interessant gehalten, so daß sie doppelt so
lang ist wie die erste Geschichte (V 3a | 5b.6a; V 3b | 6b.7; V 4a | 8; V 4b |
9a–b). Die Schlußzeile (V 9bβ »so daß ...«) bindet die beiden Teile durch die
Wiederholung von Worten des ersten Teils zusammen – שָׁמַע (V 4) und
יִשְׂרָאֵל (V 1).

Der zweite Teil (V 10–14) unterscheidet sich davon in Struktur und Fokus: Erneut geht es um eine Mutter und ihre Geschichte, aber da es sich um
einen Weinstock und seine mächtigen Zweige handelt (s. Kommentar zu
V 11), sind ihre Schicksale enger miteinander verknüpft als bei der Löwin
und ihren Jungen. Der Gegenstand der Erzählung ist der Weinstock (außer
in V 11aβ–b): V 10–11 erzählen die ruhmreiche Vergangenheit des gut bewässerten Weinstocks und seiner hoch aufragenden Äste. V 12 berichtet
seinen Fall und sein Verdorren. V 13 beschreibt seinen jetzigen, letzten Zustand der Zerstörung. Der Weinstock wird total vernichtet: Er wird entwurzelt und zu Boden geschleudert (V 12aα); der Ostwind läßt seine Frucht
verdorren (V 12aβ), und Feuer verzehrt seine mächtigen Zweige (V 12bβ).
Gepflanzt in einer dürren Wüste (V 13) – was allein ausgereicht hätte, ihn
zu töten –, bricht Feuer zwischen seinen Zweigen aus und verbrennt die

Früchte (V 14). Dies erinnert an das Schicksal des Weinstocks von Ez 17, der zuerst von einem Adler entwurzelt und dann vom Ostwind verdorrt wird. Man denkt auch an die vielfältigen Strafen, die der Hure in 16,40 auferlegt werden. Die Logik wird außer Acht gelassen, um den grenzenlosen Zorn zum Ausdruck zu bringen, der gegen die bösen Rebellen entfesselt wird.

Da der Tod der »Fürsten Israels« beklagt wird, muß das Pronomen in »deine Mutter« sich auf einen der Könige beziehen. Gewöhnlich wird die beklagte Person angeredet, und ihr Schicksal wird beschrieben (s. die oben aufgelisteten Klagelieder). Hier wird das Schicksal der Könige aus der Perspektive ihrer Mutter erzählt.

Wenn diese Abweichung im ersten Abschnitt durch die ausführliche Schilderung der Geschicke der Jungen gedämpft wird, dann wird im zweiten Abschnitt das Schicksal der Mutter – das am Ende des ersten Abschnitts in der Schwebe bleibt – zum fast ausschließlichen Gegenstand der Erzählung. Was als Totenklage über die Fürsten Israels betitelt ist, wird zur Beschreibung einer jämmerlichen Mutter, die sich durch Selbsterhöhung zugrunde gerichtet hat. Diese Dominanz der Mutter in den Metaphern muß berücksichtigt werden, wenn man versucht, ihre Identität zu entschlüsseln.

Wen symbolisieren die Metaphern? Weder die Kommentatoren des Mittelalters noch die Forschung sind zu einem Konsens gelangt, auf wen sich die einzelnen Metaphern beziehen. Allein der erste Jungen-König kann sicher identifiziert werden: Er steht für Joahas, den Sohn des Joschija und der Hamutal. Nach dem Tod seines Vaters vom Volk gekrönt, wurde er nur kurze Zeit später von Pharao Necho abgesetzt und in Fesseln nach Ägypten gebracht (2 Kön 23,30–34). Die Gefangennahme und Deportation des zweiten Jungen-Königs nach Babylon paßt zu Jojachin, dem Sohn des Jojakim und der Nehuschta (24,8 ff.) sowie (aus der Pespektive Ezechiels immer noch in der Zukunft) zu Zidkija, dem Sohn des Joschija und der Hamutal (1 Chr 3,15; 2 Kön 24,18 ff.). Für eine Entscheidung zugunsten Jojachins kann man sich auf die zwei Klagelieder Jeremias in Jer 22 berufen: In V 10–12 versetzt sich Jeremia in das grausame Schicksal des Joahas, der dazu verdammt war, im Exil zu sterben. Dagegen sagt er in V 24–30 das Schicksal Jojachins vorher, im Ausland zu sterben und nie einen seiner Nachkommen auf dem Thron Davids sehen zu können. Die Kombination von Erbärmlichkeit und Demütigung in diesen beiden Figuren und die Balance ihrer Schicksale – der eine deportiert in den Westen, der andere in den Osten – macht sie zu passenden Themen für eine poetische Totenklage. Folgt man dieser Deutung, dann symbolisiert die Mutter-Löwin die Nation (T »die Versammlung Israels«) oder die Dynastie (vgl. Hos 2,4; Ez 16; 23,2; Jes 50,1).

Die Könige, die die »mächtigen Zweige« der zweiten Allegorie repräsentieren, lassen sich nicht auf den ersten Blick identifizieren. Da vom Text her unsicher ist, auf wie viele Zweige Bezug genommen wird, ist eine sichere

Identifikation ausgeschlossen. Die letzte Szene des verbrannten Weinstocks in der Wüste, der keine weiteren Zepter zum Herrschen wachsen lassen kann, wird meist als Bild des bevorstehenden Endes verstanden, das gezeichnet wird, als sei es bereits eingetreten. Der mächtige Zweig, aufgrund dessen Hybris der gesamte Weinstock bestraft wird, wird Zidkija sein, der im Spiel der großen Mächte versagt hat. Anders als bei den vergangenen Verfehlungen der Mutter wird die zukünftige Verfehlung auch ihr das Verderben bringen – wobei sie erneut das Volk oder die Dynastie repräsentiert. Bei dieser Deutung stehen die beiden Allegorien also in einer chronologischen Reihenfolge.

Eine sich mehr am Wortlaut orientierende Herangehensweise identifiziert die Mutter mit Hamutal, der Frau des Joschija und der Mutter von Joahas und Zidkija. Aus der der Löwin zugeschriebenen Rolle bei der Aufzucht ihrer Jungen wird geschlossen, daß Hamutal über Einfluß am Hof verfügt haben muß (wofür es sonst keinen Beleg gibt). Da nach dieser Ansicht bereits in der Geschichte des zweiten Jungen das zukünftige Schicksal Zidkijas vorweggenommen wird, muß die Weinstockallegorie sich ebenfalls darauf beziehen.

Andere wiederum sehen im brutalen Jojakim die passendere Identifikation für den verdorbenen Löwen der V 6–7 (vgl. Jer 22,13–17; 26,21–23) im Gegensatz zum nur kurze Zeit regierenden Jojachin, dessen dreimonatige Regierungszeit ihm kaum die Möglichkeit gegeben hätte, einen solchen Ruf zu erlangen. Als erster dürfte der Chronist diese Ansicht vertreten haben, der entsprechend notiert, daß Nebukadnezzar »ihn [Jojakim] in Fesseln band, um ihn nach Babylon zu führen« (2 Chr 36,6, weshalb Dan 1,2 von einem Exil Jojakims sprechen kann; *W. Rudolph*, Chronikbücher [HAT 21], Tübingen 1955, 335, vermutet, ohne zu überzeugen, daß die Rede vom »führen« nicht die Deportation Jojakims impliziere, sondern die Deportation ihm nur angedroht worden sei). S. auch die Einzelanalyse zu Ez 17,19 für eine weitere Stelle, bei der eine Aussage des Chronisten auf Ezechiel basiert. Aber es dürfte irreführend sein, nach einer exakten historischen Referenz für den zweiten verdorbenen Löwen zu suchen, wenn der erste verdorbene Löwe eindeutig stereotyp gezeichnet wird. Wie sollte Joahas innerhalb von drei Monaten in den Ruf gelangt sein, ein Menschenfresser zu sein?

Die Allegorie erscheint schematisch und die Treue zur Historie dem elegischen Thema einer vergangenen Herrlichkeit untergeordnet, die sich zu Schande und Vernichtung wendet. Die Löwin und der Weinstock repräsentieren die Quelle, der die Katastrophe entsprang. Hier eine spezifische Königinmutter – Hamutal – identifizieren zu wollen, schmälert die pathetische Erhabenheit und erhöht grundlos eine ansonsten unbekannte Figur.

Unnötigerweise wird man dadurch verleitet, das zweite Löwenjunge und die mächtigen Zweige näher zu identifizieren, ohne daß die Daten des Textes dies erlauben würden, so daß die Aufmerksamkeit weg vom Typischen hin zu historischen Details gelenkt wird, die die Allegorie nicht erhellen will. Es ist daher das Beste, die »Mütter« als kollektive Symbole zu verstehen (z. B. Israel, Juda, Jerusalem oder das Königshaus) und unsere Anstrengungen darauf zu konzentrieren, die Bedeutung der Zusammenstellung dieser Metaphern in dieser besonderen Form einer Totenklage zu eruieren.

Die gewöhnliche Totenklage preist die betrauerte Person, indem sie den herrlichen früheren Zustand mit dem traurigen späteren kontrastiert, um sie so auf verschiedene Weise zu trösten. Die prophetische Adaption stellt die ruhmreiche Vergangenheit des Betrauerten zensiert dar, um seinen Sturz zu begründen (z. B. Jes 14, 4–21 und die anderen Totenklagen Ezechiels). In unserem Fall scheint es sich bei der räuberischen Natur der Jungen-Könige und dem Emporschnellen der Zweige um derart natürliche Eigenschaften zu handeln, daß ein Teil der Forschung dachte, der Prophet sympathisiere mit dem Betrauerten, bzw. daß wir in dieser Totenklage den Seufzer eines patriotischen Herzens hören (Smend, Cooke). Dies wäre eine deutliche Zurücknahme all dessen, was Ezechiel sonst über König und Königtum predigte. Eine Analyse der Metaphern und der Sprache dieses Wortes spricht gegen diese Deutung.

Funktionen der Löwenmetapher

Die aus der Poesie stammende Metapher eines verheerenden Löwen wurde in der Prophetie verändert. In Jakobs Segnung Judas handelt es sich um ein heroisches Symbol (Gen 49, 9), ebenso in der Segnung von Gad und Dan durch Mose (Dtn 33, 20.22) und Bileams Lobpreis Israels (Num 23, 24; 24, 9). Insbesondere die Begriffe, mit denen Juda gesegnet wird, stehen unserer Totenklage so nah, daß sich die Annahme einer literarischen Abhängigkeit nahelegt: Beiden gemeinsam sind גור »Junges«, אריה »Löwe«, טרף »Beute«, עלה »aufwachsen«, רבץ »liegen«, לביא »Löwe / Löwin«, שבט »Zepter«, גוים »Völker«, גפן »Weinstock« und דם »Blut«. In den Psalmen wiederum symbolisieren Löwen den Feind (z. B. 7, 3; 17, 12), wohingegen es in Spr 28, 15 heißt: »ein brüllender Löwe, ein ausgehungerter Bär ist der gottlose Herrscher eines armen Volkes«. Ebenso übernahm die Prophetie den Löwen als Bild wilder Grausamkeit. *J. M. P. Smith*, Mica, Zephaniah, Nahum, Habakkuk, Obadiah and Joel (ICC), Edinburgh 1912, beschreibt die Verwendung in Nah 2, 12–14 so: »Mittels dieser Metapher hat der Prophet … ein Bild der Grausamkeit und Habgier gezeichnet, die ein Kennzeichen der assyrischen Eroberer bei ihrer Behandlung der unterworfenen Völker waren.« Erneut verweisen wir auf die Vielzahl von Begriffen, die Nah 2 und unserem Text gemeinsam sind: טרף גור, לביא, כפירים, אריםת und die Wendung לא ישמע קול עוד »die Stimme von … wird nicht mehr zu hören sein«. In Zef 3, 3 wird die Metapher erstmalig auf die Herrscher Israels angewendet:

Ihre Oberen in ihrer Mitte sind brüllende Löwen;
Ihre Herrscher, Wölfe der Steppe;
Sie lassen bis zum Morgen keinen Knochen übrig [?]

Ezechiel schwebte offensichtlich die Ausstattung Judas mit dem Königtum durch Jakob vor, als er diese Totenklage über die Herrscher Judas komponierte. Aber er unterlief die Segensworte (ebenso wie in der Weinstockmetapher in Ez 15) vielleicht vor dem Hintergrund der Sprache von Nahum und Zefanja. Daß für ihn der Löwe ein negativ besetztes Bild war, darauf weist dessen verbrecherisches Verhalten hin: »er fraß Menschen … er verwüstete ihre Städte«. Darüber hinaus verwendet Ezechiel eine ähnliche Sprache, wenn er in 22, 25 die Könige der »Blutstadt« Jerusalem beschreibt (das Epitheton wird in Nah 3, 1 auf Ninive bezogen):

Ihre Fürsten [so zu lesen!] in ihrer Mitte sind wie ein brüllender Löwe, der Beute reißt; sie fressen Menschen, Reichtum und Kostbarkeiten nehmen sie; die Witwen in ihr machen sie zahlreich.

Weit davon entfernt, »die souveräne Freiheit des Löwen« (Luzzatto) auszudrücken, stimmt diese Sprache mit den vorhergehenden Anklagen Ezechiels gegen Jerusalems Gesetzlosigkeit und ihre mörderische Aristokratie (9, 9; 11, 6 f.) überein. Indem die Opfer als Menschen gezeichnet werden, spielt der Dichter vielleicht auf den in 11, 6 formulierten Gedanken an, daß die Opfer besser waren als ihre Schächter. Die Menschlichkeit der Löwenjäger stimmt ebenfalls mit Ezechiels Thema der moralischen Überlegenheit der Völker über Israel überein.

Im Bild des Weinstocks, das zum dritten Mal begegnet (nach Ez 15 und 17), wiederholt der Prophet bekannte Formulierungen: Der Weinstock ist an reichlich fließende Wasser gepflanzt; er bringt viele Früchte und Zweige hervor. Er wird entwurzelt, vertrocknet durch den Ostwind (Ez 17) und wird schließlich vom Feuer verzehrt (Ez 15). Aber anstatt wertlose und gottlose Menschen zu repräsentieren, ist dieser Weinstock die »Mutter« des Zweigs, dessen Anmaßung allen Verderben bringt. Obwohl es oberflächlich erscheinen mag, als seien die Begriffe der Erzählung moralisch neutral, ist das, was durch die Sprache der V 11aβ–b hervorgerufen wird, eindeutig pejorativ besetzt. »Höhe des Herzens« – Hochmut – ist ein Vergehen, das wesentlich darin besteht, Gott zu vergessen und sich an seine Stelle setzen zu wollen (vgl. Dtn 8, 14). In der Prophetie kann גבה »hoch sein« diesen Gedanken ausdrücken: z. B. »die Frauen Zions sind hoch(mütig)« (גבהו, Jes 3, 16); Sodom und ihre Töchter waren hoch(mütig) (ותגבהינה, Ez 16, 50); metaphorisch entspricht dem physikalische Höhe: »Ich habe den hohen Baum erniedrigt« (17, 24). Gott allein steht Höhe zu. Daher ist sein Tempelberg »ein hoher, aufragender Berg« (17, 22; vgl. 40, 2). Ein für die prophetische (oder weisheitliche, vgl. Spr 16, 18; 18, 12) Sprache aufmerksames Ohr wird einen drohenden Unterton in der Beschreibung des mächtigen Zweigs des Weinstocks, der über die Wolken ragt, wahrnehmen – ein Hinweis auf den Hochmut, der vor dem Fall kommt. Diese Vorahnung wird durch V 12 bestätigt, wo gesagt wird, daß der Weinstock entwurzelt und zu Boden geschleudert wurde und ein Feuer seinen mächtigen Zweig verzehrte. Die Strafe von V 12 bestätigt unsere Interpretation von V 11aβ–b als Schuldaufweis und spricht für seine Ursprünglichkeit gegenüber denjenigen, die ihn aus metrischen Gründen streichen. In keiner der vorhergehenden Verwendungen der Metapher wurde der Weinstock zu Boden geschleudert (auch nicht bei seiner Entwurzelung in 17,9), weil er nur hier – in V 11aβ–b – bis zum Himmel reichte. Nirgendwo sonst verzehrte Feuer seinen Zweig, weil allein hier der Zweig, der sich zum Himmel gestreckt hat, das schuldige Glied ist.

Verhältnis zu Ez 17 Einige haben dieses Wort als Fortsetzung der Adler-Zeder-Weinstock-Allegorie von Ez 17 verstanden. In der Tat ähneln beide Texte einander. Aber unsere Totenklage unterscheidet sich von der politischen Allegorie in Ez 17, indem sie anstelle der politischen Begründungen von Ez 17 zwischen Generationen (Eltern-Kind) und der moralischen Begründung für die Strafe (Grausamkeit, Stolz) unterscheidet. In beidem spiegeln sich ein wenig die Themen des dazwischen geschobenen Kapitels Ez 18. Im Licht von 18,10 (»ein gewalttätiger [פריץ] Sohn«) ist auch interessant, daß Jes 35,9 den »Löwen« mit »einem gewalttätigen [פריץ] Tier« parallelisiert. Könnte das ungewöhnliche Adjektiv in Ez 18 der Auslöser für die Löwenmetapher in Ez 19 gewesen sein?

Datierung In Hinsicht auf die Datierung dieser Totenklage muß man beachten, daß die Beschreibung der endgültigen Zerstörung des Königtums als bereits geschehen nicht notwendig zur Folge hat, daß der Text nach der Zerstörung der Stadt zu datieren ist. Das Perfekt propheticum ist typisch für Totenklagen (z.B. Am 5,2), ein Beispiel liefert Ezechiels Klage über den König von Tyrus in 28,12–19. Tyrus und sein König wurden nie von den Babyloniern zerstört.

Einzelanalyse: sprachliche und literarische Aspekte

V 1 *Fürsten.* In der Totenklage wird auf verschiedene Könige (נשיא, vgl. zu 7,27) Judas angespielt. Da das Suffix in אמך »deine Mutter« in V 2 jedoch im Singular steht, ist die Lesart von G »Fürst« reizvoll. Der Plural des M dürfte durch Angleichung an das Folgende entstanden sein. Da »Fürsten von« mit *yod* endet und »Israel« mit *yod* beginnt, ist es auch denkbar, daß diese Varianten eine technische Ursache haben: Wenn M sekundär ist, kann es als Dittographie des *yod* in »Israel« erklärt werden. Wenn G sekundär ist, kann es als Haplographie eines der beiden *yod* erklärt werden (Freedman, mündlich).

V 2 *Was für eine Löwin.* Eine Konjektur, da sonst das exklamatorische מה al-

lein in Verbindung mit Eigenschaftsworten bzw. Verben belegt ist, z. B. מה
טובו »Wie gut sind!« Dennoch ist es dem leeren »Was war deine Mutter?
Eine Löwin« usw. vorzuziehen.

Deine Mutter. Es wird einer der letzten Könige Judas angeredet, entweder
Jojachin – der sich zwar im Exil befand, aber auf eine Restauration hoffte –
oder Zidkija, der amtierende Regent. In Ezechiels Totenklagen sind die betrauerten Personen mit den angesprochenen identisch (26,17 f.; 27,3 ff.;
28,12 ff.; 32,2; 18,28). Zur Identifikation der Mutter hier und in V 10 s. die
Gesamtauslegung.

לביא ist als Femininum (לְבִיָּא) von לבי* vokalisiert, wodurch das Femininum im Stil des Aramäischen anstelle eines ה angezeigt wird (vgl. צביה
[צביה] »Hirschkuh« von צבי).

Die Forschung (z. B. BHS) teilt den Vers in zwei Zeilen zu 3:2, also:

מה אמך לביא / בין אריות   Was für eine Löwin deine Mutter,
                                                       unter Löwen!

רבצה בתוך כפרים / רבתה גוריה   Sie lag inmitten junger Löwen,
                                                       sie zog ihre Jungen auf.

Obwohl dies in beiden Zeilen dem Metrum der Totenklage (3:2) entspricht
(wenn es auch nicht streng eingehalten wird!), läuft es der Unterscheidung
zwischen אריה und כפיר zuwider, die in diesem Stück getroffen wird. Gewöhnlich ist der letztere nicht von anderen Begriffen für Löwe unterscheid-
bar, z. B. Jes 5,29 (|| לביא); Jer 51,38; Am 3,4 (|| אריה). Aber hier (V 3.6) be-
zeichnet כפיר die Stufe des jungen Erwachsenseins, in die das Junge
hineinwächst. Entsprechend plaziert die Zeilentrennung von M in V 2, der
unsere Übersetzung folgt, zutreffend die Löwin unter Löwen (אריות), während sie ihre Jungen in der Gesellschaft von כפרים »Junglöwen« aufzieht,
denen sie vielleicht nacheifern. Bei den Löwen handelt es sich offensichtlich
um das Königshaus und die Aristokratie Judas.

V 3   *Zog ... groß.* העלה »hochheben, erheben« ist sonst nirgends in der Bedeutung »[ein Kind] großziehen« oder im Rang »erheben« bezeugt – die beiden
Bedeutungen, die am besten zum Kontext passen. Da V 5 die bestimmende
Rolle der Mutter bei der Einsetzung des Königs bezeugt, ist die ungewöhnliche Lesart von M der vereinfachenden von S »eines ihrer Jungen wuchs
auf« (als ob ויעל zu lesen sei) vorzuziehen. Es entspricht auch der Natur,
insofern die Jungen das Reißen von Beute durch Nachahmung der Eltern
erlernen und es die Löwin ist, die meist jagt, oftmals zusammen mit ihren
Kindern (Freedman, mündlich). Gen 49,9 מטרף בני עלית »du bist aufgewach-
sen, mein Sohn, mit Beute« scheint diesem Vers und der nächsten Zeile zugrunde zu liegen.

V 4   *hörten von ihm.* Wevers verweist für diese Bedeutung von שמע אל zu
Recht auf 2 Kön 19,9. Kara und Menachem Bar Shim'on glossieren mit

»versammelten sich gegen ihn«, ebenso Teile der Forschung, die das Verb als Hif'il oder Pi'el lesen (Jer 50,29; 1 Sam 15,4). Daraus ist zu schließen, daß entweder »Völker« das Objekt ist und ein Subjekt ergänzt werden müßte (Zimmerli: Gott) oder daß »Völker« das Subjekt ist und ein Objekt (nämlich Jäger) zu ergänzen wäre.

Schlinge. T »Netz«. So Menachem Bar Shim'on – vgl. V 8. *M. Held,* Pits 1973, 181 ff., vermutet diese Bedeutung hier und in ähnlichen Zusammenhängen anstelle der gewöhnlichen Übersetzung »Grube«, die von *B. Lang,* Kein Aufstand 1978, 97 f., verteidigt wird. Löwen wurden tatsächlich auf beiderlei Weise gejagt.

Fesseln (חחים). G S »Halfter, Maulkorb«; T »Ketten« (so Menachem Bar Shim'on). Die Parallele in V 9 läßt eine Art Einschränkung der Bewegungsfreiheit vermuten, ebenso wie in 2 Chr 33,11 (חח; G »Bande«; T »Fesseln«; s. *M. Held* ebd. 183 ff.) und die Kombination mit Ringen (נזם, טבאת) in Ex 35,22. Andererseits begegnet die Verschmelzung mit חוח »Dorn, Distel« als Stoßwaffe nicht nur in 2 Chr 33,11, sondern im Ausdruck »einen חח in einen Kiefer stecken« (Ez 29,4; 38,4; vgl. Ijob 40,26) und die »Nase« (Jes 37,29 / 2 Kön 19,28 – G, Kimchi »Haken«). Die Praxis in der Antike stützt beide Interpretationen, wie eine Inschrift Assurbanipals zeigt, in der er sich rühmt, »die Schulter eines gefangenen Königs durchstoßen« zu haben, »einen Ring in seinen Kiefer gelegt zu haben, ein Halsband um seinen Hals gelegt und ihn unter Bewachung [an ein Stadttor Ninives] gestellt zu haben« (ANET 300 a). Zu vergleichen ist auch das Relief Asarhaddons, das ihn zeigt, wie er zwei gefangene Könige festhält, die mit Stricken, die durch Ringe an ihren Lippen befestigt sind, gefesselt sind (ANEP Abb. 447).

daß sie vergeblich wartete. Die Kommentatoren des Mittelalters und die Forschung postulieren diese sonst nicht belegte Bedeutung des Nif'al von יחל »hoffen, warten auf«. Smend verweist auf das verwandte syrische *'wḥl* »erschöpft sein«, *'wḥl 'l* »verzweifeln an«. Gemeint ist: als die Löwin sah, daß ihr Sohn nie aus dem ägyptischen Exil zurückkehren würde. **V 5**

Er kannte seine Witwen. Ein eigenartiger Ausdruck. Da ידע die Bedeutung »[eine Erfahrung] haben« haben kann – wie in Jes 47,8; Koh 8,5 »kennt kein Mißgeschick« –, ist vielleicht gemeint: »er zählte seine Witwen« (wie ein Indianer, der seine Skalpe zählt); Moses Kimchi (zitiert von Menachem Bar Schim'on) gab diese Erklärung. Die meisten Kommentatoren des Mittelalters verstanden das ידע sexuell: »er vergewaltigte ihre Witwen«, was den Rahmen des Bildes sprengt. T »er verwüstete ihre Paläste« erklärte Kimchi auf der Basis von ידע »brechen, züchtigen« wie in Ri 8,16 (vgl. *J. Barr,* Comparative Philology and the Text of the Old Testament, Oxford 1968, 19 ff. mit Verweis auf D. Winton Thomas) und ארמנות = אלמנות »Paläste« wie in Jes 13,22; diese gezwungene Interpretation fügt dem Bild ebenfalls Gewalt zu (weshalb sie durch die Lesart וירע »er zerschmetterte« [von רעע], rekonstruiert aus G »er weidete« [von רעה], kaum gestützt wird). **V 7**

Luzzatto favorisierte zögernd die Emendation וירב »er macht viele«, die mit 22,25 übereinstimmt, einem Kontext, der auf unsere Stelle bezogen ist (vgl. auch Jer 15,8 »ihre Witwen werden zahlreicher sein …«); das suffigierte »seine Witwen« meint hier, daß er die Ursache ihrer Witwenschaft ist, wie »eure Leichen« in 11,6 meint, daß »ihr« ihren Tod verursacht habt.

Tatsächlich paßt die Wiedergabe des (ה)וירע »er weidete, fütterte« merkwürdigerweise zur vorhergehenden Abfolge טרף »er riß Beute« und אכל »er fraß«. Ez 34,2.10 verurteilt die »Hirten« (Könige) Israels, הרועים אותם – ein Ausdruck, dessen Mehrdeutigkeit in V 10 deutlich wird: »die Hirten sollen nicht mehr [ירעו אתם] sich selbst weiden / sie weiden; sondern ich werde meine Schafe aus ihrem Rachen retten, und sie sollen ihnen nicht mehr zum Fraß sein.« Die Parallelisierung von רעה »weiden, fressen« und החריב »entvölkern« (s. u.) erinnnert an בחרב … ורעו in Mi 5,5 »sie werden verwüsten (wörtl. weiden; vgl. Jer 6,3) … mit dem Schwert« (*M. Margolis*, Micah, Philadelphia 1908, ad loc.). Ein Löwe als Subjekt von רעה ist allerdings ohne Parallele. Steht das Wortspiel mit »Hirten« (Könige) / »Vernichter« dahinter? Man beachte auch Jer 2,14–15 mit der Abfolge »vernichten … Löwen, die ihre Stimme ertönen lassen« … ירעוך קדקד.

verwüstete. D. h. entvölkerte. S. hierzu Zef 3,6: »Ich verwüstete ihre Straßen, so daß niemand hindurchzieht« (so auch Jer 2,15). Das Possessivum in »ihre Städte« ist problematisch. Es kann sich allein auf das kollektive אדם in der vorherigen Zeile beziehen.

Wevers hält diese Zeile für sekundär, weil die Löwenmetapher aufgegeben wird. Aber das Bild von Löwen, die Städte zerstören, ist in Jer 2,15 belegt. Liegt diesem Bild so etwas wie eine Löwenplage zugrunde, wie sie in 2 Kön 17,25 erwähnt wird? Eine treffende Parallele liefert Assurbanipals Darstellung, wie er sein Volk von einer solchen Plage befreite. In dem folgenden Auszug sind die Parallelen zu V 6–9 kursiv gesetzt:

Die Jungen der Löwen wuchsen auf (wörtl. gediehen) dort (in Wäldern und Sümpfen) … Sie wurden wild und furchtbar, indem sie Herden, Vieh *und Menschen* vernichteten. *Die Hügel hallten wider von ihrem Gebrüll …* Sie erlegen weiterhin das Vieh der Ebene, sie vergießen weiterhin das Blut von Menschen … *Die Dörfer klagen* Tag und Nacht … (ARAB II, § 935).

V 8 *gegen ihn aufgestellt.* נתן hat hier die militärische Bedeutung seiner Synonyme שים (in 23,24; 1 Kön 20,12) und שית (Ps 3,7).

Ländern. מדינה ist ein vorexilischer Aramaismus (*M. Wagner*, Aramaismen 1966, 72), bezeugt in 1 Kön 20,14 ff.; Klgl 1,1 und des öfteren in späteren Texten.

V 9 *in Ketten.* Akkadisch *šigaru*, s. *I. Gelb*, Prisoners of War in Early Mesopotamia: JNES 32, 1973, 86; *M. Held* ebd. 184; ANET 298 a, »Pranger«. T übersetzt korrekt mit קולרין von Lateinisch *collare* »Halseisen«.

in Schlingen. D. h. Netzen wie in Koh 9,12. Eine alternative Lesart מצדות »Festungen« (s. Minchat Schay) liegt Raschi und Menachem Bar Schimʿon zugrunde, die mit »um ihn dort einzusperren« glossieren (vgl. G S »Gefängnis«).

Das Verb יבאהו ist zweimal in diesem Vers belegt, das erste Mal (wie erwartet) mit *waw*-Konsekutivum, das zweite Mal ohne. Da das zweite Verb aber mit Sicherheit auf das erste Bezug nimmt, entspricht es diesem in der Zeitstufe. Gilt das erste *waw* für beide Verben, oder liegt hier der alte praeteritale Sinn des »Imperfekt« wie oft in hoher Prosa und Poesie vor? (*G. Beer / R. Meyer*, Hebräische Grammatik II, Berlin 1955, 120 f.; vgl. *E. König*, Lehrgebäude III 1897, § 368 h–k).

in deinem Blut (בדמך). Vgl. 22,4: »du bist des Blutes (בדמך), das du vergossen hast, schuldig«. Vor diesem Hintergrund schreibt Eliezer von Beaugency: »Deine Mutter … d. h. das Königtum Juda, wurde niedrig wie ein Weinstock wegen des Blutes, das du vergossen hast … trotz des Bösen, das ich über sie gebracht habe, erlaubte ich ihr zu überleben [gepflanzt an reichliche Wasser, wie oben, 17,5 f.].« Dieser beste Versuch der Kommentatoren des Mittelalters löst jedoch nicht das Rätsel von בדמך. Die Verbindung mit der Schmähung des Weinstocks in Ez 17 ist an dieser Stelle fehl am Platze. G überrascht uns mit »wie ein Schößling auf einem Granatapfel«. *J. Bewer*, Textual Notes 1953, 159 emendiert zu [י]כ בדם »(wie ein Weinstock [voll]) von Schößlingen, weil (gepflanzt)« usw.; vgl. *M. Dahood*, Ezekiel 19,10, 96 f., der כי übersetzt mit »(ein verzweigter Weinstock), der (gepflanzt war)«. Das Wort bleibt eine Crux. V 10

Äste für Zepter. Eine Anspielung auf die vielen königlichen Nachkommen Joschijas? Die Verwendung von אל in der Bedeutung »für« ist ungewöhnlich. Ehrlich verweist auf Jer 33,4, aber der Text ist unsicher. Mit Blick auf die nächste Zeile (V 11αβ: »sein«) wurden die Pluralformen מטות, שבטי als Singular gedeutet, d. h. als erweiternder (so Ehrlich [Hebräisch]) oder majestätischer Plural (Brownlee, zitiert von Lang; s. hierzu Ges-K § 124). G übersetzt beide Begriffe als Singular, und die Forschung schlägt vor, Verb und Nomen entsprechend zu ändern (שבט, מטה, ויהי). Aber M scheint einfach von einem Hinweis auf viele Könige in dieser Zeile zum letzten König der Dynastie in der nächsten Zeile zu wandern, dessen Selbsterhöhung zum Zusammenbruch des Staates führte. V 11

Sein Wuchs ragte empor … Wolken. Daß עבתים Wolken meint, scheint sicher aufgrund von 31,3.10.14 (אל בן = unser על בן), dort von der Krone einer Zeder (עבות »Wolke« auch in 2 Sam 23,4). So gegen die Kommentatoren des Mittelalters, die den Begriff als »vielverzweigter Baum« verstehen (Raschi, Eliezer von Beaugency; vgl. 20,28). Das maskuline »sein« wurde als Rückbezug auf den Weinstock verstanden – Maskulinum in 2 Kön 4,39; Hos 10,1 (גפן בוקק »fruchtbarer Weinstock«) – aber die Rückkehr zum Femininum in der nächsten Zeile läßt daran zweifeln. Das naheliegende Bezugswort ist zunächst (einer der) Zweig(e) in der vorhergehenden Zeile. Teile der Forschung versuchen, das Problem loszuwerden, indem sie die Zeile als Hinzufügung von 31, 3 usw. her identifizieren, jedoch belegt das Folgende die Ursprünglichkeit: Wenn V 12a davon spricht, daß der Weinstock zu Boden geschleudert wird, muß er sich zuvor über den Boden erhoben haben – und allein unsere Zeile beschreibt diese Erhebung. Daß גבה (V 11aβ–b) und הִשְׁלִיךְ ארץ (V 12a) ebenfalls in 28, 17 als oppositionelles Wortpaar belegt sind, beweist die Ursprünglichkeit ihrer Kombination hier. Darüber hinaus würde ohne V 11aβ–b kein Grund für den Sturz des Weinstocks genannt, nämlich seine Hybris (vgl. 31, 10–14 zu Inhalt und Sprache).

V 12   הִשְׁלִיךְ (לְ)ארץ »(vom Himmel) zur Erde schleudern« noch in Klgl 2, 1 mit Gott als Subjekt und der »Herrlichkeit Israels« als Objekt. Vgl. auch die bemerkenswerte Ähnlichkeit der Verben in V 12aα und Dtn 29, 27.

Der Ostwind ließ ihre Frucht trocknen. Wie in 17, 9–10. Die pluralischen Verben »sie brachen ab und verdorrten« haben kein Subjekt in unmittelbarer Nähe. Die Kommentatoren des Mittelalters bezogen sie auf »seine Äste« und »seine Zweige« in V 11, was zu entfernt ist. Vielleicht ist das kollektive »Frucht« Subjekt (Ehrlich vokalisiert zur sonst nicht bezeugten Form פֶּרְיָה, Plural von פֹּרָה »seine Zweige«; andere emendieren zu בַדֶּיהָ »seine Rute« wie in V 14). Freedman (mündlich) vermutet, daß V 12aβ (»der Ostwind …«) und b (»ihr mächtiger Ast …«) einen Rahmen um die zwei Verben in der dritten Person Plural legen, wobei die letzteren mit beiden benachbarten Nomen verbunden sind – Frucht und Ast. Zum verzehrenden Feuer vgl. den Weinstock in 15, 4 f.

V 13   *Jetzt … Wüste.* Dies wird gemeinhin als Verweis auf das Exil Jerusalems (oder des Königshauses) verstanden, da die Wüste eine Metapher für ungastliche, fremde Erde ist. *A. Caquot*, Messianisme 1964, 13, sieht darin eine Bezugnahme auf den verfallenen und verdorrten ursprünglichen Pflanzort des Weinstocks (vgl. 17, 10). Aber ist es wahrscheinlich, daß der Weinstock nach seiner Entwurzelung (V 12a) als immer noch an seiner ursprünglichen Stelle gepflanzt beschrieben würde?

V 14   Ein Feuer, das im mächtigen Gezweig ausbricht und die Frucht des Weinstocks zerstört, erinnert an die Metaphorik der Jotamfabel, wo der wertlose Dornstrauch ein Feuer verursacht, das die Zedern des Libanon verzehrt (Ri 9, 20). Hier werden die Früchte des Weinstocks durch den Fehler des Astes (= das Volk durch die Sünde des Königs) zerstört.

Dies ist eine Totenklage. Wie Ezechiel in V 1 mitgeteilt hat. Und *sie wurde zur Totenklage,* d. h. sie wurde als solche verwendet, nachdem die Ereignisse, auf die in der Totenklage angespielt worden war, eingetroffen waren.

Der letzte Satz nimmt unter Verwendung des Perfekt Propheticum die Wirklichkeit vorweg (wie alle Verben von V 12 an). G S mit ihrer einfachen Zukunft stimmen mit dem ähnlichen Ausdruck in 32, 16 überein.

Ez 20, 1–44: Ein zweiter Exodus als Drohung

Literatur W. Allen, The Structuring of Ezekiel's Revisionist History Lesson (Ezekiel 20:3–31): CBQ 54, 1992, 448–462. – R. Bartelmus, Menschlicher Mißerfolg und Jahwes Initiative. Beobachtungen zum Geschichtsbild des deuteronomistischen Rahmens im Richterbuch und zum geschichtstheologischen Entwurf in Ez 20: BN 70, 1993, 28–47. – S. J. De Vries, Remembrance in Ezekiel: Interpretation 16, 1962, 58–64. – H. Gese, Ezechiel XX 25 f. und die Erstgeburtsopfer: FS W. Zimmerli, 1977, 140–151. – M. Greenberg, מסרת הברית. »The Obligation of the Covenant« in Ezekiel 20, 37: FS D. N. Freedman, 1983, 37–48. – G. C. Heider, A Further Turn on Ezekiel's Baroque Twist in Ezek 20:25–26: JBL 107, 1988, 721–724. – Y. Hoffman, Ezekiel 20. Its Structure and Meaning: BetM 63, 1975, 473–489. – F.-L. Hossfeld, Ezechiel 1995. – T. Krüger, Geschichtskonzepte 1989, 199–281. – A. Luc, A Theology of Ezekiel. God's Name and Israel's History: Journal of the Evangelical Theological Society 26, 1983, 137–143. – J. Lust, Ez XX, 4–26 une parodie de l'histoire religieuse d'Israël: EthL 43, 1967, 488–527. – ders., Traditie, Redactie en Kerygma bij Ezechiel. Een analyse van Ez., XX, 1–26, Brüssel 1969. – M. J. Mulder, Ezekiel XX 39 and the Pesitta Version: VT 25, 1975, 233–237. – S. Ohnesorge, Jahwe 1991, 78–202. – C. Patton, »I Myself Gave Them Laws that were not Good.« Ezekiel 20 and the Exodus Traditions: JSOT 69, 1996, 73–90. – K. F. Pohlmann, Ezechielstudien 1992, 54–77. – T. Pola, Die ursprüngliche Priesterschrift. Beobachtungen zur Literarkritik und Traditionsgeschichte von P^G (WMANT 70), Neukirchen-Vluyn 1995, 147–212. – J. Pons, Le vocabulaire d'Ézéchiel 20. Le prophète s'oppose à la vision deutéronomiste de l'histoire: J. Lust (Hg.), Ezekiel 1986, 214–233. – J. Pons, Polémique à Tel-Aviv en 591 av. J. C.: ETR 61, 1986, 165–175. – R. Rendtorff, Ez 20 und 36, 16 ff. im Rahmen der Komposition des Buches Ezechiel: J. Lust (Hg.), Ezekiel 1986, 260–265. – T. Römer, Israels Väter. Untersuchungen zur Väterthematik im Deuteronomium und in der deuteronomistischen Tradition (OBO 99), Fribourg / Göttingen 1990, 491–520. – F. Sedlmaier, Studien 1990.

Text

Übersetzung *1 Im siebten Jahr, im fünften Monat, am Zehnten des Monats, kamen einige der Ältesten Israels, um JHWH zu befragen, und sie setzten sich vor mir nieder. 2 Das Wort JHWHs erging an mich: 3 Mensch, sprich zu den Ältesten Israels und sage zu ihnen: So spricht der Herr JHWH: Seid ihr gekommen, mich zu befragen? So wahr ich lebe, ich werde eure Fragen nicht beantworten, spricht der Herr JHWH.*

4 Wirst du anklagen, wirst du sie anklagen, Mensch? Laß sie die Greuel ihrer Väter erkennen! 5 Sage zu ihnen: So spricht der Herr JHWH:
Am Tag, als ich Israel erwählte,
indem ich feierlich schwor der Nachkommenschaft des Hauses Jakob,
und mich ihnen zu erkennen gab im Lande Ägypten,

indem ich ihnen feierlich schwor und sagte:

Ich, JHWH, bin euer Gott –

6 an diesem Tag, schwor ich ihnen feierlich, sie aus dem Land Ägypten herauszubringen in ein Land, das ich für sie ausfindig gemacht hatte – das von Milch und Honig fließt, das begehrenswerteste aller Länder; 7 und ich sagte zu ihnen: Werft weg, jeder von euch, die scheußlichen Dinge vor euren Augen und verunreinigt euch nicht an den Götzen Ägyptens; ich, JHWH, bin euer Gott! 8 Aber sie widersetzten sich mir und wollten nicht auf mich hören; keiner warf die scheußlichen Dinge vor seinen Augen weg, noch gaben sie die Götzen Ägyptens auf. Ich dachte, meinen Zorn über sie auszugießen, meine Wut an ihnen zu stillen mitten im Land Ägypten; 9 aber ich handelte um meines Namens willen, damit er nicht entweiht würde vor den Augen der Nationen, inmitten derer sie sich befanden, vor deren Augen ich mich ihnen zu erkennen gab, um sie aus dem Land Ägypten herauszubringen. 10 So brachte ich sie aus dem Land Ägypten heraus und führte sie in die Wüste.

11 Ich gab ihnen meine Gesetze, und meine Satzungen ließ ich sie erkennen, durch die der Mensch lebt, wenn er sie befolgt. 12 Ich gab ihnen auch meine Sabbate, um als Zeichen zu dienen zwischen mir und ihnen, damit es bekannt werde, daß ich, JHWH, es bin, der sie heiligt. 13 Aber das Haus Israel widersetzte sich mir in der Wüste: Sie folgten nicht meinen Gesetzen, sie verwarfen meine Satzungen, durch die der Mensch lebt, wenn er sie befolgt, und sie entweihten meine Sabbate sehr. Ich dachte, meinen Zorn über sie auszugießen in der Wüste, um sie zu vernichten; 14 aber ich handelte um meines Namens willen, damit er nicht entweiht würde vor den Augen der Nationen, vor deren Augen ich sie herausgebracht hatte. 15 Vielmehr schwor ich ihnen feierlich in der Wüste, sie nicht in das Land zu bringen, das ich ihnen gab – das von Milch und Honig fließt, das begehrenswerteste aller Länder – 16 weil sie meine Satzungen zurückgewiesen und meine Gesetze – sie folgten ihnen nicht, und sie entweihten meine Sabbate, denn ihr Herz ging ihren Götzen nach. 17 Aber mein Auge verschonte sie, so daß ich sie nicht zerstörte; ich machte ihnen kein Ende in der Wüste.

18 Ich sagte zu ihren Kindern in der Wüste: Folgt nicht den Gesetzen eurer Väter, befolgt nicht ihre Satzungen und verunreinigt euch nicht mit ihren Götzen. 19 Ich, JHWH, bin euer Gott: Folgt meinen Gesetzen, achtet darauf, meine Satzungen zu befolgen, 20 und heiligt meine Sabbate, damit sie als Zeichen dienen zwischen mir und euch, damit es bekannt werde, daß ich, JHWH, euer Gott bin. 21 Aber die Söhne widersetzten sich mir: Sie folgten nicht meinen Gesetzen, sie achteten nicht darauf, meine Satzungen zu befolgen, durch die der Mensch lebt, wenn er sie befolgt; sie entweihten meine Sabbate sehr. Ich dachte, meinen Zorn über sie auszugießen, meine Wut an ihnen zu stillen in der Wüste; 22 aber ich zog meine Hand zurück und handelte um meines Namens willen, damit er nicht entweiht würde vor den Augen der Nationen, vor deren Augen ich sie herausgebracht hatte. 23 Vielmehr schwor ich ihnen feierlich in der Wüste, sie unter die Nationen zu zerstreuen und in die Länder zu versprengen, 24 weil sie meine Satzungen nicht befolgten; sie verwarfen meine Gesetze, sie entweihten meine Sabbate, und ihre Augen waren hinter den Götzen ihrer Väter her. 25 Auch gab ich ihnen Gesetze, die nicht gut waren, und Satzungen, durch die sie nicht leben konnten, 26 verunreinigte sie durch ihre Gaben, indem sie jeden Erstgeborenen opferten, so daß ich sie vernichtete, damit sie vielleicht erkennen, daß ich JHWH bin.

27 Sprich also zum Haus Israel, Mensch, und sage zu ihnen: So spricht der Herr JHWH: Auch darin zeigten eure Väter Verachtung für mich, indem sie sich gegen mich vergingen: 28 Als ich sie in das Land brachte, das ich feierlich geschworen hatte, ihnen zu geben, sahen sie jeden hohen Hügel und jeden belaubten Baum, und dort schlachteten sie ihre Schlachtopfer, dort legten sie ihre widerwärtigen Opfergaben nieder, dort legten sie ihre wohlgefälligen Düfte nieder, dort gossen sie ihre Trankopfer aus. 29 Ich sagte zu ihnen: Was ist das für eine Kulthöhe, zu der ihr hineilt? – Und man nennt sie »Kulthöhe« bis auf den heutigen Tag.

30 Sage daher zum Haus Israel: So spricht der Herr JHWH: Ihr verunreinigt euch wie eure Väter, ihr hurt ihren scheußlichen Dingen hinterher; 31 ihr verunreinigt euch durch das Opfern eurer Gaben und indem ihr eure Söhne durch das Feuer gehen laßt – euren Götzendienst aller Art – bis heute; sollte ich dann auf eure Frage antworten, Haus Israel? So wahr ich lebe, verkündet der Herr JHWH, ich werde auf eure Frage nicht antworten!

32 Und was in euren Verstand gelangt ist, soll niemals, niemals euer Denken sein: »Wir werden sein wie die Nationen, wie die Familien der Erde, um Holz und Stein zu dienen.« 33 So wahr ich lebe – verkündet der Herr JHWH – mit starker Hand, mit ausgestrecktem Arm und mit ausgegossenem Zorn werde ich König über euch sein! 34 Ich werde euch aus den Nationen herausnehmen und euch sammeln aus den Ländern, in die ihr zerstreut worden seid, mit starker Hand, ausgestrecktem Arm und ausgegossenem Zorn. 35 Ich werde euch in die Wüste der Völker führen und dort über euch Gericht halten, von Angesicht zu Angesicht. 36 So wie ich Gericht hielt über eure Väter in der Wüste Ägyptens, so werde ich mit euch ins Gericht gehen, verkündet der Herr JHWH. 37 Ich werde euch unter dem Stab hindurchziehen lassen und euch in die Verpflichtung des Bundes führen. 38 Ich werde euch läutern von denen, die sich gegen mich aufgelehnt und sich mir widersetzt haben; ich werde sie herausnehmen aus dem Land, wo sie sich aufhalten, aber sie sollen das Land Israel nicht betreten; und ihr werdet erkennen, daß ich JHWH bin.

39 Aber was euch betrifft, o Haus Israel, so spricht der Herr JHWH: Geht nur alle und dient euren Götzen und hinterher, wenn ihr auf mich nicht hört … Und ihr sollt meinen heiligen Namen nicht mehr länger entweihen mit euren Geschenken und euren Götzen. 40 Auf meinem heiligen Berg, auf dem hohen Berg Israels, verkündet der Herr JHWH, dort wird das ganze Haus Israel mir dienen, sie alle, im Land; dort werde ich sie annehmen und dort werde ich eure Abgaben einfordern und eure freiwilligen Gaben mit all euren heiligen Dingen. 41 Mit wohlgefälligem Duft werde ich euch annehmen, wenn ich euch aus den Völkern herausnehme und euch sammle aus den Ländern, in die ihr zerstreut worden seid; und ich werde meine Heiligkeit durch euch vor den Augen der Nationen erweisen. 42 Und ihr werdet erkennen, daß ich JHWH bin, wenn ich euch in das Land Israel führe, das Land, das ich feierlich geschworen habe, euren Väter zu geben.

43 Dann werdet ihr euch an eure Wege erinnern und an alle eure Missetaten, durch die ihr euch verunreinigt habt, und es wird euch ekeln wegen all der schlechten Dinge, die ihr getan habt. 44 Und ihr werdet erkennen, daß ich JHWH bin, wenn ich an euch handle um meines Namens willen und nicht entsprechend eurer schlechten Wege und eurer verdorbenen Taten, o Haus Israel – verkündet der Herr JHWH.

15 Das zweite »ihnen« wird von G S bezeugt, nicht jedoch von M.

   22 *aber ich zog meine Hand zurück:* fehlt in G S.

   37–38 *in die Verpflichtung des Bundes führen. Ich werde euch läutern:* G »ich werde euch abgezählt hineinführen. Und ich werde euch aussondern«; d.h. das הברית des M wird nicht bezeugt.

Zu Text und Übersetzung

Gesamtauslegung: Struktur und Themen

Das Kapitel beginnt mit einer Datierung und einer Situationsbeschreibung: Einige der Ältesten kamen zum Propheten zwecks eines JHWH-Orakels. Eine Wortereignisformel (V 2) leitet Gottes Antwortverweigerung ein, verstärkt durch einen Schwur (V 3). Es folgt eine Ermahnung, die Ältesten anzuklagen (V 4). Eine Botenformel (»so spricht der Herr JHWH«) leitet die Nacherzählung der verdorbenen Frühgeschichte Israels ein, ausgeführt in drei Stufen: die Sklavengeneration; die Sklaven befreit und in der Wüste; ihre Nachkommen (V 5–26). Diese Stufen werden gerahmt, indem JHWH sich ihnen als ihr Gott in Ägypten zu erkennen gibt (V 5) und sich letztlich entschließt, sie zu vernichten, damit sie vielleicht erkennen, daß er JHWH ist (V 26). Eine vierte Stufe der Sünde, nach der Ansiedlung im Land, setzt ein mit לכן (V 27), einem erneuten Redeauftrag und der Botenformel. Diese Stufe endet mit einem Namens-Midrasch zu במה »Höhe«. Ein zweites לכן, wiederum gefolgt von einem Redeauftrag und einer Botenformel, leitet zwei Folgerungen ein: (1) Gott weigert sich, denen zu antworten, welche die Sünden der Vergangenheit auch in der Gegenwart fortsetzen (V 30–31;

Struktur

V 31b antwortet auf den Schwur V 3b; man beachte die Inversion!); (2) Gottes fester Entschluß, seine Herrschaft über sie durchzusetzen und sie aus dem Exil zu einem neuen Gericht in der Wüste zu treiben (V 32–38, den Abschluß bildet eine Erkenntnisformel). Eine erneute Anrede (»Und du …«), wiederum gefolgt von einer Botenformel, leitet die letztliche Aussöhnung zwischen Israel und Gott ein. Diese beginnt mit einer ironischen Einladung, den Götzendienst fortzusetzen. Daran schließt sogleich die Ansage des vollkommenen Gottesdienstes auf Gottes heiligem Berg an (V 39–42). Der Abschnitt endet (V 42–44) mit einer Erkenntnisformel, erweitert durch eine Erinnerung an Gottes Schwur, mit dem die Anklage begann (V 6). Die Emotionen kommen zur Ruhe in einer Coda, die, analog zu 16,61 ff., Israels Scham wegen seiner Missetaten voraussagt (V 43 f.) und mit einer weiteren Erkenntnisformel endet.

Aufgrund der Komplexität dieses Kapitels vermuten die meisten Ausleger eine sekundäre Erweiterung des Textbestands. Die Wiederaufnahme von V 3b (אם אדרש לכם) in V 31 scheint das Anfangsthema abzurunden, was als Begründung dient, um die V 32–44 für sekundär zu erklären. In den V 32–44 befinde sich die Nation im Exil. Dies und die (angebliche) Verzweiflung in V 32 (s. aber die Einzelanalyse) deute auf eine Datierung nach der Zerstörung Jerusalems hin: »Indem der Prophet sich an die verzweifelten Exulanten wendet, nimmt er das Thema der Wüstenwanderung wieder auf und erweitert seine früheren Vorhersagen um Worte der Hoffnung auf eine Wiederherstellung Jerusalems« (Carley; Zimmerli spricht von einer Erweiterung durch ein »Heilsversprechen«). Man fragt sich jedoch, ob eine solche Einschätzung dem drohenden Ton des größten Teils der V 32–44 gerecht wird, ob die Ankündigung eines erzwungenen Exodus aus dem Exil, einer Reinigung in der »Wüste der Völker« und der zukünftige Ekel der Geretteten vor sich selbst wirklich von den Verurteilungen des ersten Abschnitts des Kapitels abweicht. Vorerst muß man zugestehen, daß dieses Kapitel in einer Weise wirr ist, die Zweifel an seiner Einheit aufkommen lassen. Unsere Untersuchung beginnt bei der Struktur: Inwiefern hängen die einzelnen Teile des Kapitels zusammen und lassen einen durchdachten Aufbau erkennen?

A. Israels Auflehnung in der Vergangenheit (V 5–29)
Der Gang durch die Geschichte wird in vier Stufen entfaltet (AA′A′′B). Wir achten auf die Variationen bei den Wiederholungen.

    1. In Ägypten (V 5–10)
        a. JHWH offenbart sich als der Gott Israels
        b. Er schwört, sie herauszuführen und in das gelobte Land zu bringen
        c. Er befiehlt ihnen, die Götzen Ägyptens aufzugeben
        d. Das Volk weigert sich

     e. Gott sieht um seines Namens willen davon ab, sie zu vernichten (keine Bestrafung)

     f. Er führt sie hinaus in die Wüste

2. Die erste Generation in der Wüste (V 11–17)

     a,c. Gott gibt ihnen gute Gesetze und Sabbate, sie zu halten (= seine Selbstoffenbarung und seinen Befehl, den Götzendienst aufzugeben in 1, wie aus Äquivalenz der V 5b.7b.12b folgt [vgl. V 20b]).

     d. Das Volk weigert sich.

     e. Gott sieht um seines Namens willen von der Zerstörung ab, aber

     g. Er schwört, daß sie das gelobte Land nicht betreten werden (V 15, eine Strafe, die teilweise V 6 zuwiderläuft)

     f. Er nimmt die Kinder aus (Überleitung zur nächsten Stufe)

3. Die zweite Generation in der Wüste (V 18–26)

     c. Gott befiehlt ihnen, das Verhalten ihrer Väter aufzugeben und

     a. ihn als Gott anzuerkennen

     d. Das Volk weigert sich

     e. Gott sieht um seines Namens willen von der Zerstörung ab, aber

     g. Er schwört, daß er sie unter die Nationen zerstreuen wird (V 23, eine Strafe entgegen V 6), und

     g'. Er gibt ihnen schlechte Gesetze und verunreinigt ihren Kult (V 25, eine Strafe entgegen V 11 f.)

4. Im Land (V 27–29)

Die vierte Stufe der Auflehnung (במות) weicht formal von den vorhergehenden dreien ab. Darüber hinaus scheint es sich, trotz der Eröffnung mit לכן, nicht um eine Konsequenz aus dem Vorhergehenden zu handeln. Vielmehr scheinen die V 27–29 die Reihenfolge der Argumentation, die in V 30 fortgeführt wird, zu stören. Die meisten Exegeten sehen daher in diesem Abschnitt eine sekundäre Erweiterung (»ein Schüler wollte das Bild der Sünde Israels nach der Landnahme ausmalen«, Stalker). Gottes Verwerfung Israels ist mit dem Ende der dritten Stufe jedoch abgeschlossen. Daher kann die Abfolge von Anrede durch Gott und Widerstand des Volkes nicht wiederholt werden. Nach den V 23–26 kann Israel nur seiner ihm zugewiesenen Rolle gemäß durch einen verkehrten Kult handeln, solange bis es vernichtet ist. Dementsprechend zeigen die V 27–29 Israel bei seinem במות-Gottesdienst, der von Gott verachtet wird. Somit bedeutet לכן (V 27), daß Israels kultische Verfehlung in seinem Land eine Folge der Strafmaßnahmen Gottes war, die am Ende der dritten Stufe beschrieben wurden.

B. Anwendung und Folgen (V 30–44)

B1. Gottes Weigerung, auf eine Frage zu antworten (V 30–31)

Mit V 30 (לכן) wird diese Geschichtsstunde auf das anwesende Publikum appliziert, und zwar nicht nicht bloß auf die Ältesten, sondern auf das gesamte »Haus Israel« (vgl. V 27): Da sie handeln wie ihre Väter, können sie keine Antwort Gottes auf ihre Frage erwarten (V 30 f.). Aber statt hier zu enden – und den Leser ob dieser ausführlichen Antwortverweigerung Gottes verdutzt zurückzulassen (vgl. die einfache Erwiderung in 14,1–3) – schwenkt der Text abrupt um, um die Gedanken der Menschen zu verurteilen und Gottes Gegenplan anzukündigen.

B2. Der neue Exodus und die Verwirklichung von Gottes Plan (V 32–44)

Dieser Abschnitt läßt sich auf verschiedene Arten gliedern. Abschließende Erkenntnisformeln grenzen folgende Abschnitte ab: (a) Vor dem Betreten des Landes: Gottes Plan eines neuen Exodus und eines Gerichts in der Wüste (V 32–38); (b) Im Land: Der Gegensatz von Israels verunreinigter Gegenwart und gereinigter Zukunft, Kult (V 39–42); (c) Coda: Israels zukünftige Scham, wenn es erkennt, wie wenig es Gottes Treue verdient hat (V 43–44).

Diese Struktur wird überlagert von Ringkompositionen von größerer thematischer und struktureller Bedeutung. Die Mitte von B2 wird umschlossen durch den Schwur der V 33 f. und seiner Wiederholung in V 41aβ. Das hervorstechende Merkmal dieses Abschnitts besteht in der Übereinstimmung mit den Motiven von A, allerdings ist er kürzer und dichter, verwendet andere Worte. Die V 35b–36 vergleichen das zukünftige Gericht in der »Wüste der Völker« ausdrücklich mit dem in »der Wüste des Landes Ägypten« (A2g, wo das Verb נשפט nicht verwendet wird). Sowohl die verwendeten Verben als auch die Inhalte der V 40–41α stehen in enger Parallele zu A4:

V 40–41a	A4 (V 28)
Berge, Berghöhen	hoher Hügel
dort (dreimal)	dort (viermal)
Kult (עבד)	Schlachtopfer, Opfergaben, Trankopfer
wohlgefälliger Duft	wohlgefälliger Duft
annehmen (רצא)	widerwärtig sein (כעס)

V 35a »Ich werde euch in die Wüste der Völker führen« korrespondiert V 10b »Ich führte sie in die Wüste«. Die V 32–34 beschreiben die Absicht des Volkes, sich den Heiden anzupassen, Gottes Schwur, über sie als König zu herrschen, sie aus dem Land herauszuführen und sie in ihrem Land zu sammeln. Dies ist die Antwort auf Gottes Schwur an die Vorfahren in Ägypten, ihr Gott zu sein und sie aus Ägypten herauszuführen in das Land, das er für sie ausgewählt hat, sowie ihre Weigerung, den ägyptischen Götzendienst aufzugeben (A1). Die V 37 f., die berichten, wie Gott sie unter dem Stab hindurchziehen, sie in die Verpflichtung des Bundes eintreten läßt, und sie von Rebellen reinigt, beziehen andererseits in knapper Manier und mit neuen Begriffen die Ereignisse der Zukunft auf die der Wüste, welche ausführlich in A2.3 berichtet werden.

V 41 schließt die Szenerie der Zukunft mit einem kurzen Hinweis auf die Motivation des göttlichen Handelns ab (»Ich werde geheiligt im Angesicht der Nationen«). Damit wird das Motiv der Sorge Gottes um seinen Ruf aufgegriffen, worauf in A des öfteren Bezug genommen wurde. Zwei erweiterte Erkenntnisformeln schließen das gesamte Kapitel ab, wobei die erste (V 42) den Schwur Gottes, Israel ein Land zu geben, in Erinnerung ruft, womit die Geschichte in Teil A begann (V 6 f.); die zweite (V 44) führt für Israels Wiederherstellung dasselbe Motiv an wie für sein Überleben in der Vergangenheit, nämlich JHWHs Sorge um seinen Namen. Aufgrund dieser Rahmungen mittels Wiederaufnahmen bildet dieses Kapitel als Ganzes ein Beispiel für das »Halbierungsschema«, das uns schon öfter begegnet ist. Die zweite Hälfte des Kapitels (B) endet dabei in Form einer Wiederholung der Themen und Begriffe der ersten Hälfte (A).

B1 und B2 (V 30–44) ziehen somit die Konsequenzen aus dem Geschichtsüberblick von A: B1, die Begründung der Antwortverweigerung Gottes (V 30 f.); B2, das beispielhafte Handeln Gottes an Israel in der Zukunft. Wie bereits bemerkt, halten die meisten Exegeten nur B1 für ursprünglich. Ob die zwei Verse von B1 der langen historischen Rückschau von A gerecht werden, wurde zurecht in Frage gestellt (Eichrodt). Ob Teil A nun auf Teil B2 angewiesen ist oder nicht: Niemand wird bestreiten, daß B2 abhängig ist von A (gegen Zimmerli, der diesen Abschnitt als eigenständiges Stück behandelt). Dies sollte jenseits aller Kritik deutlich werden durch die folgende parallele Übersicht der Erzählung:

Vergangenheit (A)	Zukunft (B2)
Da Israel nicht Gottes Gebot gehorchte, die Götzen Ägyptens aufzugeben und ihn als Gott anzuerkennen, führte er sie in die Wüste. Dort gab er ihnen gute Gesetze, die sie absonderten und sie ihm weihten.	Gott wird erzwungenermaßen als König über sie herrschen, nachdem er Israels Plan, sich an die Nationen anzugleichen und Götzen zu dienen, vereitelt hat. Er wird sie aus dem Exil in die Wüste der Völker führen, wo er ihnen die Verpflichtungen des Bundes auferlegen wird.
Da sie ihn verwarfen, verurteilte er sie zum Tode. Nur ihre Kinder sollten das gelobte Land betreten.	Er wird mit den Frevlern ins Gericht gehen und sie zum Tode verurteilen, damit sie nicht das Land Israel betreten.
Nach der Ansiedlung opferten die Israeliten auf במות, die Gott verschmähte.	Das ganze Volk soll Gott auf seinem heiligen Berg dienen, wo er Gefallen finden wird an ihren Opfern.
Gott sah davon ab, Israel in Ägypten und in der Wüste zu vernichten, damit sein Name nicht unter den Nationen entweiht werde.	So wird er seine Heiligkeit unter seinen Nationen erweisen und Israel wird erkennen, daß er an ihnen um seines Namens willen gehandelt hat.

Während in den Geschichtsüberblicken von Ez 16 und 23 nur Vergangenheit und Zukunft beschrieben werden, widmet dieses Kapitel mehrere Verse der

Gegenwart. Hinzu kommt das Zitat mit der Absicht des Volkes, sich an die Nationen anzugleichen (V 30–32.39). Damit taucht zwar die Schwierigkeit auf, daß die Geschichtslektion zwei Ausgängen dienen muß (Gegenwart und Zukunft), aber es sind gerade die Bezüge zur Gegenwart, die das Thema enthalten, das sich durch das ganze Kapitel hindurchzieht: götzendienerische Kultopfer. Die gegenwärtige Generation führt den verunreinigenden Götzendienst ihrer Väter weiter – diejenigen hingegen, die den Götzen Ägyptens anhingen, wurden evtl. mit schlechten Gesetzen bestraft (vor allem das verunreinigende Opfer des Erstgeborenen) und praktizierten den verachtenswerten Höhenkult. Der wiederhergestellte Rest wird jedoch in Zukunft Opfer darbringen, die Gott annimmt. Die Tatsache, daß dieses Thema jeden Abschnitt des Kapitels durchzieht, spricht für eine einheitliche Komposition.

Das Fehlen einer Bezugnahme auf Gottes Gesetze, Weisungen und Sabbate in B deutet zunächst auf eine eigenständige Herkunft dieses Abschnitts. Doch wird auch dort auf die göttlichen Gesetze hingewiesen: Wenn von den Zuhörern gesagt wird, daß sie sich »wie ihre Väter« (V 30) verunreinigt hätten, dann wird darauf Bezug genommen, wie die Wüstengeneration »den Gesetzen ihrer Väter und ihren Satzungen« (V 18) anhing. Letztere aber waren nichts anderes als eine Travestie der Gesetze Gottes, seiner Satzungen und Sabbate. Letztlich entspricht der Eintritt der Erlösten der Zukunft in die Verpflichtung des Bundes den »Gesetzen, Satzungen und Sabbaten«, die Israel in der Vergangenheit auferlegt wurden. Das Thema der Befolgung der göttlichen Gesetze verbindet so Vergangenheit, Gegenwart und Zukunft miteinander.

Darüber hinaus sind die einzelnen Abschnitte des gesamten Kapitels durch Stichworte und inhaltliche Entsprechungen (synonym oder antithetisch) auf eindrucksvolle Weise aufeinander abgestimmt:

Vergangenheit	Gegenwart	Zukunft
Haus Israel (13)	27, 30	39, 40
jeder werfe die scheußlichen Dinge vor seinen Augen weg (7)	jeder diene seinen Götzen (39)	alle werden mir dienen (40)
verunreinigt euch nicht an Götzen (גלולים) (7)	31, vgl. 30	verunreinigt durch Missetaten (43; man beachte die Assonanz von עלילות und גלולים)
scheußliche Dinge (7, 8)	30	
ihr Herz folgt ihren Götzen (16)		

Vergangenheit	Gegenwart	Zukunft
ihre Augen waren hinter den Götzen ihrer Väter her (24) (vgl. die scheußlichen Dinge vor ihren Augen, 8)	ihr hurt ihren scheußlichen Dingen hinterher (vgl. Num 15,39, euer Herz ... eure Augen, hinter denen ihr herhurt)	
(eure) Väter (18, 24)	30	42
(eure) Opfergaben (Geschenke) (26)	31	
	sollte ich antworten (אדרש) (31)	ich werde einfordern (אדרש) (40)
Nationen ... Länder	32	Völker ... Länder (34, 41)
Zorn ausgießen (8, 13, 21)		33, 34
(aus einem fremden Land) herausbringen (9, 10, 22)		34, 38, 41
zerstreuen (23)		34, 41
in die Wüste führen (10)		35
in das Land kommen / bringen (15, 28)		38, 42
mir gehorchen (8)		39
meinen Namen entweihen (9, 14, 22)		39
– vor den Augen der Nationen (9, 14, 22)		Ich werde vor den Augen der Nationen geheiligt werden (41)
hoher Berg (40)		hoher Hügel (28)
dort ... dort usw. (28)		40
wohlriechender Duft (28)		41
Ich schwor feierlich (bezüglich des Landes) (6, 15, 28)		42
Gott handelt um seines Namens willen (9, 14, 22)		44

Faßt man die Strukturanalyse zusammen, gliedert sich das Kapitel in zwei
einander entsprechende Hauptabschnitte: A. Eine Beschreibung der Vergangenheit mit Betonung des Kultischen und der Schuld durch eine Serie von
drei sich steigernden Episoden mit jeweils gleicher Struktur. Den Abschluß
bildet eine vierte Stufe, die abweichend formuliert ist (V 1–29); B2. Eine
kürzere Beschreibung der Zukunft als eines neuen Exodus, der durch den
Gott wohlgefälligen Kult auf seinem heiligen Berg vollendet (V 33–44).
Verbunden werden beide Teile durch B1, eine kurze Anklage des anwesenden »Publikums« (V 30–32), in dem ein Kreis geschlossen – die Frage, ob
Gott auf die Frage der Ältesten antwortet – und ein anderer – die Richtig-

stellung der Verbrechen der Gegenwart – eröffnet wird. Zwei Themen werden miteinander verknüpft: Auf die Weigerung zu antworten wird das Thema des Kultes aufgesetzt. Dieses wiederum dient dazu, die Abweisung zu begründen, wird aber dann mit Gegenwart und Zukunft verbunden, um eine Zusammenschau des gesamten Verlaufs des Opferkultes Israels zu liefern.

Die ersten drei Stufen der Auflehnung Israels münden in eine Reihe von Anweisungen, durch die die Gaben, welche Israel erhielt, zurückgenommen werden: Exil anstatt des Besitzes des begehrten Landes; schlechte Gesetze, die den Tod bewirken, anstatt lebenspendender Gesetze, insbesondere das Kinderopfer, und letzlich Verunreinigung durch den Kult im allgemeinen. Die Wirkung dieser Anweisungen war im treulosen und widerlichen Höhenkult unmittelbar sichtbar. Bevor wir die einzelnen Teile dieser Konstruktion analysieren, ist es wichtig darauf hinzuweisen, wie Land, lebenspendende Gesetze und reiner Kult miteinander verknüpft werden. Am Anfang umfaßte Israels Erwählung die Gabe eines ausgesuchten Landes, die Unterwerfung unter lebenspendende Gesetze, heiligende Sabbate und einen Gottesdienst, den Gott vorschrieb. Da sie sich all dem widersetzten, verdarben sie alle so, wie der Verlust eines Einzelnen den Rest ebenso einbezieht. Die unlösliche Verbindung dieser drei Teile scheint grundlegend zu sein für dieses Prophetenwort und dürfte einen Hinweis auf ihr zentrales Anliegen darstellen.

Themen   Der strukturellen Komplexität des Kapitels entspricht die Variation der (oftmals einzigartigen) Themen, die sich nicht ohne weiteres miteinander vereinbaren lassen. Kein anderer Geschichtsüberblick (Ez 16; 23) konzentriert sich so auf das Kultische unter Ausschluß des Politischen: Verunreinigung, Götzen, widerliche Dinge, Kinder- / Erstgeburts-Opfer, (il)legitime Kultplätze. Kein anderer Überblick macht so viel Aufhebens um das gelobte Land als Gegensatz zu den anderen Ländern (הארץ fünfmal, אדמת ישראל zweimal, ארץ מצרים sechsmal, הארצות sechsmal, ארץ מגוריהם einmal). Hier begegnet zum ersten Mal das Handeln Gottes um seines Namens willen als Hauptmovens der Geschichte. Dem ist nur Ez 36,16ff. vergleichbar. Verbunden mit diesem neuen Motiv ist die Ausweitung der direkten göttlichen Interventionen in Israels Schicksal: der Erlaß schlechter Gesetze, die Verunreinigung von Israels Kult und der Zwang des Volkes aus dem Exil in einen neuen Bund mit ihm. Verglichen mit den Allegorien von Ez 16 und 23 ist der enge Rahmen der Vergangenheit in diesem Kapitel besonders bemerkenswert: Er reicht vom Aufenthalt in Ägypten bis zum Errichten der במות im Land und nicht weiter. Selbst das Exil ist ein Ereignis vor der Ansiedlung im Land! Es ist fraglich, ob all diese Züge sich in einer einzigen Interpretation umfassen lassen.

Man kommt jedoch nicht umhin, es zu versuchen, und ein angemessener Ansatzpunkt ist der begrenzte historische Rahmen. Die Entsprechung von

Vergangenheit und Zukunft deutet darauf hin, daß die Abgrenzung des Rückblicks durch die des Vorausblicks bestimmt wurde. Wie die Vorausschau vom gegenwärtigen Exil bis zum zukünftigen Gottesdienst auf dem heiligen Berg reicht, so beginnt die (antithetische) Rückschau mit dem Aufenthalt in Ägypten als einer Art »Exil« und endet mit dem verachteten Höhenkult auf jedem grünen Hügel. Eine besondere Leidenschaft durchzieht die letzten beiden Stufen, ausgedrückt im wiederholten Gebrauch des »dort« (שם), das die Entsprechung der beiden Teile unterstreicht. Wir werden später auf die Bedeutung dieser Leidenschaft zurückkommen. Das Kapitel als Ganzes zeigt, wie Israel, nachdem es Gottes Plan verworfen hat, befähigt wird, noch einmal die Strecke zu durchlaufen, dieses Mal in Übereinstimmung mit Gottes Willen. Es wird nur so viel von der Vergangenheit berichtet, wie als Verstehensschlüssel notwendig ist für die Stufen von Gottes gegenwärtigem und zukünftigem Handeln an Israel bis zu seiner erneuten Ansiedlung. Daraus folgt aber, daß es der von einigen als sekundär bewertete zweite Teil ist, der den Aufbau des ersten, vermutlich authentischen Teils bestimmt hat. Andernfalls wäre dieser auf unerklärliche Weise beschnitten.

Diesem Kapitel zufolge besteht die Lehre aus der Vergangenheit darin, daß Gottes Sorge um seinen Namen Israels Geschick bestimmt hat. Gott wollte, daß Israel sein Volk sei. Die verweigerte Nachfolge endete im Unheil, aber dies war nie endgültig, damit Gottes Name nicht entweiht wurde. Die gegenwärtige Generation ist weiterhin abtrünnig, folgt den verunreinigten »Wegen ihrer Väter« und will sich den Nationen angleichen. Den ersten Anstoß zu diesem Kapitel bildete offensichtlich das dem Volk zugeschriebene Sprichwort: »Wir werden sein wie die Nationen …«. Wie Ez 18, so ist auch dieses Prophetenwort eine Reaktion auf ein subversives populäres Sprichwort. Seine zentrale Botschaft besteht in der Behauptung der souveränen Herrschaft Gottes über Israel trotz Israels beständiger Auflehnung. In der Vergangenheit haben Gottes Wille und alte Satzungen das Schicksal des Volkes bestimmt, so wird es auch in Zukunft sein. Am Schluß werden die Unzufriedenen verurteilt werden, und Gottes Plan für Israel wird sich erfüllen.

Die Traditionen des Pentateuch, näherhin der Exodus und die Wüstenwanderungen, wie sie insbesondere in der Priesterschrift (s. z. B. die Analyse zu den V 5–20) ausformuliert wurden, wurden adaptiert, um diese Botschaft zu übermitteln. Das junge Israel wurde umgestaltet, um das Konzept des Propheten von der gegenwärtigen, abgefallenen Generation widerzuspiegeln. Dementsprechend wurde das Thema der Auflehnung während der Wanderung radikal schematisiert und umgestaltet. Noch der späte Ps 106, der einige bemerkenswerte Verbindungen zu Ezechiel aufweist, hat in seiner Litanei der Auflehnung die Nuancen des Pentateuch bewahrt. Er unterscheidet zwischen einem Mangel an Vertrauen (V 7.13.24), der Verweigerung der delegierten Autorität (V 16), dem Abfall (V 19.36) usw. Ezechiel hingegen verallgemeinert alle Übertretungen der Gebote Gottes. Im Pentateuch betraf

Verhältnis zu den Erzähltraditionen des Pentateuch

das erste von Israel übertretene Gebot das Manna (Ex 16), Ps 106 läßt Israels Auflehnung (Mangel an Vertrauen) am Roten Meer beginnen (V 7). Ezechiel allein weiß von einem bereits in Ägypten ergangenen Gebot, den Götzendienst aufzugeben, das sofort verletzt wurde. Für Ezechiel sind daher alle Phasen der Sünde Israels gleich und bestehen darin, Gottes Gesetze zu mißachten und sie durch menschliche zu ersetzen. Ezechiels Umgestaltung kommt damit dem Bedürfnis der deuteronomistischen Geschichtsschreibung entgegen: göttliche Ermahnung zum Gehorsam, welche der Bestrafung vorausgeht und sie rechtfertigt (z. B. 2 Kön 17,13 f.; Jer 7,13; 11,7, u. ö.).

Die Entweihung des Namens Der Entweihung des Namens Gottes (נחל שם יהוה) kommt in unserem Text eine neue Bedeutung zu. Bisher bestand sie in der Verletzung einer göttlichen Norm durch einen Menschen, einer offenen Verachtung Gottes (Am 2,7; Lev 19,12; 20,3; Jer 34,16). Dies ist auch hier in V 39 und in 22,26 der Fall. Aber in den V 9.14.22 kann auch eine Handlung Gottes zum Schaden Israels seinen Namen entweihen, d. h. ihn in einen schlechten Ruf bringen. Gottes Eigeninteresse, an das Mose in Ex 32 (Dtn 9) und Num 14 appelliert, wird zusammengefaßt im Ausdruck »um meines Namens willen (למען שמי)«. Während dieses in Gebeten oftmals zur Motivierung göttlicher Hilfe zitiert wird (Jer 14,7; Ps 25,11; 79,9 u. ö.), bildet es hier (erstmalig?, vgl. Ps 106,8) die Grundlage für Ereignisse der Vergangenheit und die Vorhersage der Zukunft. Später ist damit auch Trost ausgesagt (36,22 f.), hier aber ist der drohende Aspekt vorherrschend. Erklärt wird damit das Überleben des aufrührerischen Israel in der Vergangenheit und implizit auch in der Gegenwart. Wie in Ägypten so auch jetzt, um seines Rufes willen, schiebt Gott seine Abrechnung mit dem Frevler so lange auf, bis sie einander in der Wüste von »Angesicht zu Angesicht« gegenüber stehen, ohne das Zusehen eines Fremden. Dementsprechend bekommt der historische Exodus so etwas wie den Charakter der Verbannung eines Volkes, das gegen seinen Willen erlöst wurde, als Beispiel und Warnung für Ezechiels selbstzufriedenes Publikum, das sich selbst – aus seiner Sicht – von der Unterwerfung unter Gott befreit sieht. Dient euren Götzen heute, sagt Gott, aber glaubt nicht, daß euer Abfall unbestraft bleiben wird (V 39). Alles ist geschen und alles wird geschehen um der größeren Ehre meines Namens willen. Nichts von dem, was ihr tut, kann die Verherrlichung meines Namens verhindern.

Dieses Motiv und die dazugehörige Terminologie werden in 36,16–38 ausgebaut. Dabei handelt es sich um ein Heilswort aus der Zeit nach der Zerstörung Jerusalems, das auf dem Geschichtsschema basiert, das hier erstmalig entwickelt wurde. Bemerkenswerterweise wird das Exil hier nicht zu den Dingen gerechnet, die Gottes Ruf bedrohen. Zweifelsohne spürte man erst nach der Katastrophe von 586 das volle Gewicht des Exils und die damit verbundene Scham. In 36,20 ff. aber ist das Exil die erste Ursache für die Entweihung des Namens. Gottes Handeln »um seines Namens willen« (20,44) nimmt so eine neue Wendung, was sich auch in einer anderen Wortwahl zeigt: In 20,9.14.22 bezeichnet der Ausdruck das Aussetzen der Strafe, um die Entweihung zu vermeiden. In V 44 bezeichnet er den Vollzug eines Wunders, nämlich die Wiederherstellung Israels, zur Verherrlichung seines Namens. Diese positive Nuance umfaßt auch der Ausdruck נקדשתי בכם »ich werde meine Heiligkeit durch euch erweisen« (V 41). In 36,23 wird jedoch ein neuer, spezifischer Ausdruck zur Bezeichnung dieses positiven Handeln Gottes um seines Namens willen geprägt: קדש שמו »seinen Namen heiligen (d.h. Ruhm erlangen)« – eine einzigartige Neuerung, die in Opposition steht zum חלל שמו / נחל in diesem Kapitel. Diese Erweiterung eines Motivs, das eindeutig ursprünglich zu diesem Kapitel gehört, innerhalb eines Abschnitts, der sicher jünger ist als 586, spricht dafür, dieses Kapitel, in Übereinstimmung mit seiner Überschrift, vor den Fall Jerusalems zu datieren.

Von Ezechiel scheint der Gedanke zu stammen, daß Gott Israel bereits vor dem Betreten des Landes beides angekündigt hat: das Exil und die Sünde, die dieses rechtfertigt. Vergleichbar ist damit die Verdammung der Amoriter in Gen 15,13–16: Der Frevel der Amoriter rechtfertigte bereits zur Zeit Abrahams die Vorherbestimmung ihrer Verbannung vierhundert Jahre später. Während dieser Zeit wurde ihr Maß an Frevel erfüllt, und damit die Bestimmung gerechtfertigt. Direktere Vorläufer von Ezechiels Vorstellung sind die Drohungen mit dem Exil bei Nichtbeachtung der Keuschheitsregeln in Lev 18,24–28; 20,23 f. Dort wird ausdrücklich das Schicksal der »Nationen, die ich vor dir hinaustreiben werde« zum Vergleich herangezogen. Weiterhin ist hinzuweisen auf die Drohungen im Fall des Bundesbruchs in Lev 26,33; Dtn 4,25–27; 28,36.64. Noch näher steht dem Dtn 31,16–18.20 f. Die Vorhersage, daß Israel vielleicht abfallen und das Exil erleiden wird, basiert dort auf einem Wissen Gottes um den Charakter Israels. Von dort ist es nur ein Schritt zu Ezechiels Darstellung: Gott schwört, Israel ins Exil zu bringen, weil es dies verdient hat. Beides wußte Gott bereits, und er hatte dies schon Zeitalter im voraus festgelegt. Nicht einen Moment lang war er nicht der Herr des Geschehens. So klagt der Autor von Klgl 2,17 nach dem Fall Jerusalems: »JHWH hat getan, was er beabsichtigte, / Er hat seinen Ratschluß ausgeführt / Den er vor langer Zeit festgesetzt hatte.« Hierbei handelt es sich weder um eine Hyperbel noch um eine Anspielung auf Warnungen von Propheten, wie gemeinhin in den Kommentaren geurteilt wird. Es entspricht vielmehr exakt der Konzeption Ezechiels. Die Vorherbestimmung des Unheils ist selbstverständlich ein grundlegendes Kennzeichen apokalyptischer Geschichtsinterpretation. Aber Apokalypsen gehen der Rechtfertigung von Gottes Handeln voran. Bei Ezechiel ist dies anders, da für ihn die Rechtfertigung von Gottes Handeln und die Verteidigung seiner Ehre das wichtigste ist, selbst um den Preis des fast vollständigen Verzichts auf eine menschliche Freiheit (vgl. Ez 36).

Vorherbestimmung der Geschichte

Ezechiels Beschreibung der kultischen Vergehen Israels entstammt offensichtlich dem Gesetz der Kultzentralisation in Dtn 12, obwohl in Ez 20 prie-

Verbindung zu Dtn 12

sterliche Sprache vorherrscht. Dtn 12 untersagt Israel die Darbringung seiner Opfer (V 6.11; vgl. die ähnliche Liste in Ez 20,28.40) an jedem Platz, den es sieht (V 13; vgl. das »Sehen« in Ez 20,28), auf den hohen Hügeln und unter grünen Bäumen (V 2; vgl. unser עבות [Lev 23,40] anstelle des dtn רענן). Nur zu dem Ort, den Gott bestimmt, dürfen sie kommen und ihre Opfer darbringen (V 5–7.11.14 mit [ה]שמ, wiederholt in Ez 20,28; vgl. שמה הביא / בא und Ez 20,29). Gottesdienst an verschiedenen Orten ist ein heidnischer Brauch, den Israel nachzuahmen versucht (V 4.29f.; vgl. Ez 20,32). Dies ist ihm verboten, denn die Heiden verbrennen ihre Kinder für ihre Götter, ein Greuel für JHWH (V 31; vgl. Ez 20,26).

Ezechiels Verbindung von Götzendienst, במות und Kinderopfern derart, daß eins mit dem anderen zusammenhängt, spiegelt eindeutig diese deuteronomische Konstellation wider, die ihrerseits zweifellos auf Tatsachen der späten Monarchie in Juda basiert. Ezechiels Modell eines reinen, wohlgefälligen Kultus der Zukunft, wie ihn 20,40f. beschreibt, entspricht dem auserwählten Ort der Zukunft, dessen Kult in Dtn 12 angeordnet wird. Charakteristischerweise projiziert Ezechiel wie in Kap. 16 und 23 die jetzige Sünde zurück auf den Ursprung des Volkes. So wie er es beschreibt, war der Kult Israels immer schon verkehrt, götzendienerisch und ein Affront gegen JHWH. Ezechiels Zeitgenossen handeln genauso schändlich wie ihre Vorfahren. Wir müssen jedoch noch erläutern, warum das Thema der (richtigen und der falschen) Kultorte sowohl die Rückschau als auch die Vorausschau unserer Prophezeiung zum Höhepunkt führt.

Den Willen zum Abfall (V 32) drückt die Anspielung auf den herausfordernden Anspruch auf einen irdischen König in 1 Sam 8,20 aus: »Damit auch wir sind wie alle Nationen.« Diese Forderung war gleichbedeutend mit dem Abfall von JHWH (1 Sam 8,8). Die Absicht, zu sein »wie die Völker«, wird hier expliziert durch den gleichbedeutenden Ausdruck »Holz und Stein zu dienen«. (In Dtn 4,28; 28,64 wird solch ein leerer Kult als eine erniedrigende Strafe dem Volk vor Augen gehalten, wohingegen sie hier bewußt selbst so handeln wollten.) Daß die Erzählung über die Krisis des Königtums in 1 Sam 8 Ezechiels Formulierungen der Vorhaben des Volkes zugrundeliegt, wird bestätigt durch Gottes zornige Erwiderung: »Bei meinem Leben, ich werde König über euch sein!« (V 33) Dieser einzigartige Selbstanspruch mit der Folge, daß Gottes Macht und Zorn, traditionellerweise reserviert für seine Feinde, sich gegen Israel wenden, spiegelt erneut eine Krise der Autorität wider. Ein tannaitischer Midrasch zu Num 15,37 ff. (wie wir gesehen haben, hat unser Kapitel mehrere Berührungspunkte mit diesem Kapitel) führt diese Krise dramatisch aus:

Warum wird [in Num 15,41] »Ich, JHWH, bin euer Gott« hinter »Ich, JHWH, bin euer Gott, der euch aus dem Land Ägypten geführt hat, um euer Gott zu sein« wiederholt? Damit Israel nicht sagen kann: »Gott gab uns Gebote, so daß wir vielleicht belohnt werden, wenn wir sie halten; wenn wir sie jedoch nicht halten, entgeht uns die Belohnung.« Dies wird von Ezechiel berichtet, als einige Älteste zu ihm kamen und sich vor ihn setzten. Sie sagten: »Ezechiel, wenn ein Mann seinen Sklaven verkauft hat, hat er dann nicht die Verfügungsgewalt über ihn verloren?« Ezechiel antwortete: »Er hat sie verloren.« Sie sagten: »Nun, wenn Gott uns an die Nationen verkauft hat, hat er keine Verfügungsgewalt mehr über uns!« Er antwortete: »Wie ist es aber, wenn der Herr seinen Sklaven unter der Bedingung verkauft hat, daß er zu ihm zurückkehrt? Hat er dann seine Verfügungsgewalt über ihn verloren? ›Das, was ihr denkt, soll niemals geschehen, wenn ihr sagt: Wir werden wie die Nationen um uns herum sein [Verschmelzung mit Dtn 17,14], indem wir Holz und Stein dienen. Bei meinem Leben, spricht JHWH, mit starker Hand, ausgestrecktem Arm und ausgegossenem Zorn werde ich über euch König sein!‹« Die starke Hand bezieht sich auf die Pest (Ex 9,3), der ausgestreckte Arm auf das Schwert (1 Chr 21,16) und der ausgegossene Zorn auf die Hungersnot. Nachdem ich diese drei Plagen eine nach der anderen über euch gebracht habe, werde ich über euch König sein, ob ihr wollt oder nicht. Deshalb wird »Ich, JHWH, bin euer Gott« wiederholt. (Sifre Num § 115).

Diese vehemente Behauptung der Unwiderrufbarkeit von Gottes Erwählung ist ein Höhepunkt der Theologie Ezechiels. »Israel ist durch einen ewigen, eisernen Bund an Gott gebunden … Es wird nie Holz und Stein dienen können … Die schicksalhafte Erwählung kann nicht rückgängig gemacht werden, denn sie geschah nicht um Israels, sondern um Gottes willen« (*Y. Kaufmann*, Religion 1963, 144). Die mittelalterlichen jüdischen Kommentatoren wußten dies richtig einzuschätzen: »Dies ist eine Aussage von großer Tragweite, eine schlüssige Erwiderung für all jene, denen daran gelegen war, daß wir unseren Glauben aufgeben. Wir verstehen, daß seit Urzeit Gott festgesetzt hat – und es bekanntgemacht hat durch Ezechiel –, daß sobald wir in den Bund mit ihm eingetreten sind, […] wir uns seiner Gerichtsbarkeit nicht entziehen können« (Ibn Caspi; vgl. Kimchi).

Können wir feststellen, welche geschichtliche Situation hinter diesem Text steht, und wer die Schuldigen sind, die angesprochen werden? Mittelalterlichen wie neueren Kommentatoren bereitete es Schwierigkeiten, der Anschuldigung des Propheten Glauben zu schenken, derzufolge seine exilischen Zuhörer »bis zu diesem Tag« götzendienerische Opfer darbrachten, geschweige denn Kinderopfer. Kimchi, Cooke und Zimmerli bezweifeln dies. Die ersten beiden nehmen vielmehr an, daß die Heimgebliebenen gemeint sind. Aber die V 39 ff. (»Jeder von euch gehe nur, dient euren Götzen«) richten sich ausdrücklich an die anwesenden Zuhörer. Diese aber sind die Exulanten, wie aus dem Schluß von V 41 deutlich wird (»Wenn ich euch aus den Völkern herausführe«). Leider gibt es keine weiteren Belege für diese Anschuldigungen. Jer 44 bezeugt, daß die judäischen Flüchtlinge in Ägypten nach dem Fall Jerusalems einen Kult der Himmelskönigin praktizierten. Ähnliches mag auch unter den Exulanten Jojachins der Fall gewesen sein. Neben dem Vorwurf des Götzendienstes liegt der Nachdruck aber auf der Frage des legitimen bzw. illegitimen Kultortes sowie der Wiederholung der

Historischer Hintergrund

Zusage des Landes. Von daher ist es wahrscheinlicher anzunehmen, daß entweder eine במה von den Exilierten errichtet wurde oder dies geplant war. Da Ezechiel wie das Deuteronomium nicht zwischen unmittelbarem Götzendienst und verbotenen Arten der kultischen Verehrung JHWHs unterscheidet, wird er ein solches Vorhaben als weiteren Abfall betrachtet haben. Verstanden als eine Angleichung an das Leben auf heidnischem Boden, mag diese heidnische Praxis diese Diatribe mit ihrer einzigartigen Betonung einer unauflöslichen Verbindung von gelobtem Land, legitimem JHWH-Kult am rechten Ort und Anerkenntnis JHWHs als ihres Gottes angeregt haben. Dies könnte erklären, warum sowohl der Rückblick als auch die Vorausschau in Szenen des (legitimen bzw. illegitimen) Kultes gipfeln. Es könnte auch erklären, weshalb Israels Auflehnung als Vorliebe, sich anzupassen und mit den Heiden zu leben, beschrieben wird. Vielleicht darf man sogar spekulieren, das diese kultische Thematik aufbrach durch die Verbindung von (a) dem Ausbleiben der Erfüllung der Restaurationsansage des Hananja Ben Azzur und (b) der Ankunft von Jeremias Brief an die Exulanten, der diese aufforderte, sich auf ein langes Exil einzurichten, JHWH zu suchen und zu ihm zu beten (Jer 29,12f.; s. Teil II der Einleitung). Wie hätte man dem besser Folge leisten können als dadurch, einen traditionellen Altar für JHWH in Babylon zu errichten?

M. Friedmann, Ha- ṣiyyun, hu beʿur li-nvuʾat yeḥezqel siman 20, Wien 1888, vermutete, daß die Ältesten planten, einen Altar zu errichten, um dem unkontrollierbaren privaten Opferkult, einschließlich der Kinderopfer, ein Ende zu bereiten. Dies sei der Grund gewesen, weshalb sie gekommen seien, um den Propheten zu befragen. Friedmann nahm weiter an, daß der Gegenstand der Frage von V 1 sich vielleicht aus der Antwort ableiten lasse (ebenso *M. Greenberg*, Ezek 20 1964, Eichrodt u.a.). Fohrer wandte dieselbe Logik an und folgerte, daß die Frage sich auf die Herstellung einer Kultfigur JHWHs bezog. Da das Kapitel von Götzen und JHWH-Kult spricht, nicht aber von Altären, hat Fohrers Ansicht einiges für sich, wenngleich sein weiteres Urteil auch schwer nachvollziehbar ist, daß jedermann mit einem solchen Plan an einen Eiferer wie Ezechiel hätte herantreten können. Letztlich jedoch ist jeder Versuch vergebens, den Gegenstand der Frage aus dem Text zu ermitteln. Da Gott es ablehnt, den Ältesten zu antworten, haben wir kein Recht, innerhalb des Texts nach einer Antwort zu suchen (vgl. *Y. Hoffmann*, Question 1975, der vermutete, daß sie wegen einer Privatangelegenheit kamen). Um genau zu sein: Alles nach Gottes Ablehnung (V 3b) Gesagte dient lediglich der Begründung dieser Ablehnung. Aber anstatt es bei der kurzen Aussage der V 30f. zu belassen – womit unser Abschnitt 14,1–3 wiederholt hätte – legt der Prophet diese Begründung in einem ausführlichen, verurteilenden Rückblick dar. Letzterer wiederum zielt darauf, das Gegenstück zu einem neuen, erzwungenen Exodus darzustellen.

Die Anfrage der Ältesten gab dem Prophet die Gelegenheit zu sprechen, aber er antwortete nicht auf ihre Frage, sondern begründete Gottes Ablehnung: Eine Anpassung der Exulanten an ihre Umgebung bedrohte den Weiterbestand Israels als eines Volks, das ausgesondert ist für JHWH. Das Ergebnis dieses komplizierten Kapitels bestand in einem »vorläufigen Auswurf«, um mit Kierkegaard zu sprechen, des Gesetzes, daß Israel seinem Geschick nicht entrinnen kann. In Ez 36 wurde dieses Gesetz in einer erhebenden und ehrfurchtgebietenden Heilsprophetie bekräftigt.

Besteht ein guter Grund, das Datum des Wortes in seiner Überschrift in Frage zu stellen oder dieses Datum nur auf einen Teil zu beziehen? Wir haben für die strukturelle und inhaltliche Kohärenz des Ganzen plädiert. Der Text ist durchgängig anklagend, Anspielungen auf eine Restauration dienen nur dazu, anzuprangern. Weisen die Bezugnahmen auf das Exil und eine Sammlung in den V 33–34 auf eine Datierung nach 586 für den zweiten Teil des Orakels hin? Nur wenn die identischen Ausdrücke in 11,16 ff. ebenfalls darauf deuten würden, aber es gibt gute Gründe, dieses Orakel vor 586 zu datieren (s. die Gesamtauslegung zu Ez 8–11). Wir haben auf die Punkte hingewiesen, welche für die Priorität unseres Orakels gegenüber seinem Gegenstück in 36,16 ff. sprechen. Da letzteres sicher nach 586 zu datieren ist, muß das unsrige älter sein, insbesondere da das Exil als Beleidigung Gottes keine Rolle spielt. Es mag sein, daß dieses Kapitel verschiedenartiges Material enthält, oder daß seine Komposition sich in Stufen vollzog und nicht in einem Zug geschah. Weder chronologische noch inhaltliche Überlegungen sprechen jedoch gegen die Datierung eines Teils oder des Ganzen in die Zeit, welche die Überschrift nennt.

Datierung

Einzelanalyse: sprachliche und literarische Aspekte

V 1 Das genannte Jahr ist 591. Der genannte Tag, der 10. Ab (der 14. August nach *R. A. Parker / W. H. Dubberstein*, Chronology 1956), stimmt mit dem in Jer 52,12 überein. Dort wird der Brand des Tempels fünf Jahre später auf denselben Tag datiert (so bereits Kimchi). Weshalb die Ältesten zum Propheten kamen, ist genauso unbekannt wie in 8,1 und 14,1. *A. Malamat*, Twilight 1975, 130, vermutete einen Zusammenhang mit der Prophezeiung einer Restauration durch den »falschen Propheten« Hananja (Jer 28,3 f.), deren Erfüllung zu diesem Zeitpunkt fällig gewesen wäre (der plausiblen Chronologie von Malamat entsprechend; s. die Tabelle am Ende seines Artikels); s. hierzu die Gesamtauslegung.

V 3 Zu einer Antwortverweigerung Gottes gegenüber Sündern s. die Einzelanalyse zu 7,26 und die Gesamtauslegung zu Ez 14.

V 4 *Wirst du anklagen.* Noch in 22,2; 23,26. T übersetzt unüblicherweise stets mit התוכח »wirst du zurechtweisen« anstelle von einer Form von אתפרע מן

»bestrafen«, dem gängigen Äquivalent für שָׁפַט. »Anklagen« kommt der Aussageabsicht, derzufolge der Prophet eine Anklageschrift vorlegen soll, am nächsten. Das interrogative Präfix ה dient hier der leidenschaftlichen bzw. empörten Bekräftigung (vgl. 1 Sam 2, 27; Jer 31, 20).

ihrer Väter. V 30 f. zufolge geht die jetzige Generation weiterhin auf den Wegen ihrer Vorfahren. Während in Ez 16 und 23 Israels ununterbrochene Sünde als Allegorie der Geschichte einer einzigen, ausschweifenden Frau beschrieben wird, geschieht dies hier mittels eines Rekurses auf verschiedene Generationen.

Am Tag, als ich Israel erwählte. Dies ist der einzige Beleg von בחר, dem dtr Schlüsselbegriff zur Bezeichnung der Beziehung Gottes zu Israel, innerhalb des Ezechielbuches (vgl. *M. Weinfeld*, Deuteronomy 1972, 127). Der Deuteronomist hat Erwählung »als dialektischen Vorgang gedeutet: Sie redet von der Liebe Jahwes und erheischt Gehorsam in Treue von seiten des Gottesvolks. Das Gemeinschaft begründende Wort geht von Jahwe aus, es erfordert aber unmißverständliche Antwort durch das angesprochene Israel« (*H. Wildberger*, Art., »בחר«: THAT 1, 286). Die folgenden Verse explizieren exakt diesen doppelten Vorgang. Wildberger nimmt an, daß Ezechiel das Wort בחר deshalb vermeidet, weil die Erwählungsdoktrin leicht in die Selbstgefälligkeit führen kann, worum auch das Deuteronomium besorgt ist (vgl. Dtn 7, 7 f.; 9, 4 ff.).

schwor ich ihnen feierlich. Wörtl. »Ich erhob meine Hand«, so auch in 36, 7 mit der Schwurpartikel אם (vgl. Jer 44, 26) und 47, 14; vgl. auch Num 14, 30; Dtn 32, 40. Die nächste inhaltliche und sprachliche Parallele ist Ex 6, 8.

»am Tag …« (V 5) und »an diesem Tag« (V 6) zusammen noch in 24, 25 f. Diese Stelle macht deutlich, daß der erste Satz unvollständig ist. Er wird daher durch den zweiten Satz wiederaufgenommen und zu Ende gebracht. Dementsprechend ist V 5 die Vorbereitung von V 6 f. Das stark aufgeladene »erwählen« wird in zwei Stufen entfaltet: V 5aβ–b, die allgemeine Formulierung der Bindung Gottes an Israel (Gottes Initiative ist das Primäre) und V 6 f., die Einzelheiten, inklusive der Forderung einer entsprechenden Bindung Israels an Gott. V 5aβ–b bestehen aus zwei parallelen Anläufen, welche die Erwählung als aus einem Schwur und einer Selbstoffenbarung JHWHs als des Gottes Israels bestehend beschreiben. Während im ersten Anlauf beide Handlungen einzeln formuliert werden (ואודע, ואשא ידי), werden im zweiten beide miteinander verschmolzen, da das Wesentliche des Schwurs in der Durchsetzung des Gottseins JHWHs in Israel bestand (damit wird auf 16, 8b angespielt, wo Gott schwört und mit dem Findelkind einen Bund schließt, woraufhin es sein Eigentum wird). Erst auf der nächsten Stufe werden beide Handlungen klar voneinander unterschieden. Diese stufenweise Entfaltung des בחר hat zur Folge, daß die Gewichtigkeit des Begriffs, seine Komplexität und der enge Zusammenhang der einzelnen Elemente betont werden.

V 6   Der feierliche Schwur von V 5 wird derart näher bestimmt, daß er die Gabe eines ausgewählten Landes für Israel umfaßt; s. erneut Ex 6,8. Man achte darauf, wie Ezechiel im Gegensatz dazu die Israeliten in Ägypten und nicht die Patriarchen zu den Adressaten des Schwurs macht.

Vielleicht ignoriert Ezechiel die Patriarchen bewußt. Gottes Bindung an Israel rein aus Gnade steht auf diese Weise direkt neben Israels vollkommener Verwerfung Gottes bereits beim ersten Zusammentreffen mit ihm als Nation in Ägypten. Daß Ezechiel die Patriarchen kannte, belegen der Ausdruck »Haus Jakobs« in V 5 und die Erwähnung Abrahams in 33,24. Ezechiel konnte Israels Abfallsgeschichte schwerlich bei den Patriarchen beginnen lassen, da diese als die archetypischen Empfänger von Gottes Segen galten (s. hierzu G. *Brin*, Studies 1975, 160ff.)

das ich … ausfindig gemacht hatte (תרתי). Im Pentateuch bezeichnet תור Gottes Auskundschaften von Lagerplätzen auf dem Weg Israels durch die Wüste (Dtn 1,33; in Num 10,33 ist die Lade der Kundschafter) sowie die zwölf Kundschafter, die das Land für die Israeliten erkunden (Num 13,1.16 u.ö.). Beide Bedeutungen werden hier in poetischer Weise im Bild Gottes, der die Erde auskundschaftet, um das erlesenste Land für Israel zu finden, miteinander verbunden. תור begegnet auch in Num 15,39, einem Abschnitt, auf den innerhalb des ersten Teils des Kapitels angespielt wird. צבי, wörtl. »Verlangen« (verwandt mit aram. צבא »Verlangen«; in Ez 7,20 »Herrlichkeit«), bezogen auf das Land (vgl. Dan 11,16.41 ארץ הצבי), ist ein Synonym zu חמד (ארץ חמדה »begehren«) in Jer 3,19 (gefolgt von נחלת צבי צבאות גוים »der Erbbesitz, das am meisten unter den Nationen Begehrte«) und ארץ חפץ (חפץ »Verlangen«) in Mal 3,12. Solche Attribute gehören offensichtlich zum patriotischen Empfinden der Zeit (vgl. Dtn 8,7–10), sie sind jedoch erst ab der späten Königszeit belegt und übertreffen noch die traditionelle Rede vom »Land, in dem Milch und Honig fließen« (auch Jer 11,5; 32,22), die in den Pentateuchquellen begegnet, insbesondere in Verbindung mit der Verheißung des Landes: Ex 3,8.17; 13,5; 33,3; Lev 20,24; Num 13,27; 14,8; Dtn 6,3; 11,9; 26,9.15; 31,20.

V 7   Aus JHWHs Selbstvorstellung als Gott Israels folgt negativ der Befehl, die Götzen Ägyptens zu verlassen (zur Figur einer zweifachen Ermahnung mit abschließendem bekräftigendem »Ich, JHWH, bin euer Gott« vgl. Lev 19,3). Nirgendwo sonst im Pentateuch oder dem übrigen AT ist ein solcher, in Ägypten ergangener Befehl belegt. Jos 24,14 erwähnt ausländische Götter der Ahnen, denen in Mesopotamien und Ägypten geopfert wurde, noch für die Zeit Josuas. Dies steht Ezechiel noch am nächsten, aber diese Stelle kennt keine Aufforderung, den ägyptischen Götzen nicht mehr zu dienen. Ein Midrasch kombiniert unseren Abschnitt mit der Erwähnung einer göttlichen Offenbarung an die Vorfahren Elis in Ägypten (1 Sam 2,27) und schließt daraus, daß Aaron dem Mose in Ägypten als Prophet vorausging und diese Ermahnung aussprach (*Tanhuma Shemot* 27; vgl. Raschi zu 1 Sam 2,27).

Israels Auflehnung in die Zeit des Aufenthalts in Ägypten zu datieren, stimmt mit Ezechiels Bild einer ursprünglichen Verdorbenheit überein, wie sie Ez 16 und 23 schildern. Raschi kommentiert zum Schweigen der Quellen bezüglich dieser Ursünde: »Gott hielt seinen Zorn diesbezüglich für fast 900 Jahre zurück – von dem Tag, als sie in Ägypten waren bis zur Zeit Ezechiels –, weil ihn die Liebe zu seinem Volk zurückhielt. Aber er erwachte erneut aufgrund ihrer überaus großen Sünde, wie in dem Sprichwort ›Haß erweckt Streit, aber Liebe deckt alle Vergehen zu‹ (Spr 10,12)« (basierend auf LevR 7,1).

ich, JHWH, bin euer Gott! Mir mußt du anhangen und mir allein dienen (Eliezer von Beaugency im Anschluß an Dtn 13,5).

die scheußlichen Dinge vor euren Augen. Vgl. V 24: »ihre Augen waren hinter den Götzen ihrer Väter her«. Den »Augen« entspricht in V 16 das »Herz« und in V 30 der Ausdruck »ihr hurt ihren scheußlichen Dingen hinterher«. Alle diese Begriffe sind abhängig von Num 15,39 und erweitern diese Stelle: »damit ihr nicht euren Herzen und euren scheußlichen Dingen hinterherstreunt (תתורו ›erkunden‹), denen ihr hinterherhurt.«

Da JHWH seine Absicht, Israel aus Ägypten zu befreien, den Pharao wissen ließ (gemäß des priesterlichen Strangs der Exodustradition, z. B. Ex 6,11; vgl. dagegen 3,18 und 5,1), konnte er sie nicht vernichten, ohne seinem Ruf zu schaden. Dieser Überlegung, die Mose Gott gegenüber vorbringt, verdankt Israel das Ausbleiben einer Strafe nach der Episode vom Goldenen Kalb und dem Fiasko der Kundschafter (Ex 32,12; Num 14,15 f.; Dtn 9,28). Ezechiel übernimmt dieses Motiv aus der Tradition der Wüstenwanderung und datiert es zurück in die Zeit des Ägyptenaufenthalts, wo er Israels erste Auflehnung verortet. **V 8–9**

Wenn im folgenden Gottes Sorge um sein Ansehen seinen tödlichen Zorn wieder aufleben läßt, verhängt er dennoch eine Strafe gegen die Aufständischen (V 14 f.22 f.). Dementsprechend folgerte der Midrasch, daß die meisten Gottlosen in Ägypten (zum größten Teil die Israeliten) während der Plage der Finsternis, die erzeugt wurde, damit die Ägypter nicht Zeugen des Unheils waren und und sich hämisch hätten freuen können, vernichtet wurden (Mek 5, hier zitiert von Kimchi). Der Midrasch trifft insofern die Intention dieses Abschnitts, als Ezechiel die Israeliten als größtenteils unwillig darstellt, sich von den Götzen Ägyptens abzusondern – in JHWHs Worten: unwillig, sich erlösen zu lassen. Der Exodus war nicht etwas, daß sie selbst erstrebten, sondern wurde ihnen aufgrund von JHWHs eigener Absicht auferlegt. Dieses Konzept klingt auch in Ezechiels Darstellung seiner Zeitgenossen in V 32 und dem Motiv der zukünftigen Erlösung in V 33–34 an.

Ich gab ihnen. Am Sinai, wie Neh 9,13 f. es in offensichtlicher Abhängigkeit von unserem Abschnitt interpretiert (in Übereinstimmung mit dem Konzept der Priesterschrift, demzufolge der Großteil der Gesetze durch Mose am Sinai übermittelt wurde, Lev 26,46; zum Sabbat s. Ex 31,12 ff.). **V 11** *durch die der Mensch lebt, wenn er sie befolgt.* Wörtl. »die der Mensch befolgt und durch die er lebt«. Der Satz und sein Kontext werden meist auf Lev 18,5 bezogen, dem einzigen Beleg des Satzes außerhalb dieses Textes. Die Kombination von Gesetzesobservanz und Leben findet sich auch in 18,9 und im Ausdruck »Gesetze des Lebens« in 33,15. Die Gesetze wollen Leben spenden. Ihnen zu gehorchen, macht den Menschen zum Nutznießer ihrer Vorzüge (vgl. Dtn 6,24f.). Dtn 30,15–19 bekräftigt, daß die Befolgung der Gebote die Wahl von Leben und Segen bedeutet. Sie nicht zu befolgen, bedeutet die Wahl von Tod und Fluch. Dieser in V 13.21 wiederholte Satz betont Gottes anfänglichen guten Willen Israel gegenüber, an dessen Stelle angesichts der Halsstarrigkeit Israels Vergeltung tritt (V 25).

V 12   *damit es bekannt werde.* Israel und anderen. Das Subjekt des Infinitivs ist unbestimmt (»um zu erkennen«) und wirkt so wie ein Passiv. Vgl. Ex 9,16 »damit mein Ruhm verkündet werde«; Num 9,15 »… wurde aufgerichtet«; Jes 18,3 »… ist aufgerichtet … wird geblasen«; Jer 25,34 »geschlachtet werden«; Ps 67,3 »daß man erkenne …« (= es bekannt werde, wie hier).

Der Finalsatz ist praktisch ein Zitat von Ex 31,13: Das Einhalten der Sabbate Gottes ist ein Zeichen, daß er Israel für sich geweiht hat. Die Sabbate sind seine Sabbate, weil er an diesem Tag ruhte (Ex 31,17 im Anschluß an Gen 2,2f.). »Es ist ein besonderes Zeichen für sie, daß ich ihnen meinen Ruhetag für ihre eigene Ruhe gab – ein sichtbares Zeugnis, daß ich sie mir geweiht habe« (Raschi). Man beachte, daß bei der Wiederholung dieses Finalsatzes in V 20 der letzte Teil durch »daß ich, JHWH, ihr Gott bin« ersetzt wird: JHWH geweiht zu werden und ihn als Gott zu haben, ist gleichbedeutend.

Daß der Sabbat aus den anderen Gesetzen herausgehoben wird, belegt seine Bedeutung als ein Unterscheidungsmerkmal des Volkes JHWHs. Der Sabbat wird zwar noch in 22,8.26; 23,38 erwähnt, und seine Heiligung ist eine Aufgabe der Priester im zukünftigen Staat (44,24), aber seine Bedeutung hier scheint noch darüber hinauszugehen. Vergleichbar ist damit nur Jer 17,19–27; Jes 56,2.4.6; Neh 13,18. Cooke hält eine solche Hervorhebung des Sabbats für unangemessen und demzufolge für sekundär (durch einen »Schreiber, der für das Gesetz eiferte«). *W. Eichrodt,* Sabbat 1961, weist die Notiz einem priesterlichen Glossator zu und behauptet, sie sei der Theologie Ezechiels fremd. Daß der Sabbat im hinteren Abschnitt dieses Kapitels nicht mehr auftaucht, ist entgegen der Vermutung Eichrodts jedoch nicht verdächtig. Eichrodt übersah das Verschwinden der »Gesetze und Satzungen« im hinteren Teil des Textes. Auf eine sekundäre Herkunft der Notizen kann daher nicht geschlossen werden. Die Betonung des Sabbats in diesem Text ist nicht ungewöhnlich, wenn man in Betracht zieht, welche Bedeutung Israels Hang zur Assimilation an die Nationen zugemessen wird (bes. V 32f.). Als ein Brauch, der Israel unterschied, wurde der Sabbat vermutlich bereits seit den assimilierenden Reformen des Manasse zu einem Stein des Anstoßes hinsichtlich der Treue zu JHWH. Vor diesem Hintergrund kann man vielleicht auch die Beurteilung des Sabbats als schicksalsentscheidend, wie sie in Jer 17 begegnet, für die spätvorexilische Zeit in Juda verteidigen (*M. Greenberg, 'Yyunim be-sefer yirmeyahu* 1971, II, 27–37). Ezechiel beschreibt Israels Ursprünge in der für ihn typischen Art als Reflex auf die Schwierigkeiten und Probleme seiner Zeit.

Die schematische Darstellung ignoriert alle Besonderheiten der Penta- **V 13–17** teuchtraditionen. Widersprüche mit den Traditionen mögen auf die Schematisierung zurückzuführen sein oder darauf, daß Ezechiel sie nicht in der uns heute vorliegenden Form kannte. Eine Verletzung der Gesetze Gottes durch die Wüstengeneration geschah in der Verehrung des Goldenen Kalbes (Ex 32) und der Mißachtung des Sabbats in der Manna-Erzählung (Ex 16). Gott beabsichtigte, das Volk zu vernichten, weil es das Kalb verehrt hatte, und später dann, weil es nicht darauf vertraute, daß er die Kanaanäer in seine Hand zu liefern vermochte (Num 14). In beiden Fällen brachte Mose ihn davon ab, indem er an sein Eigeninteresse appellierte, insbesondere an den Schaden, den sein Ruf erleiden würde, wenn er Israel vernichtete. Aber nach dem zweiten Vorfall schwor Gott, daß die Exodusgeneration das Land nicht betreten werde.

Daß Gott das Volk verschonte, wurde interpretiert als Ausdruck seines Erbarmens vor dem Hintergrund von Ps 78,38 »Er aber war barmherzig, vergab die Schuld und zerstörte nicht« (Davidson). In diesem Kapitel aber ist keinerlei Platz für ein Handeln Gottes außer um des Ansehens (der Heiligung) des göttlichen Namens willen. על חוץ meint an dieser Stelle lediglich »verschonen«, d.h. sie nicht zu vernichten. (Ezechiel beschreibt ein mitfühlendes Empfinden Gottes nur in 39,25 im Wort ריחם »Mitleid haben«.)

In den Pentateuchtraditionen findet sich nirgends ein Hinweis auf eine **V 18–20** derartige, vermutlich durch einen Propheten gehaltene Rede, aber die Vorstellung, daß Gott durch eine Reihe von Propheten immer wieder sein eigensinniges Volk anrief, zu ihm zurückzukehren, ist ein Topos der dtr Geschichtsschreibung und des Propheten Jeremia; s. die Gesamtauslegung.

Die Wiederholung des Schemas der V 13–14 mit Bezug auf die Wüsten- **V 21–22** generation hat innerhalb der uns bekannten Pentateuchtraditionen keinen Vorläufer. Diese identifizieren die Täter in den Aufstandserzählungen nach der Verurteilung der Exodusgeneration nicht als zur nächsten Generation gehörig (z.B. die, welche den Sabbat mißachten, Num 15,32ff.; Korachs Aufstand und seine Folgen, Num 16–17; Götzendienst in Schittim, Num 25). Auch ist uns keine Quelle für die Vorstellung bekannt, daß Gott daran dachte, sie zu vernichten, aber dann um seines Namens willen davon Abstand nahm. Hat Ezechiel diesem Schema den Ansatz von Num 14 hinzugefügt, wo Mose Gott zum zweiten Mal davon abhält, das wankelmütige Israel zu vernichten (nach unserer Erzählung immer noch die Exodusgeneration)?

zog meine Hand zurück. D.h., nahm Abstand davon, so zu handeln, wie **V 22** ich es mir vorgenommen hatte. Zu diesem Ausdruck s. Klgl 2,8; Ps 74,11 und vgl. Ps 78,38, »er zügelte (wörtl. zog zurück) seinen Zorn« auch in bezug auf die Verschonung der Aufständischen in der Wüste. Da der Satz in G und S nicht belegt ist, wird er von den modernen Auslegern als sekundäre Hinzufügung identifziert, da er von den Parallelen in V 9.14 abweiche. Vielleicht fehlten diese Worte in der Vorlage von G S, doch ist dies kein hinreichendes Argument gegen ihre Authentizität, denn der eigentümliche Charakter solcher Wiederholungen bei Ezechiel besteht gerade in solchen Variationen (vgl. תרתי V 6 – נתתי V 15; der Schlußsatz von V 12.20; לכלות אפי בהם V 8 – לכלות אפי בם V 17 – עשיתי אותם כלה V 13 – לכלותם V 21; V 16–24). »Ich zog meine Hand zurück« ist an dieser Stelle eine aus der Reihe fallende Parallele zum ebenfalls einzigartigen Ausdruck »Mein Auge verschonte sie, so daß ich sie nicht vernichtete« in V 17. Der Einwand, והשבתי verletze als Perfekt consecutivum die Syntax (Zimmerli, Eichrodt), ist falsch. Die Betonung auf der vorletzten Silbe zeigt, daß es sich um ein gewöhnliches Perfekt handelt (im Gegensatz z. B. zu והקמותי in 16,60), das gemäß dem lockeren Stil Ezechiels dort vorkommt, wo die Regel ein Imperfekt consecutivum erfordern würde (z. B. 13,6.8; 19,12b; 25,12; 37,2; 7,10; 40,24.35; 41,3.13; 42,15). Vielleicht ist dies auf einen Einfluß des Aramäischen zurückzuführen, das keine Zeitenfolge kennt.

V 23 Die Pentateuchtraditionen schweigen von einem solchen Schwur Gottes, das Volk ins Exil zu führen, noch bevor sie überhaupt das Land betreten haben. Aber Ps 106,27 nimmt im Zusammenhang der Kundschafterepisode Bezug darauf (man lese wie hier das erste Wort als ולהפיץ anstatt ולזרתם) als angemessene Strafe für Israel ob der Zurückweisung des »ersehnten Landes« (V 24; dies wird im Targum Pseudo-Jonatan zu Num 14,1 aufgenommen: »Das Volk weinte in der Nacht, und diese Nacht wurde festgesetzt für sie, daß die kommenden Generationen weinen sollten«; vgl. bTa'anit 29a, wo der neunte Ab zum schicksalhaften Datum von Gottes Schwur in der Wüste und der Zerstörung des ersten und des zweiten Tempels erklärt wird; hier zitiert von Kimchi). Indem Ezechiel diesen Schwur dem Abfall der Wüstengeneration folgen läßt, wird er zur Strafe für die dreifache Auflehnung in V 8.13.21. Da das Volk seine Widerspenstigkeit unter Beweis gestellt hatte, besiegelte Gott sein Schicksal, noch bevor sie das gelobte Land betraten. Es war nur eine Frage der Zeit, bis dieses Schicksal sich erfüllte. Vergleichbar ist die Verdammung der Amoriter in Gen 15,13–16: Zur Zeit Abrahams berechtigte der Frevel der Amoriter die Vorherbestimmung ihrer Verbannung vierhundert Jahre später. Während dieser Zeit wurde ihr Maß des Frevels erfüllt. Damit war die Anweisung gerechtfertigt. Wie Gott dafür sorgte, daß sein Exilsbeschluß gegen Israel durch das Maß seiner Schuld gerechtfertigt war, beschreiben die folgenden Verse.

V 25–26 Da Israel beständig die guten, lebenspendenden Gesetze Gottes verwarf, bestand die angemessene Strafe darin, sie durch ungute Gesetze zu ersetzen, durch deren Befolgung man nicht das Leben sondern den Tod erlangte (die Umschreibung לא טבים entspricht dem לא יחיו בהם; vgl. 18,18; 36,31). Als Beispiel wird das Kinderopfer genannt, früher einmal eine mörderische heidnische Praxis und ein Greuel, das der schärfsten Verurteilung wert ist. Durch dieses Gegen-Geschenk bestätigte Gott nur das Volk in seiner Wahl von Gesetzen, die Gott zuwider sind (vgl. V 18 f.). Diese Wahl brachte sie unweigerlich dazu, die tödlichen Gesetze der Heiden anzunehmen (vgl. Dtn 12,31, wo der heidnische Kult durch den Brauch, Kinder zu verbrennen, beschrieben wird).

Die schockierende Vorstellung, daß Gott die irreführt, die ihn zur Sünde erzürnen, und sie vernichtet, begegnete bereits in 14,9 (der irregeführte Prophet). Die heute gängige ausweichende Übersetzung des Ausdrucks למען אשםם mit »Ich wollte ihnen Entsetzen einjagen« (EÜ, vgl. Cooke, Zimmerli u. a.) ist damit als falsch erwiesen. Gemeint ist das gleiche wie bei der Verhärtung des Herzens des Pharao, damit sein Untergang eine fortdauernde Lektion sei (Ex 9,16; 10,2); oder der Auftrag an Jesaja: »Verhärte das Herz dieses Volkes, verstopf ihm die Ohren, verkleb ihm die Augen, damit es mit seinen Augen nicht sieht und mit seinen Ohren nicht hört, damit sein Herz nicht zur Einsicht kommt und sich nicht bekehrt und nicht geheilt wird« (Jes 6,10 f.); oder die Klage in Jes 63,17: »Warum, JHWH, läßt du uns von unseren Wegen abirren und verhärtest unser Herz, damit wir dich nicht mehr fürchten?« (vgl. 1 Kön 18,36b); *M. Greenberg*, »You have turned their hearts backward«, I Kings 18,36, in: J. J. Petuchowski (Hg.), Studies in Aggadah, Targum and Jewish Liturgy in Memory of Joseph Heinemann (Hebräisch), Jerusalem 1981, 52–67, untersucht die Entwicklung dieser Stellen. T mildert die Härte des Ausdrucks: »Ich entfernte sie [von mir] und übergab sie der Macht ihres dummen Antriebs; sie gingen und trafen Beschlüsse, die nicht richtig waren« (vgl. Ps 81,12 f. »Doch mein Volk hat nicht auf mich gehört … deshalb überließ ich sie ihrem verstockten Herzen, damit sie nach ihren eigenen Plänen handelten«).

Neuere Kommentatoren fanden die Basis für die Behauptung von V 25 in der kategorischen Forderung von Ex 22,28b (34,19): »Du mußt mir den Erstgeborenen deiner Söhne geben« (in 13,2 »alles was zuerst den Mutterschoß durchbricht«). Vor dem Hintergrund dieser Annahme wird die Praxis der Rettung in 34,20 und 13,11–13 zu einer späteren Abänderung einer ursprünglich strikten Regel, alle Erstgeborenen der Gottheit zu opfern. Mit Ausnahme unserer Stelle gibt es jedoch keinerlei Belege für eine solche Interpretation dieser Stelle, sie ist in sich eher unwahrscheinlich. Andererseits war unser V 25 auch nicht aus der Luft gegriffen. Die Polemik gegen Kinderopfer zur Ehre JHWHs in Dtn 12,29ff.; Jer 7,31; 19,5; 32,35 weist darauf hin, daß es zumindest zur Zeit der Herrschaft der letzten Könige Judas beliebt war, zu glauben, daß JHWH diese annehme, vielleicht sogar befohlen habe. Die oben erwähnten Gesetze, alle männlichen Erstgeborenen JHWH

zu übereignen (ihm zu »übergeben« [הבעיר]), sind ein Zeichen ihres natürlichen übereigneten Status. Normalerweise wurde die Erstgeburt ausgelöst,
aber ihr besonderer Wert als Opfer und als Zeichen einer besonderen Hin-
gabe in Notsituationen, scheint weithin akzeptiert gewesen zu sein (2 Kön
3,27; Mi 6,7; s. die Analyse zu 16,20). Das Besondere an unserer Stelle
besteht in der Verbindung von Stichworten aus dem Erstgeborenengesetz
(העביר כל פטר רחם) mit dem Verbrennen der Kinder (העביר באש, V 31),
was zu dem beispiellosen und unglaublichen Auftrag führt, daß Israeliten
regelmäßig jeden Erstgeborenen als Opfer darbrachten – eine offensichtliche Übertreibung.

V 27   *Sprich also.* Die V 27–29 krönen in gewisser Weise Israels Provokationen;
das לכן zeigt eine Folge an und dient hier der Steigerung. Zum anderen
rhetorischen Gebrauch von לכן (z.B. Betonung, Eindringlichkeit) s. 11,7;
36,5–7.

zeigten ... Verachtung ... vergingen. Nur hier und in Num 15,30 liegt גדף
eine Handlung zugrunde. Sonst wird es stets auf Worte bezogen (»schmähen«, 2 Kön 19,6.22; Ps 44,17; vgl. גדופה in Ez 5,15). Das »Vergehen« (מעל
– Verletzung des Heiligen) bestand in der Verletzung der Vorschrift eines
einzelnen Heiligtums. *J. Milgrom,* Concept 1976, 237, Anm. 9, nimmt an,
daß die priesterlichen Quellen, zu denen das Wort gehört, forderten, »daß
das Zeltheiligtum auch im Land als transportables Heiligtum fortbestehen
sollte«. Das mag zutreffen, es kann aber aus unserer Stelle nicht abgeleitet
werden, da Ezechiel unter Umständen den priesterlichen Terminus מעל mit
dem deuteronomischen Gesetz, woher unsere Termini גבעה, רם und עץ in
V 28 eindeutig stammen (Dtn 12,12), kombiniert hat. Aus Ez 6,13 ist erkennbar, daß »Götzen« (גלולים) Gegenstand der Verehrung an den verschiedenen Kultorten waren (במות). Ezechiel zählte aber illegitimen JHWH-Kult
zum Götzendienst, s. die Auslegung.

V 28   *widerwärtige Opfergaben.* קרבן כעס »Widerwärtigkeit der Opfergabe« ist
gleichbedeutend mit כעס קרבן »widerwärtige Opfergabe«. Andere invertierte Konstruktusverbindungen sind תולעת שני / שני תולעת (Lev 14,6; Ex 25,4)
und עז מבטח / מבטח עז (Spr 14,26; 21,22).

V 29   *Was ist das für eine Kulthöhe* (הבמה), *zu der ihr hineilt* (הבאים)? Der
Artikel des zweiten Begriffs ist unnötig und dient dazu, diesen an den ersten
anzugleichen. Ein ähnliches Wortspiel findet sich im Talmud mit dem Begriff זמה (Lev 19,29): זו מא היא »diese Frau, was ist sie?« (bNedarim 51a).
Neuere Kommentatoren halten den Begriff für unhaltbar leichtfertig und
somit sekundär (»Eine witzige Etymologie ... Besonderen Tiefsinn darf
man hinter solch glossatorischen Wortspielen nicht suchen« *Eichrodt* 167,
Anm. 10). Die Alten hingegen hatten keine Bedenken beim Gebrauch einer
Paronomasie auch in einem ernsten Kontext (*Aristoteles,* Rhetorik II, 23.28
nennt dies: »Bedeutung aus Namen zu zeichnen«). Die Frage gibt entweder
einem Vorwurf oder einer Geringschätzung Ausdruck; vgl. 2 Kön 9,22

מה השלום »Was für ein Frieden!« Die Frage in Form eines Wortspiels spiegelt wider, wie in den vom Dtn beeinflußten Kreisen das Wort במה in Verruf geraten war, ebenso wie eine מצבה »Kultpfahl«, die früher erlaubt war (z. B. Gen 28,18.22; 31,13; Ex 24,4) aber durch das Dtn gebannt wurde (16,22; vgl. 2 Kön 17,10). במה, früher erlaubt, bezeichnet in der dtr Literatur ausschließlich heidnische oder illegitime israelitische Kultorte, d. h. israelitische Kultstätten außerhalb des Jerusalemer Tempels. Dieser Gebrauch spiegelt sich in Ibn Caspis Kommentar zu dieser Stelle wider, der das verachtende Wortspiel erklärt: »[במה] wird nirgends in der Tora oder sonst in der Schrift in bezug auf einen Gott geweihten Ort verwendet [! vgl. 1 Sam 9,12 ff.], sondern nur מזבח [Altar] oder מקדש [Heiligtum]. Der Prophet mißbilligt es, daß sie einen Versammlungsplatz haben, der במה genannt wird …, indem er sagt: Warum kommt ihr zu einem Ort, der במה genannt wird nach der Art der Heiden?«

Euer Götzendienst aller Art. לכל hat hier eine zusammenfassende, verall- V 31 gemeinernde Bedeutung wie in 6,9. Andere folgen Ehrlich, der das ל mit נטמא »verunreinigt euch mit all euren Götzen«) verbindet. Ezechiel verbindet jedoch die Präposition ב gewöhnlich mit einem Verb so in 20,7.18.30.43 und in 23,7; 30,32 (in 44,25 bedeutet ל »zur«).

Wir werden sein. Eine Anspielung auf 1 Sam 8,20 (s. die Gesamtaus- V 32 legung), welche dem Wunsch des Volkes und nicht seiner Verzweiflung Ausdruck verleiht (so jedoch Hermann, Zimmerli u. a.). Es ist dieser herausfordernde Wunsch, der Gottes Zorn weckt (hier, V 33). Auf Verzweiflung antwortet er mit stützender Ermahnung (33,10 ff.; 37,12 ff.).

um Holz und Stein zu dienen. Vgl. Dtn 4,28; 28,36.64; 29,16. Offensichtlich dem Volk spöttisch zugeschrieben.

mit starker Hand, mit ausgestrecktem Arm. Ein dtr Ausdruck, der auf V 33 Gottes Wunderhandeln gegen die Ägypter anspielt (*M. Weinfeld* ebd. 329). Hier jedoch formt der Ausdruck eine Inklusio um den Schwur in den V 33– 34 (zu חי אני אם לא s. die Einzelanalyse zu 3,6 und 5,11), um Gottes endgültiges »es soll niemals, niemals sein« in V 32 abschließend zu ergänzen. Gott schwört

(V 33) *mit starker Hand*, usw.	Ich werde König über euch sein
(V 34) Ich werde sie aus dem Exil führen und sie sammeln	*mit starker Hand*, usw.

Die Inklusio betont durch die Wiederholung die drastischen Maßnahmen, um Israels Absicht, sich an die Heiden anzugleichen, entgegenzusteuern. Gegen wen werden sie durchgeführt? Die mittelalterlichen und einige neuere Kommentatoren sagen: gegen die erobernden Nationen. Aber dies ist unwahrscheinlich. Gottes Feind war durch das ganze Kapitel hindurch Israel, und die Auseinandersetzung zwischen beiden kommt in V 32 zu einer Art Höhepunkt. Der einzigartige Ausdruck חמה שפוכה verweist nicht nur auf die V 8.13.21, wo gesagt wird, daß in der Vergangenheit Gott davon absah, seinen Zorn über Israel auszugießen, sondern auch auf die wiederholten Vorhersagen, daß Gott seinen Zorn über Jerusalem ausgießen werde in 7,8; 9,8; 14,19; 22,22 (und die 36,18 und Klgl 2,4 zufolge erfüllt wurden). Wir schließen daraus, daß Ezechiel eine traditionelle Wendung in charakteristischer Weise aufnimmt und ihr eine schockierende Wendung gibt: Beim neuen Exodus wird die Grausamkeit, welche der Tradition zufolge beim alten Exodus entfesselt über Ägypten hereinbrach, sich gegen das aufständische Israel wenden, um es zu zwingen, endlich das anzuerkennen, was es nie zuvor akzeptiert hatte: Gottes Herrschaft über es in dem Land, das er für es ausgewählt hat. Jeremia hat zum Teil Ezechiel darin vorweggenommen; s. Jer 21,5: »Ich selbst kämpfe gegen dich [Jerusalem] mit ausgestreckter Hand, mit einem starken Arm, mit Zorn, Wut, Grimm und großem Groll.«

V 35   *Wüste der Völker.* Die syrisch-arabische Wüste, an die verschiedene Völker angrenzen. Die Wendung »Angesicht zu Angesicht« ist auch in Gen 32,31; Ex 33,1; Dtn 5,4; 34,10 belegt, »bei jeder Gelegenheit eines direkten Kontaktes zwischen Gott und Mensch unter besonderer Ehrfurcht« (Cooke). Die Abwesenheit Dritter beim Gericht ist hier mitgemeint, »damit kein Heide Zeuge deines Mißgeschicks ist und sich hämisch freuen kann« (Kimchi; vgl. die Abfolge der V 8–11 und die Einzelanalyse zu V 8–9).

V 37   *unter dem Stab hindurchziehen.* Eine Anspielung auf den Brauch, die Tiere für den Zehnten in willkürlicher Manier zu zählen (Lev 27,32 f.), detailliert beschrieben in mBekhorot 9,7. Der Ausdruck bezeichnet nicht nur das bloße Zählen (vgl. dazu Jer 33,13), sondern auch das Treffen einer Auswahl. »Wie man beim Zählen der Schafe einen Stab hält und eines nach dem anderen abzählt, um den Zehnten auszusondern, so werde ich euch abzählen, damit der Sünder vernichtet wird« (Kimchi). V 37a beschreibt das Aussieben und die Auswahl derer, die dazu gebracht werden, die Verpflichtung des Bundes anzunehmen in der zweiten Hälfte des Verses.

euch in die Verpflichtung des Bundes führen. Diese Übersetzung des Hapax מסרת folgt Hayyuj (zitiert in B-Y): »מסרת (הברית) verstehe ich als verwandt mit ואסרה אסר (Num 30,4 ›sie verpflichtet sich‹; wörtl. ›bindet eine Bindung‹), wobei das א zwischen מ und ס ausgefallen ist; die ursprüngliche Form lautet מאסרת wie מחגרת (›Gürtel‹ Jes 3,24).« Eine ebensolche Auslassung findet sich auch in Koh 4,14, ה(א)סרים »die Gefangenen«. So verstanden auch Aquila »Fesseln«, Symmachus »Band« und Kimchi den Ausdruck; vgl. das tannaitische מסרת ביד »verpflichtet sein« (meist »eine Tradition haben«), das in einer Anekdote über die Geheimhaltung der Geheimnisse der Tempelgilde abwechselnd mit שבועה ביד »durch einen Schwur gebunden sein« verwendet wird (jYoma 3,9; tKippurim 2,7; vgl. die Kombination von שבועה und עסר in Num 30,11.14). Diese seltene Wendung im tannaitischen

Hebräisch, die einzig in der Rede eines Nachkommen der Tempelgilde bezeugt ist, scheint einen Sinn bewahrt zu haben, der biblischer Zeit und einem rituellen Kontext entstammt (so wie hier). Sie wurde sonst durch die Bedeutung »Tradition« ersetzt, die abstammt von מסר »überliefern«, ein sehr oft verwendetes Verb im nachbiblischen Hebräisch. S *mrdwtᶜ* gibt damit sonst מוסר »Disziplin, Züchtigung« im Parallelismus mit שבט »Stab« in Spr 13,24; 22,15; 23,13 wieder und weist damit auf ein Verständnis des »Veranlassens unter dem Stab hindurch zu ziehen« (vgl. Ex 21,20) im Sinne einer Drohung hin; Kara (als zweite Interpretation) und Eliezer von Beaugency leiten מסרת ebenfalls von יסר ab, obwohl die Nominalbildung irregulär wäre (weshalb Cornill einfach מוסר liest). Das שבט מוסר klingt in jedem Fall als Unterton mit, allein aufgrund des Kontextes (vgl. das vorherige wiederholte, alliterierte נשפט »richten«) und der Quasi-Parallelismus von שבט und מסרת, der nur das vertraute Wortpaar in Verbindung mit Züchtigung evozieren kann. G »in Zahl« wird von vielen Auslegern als Parallele zum Bild des Zählens in der ersten Hälfte des Verses M vorgezogen (EÜ: »und zähle euch ab«). Das Hapax wird demzufolge entsprechend der vermuteten Vorlage in במספר geändert und das folgende, in G fehlende, הברית wird als Dittographie des וברותי im nächsten Vers gestrichen. Dagegen spricht, daß der Ausdruck הביא במספר in unserem Zusammenhang unangebracht ist. In 1 Chr 9,28 bedeutet es »die abgezählten Gegenstände nehmen, wie sie ankommen« (oder herauskommen; vgl. Jes 40,26), um sicherzustellen, daß alle vorhanden sind. Aber Gott läßt das Volk »unter dem Stab hindurchziehen«, um die Frevler im Gericht auszusondern. Der Ausdruck הביא במספר meint also gerade das Gegenteil von dem, was der Kontext erfordert. Darüber hinaus steht überhaupt nicht fest, daß G an dieser Stelle מספר vorgefunden hat, weil, wie Cornill bemerkt, es unwahrscheinlich wäre, daß das Hapax מסרת aus diesem geläufigen Wort entstanden wäre. In Num 31,5 übersetzt G ἐξηρίθμησαν »sie zählten aus« für וימסרו Es ist daher wahrscheinlicher, daß das ἐν ἀριθμῷ hier nichts anderes wiedergibt als במסרת, verstanden als dialektales Aramäisch מסר »Zahl, Nummer«. Vgl. Z. *Ben-Hayyim*, Traditions in the Hebrew Language, with Special Reference to the Dead Sea Scrolls: C. Rabin / Y. Yadin (Hg.), Aspects of the Dead Sea Scrolls (ScrHie 4), Jerusalem 1958, 212 f. Angesichts der unpassenden Bedeutung »Zahl« an dieser Stelle ist es am besten, G sowohl semantisch in seiner Interpretation des מסרת als auch textkritisch als zweitrangig zu werten, da sie הברית aufgrund von Haplographie nicht bezeugt. Das hohe Vorkommen von Wiederholung und Alliteration in V 33–40 spricht für die Ursprünglichkeit der Abfolge הברית וברתי. Der Ausdruck הביא במסרת הברית ist gebildet im Anschluß an הביא בברית (1 Sam 20,8) »in einen Bund bringen« und הבאי באלה »einen Schwur auferlegen« (Ez 17,13). Die Bedeutung von V 37 ist damit: Nach dem Aussieben des Volkes wird Gott seine Verpflichtung des Bundes denen auferlegen, welche die Auswahl überleben. Dies ist das zukünftige Gegenstück zur vergangenen Verkündigung von Gesetzen und Satzungen in der Wüste Ägyptens.

V 38 *ich werde euch läutern.* Dieser Vers kehrt zum Thema von V 37a zurück und arbeitet es aus. Seine Schlußfolgerung – unmittelbar vor der Erkenntnisformel – spielt auf den Beginn des Unterabschnitts an und schließt diesen ab: »ich werde sie herausnehmen aus dem Land, in dem sie sich aufhalten« – »Ich werde euch aus den Völkern herausnehmen ... aus den Ländern« (V 34). Die Aufständischen gegen Gott (vgl. 2,3) werden aus dem »Land, in dem sie sich aufhalten« (was Kanaan für die Patriarchen war, Gen 17,8; Ex 6,4) vertrieben, wo sie bevorzugten zu bleiben und wie die Nationen zu werden. Ihr Schicksal ist dasselbe wie das, welches in 13,9 den falschen Propheten im Exil angedroht wird. Der entscheidende Punkt dieses Unterabschnitts besteht darin, daß auf der ersten Stufe der Befreiung, vor dem Betreten des Landes, die Aufständischen geläutert werden. Dieser Punkt wird dargelegt in der Erwählungsfigur von V 37a und ausgebaut in V 38. Die unumschränkte Macht JHWHs wird Israel nach Hause bringen.

V 39 *Geht nur alle, dient euren Götzen.* Ironisch, ebenso wie »Kommt nach Bethel und sündigt!« (Am 4,4), »Gut, haltet eure Gelübde [an die Himmelskönigin], erfüllt sie in jedem Fall!« (Jer 44,25). Anstelle von »geht nur, dient« liest G »entfernt« und hebt die Ironie damit auf.

und hinterher, wenn ihr auf mich nicht hört ... Diese unsichere Übersetzung eines schwierigen Satzes versteht diesen als unvollständigen Konditionalsatz wie »Doch jetzt, wenn du ihre Sünde vergibst ...« (Ex 32,32, ergänze »schön und gut« [s. Ges-K § 159 dd]); hier wird angenommen, daß eine Drohung unausgesprochen bleibt, nämlich: »Ich werde dir nicht Unrecht tun.« Hiermit und mit dem Vorhergehenden verglichen die Kommentatoren des Mittelalters den ironischen drohenden Vers: »Freu dich, junger Mann, in deiner Jugend ... und folge dem Weg deines Herzens und dem, was dein Auge sieht, aber wisse, daß Gott dich für all dies vor Gericht bringen wird« (Koh 11,9). Neuere Ausleger sehen im letzten Teil des Verses die Hand eines orthodoxen Glossators.

Einige neuere Kommentatoren verstehen den Ausdruck אם אינכם (»wenn ihr dies nicht tut«) als Schwursatz: »Bestimmt wirst du mir gehorchen« und verbinden ihn mit dem folgenden. Als Schwurpartikel dient jedoch אם לא + finites Verb, nicht אם אין + Partizip.

nicht mehr länger entweihen mit euren Geschenken und euren Götzen. Impliziert wird damit, daß die zurückgewiesene Form des Gottesdienstes sich an JHWH richtete. Vgl. die »Entweihung des Namens« in Lev 18,21; 20,3 (»Molech«-Opfer von Kindern; s. die Auslegung); 21,6 (priesterliche Verfehlungen); 22,32 (falsche Durchführung des Opferrituals).

So wie der Satz hier verstanden wird, sagt er ein Ende des verunreinigten Gottesdienstes des Volkes voraus, der in ferner Vergangenheit durch eine göttliche Anweisung begann (V 26) und bis in die Gegenwart andauerte

(V 30 f.). Diese Interpretation schließt an den folgenden Vers an. Nichtsdestoweniger ist der Vers unleugbar schwierig, weshalb es nicht überflüssig
erscheinen mag, eine Ansicht aus dem Mittelalter hinzuzufügen, die zwar
philologisch problematisch (sie versteht אחר אם in dem nicht belegbaren
Sinn »weil«), aber anregend ist: »Geht nur alle, dient euren Götzen, da ihr
nicht auf mich hören wolltet, sondern daran festhieltet, wie die Heiden zu
sein. Besser das, als daß ihr meinen Namen entweihtet mit euren [gräß-
lichen] Gaben. Besser mich zu vergessen und Götzen zu opfern, als vorzuge-
ben, meinen Gesetzen zu folgen und in Wirklichkeit meine Wege zu vergessen!« (Kara)

mein heiliger Berg. Der Gegensatz zu »jedem hohen Hügel« (V 28) weist   V 40
darauf hin, daß der Zionshügel – der Tempelberg – gemeint ist (Jes 27,13;
56,7; 65,11; 66,20; Joël 2,1; 4,17; Zef 3,11; Sach 8,3; Dan 9,20), eher als
allgemein das Bergland Israels (Jes 11,9; 57,13). Das appositionelle »hoher
Berg Israels« meint auch Jerusalem wie in 17,22 f.; vgl. 40,2, obgleich in
34,14 (הרי Plural!) eine ähnliche Wendung auf das gesamte Land anspielt.
Daß es der Ort ist, der darüber entscheidet, ob ein Kult legitim oder illegi-
tim ist, wird unterstrichen durch das doppelte שם »dort« in diesem und im
gegensätzlichen V 28. Weniger spezifisch, aber dennoch die Wichtigkeit des
Ortes ausdrückend, ist das Wortspiel ארצם ... בארץ »Im Land ... werde ich
sie annehmen«, das den legitimen Kult mit dem Geburtsland verbindet –
eine implizite Zurückweisung jedes anderen Ortes (s. die Gesamtauslegung). Schließlich scheint die Betonung der Gesamtheit des Volkes –
כל ... כלה »das ganze ... sie alle« – eine Wiederherstellung des Kultes vor
einer Wiederherstellung des Volkes auszuschließen.

eure auserlesenen Gaben. ראשית in Verbindung mit einem Opferterminus
hat die Bedeutung »auserlesen, am Besten«: »die Erstlingsgaben all eurer
Opfer« (מנחה; 1 Sam 2,29); »das Beste aller Erstlingsfrüchte« (בכורי, Ex
23,19; 34,26; Ez 44,30; vgl. Num 18,12 f., wo ראשית in Apposition zu חלב
»Fett«, d. h. auserlesener Teil, steht); vgl. *H.-P. Müller,* THAT 1. Als Parallele s. מבחר נדריכם »eure auserlesenen Gelübdeopfer« (Dtn 12,11); die Erklärung in Sifre Dtn §69, daß Votiv- und andere Opfergaben auserlesene
(d. h. gemästete) Tiere sein müssen, erläutert unseren Vers ebenfalls. משאת
»Opfergaben« (Gen 43,34; 2 Sam 11,8; nur hier für heilige Gaben) ist abzuleiten von נשא »tragen, opfern« wie in שאו מנחה (Ps 96,8). Eine ältere Interpretation versteht ראשית als »Erstlinge / Früchte« (G S [doppelte Überset-
zung]); T »Der erste [Ertrag] deines Backtrogs« [משארותיכם! wie Ex 12,34;
vgl. Ez 44,30 und Num 15,21]). Dem folgen einige neuere Ausleger (z. B.
Fohrer, Zimmerli). Die Konstruktion muß dann umgekehrt werden (d. h. für
משאת ראשיתכם »die Opfergaben deiner Erstlingsfrüchte«), ein oft belegtes
Phänomen (z. B. עיני גבהות anstatt גבהות עיני, Jes 21,11; קדוש היכלך anstatt
היכל קדושך, Ps 65,5).
Der Abschnitt spielt mit Wortklängen. In V 40b finden sich mehrere Al-

literationen: שם אדרש את תרמתכם ואת רשת משאתכם. Wie die Wiederholung und Alliteration in V 40a dient dies der Betonung; ähnlich auch zwischen unserem Vers und V 31, mit Variation der Phoneme und Substantive als Gegensatz:

(V 31) ובשאת מתנתיכם לכל גלוליכם אדרש

(V 40) אדרש ראשית משאותיכם בכל קדשיכם

Der Gebrauch von ראשית mit seinem Unterton der Opferung der Erstlingsgaben erinnert auch an den Schrecken der Opferung der Erstgeborenen (V 26.31).

V 41 *Mit wohlriechendem Duft.* D. h. durch die regulär dargebrachten (als Gegensatz zu V 28) Opfergaben wirst du meine Gunst erlangen; den Gegensatz bilden die »widerwärtigen Opfergaben« in V 28. Zu רצא ב »angenommen werden durch« vgl. התרצא ב »jemanden annehmbar machen durch« in 1 Sam 29,4.

ich werde meine Heiligkeit erweisen. Heiligkeit meint hier dasselbe wie Herrlichkeit, souveräne Herrschaft, wie in Jes 5,16 (יגבה »erhöht werden«) oder Lev 10,3 (אכבד »verherrlicht werden«). Indem Gott Israel in der Vergangenheit nicht vernichtete, wurde sein Name nicht öffentlich entweiht (V 9.14, u.ö.). Durch die wunderbare Wiederherstellung Israels in der Zukunft wird seine Herrlichkeit vor allen Menschen bestätigt werden.

V 43 *erinnern … ekeln.* Die Kombination wie in 6,9, aber nicht wie dort im Exil, sondern – entsprechend dem dazwischen liegenden 16,61.63 – nur nach der Wiederherstellung.

V 44 *wenn ich an euch handle.* Diese Bedeutung von עשׂה את (= עם) wie in Ex 34,10; Dtn 1,30, ist zu unterscheiden von עשׂה את »freundlich handeln an« (Ez 17,17 und die anderen dort zitierten Stellen).

um meines Namens willen. Trotz des Bezugs zu den V 9.14.22 hier eher im positiven Sinn von V 41.

verdorbenen Taten. נשחת »verdorben« (Nifʿal) nur hier und in der Sintfluterzählung, Gen 6,11 f. (von der »Erde«); (לותם)השחתיו עללו »sie haben ihre Taten verdorben« nur in Zef 3,7 (von den Jerusalemern) und Ps 14,1 (vom gemeinen Menschen).

Register der Bibelstellen